TACITE

—

HISTOIRES

LIVRES II & III

COLLECTION DES UNIVERSITÉS DE FRANCE
publiée sous le patronage de l'ASSOCIATION GUILLAUME BUDÉ

TACITE

HISTOIRES

LIVRES II & III

TEXTE ÉTABLI ET TRADUIT
PAR
HENRI LE BONNIEC

ANNOTÉ
PAR
JOSEPH HELLEGOUARC'H
Professeurs émérites à l'Université de Paris-IV

Ouvrage publié avec le concours du C.N.R.S.

PARIS
LES BELLES LETTRES
1989

Conformément aux statuts de l'Association Guillaume Budé, ce volume a été soumis à l'approbation de la commission technique, qui a chargé M. Paul Jal d'en faire la révision et d'en surveiller la correction en collaboration avec MM. Henri Le Bonniec et Joseph Hellegouarc'h.

© 1989. Société d'édition Les Belles Lettres,
95 bd Raspail 75006 Paris.

ISBN : 2.251.01341-5
ISSN : 0184-7155

AVANT-PROPOS

On trouvera dans l'*Introduction* au tome I des *Histoires*, p. XXXVII sqq., un exposé sur la tradition manuscrite, ainsi que la liste des principales études consacrées à la critique textuelle.

En ce qui concerne l'apparat critique du livre II, nous nous permettons de renvoyer le lecteur à ce que nous disions de l'édition critique du livre II, par I. Schinzel (p. XLIX sqq. de notre *Introd.*). Son apparat fournit les leçons des *recentiores*; malheureusement il est *négatif*, ce qui en rend l'utilisation difficile et incertaine. C'est à cet important travail qu'il convient de se reporter si on veut expliciter les abréviations *recc.* de notre apparat.

Pour l'établissement du texte et l'annotation du livre III nous avons tiré profit de l'édition de K. Wellesley, texte, introduction et commentaire, Sidney, 1972. Elle propose quelques conjectures personnelles, dont aucune ne nous paraît acceptable; les voici, avec entre parenthèses les leçons que nous avons adoptées : 12,3 *Memmio* (*Vibennio*); 23,1 *sextae* (*quintae*); 23,2 *uincla machinamenti* (*ac libramenta tormentorum*); 24,1 *cur irati* (*curnam*); 65,1 *praemuniisse* (« *dubitanter* ») (*praue iuuisse*); 66,4 *neglegeret* (*deceret*). Dans d'autres cas, Wellesley nous semble avoir fait le mauvais choix, qu'il s'agisse de leçons manuscrites ou de corrections proposées par d'autres savants : 2,4 *auctor actorque* (*suasor auctorque*); 6,1 omission injustifiée de *male parta*; 9,5 *rescripsere* (*praesumpsere*); 27,2 *legiones* (*ligones*); 34,1

Cremonam...tulit (*Cremonae*); 53,3 *alia* (*Daciam*); 65,2 *proprior* (*propior*); 70,4 *nimio ardori imparem* (*nimius ardor*; *imparem*) : 72,1 *stetit profecto dum pro patria* (*stetit? pro patria*); 84,4 suppression arbitraire de *Auenti-num*, donné par tous les manuscrits.

Reste un bon nombre de divergences notables entre le texte de Wellesley et le nôtre; le bon choix n'est pas toujours évident : au lecteur de juger : 2,1 *concitor* (*concitator*); 2,1 *antea* (*ante se*); 3 *interpretationem* (*interpretatione*); 4,1 *cunctator* (*cunctatior*); 5,1 *transmittere bellum* (*transmittere*); 6,1 *ei dux* (*et dux*); 6,2 *metum* (*conatus*); 6,2 *alamque* (*et alam*); 8,1 nous n'acceptons pas l'addition de *Noricum*; 15,1 *et ex Britannia* (*et Britannia*); 15,2 *cursabant* (*curabant*); 18,1 *uicturi* (*uicti*); 20,2 *ita ratione* (*ratione*); 23,1 *labantem* (*labentem*); 25,1 *obturbat* (*obturbabat*); 25,1 *consectandi festinatione* (*festinatione consectandi*); 33,2 *ignes* (*igne*); 44 *inclinatus* (*inditus*); 46,2 *ignarus* (*gnarus*); 47,2 *uetustam admodum* (*uetusta fama*); 47,3 *classis* (*classi*); 47,3 *lectissima* (*lectissimas*); 48,3 *urbem quoque* (*urbemque*); 51,2 *proelio quod* (*proelio quo*); 54,1 *uera* (*uere*); 55,2 *remittere* (*dimittere*); 56,3 *aspere* (*aspera*); 60,2 *a consiliis et ratione proficisci* (*consiliis et ratione perfici*); 62,1 *Vruini* (*Vrbini*); 62,2 *cum famam...peteret* (*famam...petere*); 69,1 *cecidisset* (*cessisset*); 69,4 *circumsederi* (*circumsideri*); 71,4 *fama, quo nitentes* (*fama, nitentes*); 71,4 *depellerent* (*depulerint*); 71,4 *traxere* (*traxerunt*); 72,2 *patrati operis* (*operis*); 72,3 *uiginti quinque* (*quindecim*); 73,1 *plus id pauoris* (*plus pauoris*); 77,1 *furtim traditurum* (*traditurum*); 78,1 *Saturno* (*Saturni*); 80,2 *pulsantur* (*palantur*); 84,1 *aggerem* (*aggeres*); 86,1 *Nuceria*; *iam* (*Luceriam*); 86,1 *explerat* (*explebat*).

L'apparat critique de K. Wellesley repose sur « a fairly exhaustive collation », mais il reste très sobre, car il ne fournit le témoignage des manuscrits que quand le texte est « seriously in doubt ». Dans ce cas, il indique d'une façon précise et complète les leçons des manuscrits les plus importants (ceux du premier groupe); nous lui avons emprunté ces données qu'on ne trouve nulle part ailleurs. Le savant éditeur du livre III n'a pas ménagé sa peine et mérite la reconnaissance de ses successeurs. Mais le résultat de ses efforts est plutôt décevant en ce qui concerne l'établissement du texte : l'examen des *recentiores* n'a apporté, dans la pratique, aucune nouveauté.

* *

Nous renouvelons l'expression de notre gratitude à notre réviseur, M. Paul Jal, professeur à l'Université de Paris X : ce tome II des *Histoires* a bénéficié, autant que le premier volume, de sa compétence et de son amical dévouement.

EDITIONES SELECTAE

On trouvera dans le *Tacitus* de C. W. Mendell un exposé détaillé et minutieux sur les éditions des œuvres de Tacite, de l'édition *princeps* à 1950 ; nous énumérons ci-dessous les principales, complètes ou partielles des *Histoires* :

Vendelin de Spire, *ed. princeps*, sans date (entre 1470 et 1473) ; Venise.

F. Puteolanus, sans indication de date ni de lieu (probablement entre 1475 et 1480 à Milan) ; le même publie à Venise en 1497 la première édition datée.

Ph. Beroaldus, Rome, 1515.

Andr. Alciatus, Milan, 1517.

Beatus Rhenanus, *ed. Frobeniana*, Bâle, 1533 ; deuxième éd. 1544.

Gryphiana editio, Lyon, 1542 ; son principal intérêt est de contenir les annotations de Ferretti.

Juste Lipse, Anvers, 1574, 1578^2, 1584^3, etc ; contient les annotations de Muret. Distingue pour la première fois les *Histoires* et les *Annales* ; cette édition resta pour une centaine d'années « the foundation for the text of Tacitus » (Mendell).

V. Acidalius, Hanovre, 1607 (notes de Muret).

C. Pichena, Francfort, 1607 ; Genève, 1609 ; il a le mérite d'avoir le premier reconnu la valeur éminente des deux *Medicei* et d'en avoir fait (après l'édition de Puteolanus en 1497) la base de son texte (Mendell).

J. F. Gronov, Amsterdam, 1672, 1685^2 ; Jac. Gronov, son fils, Utrecht, 1721 ; cette édition contient les notes de Rhenanus, d'Ursinus, de Muret, de Mercier, de Juste

Lipse, d'Acidalius, de Pichena, de Gruter (éd. Anvers 1574), de Grotius, de Freinsheim, etc. Selon Mendell, la réputation des éditions des deux Gronov serait surfaite.

Th. Ryck, Leyde, 1686-1687 ; a utilisé un manuscrit qui avait appartenu à Rodolphe Agricola, mort en 1471.

J. A. Ernesti, Leipzig, 1752, 1772[2] ; édition constituant, selon Mendell, « the first attempt at a critical edition » ; révisée en 1801 par J. Oberlin, avec l'aide de Fr. A. Wolf.

G. C. Croll, *editio Bipontina*, 1779 ; deux. éd. révisée par F. C. Exter, 1792.

J. Bekker, Leipzig, 1825, 1831[2], avec des notes des éditeurs précédents.

G. H. Walther, Halle, 1831-1833.

G. A. Ruperti, Hanovre, 1834, avec des notes des prédécesseurs.

Fr. Ritter, Bonn, 1834-1836 ; Cambridge, 1848 ; après une nouvelle collation des mss., Leipzig, 1864.

L. Doederlein, Halle, 1841-1847.

J. Orelli, Zürich, 1846-1848 ; utilise la collation par J. G. Baiter des deux *Medicei* ; commentaire en latin ; révision pour les *Histoires* de C. Meiser, Berlin, 1895.

K. F. Halm, Leipzig, 1850-1851 (coll. Teubner) ; nombreuses rééditions : 1857[2], 1874[3], 1883[4] ; 5e éd. révisée par G. Andresen, 1926-1928.

C. Heraeus, Leipzig, 1864 ; éd. scolaire annotée en allemand ; révisée par W. Heraeus, nombreuses rééditions, en dernier lieu Leipzig, 1927-1929.

C. Nipperdey, *Histoires* et fragments, Berlin, 1874.

Ed. Wolff, Berlin, 1886-1888 ; révision par G. Andressen, Berlin, 1926.

W. A. Spooner, Londres, 1891 ; éd. scolaire, notes en anglais.

R. Novák, Prague, 1892 (liv. I et II).

G. Némethy, Budapest, 1900 (liv. I et II).

J. van der Vliet, Groningen, 1900.

L. Constans et P. Girbal, Paris, 1900 ; éd. scolaire ; notes judicieuses.

W. C. Summers, Cambridge, 1904 ; livre III, notes en anglais.

L. Valmaggi, Livre I (1891), II (1897), III (1906), Turin ; L. Valmaggi-L. Castiglioni, Turin, 1926-1929.

J. Müller, *ed. maior*, Vienne, 1906 ; Leipzig, 1920.

C. D. Fisher, Oxford (coll. class. lat.), 1910.

H. Goelzer, texte et commentaire, Paris, 1920 ; texte et trad. (C.U.F. = coll. G. Budé), Paris, 1921 ; deux. éd. revue et corrigée, 1938.

C. H. Moore, texte et trad. anglaise (coll. Loeb), Londres, 1925.

M. Lenchantin de Gubernatis, Turin, 1929.

H. Bornecque, texte et trad. (coll. Garnier), Paris, 1933.

V. d'Agostino, liv. IV annoté, Naples, 1935.

C. A. Costa, liv. III annoté, Turin 1938.

C. Giarratano, Rome, 1939, excellente éd. crit. fondée sur le *Mediceus*.

M. Bassols de Climent et J. M. Casas I Homs, liv. I-IV, Barcelone, 1949-1955.

E. Koestermann, après plusieurs éd. qui n'étaient que des révisions de K. Halm (Teubner), 1934-1937 ; 1949-1950, a publié en 1961 une éd. très personnelle, qui accorde au *Leidensis* B PL 16 B une importance excessive (cf. le c.r. de H. Heubner, *Gnomon*, 1962, p. 159-162).

P. Wuilleumier, liv. I, texte et notes (coll. Érasme), Paris, 1959, 1973[2].

I. Schinzel, liv. II, avec une importante préface de R. Hanslik, Vienne, 1971 (= *Wiener Studien*, Beiheft 3).

H. Heubner, Stuttgart (coll. Teubner), 1978 (cf. les c.r. de H. Bardon, *Latomus*, 40, 1981, p. 392-394 et de H. Le Bonniec, *R.E.L.* 61, 1983, p. 348-349).

SIGLA CODICVM

I *Codices qui desinunt Hist. V, 26, 3 Flauianus in Pannonia*

M	Laurentianus 68, 2 *siue* Mediceus alter, XI saec.
M¹	eiusdem codicis prima manus, quotiens emendatio quaedam indicatur.
M²	eiusdem codicis emendatio a librario ipso uel a correctore contemporaneo scripta.
M³	eiusdem codicis emendatio recens uel recentissima.
B	Laurentianus 68, 5; XV saec.
Hol	Holkhamicus 359; XV saec.
L 24	Laurentianus 63, 24; *circa* 1467.
Z	Caesaraugustensis 9439; XV saec. *fortasse* XVI saec.
V 58	Vaticanus Latinus 1958; 1449.
B 05	Bodleianus 27605 (Auct. F. 2.24); 1463.
G	Guelferbytanus Gudianus 118; *circa* 1461.
E	Matritensis 8401; XV saec.
H	Harleianus 2764; 1452.
Mal	Malatestinus Caesenas II 13, 5; *circa* 1452?
Prm	Parmensis 861; 1452.
J	Jesu Collegii Oxoniensis 109; *circa* 1458.
B 72	Bodleianus 34372; *circa* 1440.
Y 01	Yalensis 1 (Budensis); *circa* 1475.
Y 02	Yalensis 2; XV saec.
U	Urbinas Latinus 412; XV saec.
Y 03	Yalensis 3; XV saec.

II *Codices qui desinunt Hist. V, 23, 2 potiorem*

V 63	Vaticanus Latinus 1863; XV saec.
N 23	Neapolitanus IV C 23; XV saec.
Ven	Venetus 381; 1453.

P	Parisiensis Regius 6118 ; XV saec.
Vin	Vindobonensis 49 ; XV saec.
L	Leidensis BPL 16 B ; *circa* 1475-1481.
N 22	Neapolitanus IV C 22 ; XV saec.
C	Budensis 9 ; 1461 *uel* 1467.

III *Codices qui desinunt Hist. V, 13, 1 euenerant*

V 64	Vaticanus Latinus 1864 ; XV saec.
A	Laurentianus 68, 4 ; XV saec.
V 65	Vaticanus Latinus 2965 ; XV saec.
Or	Londiniensis BL Add. 8904 ; XV saec.
N 21	Neapolitanus IV C 21 ; XV saec.
O 48	Ottobonianus 1748 ; XV saec.
O 22	Ottobonianus 1422 ; XV saec.
K	Kopenhagensis Hauniensis Gl. Kgl. S 496 ; 1488.
recc.	codices recentiores (XV saec.) ; plerumque plures, interdum unus aut alter.
alii	alii recentiores, quorum lectiones non iam citatae sunt.
edd.	editores uel lectio uolgata.
codd.	omnes codd.

TACITE

HISTOIRES

P. CORNELII TACITI

HISTORIARVM

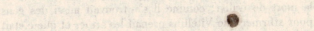

LIVRE II

Voyage de Titus.

1. 1 Déjà la fortune édifiait [1], à l'autre bout du monde, les fondements et les bases d'un pouvoir qui, selon les vicissitudes du sort, apporta la joie ou l'horreur à l'État, aux princes eux-mêmes la prospérité ou la ruine [2]. Titus Vespasianus [3] avait quitté la Judée, sur l'ordre de son père, du vivant même de Galba [4] ; le but avoué de son départ était de présenter ses devoirs au prince et de briguer les honneurs pour lesquels il avait l'âge requis [5], mais la foule, avide d'inventions, avait répandu le bruit qu'on l'avait fait venir pour l'adopter [6]. Le grand âge du prince, l'absence d'héritier donnaient matière à ces propos, ainsi que le besoin incoercible qu'avait la cité de désigner beaucoup de candidats, jusqu'à ce qu'un seul fût choisi [7]. 2 Ce qui nourrissait cette rumeur, c'étaient les dons de Titus lui-même, apte à assumer n'importe quelle situation, si haute fût-elle, la grâce de son visage alliée à une certaine majesté [8], les succès de Vespasien, les prédictions des oracles, et même, dans des esprits enclins à la crédulité, des incidents fortuits tenus pour des présages [9]. 3 Il était à Corinthe, ville d'Achaïe [10], lorsqu'il reçut confirmation de la mort de Galba ; comme il s'y trouvait aussi des gens pour affirmer que Vitellius prenait les armes et que c'était la guerre, anxieux, il réunit quelques amis et examine à

LIBER SECVNDVS

1. 1 Struebat iam fortuna in diuersa parte terrarum initia causasque imperio, quod uaria sorte laetum rei publicae aut atrox, ipsis principibus prosperum uel exitio fuit. Titus Vespasianus, e Iudaea incolumi adhuc Galba missus a patre, causam profectionis officium erga principem et maturam petendis honoribus iuuentam ferebat, sed uolgus fingendi auidum disperserat accitum in adoptionem. Materia sermonibus senium et orbitas principis et intemperantia ciuitatis, donec unus eligatur, multos destinandi. 2 Augebat famam ipsius Titi ingenium quantaecumque fortunae capax, decor oris cum quadam maiestate, prosperae Vespasiani res, praesaga responsa, et inclinatis ad credendum animis loco ominum etiam fortuita. 3 Vbi Corinthi, Achaiae urbe, certos nuntios accepit de interitu Galbae et aderant qui arma Vitellii bellumque adfirmarent, anxius animo

1, 1 *Deest M*; uaria sorte *Juste Lipse* : uarie ortum *A B alii recc.* uari aborte *alii* ‖ uel exitio *recc.* : aut exitio *alii* ‖ e iudaea *A* : a iudaea *B*.

2 decor oris *Z² in marg., Rhenanus* : decoris *uel* decori *alii recc.* decus oris *Ritter* ‖ uespasiani res *recc.* : *om. alii* ‖ ominum *recc.* : omnium *alii* ‖ fortuita *Grotius* : fortuna *codd.*

3 animo *recc.* : animus *alii* animi *Heinsius.*

fond les deux solutions : s'il continuait sa route vers
Rome, on ne lui saurait aucun gré d'une démarche
entreprise pour rendre hommage à un autre et lui-même
serait l'otage de Vitellius ou d'Othon ; s'il revenait sur ses
pas, l'offense envers le vainqueur n'était pas douteuse,
mais la victoire n'était pas encore acquise [11] et le père, en
se ralliant au parti vainqueur, innocenterait le fils ; mais si
Vespasien prenait le pouvoir, il ne fallait pas se soucier des
offenses, quand on songeait à la guerre.

2. 1 Ces réflexions et d'autres du même genre le
ballottaient entre l'espoir et la crainte ; ce fut l'espoir qui
l'emporta [1]. Il y eut des gens pour croire que, brûlant de
passion pour la reine Bérénice [2], il avait rebroussé
chemin [3] ; et certes son jeune cœur n'avait pas d'aversion
pour Bérénice [4], mais cela ne le gêna nullement dans la
conduite des affaires : sa jeunesse mena joyeuse vie au
milieu des plaisirs, et il montra plus de retenue pendant
son principat que pendant celui de son père [5]. 2 Longeant
donc les côtes de l'Achaïe et de l'Asie [6] et laissant à gauche
la mer qui les baigne, il cinglait par des routes plus
aventureuses vers les îles de Rhodes et de Chypre, puis
vers la Syrie [7]. Mais le désir le prit d'aller visiter le temple
de la Vénus de Paphos [8], célèbre parmi les indigènes et les
étrangers. Qu'on me permette une brève digression [9] sur
l'origine de ce culte, le rituel du temple et la forme de la
déesse [10] car nulle part ailleurs elle n'est ainsi représentée.

3. 1 Le fondateur du temple fut le roi Aerias, selon
une antique tradition, mais certains rapportent que c'est là
le nom de la déesse elle-même [1]. Une opinion plus récente
veut que le temple ait été consacré par Cinyras [2] et que la

paucis amicorum adhibitis cuncta utrimque perlustrat :
si pergeret in urbem, nullam officii gratiam in alterius
honorem suscepti, ac se Vitellio siue Othoni obsidem
fore; sin rediret, offensam haud dubiam uictoris, *s*ed
incertam adhuc uictoriam et concedente in partes patre
filium excusatum; sin Vespasianus rem publicam susci-
peret, obliuiscendum offensarum de bello agitantibus.

2. 1 His ac talibus inter spem metumque iactatum
spes uicit. Fuerunt qui accensum desiderio Berenices
reginae uertisse iter crederent; neque abhorrebat a
Berenice iuuenilis animus, sed gerendis rebus nullum
ex eo impedimentum : laetam uoluptatibus adulescen-
tiam egit, suo quam patris imperio moderatior. 2 Igitur
oram Achaiae et Asiae ac laeua maris praeuectus,
Rhodum et Cyprum insulas, inde Syriam audentioribus
spatiis petebat. Atque illum cupido incessit adeundi
uisendique templum Paphiae Veneris, inclitum per
indigenas aduenasque. Haud fuerit longum initia reli-
gionis, templi *r*itum, formam deae — neque enim alibi
sic habetur — paucis disserere.

3. 1 Conditorem templi regem Aeriam uetus memoria, quidam ipsius deae nomen id perhibent. Fama
recentior tradit a Cinyra sacratum templum deamque

3 set *Rhenanus* : et *codd*. || incertam...uictoriam *recc*. : -ta...-ria
uel -ta...-riam *uel* -tam...-ris *alii*.
2, 1 fuerunt *A B* : fuere *alii* || berenices *N 22* : bernices *uel*
beronices *alii* || moderatior *recc*. : modestior *alii*.
2 praeuectus *recc*. : praeuentus *uel* prouectus *uel* peruectus *uel*
praeteruectus *alii* || post Cyprum *redit M* || ritum *Dureau de la*
Malle : situm *codd*.
3, 1 aeriam *Z²̈ in marg.*, *Rhenanus* : uerianus *M N 23* uerianum
uel uenerianum *alii* || cinyra *M recc*. : cinara *L alii*.

déesse elle-même, née de la mer [3], ait abordé en ce lieu ; mais la science et l'art des haruspices y ont été importés et c'est le Cilicien Tamiras qui les introduisit [4] ; on convint donc que les descendants des deux familles [5] présideraient aux cérémonies. Par la suite, pour assurer à la lignée royale une certaine prépondérance sur une race étrangère, les nouveaux venus renoncèrent à la science même qu'ils avaient apportée : le seul prêtre que l'on consulte est un descendant de Cinyras. 2 Les victimes sont celles dont chacun a fait vœu, mais on choisit des mâles [6] ; ce sont les entrailles des chevreaux qui inspirent le plus de confiance. Il est interdit de répandre le sang sur la table des sacrifices : c'est par des prières et par un feu pur [7] qu'on honore l'autel, et celui-ci, bien qu'en plein air, n'est jamais mouillé par la pluie [8]. La statue de la déesse n'a pas la forme humaine [9] : c'est un bloc circulaire, plus large à la base, qui va se rétrécissant vers le sommet, comme un cône [10] ; la raison en est obscure [11].

4. 1 Après avoir contemplé les trésors, les offrandes des rois et les autres objets que la race des Grecs, férue d'antiquités, fait remonter à la nuit des temps, Titus consulta d'abord sur sa navigation. Quand il eut appris que la route était libre et la mer propice, il posa sur lui-même des questions détournées [1], en sacrifiant un bon nombre de victimes. 2 Sostratus — c'était le nom du prêtre —, voyant que les entrailles des victimes présentaient des signes favorables et concordants, et que la déesse approuvait de grands desseins, répond sur le moment quelques banalités, puis demande un entretien secret et dévoile l'avenir. Titus, plein d'une ardeur nouvelle, rejoignit son père [2] ; son arrivée fut un immense réconfort pour les provinces et pour les armées, dont les intentions étaient encore indécises [3].

ipsam conceptam mari huc adpulsam; sed scientiam artemque haruspicum accitam et Cilice*m* Tamiram intulisse, atque ita pactum ut familiae utriusque posteri caerimoniis praesiderent. Mox, ne honore nullo regium genus peregrinam stirpem antecelleret, ipsa quam intulerant scientia hospites cessere; tantum Cinyrades sacerdos consulitur. 2 Hostiae, ut quisque uouit, sed mares deliguntur; certissima fides haedorum fibris. Sanguinem arae offundere uetitum : precibus et igne puro altaria adolentur, nec ullis imbribus quamquam in aperto madescunt. Simulacrum deae non effigie humana, continuus orbis latiore initio tenuem in ambitum metae modo exsurgens, et ratio in obscuro.

4. 1 Titus, spectata opulentia donisque regum quaeque alia laetum antiquitatibus Graecorum genus incertae uetustati adfingit, de nauigatione primum consuluit. Postquam pandi uiam et mare prosperum accepit, de se per ambages interrogat caesis compluribus hostiis. 2 Sostratus — sacerdotis id nomen erat —, ubi laeta et congruentia exta magnisque consultis adnuere deam uidet, pauca in praesens et solita respondens, petito secreto, futura aperit. Titus aucto animo ad patrem peruectus suspensis prouinciarum et exercituum mentibus ingens rerum fiducia accessit.

1 Cilicem *Rhenanus* : -cen *M* ‖ intulerant *L recc.* : -rat *M alii.*
2 ambitum *recc.* : -tu *M alii* ‖ metae *recc.* : meta *M alii* metu *alii* ‖ et *codd.* : set *Wurm.*
4, 1 de se per ambages *recc.* : deseparembales *M.*
2 sacerdotis M^2 : -tibus M^1 -ti *Heinsius.*

Portraits de Vespasien et de Mucien ; état de leurs forces.

3 Vespasien avait presque mis fin à la guerre de Judée ;
il ne lui restait plus qu'à prendre d'assaut Jérusalem, rude
et pénible entreprise à cause surtout de son site montagneux [4] et du fanatisme opiniâtre des habitants, car les
assiégés ne disposaient plus de forces suffisantes pour
affronter une situation critique. 4 Comme nous l'avons dit
plus haut [5], Vespasien avait lui-même trois légions
aguerries [6] ; Mucien en commandait quatre [7], sans avoir à
se battre, mais l'émulation et la gloire de l'armée voisine
les avaient préservées de la mollesse ; et autant les unes
s'étaient endurcies dans les dangers et dans l'épreuve,
autant les autres avaient acquis de vigueur dans un repos
complet et dans leur ardeur pour la guerre [8], qu'elles ne
connaissaient pas. Les deux généraux avaient comme
auxiliaires des cohortes, de la cavalerie, des flottes [9] et des
rois [10] ; ils avaient aussi un nom célèbre, à des titres divers.

5. 1 Vespasien, guerrier infatigable, marchait en tête
de la colonne, choisissait l'emplacement des camps, oppo-
sait nuit et jour à l'ennemi sa compétence et, s'il le fallait,
son bras ; il mangeait ce qui lui tombait sous la main et,
par ses vêtements et sa tenue, il se distinguait à peine d'un
simple soldat ; bref, n'eût été son avarice, il aurait égalé les
capitaines d'antan [1]. Mucien était son antithèse : son air de
grandeur, son opulence et le fait qu'en toutes choses il
s'élevait au-dessus de la condition privée, tout cela le
mettait hors de pair ; il avait, plus que Vespasien, le don de
la parole et, par son discernement, par sa prévoyance,
c'était un habile politique. On aurait eu un remarquable
mélange des qualités qui font un bon prince, si on avait
pu, en les débarrassant tous deux de leurs vices, associer
seulement leurs vertus [2]. 2 Quoi qu'il en soit, gouverneurs,
l'un de la Syrie, l'autre de la Judée, l'administration de ces
provinces voisines avait suscité entre eux jalousie et

3 Profligauerat bellum Iudaicum Vespasianus, oppugnatione Hierosolymorum reliqua, duro magis et arduo opere ob ingenium montis et peruicaciam superstitionis quam quo satis uirium obsessis ad tolerandas necessitates superesset. 4 Tres, ut supra memorauimus, ipsi Vespasiano legiones erant, exercitae bello; quattuor Mucianus obtinebat in pace, sed aemulatio et proximi exercitus gloria depulerat segnitiam, quantumque illis roboris discrimina et labor, tantum his uigoris addiderat integra quies et inexperti belli ardor. Auxilia utrique cohortium alarumque et classes regesque ac nomen dispari fama celebre.

5. 1 Vespasianus acer militiae anteire agmen, locum castris capere, noctu diuque consilio ac, si res posceret, manu hostibus obniti, cibo fortuito, ueste habituque uix a gregario milite discrepans; prorsus, si auaritia abesset, antiquis ducibus par. Mucianum e contrario magnificentia et opes et cuncta priuatum modum supergressa extollebant; aptior sermone, dispositu prouisuque ciuilium rerum peritus. Egregium principatus temperamentum, si demptis utriusque uitiis solae uirtutes miscerentur. 2 Ceterum hic Syriae, ille Iudaeae praepositus, uicinis prouinciarum administrationibus inuidia discor-

---

3 iudaicum *recc.* : iudei cum *M* cum iudeis *alii* ‖ montis *M* : mentis *recc.*

4 obtinebat *recc.* : obtibat *M* ‖ ardor *Rhenanus* : labor *M* (*errore iteratum*) labores *L* fabor *alii* favor *Jacob* amor *Orelli alii alia.*

5, 1 a gregario *M²* : aggregario *M¹* ‖ utriusque *recc.* : uiriusque *M*.

discorde ; c'est seulement à la mort de Néron[3] que, renonçant à leurs inimitiés, ils se concertèrent, d'abord par l'entremise d'amis ; puis Titus, principal garant de leur concorde, avait mis fin, dans l'intérêt général, à de fâcheuses rivalités ; car son tempérament et son savoir-faire le rendaient apte à séduire même un caractère comme celui de Mucien. Les tribuns, les centurions et la troupe étaient gagnés à la cause, chacun selon son caractère, par son énergie, par son laisser-aller, par ses qualités, par son goût pour les plaisirs.

6. 1 Avant l'arrivée de Titus, les deux armées[1] avaient prêté serment à Othon, à la suite de messages hâtifs[2], comme d'ordinaire, et devant la perspective d'engager une guerre civile, tâche laborieuse et accablante : c'était la première que préparait alors l'Orient, longtemps paisible au sein de la concorde. Car autrefois les luttes les plus violentes entre concitoyens avaient commencé en Italie ou en Gaule[3], avec les forces de l'Occident ; de plus, Pompée, Cassius, Brutus, Antoine, que la guerre civile avait tous suivis outre-mer, y avaient trouvé une fin malheureuse[4] ; quant aux Césars, en Syrie et en Judée, on avait entendu parler d'eux plus souvent qu'on ne les avait vus[5]. Aucune révolte dans les légions ; de simples démonstrations pour intimider les Parthes, avec des succès divers ; pendant la dernière guerre civile[6], alors que le reste du monde était troublé, une paix inébranlable en Orient, puis le ralliement à Galba. 2 Ensuite, quand la nouvelle se fut répandue qu'Othon et Vitellius recouraient à des armes scélérates pour faire main basse sur l'État romain, la crainte de laisser aux autres les profits du pouvoir, et de n'avoir pour leur part que l'esclavage à subir fit gronder les soldats qui se mirent à faire le compte de leurs forces : sept légions disponibles et, avec un énorme contingent d'auxiliaires, la Syrie et la Judée[7] ; d'un côté l'Égypte limitrophe avec deux légions[8], de l'autre la Cappadoce[9], le Pont[10] et toutes les garnisons en bordure des deux Arménies[11] ;

des, exitu demum Neronis positis odiis in medium
consuluere, primum per amicos, dein, praecipua
concordiae fides, Titus praua certamina communi utili-
tate aboleuerat, natura atque arte compositus adliciendis etiam Muciani moribus. Tribuni centurionesque et
uolgus militum industria, licentia, per uirtutes, per
uoluptates, ut cuique ingenium, adsciscebantur.

6. 1 Antequam Titus aduentaret, sacramentum
Othonis acceperat uterque exercitus, per*n*icibus, ut
adsolet, nuntiis et tarda mole ciuilis belli, quod longa
concordia quietus Oriens tunc primum parabat. Namque olim ualidissima inter se ciuium arma in Italia
Galliaue uiribus Occidentis coepta; et Pompeio, Cassio,
Bruto, Antonio, quos omnes trans mare secutum est
ciuile bellum, haud prosperi exitus fuerant; auditique
saepius in Syria Iudaeaque Caesares quam inspecti.
Nulla seditio legionum, tantum aduersus Parthos mi-
nae, uario euentu; et proximo ciuili bello, turbatis aliis,
inconcussa ibi pax, dein fides erga Galbam. 2 Mox, ut
Othonem ac Vitellium scelestis armis res Romanas
raptum ire uolgatum est, ne penes ceteros imperii
praemia, penes ipsos tantum seruitii necessitas esset,
fremere miles et uires suas circumspicere : septem
legiones statim et cum ingentibus auxiliis Syria Iudaeaque; inde continua Aegyptus duaeque legiones, hinc
Cappadocia Pontusque et quidquid castrorum Armeniis

2 exitu M^2 : -tum M^1.

6, 1 pernicibus *Jacob, coll. 3, 40, 1* : precibus *M recc.* praecipitibus
alii || ualidissima M^2 : -mam M^1 || secutum est M^2 : -tos st M^1 ||
fuerant M^2 : -rat M^1 || auditique *recc.* : aditique *M recc.* auditisque
uel additisque *alii*.

l'Asie et les autres provinces, où les hommes ne manquaient pas et où l'argent abondait [12] ; tout ce que la mer renferme d'îles, et la mer elle-même qui favorisait les préparatifs de la guerre, sans offrir aucun danger.

7. 1 L'ardeur des soldats n'échappait pas à leurs chefs, mais puisque d'autres se battaient, on jugea bon d'attendre : dans une guerre civile [1], entre vainqueurs et vaincus l'union ne se faisait jamais en toute loyauté, et peu importait qui, de Vitellius ou d'Othon, la Fortune laisserait survivre [2]. Le succès enivrait jusqu'aux plus grands capitaines : mais ceux-ci, en proie à la discorde, à la lâcheté, à la débauche [3], leurs propres vices les perdraient, l'un dans la guerre, l'autre dans la victoire. 2 Vespasien et Mucien remirent donc à une occasion favorable le recours aux armes qu'ils avaient concerté récemment [4], mais que tous les autres concertaient depuis longtemps, les meilleurs par amour du bien public, beaucoup stimulés par l'attrait du butin, d'autres par l'embarras de leurs affaires : ainsi, bons et méchants, pour des motifs opposés, mais avec une ardeur égale, ils voulaient tous la guerre.

Un faux Néron.

8. Vers la même époque [1], l'Achaïe et l'Asie furent épouvantées par la nouvelle — fausse [2] — de l'arrivée imminente de Néron ; des bruits divers couraient sur sa fin et laissaient beaucoup de gens feindre ou croire qu'il vivait encore. Il y eut d'autres imposteurs [3], dont nous raconterons au cours de cet ouvrage [4] les tentatives malheureuses. C'était alors un esclave du Pont ou, comme d'autres l'ont rapporté, un affranchi d'Italie, habile à jouer de la cithare et à chanter, ce qui, joint à la ressemblance des traits [5],

praetenditur; Asia et ceterae prouinciae nec uirorum
inopes et pecuniae opulentae; quantum insularum mari
cingitur, et parando interim bello secundum tutumque
ipsum mare.

7. 1 Non fallebat duces impetus militum, sed
bellantibus aliis placuit exspectari : bell*o* ci*ui*li uictores
uictosque numquam solida fide coalescere, nec referre
Vitellium an Othonem superstitem fortuna faceret.
Rebus secundis etiam egregios duces insolescere :
discordiam his, ignauiam, luxuriem et suismet uitiis
alterum bello, alterum uictoria periturum. 2 Igitur arma
in occasionem distulere, Vespasianus Mucianusque nuper,
ceteri olim mixtis consiliis, optimus quisque amore rei
publicae, multos dulcedo praedarum stimulabat, alios
ambiguae domi res : ita boni malique causis diuersis,
studio pari, bellum omnes cupiebant.

8. 1 Sub idem tempus Achaia atque Asia falso
exterritae, uelut Nero aduentaret, uario super exitu eius
rumore eoque pluribus uiuere eum fingentibus creden-
tibusque. Ceterorum casus conatusque in contextu
operis dicemus. Tunc seruus e Ponto siue, ut alii
tradidere, libertinus ex Italia, citharae et cantus peritus,
unde illi super similitudinem oris propior ad fallendum

2 pecuniae *codd.* : -nia *Ritter.*
7, 1 bello ciuili *Heinisch* : bellum cum In *M recc.* bello ciuium
Haase bellorum ciuilium *Ritter alii alia* || solida *M²* : -dam *M¹* ||
discordiam his Ignauiam *M* : discordia militis, ignauia *Madvig* ||
luxuriem *recc.* : -riae *M* -rie *alii, Madvig.*
2 cupiebant *M²* : -bat *M¹.*
8, 1 eum fingentibus *M* : cum fingentibus *recc.* || tradidere *M* :
-runt *recc.* || similitudinem oris *recc.* : -ne moris *M alii* || propior *M* :
proprior *recc.* pronior *Heinsius* promptior *Freinsheim.*

accréditait son imposture [6] ; ayant recruté des déserteurs errant sans ressources, qu'il avait séduits par de magnifiques promesses, il prend la mer. Drossé par une violente tempête sur l'île de Cythnos [7], il enrôla quelques soldats de l'armée d'Orient qui partaient en permission ou, sur leur refus, les fit mettre à mort ; puis il dépouilla des négociants et arma les plus robustes de leurs esclaves. 2 Le centurion Sisenna [8] apportait aux prétoriens des mains jointes [9], symbole de concorde [10], au nom de l'armée de Syrie ; notre homme tenta de le séduire par divers artifices, jusqu'à ce que Sisenna, quittant secrètement l'île, se fût enfui tout tremblant et craignant un attentat. Alors la terreur se répandit ; beaucoup, au bruit d'un nom célèbre, dressèrent l'oreille, par désir de changement et par haine du présent. Le prestige de l'imposteur croissait de jour en jour, quand un hasard le ruina.

9. 1 Le gouvernement des provinces de Galatie et de Pamphylie [1] avait été confié par Galba à Calpurnius Asprenas [2]. Deux trirèmes détachées de la flotte de Misène pour l'escorter abordèrent avec lui à l'île de Cythnos ; il ne manqua pas de gens pour essayer de gagner les triérarques [3] à la cause de Néron. 2 Celui-ci, prenant un air affligé et faisant appel à la fidélité des soldats qui avaient été autrefois les siens, les conjurait de le débarquer en Syrie ou en Egypte. Les triérarques, ébranlés ou par ruse, déclarèrent qu'ils devaient parler aux soldats et qu'ils reviendraient après avoir bien disposé les esprits. Mais ils firent à Asprenas un rapport complet et fidèle ; sur l'exhortation de ce dernier, le navire fut pris à l'abordage et l'homme mis à mort, quelle que fût son identité. Le cadavre [4], dont les yeux, la chevelure et le visage menaçant

fides, adiunctis desertoribus, quos inopia uagos ingentibus promissis corruperat, mare ingreditur ; ac ui
tempestatum Cythnum insulam detrusus et militum
quosdam ex Oriente commeantium adsciuit uel abnuentes
interfici iussit et, spoliatis negotiatoribus, mancipiorum
ualentissimum quemque armauit. 2 Centurionemque
Sisennam dextras, concordiae insignia, Syriaci exercitus
nomine ad praetorianos ferentem uariis artibus adgres-
sus est, donec Sisenna, clam relicta insula, trepidus et
uim metuens aufugeret. Inde late terror : multi ad
celebritatem nominis erecti rerum nouarum cupidine et
odio praesentium. Gliscentem in dies famam fors
discussit.

9. 1 Galatiam ac Pamphyliam prouincias Calpurnio
Asprenati regendas Galba permiserat. Datae e classe
Misenensi duae triremes ad prosequendum, cum quibus
Cythnum insulam tenuit ; nec defuere qui trierarchos
nomine Neronis accirent. 2 Is in maestitiam compositus
et fidem suorum quondam militum inuocans, ut eum in
Syria aut Aegypto sisterent orabat. Trierarchi, nutantes
seu dolo, adloquendos sibi milites et paratis omnium
animis reuersuros firmauerunt. Sed Asprenati cuncta ex
fide nuntiata ; cuius cohortatione expugnata nauis et
interfectus quisquis ille erat. Corpus, insigne oculis

2 aufugeret *recc.* : afu- *M alii* ǁ multi *M* : -tis *recc.* ǁ celebritatem
recc. : -britem *M* ǁ erecti *Weissenborn* : -tis *M recc.* ereptis *alii*.
9, 1 galatiam *recc.* : galitiam *M alii* ǁ asprenati *M* : aspernati *recc.* ǁ
permiserat *M²* : premi- *M¹* ǁ misenensi *M³ recc.* : misensi *M¹ alii* ǁ
Cythnum *ed. Froben.* : scithinum *M* ǁ trierarchos *M³* : trierchos *M¹*.
2 trierarchi *recc.* : -chis *M recc.* trierarchi seu *Ernesti* ǁ asprenati *M²* :
-tis *M¹* aspernati *recc.* ǁ quisquis *recc.* : quisque *M alii* ǁ corpus *codd.* :
caput *Wurm.*

attiraient l'attention, fut transporté en Asie, et de là à
Rome.

Procès d'Annius Faustus.

10. 1 Dans une cité [1] en proie à la discorde et que les
changements fréquents de princes faisaient osciller de la
liberté à la licence, les moindres affaires provoquaient de
grandes agitations. Vibius Crispus [2], qui par sa fortune,
son influence et ses talents comptait parmi les célébrités
plutôt que parmi les gens de bien [3], citait devant le Sénat,
pour l'instruction de son procès, Annius Faustus [4], de
l'ordre équestre, qui, au temps de Néron, avait fait métier
de délateur ; en effet récemment, sous le principat de
Galba, les sénateurs avaient décidé d'instruire les procès
des accusateurs [5]. Ce sénatus-consulte avait connu des
fortunes diverses et, selon que l'inculpé était puissant ou
misérable, il restait lettre morte ou entrait en vigueur,
mais il inspirait encore une certaine crainte [6]. 2 De plus,
Crispus avait pesé de tout son crédit pour abattre le
délateur de son frère [7] et il avait entraîné une grande partie
du Sénat à demander que, sans être défendu ni entendu,
Faustus fût mis à mort. En revanche, auprès de certains
autres, rien ne servait mieux l'inculpé que l'influence
excessive de son accusateur [8]. Il fallait, pensaient-ils,
accorder un délai, produire des griefs [9] et, si odieux, si
coupable que fût l'accusé, l'entendre malgré tout, selon
l'usage. 3 Ils l'emportèrent d'abord et l'instruction fut
différée de quelques jours ; puis Faustus fut condamné,
mais sans cet assentiment de l'opinion publique que
méritait sa détestable conduite : c'est que Crispus lui-
même avait, lui aussi, exercé avec profit le métier
d'accusateur ; on s'en souvenait, et ce n'était pas le
châtiment du crime, mais le justicier qui déplaisait.

comaque et toruitate uoltus, in Asiam atque inde
Romam peruectum est.

10. 1 In ciuitate discordi et ob crebras principum
mutationes inter libertatem ac licentiam incerta, paruae
quoque res magnis motibus agebantur. Vibius Crispus,
pecunia, potentia, ingenio inter claros magis quam inter
bonos, Annium Faustum equestris ordinis, qui temporibus Neronis delationes factitauerat, ad cognitionem
senatus uocabat ; nam recens Galbae principatu censuerant patres ut accusatorum causae noscerentur. Id
senatus consultum uarie iactatum et, prout potens uel
inops reus inciderat, infirmum aut ualidum, retinebat
adhuc terroris. 2 Et propria ui Crispus incubuerat
delatorem fratris sui peruertere traxeratque magnam
senatus partem, ut indefensum et inauditum dedi ad
exitium postularent. Contra apud alios nihil aeque reo
proderat quam nimia potentia accusatoris : dari tempus,
edi crimina, quamuis inuisum ac nocentem more tamen
audiendum censebant. 3 Et ualuere primo dilataque in
paucos dies cognitio ; mox damnatus est Faustus,
nequaquam eo adsensu ciuitatis quem pessimis moribus
meruerat : quippe ipsum Crispum easdem accusationes
cum praemio exercuisse meminerant, nec poena criminis sed ultor displicebat.

10, 1 ob *recc.* : hoc *M* ad *L* ǁ crispus *M²* : scrispus *M¹* ǁ
cognitionem *recc.* : cognat- *M alii* ǁ principatu *recc.* : -tum *M alii* ǁ
retinebat *M* : -tur *recc.* ǁ adhuc *A B* : adhunc *M recc.* ǁ terroris *M
recc.* : terrore *alii* ; *uiri docti alii alia coniecerunt* : retinebatur...
terrori *Acidalius* retinebat... terrorem *J. F. Gronov* retinebat...
terrores *Madvig* retinebat... aliquid terroris *Jacob.*
2 et *M* : set *Halm* sed et *Ritter* ǁ indefensum *M²* : -sus *M¹* ǁ
postularent *M* : -ret *recc.* ǁ inuisum *M* : infirmum *recc.*

Etat des forces d'Othon.

11. 1 Cependant la guerre commençait bien pour Othon [1] : à son commandement, les armées de Dalmatie et de Pannonie [2] firent mouvement. Il y avait quatre légions ; chacune envoya en avant deux mille hommes ; elles-mêmes suivaient à de faibles intervalles [3] : c'étaient la septième légion, levée par Galba, et trois autres de vétérans, la onzième, la treizième et la quatorzième, celle-ci particulièrement fameuse pour avoir réprimé le soulèvement de la Bretagne [4]. Néron avait encore ajouté à sa gloire en ayant recours à elle comme à une troupe d'élite [5] ; aussi resta-t-elle longtemps fidèle à Néron et montra-t-elle un zèle ardent pour Othon [6]. Mais, du fait même qu'elle comptait des forces plus importantes, sa confiance en elle-même retardait sa marche [7]. 2 Le gros des légions était précédé par la cavalerie et les cohortes auxiliaires [8] ; et les forces venues de Rome n'étaient pas à dédaigner : cinq cohortes prétoriennes et des détachements de cavalerie [9] avec la première légion [10], enfin deux mille gladiateurs — renfort humiliant, mais que, dans les guerres civiles, des chefs, même rigoureux, avaient utilisé [11]. Ces troupes furent placées sous les ordres d'Annius Gallus [12], qu'on envoya en avant avec Vestricius Spurinna [13] pour occuper les rives du Pô ; en effet le plan primitif [14] avait été déjoué par le fait que Caecina avait déjà passé les Alpes [15], alors qu'Othon avait espéré pouvoir l'arrêter dans les Gaules. 3 Othon lui-même avait pour escorte l'élite de ses gardes du corps [16], avec les autres cohortes prétoriennes [17], les vétérans du prétoire [18] et un détachement important d'infanterie de marine [19]. Et sa marche n'était ni nonchalante ni gâtée par les excès : il avait revêtu une cuirasse de fer [20], marchait à pied [21] devant les enseignes, hirsute, négligé et faisant mentir sa réputation.

11. 1 Laeta interim Othoni principia belli, motis ad imperium eius e Dalmatia Pannoniaque exercitibus. Fuere quattuor legiones, e quibus bina milia praemissa ; ipsae modicis interuallis sequebantur, septima a Galba conscripta, ueteranae undecima ac tertia decima et praecipui fama quartadecimani, rebellione Britanniae compressa. Addiderat gloriam Nero eligendo ut potissimos, unde longa illis erga Neronem fides et erecta in Othonem studia. Sed quo plus uirium ac roboris, e fiducia tarditas inerat. 2 Agmen legionum alae cohortesque praeueniebant ; et ex ipsa urbe haud spernenda manus, quinque praetoriae cohortes et equitum uexilla cum legione prima ac, deforme insuper auxilium, duo milia gladiatorum, sed per ciuilia arma etiam seueris ducibus usurpatum. His copiis rector additus Annius Gallus, cum Vestricio Spurinna ad occupandas Padi ripas praemissus, quoniam prima consiliorum frustra ceciderant, transgresso iam Alpes Caecina, quem sisti intra Gallias posse sperauerat. 3 Ipsum Othonem comitabantur speculatorum lecta corpora cum ceteris praetoriis cohortibus, ueterani e praetorio, classicorum ingens numerus. Nec illi segne aut corruptum luxu iter, sed lorica ferrea usus est et ante signa pedes *ire*, horridus, incomptus famaeque dissimilis.

11, 1 praecipui *M* : -pua *recc.* -pue *alii*.
2 cohortesque *M*² : -tisque *M*¹ ‖ equitum *M*³ : quitum *M*¹.
3 lorica *M*² : -cam *M*¹ ‖ pedes ire *Madvig* : pedestre *M recc.* pedester *alii, Nipperdey.* ‖ horridus *recc.* : hordus *M*.

Opérations en Narbonnaise.

12. 1 La Fortune souriait à ses entreprises : la maîtrise de la mer lui assurait le contrôle de la plus grande partie de l'Italie jusqu'aux abords des Alpes Maritimes [1]. Pour forcer le passage des Alpes et attaquer la province de Narbonnaise [2], il avait donné le commandement à Suedius Clemens, Antonius Novellus et Aemilius Pacensis [3]. Mais Pacensis fut mis aux fers par ses soldats mutinés ; Antonius Novellus n'avait aucune autorité ; Suedius Clemens cherchait à se rendre populaire dans son commandement, étant aussi relâché à l'égard de la discipline qu'il était avide de combats. 2 On n'aurait pas cru qu'ils pénétraient en Italie, au cœur de leur patrie [4] ; on eût dit qu'ils attaquaient des rivages étrangers et des villes ennemies, brûlant, dévastant, pillant, ravages d'autant plus affreux que nulle part on ne s'était prémuni contre ces risques. Les champs étaient en plein travail [5], les maisons ouvertes ; les propriétaires accouraient avec femmes et enfants, dans la sécurité de la paix, et les malheurs de la guerre les enveloppaient. 3 Les Alpes Maritimes étaient alors gouvernées par le procurateur Marius Maturus [6]. Il appela aux armes les gens du pays — et les hommes en âge de se battre n'y manquent pas —, et il essaya d'empêcher les Othoniens de pénétrer sur le territoire de la province ; mais au premier choc les montagnards furent taillés en pièces et dispersés, comme devaient l'être des hommes rassemblés au hasard, ne sachant ce qu'étaient un camp ni un chef, et qui n'attachaient pas plus d'honneur à la victoire que de honte à la fuite.

13. 1 Irrités par ce combat, les soldats d'Othon tournèrent leur fureur contre le municipe d'Albintimilium [1] : c'est que la bataille ne leur avait laissé aucun butin, les paysans étant pauvres et leurs armes sans valeur ; de plus, on ne pouvait faire des prisonniers parmi

12. 1 Blandiebatur coeptis fortuna, possessa per mare et naues maiore Italiae parte penitus usque ad initium maritimarum Alpium, quibus temptandis adgrediendaeque prouinciae Narbonensi Suedium Clementem, Antonium Nouellum, Aemilium Pacensem duces dederat. Sed Pacensis per licentiam militum uinctus ; Antonio Nouello nulla auctoritas ; Suedius Clemens ambitioso imperio regebat, ut aduersus modestiam disciplinae corruptus, ita proeliorum auidus. 2 Non Italia adiri nec loca sedesque patriae uidebantur : tamquam externa litora et urbes hostium urere, uastare, rapere, eo atrocius quod nihil usquam prouisum aduersum metus. Pleni agri, apertae domus ; occursantes domini iuxta coniuges et liberos securitate pacis et belli malo circumueniebantur. 3 Maritimas tum Alpes tenebat procurator Marius Maturus. Is concita gente — nec deest iuuentus — arcere prouinciae finibus Othonianos intendit ; sed primo impetu caesi disiectique montani, ut quibus temere collectis, non castra, non ducem noscitantibus neque in uictoria decus esset neque in fuga flagitium.

13. 1 Inritatus eo proelio Othonis miles uertit iras in municipium Albintimilium : quippe in acie nihil praedae, inopes agrestes et uilia arma ; nec capi

---

12, 1 naues maiore *recc.*, *Rhenanus* : naues et maiore *M alii* ‖ parte M^2 : partes M^1 ‖ narbonensi *recc.* : -sis *M alii* ‖ uinctus M^2 : uictus M^1 *recc.* ‖ corruptus *recc.* : -tius *M alii*.
2 adiri M^2 : -ris M^1 ‖ pacis et *M* : pacis *Acidalius*.
3 maritimas tum *recc.* : marti mastum *M* ‖ caesi M^2 : caedis M^1.
13, 1 Albintimilium *Puteolanus* : albiniti milium M^2 albiniti militum M^1 ‖ agrestes M^3 : agrastes M^1 ‖ uilia *recc.* : uilla *M*.

des hommes agiles et connaissant le pays ; c'est en faisant le malheur de victimes innocentes qu'ils assouvirent leur cupidité[2]. 2 L'odieux de leur conduite fut accru par la conduite exemplaire d'une Ligurienne : elle avait caché son fils, et les soldats, croyant qu'avec lui elle dissimulait de l'argent, la torturèrent pour lui faire dire où elle cachait son fils. « Il est ici », répondit-elle, montrant son ventre ; et ensuite ni la terreur ni la mort ne purent lui faire démentir la fermeté de cette noble parole.

14. 1 La menace dirigée par la flotte d'Othon contre la province de Narbonnaise, qui avait prêté serment à Vitellius, fut annoncée à Fabius Valens[1] par des messagers pris de panique ; en même temps arrivaient des délégués des colonies[2], implorant du secours. Valens envoya deux cohortes de Tongres[3], quatre escadrons de cavalerie, toute la cavalerie auxiliaire des Trévires[4], sous les ordres du préfet Julius Classicus[5] ; une partie de ces troupes fut cantonnée dans la colonie de Fréjus[6] : on craignait que, si elles prenaient toutes la voie de terre, la flotte d'Othon, trouvant la mer sans défense[7], ne se hâtât d'attaquer. Douze escadrons de cavalerie[8] et l'élite des cohortes auxiliaires marchèrent à l'ennemi[9] ; on leur adjoignit une cohorte de Ligures[10], troupe auxiliaire cantonnée depuis longtemps dans le pays, et cinq cents Pannoniens qui n'étaient pas encore sous les drapeaux. 2 La bataille ne tarda pas ; voici quelle en était l'ordonnance[11] : une partie des soldats de marine, auxquels s'étaient mêlés des habitants du pays, s'étageait sur les collines proches de la mer ; tout l'espace compris entre les collines et le littoral, en terrain plat, était occupé par les prétoriens ; sur la mer elle-même, faisant corps pour ainsi dire avec eux, la flotte, prête au combat et tournée vers la terre, présentait un front menaçant. Les Vitelliens, inférieurs en infanterie, mais dont la cavalerie faisait la force, placent les Alpins sur les hauteurs voisines[12], et les cohortes en rangs serrés derrière la cavalerie. 3 Les escadrons de Trévires[13]

poterant, pernix genus et gnari locorum ; sed calamitati-
bus insontium expleta auaritia. 2 Auxit inuidiam
praeclaro exemplo femina Ligus, quae, filio abdito, cum
simul pecuniam occultari milites credidissent eoque per
cruciatus interrogarent ubi filium occuleret, uterum
ostendens latere respondit, nec ullis deinde terroribus
aut morte constantiam uocis egregiae mutauit.

14. 1 Imminere prouinciae Narbonensi in uerba
Vitellii adactae classem Othonis trepidi nuntii Fabio
Valenti attulere ; aderant legati coloniarum auxilium
rogantes. Duas Tungrorum cohortes, quattuor equitum
turmas, uniuersam Treuirorum alam cum Iulio Classico
praefecto misit, e quibus pars in colonia Foroiuliensi
retenta, ne omnibus copiis in terrestre iter uersis uacuo
mari classis adceleraret. Duodecim equitum turmae et
lecti e cohortibus aduersus hostem iere, quibus adiuncta
Ligurum cohors, uetus loci auxilium, et quingenti
Pannonii nondum sub signis. 2 Nec mora proelio ; sed
acies ita instructa ut pars classicorum mixtis paganis in
colles mari propinquos exsurgeret, quantum inter colles
ac litus aequi loci praetorianus miles expleret, in ipso
mari ut adnexa classis et pugnae parata conuersa et
minaci fronte praetenderetur. Vitelliani, quibus minor
peditum uis, in equite robur, Alpinos proximis iugis,
cohortes densis ordinibus post equitem locant. 3 Treui-

---

1 poterant M^2 : -rat M^1.

2 auxit *recc.* : ausit M hausit *alii*.

14, 1 adactae *recc.* : audactam e M adactam *uel* adacta *uel* adapta
recc. ‖ uniuersam treuirorum *recc* : uniuersa mire uirorum M ‖
quingenti *recc.* : -tis M *alii*.

2 acies *Ruperti* : acie *codd.* ‖ paganis *recc.* : paginis M *alii* ‖ post
equitem *recc.* : post quietem M *alii*.

s'exposèrent imprudemment à l'ennemi, dont les vétérans les affrontèrent, tandis que leur flanc était attaqué à coups de pierres par une troupe d'indigènes, aptes aux aussi [14] à ce genre de combat, et qui, mêlés aux soldats, montraient, braves ou lâches, la même audace dans la victoire. Les Vitelliens fléchissaient, quand la flotte accrut encore leur terreur en se portant sur les arrières des combattants : ils étaient ainsi complètement cernés et toutes ces troupes auraient été anéanties, si l'obscurité de la nuit n'avait arrêté l'armée victorieuse, tout en couvrant les fuyards.

15. 1 Mais les Vitelliens, quoique vaincus, ne restèrent pas en repos : ils font venir des renforts [1] et tombent sur un ennemi sans méfiance, que le succès rendait négligent. Les sentinelles furent massacrées, le camp forcé, la flotte prise de panique ; enfin, la frayeur se calmant peu à peu, les Othoniens, retranchés sur une colline voisine dont ils s'étaient rendus maîtres, contre-attaquèrent. 2 Le carnage fut affreux, et les préfets des cohortes tongres [2], après avoir longtemps soutenu la lutte furent écrasés sous les traits. Pour les Othoniens, la victoire ne fut pas moins sanglante, car ceux d'entre eux qui avaient imprudemment poursuivi l'ennemi furent enveloppés par une volte-face de la cavalerie. Puis, comme en vertu d'une trêve, pour éviter les alarmes soudaines que pouvaient provoquer d'un côté la flotte, de l'autre la cavalerie, les Vitelliens se replièrent sur Antibes, municipe de la Gaule Narbonnaise, et les Othoniens se retirèrent à Albingaunum, en Ligurie intérieure [3].

... et en Corse.

16. 1 La Corse et la Sardaigne [1], ainsi que les autres îles du voisinage furent maintenues dans le parti d'Othon par le bruit de la victoire de sa flotte. Mais la Corse faillit être perdue à cause de la témérité du procurateur Decumus Picarius [2], témérité qui, étant donné l'ampleur

rorum turmae obtulere se hosti incaute, cum exciperet
contra ueteranus miles, simul a latere saxis urgeret apta
ad iaciendum etiam paganorum manus, qui sparsi inter
milites, strenui ignauique, in uictoria idem audebant.
Additus perculsis terror inuecta in terga pugnantium
classe : ita undique clausi, deletaeque omnes copiae
forent, ni uictorem exercitum attinuisset obscurum
noctis, obtentui fugientibus.

15. 1 Nec Vitelliani quamquam uicti quieuere :
accitis auxiliis securum hostem ac successu rerum
socordius agentem inuadunt. Caesi uigiles, perrupta
castra, trepidatum apud naues, donec sidente paulatim
metu, occupato iuxta colle defensi, mox inrupere. 2
Atrox ibi caedes, et Tungrarum cohortium praefecti,
sustentata diu acie, telis obruuntur. Ne Othonianis
quidem incruenta uictoria fuit, quorum improuide
secutos conuersi equites circumuenerunt. Ac uelut
pactis indutiis, ne hinc classis, inde eques subitam
formidinem inferrent, Vitelliani retro Antipolim, Narbonensis Galliae municipium, Othoniani Albingaunum
interioris Liguriae reuertere.

16. 1 Corsicam ac Sardiniam ceterasque proximi
maris insulas fama uictricis classis in partibus Othonis
tenuit. Sed Corsicam prope adflixit Decumi Picarii

---

3 omnes *recc.* : omnis *M alii* ‖ uictorem *recc.* : -re *M alii* ‖
obtentui *recc.* : obtenui *M alii alia.*

15, 1 sidente *recc.* : -tem *M alii.*

2 tungrarum *M recc.* : Tungrorum *Spengel* Tungricarum *Ritter* ‖
circumuenerunt *M recc.* : -uenere *alii* ‖ ne *M² recc.* : nec *M¹ alii* ‖
albingaunum *recc.* : albigaunum *M.*

16, 1 picarii *N 23* : pacarii *M (sed cf. infra §§ 2-3).*

de la guerre, ne devait avoir aucune influence sur
l'ensemble des opérations, mais qui le perdit, lui. En effet,
par haine d'Othon, il décida de mettre au service de
Vitellius les forces de la Corse — vaine assistance, même si
elle eût été effective. 2 Il convoque les notables de l'île et
leur révèle son dessein ; Claudius Pyrrichus, triérarque des
navires liburniens stationnés en Corse, et Quintius Certus,
chevalier romain[3], ayant osé s'opposer à lui, il les fait
mettre à mort ; épouvantée par cette exécution, l'assemblée
prêta serment à Vitellius, ainsi que la foule inculte qui, ne
sachant rien, s'associait à la peur d'autrui[4]. Mais quand
Picarius se mit à faire des levées et à soumettre ces
hommes indisciplinés aux tâches pénibles du service
militaire, ceux-ci, maudissant un travail dont ils n'avaient
pas l'habitude, songeaient à leur faiblesse : c'était une île
qu'ils habitaient, et la Germanie était loin, ainsi que les
forces de ses légions ; la flotte avait pillé et mis à mal ceux-
là mêmes que protégeaient les cohortes et la cavalerie
auxiliaires. 3 Il y eut alors dans l'opinion un revirement
soudain, et pourtant on n'eut pas recours ouvertement à la
force : on choisit le moment propice à un guet-apens.
Quand ses familiers se furent retirés, Picarius, nu et sans
défense, est tué dans sa salle de bains ; on égorgea aussi les
gens de sa suite[5]. Leurs têtes, comme si c'eût été celles
d'ennemis publics, furent portées à Othon par les meurtriers en personne. Du reste, Othon ne les récompensa pas
plus que Vitellius ne les punit : dans le bourbier
généralisé, leur crime se perdit au milieu de plus grands
forfaits.

Opérations en Transpadane.

17. 1 L'accès de l'Italie avait déjà été ouvert[1] et la
guerre y avait été transportée, comme nous l'avons
rapporté plus haut, par l'aile de cavalerie Siliana[2], sans
que personne y fût favorable à Othon ; ce n'était pas non

procuratoris temeritas, tanta mole belli nihil in summam profutura, ipsi exitiosa. Namque Othonis odio
iuuare Vitellium Corsorum uiribus statuit, inani auxilio, etiam si prouenisset. 2 Vocatis principibus insulae
consilium aperit et contra dicere ausos, Claudium
Pyrrichum trierarchum Liburnicarum ibi nauium, Quintium Certum equitem Romanum, interfici iubet ; quorum morte exterriti qui aderant, simul ignara et alieni
metus socia imperitorum turba in uerba Vitellii
iurauere. Sed ubi dilectum agere Picarius et inconditos
homines fatigare militiae muneribus occepit, laborem
insolitum perosi infirmitatem suam reputabant : insulam esse quam incolerent, et longe Germaniam uiresque
legionum ; direptos uastatosque classe etiam quos
cohortes alaeque protegerent. 3 Et auersi repente animi,
nec tamen aperta ui : aptum tempus insidiis legere.
Digressis qui Picarium frequentabant, nudus et auxilii
inops balineis interficitur ; trucidati et comites. Capita
ut hostium ipsi interfectores ad Othonem tulere ; neque
eos aut Otho praemio adfecit aut puniit Vitellius, in
multa conluuie rerum maioribus flagitiis permixtos.

17. 1 Aperuerat iam Italiam bellumque transmise-
rat, ut supra memorauimus, ala Siliana, nullo apud
quemquam Othonis fauore, nec quia Vitellium mallent,

---

1 summam *L, Rhenanus* : summa *M alii* ‖ iuuare *recc.* : iurauere
M alii uitauere *alii.*

2 pyrrichum *recc.* : phyrricum *M* ‖ imperitorum *recc.* : -ratorum *M*
alii ‖ picarius *M²* *recc.* : -rium *M¹* ‖ occepit *M* : accepit *recc.*

3 picarium *M recc.* : pac- *alii* ‖ balineis *M* : in bal- *Heinsius.*

17, 1 Italiam *L, Rhenanus* : italia *M alii* in italia *alii* ‖ bellumque
M : bellum quem *uel* bellum quod *recc.*

plus qu'on préférât Vitellius, mais une longue paix avait rompu les habitants à toute espèce de servitude : ils se livraient aux premiers occupants, sans se soucier de savoir s'ils valaient mieux. La région la plus florissante de l'Italie, tout ce que le Pô et les Alpes embrassent de plaines et de villes [3], était occupée par les forces de Vitellius — car les cohortes envoyées en avant par Caecina étaient déjà arrivées [4]. 2 Une cohorte de Pannoniens fut faite prisonnière à Crémone [5], cent cavaliers et mille soldats de marine pris par surprise entre Plaisance et Ticinum [6]. Ce succès permettait aux soldats de Vitellius de n'être plus arrêtés par le fleuve et par ses rives ; bien plus, le Pô lui-même stimulait l'audace des Bataves et des Transrhénans [7] ; ils le passèrent à l'improviste en face de Plaisance et, s'étant emparés de quelques éclaireurs, ils inspirèrent aux autres une telle frayeur que dans leur panique ils répandirent la fausse nouvelle [8] que toute l'armée de Caecina était arrivée.

18. 1 Spurinna [1] — car c'était lui le gouverneur de Plaisance — avait la certitude que Caecina n'était pas encore là ; bien résolu d'ailleurs, s'il approchait, à retenir ses soldats dans les retranchements et à ne pas hasarder trois cohortes prétoriennes [2] et mille vexillaires [3] avec une poignée de cavaliers [4] contre une armée de vétérans. 2 Mais les soldats, intraitables et sans expérience de la guerre, se saisissent des enseignes et des étendards [5], se ruent au dehors et, comme leur chef s'efforce de les retenir, ils pointent leurs armes contre lui, au mépris des centurions et des tribuns [6] ; bien mieux, ils ne cessaient de crier qu'Othon était trahi et qu'on avait fait venir Caecina [7]. Spurinna se prête alors à l'aveuglement d'autrui, d'abord sous la contrainte, puis en feignant de consentir, pour donner plus d'autorité à ses conseils, si la sédition s'apaisait.

19. 1 Quand on fut en vue du Pô [1], la nuit approchant, il décida de se retrancher dans un camp. Ce travail, auquel

sed longa pax ad omne seruitium fregerat faciles
occupantibus et melioribus incuriosos. Florentissimum
Italiae latus, quantum inter Padum Alpesque campo-
rum et urbium, armis Vitellii — namque et praemissae
a Caecina cohortes aduenerant — tenebatur. 2 Capta
Pannoniorum cohors apud Cremonam, intercepti centum equites ac mille classici inter Placentiam Tici-
numque. Quo successu Vitellianus miles non iam
flumine aut ripis arcebatur ; inritabat quin etiam
Batauos Transrhenanosque Padus ipse, quem repente
contra Placentiam transgressi, raptis quibusdam exploratoribus, ita ceteros terruere ut adesse omnem Caecinae exercitum trepidi ac falsi nuntiarent.

18. 1 Certum erat Spurinnae — is enim Placentiam
obtinebat — necdum uenisse Caecinam et, si propin-
quaret, coercere intra munimenta militem nec tris
praetorias cohortes et mille uexillarios cum paucis
equitibus ueterano exercitui obicere. 2 Sed indomitus
miles et belli ignarus correptis signis uexillisque ruere
et retinenti duci tela intentare, spretis centurionibus
tribunisque ; qui*n* pro*di* Othonem et accitum Caecinam
clamitabant. Fit temeritatis alienae comes Spurinna,
primo coactus, mox uelle simulans, quo plus auctoritatis inesset consiliis, si seditio mitesceret.

19. 1 Postquam in conspectu Padus et nox adpete-
bat, uallari castra placuit. Is labor urbano militi

18, 2 tribunisque *Muret* : tribunisque prouidentiam ducis laudari
M, sed tria postrema uerba del. Muret ut praecepta ex c. 19, 1 ‖ quin
Agricola : qui *codd.* ‖ prodi Othonem *Bekker* : pro othonem *M* pro
othone *uel* othonem *recc.*

des soldats de la milice urbaine n'étaient pas habitués, brisa les énergies[2]. Alors les soldats les plus anciens s'en prennent à leur propre crédulité, manifestent leur crainte et mettent en lumière la situation critique où ils se seraient trouvés si, dans ces plaines découvertes, Caecina avait encerclé avec son armée un si petit nombre de cohortes. Dans tout le camp on tient maintenant des propos modérés et, comme les centurions et les tribuns s'introduisent dans les groupes, on vante la prévoyance du chef, qui avait su choisir une colonie[3] forte et pleine de ressources comme base solide pour les opérations. 2 Enfin Spurinna en personne, moins en blâmant leur faute qu'en justifiant son plan, après avoir laissé sur place des éclaireurs, ramena à Plaisance le reste de ses soldats, moins turbulents et disposés à obéir. On consolida les murailles, on ajouta des ouvrages avancés[4], on suréleva les tours, on prit soin de s'assurer non seulement des armes, mais cet esprit de soumission et d'obéissance, qui seul manqua à ce parti, où le courage ne laissait pas à désirer[5].

20. 1 Cependant Caecina, comme s'il avait laissé derrière les Alpes la cruauté et la licence[1], fit observer la discipline dans sa marche en Italie. Mais son accoutrement passait pour une provocation aux yeux des municipes et des colonies, car il portait un sayon bigarré et des braies — un vêtement de barbare[2] — pour haranguer des citoyens en toge. De son côté[3], sa femme Salonina qui, sans vouloir vexer personne, paradait à cheval et sous la pourpre, les offensait comme si elle leur eût fait du tort[4] ; la nature humaine est ainsi faite : on scrute d'un œil perçant la réussite d'autrui quand elle est récente et on n'exige de personne autant de modestie dans le succès que de ceux qu'on a connus sur un pied d'égalité. 2 Caecina, après

insolitus contundit animos. Tum uetustissimus quisque
castigare credulitatem suam, metum ac discrimen osten-
dere, si cum exercitu Caecina patentibus campis tam
paucas cohortes circumfudisset. Iamque totis castris
modesti sermones, et inserentibus se centurionibus
tribunisque laudari prouidentia ducis, quod coloniam
uirium et opum ualidam robur ac sedem bello legisset.
2 Ipse postremo Spurinna, non tam culpam exprobrans
quam rationem ostendens, relictis exploratoribus, ceteros Placentiam reduxit minus turbidos et imperia
accipientes. Solidati muri, propugnacula addita, auctae
turres, prouisa parataque non arma modo, sed obsequium et parendi amor, quod solum illis partibus
defuit, cum uirtutis haud paeniteret.

20. 1 At Caecina, uelut relicta post Alpes saeuitia ac
licentia, modesto agmine per Italiam incessit. Ornatum
ipsius municipia et coloniae in superbiam trahebant,
quod uersicolori sagulo, bracas, barbarum tegmen,
indutus togatos adloqueretur. Vxorem quoque eius
Saloninam, quamquam in nullius iniuriam insignis
equo ostroque ueheretur, tamquam laesi grauabantur,
insita mortalibus natura recentem aliorum felicitatem
acribus oculis introspicere modumque fortunae a nullis
magis exigere quam quos in aequo uiderunt. 2 Caecina

19, 1 contundit *M recc.* : -tudit *alii* ‖ credulitatem *M* : crudelitatem
recc. ‖ prouidentia *J. F. Gronov* : -tiam *codd.*
2 rationem *recc., Nipperdey* : -ne *M alii* ‖ ostendens *M²* :
extendens *M¹* attendens *recc.* ‖ propugnacula *M²* : -li *M¹* ‖ obsequium
M² recc. : -quio *M¹* -quia *alii.*
20, 1 uersicolori *M²* : -ris *M¹ recc.* ‖ barbarum tegmen *recc.* :
barbarum tecgmen *M* tegmen barbarum *recc.* secl. *Ritter* ‖ quoque
M² in marg. L : autem *M¹* ‖ insita *M²* : -tam *M¹* ‖ acribus *recc.* :
agribus *M* aegris *uel* aequis *uel* acrioribus *alii* ‖ in aequo *recc.* :
inequos *M* in equis *alii.*

avoir passé le Pô[5], sonda le loyalisme des Othoniens au cours d'une entrevue, en leur faisant des promesses, et il subit de leur part les mêmes pressions ; puis, quand on eut discuté de la paix et de la concorde — mots pompeux et vides de sens ! — il orienta ses plans et ses préoccupations vers l'assaut de Plaisance, qu'il voulait terrifiant, sachant qu'un succès initial assurerait sa réputation pour le reste de la guerre.

21. 1 Le premier jour fut consacré à une attaque violente, plutôt qu'à des manœuvres dignes d'une armée de vétérans[1] : ils s'approchèrent des murailles, à découvert et sans précaution, gorgés de nourriture et de vin. Dans ce combat, l'amphithéâtre, un magnifique édifice situé hors les murs, fut réduit en cendres[2], soit que les assaillants y aient mis le feu, en lançant contre les assiégés des torches, des balles et des traits enflammés[3], soit que ce fussent les assiégés, en les renvoyant[4]. 2 La populace, toujours soupçonneuse dans les petites villes, s'imagina que des habitants des colonies voisines avaient apporté par malveillance des matières inflammables, parce que leur jalousie ombrageuse n'admettait pas qu'il n'y eût en Italie aucun autre édifice si imposant ni aussi vaste. Quelle que fût la cause du désastre, tant qu'on en craignait de plus affreux, on le jugea de peu d'importance ; une fois la sécurité revenue, on le déplora comme la pire des calamités. 3 Toujours est-il que Caecina fut repoussé avec de grandes pertes et que la nuit se passa en préparatifs : les Vitelliens disposent des gabions, des claies et des mantelets pour saper les murs et protéger les assaillants[5] ; les Othoniens, des pieux[6] et d'énormes masses de pierres, de plomb et de bronze pour mettre en pièces et écraser l'ennemi. 4 Des

Padum transgressus, temptata Othonianorum fide per
conloquium et promissa, isdem petitus, postquam pax
et concordia speciosis et inritis nominibus iactata sunt,
consilia curasque in oppugnationem Placentiae magno
terrore uertit, gnarus, ut initia belli prouenissent,
famam in cetera fore.

21. 1 Sed primus dies impetu magis quam ueterani
exercitus artibus transactus : aperti incautique muros
subiere, cibo uinoque praegraues. In eo certamine
pulcherrimum amphitheatri opus, situm extra muros,
conflagrauit, siue ab oppugnatoribus incensum, dum
faces et glandes et missilem ignem in obsessos iaculan-
tur, siue ab obsessis, dum re*t*orta *in*gerunt. 2 Munici-
pale uolgus, pronum ad suspiciones, fraude inlata ignis
alimenta credidit a quibusdam e uicinis coloniis inuidia
et aemulatione, quod nulla in Italia moles tam capax
foret. Quocumque casu accidit, dum atrociora metuebantur, in leui habitum, reddita securitate, tamquam
nihil grauius pati potuissent, maerebant. 3 Ceterum
multo suorum cruore pulsus Caecina, et nox parandis
operibus a*b*sumpta : Vitelliani pluteos cratesque et
uineas subfodiendis muris protegendisque oppugnatoribus, Othoniani sudes et immensas lapidum ac plumbi
aerisque moles perfringendis obruendisque hostibus

2 caecina M^2 : -nam M^1 ‖ padum M^2 : -dus M^1 ‖ othonianorum *recc.* :
othianorum M ‖ famam *recc.* : fama M.

21, 1 cibo *recc.* : ciuo M^2 ciuos M^1 ‖ glandes *recc.* : flandes M ‖ in
obsessos *recc.* : Inobsesso M ‖ retorta ingerunt *J. Gronov* : reportans
gerunt M *recc.* paria regerunt *Meiser* reciproca ingerunt *E. Wolff*
regerunt *recc. Puteolanus.*

2 e *recc.* : et M *alii* ex *alii* ‖ inuidia et *Muret* : -diae et M inuidiae
recc.

3 absumpta *Muret* : assumpta M L.

deux côtés, le même point d'honneur ; des deux côtés, le
même désir de gloire, mais des exhortations contraires : ici
on exaltait la solidité des légions et de l'armée de
Germanie, là le prestige de la milice urbaine et des
cohortes prétoriennes ; les uns traitaient leurs ennemis de
lâches et de fainéants, corrompus par le cirque et les
théâtres ; les autres, d'étrangers et de barbares [7]. En même
temps, glorifiant ou incriminant Othon et Vitellius, ils se
stimulaient les uns les autres par des invectives plus
fournies que les éloges.

22. 1 Le jour à peine levé, les remparts étaient
couverts de défenseurs, la plaine étincelait d'armes et de
guerriers ; les légionnaires en rangs serrés [1], la troupe des
auxiliaires en ordre dispersé criblent le haut des murs de
flèches ou de pierres, attaquent de près les points mal
gardés ou dégradés par le temps [2]. D'en haut, les Othoniens, mieux placés pour lancer leurs javelots et assurer
leurs coups [3], accablent les cohortes des Germains qui
s'avançaient imprudemment, aux accents d'un chant sauvage [4], nus à la mode de leur pays [5] et agitant leurs
boucliers au-dessus de leurs épaules [6]. 2 Le légionnaire,
protégé par des gabions et des claies, sape les murs, élève
une terrasse, bat les portes ; les prétoriens avaient disposé
pour les recevoir des quartiers de roc, dont ils font rouler
sur eux les masses pesantes, à grand fracas. Une partie des
assaillants furent écrasés ; d'autres, percés de traits,
exsangues ou mutilés, dans une panique qui accroissait
leurs pertes et incitait à redoubler les coups qu'on leur
portait du haut des remparts [7], se replièrent, en laissant
ruiné le prestige du parti [8]. 3 Alors Caecina, honteux d'une
attaque lancée à la légère, ne voulant pas qu'on raillât la
vanité de ses efforts s'il restait inactif dans le même camp,
repassa le Pô et entreprit de marcher sur Crémone [9]. Au
moment de son départ, se livrèrent à lui Turullius Cerialis
avec de nombreux soldats de marine [10] et Julius Briganticus avec quelques cavaliers [11] ; ce dernier, né chez les

expediunt. 4 Vtrimque pudor, utrimque gloria, et
diuersae exhortationes hinc legionum et Germanici
exercitus robur, inde urbanae militiae et praetoriarum
cohortium decus attollentium ; illi ut segnem et desidem et circo ac theatris corruptum militem, hi peregri-
num et externum increpabant. Simul Othonem ac
Vitellium celebrantes culpantesue uberioribus inter se
probris quam laudibus stimulabantur.

22. 1 Vixdum orto die, plena propugnatoribus
moenia, fulgentes armis uirisque campi ; densum legionum agmen, sparsa auxiliorum manus altiora murorum
sagittis aut saxis incessere, neglecta aut aeuo fluxa
comminus adgredi. Ingerunt desuper Othoniani pila
librato magis et certo ictu aduersus temere subeuntes
cohortes Germanorum, cantu truci et more patrio nudis
corporibus super umeros scuta quatientium. 2 Legionarius pluteis et cratibus tectus subruit muros, instruit
aggerem, molitur portas ; contra praetoriani dispositos
ad id ipsum molares ingenti pondere ac fragore
prouoluunt. Pars subeuntium obruti, pars confixi et
exsangues aut laceri, cum augeret stragem trepidatio
eoque acrius e moenibus uolnerarentur, rediere, infracta
partium fama. 3 Et Caecina pudore coeptae temere
obpugnationis, ne inrisus ac uanus isdem castris adsideret,
traiecto rursus Pado Cremonam petere intendit. Tradidere
sese abeunti Turullius Cerialis cum compluribus classicis
et Iulius Briganticus cum paucis equitum, hic praefec-

22, 1 campi M^2 : -pis M^1 || desuper *M recc.* : insuper *alii*.
2 legionarius *recc.* : -rium *M alii* || cratibus *recc.* : grat- *M alii* ||
tectus *M* : textus *recc.* || praetoriani *recc.* : -nis *M* -nus *alii* || molares
M^2 : -rem M^1 || rediere *recc.* : redire *M alii*.
3 obpugnationis M^2 : -nes M^1.

Bataves, commandait une aile de cavalerie ; l'autre était un primipile, qui n'était pas un inconnu pour Caecina, car il avait servi comme centurion en Germanie [12].

23. 1 Spurinna, renseigné sur l'itinéraire de l'ennemi, informe par lettre Annius Gallus [1] de la défense de Plaisance, de ce qui s'est passé et de ce que prépare Caecina. Gallus amenait la première légion [2] au secours de Plaisance, dans la crainte qu'un si petit nombre de cohortes [3] ne pût soutenir un siège un peu long ni résister à la puissante armée de Germanie. 2 Quand il sut que Caecina, après son échec, marchait sur Crémone, il eut peine à contenir sa légion, que l'ardeur de combattre entraînait à la sédition, et il prit position à Bédriac [4]. C'est un bourg situé entre Vérone [5] et Crémone [6], auquel deux désastres romains ont donné une sinistre célébrité [7].

3 Pendant ces mêmes jours [8], Martius Macer [9] livra, non loin de Crémone, un combat heureux : ce Martius, un homme résolu, embarqua les gladiateurs [10] et les jeta à l'improviste sur l'autre rive du Pô [11]. Là, les auxiliaires de Vitellius furent mis en déroute et s'enfuirent vers Crémone ; ceux qui avaient résisté furent massacrés ; mais il retint l'élan des vainqueurs, craignant que l'ennemi, renforcé de réserves fraîches, ne changeât la fortune du combat. 4 Cela parut suspect aux Othoniens, qui interprétaient de travers tous les actes de leurs chefs. A l'envi, les plus lâches, les plus insolents harcelaient d'accusations diverses Annius Gallus ainsi que Suetonius Paulinus et Marius Celsus [12] — car eux aussi avaient été pourvus d'un

tus alae in Batauis genitus, ille primipilaris et Caecinae haud alienus, quod ordines in Germania duxerat.

23. 1 Spurinna, comperto itinere hostium, defensam Placentiam quaeque acta et quid Caecina pararet Annium Gallum per litteras docet. Gallus legionem primam in auxilium Placentiae ducebat, diffisus paucitati cohortium, ne longius obsidium et uim Germanici exercitus parum tolerarent. 2 Vbi pulsum Caecinam pergere Cremonam accepit, aegre coercitam legionem et pugnandi ardore usque ad seditionem progressam Bedriaci sistit. Inter Veronam Cremonamque situs est uicus, duabus iam Romanis cladibus notus infaustusque.

3 Isdem diebus a Martio Macro haud procul Cremona prospere pugnatum : namque promptus animi Martius transuectos nauibus gladiatores in aduersam Padi ripam repente effudit. Turbata ibi Vitellianorum auxilia et, ceteris Cremonam fugientibus, caesi qui restiterant ; sed repressus uincentium impetus, ne nouis subsidiis firmati hostes fortunam proelii mutarent. 4 Suspectum id Othonianis fuit, omnia ducum facta praue aestimantibus. Certatim, ut quisque animo ignauus, procax ore, Annium Gallum et Suetonium Paulinum et Marium Celsum — nam eos quoque Otho praefecerat — uariis

---

1 briganticus *recc.* : breg- *M alii.*
23, 1 paucitati M^2 : -te M^1 *recc.*
2 pulsum *recc.* : pulsu *M* || infaustusque *recc.* : infast- *M.*
3 Martio *Dessau* : marcio *M* || promptus *recc.* : promptius *M alii* || Martius *Dessau* : marcius *M* || restiterant *recc.* : resisterant M^2 -rat M^1 || repressus *recc.* : reprehensis *M* -si *alii* || uincentium M^2 : uicen- M^1.
4 ducum L^2, *Stuttg².*, *Freinsheim* : quocum *M* uocum *uel* quaecumque *recc.* || procax ore M^2 : proprocaxore M^1 || paulinum M^2 : paulium M^1 || nam eos quoque *M* : nam hos quoque *J. Müller.*

commandement par Othon. 5 Les plus ardents instigateurs
des mutineries et de la discorde étaient les meurtriers de
Galba : égarés par leur crime et par la peur, ils mettaient
partout le désordre, tantôt par leurs propos ouvertement
séditieux, tantôt par des rapports secrets à Othon. Celui-ci,
prêt à croire le dernier de ses soldats, craignant les
honnêtes gens, était dans les transes, irrésolu dans le
succès et plus assuré au milieu des revers. Aussi fit-il venir
son frère Titianus pour lui confier la conduite de la
guerre [13].

La bataille *ad Castores*.

24. 1 Dans le même temps [1], sous la conduite de
Paulinus et de Celsus, il y eut des opérations remarquable-
ment conduites. Caecina se tourmentait de voir échouer
toutes ses entreprises et décliner la réputation de son
armée. Repoussé de Plaisance, ses auxiliaires ayant été
naguère taillés en pièces, inférieur même dans les rencon-
tres d'éclaireurs, en des combats plus fréquents que
mémorables, craignant, à l'approche de Fabius Valens, que
ce dernier ne recueillît tout l'honneur de la campagne, il
cherchait en hâte à recouvrer sa gloire, avec plus d'ardeur
que de réflexion. 2 A douze milles de Crémone [2], au lieu
dit « Les Castors » [3], il dispose en embuscade les plus
intrépides de ses auxiliaires dans des bois qui dominent la
route ; la cavalerie reçoit l'ordre de se porter en avant, de
provoquer un combat, puis, en se dérobant, d'entraîner
l'ennemi dans une poursuite hâtive, jusqu'au moment où
l'embuscade se lèverait pour combattre. 3 Ce plan fut
révélé aux généraux d'Othon [4] ; Paulinus prit en charge
l'infanterie, Celsus la cavalerie [5]. Un détachement de la
treizième légion, quatre cohortes d'auxiliaires et cinq cents
cavaliers sont placés sur la gauche [6], trois cohortes prétoriennes en formation profonde occupèrent la chaussée [7] ;
en première ligne, à droite, marchait la première légion [8]

criminibus incessebant. 5 Acerrima seditionum ac
discordiae incitamenta, interfectores Galbae, scelere et
metu uecordes, miscere cuncta, modo palam turbidis
uocibus, modo occultis ad Othonem litteris ; qui humil-
limo cuique credulus, bonos metuens trepidabat, rebus
prosperis incertus et inter aduersa melior. Igitur Titianum fratrem accitum bello praeposuit.

24. 1 Interea Paulini et Celsi ductu res egregie
gestae. Angebant Caecinam nequiquam omnia coepta et
senescens exercitus sui fama. Pulsus Placentia, caesis
nuper auxiliis, etiam per concursum exploratorum,
crebra magis quam digna memoratu proelia, inferior,
propinquante Fabio Valente, ne omne belli decus illuc
concederet, reciperare gloriam auidius quam consultius
properabat. 2 Ad duodecimum a Cremona — locus
Castorum uocatur — ferocissimos auxiliarium immi-
nentibus uiae lucis occultos componit ; equites proce-
dere longius iussi et inritato proelio sponte refugi
festinationem sequentium elicere, donec insidiae coorerentur. 3 Proditum id Othonianis ducibus, et curam
peditum Paulinus, equitum Celsus sumpsere. Tertiae
decimae legionis uexillum, quattuor auxiliorum cohortes et quingenti equites in sinistro locantur ; aggerem
uiae tres praetoriae cohortes altis ordinibus obtinuere ;

4 incessebant *L²*, *Agricola* : Incesserant *M alii* incesserent *L¹*.
24, 1 et celsi ductu *recc.* : et consilii ducti *M alii alia* ‖ egregie
recc. : -giae *M* ‖ nequiquam *M recc.* : nequaquam *alii* ‖ concursum
M² : cursum *M¹*.
2 Castorum *Alciatus* : castrorum *M²* castrarum *M¹* ‖ auxiliarium
M² : -rios *M¹ alii* ‖ iussi *Rhenanus* : iussit *codd.* ‖ refugi *M* : refugere
recc. ‖ festinationem *recc.* : -ne *M alii* ‖ coorerentur *Rhenanus* :
coercerentur *M recc.* coher- *uel* coerceret *alii*.

avec deux cohortes auxiliaires et cinq cents cavaliers ; en
outre on amenait, prélevés sur le prétoire [9] et les auxiliaires,
mille cavaliers, chargés de parfaire le succès ou de
remédier aux défaillances.

25. 1 Avant que les deux lignes ne fussent aux prises,
les Vitelliens tournèrent bride ; Celsus, averti du stratagème, retint ses cavaliers ; les Vitelliens [1] sortent inconsi-
dérément et, Celsus cédant peu à peu du terrain, ils le
poursuivent, mais trop loin, et donnent tête baissée dans
une embuscade ; en effet les cohortes étaient sur leurs
flancs, les légions faisaient front [2], et par un brusque
mouvement tournant la cavalerie avait enveloppé leurs
arrières [3]. 2 Le signal du combat ne fut pas donné tout de
suite à l'infanterie par Suetonius Paulinus ; temporisateur
par tempérament [4] et préférant les plans prudents et
calculés à ceux qui réussissent par l'effet du hasard, il
faisait combler les fossés, dégager la plaine [5], déployer la
ligne de bataille, convaincu qu'il était bien assez tôt pour
commencer à vaincre, quand on avait pris ses dispositions
pour n'être pas vaincu. Cette temporisation donna aux
Vitelliens le temps de se réfugier dans des vignes dont les
sarments entrelacés faisaient obstacle [6], en outre un petit
bois y était contigu ; osant lancer à partir de là une contre-
attaque, ils tuèrent les plus déterminés des cavaliers
prétoriens [7]. Le prince Epiphane fut blessé, alors qu'il
stimulait sans relâche les soldats à se battre pour Othon [8].

26. 1 C'est alors que l'infanterie othonienne s'élança ;
après avoir écrasé la ligne ennemie, elle mit en fuite même
ceux qui venaient en renfort ; en effet Caecina n'avait pas
fait donner toutes les cohortes à la fois, mais successivement [1], ce qui accrut la confusion dans le combat, car ces
unités dispersées, ne se trouvant nulle part en force,
étaient emportées dans la panique des fuyards. De plus, les
soldats se mutinèrent dans le camp parce qu'on ne les

dextra fronte prima legio incessit cum duabus *a*uxil*i*ari-
bus cohortibus et quingentis equitibus ; super hos e
praetorio auxiliisque mille equites, cumulus prosperis
aut subsidium laborantibus, ducebantur.

25. 1 Antequam miscerentur acies, terga uertenti-
bus Vitellianis, Celsus doli prudens repressit suos :
Vitelliani temere exsurgentes, cedente sensim Celso,
longius secuti ultro in insidias praecipitantur ; nam a
lateribus cohortes, legionum aduersa frons, et subito
discursu terga cinxerant equites. 2 Signum pugnae non
statim a Suetonio Paulino pediti datum : cunctator
natura et cui cauta potius consilia cum ratione quam
prospera ex casu placerent, compleri fossas, aperiri
campum, pandi aciem iubebat, satis cito incipi uictoriam ratus, ubi prouisum foret ne uincerentur. Ea
cunctatione spatium Vitellianis datum in uineas nexu
traducum impeditas refugiendi ; et modica silua adhae-
rebat, unde rursus ausi promptissimos praetorianorum
equitum interfecere. Volneratur rex Epiphanes, impigre
pro Othone pugnam ciens.

26. 1 Tum Othonianus pedes erupit : protrita
hostium acie uersi in fugam etiam qui subueniebant ;
nam Caecina non simul cohortes, sed singulas acciuerat,
quae res in proelio trepidationem auxit, cum dispersos
nec usquam ualidos pauor fugientium abriperet. Orta et

3 incessit *recc.* : ingessit *M* ǁ auxiliaribus *Mercier* : uexillaribus *M
alii* ǁ e *recc.* : et *M alii.*

25, 1 cedente *recc.* : cedunt e *M* cedunt et *alii* ǁ cinxerant *M²* : -rat
M¹.

2 othone *M²* : -nem *M¹.*

menait pas en masse au combat : le préfet du camp [2],
Julius Gratus, fut mis aux fers, sous prétexte qu'il
trahissait au bénéfice de son frère qui servait sous Othon,
tandis que ce frère, le tribun Julius Fronto, avait été mis
aux fers par les Othoniens pour le même grief [3]. 2 Quoi
qu'il en soit, le désarroi fut tel de tous côtés, parmi les
fuyards, les assaillants, dans la mêlée, devant le retranchement, que Caecina aurait pu être anéanti avec toute son
armée, si Suetonius Paulinus n'avait pas fait sonner la
retraite : tel est le bruit qui s'est répandu dans les deux
partis [4]. Paulinus déclarait [5] qu'il avait redouté un surcroît
excessif de fatigue et de marche, et que les Vitelliens,
sortant tout frais de leur camp, n'attaquent une troupe
harassée qui, si elle était enfoncée, ne trouverait derrière
elle aucun soutien. Approuvé par un petit nombre, ce
calcul du chef fut accueilli par une rumeur hostile dans la
masse des soldats [6].

Arrivée de Fabius Valens en Italie.

27. 1 Ce revers inspira moins de crainte aux Vitelliens
qu'il ne les ramena à la discipline ; et ce ne fut pas
seulement chez Caecina, qui rejetait la faute sur une
soldatesque plus disposée à se mutiner qu'à se battre, ce
fut aussi dans l'armée de Fabius Valens — il venait
d'arriver à Ticinum [1] — que les troupes, cessant de
mépriser l'ennemi et jalouses de recouvrer leur honneur [2],
obéissaient au chef avec plus de respect et de régularité.

2 Une grave mutinerie avait éclaté parmi eux en une
autre occasion [3] ; je remonterai un peu plus haut pour la
raconter — car il n'eût pas été opportun d'interrompre le
récit suivi des opérations de Caecina. Les cohortes bataves
qui, pendant la guerre contre Néron, s'étaient séparées de
la quatorzième légion [4] et qui, se rendant en Bretagne,
avaient fait leur jonction avec Fabius Valens dans la cité

in castris seditio, quod non uniuersi ducerentur :
uinctus praefectus castrorum Iulius Gratus, tamquam
fratri apud Othonem militanti proditionem ageret, cum
fratrem eius, Iulium Frontonem tribunum, Othoniani
sub eodem crimine uinxissent. 2 Ceterum ea ubique
formido fuit apud fugientes, occursantes, in acie, pro
uallo, ut deleri cum uniuerso exercitu Caecinam potuisse,
ni Suetonius Paulinus receptui cecinisset, utrisque in
partibus percrebruerit. Timuisse se Paulinus ferebat
tantum insuper laboris atque itineris, ne Vitellianus
miles recens e castris fessos adgrederetur et perculsis
nullum retro subsidium foret. Apud paucos ea ducis
ratio probata, in uolgus aduerso rumore fuit.

27. 1 Haud proinde id damnum Vitellianos in
metum compulit quam ad modestiam composuit ; nec
solum apud Caecinam, qui culpam in militem conferebat,
seditioni magis quam proelio paratum : Fabii quoque
Valentis copiae — iam enim Ticinum uenerat —, posito
hostium contemptu et reciperandi decoris cupidine,
reuerentius et aequalius duci parebant.

2 Grauis alioquin seditio exarserat, quam altiore
initio — neque enim rerum a Caecina gestarum
ordinem interrumpi oportuerat — repetam. Cohortes
Batauorum, quas bello Neronis a quarta decima legione
digressas, cum Britanniam peterent, audito Vitellii
motu, in ciuitate Lingonum Fabio Valenti adiunctas

26, 2 percrebruerit L^2, *Beroald* : -bruit *M alii* -buit *alii* ‖ perculsis
recc. periculosis *M alii* ‖ aduerso rumore *recc.* : aduersorum ore *M
alii.*
27, 1 proinde *M recc.* : perinde *alii* ‖ aequalius M^2 : -lis M^1
aequabilius *Agricola.*
2 interrumpi M^2 : -pit M^1.

des Lingons, à la nouvelle du soulèvement de Vitellius, comme nous l'avons rapporté [5], faisaient preuve d'arrogance : parcourant les tentes de chaque légion, elles se vantaient d'avoir mis au pas les soldats de la quatorzième [6], d'avoir enlevé l'Italie à Néron et de tenir entre leurs mains tout le sort de la guerre [7]. C'était faire affront aux soldats, offenser leur chef ; les querelles et les rixes ruinaient la discipline ; Valens finissait par se demander si cette insolence n'irait pas jusqu'à la trahison [8].

28. 1 En conséquence, à la nouvelle que la flotte d'Othon avait repoussé la cavalerie trévire et les Tongres, et qu'elle bloquait la Gaule Narbonnaise [1], soucieux de protéger les alliés, tout en dispersant par un stratagème des cohortes turbulentes et qui, réunies, seraient trop fortes, il donne à une partie des Bataves l'ordre d'aller à la rescousse. Quand cette nouvelle se fut répandue, les troupes alliées s'affligèrent, les légions murmurèrent : 2 « On les privait du secours des soldats les plus valeureux ; ces vétérans, vainqueurs dans tant de guerres [2], on attendait d'être en présence de l'ennemi pour les enlever, pour ainsi dire, du champ de bataille. Si une province valait mieux que Rome et que le salut de l'Empire, toute l'armée devait les suivre là-bas ; mais si la pierre angulaire de la victoire [3] se trouvait en Italie, il ne fallait pas arracher, pour ainsi dire, à un corps ses membres les plus vigoureux ».

29. 1 Les soldats manifestant ainsi avec véhémence, Valens avait envoyé ses licteurs [1] pour tenter de réprimer la sédition ; ils s'en prennent à sa personne, lui lancent des pierres, le poursuivent dans sa fuite. L'accusant à grands cris de cacher le butin des Gaules et l'or des Viennois [2], prix de leurs épreuves, ils pillaient ses bagages, fouillaient

rettulimus, superbe agebant, ut cuiusque legionis tentoria accessissent, coercitos a se quartadecimanos, ablatam Neroni Italiam atque omnem belli fortunam in
ipsorum manu sitam iactantes. Contumeliosum id
militibus, acerbum duci ; corrupta iurgiis aut rixis
disciplina ; ad postremum Valens e petulantia etiam
perfidiam suspectabat.

28. 1 Igitur nuntio adlato pulsam Treuirorum alam
Tungrosque a classe Othonis et Narbonensem Galliam
circumiri, simul cura socios tuendi et militari astu
cohortes turbidas ac, si una forent, praeualidas disper-
gendi, partem Batauorum ire in subsidium iubet. Quod
ubi auditum uolgatumque, maerere socii, fremere
legiones : 2 orbari se fortissimorum uirorum auxilio ;
ueteres illos et tot bellorum uictores, postquam in
conspectu sit hostis, uelut ex acie abduci. Si prouincia
urbe et salute imperii potior sit, omnes illuc sequeren-
tur ; sin uictoriae [sanitas sustentaculum] columen in
Italia uerteretur, non abrumpendos ut corpori ualidissi-
mos artus.

29. 1 Haec ferociter iactando, postquam immissis
lictoribus Valens coercere seditionem coeptabat, ipsum
inuadunt, saxa iaciunt, fugientem sequuntur. Spolia
Galliarum et Viennensium aurum, [et] pretia laborum
suorum, occultare clamitantes, direptis sarcinis taberna-

2 agebant *M recc.* : aiebant *alii* || cuiusque *recc.* : cuius *M alii*.
28, 1 treuirorum *uel* treuerorum *recc.* : Ire uirorum *M* ||
tungrosque *M²* : ungrosque *M¹*.
2 sanitas sustentaculum *codd.* : *secl. Nipperdey.*
29, 1 coercere *M²* : coher- *M¹* || et *ante* pretia *del. Classen.*

la tente de leur général, allant jusqu'à sonder le sol avec leurs javelots et leurs lances ; quant à Valens, déguisé en esclave, il se cachait chez un décurion de cavalerie [3]. 2 Alors le préfet du camp, Alfenus Varus [4], voyant la sédition s'éteindre peu à peu, prend une sage mesure : il défend aux centurions de faire leurs rondes de nuit, aux trompettes de sonner les appels pour les tâches du service. Les voilà tous paralysés, ils se regardent les uns les autres, stupéfaits et s'épouvantant à la seule idée que personne ne les commandait ; par leur silence, par leur soumission, par leurs prières enfin et par leurs larmes, ils cherchaient à se faire pardonner. 3 Mais quand, méconnaissable, en pleurs, sain et sauf contre toute attente, Valens parut devant eux, ce fut de la joie, de la compassion, de l'enthousiasme ; passant à l'allégresse — car la foule va d'un excès à l'autre — ils le louent, le congratulent, l'entourent des aigles et des enseignes [5] et le portent jusqu'à son tribunal. Observant une modération politique, il ne demanda l'exécution de personne et, pour ne pas susciter plus de soupçons en fermant les yeux, il mit en cause quelques meneurs [6], sachant bien que les guerres civiles donnent plus de licence aux soldats qu'aux chefs [7].

30. 1 Comme ils se retranchaient dans un camp près de Ticinum, ils apprirent la défaite de Caecina [1] et la sédition faillit recommencer [2], car ils s'imaginaient que la traîtrise et les temporisations de Valens leur avaient fait manquer la bataille : ils ne veulent plus de repos, ils n'attendent pas leur général, devançant les enseignes, pressent les porte-enseignes et font, par une marche rapide, leur jonction avec Caecina. 2 Valens avait une fâcheuse réputation dans l'armée de Caecina : les soldats se plaignaient d'avoir été exposés, malgré leur grande infériorité numérique [3], à la totalité des forces ennemies ; c'était à la fois une excuse pour eux-mêmes et une flatterie exaltant la valeur des nouveaux venus, afin de n'être pas méprisés par eux comme des vaincus et des lâches. D'ailleurs, bien

cula ducis ipsamque humum pilis et lanceis rimabantur ;
nam Valens seruili ueste apud decurionem equitum
tegebatur. 2 Tum Alfenus Varus praefectus castrorum
deflagrante paulatim seditione, addit consilium, uetitis
obire uigilias centurionibus, omisso tubae sono, quo
miles ad belli munia cietur. Igitur torpere cuncti,
circumspectare inter se attoniti et id ipsum quod nemo
regeret pauentes : silentio, patientia, postremo precibus
ac lacrimis ueniam quaerebant. 3 Vt uero deformis et
flens et praeter spem incolumis Valens processit,
gaudium, miseratio, fauor : uersi in laetitiam, ut est
uolgus utroque immodicum, laudantes gratantesque
circumdatum aquilis signisque in tribunal ferunt. Ille
utili moderatione non supplicium cuiusquam poposcit,
ac, ne dissimulans suspectior foret, paucos incusauit,
gnarus ciuilibus bellis plus militibus quam ducibus
licere.

30. 1 Munientibus castra apud Ticinum de aduersa
Caecinae pugna adlatum, et prope renouata seditio,
tamquam fraude et cunctationibus Valentis proelio
defuissent : nolle requiem, non exspectare ducem,
anteire signa, urguere signiferos ; rapido agmine Caecinae iunguntur. 2 Improspera Valentis fama apud
exercitum Caecinae erat : expositos se tanto pauciores
integris hostium uiribus querebantur, simul in suam
excusationem et aduentantium robur per adulationem
attollentes, ne ut uicti et ignaui despectarentur. Et
quamquam plus uirium, prope duplicatus legionum

2 Alfenus *edd.* : -nius *codd.* || seditione M^2 : -nem M^1 || obire M^1 :
circuire M^2 *in marg.*
30, 1 prope M : propere *alii* || signiferos M^2 : signoferos M^1.

que Valens eût plus de forces, presque le double de légionnaires et d'auxiliaires [4], la faveur des soldats allait pourtant à Caecina : outre sa bienveillance qui le faisait passer pour plus complaisant, il avait pour lui la vigueur de l'âge, une haute taille et une popularité injustifiée [5]. 3 Ce fut une cause de rivalité entre les chefs ; ils se tournaient l'un l'autre en ridicule : pour Caecina, Valens était un être vil et taré [6], pour l'autre, Caecina était un orgueilleux et un vaniteux [7]. Toutefois, refoulant leur haine, ils défendaient les mêmes intérêts, ne cessant dans leurs lettres d'insulter Othon, sans songer à se ménager son pardon, tandis que les chefs du parti othonien s'abstenaient de toute invective contre Vitellius, si riche que fût la matière [8].

31. 1 A vrai dire, avant la mort de ces deux hommes, qui valut à Othon une éclatante renommée, à Vitellius le comble de l'ignominie [1], on redoutait moins les plaisirs énervants de Vitellius que les passions volcaniques d'Othon : de plus, ce dernier inspirait la terreur et la haine, à cause du meurtre de Galba, alors que personne n'imputait à l'autre l'initiative de la guerre [2]. Vitellius, par sa gloutonnerie et son intempérance ne déshonorait que lui-même ; Othon, par ses excès, sa cruauté, son audace, passait pour plus dangereux pour l'Etat.

Conseil de guerre des Othoniens.

2 Après la jonction des troupes de Caecina et de Valens [3], rien n'empêchait plus les Vitelliens de jeter toutes leurs forces dans la bataille [4]. Othon tint conseil pour décider s'il ferait traîner la guerre ou tenterait la fortune [5].

32. 1 Alors Suetonius Paulinus crut devoir à sa réputation [1], qui faisait de lui le plus habile capitaine de

auxiliorumque numerus erat Valenti, studia tamen
militum in Caecinam inclinabant, super benignitatem
animi, qua promptior habebatur, etiam uigore aetatis,
proceritate corporis et quodam inani fauore. 3 Hinc
aemulatio ducibus : Caecina ut foedum ac maculosum,
ille ut tumidum ac uanum inridebant. Sed condito odio
eandem utilitatem fouere, crebris epistulis sine respectu
ueniae probra Othoni obiectantes, cum duces partium
Othonis quamuis uberrima conuiciorum in Vitellium
materia abstinerent.

31. 1 Sane ante utriusque exitum, quo egregiam
Otho famam, Vitellius flagitiosissimam meruere, minus
Vitellii ignauae uoluptates quam Othonis flagrantissimae libidines timebantur : addiderat huic terrorem
atque odium caedes Galbae, contra illi initium belli
nemo imputabat. Vitellius uentre et gula sibi inho*nes*-
tus, Otho luxu, saeuitia, audacia rei publicae exitiosior
ducebatur.

2 Coniunctis Caecinae ac Valentis copiis, nulla ultra
penes Vitellianos mora quin totis uiribus certarent.
Otho consultauit trahi bellum an fortunam experiri
placeret.

32. 1 Tunc Suetonius Paulinus dignum fama sua
ratus, qua nemo illa tempestate militaris rei callidior

---

2 habebatur M^2 : -bantur M^1.
31, 1 uoluptates M^2 : -tis M^1 ‖ flagrantissimae *recc.* : fraglantissimae
M ‖ gula M^2 : gyla M^1 ‖ inhonestus *Victorius* : inhostus M *recc.*
2 trahi *recc.* : trai M.
32, 1 qua M *recc.* : quia *alii.*

son temps, de donner son avis sur la conduite générale de la guerre [2] et exposa que, si la précipitation servait l'ennemi, la temporisation les servait eux-mêmes : l'armée de Vitellius était arrivée tout entière [3], et elle n'avait pas beaucoup de forces en réserve, car les Gaules étaient en effervescence et il ne serait pas sage d'abandonner la rive du Rhin à l'invasion de peuples à ce point hostiles [4] ; l'ennemi et la mer tenaient à l'écart les soldats de Bretagne [5] ; les Espagnes n'avaient pas trop de leurs troupes [6] ; la province de Narbonnaise avait été terrifiée par l'incursion de la flotte et par un combat malheureux [7] ; fermée par les Alpes et privée de tout secours maritime [8], l'Italie transpadane était ravagée par le seul passage des troupes [9] ; nulle part il n'y avait de blé pour une armée et, sans approvisionnements, une armée ne pouvait subsister [10] ; quant aux Germains, l'élément le plus redoutable des forces ennemies, si la guerre traînait jusqu'à l'été, leurs corps avachis ne supporteraient pas le changement de pays et de climat [11] ; bien des guerres, dont le premier choc eût été décisif, ont perdu toute vigueur dans les déboires et les atermoiements. 2 Au contraire, ils avaient eux-mêmes partout des ressources abondantes et assurées [12], la Pannonie, la Mésie, la Dalmatie, l'Orient, avec des armées intactes [13] ; l'Italie et la capitale, avec le Sénat et le peuple, noms dont l'éclat ne s'éteignait jamais, fût-il parfois éclipsé [14] ; des ressources publiques et privées et, en énorme quantité, l'argent, plus puissant que le fer dans les discordes civiles, des soldats habitués à l'Italie et aux grosses chaleurs ; un fleuve, le Pô, pour les couvrir [15], des villes bien défendues et fortifiées, dont aucune ne capitulerait devant l'ennemi, comme l'avait prouvé la défense de Plaisance : Othon n'avait donc qu'à faire durer la guerre. Dans quelques jours, la quatorzième légion, qui jouissait elle-même d'un grand prestige, serait là, avec les troupes de Mésie [16] ; alors on délibérerait de nouveau et, si on décidait de se battre, on lutterait avec des forces accrues ».

habebatur, de toto genere belli censere; festinationem
hostibus, moram ipsis utilem disseruit : exercitum
Vitellii uniuersum aduenisse, nec multum uirium a
tergo, quoniam Galliae tumeant et deserere Rheni
ripam inrupturis tam infestis nationibus non conducat ;
Britannicum militem hoste et mari distineri ; Hispanias
armis non ita redundare ; prouinciam Narbonensem
incursu classis et aduerso proelio contremuisse ; clau-
sam Alpibus et nullo maris subsidio Transpadanam
Italiam atque ipso transitu exercitus uastam ; non
frumentum usquam exercitui, nec exercitum sine copiis
retineri posse ; iam Germanos, quod genus militum
apud hostes atrocissimum sit, tracto in aestatem bello
fluxis corporibus mutationem soli caelique haud tolera-
turos ; multa bella impetu ualida per taedia et moras
euanuisse. 2 Contra ipsis omnia opulenta et fida,
Pannoniam, Moesiam, Delmatiam, Orientem cum integris exercitibus, Italiam et caput rerum urbem sena-
tumque et populum, numquam obscura nomina, etiam
si aliquando obumbrentur ; publicas priuatasque opes
et immensam pecuniam, inter ciuiles discordias ferro
ualidiorem ; corpora militum aut Italiae sueta aut
aestibus ; obiacere flumen Padum, tutas uiris murisque
urbes, e quibus nullam hosti cessuram Placentiae
defensione exploratum ; proinde duceret bellum. Paucis
diebus quartam decimam legionem, magna ipsam fama,
< cum > Moesicis copiis adfore ; tum rursus deliberatu-
rum et, si proelium placuisset, auctis uiribus certaturos.

---

1. distineri *recc.* : dest- *M alii* || uastam *M* : uastatam *alii*.
2 delmatiam *M* : dal- *recc.* || etiam si *recc.* : etiam *M alii* ||
cessuram *recc.* : cens- *M* || defensione *M²* : -nem *M¹* || magna ipsam
fama *recc.* : magnam ipsam famam *M alii* || cum *edd.* : *omis. codd.*
post Moesicis *Ritter* || Moesicis *edd.* : moesaicis *M alii* moesiacis *alii*.

33. 1 Marius Celsus se rangeait à l'avis de Paulinus ;
c'était aussi l'opinion d'Annius Gallus, immobilisé depuis
quelques jours par une chute de cheval, d'après le rapport
de ceux qu'on avait envoyés le consulter [1]. Othon penchait
pour un combat décisif ; son frère Titianus et le préfet du
prétoire Proculus [2], impatients par impéritie [3], procla-
maient que la fortune, les dieux et le génie divin d'Othon
l'assistaient dans ses desseins, l'assisteraient dans ses
entreprises [4] ; et pour éviter qu'on osât les contredire, ils
avaient eu recours à l'adulation [5]. 2 Quand on eut décidé
de se battre, on se demanda s'il valait mieux que
l'empereur prît part au combat, ou fût tenu à l'écart [6].
Sans que Paulinus et Celsus fissent cette fois opposition,
de peur de paraître exposer le prince aux dangers, ceux-là
mêmes qui avaient fait prévaloir la pire décision persuadè-
rent Othon de se retirer à Brixellum [7] où, soustrait aux
hasards des combats, il se réserverait pour la direction
suprême des opérations et de l'Empire. 2 Ce jour-là porta
le premier coup au parti d'Othon [8] : le prince emmena avec
lui une forte troupe de cohortes prétoriennes, de gardes du
corps et de cavaliers [9], et ceux qui restaient perdirent
courage [10] : les généraux étaient suspects et Othon — le
seul en qui le soldat eût confiance — ne se fiant lui-même
qu'aux soldats, n'avait pas précisé les pouvoirs respectifs
des généraux.

Premiers combats.

34. 1 Rien de tout cela n'échappait aux Vitelliens,
grâce aux désertions, fréquentes dans une guerre civile ; de
plus, les espions, curieux d'apprendre les secrets du parti
opposé, ne cachaient pas les leurs. Tranquilles et guettant
le moment où l'ennemi se précipiterait aveuglément à sa
perte, Caecina et Valens faisaient ce qui tient lieu de
sagesse : ils attendaient la sottise d'autrui ; ils avaient
commencé un pont, feignant [1] de vouloir traverser le Pô

33. 1 Accedebat sententiae Paulini Marius Celsus ;
idem placere Annio Gallo, paucos ante dies lapsu equi
adflicto, missi qui consilium eius sciscitarentur rettule-
rant. Otho pronus ad decertandum ; frater eius Titianus
et praefectus praetorii Proculus, imperitia properantes,
fortunam et deos et numen Othonis adesse consiliis,
adfore conatibus testabantur, neu quis obuiam ire
sententiae auderet, in adulationem concesserant. 2
Postquam pugnari placitum, interesse pugnae imperatorem an seponi melius foret dubitauere. Paulino et Celso
iam non aduersantibus, ne principem obiectare periculis uiderentur, idem illi deterioris consilii auctores
perpulere ut Brixellum concederet ac dubiis proeliorum
exemptus summae rerum et imperii se ipsum reseruaret. 3 Is primus dies Othonianas partes adflixit :
namque et cum ipso praetoriarum cohortium et speculatorum equitumque ualida manus discessit, et remanentium fractus animus, quando suspecti duces et
Otho, cui uni apud militem fides, dum et ipse non nisi
militibus credit, imperia ducum in incerto reliquerat.

34. 1 Nihil eorum Vitellianos fallebat, crebris ut in
ciuili bello transfugiis ; et exploratores cura diuersa
sciscitandi sua non occultabant. Quieti intentique Caecina ac Valens, quando hostis imprudentia rueret, quod
loco sapientiae est, alienam stultitiam opperiebantur,
inchoato ponte transitum Padi simulantes aduersus

33, 1 celsus M^2 : -sum M^1 ‖ auderet *recc.* : -diret *M.*
2 summae *recc.* : -mam *M alii* ‖ reseruaret *M recc.* : cons- *alii.*
3 suspecti *recc.* : -tu *M alii* ‖ et otho *recc.* : et ut otho *M alii* ‖ in
recc. : *om. M alii.*
34, 1 quieti *recc.* : qui et *M alii* ‖ alienam *recc.* : -na *M.*

pour attaquer la troupe de gladiateurs sur l'autre rive,
voulant aussi empêcher leurs propres soldats de perdre
leur temps dans l'oisiveté. 2 Des bateaux, placés à
intervalles égaux et reliés à leurs deux extrémités par de
fortes poutres, étaient orientés face au courant et en outre [2]
mouillés sur des ancres pour assurer la solidité du pont ;
mais les câbles des ancres, n'étant pas tendus, restaient
flottants, afin que, en cas de crue [3], la ligne de bateaux pût
s'élever sans se rompre. L'entrée du pont était fermée par
une tour qu'on avait amenée du rivage sur le dernier
bateau [4], d'où l'on repousserait l'ennemi avec des catapultes
et des balistes. Les Othoniens avaient construit sur la rive
une tour, d'où ils lançaient des pierres et des torches.

35. 1 D'autre part, il y avait une île au milieu du
fleuve [1], que les gladiateurs tâchaient d'atteindre en
bateau, mais où les Germains les devançaient à la nage [2].
Comme ils y avaient passé en assez grand nombre, Macer
remplit ses liburniennes [3] des gladiateurs les plus déterminés et les lance à l'attaque. Mais les gladiateurs ne se
battent pas avec autant de résolution que les soldats de
profession ; de plus, sur leurs bateaux instables ils n'assuraient pas leurs coups aussi bien que l'ennemi, de pied
ferme sur la rive [4]. 2 Tandis que les brusques oscillations
causées par la foule agitée jetaient les uns sur les autres
rameurs et combattants, en pleine confusion, les Germains, de leur propre initiative, sautent sur les hauts-
fonds, s'accrochent aux poupes, grimpent sur les tillacs ou,
de leurs mains, coulent les bateaux [5]. Tout cela se passait
sous les yeux des deux armées [6] et, plus les Vitelliens se
réjouissaient, plus les Othoniens s'indignaient, maudissant
la cause et l'auteur du désastre [7].

36. 1 Le combat prit fin par la fuite des derniers
bateaux arrachés aux mains de l'ennemi. On demandait la

oppositam gladiatorum manum, ac ne ipsorum miles
segne otium tereret. 2 Naues pari inter se spatio, ualidis
utrimque trabibus conexae, aduersum in flumen dirige-
bantur, iactis super ancoris quae firmitatem pontis
continerent ; sed ancorarum funes non extenti fluita-
bant, ut augescente flumine inoffensus ordo nauium
attolleretur. Claudebat pontem imposita turris et in
extremam nauem educta, unde tormentis ac machinis
hostes propulsarentur. Othoniani in ripa turrim struxe-
rant saxaque et faces iaculabantur.

35. 1 Et erat insula amne medio, in quam gladiatores nauibus molientes Germani nando praelabebantur.
Ac forte plures transgressos completis Liburnicis per
promptissimos gladiatorum Macèr adgreditur ; sed neque
ea constantia gladiatoribus ad proelia quae militibus,
nec proinde nutantes e nauibus quam stabili gradu e
ripa uolnera derigebant. 2 Et, cum uariis trepidantium
inclinationibus mixti remiges propugnatoresque turbarentur, desilire in uada ultro Germani, retentare puppes,
scandere foros aut comminus mergere. Quae cuncta in
oculis utriusque exercitus quanto laetiora Vitellianis,
tanto acrius Othoniani causam auctoremque cladis
detestabantur.

36. 1 Et proelium quidem, abruptis quae supererant nauibus, fuga diremptum. Macer ad exitium

2 super *M recc.* : insuper *alii* ‖ firmitatem *recc.* : -tate *M alii* ‖
extenti *M²* : -tensi *M¹* ‖ turris *M² recc.* : turbis *M¹* ‖ educta *M recc.* :
deducta *uel* adducta *alii.*
35, 1 quam *M recc.* : qua *alii* ‖ praelabebantur *codd.* : perla- *Halm*
‖ proinde *M recc.* : perinde *alii* ‖ derigebant *M P* : diri- *cett.*
2 cum *recc.* : tum *M alii* ‖ turbarentur *M recc.* : -babantur *alii.*
36, 1 abruptis *recc.* : arruptis *M* abreptis *J. F. Gronov.*

mort de Macer ; il avait déjà reçu de loin un coup de lance
et on fondait sur lui l'épée nue, quand l'intervention des
tribuns et des centurions le protégea. 2 Peu après, sur
l'ordre d'Othon, Vestricius Spurinna [1], n'ayant laissé à
Plaisance qu'une faible garnison, arriva avec ses cohortes.
Ensuite Flavius Sabinus, consul désigné [2], fut envoyé par
Othon pour commander les troupes qui avaient eu Macer à
leur tête ; les soldats se réjouissaient de changer de chefs,
mais les chefs, las de ces fréquentes séditions, répugnaient
à un service si périlleux.

Réflexions de Tacite sur les guerres civiles.

37. 1 Je trouve chez certains auteurs [1] qu'effrayées par
la guerre ou dégoûtées des deux princes, dont la voix
publique révélait plus ouvertement de jour en jour les
turpitudes et le déshonneur, les armées se demandèrent si
elles n'abandonneraient pas la lutte pour délibérer en
commun ou pour s'en remettre au Sénat du choix d'un
empereur [2] ; ce serait la raison pour laquelle les généraux
othoniens avaient conseillé la temporisation, surtout Paulinus qui croyait avoir ses chances [3], parce que, doyen des
consulaires et chef illustre [4], il s'était fait un nom glorieux
dans ses expéditions en Bretagne [5]. 2 Pour ma part, si je
reconnais volontiers que les vœux secrets d'un petit
nombre préféraient la paix à la discorde, un prince bon et
vertueux aux canailles les plus déshonorées, je ne pense
pas [6] que Paulinus, avec son expérience, ait pu espérer de
la multitude, dans un siècle si corrompu, assez de
modération pour que ceux qui avaient ruiné la paix par

poscebatur, iamque uolneratum eminus lancea strictis gladiis inuaserant, cum intercursu tribunorum centurionumque protegitur. 2 Nec multo post Vestricius Spurinna iussu Othonis, relicto Placentiae modico praesidio, cum cohortibus subuenit. Dein Flauium Sabinum, consulem designatum, Otho rectorem copiis misit quibus Macer praefuerat, laeto milite ad mutationem ducum et ducibus ob crebras seditiones tam infestam militiam aspernantibus.

37. 1 Inuenio apud quosdam auctores pauore belli seu fastidio utriusque principis, quorum flagitia ac dedecus apertiore in dies fama noscebantur, dubitasse exercitus num, posito certamine, uel ipsi in medium consultarent, uel senatui permitterent legere imperatorem, atque eo duces Othonianos spatium ac moras suasisse, praecipua s*pe* Paulini, quod uetustissimus consularium et militia clarus gloriam nomenque Britannicis expeditionibus meruisset. 2 Ego, ut concesserim apud paucos tacito uoto quietem pro discordia, bonum et innocentem principem pro pessimis ac flagitiosissimis expetitum, ita neque Paulinum, qua prudentia fuit, sperasse corruptissimo saeculo tantam uolgi moderatio-

1 supererant *M recc.* : superfuerant *alii* ǁ diremptum *M recc.* : direp- *alii* ǁ ad *recc.* : *om. M alii.*

2 spurinna *M² recc.* : purinna *M¹ alii* ǁ praesidio *M recc.* : auxilio *alii* ǁ subuenit *M recc.* : aduenit *alii* ǁ praefuerat *M²* : -fuerit *M¹* ǁ milite ad *recc.* : milite et ad *M alii* ǁ ob *M recc.* : ad *alii* ǁ infestam *recc.* : -ta *M.*

37, 1 praecipua spe Paulini *ed. Bipont.* : praecipuas paulini *M recc.* praecipue paulinum *alii* ǁ consularium *recc. L, Rhenanus* : consiliarium *M alii.*

2 concesserim *M²* : -rit *M¹* consenserim *recc.* ǁ corruptissimo *M²* : -mos *M¹ alii.*

amour de la guerre pussent renoncer à la guerre par
enthousiasme pour la paix ; ni non plus que des armées
différentes par la langue et par les mœurs auraient pu
s'unir en un tel accord [7], ou que des légats et des chefs [8],
dont la plupart avaient conscience de leurs dérèglements,
de leur dénuement et de leurs crimes, auraient toléré pour
prince un homme qui ne fût pas corrompu et uni à eux par
des liens de reconnaissance.

38. 1 L'antique passion du pouvoir, depuis longtemps
enracinée au cœur des mortels, se développa et se donna
libre carrière à mesure que l'Empire grandissait. En effet,
tant que l'État était peu étendu, l'égalité se maintenait
facilement, mais après la conquête du monde et la
destruction des cités et des rois rivaux, quand il fut loisible
de convoiter sans risque la puissance, alors s'allumèrent les
premières luttes entre les patriciens et la plèbe [1]. Ce furent
tántôt des tribuns séditieux, tantôt des consuls trop
puissants [2] ; Rome et le Forum virent les premières
tentatives de guerre civile ; puis Caius Marius, sorti des
derniers rangs de la plèbe [3], et Lucius Sylla, le plus cruel
des nobles [4], triomphèrent par les armes de la liberté qu'ils
changèrent en tyrannie [5]. Après eux, Cn. Pompée, plus
sournois, ne valut pas mieux [6], et depuis on ne lutta plus
que pour le principat. 2 Ni à Pharsale ni à Philippes on ne
vit des légions de citoyens [7] renoncer à se battre ; à plus
forte raison les armées d'Othon et de Vitellius n'auraient
pas spontanément déposé les armes ; c'était toujours la
colère des dieux, toujours la rage des hommes [8], toujours
des motifs criminels qui les poussaient à la discorde. Si,
chaque fois, il a suffi d'un coup, si on peut dire, pour
terminer la guerre, c'est la lâcheté des princes qui en a été
cause. Mais mes réflexions sur les mœurs antiques et
nouvelles m'ont entraîné trop loin ; j'en viens [9] au récit
ordonné des faits.

nem reor ut, qui pacem belli amore turbauerant, bellum
pacis caritate deponerent, neque aut exercitus linguis
moribusque dissonos in hunc consensum potuisse
coalescere, aut legatos ac duces magna ex parte luxus,
egestatis, scelerum sibi conscios nisi pollutum obstric-
tumque meritis suis principem passuros.

38. 1 Vetus ac iam pridem insita mortalibus potentiae cupido cum imperii magnitudine adoleuit eru-
pitque. Nam rebus modicis aequalitas facile habebatur ;
sed ubi, subacto orbe et aemulis urbibus regibusue
excisis, securas opes concupiscere uacuum fuit, prima
inter patres plebemque certamina exarsere. Modo turbulenti tribuni, modo consules praeualidi, et in urbe ac
foro temptamenta ciuilium bellorum ; mox e plebe
infima C. Marius et nobilium saeuissimus Lucius Sulla
uictam armis libertatem in dominationem uerterunt.
Post quos Cn. Pompeius occultior, non melior, et
numquam postea nisi de principatu quaesitum. 2 Non
discessere ab armis in Pharsalia ac Philippis ciuium
legiones, nedum Othonis ac Vitellii exercitus sponte
posituri bellum fuerint ; eadem illos deum ira, eadem
hominum rabies, eaedem scelerum causae in discordiam
egere. Quod singulis uelut ictibus transacta sunt bella,
ignauia principum factum est. Sed me ueterum nouo-
rumque morum reputatio longius tulit ; nunc ad rerum
ordinem uenio.

2 meritis *M recc.* : moribus *alii.*
38, 1 insita M^2 : -tam M^1 || patres M^2 : partes M^1 || post quos *recc.* :
p'quo *M* post quo *uel* postque *uel* post *alii* || principatu M^2 -tum M^1.
2 eadem *recc.* : eodem *M* || eaedem *recc.* : caedem *M* || uenio M^2
recc. : -niunt M^1 ueniam *alii* redeo C. *Haereus, Halm.*

Bataille de Bédriac et déroute des Othoniens.

39. 1 Depuis le départ d'Othon pour Brixellum[1],
l'honneur du commandement appartenait à son frère
Titianus, mais le pouvoir réel au préfet Proculus ; Celsus
et Paulinus, dont personne n'utilisait la compétence[2],
servaient, sous le vain titre de généraux, à couvrir les
fautes d'autrui ; les tribuns et les centurions n'étaient pas
sûrs, car on dédaignait les meilleurs et les pires s'impo-
saient ; le soldat était plein d'ardeur, toutefois il aimait
mieux discuter qu'exécuter les ordres des chefs. 2 On
décida d'aller camper[3] à quatre milles de Bédriac[4], et on
le fit avec tant d'impéritie qu'au printemps[5] et dans une
région sillonnée de rivières, on souffrit du manque d'eau[6].
Là, on se demanda si on livrerait bataille : des dépêches
d'Othon les pressaient de se hâter, les soldats réclamaient
la présence de l'empereur sur le champ de bataille ; la
plupart voulaient qu'on fît venir les troupes cantonnées au-
delà du Pô[7]. Il est moins facile de décider quel était le
meilleur parti à prendre que de juger qu'on prit le plus
mauvais.

40. Ce ne fut pas pour aller au combat, mais comme
pour faire campagne[1] qu'ils se mirent en route, en
direction du confluent du Pô et de l'Adda, à seize milles de
distance[2]. Celsus et Paulinus refusaient d'exposer des
soldats fatigués par l'étape et chargés de bagages à un
ennemi qui, armé à la légère et ayant à peine quatre mille
pas à parcourir, ne manquerait pas de les attaquer, soit
dans le désordre de la marche, soit quand, dispersés, ils
travailleraient au retranchement[3] ; mais Titianus et Proculus, quand ils avaient le dessous au conseil, avaient recours
aux droits que leur donnait le commandement[4]. Il est vrai
qu'un Numide[5] venait d'arriver à bride abattue avec un
message impérieux d'Othon qui, reprochant à ses généraux
leur inertie, leur ordonnait d'engager une action décisive[6] :

39. 1 Profecto Brixellum Othone, honor imperii penes Titianum fratrem, uis ac potestas penes Proculum praefectum ; Celsus et Paulinus, cum prudentia eorum nemo uteretur, inani nomine ducum alienae culpae praetendebantur ; tribuni centurionesque ambigui, quod spretis melioribus deterrimi ualebant ; miles alacer, qui tamen iussa ducum interpretari quam exsequi mallet. 2 Promoueri ad quartum a Bedriaco castra placuit, adeo imperite ut, quamquam uerno tempore anni et tot circum amnibus, penuria aquae fatigarentur. Ibi de proelio dubitatum, Othone per litteras flagitante ut maturarent, militibus ut imperator pugnae adesset poscentibus ; plerique copias trans Padum agentes acciri postulabant. Nec proinde diiudicari potest qu*i*d optimum factu fuerit, quam pessimum fuisse quod factum est.

40. Non ut ad pugnam sed ad bellandum profecti confluentes Padi et Aduae fluminum, sedecim inde milium spatio distantes, petebant. Celso et Paulino abnuentibus militem itinere fessum, sarcinis grauem obicere hosti non omissuro quo minus expeditus et uix quattuor milia passuum progressus aut incompositos in agmine aut dispersos et uallum molientes adgrederetur, Titianus et Proculus, ubi consiliis uincerentur, ad ius imperii transibant. Aderat sane citus equo Numida cum atrocibus mandatis, quibus Otho increpita ducum

---

39, 1 fratrem M^2 *in marg.* : -trum M^1 ‖ exequi M^2 : exequium M^1.
2 amnibus *recc.* : manibus *M alii* ‖ proinde *M recc.* : perinde *alii* ‖ quid *Rhenanus* : quod *codd.* ‖ factu *recc.* : factum *M alii.*
40 aduae *M* : adae *uel* agduae *uel* agde *uel* abduae *uel* agile *recc.* Adduae *Puteolanus* Ardae *Valmaggi alii alia* ‖ omissuro *recc.* : ammissuro *M* amissuro *alii* ‖ expeditus M^2 : -tum M^1.

les délais le rendaient malade et l'attente lui était intolérable [7].

41. 1 Le même jour, pendant que Caecina surveillait la construction du pont [1], deux tribuns des cohortes prétoriennes [2] vinrent lui demander un entretien ; il se préparait à entendre leurs conditions et à leur proposer les siennes, quand des éclaireurs accourus en toute hâte annoncèrent l'arrivée de l'ennemi. L'exposé des tribuns fut interrompu, et par suite on n'a jamais su s'ils lui tendaient un piège ou s'ils voulaient mener à bien soit une trahison, soit quelque honorable dessein. 2 Caecina congédia les tribuns et regagna le camp, où il trouva le signal du combat donné par Fabius Valens et le soldat sous les armes [3]. Tandis que les légions tiraient au sort leur ordre de marche, la cavalerie chargea [4], mais — chose étonnante — une poignée d'Othoniens [5] allait la rejeter sur le retranchement, si le courage de la légion Italica ne l'avait refoulée [6] : à la pointe de l'épée, elle l'obligea à faire volte-face et à reprendre le combat. Les légions vitelliennes se rangèrent en ligne sans désordre : en effet, malgré la proximité de l'ennemi, d'épaisses frondaisons empêchaient de voir ses armes [7]. 3 Chez les Othoniens, les chefs étaient anxieux, le soldat irrité contre les chefs, les voitures et les vivandiers mêlés aux troupes ; de plus la route [8], bordée de deux fossés abrupts, était étroite, même pour une colonne qui aurait avancé sans être inquiétée. Les uns se groupent autour de leurs enseignes, les autres les cherchent ; de toute part s'élèvent des cris confus d'hommes qui accourent, qui appellent [9] ; chacun, suivant son audace ou sa frayeur, s'élançait au premier rang ou refluait au dernier.

segnitia rem in discrimen mitti iubebat, aeger mora et
spei impatiens.

41. 1 Eodem die ad Caecinam operi pontis intentum duo praetoriarum cohortium tribuni, conloquium
eius postulantes, uenerunt ; audire condiciones ac red-
dere parabat, cum praecipites exploratores adesse hostem nuntiauere. Interruptus tribunorum sermo, eoque
incertum fuit insidias an proditionem uel aliquod
honestum consilium coeptauerint. 2 Caecina, dimissis
tribunis, reuectus in castra datum iussu Fabii Valentis
pugnae signum et militem in armis inuenit. Dum
legiones de ordine agminis sortiuntur, equites prorupere ; et — mirum dictu — a paucioribus Othonianis
quo minus in uallum impingerentur, Italicae legionis
uirtute deterriti sunt : ea strictis mucronibus redire
pulsos et pugnam resumere coegit. Disposita Vitelliana-
rum legionum aci*e*s sine trepidatione : etenim quamquam uicino hoste aspectus armorum densis arbustis
prohibebatur. 3 Apud Othonianos pauidi duces, miles
ducibus infensus, mixta uehicula et lixae, et praeruptis
utrimque fossis uia quieto quoque agmini angusta.
Circums*i*stere alii signa sua, quaerere alii ; incertus
undique clamor adcurrentium, uocantium ; ut cuique
audacia uel formido, in primam postremamue aciem
prorumpebant aut rel*a*bebantur.

41, 1 intentum M^2 : -tus M^1 ‖ exploratores adesse *recc*. : explora
adesse *M*.

2 dictu M^2 : -tum M^1 ‖ ea strictis *Rhenanus* : et a strictis *M recc*.
et adstrictis *alii* ‖ acies *Juste Lipse* : acie *uel* arce *recc*. arte *M*.

3 agmini M^2 : agmin M^1 ‖ uocantium *J. F. Gronov* : clamantium
M^1 uomantium M^2 (uo *in marg*.) uocitantium *Pichena* uolantium *uel*
uolitantium *uel* clamantium *uel* clamitantium *recc*. ‖ relabebantur
Victorius : relebe- *M*.

42. 1 Une terreur soudaine avait frappé les esprits, quand une fausse joie les démoralisa : il se trouva des gens pour prétendre que Vitellius était abandonné par son armée [1]. Ce bruit fut-il répandu par des espions de Vitellius ou bien prit-il naissance dans le parti même d'Othon, soit par perfidie, soit par hasard, on ne sait au juste [2]. Leur ardeur guerrière étant tombée, des Othoniens se mirent à saluer l'ennemi, qui répondit par des cris hostiles ; la plupart des leurs, ignorant la raison de ce salut, craignirent une trahison [3]. 2 Alors l'armée ennemie chargea : ses rangs intacts, la force et le nombre lui donnaient la supériorité ; les Othoniens, quoique en désordre, moins nombreux, fatigués, ne laissèrent pas d'engager vigoureusement le combat. Le terrain, embarrassé d'arbres et de vignes, donnait à la bataille des aspects multiples [4] : on s'affrontait de près, de loin, par masses compactes ou formations en coin [5]. Sur la chaussée [6], on se bat corps à corps, bouclier contre bouclier ; renonçant à lancer le javelot, on brise à coups d'épée et de hache [7] les casques et les cuirasses. Les soldats, se reconnaissant les uns les autres, sous les yeux du reste de l'armée, combattaient pour décider de l'issue de toute la guerre.

43. 1 Le hasard fit qu'entre le Pô et la route deux légions engagèrent le combat en rase campagne : pour Vitellius la vingt et unième, appelée Rapax, depuis longtemps célèbre par ses exploits [1] ; du côté d'Othon la première Adjutrix [2], qui n'avait encore été engagée nulle part [3], mais se montrait fougueuse et avide d'une gloire nouvelle. Les soldats de la première culbutèrent les premiers rangs [4] de la vingt et unième et lui enlevèrent son aigle [5] ; outrée de cet affront, la légion repoussa à son tour les hommes de la première, tua son légat Orfidius Benignus [6] et ravit à l'ennemi un grand nombre d'enseignes et d'étendards [7]. 2 Sur un autre point [8], la treizième

42. 1 Attonitas subito terrore mentes falsum gaudium in languorem uertit, repertis qui desciuisse a Vitellio exercitum ementirentur. Is rumor ab exploratoribus Vitellii dispersus, an in ipsa Othonis parte seu dolo seu forte surrexerit, parum compertum. Omisso pugnae ardore, Othoniani ultro salutauere ; et hostili murmure excepti, plerisque suorum ignaris quae causa salutandi, metum proditionis fecere. 2 Tum incubuit hostium acies integris ordinibus, robore et numero praestantior ; Othoniani, quamquam dispersi, pauciores, fessi, proelium tamen acriter sumpsere. Et per locos arboribus ac uineis impeditos non una pugnae facies : comminus, eminus, cateruis et cuneis concurrebant. In aggere uiae, conlato gradu corporibus et umbonibus niti, omisso pilorum iactu, gladiis et securibus galeas loricasque perrumpere ; noscentes inter se, ceteris conspicui, in euentum totius belli certabant.

43. 1 Forte inter Padum uiamque patenti campo duae legiones congressae sunt, pro Vitellio unaetuicensima, cui cognomen Rapaci, uetere gloria insignis, e parte Othonis prima Adiutrix, non ante in aciem deducta, sed ferox et noui decoris auida. Primani, stratis unaetuicensimanorum principiis, aquilam abstulere ; quo dolore accensa legio et impulit rursus primanos, interfecto Orfidio Benigno legato, et plurima signa uexillaque ex hostibus rapuit. 2 A parte alia

---

42, 1 qui desciuisse M^2 : quidem ciuis se M^1 || omisso *recc.* : omisse M omissae *alii.*

2 incubuit M^2 : -bui M^1 || gladiis *recc.* : gladibus M^2 cladibus M^1 *alii.*

43, 1 noui *recc.* : non ui M || unaetuicensimanorum M^2 : unae et uinccen- M^1.

légion fut enfoncée par une charge des soldats de la cinquième, ceux de la quatorzième furent encerclés par des forces supérieures accourues [9]. Les généraux d'Othon avaient pris la fuite depuis longtemps, tandis que Caecina et Valens renforçaient leurs troupes en faisant venir des réserves. Un nouveau renfort leur arriva : c'était Varus Alfenus [10] avec les Bataves [11] ; ils avaient mis en déroute la troupe de gladiateurs qui avait passé le fleuve sur des barques, mais que les cohortes stationnées sur la rive opposée avaient massacrée sur le fleuve même [12] : ainsi, victorieux, les Bataves attaquèrent le flanc de l'ennemi [13].

44. 1 Leur centre rompu, les Othoniens s'enfuirent en désordre en direction de Bédriac [1]. La distance était considérable [2], les routes obstruées de cadavres [3], ce qui aggrava le massacre, car dans les guerres civiles les prisonniers ne sont pas convertis en butin [4]. Suetonius Paulinus et Licinius Proculus prirent des chemins détournés pour éviter le camp [5]. Vedius Aquila, légat de la treizième légion [6], pris de panique, s'offrit à la colère des soldats. Il faisait encore grand jour quand il pénétra dans le retranchement ; il est assailli de tous côtés par les cris des mutins et des fuyards ; on ne lui épargne ni les outrages ni les voies de fait ; on l'invective : « Déserteur ! traître ! » — non qu'on eût contre lui un grief particulier, mais dans la foule il est habituel que chacun rejette sur autrui sa honte personnelle. 2 Titianus et Celsus furent favorisés par la nuit ; ils trouvèrent les sentinelles à leur poste et les soldats repris en main : Annius Gallus, à force de conseils, de prières, de fermeté, les avait convaincus de ne pas ajouter au désastre d'un combat malheureux les fureurs d'une tuerie mutuelle ; que la guerre eût pris fin ou qu'ils eussent le désir de reprendre les armes, l'unique réconfort pour des vaincus était la concorde [7]. 3 Tous les autres étaient démoralisés, seuls les prétoriens s'indignaient : « ce n'était pas le courage, mais la trahison qui les avait

propulsa quintanorum impetu tertia decima legio,
circumuenti plurium adcursu quartadecimani. Et ducibus Othonis iam pridem profugis, Caecina ac Valens
subsidiis suos firmabant. Accessit recens auxilium,
Varus Alfenus cum Batauis, fusa gladiatorum manu,
quam nauibus transuectam oppositae cohortes in ipso
flumine trucidauerant : ita uictores latus hostium
inuecti.

44. 1 Et media acie perrupta fugere passim Othoniani Bedriacum petentes. Immensum id spatium,
obstructae strage corporum uiae, quo plus caedis fuit :
neque enim ciuilibus bellis capti in praedam uertuntur.
Suetonius Paulinus et Licinius Proculus diuersis itineribus castra uitauere. Vedium Aquilam tertiae decimae
legionis legatum irae militum inconsultus pauor obtulit.
Multo adhuc die uallum ingressus clamore seditiosorum
et fugacium circumstrepitur ; non probris, non manibus
abstinent ; desertorem proditoremque increpant, nullo
proprio crimine eius, sed more uolgi suum quisque
flagitium aliis obiectantes. 2 Titianum et Celsum nox
iuuit, dispositis iam excubiis compressisque militibus,
quos Annius Gallus consilio, precibus, auctoritate
flexerat, ne super cladem aduersae pugnae suismet ipsi
caedibus saeuirent : siue finis bello uenisset seu
resumere arma mallent, unicum uictis in consensu
leuamentum. 3 Ceteris fractus animus ; praetorianus
miles non uirtute se sed proditione uictum fremebat :

2 Varus *Rhenanus* : uarenus *codd.* || oppositae *recc.* : obpisitae *M*.
44, 1 circumstrepitur *recc.* : circircum- *M*.
2 ipsi caedibus *recc.* : ipsic edibus *M²* ipsis edibus *M¹*.

vaincus ; les Vitelliens eux-mêmes n'avaient pas remporté
la victoire sans effusion de sang, leur cavalerie avait été
repoussée, on leur avait pris l'aigle d'une légion [8] ; il restait
encore avec Othon en personne tout ce qu'il y avait de
soldats de l'autre côté du Pô [9] ; les légions de Mésie étaient
en route, une grande partie de l'armée n'avait pas quitté
Bédriac [10] ; ceux-là du moins n'étaient pas encore vaincus
et, si le sort le voulait, ils périraient plus honorablement
sur le champ de bataille ». Exacerbés par ces réflexions ou
accablés par un profond désespoir, ils ressentaient l'aiguil-
lon de la colère plus souvent que celui de la peur.

45. 1 Quant à l'armée de Vitellius, elle prit position à
cinq milles de Bédriac [1], ses chefs n'osant pas risquer le
même jour l'assaut du camp [2] ; on espérait d'ailleurs une
capitulation volontaire ; mais, sortis sans bagages et
uniquement pour se battre [3], les soldats eurent pour
rempart leurs armes et leur victoire [4]. 2 Le lendemain, les
dispositions de l'armée d'Othon n'étaient plus douteuses
et, ceux qui s'étaient montrés les plus agressifs inclinant
au repentir [5], on envoya une députation [6] ; les chefs
vitelliens n'hésitèrent plus à accorder la paix [7]. Les députés
furent retenus quelque temps et ce retard [8] provoqua
quelque perplexité chez les Othoniens, qui ne savaient pas
encore s'ils avaient obtenu satisfaction [9]. Puis la députation fut renvoyée et les portes du camp s'ouvrirent. 3 Alors
vaincus et vainqueurs fondirent en larmes, maudissant
dans leur joie pitoyable le malheur des guerres civiles ;
sous les mêmes tentes, ils pansaient les blessures, les uns
de leurs frères, les autres de leurs proches ; espoirs et
récompenses étaient douteux, disaient-ils ; ce qui était
assuré, c'étaient les morts et les deuils, et nul n'était assez
à l'abri du malheur pour n'avoir pas quelque mort à
pleurer [10]. On rechercha le corps du légat Orfidius et on le
brûla avec les honneurs habituels ; quelques autres furent
ensevelis par leurs amis ; le reste fut laissé gisant à terre.

ne Vitellianis quidem incruentam fuisse uictoriam,
pulso equite, rapta legionis aquila ; superesse cum ipso
Othone militum quod trans Padum fuerit, uenire
Moesicas legiones, magnam exercitus partem Bedriaci
remansisse ; hos certe nondum uictos et, si ita ferret,
honestius in acie perituros. His cogitationibus truces
aut pauidi extrema desperatione ad iram saepius quam
in formidinem stimulabantur.

45. 1 At Vitellianus exercitus ad quintum a Bedriaco
lapidem consedit, non ausis ducibus eadem die obpugnationem castrorum ; simul uoluntaria deditio sperabatur ; sed expeditis et tantum ad proelium egressis
munimentum fuere arma et uictoria. 2 Postera die haud
ambigua Othoniani exercitus uoluntate et, qui ferocio-
res fuerant ad paenitentiam inclinantibus, missa legatio ; nec apud duces Vitellianos dubitatum quo minus
pacem concederent. Legati paulisper retenti : ea res
haesitationem attulit ignaris adhuc an impetrassent.
Mox remissa legatione patuit uallum. 3 Tum uicti
uictoresque in lacrimas effusi, sortem ciuilium armorum
misera laetitia detestantes ; isdem tentoriis alii fratrum,
alii propinquorum uolnera fouebant ; spes et praemia in
ambiguo, certa funera et luctus, nec quisquam adeo
mali expers ut non aliquam mortem maereret. Requisi-
tum Orfidii legati corpus honore solito crematur ;
paucos necessarii ipsorum sepeliuere, ceterum uolgus
super humum relictum.

---

3 incruentam *recc.* : -ta *M*.
45, 2 exercitus *recc.* : -tu *M* ‖ legatio ; nec apud *Pichena* : legatione.
capud *M* legatione apud *L alii*.
3 tum *M recc.* : tunc *alii* ‖ armorum *M recc.* : bellorum *alii*.

Suicide d'Othon.

46. 1 Othon attendait des nouvelles du combat, sans se laisser troubler, en homme qui a pris sa décision [1]. D'abord une rumeur affligeante, puis des fuyards échappés au combat révèlent que tout est perdu [2]. L'ardeur des soldats prévint la voix de leur empereur ; ils le pressaient d'avoir bon courage : il lui restait des forces encore intactes et eux-mêmes étaient prêts à tout souffrir et à tout oser. Et ce n'était pas flatterie : ils brûlaient de marcher au combat, de relever la fortune du parti, saisis d'une sorte d'exaltation délirante. 2 Les plus éloignés du prince lui tendaient les bras, les plus proches embrassaient ses genoux ; Plotius Firmus était le plus empressé [3]. Préfet du prétoire, il ne cessait de conjurer Othon de ne pas abandonner une armée si fidèle, des soldats qui l'avaient si bien servi : « Il y a plus de grandeur d'âme à supporter l'adversité qu'à s'y soustraire ; les hommes braves et résolus s'acharnent à espérer, même en dépit de la mauvaise fortune, les faibles et les lâches se précipitent par peur dans le désespoir ». 3 A ces mots, selon qu'Othon prenait un air ému ou inflexible, c'était des acclamations ou des gémissements [4]. Et cet état d'esprit n'était pas seulement celui des prétoriens, soldats attachés à la personne d'Othon : l'avant-garde venue de Mésie déclarait que l'armée qui arrivait était animée de la même détermination ; elle annonçait que les légions étaient entrées dans Aquilée [5] ; aussi personne ne doute aujourd'hui que la guerre aurait pu reprendre, acharnée, affreuse, aléatoire pour les vaincus et pour les vainqueurs.

47. 1 Othon, lui, répugnait aux desseins belliqueux : « Exposer plus longtemps aux périls ce dévouement et ce courage qui sont les vôtres, dit-il, ce serait, je pense, faire trop grand cas de ma vie [1]. Plus grand est l'espoir que vous faites luire à mes yeux, si je décidais de vivre, plus belle

46. 1 Opperiebatur Otho nuntium pugnae nequaquam trepidus et consilii certus. Maesta primum fama, dein profugi e proelio perditas res patefaciunt. Non exspectauit militum ardor uocem imperatoris ; bonum haberet animum iubebant ; superesse adhuc nouas uires et ipsos extrema passuros ausurosque. Neque erat adulatio : ire in aciem, excitare partium fortunam furore quodam et instinctu flagrabant. 2 Qui procul adstiterant tendere manus, et proximi prensare genua, promptissimo Plotio Firmo. Is praetorii praefectus identidem orabat ne fidissimum exercitum, ne optime meritos milites desereret : maiore animo tolerari aduersa quam relinqui ; fortes et strenuos etiam contra fortunam insistere spei, timidos et ignauos ad desperationem formidine properare. 3 Quas inter uoces ut flexerat uoltum aut indurauerat Otho, clamor et gemitus. Nec praetoriani tantum, proprius Othonis miles, sed praemissi e Moesia eandem obstinationem aduentantis exercitus, legiones Aquileiam ingressas nuntiabant, ut nemo dubitet potuisse renouari bellum atrox, lugubre, incertum uictis et uictoribus.

47. 1 Ipse auersus a consiliis belli, « hunc » inquit « animum, hanc uirtutem uestram ultra periculis obicere nimis grande uitae meae pretium puto. Quanto plus spei ostenditis, si uiuere placeret, tanto pulchrior

---

46, 1 furore quodam et *recc.* : furore quod amet *M alii* || flagrabant *recc.* : fraglabant *M*.

2 adstiterant *recc.* : asti- *M* || praefectus *M recc.* : praefectus erat *alii* || insistere *recc.* : insistre *M*.

3 proprius *recc.* : propius *M alii* || nuntiabant M^2 : -bat M^1.

47, 1 auersus *M recc.* : aduersus *alii* || ultra *M recc.* : ultro *alii*.

sera ma mort [2]. Nous nous sommes mis mutuellement à l'épreuve, la Fortune et moi [3]. Le temps n'a rien à voir en l'affaire : il est plus difficile d'user avec modération d'un bonheur dont on pense qu'il ne durera pas longtemps [4]. 2 C'est Vitellius qui a déclenché la guerre civile, et, si nous avons engagé la lutte armée pour le principat, l'initiative est venue de lui ; ne l'avoir engagée qu'une seule fois, c'est un précédent qu'on me devra ; puisse la postérité juger Othon là-dessus [5] ! Vitellius jouira de l'affection de son frère, de sa femme, de ses enfants [6] ; moi, je n'ai besoin ni de vengeance ni de compensations [7]. D'autres auront gardé le pouvoir plus longtemps, personne ne l'aura quitté avec autant de courage. 3 Pourrais-je souffrir, moi, que tant de jeunes Romains [8], tant d'armées d'élite jonchent de nouveau le sol et soient arrachés à la République ? Laissez-moi emporter la pensée que vous seriez morts pour moi, mais survivez-moi. Et ne retardons pas davantage, moi votre salut, vous ma détermination. Parler davantage de sa fin, c'est déjà une lâcheté. La meilleure preuve que ma résolution est prise, trouvez-la dans le fait que je ne me plains de personne [9] ; car s'en prendre aux dieux ou aux hommes, c'est le propre de qui tient à la vie [10] ».

48. 1 Ayant ainsi parlé, il s'adressa à chacun selon son âge et son rang, leur demandant en termes courtois de s'en aller au plus vite et de ne pas exacerber en restant la colère du vainqueur [1] : avec les jeunes gens il recourait à l'autorité, avec les gens d'âge aux prières, le visage paisible, le propos ferme, réprimant les pleurs intempestifs de son entourage. Il fait donner des barques et des voitures à ceux qui partent ; il détruit les placets et les lettres [2] qui se signalent par un attachement excessif pour sa personne ou par des injures pour Vitellius ; il distribue de l'argent avec parcimonie, et non pas en homme qui va périr [3].

mors erit. Experti in uicem sumus ego ac fortuna. Nec
tempus computaueritis : difficilius est temperare felicitati qua te non putes diu usurum. 2 Ciuile bellum a
Vitellio coepit, et ut de principatu certaremus armis,
initium illic fuit ; ne plus quam semel certemus penes
me exemplum erit : hinc Othonem posteritas aestimet.
Fruetur Vitellius fratre, coniuge, liberis ; mihi non
ultione neque solaciis opus est. Alii diutius imperium
tenuerint, nemo tam fortiter reliquerit. 3 An ego
tantum Romanae pubis, tot egregios exercitus sterni
rursus et rei publicae eripi patiar ? Eat hic mecum
animus, tamquam perituri pro me fueritis, sed este
superstites. Nec diu moremur, ego incolumitatem
uestram, uos constantiam meam. Plura de extremis
loqui pars ignauiae est. Praecipuum destinationis meae
documentum habete, quod de nemine queror ; nam
incusare deos uel homines eius est qui uiuere uelit ».

48. 1 Talia locutus, ut cuique aetas aut dignitas,
comiter appellatos, irent propere neu remanendo iram
uictoris asperarent, iuuenes auctoritate, senes precibus
mouebat, placidus ore, intrepidus uerbis, intempestiuas
suorum lacrimas coercens. Dari naues ac uehicula
abeuntibus iubet ; libellos epistulasque studio erga se
aut in Vitellium contumeliis insignes abolet ; pecunias
distribuit parce nec ut periturus. 2 Mox Saluium

---

1 temperare *recc.* : temparere *M.*
2 ciuile *recc.* : ciuili *M* ‖ aestimet *M*² : -mat *M*¹.
3 sterni *recc.* : streni *M* ‖ sed este *recc.* : se teste *M alii* ‖ nemine
*M*² : nomine *M*¹ ‖ uelit *recc.* : uellit *M.*
48, 1 irent *M recc.* : ire *alii* ‖ mouebat *M recc.* : monebat *alii* ‖
parce *M*² : parcens *M*¹ ‖ nec ut *recc.* : ne cui *M alii.*

2 Puis, voyant le fils de son frère, Salvius Cocceianus, tout jeune encore [4], tremblant et désolé, il prit la peine de le consoler, louant son affection, blâmant ses alarmes : « Vitellius serait-il assez impitoyable pour ne pas manifester au moins sa reconnaissance à celui qui avait assuré le salut de toute sa maison [5] ? En hâtant sa fin, il méritait la clémence du vainqueur ; car ce n'était pas réduit aux abois, mais au moment où son armée demandait la bataille qu'il épargnait à la République une dernière catastrophe [6]. Il avait acquis assez de renommée pour lui-même, assez de noblesse pour ses descendants. Après les Jules, les Claudes, les Servius [7], il avait le premier porté l'Empire dans une nouvelle famille [8]. ainsi donc Cocceianus devait affronter la vie avec courage, sans oublier jamais qu'Othon avait été son oncle, et sans trop s'en souvenir » [9].

49. 1 Après quoi, il renvoya tout le monde et prit un peu de repos. Et déjà la pensée de ses derniers moments occupait son esprit [1], quand un tumulte soudain l'en détourna ; on vint lui annoncer une émeute et l'indiscipline des soldats : ils menaçaient de mort ceux qui voulaient partir ; leur violence se déchaînait surtout contre Verginius qui s'était enfermé chez lui et qu'ils assiégeaient [2]. Après avoir réprimandé les auteurs de la sédition [3], Othon rentra chez lui et se prêta aux entretiens de ceux qui s'en allaient, jusqu'à ce qu'ils pussent s'éloigner tous sans être maltraités [4]. 2 A la tombée du jour, il apaisa sa soif avec une gorgée d'eau fraîche. Alors, s'étant fait apporter deux poignards, il en essaya la pointe et en plaça un à son chevet [5]. Puis, s'étant assuré que ses amis étaient partis, il passa une nuit tranquille qui, à ce qu'on affirme, ne fut pas sans sommeil [6]. Au point du jour, il se jeta la poitrine contre le fer [7]. 3 Au gémissement du mourant, ses affranchis et ses esclaves entrèrent, ainsi que le préfet du

Cocceianum, fratris filium prima iuuenta, trepidum et maerentem ultro solatus est laudando pietatem eius, castigando formidinem : an Vitellium tam immitis animi fore ut pro incolumi tota domo ne hanc quidem sibi gratiam redderet ? Mereri se festinato exitu clementiam uictoris ; non enim ultima desperatione, sed poscente proelium exercitu remisisse rei publicae nouissimum casum. Satis sibi nominis, satis posteris suis nobilitatis quaesitum. Post Iulios, Claudios, Seruios, se primum in familiam nouam imperium intulisse ; proinde erecto animo capesseret uitam, neu patruum sibi Othonem fuisse aut obliuisceretur umquam aut nimium meminisset.

49. 1 Post quae, dimotis omnibus, paulum requieuit. Atque illum supremas iam curas animo uolutantem repens tumultus auertit, nuntiata consternatione ac licentia militum : namque abeuntibus exitium minitabantur, atrocissima in Verginium ui, quem clausa domo obsidebant. Increpitis seditionis auctoribus, regressus uacauit abeuntium adloquiis, donec omnes inuiolati digrederentur. 2 Vesperascente die, sitim haustu gelidae aquae sedauit. Tum adlatis pugionibus, cum utrumque pertemptasset, alterum capiti subdidit. Et explorato iam profectos amicos, noctem quietam, utque adfirmatur, non insomnem egit. Luce prima in ferrum pectore incubuit. 3 Ad gemitum morientis ingressi liberti

2 solatus M^2 : salatus M^1 || pietatem *recc.* : -te M^1 || exercitu *recc.* : -tum · M || posteris M^2 : -rum M^1.
49, 1 post quae M *recc.* : postquam *alii* || uolutantem *recc.* : uoluntatem M *alii*.
2 gelidae aquae *recc.* : gelida eaque M^1 gelidae aque M^2 || pugionibus M : pugionibus duobus *recc.* || subdidit M^2 : subsidium M^1 || incubuit M^2 : -but M^1.
3 gemitum *recc.* : -tu M.

prétoire Plotius Firmus ; ils ne lui trouvèrent qu'une seule blessure [8]. On hâta ses funérailles ; il l'avait demandé avec des prières instantes, craignant qu'on ne lui coupât la tête pour la livrer aux outrages [9]. Son corps fut porté par les cohortes prétoriennes qui, au milieu de leurs louanges et de leurs larmes, baisaient sa blessure et ses mains. 4 Quelques soldats se tuèrent près du bûcher ; ce n'était chez eux ni remords ni crainte [10], mais émulation d'héroïsme et amour pour leur prince [11]. Et ensuite, un peu partout, à Bédriac, à Plaisance et dans d'autres camps, les morts de cette sorte se multiplièrent [12]. On éleva à Othon un tombeau modeste et durable [13]. Tel fut le terme de sa vie, dans sa trente septième année [14].

50. 1 Il était originaire du municipe de Ferentium [1] ; son père avait été consul [2], son grand-père préteur [3] ; sa famille maternelle, moins noble, ne manquait pourtant pas d'éclat [4]. Enfant, puis jeune homme, il fut tel que nous l'avons montré [5]. Deux actions fameuses, l'une particulièrement infâme, l'autre héroïque [6], lui ont valu auprès de la postérité autant d'approbation que de blâme. 2 S'il est vrai que rechercher des traits fabuleux et amuser par des fictions l'esprit de mes lecteurs serait, à mes yeux, bien éloigné de la gravité de cet ouvrage, il existe pourtant des traditions si accréditées que je n'oserais leur refuser créance [7]. Le jour où on se battait à Bédriac, un oiseau d'une apparence extraordinaire se posa, disent les gens du pays, dans un bois très fréquenté, près de Regium Lepidum [8], et il ne se laissa pas effrayer ou chasser par le concours du peuple ni par la foule des oiseaux volant autour de lui, jusqu'au moment où Othon se tua ; alors il disparut, et le calcul du temps montra que le début et la fin de ce prodige coïncidaient avec le dernier acte de la vie d'Othon [9].

seruique et Plotius Firmus praetorii praefectus unum
uolnus inuenere. Funus maturatum ; ambitiosis id
precibus petierat, ne amputaretur caput ludibrio futurum. Tulere corpus praetoriae cohortes cum laudibus et
lacrimis, uolnus manusque eius exosculantes. 4 Quidam
militum iuxta rogum interfecere se, non noxa neque ob
metum, sed aemulatione decoris et caritate principis.
Ac postea promisce Bedriaci, Placentiae aliisque in
castris celebra*tum* id genus mortis. Othoni sepulchrum
exstructum est modicum et mansurum. Hunc uitae
finem habuit septimo et tricensimo aetatis anno.

50. 1 Origo illi e municipio Ferentio, pater consularis, auus praetorius ; maternum genus impar nec tamen
indecorum. Pueritia ac iuuenta, qualem monstrauimus.
Duobus facinoribus, altero flagitiosissimo, altero egregio, tantundem apud posteros meruit bonae famae
quantum malae. 2 Vt conquirere fabulosa et fictis
oblectare legentium animos procul grauitate coepti
operis crediderim, ita uolgatis traditisque demere fidem
non ausim. Die quo Bedriaci certabatur, auem inuisitata
specie apud Regium Lepidum celebri luco consedisse
incolae memorant, nec deinde coetu hominum aut
circumuolitantium alitum territam pulsamue, donec
Otho se ipse interficeret ; tum ablatam ex oculis : et
tempora reputantibus initium finemque miraculi cum
Othonis exitu competisse.

1 uolnus M^2 : uolnum M^1.
4 celebratum *edd.* : celebrarum M || exstructum M^2 : exstructum
est M^1L.
50 1 ferentio M : -tino *alii*.
2 conquirere M^2 : -reret M^1 *alii* || grauitate M^2 : -tem M^1 || bedriaci
M : bebriaci *recc.* || inuisitata M : inusitata *recc.* || coetu *recc.* : coetum
M *alii* || ablatam *recc.* : ablata M *alii*.

Conséquences de la mort d'Othon ; ralliements à Vitellius.

51. 1 Lors de ses funérailles, le chagrin et le ressentiment des soldats ranimèrent la sédition [1] et il n'y avait
personne pour la réprimer [2]. Ils se tournèrent vers Verginius pour le prier — tout en le menaçant — tantôt
d'accepter l'Empire, tantôt d'aller en députation auprès de
Caecina et de Valens [3]. Verginius s'échappa de chez lui par
la porte de derrière, en trompant les assaillants [4]. Les
cohortes qui avaient cantonné à Brixellum trouvèrent un
intercesseur en la personne de Rubrius Gallus [5] et obtin-
rent aussitôt leur pardon ; de son côté, Flavius Sabinus
remit au vainqueur les troupes qu'il avait commandées [6].

52. 1 La guerre avait cessé partout [1], lorsqu'une
grande partie du Sénat courut un extrême danger ; partie
de Rome avec Othon [2], elle avait été laissée à Modène.
Quand la nouvelle de la défaite y parvint, les soldats la
repoussèrent comme un bruit mensonger, et, comme ils
jugeaient les sénateurs hostiles à Othon [3], ils épiaient leurs
conversations, donnaient de leurs mines et de leurs
attitudes une interprétation malveillante [4] ; enfin ils cherchaient dans des invectives et des injures un prétexte pour
commencer le massacre ; et ce n'était pas la seule crainte
suspendue sur la tête des sénateurs : maintenant que le
parti de Vitellius était le plus fort, ils avaient peur de
passer pour avoir accueilli sa victoire sans empressement.
2 Dans ce désarroi et cette double anxiété [5], ils se
réunissent sans que personne se souciât de donner son avis
personnel, chacun jugeant plus sûr de n'être qu'associé à
une faute collective. Le Sénat de Modène [6] aggravait les
soucis de ces hommes apeurés en leur offrant des armes et
de l'argent, et en les saluant du titre de « pères conscrits »,
hommage intempestif [7].

51. In funere eius nouata luctu ac dolore militum seditio, nec erat qui coerceret. Ad Verginium uersi, modo ut reciperet imperium, nunc ut legatione apud Caecinam ac Valentem fungeretur, minitantes orabant ; Verginius per auersam domus partem furtim digressus inrumpentes frustratus est. Earum quae Brixelli egerant cohortium preces Rubrius Gallus tulit, et uenia statim impetrata, concedentibus ad uictorem per Flauium Sabinum iis copiis quibus praefuerat.

52. 1 Posito ubique bello, magna pars senatus extremum discrimen adiit, profecta cum Othone ab urbe, dein Mutinae relicta. Illuc aduerso de proelio adlatum ; sed milites ut falsum rumorem aspernantes, quod infensum Othoni senatum arbitrabantur, custodire sermones, uoltum habitumque trahere in deterius ; conuiciis postremo ac probris causam et initium caedis quaerebant, cum alius insuper metus senatoribus instaret, ne praeualidis iam Vitellii partibus cunctanter excepisse uictoriam crederentur. 2 Ita trepidi et utrimque anxii coeunt, nemo priuatim expedito consilio, inter multos societate culpae tutior. Onerabat pauentium curas ordo Mutinensis arma et pecuniam offerendo, appellabatque patres conscriptos intempestiuo honore.

---

51 Verginium *edd.* : uergenium *M* uirginium *alii* ‖ Verginius *edd.* : uergenius *M* ‖ auersam *recc.* : aduersam *M alii* ‖ digressus *L recc.* : degr- *M* ‖ inrumpentes *edd.* : inrumpente *M* in irrumpentes *recc.* ‖ uenia *recc.* : -niam *M*.

52, 1 profecta *M²recc.* : -tam *M¹* ‖ instaret *recc.* : instraret *M*. 2 intempestiuo *recc.* : intempesti *M alii*.

53. 1 Une dispute mémorable éclata quand Licinius Caecina [1] s'en prit à Marcellus Eprius [2], lui reprochant l'ambiguïté de son langage. Les autres ne s'exprimaient d'ailleurs pas plus franchement, mais le nom de Marcellus, que le souvenir de ses délations rendait odieux et haïssable, avait inspiré à Caecina, homme nouveau siégeant depuis peu au Sénat, le désir de se faire connaître par d'illustres inimitiés [3]. 2 La modération des plus sages mit fin à leur querelle. Et ils retournèrent tous à Bologne [4] pour y délibérer à nouveau ; ils espéraient aussi recevoir entre temps des nouvelles plus détaillées. A Bologne, ils postèrent sur les divers itinéraires des hommes chargés d'interroger tous les nouveaux arrivants. Un affranchi d'Othon, à qui on demandait pourquoi il avait quitté son maître, répondit qu'il était porteur de ses dernières instructions ; il l'avait laissé vivant, mais ne se souciant plus que de la postérité et détaché de toutes les douceurs de la vie [5]. Cette réponse provoqua l'admiration et on eut honte d'en demander davantage ; c'est alors que tous les esprits se tournèrent du côté de Vitellius.

54. 1 Son frère Lucius Vitellius assistait à ces délibérations [1] et déjà il s'offrait à l'adulation, quand soudain Coenus [2], un affranchi de Néron, les bouleversa tous par un mensonge terrifiant : il affirmait que l'arrivée imprévue de la quatorzième légion [3] et sa jonction avec les forces venues de Brixellum avaient écrasé les vainqueurs et changé la fortune du parti [4]. Il avait inventé cette histoire pour rendre, grâce à ces nouvelles plus favorables, leur validité aux sauf-conduits [5] d'Othon, dont on ne tenait plus compte [6]. 2 De fait, Coenus, après avoir gagné Rome en

53. 1 Notabile iurgium fuit, quo Licinius Caecina Marcellum Eprium ut ambigua disserentem inuasit. Nec ceteri sententias aperiebant, sed inuisum memoria delationum expositumque ad inuidiam Marcelli nomen inritauerat Caecinam, ut nouus adhuc et in senatum nuper adscitus magnis inimicitiis claresceret. 2 Moderatione meliorum dirempti. Et rediere omnes Bononiam rursus consiliaturi ; simul medio temporis plures nuntii sperabantur. Bononiae, diuisis per itinera qui recentissimum quemque percunctarentur, interrogatus Othonis libertus causam digressus, habere se suprema eius mandata respondit ; ipsum uiuentem quidem relictum, sed sola posteritatis cura et abruptis uitae blandimentis. Hinc admiratio et plura interrogandi pudor, atque omnium animi in Vitellium inclinauere.

54. 1 Intererat consiliis frater eius L. Vitellius seque iam adulantibus offerebat, cum repente Coenus libertus Neronis atroci mendacio uniuersos perculit, adfirmans superuentu quartae decimae legionis, iunctis a Brixello uiribus, caesos uictores, uersam partium fortunam. Causa fingendi fuit ut diplomata Othonis, quae neglegebantur, laetiore nuntio reualescerent. 2 Et Coenus quidem rap*t*im in urbem uectus paucos post

---

53, 1 iurgium *Bekker* : uirgenium *M* inde iurgium *uel* iurgium inde *recc.* ‖ inuasit *M²* *recc.* : ianua sit *M¹* ianua euasit *alii* ‖ ceteri *M²* : ceteris *M¹* ‖ sententias *M²* : -tiam *M¹* ‖ inuisum *recc.* : -su *M alii* ‖ adscitus *M²* : -tum *M¹*.
2 consiliaturi *M* : conciliaturi *uel* consultaturi *recc.* ‖ quenque *M²* : quenquem *M¹* ‖ percunctarentur *recc.* : -taretur *M alii* ‖ libertus *recc.* : imbertus *M*.
54, 1 superuentu *recc.* : -tum *M alii*.
2 raptim in *J. Gronov* : rapidum *M alii* rapide in *alii*.

toute hâte, subit son châtiment quelques jours plus tard, sur l'ordre de Vitellius [7] ; mais son imposture accrut le péril des sénateurs, car les soldats othoniens ajoutaient foi aux nouvelles qu'il apportait. Ce qui redoublait leurs alarmes, c'est que leur départ de Modène et leur abandon du parti avaient résulté, en apparence, d'une décision officielle. Ils cessèrent de se réunir en conseil et chacun veilla à sa propre sécurité, jusqu'au moment où un message de Fabius Valens leur ôta toute crainte. De plus, le bruit de la mort d'Othon se répandit d'autant plus rapidement qu'elle était plus digne d'éloge [8].

55. 1 Cependant, à Rome, pas la moindre agitation ; on y assistait aux jeux de Cérès, comme d'habitude [1]. Quand on apprit de source sûre, au théâtre [2], qu'Othon avait cédé la place et que le préfet de la ville, Flavius Sabinus [3], avait fait prêter serment à Vitellius par tout ce qui se trouvait de soldats dans Rome, on applaudit Vitellius ; le peuple porta de temple en temple, avec des lauriers et des fleurs, les images de Galba [4] et lui éleva, en amoncelant des guirlandes, une sorte de tombeau près du bassin de Curtius, à l'endroit que Galba mourant avait ensanglanté [5]. 2 Au Sénat, tous les honneurs imaginés au cours des longs principats des autres [6] sont votés sur le champ [7] ; on y ajouta des éloges et des remerciements pour l'armée de Germanie et une députation reçut mission de lui porter le tribut de la joie publique. On lut une lettre de Fabius Valens aux consuls, écrite avec une certaine modération ; on apprécia davantage la réserve de Caecina, qui n'avait pas écrit [8].

56. 1 Cependant l'Italie était accablée de maux plus pénibles et plus affreux que la guerre. Dispersés dans les municipes et les colonies, les Vitelliens pillaient, volaient,

dies iussu Vitellii poenas luit ; senatorum periculum
auctum, credentibus Othonianis militibus uera esse
quae adferebantur. Intendebat formidinem quod publici
consilii facie discessum Mutina desertaeque partes
forent. Nec ultra in commune congressi sibi quisque
consuluere, donec missae a Fabio Valente epistulae
demerent metum. Et mors Othonis quo laudabilior, eo
uelocius audita.

55. 1 At Romae nihil trepidationis ; Ceriales ludi ex
more spectabantur. Vt cessisse Othonem et a Flauio
Sabino praefecto urbis quod erat in urbe militum [in]
sacramento Vitellii adactum certi auctores in theatrum
adtulerunt, Vitellio plausere ; populus cum lauru ac
floribus Galbae imagines circum templa tulit, congestis
in modum tumuli coronis iuxta lacum Curtii, quem
locum Galba moriens sanguine infecerat. 2 In senatu
cuncta longis aliorum principatibus composita statim
decernuntur ; additae erga Germanicum exercitu*m* laudes
gratesque, et missa legatio quae gaudio fungeretur.
Recitatae Fabii Valentis epistulae ad consules scriptae
haud immoderate ; gratior Caecinae modestia fuit, quod
non scripsisset.

56. 1 Ceterum Italia grauius atque atrocius quam
bello adflictabatur. Dispersi per municipia et colonias

1 iussu *M* : iniussu *Spengel.*
55, 1 At Romae nihil *recc.* : atro mae me nichil *M* ‖ cessisse *M recc.* :
cessisset *uel* cessisse uita *uel* censisset *alii* concessisse *Ritter* ‖
sacramento *Rhenanus* : in sacramento *M recc.* ‖ plausere *M recc.* :
-suri *alii.*
2 composita *M²* : -tam *M¹* ‖ exercitum *Ritter* : -tus *M recc.*

souillaient tout de leurs violences et de leurs viols [1] ; avides de tous les plaisirs, permis ou non, prêts à se vendre, ils ne respectaient ni le sacré ni le profane. Il y eut aussi des civils [2] qui se déguisèrent en soldats pour tuer leurs ennemis personnels. De leur côté, les soldats qui connaissaient les lieux [3] indiquaient les domaines opulents, les riches propriétaires, en vue du pillage ou, en cas de résistance, de la destruction, avec la complaisance des chefs qui n'osaient rien empêcher. 2 Moins cupide, Caecina était plus démagogue ; Valens, déshonoré par ses rapines et ses trafics, fermait d'autant plus facilement les yeux sur les fautes d'autrui. Depuis longtemps épuisée, l'Italie avait peine à supporter tant de fantassins et de cavaliers, les violences, les dommages et les vexations [4].

Départ de Vitellius pour Rome ; nouveaux ralliements à son parti.

57. 1 Pendant ce temps, Vitellius, vainqueur sans le savoir, rameutait le reste des forces de l'armée de Germanie [1], comme si la décision n'était pas acquise. Il avait laissé un petit nombre de vétérans dans les quartiers d'hiver et il hâtait le recrutement dans les Gaules pour compléter les effectifs des légions qui restaient sur place [2]. La garde de la rive fut confiée à Hordeonius Flaccus [3]. Lui-même s'adjoignit huit mille hommes prélevés sur l'armée de Bretagne [4]. 2 Après une marche de quelques jours, il apprit le succès de Bédriac, et que la mort d'Othon avait mis fin à la guerre. Il rassemble ses troupes et couvre d'éloges la valeur des soldats. Sollicité par son armée d'élever son affranchi Asiaticus au rang de chevalier [5], il fait taire cette basse adulation ; puis, par inconséquence [6], ce qu'il avait refusé publiquement, il l'accorde dans l'intimité d'un dîner et il chargea de l'anneau d'or [7] Asiaticus, un vil esclave qui se poussait par des pratiques criminelles [8].

Vitelliani spoliare, rapere, ui et stupris polluere ; in omne *f*as nefasque auidi aut uenales non sacro, non profano abstinebant. Et fuere qui inimicos suos specie militum interficerent ; ipsique milites regionum gnari refertos agros, dites dominos in praedam aut, si repugnatum foret, ad excidium destinabant, obnoxiis ducibus et prohibere non ausis. 2 Minus auaritiae in Caecina, plus ambitionis ; Valens ob lucra et quaestus infamis eoque alienae etiam culpae dissimulator. Iam pridem adtritis Italiae rebus, tantum peditum equitumque, uis damnaque et iniuriae aegre tolerabantur.

57. 1 Interim Vitellius uictoriae suae nescius ut ad integrum bellum reliquas Germanici exercitus uires trahebat. Pauci ueterum militum in hibernis relicti, festinatis per Gallias dilectibus, ut remanentium legionum nomina supplerentur. Cura ripae Hordeonio Flacco permissa. Ipse e Britannico < exercitu > delecta octo milia sibi adiunxit. 2 Et paucorum dierum iter progressus prosperas apud Bedriacum res ac morte Othonis concidisse bellum accepit. Vocata contione, uirtutem militum laudibus cumulat. Postulante exercitu ut libertum suum Asiaticum equestri dignitate donaret, inhonestam adulationem compescit ; dein mobilitate ingenii, quod palam abnuerat, inter secreta conuiuii largitur, onerauitque Asiaticum anulis, foedum mancipium et malis artibus ambitiosum.

56, 1 in omne fas nefasque *recc.* : Inomne Ias nefasque *M.*
2 tantum *M* : tanta *Acidalius.*
57, 1 nomina *codd.* : numeri *Acidalius* ‖ exercitu *add. C. Heraeus.*
2 inhonestam *recc.* : -ta *M* ‖ onerauitque *M recc.* : ornauitque *uel* honorauitque *alii.*

58. 1 Vers la même date, on vint lui annoncer l'adhésion à son parti des deux Mauritanies [1], après le meurtre du procurateur Albinus [2]. Lucceius Albinus, placé par Néron à la tête de la Mauritanie Césarienne [3], à laquelle Galba avait joint le gouvernement de la province Tingitane, disposait de forces nullement négligeables : dix-neuf cohortes [4], cinq ailes de cavalerie étaient sous ses ordres, ainsi qu'un fort contingent de Maures [5], troupe que les brigandages et le pillage entraînent à la guerre. Après le meurtre de Galba, penchant pour Othon et ne se contentant plus de l'Afrique, il menaçait l'Espagne, qui n'en est séparée que par un bras de mer. 2 Cluvius Rufus [6] s'en alarma et il donna l'ordre à la dixième légion [7] de se rapprocher de la côte, comme s'il voulait lui faire passer le détroit ; des centurions furent envoyés en avant, pour gagner les Maures à Vitellius. Cela ne fut pas difficile, tant était grande dans les provinces la réputation de l'armée de Germanie ; de plus, on répandait le bruit que, dédaignant le titre de procurateur, Albinus usurpait l'insigne de la royauté et le nom de Juba [8].

Vitellius prend diverses mesures de rigueur ou de clémence envers certains Othoniens.

59. 1 Une fois obtenu ce revirement des Maures, le préfet de cavalerie Asinius Pollio, un des amis les plus sûrs d'Albinus, ainsi que les préfets de cohortes Festus et Scipio sont assassinés [1] ; Albinus lui-même, qui se rendait de la province Tingitane en Mauritanie Césarienne, fut égorgé au débarquement ; sa femme, qui s'offrit aux coups des meurtriers, fut tuée en même temps que lui, sans que Vitellius demandât aucun compte de ces événements : il n'accordait aux plus grandes affaires qu'une attention fugitive, incapable qu'il était d'une application un peu sérieuse [2].

2 Il ordonne à son armée de continuer sa marche par

58. 1 Isdem diebus accessisse partibus utramque Mauretaniam, interfecto procuratore Albino, nuntii uenere. Lucceius Albinus a Nerone Mauretaniae Caesariensi praepositus, addita per Galbam Tingitanae prouinciae administratione, haud spernendis uiribus agebat : decem nouem cohortes, quinque alae, ingens Maurorum numerus aderat, per latrocinia et raptus apta bello manus. Caeso Galba, in Othonem pronus nec Africa contentus Hispaniae angusto freto diremptae imminebat. 2 Inde Cluuio Rufo metus, et decimam legionem propinquare litori ut transmissurus iussit ; praemissi centuriones, qui Maurorum animos Vitellio conciliarent. Neque arduum fuit, magna per prouincias Germanici exercitus fama ; spargebatur insuper spreto procuratoris uocabulo Albinum insigne regis et Iubae nomen usurpare.

59. 1 Ita mutatis animis, Asinius Pollio alae praefectus, e fidissimis Albino, et Festus ac Scipio cohortium praefecti opprimuntur ; ipse Albinus, dum e Tingitana prouincia Caesariensem Mauretaniam petit, <in> adpulsu litoris trucidatus ; uxor eius, cum se percussoribus obtulisset, simul interfecta est, nihil eorum quae fierent Vitellio anquirente : breui auditu quamuis magna transibat, impar curis grauioribus.

2 Exercitum itinere terrestri pergere iubet ; ipse

voie de terre ; lui-même descend la Saône, étalant, au lieu
d'un faste princier, le spectacle de sa pauvreté de jadis [3] ;
enfin, le gouverneur de la Gaule lyonnaise, Junius Blaesus,
d'une illustre famille, aussi fortuné que généreux [4], le
pourvut d'une maison princière et d'une escorte somp-
tueuse, se rendant par là-même odieux, quoique Vitellius
masquât sa haine sous les flatteries serviles. 3 Il fut
accueilli à Lyon par les généraux des deux partis, le
vainqueur et le vaincu [5]. Après avoir fait l'éloge, en
présence des troupes, de Valens et de Caecina, il les fit
asseoir de part et d'autre de sa chaise curule. Ensuite il
envoie l'armée entière au-devant de son fils, encore
enfant [6] ; il se le fit amener, le couvrit d'un manteau de
général et, le tenant dans ses bras, il l'appela Germanicus [7]
et le décora de tous les insignes du rang princier. Cet excès
d'honneur dans la bonne fortune devint une consolation
dans la mauvaise.

60. 1 Alors [1] on mit à mort les centurions les plus
déterminés du parti d'Othon et rien n'aliéna davantage à
Vitellius les armées d'Illyrie ; en même temps, toutes les
autres légions, gagnées par la contagion et jalouses des
soldats de Germanie, songeaient à faire la guerre [2].
Suetonius Paulinus et Licinius Proculus firent longtemps
antichambre, dans la tenue pitoyable des suppliants [3] ;
quand une audience leur fut enfin accordée, ils usèrent
pour leur défense d'arguments dictés par la nécessité
plutôt que par l'honneur. Ils allaient jusqu'à se donner le
mérite d'une trahison [4] : la longue route parcourue avant le
combat, la fatigue des Othoniens, la confusion des voitures
du train avec la colonne en marche, un bon nombre
d'incidents fortuits, ils mettaient tout cela au compte de
leur fourberie. Vitellius crut à leur perfidie et les tint
quittes du grief de loyalisme. 2 Salvius Titianus, le frère
d'Othon, ne courut aucun danger [5] : son affection pour son
frère et son apathie lui servirent d'excuses. Marius Celsus
conserva son consulat [6], mais l'opinion accusa Caecilius

Arare flumine deuehitur nullo principali paratu, sed
uetere egestate conspicuus, donec Iunius Blaesus Lugu-
dunensis Galliae rector, genere inlustri, largus animo et
par opibus, circumdaret principi ministeria, comitaretur
liberaliter, eo ipso ingratus, quamuis odium Vitellius
uernilibus blanditiis uelaret. 3 Praesto fuere Luguduni
uictricium uictarumque partium duces. Valentem et
Caecinam pro contione laudatos curuli suae circumpo-
suit. Mox uniuersum exercitum occurrere infanti filio
iubet, perlatumque et paludamento opertum sinu retinens Germanicum appellauit cinxitque cunctis fortunae
principalis insignibus. Nimius honos inter secunda
rebus aduersis in solacium cessit.

60. 1 Tum interfecti centuriones promptissimi Othonianorum, unde praecipua in Vitellium alienatio per
Illyricos exercitus ; simul ceterae legiones contactu et
aduersus Germanicos milites inuidia bellum meditaban-
tur. Suetonium Paulinum ac Licinium Proculum tristi
mora squalidos tenuit donec auditi necessariis magis
defensionibus quam honestis uterentur. Proditionem
ultro imputabant, spatium longi ante proelium itineris,
fatigationem Othonianorum, permixtum uehiculis agmen
ac pleraque fortuita fraudi suae adsignantes. Et Vitellius credidit de perfidia et fidem absoluit. 2 Saluius
Titianus Othonis frater nullum discrimen adiit, pietate
et ignauia excusatus. Mario Celso consulatus seruatur ;
sed creditum fama obiectumque mox in senatu Caecilio

3 curuli M^2 : -lis M^1.
60, 1 interfecti *recc.* : Iterfectis M || illyricos *recc.* : illycos M.

Simplex, et on lui en fit reproche plus tard au Sénat, d'avoir voulu acheter cet honneur, fût-ce aux dépens de la vie de Celsus. Vitellius tint bon et donna par la suite à Simplex un consulat qui ne coûtait ni crime ni argent [7]. Trachalus fut protégé contre ses accusateurs par Galeria, femme de Vitellius [8].

61. Pendant que de grands personnages couraient ces dangers, un certain Mariccus, appartenant à la plèbe des Boïens, osa — j'ai honte de le dire [1] — se mêler du jeu de la fortune [2] et provoquer les armes romaines, en se prétendant inspiré par les dieux. Et déjà ce libérateur des Gaules, ce dieu — car c'est ainsi qu'il se qualifiait [3] — avait rassemblé huit mille hommes et cherchait à entraîner [4] les cantons éduens les plus proches, lorsque cet important Etat [5], avec l'élite de ses combattants et les cohortes envoyées par Vitellius, dispersa cette multitude fanatique. Fait prisonnier dans le combat, Mariccus fut ensuite livré aux bêtes [6], mais, comme elles ne le déchiraient pas, la foule stupide le croyait invulnérable [7], jusqu'au moment où, sous les yeux de Vitellius, il fut mis à mort.

62. 1 Il n'y eut pas d'autres mesures contre les rebelles ou contre les biens de qui que ce fût. On ratifia les testaments de ceux qui étaient tombés dans les rangs othoniens, et on appliqua la loi aux intestats. En somme, si Vitellius avait modéré ses excès, on n'aurait pas eu à craindre son avarice [1]. Il avait pour la table une passion répugnante et insatiable [2] : de Rome et de l'Italie on faisait venir ce qui peut réveiller un palais blasé, et les routes venant de l'une et de l'autre mer retentissaient du bruit des charrois [3] ; les apprêts des festins ruinaient les notables des cités ; les cités elles-mêmes s'y épuisaient [4]. Le soldat dégénérait, perdant le goût du travail et le courage, dans

Simplici, quod eum honorem pecunia mercari nec sine
exitio Celsi uoluisset. Restitit Vitellius deditque postea
consulatum Simplici innoxium et inemptum. Tracha-
lum aduersus criminantes Galeria uxor Vitellii protexit.

61. Inter magnorum uirorum discrimina, pudendum dictu, Mariccus quidam, a plebe Boiorum, inserere
sese fortunae et prouocare arma Romana simulatione
numinum ausus est. Iamque adsertor Galliarum et deus
— nam id sibi indiderat — concitis octo milibus
hominum proximos *A*eduorum pagos trahebat, cum
grauissima ciuitas electa iuuentute, adiectis a Vitellio
cohortibus, fanaticam multitudinem disiecit. Captus in
eo proelio Mariccus ; ac mox feris obiectus quia non
laniabatur, stolidum uolgus inuiolabilem credebat, donec
spectante Vitellio interfectus est.

62. 1 Nec ultra in defectores aut bona cuiusquam
saeuitum : rata fuere eorum qui acie Othoniana
ceciderant testamenta aut lex intestatis. Prorsus, si
luxuriae temperaret, auaritiam non timeres. Epularum
foeda et inexplebilis libido : ex urbe atque Italia
inritamenta gulae gestabantur strepentibus ab utroque
mari itineribus ; exhausti conuiuiorum apparatibus
principes ciuitatum ; uastabantur ipsae ciuitates. Dege-
nerabat a labore ac uirtute miles adsuetudine uolupta-

2 eum honorem *recc.* : cum honore *M alii* ‖ inemptum *recc.* :
ineptum *M alii* ‖ uxor M^2 : uxori M^1.

61 nam *M* : nomen *uel* non *alii* ; *inde* : nomen id sibi indiderat
Beroald nam id sibi nomen indiderat *Andresen* ‖ Aeduorum *edd.* :
h(a)eduorum *M recc.* euduorum *alii* ‖ multitudinem *recc.* : -ne *M*.
62, l acie *M* : in acie *recc.* ‖ luxuriae M^1 : luxurie M^2 luxuriam *recc.*
‖ gulae M^2 : gula M^1.

l'accoutumance aux plaisirs et le mépris de son chef. 2 Celui-ci se fit précéder à Rome par un édit où il différait de prendre le titre d'Auguste [5], refusait celui de César [6], mais ne retranchait rien de ses pouvoirs. Les astrologues furent chassés d'Italie [7] ; on prit des mesures rigoureuses pour empêcher les chevaliers romains de se dégrader dans les écoles de gladiateurs et les jeux de l'arène. Les princes précédents les y avaient poussés à prix d'or ou, plus souvent, par la contrainte et beaucoup de municipes et de colonies s'efforçaient à l'envi d'y attirer en la payant leur jeunesse la plus corrompue [8].

63. 1 Cependant Vitellius, rendu plus orgueilleux et plus cruel par l'arrivée de son frère et par l'influence des maîtres en despotisme qui s'insinuaient dans ses bonnes grâces, ordonna le meurtre de Dolabella, qu'Othon avait relégué, comme nous l'avons rapporté, dans la colonie d'Aquinum [1]. Dolabella, à la nouvelle de la mort d'Othon, était rentré à Rome ; Plancius Varus [2], ancien préteur, ami intime de Dolabella, lui en fit grief auprès du préfet de la ville, Flavius Sabinus [3], l'accusant d'avoir mis fin à sa détention et de s'être offert comme chef au parti vaincu ; il ajouta que Dolabella avait voulu corrompre la cohorte cantonnée à Ostie [4] ; mais les preuves manquant à des accusations aussi graves, il se repentit et il cherchait à obtenir une grâce trop tardive, une fois le crime accompli [5]. 2 Flavius Sabinus hésitait, car l'affaire était d'importance ; Triaria, femme de Lucius Vitellius [6], plus impitoyable que ne l'est son sexe, lui fit peur et le détourna de rechercher, aux dépens de la sûreté du prince, un renom de clémence. Sabinus était naturellement doux, mais quand la crainte l'avait saisi, prompt au revirement ; tremblant pour lui-même alors qu'un autre était en danger [7], il ne voulut pas avoir l'air de lui tendre la main et il précipita la chute de Dolabella.

tum et contemptu ducis. 2 Praemisit in urbem edictum
quo uocabulum Augusti differret, Caesaris non reciperet, cum de potestate nihil detraheret. Pulsi Italia
mathematici ; cautum seuere ne equites Romani ludo et
harena polluerentur. Priores id principes pecunia et
saepius ui perpulerant ac pleraque municipia et coloniae aemulabantur corruptissimum quemque adulescen-
tium pretio inlicere.

63. 1 Sed Vitellius aduentu fratris et inrepentibus
dominationis magistris superbior et atrocior occidi
Dolabellam iussit, quem in coloniam Aquinatem seposi-
tum ab Othone rettulimus. Dolabella, audita morte
Othonis, urbem introierat ; id ei Plancius Varus praetura
functus, ex intimis Dolabellae amicis, apud Flauium
Sabinum praefectum urbis obiecit, tamquam rupta
custodia ducem se uictis partibus ostentasset ; addidit
temptatam cohortem quae Ostiae ageret ; nec ullis
tantorum criminum probationibus in paenitentiam uer-
sus seram ueniam post scelus quaerebat. 2 Cunctantem
super tanta re Flauium Sabinum Triaria, L. Vitellii
uxor, ultra feminam ferox, terruit ne periculo principis
famam clementiae adfectaret. Sabinus suopte ingenio
mitis, ubi formido incessisset, facilis mutatu et in alieno
discrimine sibi pauens, ne adleuasse uideretur, impulit
ruentem.

---

2 perpulerant M^2 : -rat M^1 ‖ quenque M^2 : quenquem M^1.
63, 1 othone M^2 : othonem M^1 ‖ dolabellae M^2 : dole bellae M^1 ‖
temptatam *recc.* : -tata M ‖ Ostiae *recc.* : hostiae M *alii.*

2 cunctantem *recc.* : -te (*sed rasura sequitur*) M ‖ super tanta re
recc. : supertentare M^2 supertemntare M^1 ‖ ne *recc.* : e M *alii*
tamquam *alii* ‖ alieno M^2 : alio M^1.

64. 1 Donc Vitellius [1], par crainte et aussi par haine, car Dolabella avait épousé sa première femme, Petronia [2], convoque celui-ci par lettre, et donne l'ordre [3] d'éviter la voie Flaminienne, trop fréquentée, de faire un détour par Interamnium [4] et d'y mettre à mort Dolabella. Le trajet parut trop long au tueur : dans une taverne, en cours de route, il le terrassa et l'égorgea, jetant le discrédit sur le nouveau principat, qui se faisait connaître par ce coup d'essai. 2 En outre, les excès de Triaria [5] étaient condamnés par l'exemple de modération que donnait dans son entourage Galeria, femme de l'empereur, qui ne fut jamais mêlée à de fâcheuses affaires ; même droiture chez Sextilia, mère des Vitellius, une femme de mœurs antiques [6] ; elle avait même déclaré, disait-on, en recevant la première lettre de son fils, que ce n'était pas Germanicus, mais Vitellius qu'elle avait mis au monde [7]. Et depuis, ni les séductions de la fortune ni les hommages de Rome ne purent triompher de sa tristesse ; elle ne ressentit que les malheurs de sa maison [8].

65. 1 Vitellius avait quitté Lyon quand Cluvius Rufus le rejoignit, venant d'Espagne [1] ; il affectait un air d'allégresse et de congratulation, mais avait l'âme inquiète, sachant que des accusations avaient été portées contre lui. Hilarus, un affranchi de César [2], l'avait dénoncé, sous prétexte que, apprenant l'élévation au principat de Vitellius et d'Othon [3], il avait essayé de s'assurer lui-même un pouvoir personnel et la possession des Espagnes ; c'est pour cette raison, disait-il, que Cluvius n'avait fait figurer le nom d'aucun prince en tête de ses sauf-conduits [4] ; de plus il trouvait dans certains passages de ses discours l'intention d'outrager Vitellius et de se rendre lui-même populaire. 2 L'autorité de Cluvius l'emporta, si bien que Vitellius fut le premier à ordonner le châtiment de son

64. 1 Igitur Vitellius metu et odio, quod Petroniam uxorem eius mox Dolabella in matrimonium accepisset, uocatum per epistulas uitata Flaminiae uiae celebritate deuertere Interamnium atque ibi interfici iussit. Longum interfectori uisum : in itinere ac taberna proiectum humi iugulauit, magna cum inuidia noui principatus, cuius hoc primum specimen noscebatur. 2 Et Triariae licentiam modestum e proximo exemplum onerabat, Galeria imperatoris uxor non immix*ta* tristibus ; et pari probitate mater Vitelliorum Sextilia, antiqui moris ; dixisse quin etiam ad primas filii sui epistulas ferebatur, non Germanicum a se sed Vitellium genitum. Nec ullis postea fortunae inlecebris aut ambitu ciuitatis in gaudium euicta domus suae tantum aduersa sensit.

65. 1 Digressum a Luguduno Vitellium [M.] Cluuius Rufus adsequitur omissa Hispania, laetitiam et gratulationem uoltu ferens, animo anxius et petitum se criminationibus gnarus. Hilarus Caesaris libertus detulerat, tamquam audito Vitellii et Othonis principatu propriam ipse potentiam et possessionem Hispaniarum temptasset eoque diplomatibus nullum principem praescripsisset ; < et > interpretabatur quaedam ex orationibus eius contumeliosa in Vitellium et pro se ipso popularia. 2 Auctoritas Cluuii praeualuit, ut puniri ultro libertum suum Vitel-

64, 1 interamnium *M* : Interamnam *Puteolanus, coll. 3, 61 et 63, 1.*
2 modestum e *M²* : modestum me *M¹* ‖ immixta *J. F. Gronov* : Inmix *M* immix *recc.* minax *uel* immunis *uel* minus *uel* nimis *alii* ‖ probitate *M²* : -tem *M¹*.
65, 1 luguduno *uel* lugduno *recc.* : ligunduno *M* ‖ Cluuius *Ritter* : M. cluuius *M alii* ‖ hilarus *M²* : hilari *M¹* hilarius *recc.* ‖ diplomatibus *M²* : diplomatis *M¹* ‖ et *add. Ernesti* ‖ ex orationibus *L, Rhenanus* : exortationibus *M* exhort- *alii*.

propre affranchi. Cluvius fut admis dans la suite du prince, tout en conservant l'Espagne, qu'il gouverna sans y résider, à l'exemple de Lucius Arruntius [5] ; mais Tibère retenait Arruntius auprès de lui par défiance, alors que Vitellius retenait Cluvius sans le redouter. On ne fit pas le même honneur à Trebellius Maximus : il s'était enfui de Bretagne pour échapper à la colère des soldats [6] ; on envoya pour le remplacer Vettius Bolanus, de la suite du prince [7].

... et envers les armées.

66. 1 Ce qui angoissait Vitellius, c'était le moral des légions vaincues [1], qui n'était nullement abattu. Dispersées à travers l'Italie et mêlées aux vainqueurs, elles tenaient des propos hostiles ; les soldats de la quatorzième, qui ne s'avouaient pas vaincus, manifestaient une particulière arrogance : « A la bataille de Bédriac, seul un détachement avait été repoussé, le gros de la légion n'avait pas donné [2] ». On décida de les renvoyer en Bretagne, d'où Néron les avait fait venir [3] et, en attendant, de faire camper avec eux les cohortes bataves, à cause de leurs anciens dissentiments avec les soldats de la quatorzième [4]. 2 Et la paix ne dura guère, entre gens armés que des haines si fortes divisaient : à Turin, un Batave se querelle avec un artisan et le traite de voleur, un légionnaire le défend, parce que l'autre est son logeur ; les camarades de l'un et de l'autre s'attroupent et, des injures, ils en viennent aux coups. Et un combat furieux se fût allumé, si deux cohortes prétoriennes, prenant fait et cause pour les soldats de la quatorzième, n'eussent donné confiance à ceux-ci et fait peur aux Bataves. 3 Vitellius tenant ces derniers pour une troupe sûre, les joint à sa propre colonne de marche ; quant à la légion, il donne l'ordre de la faire passer par les Alpes Grées [5], en faisant un détour pour éviter Vienne [6], car on craignait aussi les Viennois [7]. La nuit où partait la légion,

lius iuberet. Cluuius comitatui principis adiectus, non
adempta Hispania, quam rexit absens exemplo L.
<Arruntii ; sed> Arruntium Ti. Caesar ob metum,
Vitellius Cluuium nulla formidine retinebat. Non idem
Trebellio Maximo honos : profugerat Britannia ob
iracundiam militum ; missus est in locum eius Vettius
Bolanus e praesentibus.

66. 1 Angebat Vitellium uictarum legionum haudquaquam fractus animus. Sparsae per Italiam et uictoribus permixtae hostilia loquebantur, praecipua quartadecimanorum ferocia, qui se uictos abnuebant : quippe
Bedriacensi acie uexillariis tantum pulsis uires legionis
non adfuisse. Remitti eos in Britanniam, unde a Nerone
exciti erant, placuit atque interim Batauorum cohortes
una tendere ob ueterem aduersus quartadecimanos
discordiam. 2 Nec diu in tantis armatorum odiis quies
fuit : Augustae Taurinorum, dum opificem quendam
Batauus ut fraudatorem insectatur, legionarius ut hospi-
tem tuetur, sui cuique commilitones adgregati a conuiciis ad caedem transiere. Et proelium atrox arsisset, ni
duae praetoriae cohortes causam quartadecimanorum
secutae his fiduciam et metum Batauis fecissent. 3 Quos
Vitellius agmini suo iungi ut fidos, legionem Gra*is*
Alpibus traductam eo flexu itineris ire iubet quo
Viennam uitarent : namque et Viennenses timebantur.
Nocte qua proficiscebatur legio, relictis passim ignibus

2 Arruntii sed *add. Haase* || cluuium *M*² : cluuius *M*¹ || Vettius
recc. : bettius *M recc.* uectius *uel* bectius *uel* betius *recc.* ; *alii alia.*
66, 1 legionis *M*² : legionum *M*¹.
   2 augustae *M*² : agusta *M*¹ *alii* || causam *M*² : casam *M*¹.
   3 Grais Alpibus *edd.* : grat salpibus *M alii alia* || proficiscebatur
*M*² : -bantur *M*¹ *recc.*

des feux de bivouac étant restés allumés çà et là [8], une partie de la colonie de Turin fut brûlée, mais ce désastre, comme la plupart des maux de la guerre, fut effacé par les calamités plus graves que subirent d'autres villes. Quand la quatorzième légion eut descendu [9] les Alpes, les soldats les plus séditieux portaient les enseignes en direction de Vienne, mais les meilleurs soldats, d'un commun accord, les arrêtèrent et la légion fut transportée en Bretagne.

67. 1 La seconde crainte de Vitellius [1] lui venait des cohortes prétoriennes. On les avait d'abord isolées [2], puis on leur avait offert, pour les amadouer, un congé honorable et les soldats remettaient leurs armes à leurs tribuns [3], jusqu'au moment où le bruit se répandit que Vespasien était entré en guerre ; alors ils reprirent du service et devinrent le fer de lance du parti flavien. 2 La première légion d'infanterie de marine [4] fut envoyée en Espagne, pour qu'elle se calmât dans la paix et le repos ; la onzième et la septième furent rendues à leurs quartiers d'hiver [5] ; les soldats de la treizième [6] reçurent l'ordre de construire des amphithéâtres : en effet, Caecina à Crémone et Valens à Bologne [7] préparaient des spectacles de gladiateurs, Vitellius n'étant jamais absorbé par les affaires au point d'oublier les plaisirs.

68. 1 Il avait donc usé de modération en dispersant le parti vaincu [1] ; c'est parmi les vainqueurs qu'une sédition éclata ; au début ce n'était qu'un jeu, mais le nombre des tués accrut l'impopularité de Vitellius [2]. Vitellius dînait à Ticinum et il avait invité Verginius [3]. Les légats et les tribuns, se réglant sur la conduite des généraux, rivalisent d'austérité ou se plaisent aux festins interminables [4] ; en conséquence, le soldat est discipliné ou pratique le laisser-aller. Dans l'armée de Vitellius, ce n'était que désordre et

pars Taurinae coloniae ambusta, quod damnum, ut
pleraque belli mala, maioribus aliarum urbium cladibus
obliteratum. Quartadecimani postquam Alpibus degressi
sunt, seditiosissimus quisque signa Viennam ferebant ;
consensu meliorum compressi et legio in Britanniam
transuecta.

67. 1 Proximus Vitellio e praetoriis cohortibus
metus erat. Separati primum, deinde addito honestae
missionis lenimento, arma ad tribunos suos deferebant,
donec motum a Vespasiano bellum crebresceret ; tum
resumpta militia robur Flauianarum partium fuere. 2
Prima classicorum legio in Hispaniam missa, ut pace et
otio mitesceret, undecima ac septima suis hibernis
redditae, tertiadecimani struere amphitheatra iussi :
nam Caecina Cremonae, Valens Bononiae spectaculum
gladiatorum edere parabant, numquam ita ad curas
intento Vitellio ut uoluptatum obliuisceretur.

68. 1 Et < uictas > quidem partes modeste dis-
traxerat ; apud uictores orta seditio, ludicro initio, ni
numerus caesorum inuidiam *Vitellio* auxisset. Discu-
buerat Vitellius Ticini, adhibito ad epulas Verginio.
Legati tribunique ex moribus imperatorum seueritatem
aemulantur uel tempestiuis conuiuiis gaudent ; proinde
miles intentus aut licenter agit. Apud Vitellium omnia

3 coloniae M^2 : colonibus M^1 || degressi *Pichena* : digressi *codd.* ||
consensu *recc.* : consensum *M alii*.
67, 1 deferebant M^2 : -rebat M^1 || crebresceret M^2 : crebes- M^1.
2 iussi *recc.*, *Rhenanus* : -sit *cett.* || Valens *edd.* : ualen *M* ||
parabant M^2 : -bat *M*.
68, 1 uictas *add. Haase* : has *add. Meiser* || ni *L, Agricola* : om. *M*
alii || Vitellio *Doederlein* : bello *codd.* || seueritatem *recc.* : -tate *M*
alii || conuiuiis *recc.* : conuiis *M* || proinde *M recc.* : perinde *alii*.

ivrognerie, tout y rappelait les fêtes de nuit et les bacchanales plutôt que la discipline des camps. 2 Ainsi donc, deux soldats, l'un de la cinquième légion [5], l'autre des auxiliaires gaulois [6], s'étaient défiés par jeu à la lutte ; le légionnaire étant tombé, le Gaulois lui sauta dessus [7] et ceux qui s'étaient rassemblés pour regarder prirent parti pour l'un ou pour l'autre ; les légionnaires s'élancèrent pour tuer les auxiliaires et deux cohortes furent massacrées. 3 Le remède à ce tumulte fut un autre tumulte. On apercevait au loin de la poussière et des armes ; un cri général s'éleva soudain : « C'était la quatorzième légion qui avait rebroussé chemin et venait se battre » ; en fait, c'étaient les soldats chargés de ramasser les traînards ; on les reconnut et l'alerte prit fin [8]. 4 Cependant, un esclave de Verginius vient à passer ; on l'accuse de vouloir assassiner Vitellius, et les soldats se ruaient vers la salle du festin, demandant la mort de Verginius. Vitellius lui-même, qui tremblait pourtant au moindre soupçon, ne douta pas de son innocence ; toutefois il eut du mal à retenir ces hommes qui exigeaient la mort d'un consulaire, leur ancien général. Et nul ne fut plus souvent que Verginius en butte à des séditions de toute sorte : l'admiration pour lui et son prestige subsistaient, mais les soldats le haïssaient, pour les avoir dédaignés [9].

69. 1 Le lendemain, Vitellius, après avoir donné audience à la délégation du Sénat qui, selon ses ordres, l'attendait à cet endroit [1], se rendit au camp et alla jusqu'à féliciter les soldats de leur dévouement [2], tandis que les auxiliaires s'indignaient devant une telle impunité et une telle insolence tolérées chez les légionnaires. Les cohortes bataves, dont on craignait un coup d'audace brutal, furent renvoyées en Germanie [3], — prélude à une guerre, à la fois

indisposita, temulenta, peruigiliis ac bacchanalibus quam disciplinae et castris propiora. 2 Igitur duobus militibus, altero legionis quintae, altero e Gallis auxiliaribus, per lasciuiam ad certamen luctandi accensis, postquam legionarius prociderat, insultante Gallo et iis qui ad spectandum conuenerant in studia diductis, erupere legionarii in perniciem auxiliorum ac duae cohortes interfectae. 3 Remedium tumultus fuit alius tumultus. Puluis procul et arma aspiciebantur : conclamatum repente quartam decimam legionem uerso itinere ad proelium uenire ; sed erant agminis coactores ; agniti dempsere sollicitudinem. 4 Interim Verginii seruus forte obuius ut percussor Vitellii insimulatur, et ruebat ad conuiuium miles, mortem Verginii exposcens. Ne Vitellius quidem, quamquam ad omnes suspiciones pauidus, de innocentia eius dubitauit ; aegre tamen cohibiti qui exitium consularis et quondam ducis sui flagitabant. Nec quemquam saepius quam Verginium omnis seditio infestauit : manebat admiratio uiri et fama, sed oderant ut fastiditi.

69. 1 Postero die Vitellius senatus legatione, quam ibi opperiri iusserat, audita transgressus in castra ultro pietatem militum conlaudauit, frementibus auxiliis tantum impunitatis atque adrogantiae legionariis accessisse. Batauorum cohortes, ne quid truculentius auderent, in Germaniam remissae, principium interno simul

2 spectandum *edd.* : spectanduco M^2 spectaculum M^1 ∥ conuenerant *edd.* : nuenerant M^2 *om.* M^1 ∥ diductis L : deductis M ∥ perniciem *recc.* : -cie M.

4 omnes *uel* omnis *recc.* : om̄e M^1 oīs M^2 *in marg.*

69, 1 auderent *recc.* : audirent M *alii.*

civile et étrangère, que préparaient les destins [4]. On rendit
à leurs cités les auxiliaires gaulois, énorme contingent
recruté dès le début de la défection [5], comme un vain
appareil de guerre [6]. 2 Au reste, pour que les finances
impériales, déjà entamées par les largesses, pussent encore
suffire, Vitellius ordonne d'amputer les effectifs des légions
et des auxiliaires, en interdisant de nouveaux recrute-
ments ; en même temps on prodiguait sans restriction les
offres de congé. Funestes pour l'Etat, ces mesures déplai-
saient aux soldats, pour qui le même service était réparti
entre un moindre nombre d'hommes, d'où le retour plus
fréquent des dangers et des fatigues ; de plus, les excès
énervaient leurs forces, contrairement à l'esprit de l'ancienne discipline et aux principes de nos ancêtres, chez
lesquels la valeur mieux que l'argent maintenait la puissance romaine [7].

Visite du champ de bataille de Bédriac.

70. 1 De là [1], Vitellius fit un détour [2] pour gagner
Crémone et, après avoir assisté aux jeux offerts par
Caecina [3], l'envie le prit de fouler les plaines de Bédriac et
de contempler de ses yeux les traces de sa victoire encore
récente. Hideux, horrible spectacle [4] ! moins de quarante
jours après la bataille [5], des corps mutilés, des membres
coupés, des formes putrescentes d'hommes et de chevaux [6], la terre saturée de sang corrompu, les arbres et les
moissons broyés, un affreux désert. 2 Non moins repous-
sante était la partie de la route que les Crémonais avaient
jonchée de lauriers et de roses, où ils avaient élevé des
autels et immolé des victimes [7], comme on le fait pour un
despote [8] — allégresse momentanée qui causa plus tard
leur perte [9]. 3 Aux côtés de Vitellius se tenaient Valens et
Caecina, qui lui montraient le théâtre des opérations : d'ici
s'était lancée à l'attaque la colonne des légions, de là les
cavaliers avaient chargé, de cet endroit étaient partis les

externoque bello parantibus fatis. Reddita ciuitatibus
Gallorum auxilia, ingens numerus et prima statim
defectione inter inania belli adsumptus. 2 Ceterum, ut
largitionibus adfectae iam imperii opes sufficerent,
amputari legionum auxiliorumque numeros iubet, uetitis supplementis ; et promiscae missiones offerebantur.
Exitiabile id rei publicae, ingratum militi, cui eadem
munia inter paucos periculaque ac labor crebrius
redibant ; et uires luxu corrumpebantur, contra ueterem disciplinam et instituta maiorum, apud quos
uirtute quam pecunia res Romana melius stetit.

70. 1 Inde Vitellius Cremonam flexit et, spectato
munere Caecinae, insistere Bedriacensibus campis ac
uestigia recentis uictoriae lustrare oculis concupiuit.
Foedum atque atrox spectaculum : intra quadragensi-
mum pugnae diem lacera corpora, trunci artus, putres
uirorum equorumque formae, infecta tabo humus,
protritis arboribus ac frugibus dira uastitas. 2 Nec
minus inhumana pars uiae quam Cremonenses lauru
rosaque construerant, exstructis altaribus caesisque
uictimis regium in morem ; quae laeta in praesens mox
perniciem ipsis fecere. 3 Aderant Valens et Caecina
monstrabantque pugnae locos : hinc inrupisse legionum
agmen, hinc equites coortos, inde circumfusas auxilio-

2 iam *L recc.* : tam *M alii* ‖ sufficerent *M*² : -ret *M*¹.
70, 1 lustrare *M*² : lux rare *M*¹.
2 inhumana *M recc.* : humana *alii* ‖ pars *M L* : facies *E. Wolff* ‖
rosaque *M*² : rosasque *M*¹*L alii.*
3 aderant *recc.* : aderat *M alii* ‖ coortos *recc.* : cohortos *M alii*
cohortes *alii* ‖ sors *recc.* : fors *M alii.*

auxiliaires pour envelopper l'ennemi ; puis tribuns et
préfets, chacun exaltant ses propres exploits, mêlaient le
faux, le vrai et les exagérations. La foule des soldats [10], elle
aussi, avec des cris de joie, s'écartait de la route,
reconnaissait les lieux des combats et, devant les armes
entassées [11], les monceaux de cadavres [12], elle contemplait,
admirait. Il y en avait aussi que la pensée des vicissitudes
humaines apitoyait jusqu'aux larmes [13]. 4 Mais Vitellius ne
détourna pas les yeux et il vit sans frissonner tant de
milliers de citoyens privés de sépultures [14] ; bien mieux, il
se réjouissait et, ignorant le sort qui l'attendait [15], si
proche, il offrait un sacrifice aux divinités du lieu [16].

Reprise de la marche de Vitellius sur Rome.

71. 1 Puis Fabius Valens donne à Bologne un spectacle de gladiateurs avec des équipements apportés de
Rome [1]. Plus Vitellius s'en approchait [2], plus sa marche
étalait de corruption : pêle-mêle avec les soldats, des
histrions, des troupeaux d'eunuques et toutes les autres
créatures de la cour de Néron [3] ; en effet Néron lui-même
était l'objet des continuelles admirations de Vitellius [4], qui
le suivait autrefois dans ses tournées de chanteur, non pas
par contrainte, comme tant de gens honorables [5], mais
parce que, esclave de ses débauches et de sa goinfrerie, il
s'était vendu. 2 Pour rendre disponibles certains mois en
l'honneur de Valens et de Caecina, on raccourcit d'autres
consulats [6] : on fit semblant d'ignorer celui de Martius
Macer [7], en tant que général du parti othonien ; Valerius
Marinus, consul désigné par Galba [8], fut ajourné, sans
qu'on eût rien à lui reprocher, mais parce qu'il était d'un
caractère doux et souffrirait l'affront en silence [9] ; on laisse
de côté Pedanius Costa [10] : il déplaisait au prince pour
avoir osé se déclarer contre Néron et avoir encouragé
Verginius ; mais d'autres raisons furent alléguées ; après
quoi on remercia Vitellius, par habitude de servilité.

rum manus ; iam tribuni praefectique sua quisque facta
extollentes falsa, uera aut maiora uero miscebant.
Volgus quoque militum clamore et gaudio deflectere
uia, spatia certaminum recognoscere, aggerem armorum, strues corporum intueri, mirari. Et erant quos
uaria sors rerum lacrimaeque et misericordia subiret. 4
At non Vitellius flexit oculos nec tot milia insepultorum
ciuium exhorruit : laetus ultro et tam propinquae sortis
ignarus instaurabat sacrum dis loci.

71. 1 Exin Bononiae a Fabio Valente gladiatorum
spectaculum editur, aduecto ex Vrbe cultu. Quantoque
magis propinquabat, tanto corruptius iter immixtis
histrionibus et spadonum gregibus et cetero Neronianae
aulae ingenio : namque et Neronem ipsum Vitellius
admiratione celebrabat, sectari cantantem solitus, non
necessitate, qua honestissimus quisque, sed luxu et
saginae mancipatus emptusque. 2 Vt Valenti et Caecinae uacuos honoris menses aperiret, coartati aliorum
consulatus, dissimulatus Marti Macri, tamquam Otho-
nianarum partium ducis ; et Valerium Marinum destinatum a Galba consulem distulit, nulla offensa, sed
mitem et iniuriam segniter laturum ; Pedanius Costa
omittitur, ingratus principi ut aduersus Neronem ausus
et Verginii exstimulator, sed alias protulit causas ;
actaeque insuper Vitellio gratiae consuetudine seruitii.

71, 1 admiratione M^2 : -nem M^1.
2 Marti Macri *edd.* : ma (*erasum*) marci matri *M.*

72. 1 Une imposture, qui avait connu d'abord un vif succès, ne se soutint que quelques jours. Un homme avait paru, se présentant comme Scribonianus Camerinus [1] et disant que, pendant la terreur de l'époque néronienne, il était resté caché en Istrie, parce que les anciens Crassus y avaient laissé des clients, des terres et un nom encore populaire [2]. 2 Donc, après avoir enrôlé les pires éléments pour mettre en scène cette comédie, il voyait accourir à l'envi autour de lui une foule crédule et quelques soldats, par ignorance de la vérité ou par goût du désordre, quand il fut traîné devant Vitellius et questionné sur son identité. Comme personne ne le croyait et que son maître reconnaissait en lui un esclave fugitif nommé Geta [3], il subit le supplice des esclaves [4].

73. On a peine à croire à quel point s'accrurent l'arrogance et la stupidité de Vitellius, quand des courriers [1] venus de Syrie et de Judée annoncèrent que l'Orient lui avait prêté serment [2]. Car, bien qu'il ne s'agît encore que de bruits vagues et peu autorisés, la renommée parlait pourtant de Vespasien, et bien souvent, à ce nom, Vitellius sortait de sa torpeur. Dès lors, le prince et l'armée, ne se voyant plus de rivaux, s'étaient jetés, en fait de cruauté, de débauche, de brigandage, dans les excès des mœurs étrangères [3].

Vespasien songe à la guerre.

74. 1 Cependant Vespasien songeait à la guerre et aux armes, et il passait en revue ses forces proches ou lointaines. Ses soldats étaient si bien disposés pour lui qu'ils l'écoutèrent dicter le serment [1] et formuler les vœux pour Vitellius dans un profond silence [2]. Mucien n'était pas hostile à Vespasien, tout en ayant une préférence pour Titus [3] ; le préfet d'Egypte Tiberius Alexander s'était

72. 1 Non ultra paucos dies quamquam acribus initiis coeptum mendacium ualuit. Exstiterat quidam Scribonianum se Camerinum ferens, Neronianorum temporum metu in Histria occultatum, quod illic clientelae et agri ueterum Crassorum ac nominis fauor manebat. 2 Igitur deterrimo quoque in argumentum fabulae adsumpto, uolgus credulum et quidam militum, errore ueri seu turbarum studio, certatim adgregabantur, cum pertractus ad Vitellium interrogatusque quisnam mortalium esset. Postquam nulla dictis fides et a domino noscebatur condicione fugitiuus nomine Geta, sumptum de eo supplicium in seruilem modum.

73. Vix credibile memoratu est quantum superbiae socordiaeque Vitellio adoleuerit, postquam speculatores e Syria Iudaeaque adactum in uerba eius Orientem nuntiauere. Nam etsi uagis adhuc et incertis auctoribus, erat tamen in ore famaque Vespasianus ac plerumque ad nomen eius Vitellius excitabatur. Tum ipse exercitusque, ut nullo aemulo, saeuitia, libidine, raptu in externos mores proruperant.

74. 1 At Vespasianus bellum armaque et procul uel iuxta sitas uires circumspectabat. Miles ipsi adeo paratus ut praeeuntem sacramentum et fausta Vitellio omnia precantem per silentium audierint. Muciani animus nec Vespasiano alienus et in Titum pronior ; praefectus Aegypti <Ti.> Alexander consilia sociaue-

72, 2 pertractus *M* : pertractus est *Nipperdey* ‖ seruilem *recc.* : seruile *M*.
73 aemulo *M²* : aemulos *M¹* ‖ proruperant *M* : -runt *Nipperdey*.
74, 1 omnia *M* : omina *Juste Lipse* ‖ Ti. *add. Ursinus* ‖ e Syria *Juste Lipse* : de siria *uel* syria *codd.*

associé à leurs projets [4] ; la troisième légion ayant servi en Syrie avant de passer en Mésie, Vespasien la comptait parmi les siennes [5] ; les autres légions d'Illyrie laissaient espérer qu'elles suivraient le mouvement, car toutes les armées avaient été enflammées de colère devant l'arrogance des soldats venant de chez Vitellius qui, avec leur air sauvage et leur langage barbare [6], se moquaient des autres comme si c'étaient des êtres inférieurs. 2 Mais le poids d'une pareille guerre fait bien souvent hésiter et, si Vespasien était parfois porté à espérer, il se prenait à calculer les chances contraires : « Quel jour [7] que celui où il livrerait aux hasards de la guerre soixante années de vie et deux fils encore jeunes [8] ! Dans les projets d'ordre privé on pouvait progresser par étapes et miser plus ou moins gros, à volonté, sur les coups de la fortune [9] ; pour qui veut l'Empire, il n'y a pas de milieu entre les sommets et les précipices » [10].

75. Il se représentait l'armée de Germanie et sa force, bien connue d'un homme de guerre [1] : ses propres légions n'avaient pas fait leurs preuves dans la guerre civile, celles de Vitellius étaient victorieuses, et chez les vaincus il y avait plus de récriminations que de ressources. Dans les temps de discorde, la fidélité des soldats était chancelante et chacun d'eux était un danger : « A quoi lui serviraient en effet les cohortes et les escadrons, si un ou deux assassins, après un crime vite commis, allaient demander dans l'autre camp le salaire toujours prêt ? C'est ainsi que Scribonianus avait été tué sous Claude [2] ; c'est ainsi que son meurtrier Volaginius avait été promu, de simple soldat, aux plus hauts grades [3]. Il est plus facile de soulever les masses que d'éviter un homme seul ».

rat ; tertiam legionem, quod e Syria in Moesiam
transisset, suam numerabat ; ceterae Illyrici legiones
secuturae sperabantur : namque omnis exercitus flam-
mauerat adrogantia uenientium a Vitellio militum,
quod truces corpore, horridi sermone ceteros ut impa-
res inridebant. 2 Sed in tanta mole belli plerumque
cunctatio ; et Vespasianus modo in spem erectus,
aliquando aduersa reputabat. Quis ille dies foret quo
sexaginta aetatis annos et duos filios iuuenes bello
permitteret ? Esse priuatis cogitationibus progressum
et, prout uelint, plus minusue sumi ex fortuna ;
imperium cupientibus nihil medium inter summa aut
praecipitia.

75. Versabatur ante oculos Germanici exercitus
robur, notum uiro militari : suas legiones ciuili bello
inexpertas, Vitellii uictrices, et apud uictos plus queri-
moniarum quam uirium. Fluxam per discordias militum fidem et periculum ex singulis : quid enim
profuturas cohortes alasque, si unus alterue praesenti
facinore paratum ex diuerso praemium petat ? Sic
Scribonianum sub Claudio interfectum, sic percusso-
rem eius Volaginium e gregario ad summa militiae
prouectum : facilius uniuersos impelli quam singulos
uitari.

1 suam *recc.* : sua *M.*

2 sed in tanta mole *recc.* : sed Iniant amole *M alii* ‖ progressum *M
alii* : regressum *Juste Lipse* progressum, esse regressum *C. Heraeus*
progressum et regressum *Weissenborn.*

75 fidem *M²* : fides *M¹* ‖ alterue *Wurm* : alterque *codd.* ‖ facinore
recc. : facinora *M alii* -ri *alii* ‖ ex diuerso *M²* : exidiuerso *M¹.*

Discours de Mucien.

76. 1 Ces craintes le faisaient hésiter ; ses légats et ses
amis l'encourageaient, en particulier Mucien qui, après
beaucoup d'entretiens privés, finit par lui parler publiquement en ces termes [1] : « Tous ceux qui assument de
grandes entreprises doivent examiner si leur tentative est
utile à l'Etat, glorieuse pour eux-mêmes, si elle est d'une
exécution facile [2] ou du moins pas trop ardue ; en même
temps il faut considérer si celui qui donne le conseil est
prêt à partager le risque et, si la fortune favorise le projet,
à qui reviendra l'honneur suprême. 2 C'est moi, Vespasien, qui t'appelle à l'Empire ; dans quelle mesure est-ce
salutaire pour l'Etat, glorieux pour toi, cela dépend de toi,
après les dieux. Et ne crains pas que j'aie pris le masque de
la flatterie : ce serait un affront plutôt qu'un honneur
d'être choisi après Vitellius. Ce n'est pas contre l'intelli-
gence si pénétrante du divin Auguste, ni contre la
vieillesse si rusée de Tibère, non plus contre la maison de
Caligula ou de Claude, pas même contre celle de Néron [3],
affermie par une longue possession de l'Empire que nous
nous dressons ; tu t'es effacé même devant les ancêtres de
Galba [4]. Rester plus longtemps endormi et abandonner
l'Etat à la corruption et à la ruine apparaîtrait comme un
signe d'apathie et de lâcheté [5], quand bien même la
servitude serait pour toi aussi exempte de péril qu'elle est
déshonorante. 3 Il est passé, il est loin déjà, le temps où
l'on pouvait t'accuser d'ambition : tu n'as qu'un seul
refuge, l'Empire [6]. Aurais-tu oublié Corbulon mis à mort [7] ?
Sa naissance était plus éclatante que la nôtre, je l'avoue,
mais Néron, lui aussi, surpassait Vitellius par la noblesse
du sang [8]. Quiconque est redouté est bien assez illustre aux
yeux de qui le redoute. 4 D'autre part, qu'il soit possible à

76. 1 His pauoribus nutantem et alii legati amicique firmabant et Mucianus post multos secretosque sermones iam et coram ita locutus : « Omnes qui magnarum rerum consilia suscipiunt aestimare debent an quod inchoatur rei publicae utile, ipsis gloriosum, a*n* promptum effectu aut certe non arduum sit ; simul ipse qui suadet considerandus est adiciatne consilio periculum suum et, si fortuna coeptis adfuerit, cui summum decus adquiratur. 2 Ego te, Vespasiane, ad imperium uoco [tam] quam salutare rei publicae, quam tibi magnificum, iuxta deos in tua manu positum est. Nec speciem adulantis expaueris : a contumelia quam a laude propius fuerit post Vitellium eligi. Non aduersus diui Augusti acerrimam mentem nec aduersus cautissimam Tiberii senectutem, ne contra Gai quidem aut Claudii uel Neronis fundatam longo imperio domum exsurgimus ; cessisti etiam Galbae imaginibus. Torpere ultra et polluendam perdendamque rem publicam relinquere sopor et ignauia uideretur, etiam si tibi quam inhonesta, tam tuta seruitus esset. 3 Abiit iam et transuectum est tempus quo posses uideri concupisse : confugiendum est ad imperium. An excidit trucidatus Corbulo ? Splendidior origine quam nos sumus, fateor, sed et Nero nobilitate natalium Vitellium anteibat. Satis clarus est apud timentem quisquis timetur. 4 Et posse ab

---

76, 1 multos *M²* : multa *M¹* ‖ coram *recc.* : coronam *M alii* ad coronam *J. Gronov* amicis coram *Freinsheim* coram amicis *Ritter* ‖ inchoatur *M²* : -turi *M¹* ‖ an *Classen* : aut *codd.* ‖ effectu aut certe non *edd.* : effectum aut non certe non *M*.

2 quam *Jo. Müller* : tamquam *M alii* tam *alii* ‖ torpere *recc.* : torpore *M alii* ‖ sopor *M²* : sopore *M¹*.

3 concupisse *codd.* : non cupisse *Ruperti, Madvig* non concupisse *Novák* ‖ splendidior *recc.* : splendiori *M¹* splendior *M²*.

une armée de faire un prince, Vitellius en fournit lui-
même la preuve : sans campagnes ni réputation militaire [9],
c'est à la haine contre Galba qu'il doit son élévation.
Othon lui-même n'a été vaincu ni par le talent d'un
général, ni par la force de l'armée adverse, mais par son
désespoir irréfléchi [10] ; Vitellius a déjà fait de lui un prince
digne de regret, un grand prince, au moment où il disperse
les légions, désarme les cohortes [11], sème tous les jours de
nouveaux germes de guerre [12]. 5 Si ses soldats ont jamais
eu quelque ardeur et combativité, ils l'usent dans les
tavernes, dans les orgies, et en imitant leur prince ; mais
toi, la Judée, la Syrie et l'Egypte te fournissent neuf
légions intactes [13], que nulle bataille n'a épuisées, nulle
discorde corrompues, mais dont les soldats sont aguerris
par l'exercice et ont été victorieux dans une guerre
étrangère [14] ; tu as des flottes, des ailes de cavalerie, des
cohortes solides, des rois tout dévoués et ton expérience
sans égale [15].

77. 1 Pour moi-même, je n'aurai pas d'autre préten-
tion [1] que de n'être pas compté après Valens et Caecina ;
toutefois ne dédaigne pas Mucien comme associé, sous
prétexte que tu ne l'affrontes pas comme rival. Je me place
avant Vitellius, et toi avant moi [2]. Ta maison compte un
nom triomphal [3] et deux fils dans la force de l'âge [4] ; l'un
d'eux est déjà capable de régner et ses premières années de
service l'ont illustré, lui aussi, dans les armées de
Germanie [5]. Il serait absurde de ne pas céder l'Empire à
celui dont j'adopterais le fils, si j'étais moi-même empereur [6]. 2 Au reste, nous n'aurons pas la même part dans les
succès que dans les revers, car, si nous sommes vainqueurs, j'aurai le rang que tu me donneras ; mais les
risques et les dangers, nous les subirons à égalité. Ou
plutôt — c'est le meilleur parti — commande tes propres
armées, confie-moi la guerre et les hasards des combats [7]. 3
La discipline est aujourd'hui plus rigoureuse chez les

exercitu principem fieri sibi ipse Vitellius documento, nullis stipendiis, nulla militari fama, Galbae odio prouectus. Ne Othonem quidem ducis arte aut exercitus ui, sed praepropera ipsius desperatione uictum, iam desiderabilem et magnum principem fecit, cum interim spargit legiones, exarmat cohortes, noua cotidie bello semina ministrat. 5 Si quid ardoris ac ferociae miles habuit, popinis et comissationibus et principis imitatione deteritur ; tibi e Iudaea et Syria et Aegypto nouem legiones integrae, nulla acie exhaustae, non discordia corruptae, sed firmatus usu miles et belli domitor externi ; classium, alarum, cohortium robora et fidissimi reges et tua ante omnes experientia.

77. 1 Nobis nihil ultra adrogabo, quam ne post Valentem et Caecinam numeremur ; ne tamen Mucianum socium spreueris, quia aemulum non experiris. Me Vitellio antepono, te mihi. Tuae domui triumphale nomen, duo iuuenes, capax iam imperii alter et primis militiae annis apud Germanicos quoque exercitus clarus. Absurdum fuerit non cedere imperio ei cuius filium adoptaturus essem, si ipse imperarem. 2 Ceterum inter nos non idem prosperarum aduersarumque rerum ordo erit : nam si uincimus, honorem quem dederis habebo ; discrimen ac pericula ex aequo patiemur. Immo, ut melius est, tu *tuo*s exercitus rege, mihi bellum et proeliorum incerta trade. 3 Acriore hodie

4 nullis *recc.* : nulli *M* ‖ exercitus ui *Rhenanus* : exercitu sui *M*.

5 comissationibus *edd.* : commiss- *M* commess- *alii* ‖ omnis *uel* omnes *codd.* : omnia *Ruperti*.

77, 1 post ualentem *M*³ (*man. recentissima*) : postulantem *M*¹ *alii*.

2 patiemur *M* : partiamur *recc.* partiemur *Puteolanus* ‖ tu tuos *Kiessling* : tuos *M recc.* tu hos *alii*.

vaincus que chez les vainqueurs : les uns trouvent dans la colère, la haine, le désir de vengeance, de quoi enflammer leur courage ; celui des autres s'émousse dans le dédain et l'insubordination [8]. Le parti victorieux a des plaies couvertes et purulentes que la guerre par elle-même débridera et mettra à nu ; et si je compte beaucoup sur ta vigilance, ton esprit d'économie, ta sagesse, je ne compte pas moins sur l'inertie, l'impéritie, la cruauté de Vitellius. Du reste, la guerre rend notre cause meilleure que la paix, car ceux qui délibèrent sont déjà des rebelles [9] ».

Prodiges annonciateurs du destin de Vespasien.

78. 1 Après le discours de Mucien, les autres s'enhardissent à entourer Vespasien, à l'encourager, à lui rappeler les réponses des devins et les mouvements des astres [1]. Or il n'était pas exempt d'une telle superstition, lui qui plus tard, devenu maître du monde [2], attacha officiellement à sa personne un astrologue nommé Seleucus, en qualité de conseiller et de devin [3]. 2 D'anciens présages lui revenaient à l'esprit [4] : un cyprès d'une taille exceptionnelle s'élevait sur ses terres ; tout à coup il était tombé [5] et le lendemain, se relevant à la même place, il reverdissait aussi haut et plus touffu [6]. C'était un signe important et favorable, de l'aveu unanime des haruspices et la plus haute illustration fut promise à Vespasien tout jeune encore [7] ; mais les insignes du triomphe, le consulat et l'éclat de la victoire en Judée [8] parurent d'abord avoir tenu les promesses du présage ; pourtant, une fois en possession de ces honneurs, il crut que l'Empire lui était prédit. 3 Entre la Judée et la Syrie se trouve le Carmel [9] : c'est le nom d'une montagne et d'un dieu. Ce dieu n'a ni statue ni temple — ainsi le veut la tradition ancestrale — mais seulement un autel et un culte [10]. Comme Vespasien sacrifiait en ce lieu, l'esprit

disciplina uicti quam uictores agunt : hos ira, odium,
ultionis cupiditas ad uirtutem accendit ; illi per fasti-
dium et contumacia hebescunt. Aperiet et recludet
contecta et tumescentia uictricium partium uolnera
bellum ipsum ; nec mihi maior in tua uigilantia,
parsimonia, sapientia, fiducia est quam in Vitellii
torpore, inscitia, saeuitia. Sed meliorem in bello causam
quam in pace habemus : nam qui deliberant desciuerunt. »

78. 1 Post Muciani orationem ceteri audentius cir-
cumsistere, hortari, responsa uatum et siderum motus
referre. Nec erat intactus tali superstitione, ut qui mox
rerum dominus Seleucum quendam mathematicum
rectorem et praescium palam habuerit. 2 Recursabant
animo uetera omina : cupressus arbor in agris eius
conspicua altitudine repente prociderat ac postera die
eodem uestigio resurgens procera et latior uirebat.
Grande id prosperumque consensu haruspicum et
summa claritudo iuueni admodum Vespasiano promissa ; sed primo triumphalia et consulatus et Iudaicae
uictoriae decus implesse fidem ominis uidebatur ; ut
haec adeptus est, portendi sibi imperium credebat. 3
Est Iudaeam inter Syriamque Carmelus : ita uocant
montem deumque. Nec simulacrum deo aut templum
— sic tradidere maiores — : ara tantum et reuerentia.
Illic sacrificanti Vespasiano, cum spes occultas uersaret

---

3 contumacia *M* : -ciam *recc.* || hebescunt *recc.* : hab- *M* || contecta
M² : -tam *M¹*.

78, 1 audentius *recc.* : audientius *M²* audientium *M¹*.

2 omina *L, Rhenanus* : omnia *M alii* || latior *M alii* : laetior
Triller || ominis *recc.* : hominis *M alii* || uidebatur *M* : -bantur *recc.*

3 est *recc.* : et *M* || ara... reuerentia *L, Agricola* : aram...
reuerentiam *M cett.*

occupé de secrets espoirs, le prêtre Basilides [11], après avoir examiné à plusieurs reprises les entrailles de la victime, lui dit : « Quelque projet que tu médites, Vespasien, soit de construire une maison, soit d'étendre tes domaines, soit d'augmenter le nombre de tes esclaves, une grande demeure t'est donnée, des terres immenses, beaucoup d'hommes [12] ». 4 Cette énigme, la renommée l'avait aussitôt recueillie et maintenant elle l'expliquait [13] ; il n'était pas de sujet dont le peuple parlât davantage. Dans l'entourage de Vespasien les propos étaient d'autant plus fréquents qu'on a plus à dire à ceux qui espèrent.

Leurs projets bien arrêtés, les deux chefs se séparèrent pour aller, Mucien à Antioche, Vespasien à Césarée ; ce sont les capitales, celle-là de la Syrie, l'autre de la Judée [14].

Vespasien est proclamé Empereur
par les armées d'Egypte, de Judée et de Syrie.

79. L'initiative de transférer l'Empire à Vespasien partit d'Alexandrie, et Tiberius Alexander la précipita en faisant prêter serment à ses légions aux calendes de juillet [1]. L'usage s'établit de célébrer ce jour comme le premier du principat [2], quoique l'armée de Judée n'eût prononcé le serment en présence de Vespasien que le cinquième jour avant les nones de juillet [3], avec tant d'empressement qu'on n'attendit même pas son fils Titus qui, revenant de Syrie, allait annoncer les accords passés entre Mucien et son père [4]. C'est l'enthousiasme des soldats qui fit tout, sans qu'on préparât une harangue, sans qu'on rassemblât les légions [5].

80. 1 Pendant qu'on cherchait une occasion [1], un lieu favorables et, ce qui est le plus difficile en pareil cas, une voix qui s'élève la première, pendant que l'espoir, la crainte, le calcul, les aléas occupaient son esprit, au moment où Vespasien sortait de sa chambre, les quelques

animo, Basilides sacerdos, inspectis identidem extis, « Quidquid est » inquit « Vespasiane, quod paras, seu domum exstruere seu prolatare agros siue ampliare seruitia, datur tibi magna sedes, ingentes termini, multum hominum , 4 Has ambages et statim exceperat fama et tunc aperiebat ; nec quidquam magis in ore uolgi. Crebriores apud ipsum sermones, quanto sperantibus plura dicuntur.

Haud dubia destinatione discessere Mucianus Antiochiam, Vespasianus Caesaream ; illa Suriae, hoc Iudaeae caput est.

79. Initium ferendi ad Vespasianum imperii Alexandriae coeptum, festinante Tiberio Alexandro, qui kalendis Iulii*s* sacramento eius legiones adegit. Isque primus principatus dies in posterum celebratus, quamuis Iudaicus exercitus V nonas Iulias apud ipsum iurasset, eo ardore ut ne Titus quidem filius exspectaretur, Syria remeans et consiliorum inter Mucianum et patrem nuntius. Cuncta impetu militum acta, non parata contione, non coniunctis legionibus.

80. 1 Dum quaeritur tempus, locus quodque in re tali difficillimum est, prima uox, dum animo spes, timor, ratio, casus obuersantur, egressum cubiculo Vespasianum pauci milites, solito adsistent*es* ordine ut

---

4 fama M^2 : iama M^1 || hoc M^1 : hec M^3.

79 V nonas Iulias *edd.* : u. nōn Iulii M || contione L, *Agricola* : cognitione M *cett.*

80, 1 adsistentes *Pichena* : adsistent M adsistunt *recc.*

soldats de service à sa porte, au lieu de le saluer du titre de légat, le saluèrent de celui d'empereur ; alors tous les autres d'accourir [2], de lui prodiguer les noms de César, d'Auguste et tous les titres du principat [3] ; son esprit était passé de la crainte au rang impérial [4]. Chez lui, nul orgueil, nulle arrogance, rien de nouveau, malgré sa nouvelle condition. 2 Dès qu'il eut dissipé l'éblouissement que lui avait causé une telle élévation [5], il tint à ses troupes le langage d'un soldat [6], et de tous côtés affluèrent d'heureuses nouvelles ; en effet Mucien, qui n'attendait que cette proclamation, fit prêter par ses soldats enthousiastes [7] le serment à Vespasien. Il se rend alors au théâtre d'Antioche, où les habitants ont l'habitude de tenir leurs assemblées, et là, il s'adresse à la foule qui accourait et se répandait en adulations [8] ; il s'exprimait avec assez d'élégance, même quand il parlait grec, et il avait l'art de mettre en valeur toutes ses paroles et toutes ses actions [9]. 3 Rien n'exaspéra autant la province et l'armée [10] que l'assurance donnée par Mucien que Vitellius avait décidé de transférer les légions de Germanie dans les riches et paisibles garnisons de Syrie, et de faire passer en revanche les légions de Syrie dans les quartiers d'hiver de Germanie, où le climat et le service sont rigoureux [11]. En effet les provinciaux, habitués à vivre avec les soldats [12], étaient heureux de ces relations, que beaucoup avaient resserrées par des amitiés et des alliances [13] ; d'autre part, les soldats, au cours de longues années de service, s'étaient familiarisés avec leurs cantonnements et ils les aimaient comme leurs vrais foyers [14].

81. 1 Avant les ides de juillet [1], la Syrie entière avait prêté le même serment. Des rois avec leurs royaumes donnèrent leur adhésion : Sohaemus [2], dont les forces n'étaient pas à dédaigner [3] ; Antiochus, qu'une antique opulence rendait puissant [4], le plus riche des monarques sujets de Rome ; enfin Agrippa qui, averti secrètement par

legatum salutaturi, imperatorem salutauere ; tum ceteri
adcurrere, Caesarem et Augustum et omnia principatus
uocabula cumulare. Mens a metu ad fortunam transierat ;
in ipso nihil tumidum, adrogans aut in rebus nouis nouum
fuit. 2 Vt primum tantae *a*ltitudinis obfusam oculis
caliginem disiecit, militariter locutus laeta omnia et
adfluentia excepit ; namque id ipsum opperiens Mucianus
alacrem militem in uerba Vespasiani adegit. Tum Antio-
chensium theatrum ingressus, ubi illis consultare mos
est, concurrentes et in adulationem effusos adloquitur,
satis decorus etiam Graeca facundia, omniumque quae
diceret atque ageret arte quadam ostentator. 3 Nihil
aeque prouinciam exercitumque accendit quam quod
adseuerabat Mucianus statuisse Vitellium ut Germani-
cas legiones in Syriam ad militiam opulentam quie-
tamque transferret, contra Syriacis legionibus Germanica hibern*a* caelo ac laboribus dura mutarentur :
quippe et prouinciales sueto militum contubernio gaudebant, plerique necessitudinibus et propinquitatibus
mixti, et militibus uetustate stipendiorum nota et
familiaria castra in modum penatium diligebantur.

81. 1 Ante idus Iulias Syria omnis in eodem
sacramento fuit. Accessere cum regno Sohaemus haud
spernendis uiribus, Antiochus uetustis opibus ingens et
inseruientium regum ditissimus, mox per occultos
suorum nuntios excitus ab urbe Agrippa : ignaro adhuc

2 altitudinis *Triller* : multitudunis *M* -dinis *cett.* magnitudinis *Van
der Vliet* amplitudinis *Kiessling* mutationis *J. F. Gronov* ‖ illis *recc.* :
illi *M alii.*
3 prouinciam *M²* : -ciae *M¹* ‖ hiberna *Rhenanus* : hiberno *codd.*
81, 1 Iulias *G* : Iuli *M* iulii *alii* ‖ inseruientium *M recc.* :
seruientium *alii, Novák* ‖ excitus *recc.* : exercitus *M alii.*

les siens, avait quitté Rome [5] : alors que Vitellius ne savait encore rien, il s'était hâté de revenir par mer [6]. 2 La reine Bérénice [7] ne mettait pas moins d'empressement à servir le parti ; elle était dans la fleur de l'âge et de la beauté [8], et Vespasien lui-même, quoique vieillissant, l'appréciait à cause de la magnificence de ses présents. Toutes les provinces baignées par la mer jusqu'à l'Asie et l'Achaïe [9], et tout le territoire qui s'étend à l'intérieur jusqu'au Pont et aux Arméniens [10], prêtèrent serment ; mais des légats sans troupes les gouvernaient, la Cappadoce [11] n'ayant pas encore de légions. 3 On tint conseil à Beyrouth sur la situation générale [12]. Mucien s'y rendit avec ses légats, ses tribuns et les plus distingués des centurions [13] et des soldats ; l'armée de Judée y envoya aussi l'élite et l'honneur de ses troupes ; tant de fantassins et de cavaliers rassemblés, le faste que ces rois [14] déployaient à l'envi offraient un spectacle digne de la grandeur impériale.

Vespasien prépare la guerre.

82. 1 La première préoccupation guerrière fut de faire des levées et de rappeler les vétérans [1] ; on choisit des cités ayant des ressources suffisantes pour y faire fonctionner des manufactures d'armes ; à Antioche, on frappait des monnaies d'or et d'argent [2], et tous ces travaux, chacun en son lieu, étaient rapidement exécutés par des agents compétents. Vespasien en personne les visite, les exhorte, encourage les bons ouvriers par ses éloges, les paresseux par son exemple plus souvent que par la contrainte, dissimulant les défauts de ses amis plutôt que leurs qualités [3]. 2 Il honora beaucoup de gens par des charges de préfets et de procurateurs [4], un nombre considérable par la dignité sénatoriale ; c'étaient des hommes éminents qui s'élevèrent par la suite aux plus hautes charges [5] ; pour certains la chance tint lieu de mérite. Quant au don de joyeux avènement [6], Mucien dans sa première harangue

Vitellio, celeri nauigatione properauerat. 2 Nec minore
animo regina Berenice partes iuuabat, florens aetate
formaque et seni quoque Vespasiano magnificentia
munerum grata. Quidquid prouinciarum adluitur mari
Asia atque Achaia tenus, quantumque introrsus in
Pontum et Armenios patescit, iurauere ; sed inermes
legati regebant, nondum additis Cappadociae legionibus. 3 Consilium de summa rerum Beryti habitum.
Illuc Mucianus cum legatis tribunisque et splendidissimo quoque centurionum ac militum uenit, et e
Iudaico exercitu lecta decora ; tantum simul peditum
equitumque et aemulantium inter se regum paratus
speciem fortunae principalis effecerant.

82. 1 Prima belli cura agere dilectus, reuocare
ueteranos ; destinantur ualidae ciuitates exercendis armorum officinis ; apud Antiochenses aurum argentumque
signatur, eaque cuncta per idoneos ministros suis
quaeque locis festinabantur. Ipse Vespasianus adire,
hortari, bonos laude, segnes exemplo incitare saepius
quam coercere, uitia magis amicorum quam uirtutes
dissimulans. 2 Multos praefecturis et procurationibus,
plerosque senatorii ordinis honore percoluit, egregios
uiros et mox summa adeptos ; quibusdam fortuna pro
uirtutibus fuit. Donatiuom militi neque Mucianus

---

1 celeri nauigatione *M³* (*man. recentissima*) : celerina uagatione
M¹.
82, 1 quaeque *M³* (*man. recens in marg.*) : quoque *M¹ alii* ‖ adire
M² recc. : adiri *M¹* ‖ coercere *M³* : coerce *M¹*.

l'avait laissé entrevoir aux soldats, mais avec réserve, et
Vespasien lui-même ne fut pas plus généreux pendant la
guerre civile que d'autres en temps de paix [7], car il était
d'une remarquable fermeté à l'égard des largesses aux
soldats, et son armée n'en valait que mieux. 3 On envoya
des ambassadeurs aux Parthes et aux Arméniens [8], et on
prit des mesures pour que les légions engagées dans la
guerre civile n'eussent pas leurs arrières à découvert. On
décida que Titus réduirait la Judée et que Vespasien
tiendrait les positions-clefs de l'Egypte [9] ; il semblait
suffisant d'opposer à Vitellius une partie des troupes avec
Mucien pour chef, le prestige de Vespasien, et l'idée que
rien n'est difficile pour les destins. A toutes les armées et à
leurs légats on écrivit des lettres [10] leur prescrivant de
gagner les prétoriens hostiles à Vitellius en leur offrant une
prime s'ils reprenaient du service [11].

83. 1 Mucien, à la tête d'une troupe armée à la légère,
se comportait en associé à l'Empire [1] plutôt qu'en adjoint,
ne marchant pas trop lentement, de peur de paraître
hésitant, ni trop vite, laissant l'éloignement à lui seul
accroître sa renommée, car il savait que ses forces étaient
modestes et que l'opinion grossit ce qu'elle ne voit pas ; du
reste, la sixième légion [2] et treize mille vexillaires [3] suivaient en une imposante colonne. 2 Il avait fait venir à
Byzance la flotte du Pont [4], car il se demandait si, laissant
de côté la Mésie, il n'occuperait pas Dyrrachium [5] avec son
infanterie et sa cavalerie, tout en faisant avec ses navires de
guerre le blocus de la mer qui baigne l'Italie : il couvrirait
ainsi sur ses arrières l'Achaïe et l'Asie, exposées sans
défense [6] à Vitellius, si on ne les fortifiait pas par des
garnisons ; d'autre part Vitellius lui-même ne saurait pas
quelle partie de l'Italie il devrait protéger, s'il voyait
Brindes et Tarente, ainsi que les côtes de Calabre et de
Lucanie, menacées par des flottes ennemies.

prima contione nisi modice ostenderat, ne Vespasianus
quidem plus ciuili bello obtulit quam alii in pace,
egregie firmus aduersus militarem largitionem eoque
exercitu meliore. 3 Missi ad Parthum Armeniumque
legati prouisumque, ne uersis ad ciuile bellum legionibus
terga nudarentur. Titum instare Iudaeae, Vespasianum
obtinere claustra Aegypti placuit ; sufficere uidebantur
aduersus Vitellium pars copiarum et dux Mucianus et
Vespasiani nomen ac nihil arduum fatis. Ad omnes
exercitus legatosque scriptae epistulae, praeceptumque
ut praetorianos Vitellio infensos reciperandae militiae
praemio inuitarent.

83. 1 Mucianus cum expedita manu, socium magis
imperii quam ministrum agens, non lento itinere, ne
cunctari uideretur, neque tamen properans, gliscere
famam ipso spatio sinebat, gnarus modicas uires sibi et
maiora credi de absentibus ; sed legio sexta et tredecim
uexillariorum milia ingenti agmine sequebantur. 2
Classem e Ponto Byzantium adigi iusserat, ambiguus
consilii num omissa Moesia Dyrrachium pedite atque
equite, simul longis nauibus uersum in Italiam mare
clauderet, tuta pone tergum Achaia Asiaque, quas[i]
inermes exponi Vitellio, ni praesidiis firmarentur ;
atque ipsum Vitellium in incerto fore quam partem
Italiae protegeret, si sibi Brundisium Tarentumque et
Calabriae Lucaniaeque litora infestis classibus peterentur.

2 ne *M* : ac ne *Ritter* ‖ ciuili *M*² : ciuile *M*¹.
3 uespasianum *M*² : -nus *M*¹ ‖ uespasiani *M*² : -nus *M*¹.
83, 1 absentibus *M*³ : assentibus *M*¹.
2 pedite *M*² : -tem *M*¹ ‖ quas *edd.* : quasi *codd.* ‖ si sibi *M* : si
simul *Rhenanus* si *Weissenborn* ‖ litora *recc.* : inlitora *M alii.*

84. 1 Les provinces retentissaient donc de préparatifs
en navires, en soldats et en armes, mais rien ne les
éprouvait autant que les réquisitions d'argent : « L'argent
est le nerf de la guerre civile [1] », répétait Mucien qui, dans
les enquêtes fiscales, ne tenait compte ni du droit ni de la
justice, mais seulement de l'importance des ressources.
Partout des délations, et les plus riches saisis comme
autant de proies. 2 Ces abus, lourds et intolérables, mais
excusés par les nécessités de la guerre, subsistèrent jusque
dans la paix ; ce n'est pas que Vespasien lui-même au
début de son règne ait mis une pareille obstination [2] à faire
prévaloir l'injustice, mais un jour vint où, gâté par la
fortune et instruit par des maîtres pervers [3], il apprit et
osa. Mucien, lui aussi, contribua de ses deniers aux
dépenses de la guerre, prodigue à titre privé, d'autant plus
qu'il puisait avec avidité dans le trésor public [4]. Les autres,
suivant son exemple, apportèrent leur contribution, mais
bien rares furent ceux qui eurent comme lui licence de la
récupérer.

Ralliement des armées de Mésie, de Pannonie et de Dalmatie.

85. 1 Pendant ce temps [1] les projets de Vespasien
furent favorisés par l'empressement de l'armée d'Illyrie [2],
qui s'était ralliée ; la troisième légion [3] donna l'exemple
aux autres légions de Mésie ; c'étaient la huitième et la
septième Claudiana [4], profondément attachées à Othon [5],
bien qu'elles n'eussent pas pris part à la bataille [6]. Elles
s'étaient avancées jusqu'à Aquilée [7] ; là, en malmenant
ceux qui annonçaient la défaite d'Othon, en mettant en
pièces les étendards qui portaient le nom de Vitellius [8],
enfin en pillant et en se partageant le trésor militaire, elles
s'étaient comportées en ennemies. D'où leur crainte, et
cette crainte porta conseil : elles pourraient se prévaloir
auprès de Vespasien de ce dont elles auraient dû se

84. 1 Igitur nauium, militum, armorum paratu strepere prouinciae ; sed nihil aeque fatigabat quam pecuniarum conquisitio : eos esse belli ciuilis neruos dictitans Mucianus non ius aut uerum in cognitionibus, sed solam magnitudinem opum spectabat. Passim delationes, et locupletissimus quisque in praedam correpti. 2 Quae grauia atque intoleranda, sed necessitate armorum excusata etiam in pace mansere, ipso Vespasiano inter initia imperii ad obtinendas iniquitates haud perinde obstinante, donec indulgentia fortunae et prauis magistris didicit aususque est. Propriis quoque opibus Mucianus bellum iuuit, largus priuatim, quo[d] auidius de republica sumeret. Ceteri conferendarum pecuniarum exemplum secuti, rarissimus quisque eandem in reciperando licentiam habuerunt.

85. 1 Adcelerata interim Vespasiani coepta Illyrici exercitus studio transgressi in partes. Tertia legio exemplum ceteris Moesiae legionibus praebuit : octaua erat ac septima Claudiana, imbutae fauore Othonis, quamuis proelio non interfuissent. Aquileiam progressae, proturbatis qui de Othone nuntiabant laceratisque uexillis nomen Vitellii praeferentibus, rapta postremo pecunia et inter se diuisa, hostiliter egerant. Vnde metus et ex metu consilium, posse imputari Vespasiano

---

84, 2 uespasiano M^2 : -nu M^1 ‖ perinde *recc.* : perin *M alii* ‖ didicit *recc.* : dicit *M alii* ‖ quo *Muret* : quod *M alii* ‖ pecuniarum *recc.* : pecuniam *M*.

85, 1 transgressi *M recc.* : -gressa *alii* ‖ tertia legio *M recc.* : tertia decima legio *alii*.

disculper auprès de Vitellius [9]. Ainsi les trois légions de Mésie cherchaient à séduire par lettres l'armée de Pannonie [10] et, en cas de refus, elles se préparaient à user de la force. 2 Pendant ces troubles, Aponius Saturninus, gouverneur de Mésie, ose un détestable forfait en dépêchant un centurion pour assassiner Tettius Julianus, légat de la septième légion [11] : inimitiés privées, sous le couvert de l'intérêt du parti. Julianus, instruit du danger, prit des guides connaissant le pays et s'enfuit par les étendues désertes de la Mésie au-delà du mont Haemus [12] ; depuis il ne prit plus part à la guerre civile, retardant sous divers prétextes son arrivée auprès de Vespasien et, selon les nouvelles, temporisant ou se hâtant.

86. 1 Cependant, en Pannonie, la treizième légion [1] et la septième Galbiana, qui gardaient un douloureux ressentiment de la bataille de Bédriac, se rangèrent sans hésiter du côté de Vespasien, grâce à l'influence prépondérante de Primus Antonius [2]. Celui-ci, tombant sous le coup des lois et condamné pour faux à l'époque de Néron [3], avait recouvré le rang de sénateur — un malheur, entre autres, de la guerre. 2 Chargé par Galba du commandement de la septième légion, il passait pour avoir écrit à Othon lettres sur lettres, lui offrant ses services comme chef de son parti ; dédaigné par lui, il ne trouva pas à s'employer pendant la guerre d'Othon [4]. Quand il vit chanceler la fortune de Vitellius, il suivit Vespasien et pesa d'un grand poids dans la balance : homme d'action, la parole facile, habile à jeter le discrédit sur autrui, puissant par les discordes et les séditions, voleur, prodigue, détestable en temps de paix, nullement à dédaigner dans la guerre [5]. 3 Alors l'accord des armées de Mésie et de Pannonie entraîna les soldats de Dalmatie [6], bien que les légats consulaires ne prissent pas part aux troubles. Tampius

quae apud Vitellium excusanda erant. Ita tres Moesicae legiones per epistulas adliciebant Pannonicum exercitum aut abnuenti uim parabant. 2 In eo motu Aponius Saturninus Moesiae rector pessimum facinus audet, misso centurione ad interficiendum Tettium Iulianum septimae legionis legatum ob simultates, quibus causam partium praetendebat. Iulianus, comperto discrimine et gnaris locorum adscitis, per auia Moesiae ultra montem Haemum profugit ; nec deinde ciuili bello interfuit, per uarias moras susceptum ad Vespasianum iter trahens et ex nuntiis cunctabundus aut properans.

86. 1 At in Pannonia tertia decima legio ac septima Galbiana, dolorem iramque Bedriacensis pugnae retinentes, haud cunctanter Vespasiano accessere, ui praecipua Primi Antonii. Is legibus nocens et tempore Neronis falsi damnatus, inter alia belli mala senatorium ordinem reciperauerat. 2 Praepositus a Galba septimae legioni scriptitasse Othoni credebatur, ducem se partibus offerens ; a quo neglectus in nullo Othoniani belli usu fuit. Labantibus Vitellii rebus, Vespasianum secutus grande momentum addidit, strenuus manu, sermone promptus, serendae in alios inuidiae artifex, discordiis et seditionibus potens, raptor, largitor, pace pessimus, bello non spernendus. 3 Iuncti inde Moesici ac Pannonici exercitus Delmaticum militem traxere, quamquam consularibus legatis nihil turbantibus. Tam-

---

1 adliciebant *recc.* : allictebant *M alii.*
2 causam *M²* : causas *M¹* ‖ ad uespasianum *recc.* : a uespasianum *M* a uespasiano *alii.*
86, 1 belli *recc.* : bellum *M* bellorum *Doederlein.*
2 alios *recc.* : alias *M.*
3 Tampius *Faërnus* : titus amplius *M.*

Flavianus gouvernait la Pannonie, et Pompeius Silvanus la
Dalmatie ; ils étaient riches et vieux [7], mais ils avaient à
leur côté un procurateur, Cornelius Fuscus, dans la force
de l'âge et d'illustre naissance [8]. Dans sa première jeunesse, par amour de la tranquillité, il avait renoncé à la
dignité sénatoriale [9] ; mais il se prononça pour Galba, à la
tête de sa colonie [10], et ce service fit de lui un procurateur [11] ; quand il eut pris parti pour Vespasien, il fut le
plus ardent à brandir le flambeau de la guerre ; goûtant
moins les profits des dangers que les dangers eux-mêmes,
il préférait à des avantages assurés et acquis de longue date
des nouveautés incertaines et hasardeuses. 4 On s'emploie
donc à susciter et à activer partout tous les mécontente-
ments. On adresse des lettres en Bretagne à la quatorzième
légion, en Espagne à la première, parce que ces deux
légions avaient été pour Othon contre Vitellius [12] ; on
répand des messages dans les Gaules ; en l'espace d'un
instant s'allumait une grande guerre, car les armées
d'Illyrie faisaient ouvertement défection, tandis que les
autres étaient prêtes à suivre la fortune [13].

Poursuite de la marche de Vitellius et arrivée à Rome.

87. 1 Pendant que Vespasien et les chefs de son parti
déployaient cette activité dans les provinces, Vitellius, de
jour en jour plus méprisable et plus apathique, s'attardant
à tous les agréments des municipes et des propriétés
rurales, gagnait Rome avec une pesante colonne [1]. Soixante
mille soldats le suivaient [2], corrompus par l'indiscipline,
un plus grand nombre de valets d'armée, de vivandiers
dont l'impudence dépassait de beaucoup celle des esclaves [3],
un immense cortège de légats et d'amis [4], incapables
d'obéir, même si la discipline eût été la plus stricte [5]. 2 Ce
qui alourdissait encore la marche de cette multitude,
c'étaient les sénateurs et les chevaliers venus de Rome à la

pius Flauianus Pannoniam, Pompeius Siluanus Dalma-
tiam tenebant, diuites senes ; sed procurator aderat
Cornelius Fuscus, uigens aetate, claris natalibus. Prima
iuuenta quietis cupidine senatorium ordinem exuerat ;
idem pro Galba dux coloniae suae, eaque opera procura-
tionem adeptus, susceptis Vespasiani partibus acerrimam
bello facem praetulit ; non tam praemiis periculorum
quam ipsis periculis laetus pro certis et olim partis
noua, ambigua, ancipitia malebat. 4 Igitur mouere et
quatere, quidquid usquam aegrum foret, adgrediuntur.
Scriptae in Britanniam ad quartadecimanos, in Hispaniam ad primanos epistulae, quod utraque legio pro
Othone, aduersa Vitellio fuerat ; sparguntur per Gallias
litterae ; momentoque temporis flagrabat ingens bellum, Illyricis exercitibus palam desciscentibus, ceteris
fortunam secuturis.

87. 1 Dum haec per prouincias a Vespasiano
ducibusque partium geruntur, Vitellius contemptior in
dies segniorque, ad omnes municipiorum uillarumque
amoenitates resistens, graui urbem agmine petebat.
Sexaginta milia armatorum sequebantur, licentia corrupta ; calonum numerus amplior, procacissimis etiam
inter seruos lixarum ingeniis ; tot legatorum amicorumque comitatus, inhabilis ad parendum, etiam si
summa modestia regeretur. 2 Onerabant multitudinem
obuii ex urbe senatores equitesque, quidam metu, multi
per adulationem, ceteri ac paulatim omnes, ne aliis

3 flauianus *recc.* : fabianus M^1 fauianus M^2 || quietis *M recc.* :
quaestus *Grotius* inquies *Meiser* || periculorum M^2 : -culum M^1 ||
laetus M^2 : laeti M^1.
87, 1 regeretur *recc.* : regetur *M alii, Andresen.*

rencontre de Vitellius, certains par crainte, beaucoup par flatterie, le reste, et finalement tout le monde, pour ne pas rester, alors que les autres partaient. Il s'y joignait encore des gens de la plèbe, connus de Vitellius par des complaisances scandaleuses, des bouffons, des histrions, des cochers, dont l'amitié déshonorante avait pour lui un étonnant attrait[6]. Et ce n'étaient pas seulement les colonies ou les municipes qu'on pillait pour amasser des approvisionnements, mais les cultivateurs eux-mêmes, et les campagnes couvertes de moissons déjà mûres étaient ravagées comme une terre ennemie[7].

88. 1 Les soldats s'étaient souvent livrés entre eux à d'affreuses tueries, car depuis la sédition de Ticinum[1], la discorde persistait entre les légions et les auxiliaires ; mais quand il fallait en venir aux mains avec les civils, ils étaient tous d'accord[2]. Le plus grand carnage eut lieu à sept milles de Rome : Vitellius y faisait distribuer à chaque soldat des rations toutes préparées, comme à des gladiateurs qu'on engraisse[3], et la populace accourue en masse s'était mêlée aux soldats dans tout le camp. 2 Des soldats distraits furent victimes d'une de ces plaisanteries qu'on se permet à Rome : quelques individus les désarmèrent en coupant furtivement leurs baudriers[4], après quoi ils leur demandèrent s'ils avaient leurs épées. Cette espièglerie fut insupportable à des esprits qui n'avaient pas l'habitude des affronts ; on se jeta, glaive en main, sur le peuple sans armes. Entre autres victimes, on tua le père d'un soldat qui accompagnait son fils ; ensuite on le reconnut, et le bruit que fit ce meurtre épargna des vies innocentes. 3 Pourtant Rome était en grand désarroi, car des soldats qui précédaient le gros des troupes couraient un peu partout ; ils se dirigeaient surtout vers le Forum, voulant voir l'endroit où Galba était tombé[5]. Mais le spectacle qu'ils offraient eux-mêmes n'était pas moins sinistre[6] : hérissés de peaux de bêtes et d'énormes piques, maladroits, ils ne savaient pas éviter les foules et, quand le pavé glissant ou

proficiscentibus ipsi remanerent. Adgregabantur e
plebe flagitiosa per obsequia Vitellio cogniti, scurrae,
histriones, aurigae, quibus ille amicitiarum dehonesta-
mentis mire gaudebat. Nec coloniae modo aut municipia congestu copiarum, sed ipsi cultores aruaque
maturis iam frugibus ut hostile solum uastabantur.

88. 1 Multae et atroces inter se militum caedes, post
seditionem Ticini coeptam manente legionum auxiliorumque discordia ; ubi aduersus paganos certandum
foret, consensu. Sed plurima strages ad septimum ab
urbe lapidem. Singulis ibi militibus Vitellius paratos
cibos ut gladiatoriam saginam diuidebat, et effusa
plebes totis se castris miscuerat. 2 Incuriosos milites —
uernacula utebantur urbanitate — quidam spoliauere,
abscisis furtim balteis, an accincti forent rogitantes.
Non tulit ludibrium insolens contumeliarum animus :
inermem populum gladiis inuasere. Caesus inter alios
pater militis, cum filium comitaretur ; deinde agnitus et
uolgata caede temperatum ab innoxiis. 3 In urbe tamen
trepidatum praecurrentibus passim militibus ; forum
maxime petebant cupidine uisendi locum in quo Galba
iacuisset. Nec minus scaeuum spectaculum erant ipsi,
tergis ferarum et ingentibus telis horrentes, cum turbam populi per inscitiam parum uitarent aut, ubi
lubrico uiae uel occursu alicuius procidissent, ad

88, 1 certandum M^2 *recc.* : -do M^1 ‖ foret *recc.* : fore M *alii* ‖
consensu *codd.* : consensus *Fr. Walter.*

2 contumeliarum M^1 (*ut uid.*) : contumeliae M^3.

3 scaeuum M : saeuum *recc., edd.*

le heurt d'un passant les avait fait tomber, ils en venaient
aux querelles, puis aux mains et aux armes. Bien mieux,
des tribuns et des préfets couraient partout en semant la
terreur avec des bandes armées.

89. 1 Vitellius, lui, était parti du pont Mulvius [1],
monté sur un superbe cheval, couvert du manteau de
commandement et ceint de son épée, poussant devant lui
le Sénat et le peuple, et il serait entré dans Rome comme
dans une ville conquise, si les conseils de ses amis ne l'en
eussent détourné : il revêtit la prétexte [2], mit de l'ordre
dans la colonne et fit son entrée à pied. Les aigles de
quatre légions [3] avançaient en tête avec, sur les côtés, les
étendards des détachements de quatre autres légions [4],
puis les enseignes de douze escadrons [5] ; après les rangs
des fantassins venait la cavalerie ; enfin trente-quatre
cohortes auxiliaires, distinguées d'après le nom de leurs
nations ou le type de leur armement. 2 Devant les aigles
marchaient les préfets de camp [6], les tribuns et les
centurions de premier rang [7], tous vêtus de blanc [8] ; les
autres centurions accompagnaient chacun sa centurie, dans
tout l'éclat de leurs armes et de leurs décorations [9] ; les
soldats aussi étincelaient de phalères et de colliers [10] :
spectacle imposant ! armée digne d'un prince qui ne fût
pas Vitellius ! Etant monté au Capitole dans cet appareil, il
y embrassa sa mère et l'honora du nom d'Augusta [11].

90. 1 Le lendemain [1], comme s'il eût parlé devant le
Sénat et le peuple d'une autre cité, il prononça un
magnifique éloge de lui-même, exaltant son activité et sa
modération, alors qu'il avait pour témoins de son opprobre
son auditoire lui-même et l'Italie entière, à travers laquelle
il avait promené la honte de sa torpeur et de ses
débauches. 2 Cependant la foule, insouciante et instruite à
répéter, sans distinguer le vrai du faux, les flatteries

iurgium, mox ad manus et ferrum transirent. Quin et tribuni praefectique cum terrore et armatorum cateruis uolitabant.

89. 1 Ipse Vitellius a ponte Mului insigni equo, paludatus accinctusque, senatum et populum ante se agens, quo minus ut captam urbem ingrederetur, amicorum consilio deterritus : sumpta praetexta et composito agmine incessit. Quattuor legionum aquilae per frontem totidemque circa e legionibus aliis uexilla, mox duodecim alarum signa et post peditum ordines eques ; dein quattuor et triginta cohortes, ut nomina gentium aut species armorum forent, discretae. 2 Ante aquilas praefecti castrorum tribunique et primi centurionum candida ueste, ceteri iuxta suam quisque centuriam, armis donisque fulgentes ; et militum phalerae torquesque splendebant : decora facies et non Vitellio principe dignus exercitus. Sic Capitolium ingressus atque ibi matrem complexus Augustae nomine honorauit.

90. 1 Postera die tamquam apud alterius ciuitatis senatum populumque magnificam orationem de semet ipso prompsit, industriam temperantiamque suam laudibus attollens, consciis flagitiorum ipsis qui aderant omnique Italia, per quam somno et luxu pudendus incesserat. 2 Volgus tamen uacuum curis et sine falsi

---

3 cateruis M^1 : caterui M^2 (*ut uid.*).
89, 1 mului *M recc.* : milui *uel* miluio *alii* Muluio *Bekker.*
2 aquilas *recc.* : aquila *M* aquilam *alii.*
90, 1 ipso *codd.* : ipse *Ritter* ‖ ipsis *codd.* : ipsius *Ritter.* ‖ italia *recc.* : italiam *M.*

habituelles, l'approuvait par ses cris et ses acclamations ;
et, comme il refusait le titre d'Auguste [2], elle le lui imposa,
aussi vainement [3] qu'il l'avait récusé.

Vitellius à Rome ; premières mesures
et comportement de ses troupes.

91. 1 Dans une cité qui interprète tous les signes, on
regarda comme un présage funeste que Vitellius, devenu
grand pontife [1], eût promulgué un édit sur le culte public
le quinzième jour avant les calendes d'août, jour néfaste
depuis des siècles, en raison des désastres du Crémère et
de l'Allia [2] : tant, dans son ignorance de toutes les lois
humaines et divines, au milieu d'affranchis, d'amis aussi
stupides que lui, il se comportait comme un ivrogne dans
un cercle d'ivrognes [3] ! 2 Cependant, assistant en simple
citoyen [4] aux comices consulaires, en compagnie de ses
candidats, il rechercha toute la faveur de la plus basse
classe, au théâtre comme un spectateur, au cirque comme
un « supporter » [5] : pratiques populaires et bien accueillies
assurément, si des vertus les avaient inspirées, mais que le
souvenir de sa vie passée faisait paraître indécentes et
viles. Il allait souvent au Sénat, même pour des délibérations sans grande importance. 3 Or il se trouva que Priscus
Helvidius, préteur désigné [6], avait exprimé un avis contraire à ses vœux. Vitellius, d'abord choqué, se borna à
faire appel aux tribuns de la plèbe pour assister sa
puissance méconnue [7] ; puis, comme ses amis, craignant de
sa part un plus profond ressentiment, cherchaient à
l'apaiser, il répondit que ce n'était pas chose nouvelle que
le dissentiment de deux sénateurs à propos d'une affaire
publique et que bien souvent il avait contredit même
Thrasea [8]. L'impudence de ce parallèle fut la risée du plus
grand nombre ; d'autres se félicitaient précisément qu'il
eût choisi non pas un citoyen des plus influents, mais
Thrasea comme modèle de la gloire véritable.

uerique discrimine solitas adulationes edoctum clamore
et uocibus adstrepebat ; abnuentique nomen Augusti
expressere ut adsumeret, tam frustra quam recusauerat.

91 1 Apud ciuitatem cuncta interpretantem funesti
ominis loco acceptum est quod maximum pontificatum
adeptus Vitellius de caerimoniis publicis XV kalendas
Augustas edixisset, antiquitus infausto die Cremerensi
Alliensique cladibus : adeo omnis humani diuinique
iuris expers, pari libertorum, amicorum socordia, uelut
inter temulentos agebat. 2 Sed comitia consulum cum
candidatis ciuiliter celebrans omnem infimae plebis
rumorem in theatro ut spectator, in circo ut fautor
adfectauit : quae grata sane et popularia, si a uirtutibus
proficiscerentur, memoria uitae prioris indecora et uilia
accipiebantur. Ventitabat in senatum, etiam cum paruis
de rebus patres consulerentur. 3 Ac forte Priscus
Heluidius praetor designatus contra studium eius cen-
suerat. Commotus primo Vitellius, non tamen ultra
quam tribunos plebis in auxilium spretae potestatis
aduocauit ; mox mitigantibus amicis, qui altiorem
iracundiam eius uerebantur, nihil noui accidisse respondit, quod duo senatores in re publica dissentirent ;
solitum se etiam Thraseae contra dicere. Inrisere
plerique impudentiam aemulationis ; aliis id ipsum
placebat quod neminem ex praepotentibus, sed Thra-
seam ad exemplar uerae gloriae legisset.

91, 1 ominis *recc.* : omīs *M*.
2 popularia, si a *edd.* : populari asya *M* populari ac si a *recc.* ‖
consulerentur *recc.* : consularentur *M*.
3 exemplar *M²* : explum *M¹*.

92. 1 Vitellius avait mis à la tête des prétoriens
Publilius Sabinus, qui venait d'exercer le commandement
d'une cohorte, et Julius Priscus, alors centurion [1] ; Priscus
devait son pouvoir à la faveur de Valens, Sabinus à celle de
Caecina ; quand ces deux personnages étaient en désaccord [2], Vitellius n'avait aucune autorité [3]. Les charges du
pouvoir étaient remplies par Caecina et Valens, en proie
depuis longtemps à une haine qui, dissimulée avec peine
durant la guerre et dans les camps, avait été envenimée par
la perversité de leurs amis et par le séjour dans une ville où
foisonnent les germes d'inimitié : la chasse à la popularité,
aux clients, et les files interminables de ceux qui venaient
les saluer suscitaient entre eux des rivalités et des
comparaisons [4], tandis que Vitellius penchait tantôt pour
l'un, tantôt pour l'autre. D'ailleurs la puissance n'est
jamais assurée quand elle est excessive [5]. 2 En même
temps, Vitellius lui-même, susceptible d'emportements
soudains et de cajoleries intempestives, était l'objet de leur
mépris et de leur crainte. Ils s'étaient néanmoins
empressés d'envahir les palais, les jardins, les richesses de
l'Empire [6], alors qu'une foule pitoyable de nobles ruinés,
que Galba avait rendus, ainsi que leurs enfants, à la
patrie [7], n'obtenait du prince ni compassion ni secours. 3 Il
prit une mesure agréable aux grands de la cité [8], approuvée
même par la plèbe, en permettant aux citoyens rentrés
d'exil de recouvrer leurs droits sur leurs affranchis [9] ;
pourtant ceux-ci, avec leur malice d'esclaves, l'éludaient de
toutes les façons, en cachant leur argent chez des gens
obscurs ou influents [10] ; certains même, passés au service
de César, étaient devenus plus puissants que leurs maîtres.

93. 1 Cependant les soldats, dont le camp était plein et
la multitude débordante, erraient sous les portiques ou
dans les temples à travers la ville entière [1], sans connaître
les points de ralliement [2], sans monter les gardes, sans se
livrer à aucun entraînement ; les délices de Rome et des
excès innommables énervaient leur corps par l'oisiveté,

92. 1 Praeposuerat praetorianis Pub*li*lium Sabinum
a praefectura cohortis, Iulium Priscum *t*um centurionem ; Priscus Valentis, Sabinus Caecinae gratia pollebant ; inter discordes Vitellio nihil auctoritatis. Munia
imperii Caecina ac Valens obibant, olim anxii odiis,
quae bello et castris male dissimulata prauitas amicorum et fecunda gignendis inimicitiis ciuitas auxerat,
dum ambitu, comitatu et immensis salutantium agmini-
bus contendunt comparanturque, uariis in hunc aut
illum Vitellii inclinationibus. Nec umquam satis fida
potentia, ubi nimia est. 2 Simul ipsum Vitellium,
subitis offensis aut intempestiuis blanditiis mutabilem,
contemnebant metuebantque. Nec eo segnius inuaserant domos, hortos opesque imperii, cum flebilis et
egens nobilium turba, quos ipsos liberosque patriae
Galba reddiderat, nulla principis misericordia iuuarentur.
3 Gratum primoribus ciuitatis etiam plebs approbauit,
quod reuersis ab exilio iura libertorum concessisset,
quamquam id omni modo seruilia ingenia corrumpe-
bant, abditis pecuniis per occultos aut ambitiosos sinus,
et quidam in domum Caesaris transgressi atque ipsis
dominis potentiores.

93. 1 Sed miles, plenis castris et redundante multitudine in porticibus aut delubris et urbe tota uagus, non
principia noscere, non seruare uigilias neque labore
firmari : per inlecebras urbis et inhonesta dictu corpus
otio, animum libidinibus imminuebant. Postremo ne

92, 1 Publilium *Halm* : publium *codd*. || a praefectura *Mercier* : ad
praefectura *M* ad praefecturam *cett*. || tum centurionem *Juste Lipse* :
dum centurio est *M recc*. dum centurionem *alii* dum centurio esset
alii.

leur âme par la débauche. Ils finirent même par négliger leur santé : un bon nombre campèrent dans le quartier insalubre du Vatican[3], d'où une forte mortalité ; de plus, comme le Tibre était tout proche, les Germains et les Gaulois, prédisposés aux maladies, se ruinèrent la santé en abusant des baignades[4], parce qu'ils ne supportaient pas les chaleurs. 2 En outre, la corruption ou la brigue jetèrent la confusion dans l'ordonnance du service. On enrôlait seize cohortes prétoriennes et quatre urbaines, de mille hommes chacune[5]. Dans ce recrutement, Valens s'arrogeait plus de poids, prétendant avoir tiré du danger Caecina en personne. Il est vrai que son arrivée avait rendu de la force au parti et que les méchants bruits dénonçant la lenteur de sa marche avaient été démentis par le succès du combat ; de plus, tous les soldats de Germanie inférieure étaient dévoués à Valens ; c'est alors, croit-on, que le loyalisme de Caecina commença à chanceler.

94. 1 Au reste, Vitellius ne témoignait pas à ses généraux une telle complaisance qu'elle ne fût surpassée par la licence accordée aux soldats. Chacun choisissait lui-même son service : le plus indigne était enrôlé, s'il le préférait, dans la milice urbaine[1] ; d'autre part, il fut permis aux bons soldats de rester, s'ils le voulaient, dans les légions ou dans la cavalerie. Et il n'en manquait pas pour le vouloir : les maladies les avaient éprouvés et ils s'en prenaient à l'inclémence du climat[2] ; les légions et les ailes de cavalerie n'en perdirent pas moins leur principale force, et le prestige des prétoriens fut ruiné par l'afflux de vingt mille hommes pris dans toute l'armée — un ramassis plutôt qu'un choix[3].

2 Pendant que Vitellius haranguait les troupes, on réclame la tête d'Asiaticus, de Flavus et de Rufinus, chefs gaulois[4], accusés d'avoir combattu pour Vindex. Vitellius n'essayait pas d'étouffer des demandes de ce genre : sans parler de sa lâcheté naturelle, il sentait la menace du

salutis quidem cura : infamibus Vaticani locis magna
pars tetendit, unde crebrae in uolgus mortes ; et
adiacente Tiberi Germanorum Gallorumque obnoxia
morbis corpora fluminis auiditas et aestus impatientia
labefecit. 2 Insuper confusus prauitate uel ambitu ordo
militiae : sedecim praetoriae, quattuor urbanae cohortes
scribebantur, quis singula milia inessent. Plus in eo
dilectu Valens audebat, tamquam ipsum Caecinam
periculo exemisset. Sane aduentu eius partes conualue-
rant, et sinistrum lenti itineris rumorem prospero
proelio uerterat omnisque inferioris Germaniae miles
Valentem adsectabatur, unde primum creditur Caecinae
fides fluitasse.

94. 1 Ceterum non ita ducibus indulsit Vitellius ut
non plus militi liceret. Sibi quisque militiam sumpsere :
quamuis indignus, si ita maluerat, urbanae militiae
adscribebatur ; rursus bonis remanere inter legionarios
aut alares uolentibus permissum. Nec deerant qui
uellent, fessi morbis et intemperiem caeli incusantes ;
robora tamen legionibus alisque subtracta, conuolsum
castrorum decus, uiginti milibus e toto exercitu permixtis
magis quam electis.

2 Contionante Vitellio, postulantur ad supplicium
Asiaticus et Flauus et Rufinus duces Galliarum, quod
pro Vindice bellassent. Nec coercebat eius modi uoces
Vitellius : super insitam [mortem] animo ignauiam

93, 1 gallorumque *recc.* : gauorumque *M alii alia* ‖ auiditas *L*,
Puteolanus : auiditate *M recc.*
2 dilectu *M recc.* : delectu *alii*.
94, 1 maluerat *M²* : -rit *M¹* ‖ alares *recc.* : aleres *M*.
2 insitam animo *recc.* : insitam mortem animo *M alii pro uerbo*
mortem inerti *Pichena* marcenti *Orelli* hebeti *Koestermann*.

donativum suspendue sur lui et il manquait d'argent ; il accordait donc aux soldats tout le reste [5]. 3 Les affranchis impériaux furent imposés proportionnellement au nombre de leurs esclaves [6]. Quant à lui, ne se souciant que de gaspiller, il bâtissait des écuries pour les conducteurs de chars, il remplissait le cirque de spectacles de gladiateurs et de bêtes féroces, et, comme s'il eût été dans l'opulence, il prodiguait l'argent en se jouant [7].

95. 1 Il y a plus : pour célébrer l'anniversaire de Vitellius [1], Caecina et Valens [2] donnèrent des combats de gladiateurs dans tous les quartiers de Rome [3] avec une pompe extraordinaire, inconnue jusqu'à ce jour [4]. Ce fut une joie pour la canaille, mais pour les gens de bien un scandale, de voir Vitellius élever des autels au Champ de Mars et y offrir un sacrifice aux mânes de Néron [5]. Des victimes furent immolées et brûlées au nom de l'Etat ; le feu fut allumé par les Augustales, collège de prêtres que l'empereur Tibère consacra à la *gens* Julia [6], à l'exemple de ce que Romulus avait fait pour le roi Tatius [7]. 2 Quatre mois ne s'étaient pas écoulés depuis la victoire [8], et l'affranchi de Vitellius, Asiaticus [9], égalait déjà les Polyclète, les Patrobius [10] et les autres odieuses célébrités du passé. Personne dans cette cour ne rivalisa de probité ni de zèle [11] ; une seule route menait au pouvoir : assouvir par des festins ruineux et par de coûteuses goinfreries [12] les convoitises insatiables de Vitellius. 3 Lui-même, persuadé qu'il lui suffisait bien de jouir du présent, et n'étendant pas plus loin sa prévoyance, dilapida, croit-on, neuf cents millions de sesterces en quelques mois [13]. Pauvre grande cité ! la même année, elle subissait Othon et Vitellius et, livrée aux Vinius, aux Fabius, aux Icelus, aux Asiaticus [14],

conscius sibi instare donatiuom et deesse pecuniam
omnia alia militi largiebatur. 3 Liberti principum
conferre pro numero mancipiorum ut tributum iussi.
Ipse sola perdendi cura stabula aurigis exstruere,
circum gladiatorum ferarumque spectaculis opplere,
tamquam in summa abundantia pecuniae inludere.

95. 1 Quin et natalem Vitellii diem Caecina ac
Valens editis tota urbe uicatim gladiatoribus cele-
brauere ingenti paratu et ante illum diem insolito.
Laetum foedissimo cuique, apud bonos inuidiae fuit
quod exstructis in Campo Martio aris inferias Neroni
fecisset. Caesae publice uictimae cremataeque ; facem
Augustales subdidere, quod sacerdotium, ut Romulus
Tatio regi, ita Caesar Tiberius Iuliae genti sacrauit. 2
Nondum quartus a uictoria mensis, et libertus Vitellii
Asiaticus Polyclitos, Patrobios et uetera odiorum
nomina aequabat. Nemo in illa aula probitate aut
industria certauit ; unum ad potentiam iter, prodigis
epulis et sumptu ganeaque satiare inexplebiles Vitellii
libidines. 3 Ipse abunde ratus si praesentibus frueretur,
nec in longius consultans, nouiens milliens sestertium
paucissimis mensibus interuertisse creditur. Magna et
misera ciuitas eodem anno Othonem, Vitellium passa,
inter Vinios, Fabios, Icelos, Asiaticos uaria et pudenda

3 abundantia *recc.* : abundantiae *M.*
95, 1 neroni *M²* : -nis *M¹* ‖ fecisset *L, Juste Lipse* : iecisset *M alii* ‖
facem *M recc.* : faces *alii* ‖ subdidere *Rhenanus* : subdere *M alii*
subditae *alii* ‖ Romulus Tatio *edd.* : romulus statio *M¹* romulu statio
M² ‖ genti *M²* : gentis *M¹.*
2 ganeaque *Palmer* : galane aque *M alii alia* gula ganeaque
Meiser.
3 creditur *recc.* : crederetur *M alii.*

elle éprouvait les vicissitudes et les ignominies du sort, jusqu'au moment où ils furent remplacés par Mucien et Marcellus — d'autres hommes plutôt que d'autres mœurs [15].

Premières difficultés.

96. 1 La première défection annoncée à Vitellius fut celle de la troisième légion, dans un rapport que lui envoya Aponius Saturninus [1], avant de rallier lui aussi le parti de Vespasien ; mais Aponius, dans le désarroi de la surprise, n'avait pas tout écrit, et la flatterie des courtisans atténuait la gravité des faits : « ce n'était qu'une légion mutinée ; toutes les autres armées restaient fidèles [2] ». 2 C'est en ce sens que Vitellius lui-même parla aux soldats [3], s'en prenant aux prétoriens récemment licenciés [4], qui, disait-il, répandaient de fausses rumeurs, et assurant qu'il n'y avait pas de risque de guerre civile, sans prononcer le nom de Vespasien ; il dissémina des soldats dans la ville, pour étouffer les propos du peuple ; c'était fournir à la rumeur publique son principal aliment [5].

97. 1 Il fit tout de même venir des auxiliaires de Germanie, de Bretagne et des Espagnes, mais sans se hâter et en dissimulant l'urgence. Les gouverneurs et les provinces temporisaient également : Hordeonius Flaccus se défiait déjà des Bataves et craignait d'avoir à faire la guerre pour son compte [1] ; Vettius Bolanus n'avait jamais eu une paix assurée en Bretagne [2] ; de plus, ils étaient peu sûrs, l'un et l'autre [3]. On ne se hâtait pas non plus du côté des Espagnes, alors privées de gouverneur consulaire [4] ; les légats des trois légions, égaux en droit et prêts en cas de succès à rivaliser de zèle pour Vitellius, désertaient à l'envi sa fortune compromise [5]. 2 En Afrique, la légion et les cohortes levées par Clodius Macer, puis licenciées par Galba, reprirent du service sur l'ordre de Vitellius [6] ; en même temps, le reste des hommes en âge de se battre s'enrôlait avec empressement. C'est que Vitellius avait

sorte agebat, donec successere Mucianus et Marcellus et magis alii homines quam alii mores.

96. 1 Prima Vitellio tertiae legionis defectio nuntiatur, missis ab Aponio Saturnino epistulis, antequam is quoque Vespasiani partibus adgregaretur ; sed neque Aponius cuncta, ut trepidans in re subita, perscripserat, et amici adulantes mollius interpretabantur : unius legionis eam seditionem, ceteris exercitibus constare fidem. 2 In hunc modum etiam Vitellius apud milites disseruit, praetorianos nuper exauctoratos insectatus, a quibus falsos rumores dispergi ; nec ullum ciuilis belli metum adseuerabat, suppresso Vespasiani nomine et uagis per urbem militibus, qui sermones populi coercerent. Id praecipuum alimentum famae erat.

97. 1 Auxilia tamen e Germania Britanniaque et Hispaniis exciuit, segniter et necessitatem dissimulans. Perinde legati prouinciaeque cunctabantur, Hordeonius Flaccus suspectis iam Batauis anxius proprio bello, Vettius Bolanus numquam satis quieta Britannia, et uterque ambigui. Neque ex Hispaniis properabatur, nullo tum ibi consulari : trium legionum legati, pares iure et prosperis Vitellii rebus certaturi ad obsequium, aduersam eius fortunam ex aequo detrectabant. 2 In Africa legio cohortesque delectae a Clodio Macro, mox a Galba dimissae, rursus iussu Vitellii militiam cepere ; simul cetera iuuentus dabat impigre nomina. Quippe integrum illic ac fauorabilem proconsulatum Vitellius,

96, 1 mollius *recc.*, *Rhenanus* : mullius *M* melius *uel* nullius *cett.*
2 exauctoratos *recc.* : exaucto rato *M.*
97, 2 fauorabilem *recc.* : faborabilem *M.*

avait été là-bas un proconsul intègre et populaire [7], Vespasien un proconsul décrié et honni [8] ; les alliés en tiraient des conjectures sur la façon dont l'un et l'autre gouverneraient l'Empire, mais l'expérience leur donna tort.

98. 1 Au début, le légat Valerius Festus seconda loyalement le zèle des provinciaux [1] ; puis il balançait, soutenant ouvertement Vitellius dans ses lettres et ses édits, mais Vespasien dans des messages secrets, prêt à défendre l'une ou l'autre cause, dans la mesure où elle l'emporterait. Quelques soldats et centurions, arrêtés en Rhétie et dans les Gaules avec des lettres et des édits de Vespasien [2], furent envoyés à Vitellius et mis à mort ; un plus grand nombre échappèrent, cachés par des amis fidèles ou grâce à leur propre adresse. 2 Ainsi les préparatifs [3] de Vitellius étaient connus, mais la plupart des plans de Vespasien restaient ignorés, d'abord à cause de la sottise de Vitellius, ensuite parce que les Alpes de Pannonie [4], gardées par des postes, arrêtaient les courriers. La mer également, à cause des vents étésiens [5], était favorable pour aller en Orient, contraire pour en revenir [6].

Départ en campagne de Caecina.

99. 1 Enfin l'invasion de l'ennemi et les nouvelles effrayantes arrivant de tous côtés [1] épouvantent Vitellius, qui ordonne à Caecina et à Valens de se préparer à faire campagne. Caecina fut envoyé en avant ; Valens, qui relevait tout juste d'une grave maladie, était retardé par son état de faiblesse. A son départ de Rome, l'armée de Germanie était loin de ressembler à ce qu'elle était naguère : ni vigueur physique, ni énergie morale, une colonne lente et clairsemée, des armes mal ajustées [2], des chevaux sans fougue, des soldats incapables de supporter le soleil, la poussière, les intempéries, et dont l'inertie devant l'épreuve

famosum inuisumque Vespasianus egerat ; proinde socii
de imperio utriusque coniectabant, sed experimentum
contra fuit.

98. 1 Ac primo Valerius Festus legatus studia
prouincialium cum fide iuuit ; mox nutabat, palam
epistulis edictisque Vitellium, occultis nuntiis Vespasianum fouens et haec illaue defensurus, prout inualuis-
sent. Deprehensi cum litteris edictisque Vespasiani per
Raetiam et Gallias militum et centurionum quidam ad
Vitellium missi necantur ; plures fefellere, fide amicorum aut suomet astu occultati. 2 Ita Vitellii paratus
noscebantur, Vespasiani consiliorum pleraque ignota,
primum socordia Vitellii, dein Pannonicae Alpes praesidiis insessae nuntios retinebant. Mare quoque etesiarum
flatu in Orientem nauigantibus secundum, inde aduersum erat.

99. 1 Tandem inruptione hostium atrocibus undique
nuntiis exterritus Caecinam ac Valentem expedire ad
bellum iubet. Praemissus Caecina, Valentem e graui
corporis morbo tum primum adsurgentem infirmitas
tardabat. Longe alia proficiscentis ex urbe Germanici
exercitus species : non uigor corporibus, non ardor
animis ; lentum et rarum agmen, fluxa arma, segnes
equi ; impatiens solis, pulueris, tempestatum, quan-

---

1 proinde *codd.* : perinde *Rhenanus.*
98, 1 suomet astu *L, Agricola* : suo mestatu M^2 suo mestati M^1.
2 etesiarum flatu *Rhenanus* : et esi flabra aquilonis, arum flatu *M*
et blesi flabra aquilonis ac flatus *recc. alii alia.*
99, 1 inruptione *recc.* : inruptionem *M* ‖ expedire *Acidalius* :
expediri *codd.*

n'avait d'égale que leur ardeur aux discordes [3]. 2 A cela s'ajoutait la démagogie ancienne de Caecina et son apathie récente, car la faveur excessive de la fortune l'avait jeté dans la débauche ; ou peut-être méditait-il une trahison et entrait-il dans ses plans de briser le moral de l'armée. Beaucoup ont cru [4] que les conseils de Flavius Sabinus avaient ébranlé le loyalisme de Caecina, et que Rubrius Gallus servait d'intermédiaire dans ces conversations [5] : les conditions de sa défection, disait-il, seraient ratifiées par Vespasien. En même temps on lui rappelait ses haines et sa jalousie à l'égard de Fabius Valens : puisqu'il lui était inférieur dans la faveur de Vitellius, il devait se ménager le crédit et la puissance auprès d'un nouveau prince.

100. 1 Caecina reçut les embrassements de Vitellius et partit comblé d'honneurs [1] ; il envoya en avant une partie de sa cavalerie occuper Crémone. Puis partirent des détachements [2] des première, quatrième, quinzième et seizième légions [3], que suivirent la cinquième et la vingt-deuxième [4] ; à l'arrière-garde marchaient la vingt et unième Rapax et la première Italica [5], avec les détachements des trois légions de Bretagne [6] et l'élite des auxiliaires. 2 Après le départ de Caecina, Fabius Valens écrivit aux troupes qu'il avait personnellement commandées [7] : « elles devaient l'attendre en chemin, c'était convenu avec Caecina ». Mais celui-ci, qui, étant sur place, avait l'avantage, prétendit que ce plan avait été modifié, afin d'opposer au premier choc de la guerre toute la masse des troupes [8].

Caecina se prépare à trahir.

3 Aussi les légions eurent-elles l'ordre de hâter leur marche et de gagner, les unes Crémone, les autres Hostilia [9] ; lui-même fit un détour par Ravenne [10], sous prétexte de haranguer la flotte [11] ; il se révéla par la suite

tumque hebes ad sustinendum laborem miles, tanto ad discordias promptior. 2 Accedebat huc Caecinae ambitio uetus, torpor recens, nimia fortunae indulgentia soluti in luxum, seu perfidiam medita*n*ti infringere exercitus uirtutem inter artes erat. Credidere plerique Flauii Sabini consiliis concussam Caecinae mentem, ministro sermonum Rubrio Gallo : rata apud Vespasianum fore pacta transitionis. Simul odiorum inuidiaeque erga Fabium Valentem admonebatur, ut impar apud Vitellium gratiam uiresque apud nouum principem pararet.

100. 1 Caecina e complexu Vitellii multo cum honore digressus partem equitum ad occupandam Cremonam praemisit. Mox uexilla <primae, quartae, quintae> dec*i*mae, sextae decimae legionum, dein quinta et duoetuicensima secutae ; postremo agmine unaetuicensima Rapax et prima Italica incessere cum uexillariis trium Britannicarum legionum et electis auxiliis. 2 Profecto Caecina, scripsit Fabius Valens exercitui quem ipse ductauerat, ut in itinere opperiretur : sic sibi cum Caecina conuenisse. Qui praesens eoque ualidior mutatum id consilium finxit, ut ingruenti bello tota mole occurreretur. 3 Ita adcelerare legiones, Cremonam, pars Hostiliam petere iussae ; ipse Rauennam deuertit praetexto classem adloquendi ; mox patuit

2 uetus *M²* *in marg. recc.* : metus *M¹* *alii* ‖ meditanti *Rhenanus* : meditatio *codd.* meditato *J. Gronov* ‖ exercitus *M²* : -tum *M¹*.

100, 1 Caecina e *Orelli* : caecinae *M* caecina *alii* ‖ primae, quartae, quintae decimae, sextae decimae legionum *Ferlet, Nipperdey* : in quattuordecum XVI legionum *M alii alia.*

2 mutatum *recc.* : amutatum *M²* ramutatum *M¹* immutatum *alii.*

3 cremonam *recc.* : cremona *M alii* ‖ patuit *recc.* : patui *M* pataui(i) *recc., edd.*

qu'il y était allé chercher le secret pour concerter sa trahison [12]. En effet Lucilius Bassus [13], après avoir été préfet d'une aile de cavalerie, avait reçu de Vitellius le commandement des deux flottes de Ravenne et de Misène [14] ; mais n'ayant pas obtenu sur-le-champ la préfecture du prétoire [15], il cherchait dans une honteuse perfidie la vengeance d'un injuste ressentiment. On ne peut savoir s'il entraîna Caecina ou si, comme il arrive que les méchants se ressemblent, ils furent poussés tous deux par la même perversité [16].

101. 1 Les historiens contemporains qui, au temps où la maison flavienne était au pouvoir, ont écrit le récit de cette guerre, ont attribué faussement, par esprit de flatterie, leur défection au souci de la paix et à l'amour du bien public [1] ; selon nous, sans parler de leur légèreté naturelle ni du peu de cas qu'ils faisaient de leur parole depuis qu'ils avaient trahi Galba [2], ce furent aussi la rivalité et l'envie qui, leur faisant craindre d'être prévenus par d'autres dans la faveur de Vitellius, les poussèrent à l'abattre lui-même. 2 Caecina, après avoir rejoint les légions [3], essayait par des moyens variés de saper l'attachement obstiné que les centurions et les soldats gardaient à Vitellius ; Bassus, dans la même entreprise, rencontrait moins de difficultés, car la flotte était disposée à renier sa parole, en souvenir de la campagne qu'elle venait de faire pour Othon [4].

secretum componendae proditionis quaesitum. Namque
Lucilius Bassus post praefecturam alae Rauennati simul
ac Misenensi classibus a Vitellio praepositus, quod non
statim praefecturam praetorii adeptus foret, iniquam
iracundiam flagitiosa perfidia ulciscebatur. Nec sciri
potest traxeritne Caecinam, an, quod euenit inter malos
ut et similes sint, eadem illos prauitas impulerit.

101. 1 Scriptores temporum, qui potiente rerum
Flauia domo monimenta belli huiusce composuerunt,
curam pacis et amorem rei publicae corruptas in
adulationem causas tradidere; nobis super insitam
leuitatem et prodito Galba uilem mox fidem aemulatione etiam inuidiaque, ne ab aliis apud Vitellium
anteirentur, peruertisse ipsum Vitellium uidentur. 2
Caecina legiones adsecutus centurionum militumque
animos obstinatos pro Vitellio uariis artibus subruebat;
Basso eadem molienti minor difficultas erat, lubrica ad
mutandam fidem classe ob memoriam recentis pro
Othone militiae.

---

3 proditionis *codd.* : -ni *Rhenanus* || Bassus *recc.*, *Rhenanus* :
blaessus *M* blesus *uel* blexus *alii* || praefecturam *recc.* : -ra *M* ||
traxeritne caecinam *M²* : traxerat necaēcinam *M¹*.
   101, 1 belli *M²* : bella *M¹* || insitam *M²* : insitas *M¹*.
Corneli taciti. Liber octauus decimus explicit. Incipit nonus decimus.
M.

LIVRE III

Conseil de guerre des généraux flaviens.

1. 1 C'est avec un destin meilleur et une plus grande loyauté que les chefs du parti flavien concertaient leurs plans de guerre [1]. Ils s'étaient réunis à Pettau, quartiers d'hiver de la treizième légion [2]. Ils y délibérèrent s'ils décideraient de barrer les passages des Alpes de Pannonie [3], en attendant que toutes leurs forces fussent levées derrière eux [4], ou si marcher droit à l'ennemi et lui disputer l'Italie ne témoignerait pas d'une plus grande fermeté. 2 Ceux qui étaient d'avis d'attendre des renforts et de traîner la guerre en longueur exaltaient la force et la renommée des légions germaniques [5], ajoutant que l'élite de l'armée de Bretagne était venue récemment s'y joindre avec Vitellius [6] ; eux-mêmes étaient inférieurs, tant par le nombre de leurs légions qui venaient de subir un échec [7], que par l'ardeur, toujours moindre chez des vaincus, en dépit de leurs violences verbales. Mais, pendant qu'on tiendrait les Alpes, Mucien arriverait avec les troupes d'Orient [8] ; il restait à Vespasien la mer, les flottes [9], la faveur des provinces [10], grâce auxquelles il pourrait mettre en branle les forces écrasantes d'une seconde guerre, pour ainsi dire. Ainsi un délai salutaire leur assurerait de nouvelles forces, sans rien leur faire perdre de celles dont ils disposaient.

LIBER TERTIVS

1. 1 Meliore fato fideque partium Flauianarum
duces consilia belli tractabant. Poetouionem in hiberna
tertiae decimae legionis conuenerant. Illic agitauere
placeretne obstrui Pannoniae Alpes, donec a tergo uires
uniuersae consurgerent, an ire comminus et certare pro
Italia constantius foret. 2 Quibus opperiri auxilia et
trahere bellum uidebatur, Germanicarum legionum uim
famamque extollebant, et aduenisse mox cum Vitellio
Britannici exercitus robora ; ipsis nec numerum parem
pulsarum nuper legionum et, quamquam atrociter
loquerentur, minorem esse apud uictos animum. Sed
insessis interim Alpibus uenturum cum copiis Orientis
Mucianum ; superesse Vespasiano mare, classes, studia
prouinciarum, per quas uelut alterius belli molem
cieret. Ita salubri mora nouas uires adfore, e praesentibus nihil periturum.

1, 1 Italia M^2 : -liam M^1.
2 per quas *M* : per quae *Nipperdey* ‖ e *Nipperdey* : et *M* ex
Urlichs.

2. 1 En réponse, Antonius Primus [1], le plus ardent instigateur de la guerre [2], exposa que la promptitude les servait et perdait Vitellius. Le succès, disait-il, avait engourdi plutôt qu'enhardi les vainqueurs : en effet, au lieu d'être tenus sous les armes et dans les camps, dispersés dans tous les municipes d'Italie [3], désœuvrés, redoutables seulement à leurs hôtes, ils avaient mis d'autant plus d'ardeur à se gorger de plaisirs inconnus qu'ils avaient mené jusqu'alors une vie plus rude [4]. 2 Le cirque également, les théâtres et les délices de Rome avaient amolli ceux que les maladies n'avaient pas épuisés ; mais si on leur en donnait le temps, ils retrouveraient, eux aussi, leur vigueur en préparant la guerre ; et puis la Germanie, d'où ils tiraient leurs forces [6], n'était pas loin [7], la Bretagne était séparée d'eux par un simple bras de mer [8] ; les Gaules et les Espagnes étaient toutes proches ; des deux pays ils recevaient des hommes, des chevaux, des subsides [9] ; ils avaient de plus l'Italie elle-même et les ressources de Rome ; enfin, s'ils voulaient prendre l'offensive, ils disposaient de deux flottes et la mer d'Illyrie [10] n'était pas défendue. À quoi serviraient alors les barrières des montagnes [11] ? à quoi servirait d'avoir fait traîner la guerre jusqu'à l'été suivant ? d'où tirer, en attendant, de l'argent et des approvisionnements [12] ? 3 Pourquoi ne pas profiter plutôt de ce que les légions de Pannonie, abusées plutôt que vaincues [13], avaient hâte de relever la tête pour se venger ; de ce que les corps d'armée de Mésie avaient apporté leurs forces encore intactes [14] ? Si on faisait le compte des soldats plutôt que des légions [15], il y avait de leur côté plus de force réelle, et point de débauche ; de plus, le sentiment même de la honte avait été profitable à la discipline [16] ; d'ailleurs, même alors, la cavalerie n'avait pas été vaincue, mais malgré la défaite elle avait rompu les lignes de Vitellius. 4 « Alors deux ailes de Pannonie et de Mésie enfoncèrent l'ennemi [17] ; aujourd'hui seize ailes chargeant ensemble, sous leur choc, leur fracas, leurs nuages de poussière, enseveliront et submergeront cava-

2. 1 Ad ea Antonius Primus — is acerrimus belli concitator — festinationem ipsis utilem, Vitellio exitiosam disseruit. Plus socordiae quam fiduciae accessisse uictoribus : neque enim in procinctu et castris habitos ; per omnia Italiae municipia desides, tantum hospitibus metuendos, quanto ferocius ante se egerint, tanto cupidius insolitas uoluptates hausisse. 2 Circo quoque ac theatris et amoenitate urbis emollitos aut ualetudinibus fessos ; sed addito spatio rediturum et his robur meditatione belli ; nec procul Germaniam, unde uires ; Britanniam freto dirimi, iuxta Gallias Hispaniasque, utrimque uiros, equos, tributa, ipsamque Italiam et opes urbis ; ac si inferre arma ultro uelint, duas classes uacuumque Illyricum mare. Quid tum claustra montium profutura ? quid tractum in aestatem aliam bellum ? unde interim pecuniam et commeatus ? 3 Quin potius eo ipso uterentur quod Pannonicae legiones deceptae magis quam uictae resurgere in ultionem properent, Moesici exercitus integras uires attulerint. Si numerus militum potius quam legionum putetur, plus hinc roboris, nihil libidinum ; et profuisse disciplinae ipsum pudorem ; equites uero ne tum quidem uictos, sed quamquam rebus aduersis disiectam Vitellii aciem. 4 « Duae tunc Pannonicae ac Moesicae alae perrupere hostem ; nunc sedecim alarum coniuncta signa pulsu sonituque et nube ipsa operient ac superfundent oblitos proeliorum equites equosque. Nisi quis retinet, idem

---

2, 1 concitator *B72 V58 H Mal Prm J G B05 Y01 Y02* : conciator *M B Hol* concionator *U* concitor *Orelli* ‖ ante se *M* : antea *Nipperdey* ante *Lallemand*.

2 interim pecuniam *recc.* : Inter Inpecuniam *M*.

3 legiones *M²* : legionis *M¹*.

liers et chevaux déshabitués des combats. Si personne ne m'arrête [18], je serai à la fois, pour ce plan, le conseiller et le promoteur [19]. Vous qui n'êtes pas encore compromis, gardez ici les légions ; des cohortes armées à la légère me suffiront [20]. Bientôt vous apprendrez que la route de l'Italie est ouverte [21], le pouvoir de Vitellius abattu. Vous serez heureux de me suivre et de marcher sur les traces du vainqueur ».

3. Ces propos et d'autres semblables, qu'il proféra, les yeux en feu, d'une voix tonnante, afin d'être entendu de plus loin — car les centurions et quelques soldats s'étaient mêlés au conseil [1] — entraînèrent jusqu'aux esprits prudents et prévoyants, tandis que la foule, c'est-à-dire tout le reste [2], portait aux nues le seul homme, le seul chef, n'ayant que mépris pour la lâcheté des autres. Telle était la réputation que s'était acquise Antonius, dès l'assemblée [3] où, après avoir fait lire la lettre de Vespasien, au lieu de tenir, comme beaucoup, des propos équivoques pour les interpréter plus tard dans un sens ou dans l'autre, selon son intérêt, il s'était ouvertement rallié à sa cause ; de ce fait, son autorité sur les soldats avait plus de poids, puisqu'il s'associait à leur faute ou à leur gloire.

4. 1 Après lui, c'était le procurateur Cornelius Fuscus [1] qui avait le plus d'influence. Habitué, lui aussi, à se déchaîner sans ménagements contre Vitellius, il ne s'était laissé aucun espoir en cas de revers. Tampius Flavianus, que son caractère et sa vieillesse rendaient plus circonspect [2], éveillait les soupçons des soldats : il se souvenait trop bien, disait-on, de ses liens de famille avec Vitellius ; de plus, comme il s'était enfui au premier mouvement des légions et qu'il était ensuite revenu de lui-même, on croyait qu'il avait cherché une occasion favorable pour trahir. 2 De fait [3], Flavianus, après avoir abandonné la Pannonie et gagné l'Italie où il était en dehors de la crise,

suasor auctorque consilii ero. Vos, quibus fortuna in
integro est, legiones continete : mihi expeditae cohortes
sufficient. Iam reseratam Italiam, impulsas Vitellii res
audietis. Iuuabit sequi et uestigiis uincentis insistere. »

3. Haec ac talia flagrans oculis, truci uoce, quo
latius audiretur — etenim se centuriones et quidam
militum consilio miscuerant — ita effudit ut cautos
quoque ac prouidos permoueret, uolgus et ceteri unum
uirum ducemque, spreta aliorum segnitia, laudibus
ferrent. Hanc sui famam ea statim contione commoue-
rat, qua recitatis Vespasiani epistulis non ut plerique
incerta disseruit, huc illuc tracturus interpretatione,
prout conduxisset ; aperte descendisse in causam uidebatur, eoque grauior militibus erat culpae uel gloriae
socius.

4. 1 Proxima Cornelii Fusci procuratoris auctoritas.
Is quoque inclementer in Vitellium inuehi solitus nihil
spei sibi inter aduersa reliquerat. Tampius Flauianus,
natura ac senecta cunctatior, suspiciones militum inritabat, tamquam adfinitatis cum Vitellio meminisset ;
idemque, quod coeptante legionum motu profugus,
dein sponte remeauerat, perfidiae locum quaesisse
credebatur. 2 Nam Flauianum, omissa Pannonia, ingres-

---

4 suasor auctorque *codd.* (*sed* suamosor *M¹* suaosor *M²*) : suasor
actorque *Jacob* auctor actorque *Wellesley* ‖ reseratam Italiam
Pichena : reserata militiam *M* reserata -tia *B72 V58 H Mal Prm J G
B05 Y01 Y02* -tam -tiam *B Hol* feratam -tiam *U* fractam -tiam *L*
reseratam militi Italiam *Koestermann.*
3 ceteri *M²* : -rum *M¹* ‖ disseruit *M²* : -runt *M¹* ‖ interpretatione
Acidalius : -nem *M, Wellesley.*
4 1 cunctatior *codd.* : -tor *Juste Lipse.*

avait été poussé par son goût du changement à reprendre son titre de légat et à participer à la guerre civile, sur le conseil de Cornelius Fuscus ; non que celui-ci eût besoin des services de Flavianus, mais il voulait que le nom d'un consulaire fournît une honorable enseigne au parti qui, en ce moment même, commençait à émerger.

Débuts de la campagne d'Antonius Primus.

5. 1 Au reste, afin de pouvoir impunément et avec profit porter la guerre en Italie [1], on écrivit à Aponius Saturninus de hâter la marche de l'armée de Mésie [2], et, pour ne pas exposer aux coups des peuples barbares les provinces sans troupes [3], on appela à servir dans l'armée les chefs des Sarmates Iazyges [4], qui détenaient le pouvoir dans le pays. Ceux-ci offraient aussi leurs sujets, c'est-à-dire cette puissante cavalerie qui fait toute leur force ; on les tint quittes de ce service, de peur de les voir, au milieu de nos discordes, tenter des manœuvres hostiles, ou bien, sollicités par des offres plus considérables du parti adverse [5], s'affranchir des lois humaines et divines. On gagne au parti Sido et Italicus, rois des Suèves [6], dont la soumission aux Romains était ancienne [7] et dont le peuple était plus enclin à garder sa foi qu'à la trahir [8]. 2 On plaça en flanc-garde les auxiliaires, étant donné l'hostilité de la Rhétie [9], qui avait pour procurateur Porcius Septiminus [10], d'une fidélité inébranlable à Vitellius. On envoya donc Sextilius Felix, avec l'aile de cavalerie Auriana, huit

sum Italiam et discrimini exemptum rerum nouarum
cupido legati nomen resumere et misceri ciuilibus armis
impulerat, suadente Cornelio Fusco, non quia industria
Flauiani egebat, sed ut consulare nomen surgentibus
cum maxime partibus honesta specie praetenderetur.

5. 1 Ceterum ut transmittere in Italiam impune et
usui foret, scriptum Aponio Saturnino, cum exercitu
Moesico celeraret. Ac ne inermes prouinciae barbaris
nationibus exponerentur, principes Sarmatarum Iazugum, penes quos ciuitatis regimen, in commilitium
adsciti. Plebem quoque et uim equitum, qua sola
ualent, offerebant ; remissum id munus, ne inter discordias externa molirentur aut maiore ex diuerso mercede
ius fasque exuerent. Trahuntur in partes Sido atque
Italicus, reges Sueborum, quis uetus obsequium erga
Romanos et gens fidei < quam > commissi patientior.
2 Posita in latus auxilia, infesta Raetia, cui Porcius
Septiminus procurator erat, incorruptae erga Vitellium
fidei. Igitur Sextilius Felix cum ala Auriana et octo

---

2 honesta M^2 : -tas M^1.
5, 1 transmittere M : -ret *B72 V58 H Mal Prm J G B05 Y01 Y02
B Hol* -retur *U* transmittere bellum *Acidalius* -re rem *Fr. Walter* ||
Aponio Saturnino *Pichena* : aponio satium nino M ; « *hic in omnibus
codicibus ordo ita turbatus est ut uocabulis* 5, 1 *aponio satiu* (*uel
similibus*) *succedant illa posteriora* 7, 2 *reuirescere crederetur usque
ad* 9, 5 *ut inimici, his autem priora illa* 5, 1 *nino* (*uel simile*) *usque
ad* 7, 2 *partes* ; *unde narratio* (9, 5 *praesumpsere...*) *rursus uno tenore
profluit* : *ordinem restituit Pichena* » (*Wellesley*) || Saturnino
Pichena : satiu nino *uel simile M B Hol U* socium innocuum *B72
V58 H Mal Prm J G B05 Y01 Y02* || exercitu M^2 : -tum M^1 ||
principes *recc.* : -pis M || partes *recc.* : parte M || quam commissi *Fr.
Walter* : commissior *M U* commissi *B Hol* commissae *B72 V58 H
Mal Prm J G B05 Y01 Y02* quam iussorum *J. Scheffer* quo remissior
Madvig alii alia.

cohortes et les milices du Norique, occuper la rive de l'Inn, qui coule entre la Rhétie et le Norique [11]. Mais ni d'un côté ni de l'autre on ne chercha le combat ; le sort des partis fut réglé ailleurs [12].

6. 1 Antonius, à la tête de détachements d'infanterie auxiliaire [1] et d'une partie de la cavalerie, courut envahir l'Italie [2] ; il était accompagné d'Arrius Varus, vaillant homme de guerre, qui devait sa gloire à ses campagnes sous Corbulon et à des succès en Arménie [3]. Ce même Varus passait pour avoir eu avec Néron des entretiens secrets où il avait fait des vertus de Corbulon autant de crimes, ce qui lui avait valu, par une faveur infâme, le grade de primipile [4], honneur mal acquis [5] dont il se réjouit sur le moment, mais qui plus tard tourna à sa perte [6]. 2 Cependant Primus et Varus, s'étant rendus maîtres d'Aquilée [7], continuent leur progression régulière et sont accueillis avec joie à Opitergium et à Altinum [8]. Ils laissèrent une garnison à Altinum, pour s'opposer aux entreprises de la flotte de Ravenne, dont on ignorait encore la défection [9]. Puis ils rallièrent Padoue et Este [10] à leur parti. Là [11] on apprit que trois cohortes vitelliennes et l'aile de cavalerie appelée Sebosiana [12] avaient pris position, après avoir construit un pont de bateaux, au Forum d'Alienus [13]. 3 L'occasion parut bonne pour tomber sur cette troupe, qui ne se gardait pas : on leur donnait aussi

cohortibus ac Noricorum iuuentute ad occupandam
ripam Aeni fluminis, quod Raetos Noricosque inter-
fluit, missus. Nec his aut illis proelium temptantibus,
fortuna partium alibi transacta.

6. 1 Antonio uexillarios e cohortibus et partem
equitum ad inuadendam Italiam rapienti comes fuit
Arrius Varus, strenuus bello, quam gloriam et dux
Corbulo et prosperae in Armenia res addiderant. Idem
secretis apud Neronem sermonibus ferebatur Corbulo-
nis uirtutes criminatus ; unde infami gratia primum
pilum adepto laeta ad praesens male parta mox in
perniciem uertere. 2 Sed Primus ac Varus occupata
Aquileia <per> proxima quaeque et Opitergii et
Altini laetis animis accipiuntur. Relictum Altini praesidium aduersus classis Rauennatis <conatus>, nondum defectione eius audita. Inde Patauium et Ateste
partibus adiunxere. Illic cognitum tres Vitellianas
cohortes <et> alam, cui Sebosianae nomen, ad Forum
Alieni ponte iuncto consedisse. 3 Placuit occasio inua-
dendi incuriosos ; nam id quoque nuntiabatur. Luce

2 occupandam M^2 : -das M^1 || Aeni *Rhenanus* : Rheni *codd.* ||
missus *recc.* : missum M || his *recc.* : is M.
6, 1 addiderant M^2 : -rat M^1 || parta *B72 V58 H Mal Prm J G B05
Y01 Y02* : parata M^2 -tam M^1 || male parta *secl. Prammer* || perniciem
uertere M^2 : perniceem uerteret M^1.
2 Varus *edd.* : uarius M L || occupata aquileia M B Hol U :
occupantes aquileiae *B72 V58 H Mal Prm J G B05 Y01 Y02* || per
ante proxima *add. Baiter* || altini *recc.* : alpini M || aduersus classis
rauennatis M ; *post haec uerba alii alia suppl.* : conatus *Heinisch*,
motum *Nipperdey*, metum *van der Vliet*, minas *Lenchantin* ;
aduersus classem rauennatem *B72 V58 H Mal Prm J G B05 Y01 Y02
B Hol* aduersus classes rauennates U ad incursus classis Rauennatis
Castiglioni || Sebosianae *Nipperdey* : sebonianae M B Hol sebnianae
uel scribonianae *uel* stri- *B72 V58 H Mal Prm J G B05 Y01 Y02*.

ce renseignement. Au point du jour, la plupart furent surpris désarmés. On avait donné l'ordre de n'en tuer que quelques-uns et de faire peur aux autres pour les forcer à renier leur serment d'allégeance. De fait, certains se rendirent aussitôt ; un plus grand nombre, rompant le pont, coupèrent la route à l'ennemi qui les serrait de près.

Invasion de l'Italie du Nord.

7.   1 À la nouvelle de cette victoire, après ce début des opérations favorable au parti flavien [1], deux légions, la septième Galbiana et la treizième Gemina [2], sous les ordres du légat Vedius Aquila [3], arrivent pleines d'entrain à Padoue [4]. Elles y prirent quelques jours de repos ; Minicius Justus [5], préfet de camp de la septième légion, qui tenait la bride haute à ses soldats, plus qu'il ne convient en temps de guerre civile, fut soustrait à leur colère et envoyé à Vespasien. 2 Un acte depuis longtemps souhaité [6] prit une importance excessive grâce à l'interprétation flatteuse qu'on en donna, lorsqu'Antonius eut donné l'ordre de relever et d'honorer dans tous les municipes les images de Galba renversées en ces temps de discorde [7], persuadé qu'il donnerait du lustre à sa cause en faisant croire que le principat de Galba avait son approbation et que le parti de cet empereur ressuscitait [8].

8.   1 On se demanda ensuite quelle base choisir pour les opérations. Vérone parut préférable [1], parce que les environs offraient des plaines dégagées aux combats de cavalerie, où ils avaient la supériorité [2] ; en même temps, ravir à Vitellius une colonie opulente était jugé utile à leurs intérêts et à leur prestige [3]. Chemin faisant, on s'empara de Vicence, succès modeste en lui-même, le municipe n'ayant que des forces médiocres, mais auquel on attacha une grande importance, en songeant que Caecina y était né [4] et qu'on arrachait sa petite patrie au

prima inermos plerosque oppressere. Praedictum ut
paucis interfectis ceteros pauore ad mutandam fidem
cogerent. Et fuere qui se statim dederent ; plures
abrupto ponte instanti hosti uiam abstulerunt.

7. 1 Volgata uictoria, post principia belli secundum
Flauianos data legiones septima Galbiana, tertia decima
Gemina cum V*edi*o Aquila legato Patauium alacres
ueniunt. Ibi pauci dies ad requiem sumpti, et M*i*nicius
Iustus praefectus castrorum legionis septimae, quia
adductius quam ciuili bello imperitabat, subtractus
militum irae ad Vespasianum missus est 2 Desiderata
diu res interpretatione gloriaque in maius accipitur,
postquam Galbae imagines discordia temporum subuer-
sas in omnibus municip*ii*s recoli iussit Antonius,
decorum pro causa ratus, si placere Galbae principatus
et partes reuirescere crederentur.

8. 1 Quaesitum inde quae sedes bello legeretur.
Verona potior uisa, patentibus circum campis ad
pugnam equestrem, qua praeualebant ; simul coloniam
copiis ualidam auferre Vitellio in rem famamque
uidebatur. Possessa ipso transitu Vicetia ; quod per se
par*u*um — etenim modicae municipio uires — magni
momenti locum obtinuit reputantibus illic Caecinam

3 oppressere *recc.* : oppresse *M.*
7, 1 *uerba* uolgata uictoria *post* data *transposuit Nipperdey, haud
recte* ‖ data *Rhenanus* : datae *M* ‖ Vedio *Rhenanus* : uideo *M* iudeo
uel iudaeo *recc.* ‖ Minicius *Dessau* : Municius *M.*
2 gloriaque *recc.* : -riaeque *M* ‖ in maius *B72 V58 H Mal Prm J G
B05 Y01 Y02* : maius *M B* maior *Hol U* ‖ municipiis *edd.* : -pis *M* ‖
decorum *M²* : -rus *M¹* ‖ placere *M* : -ret *cett.*
8, 1 paruum *Halm* : parum *M.*

chef ennemi. L'occupation de Vérone était payante [5] : son exemple et ses ressources servirent le parti ; de plus, l'armée interposée entre la Rhétie et les Alpes Juliennes avait bloqué le passage par où auraient pu venir les armées de Germanie [6]. 2 Ces mouvements étaient ignorés de Vespasien, voire interdits : en effet il prescrivait d'arrêter la guerre aux portes d'Aquilée et d'attendre Mucien ; à l'ordre autoritaire il joignait le conseil : puisqu'on tenait, avec l'Égypte, la clef du grenier [7] de l'Empire, et qu'on disposait des revenus des plus riches provinces [8], on pouvait contraindre à la capitulation l'armée de Vitellius, en la privant de solde et de blé. 3 Mucien donnait dans des messages réitérés les mêmes avertissements, alléguant que la victoire ne coûterait ni sang ni larmes, et d'autres raisons analogues, mais en fait avide de gloire et voulant se réserver tout l'honneur de la guerre. Au reste, à de si grandes distances, les avis arrivaient après coup.

9.　1 Antonius lança donc une attaque brusquée sur les postes ennemis, et, après un léger engagement destiné à tâter le moral, on se retira de part et d'autre sans avantage marqué. Puis Caecina établit un camp retranché entre Hostilia, bourgade du pays de Vérone [1], et les marais de la rivière Tartaro [2] ; position forte, puisque ses arrières étaient couverts par la rivière [3], et ses flancs par l'obstacle des marais. 2 S'il eût fait preuve de loyalisme, il pouvait écraser avec toutes les forces des Vitelliens deux légions [4], avec lesquelles l'armée de Mésie n'avait pas encore opéré sa jonction [5] ; ou bien celles-ci, repoussées, abandonnant l'Italie, auraient dû se résoudre à une fuite honteuse. Mais Caecina, par divers atermoiements, livra à l'ennemi les premières chances de la campagne [6], invectivant par lettres ceux qu'il pouvait aisément chasser par les armes, en attendant de s'être assuré, par des émissaires, les garanties

genitum et patriam hostium duci ereptam. In Veronen-
sibus pretium fuit : exemplo opibusque partes iuuere ;
et interiectus exercitus Raetiam Iuliasque Alpes, [ac]
ne peruium illa Germanicis exercitibus foret obsaepse-
rat. 2 Quae ignara Vespasiano aut uetita : quippe
Aquileiae sisti bellum exspectarique Mucianum iubebat,
adiciebatque imperio consilium, quando Aegyptus,
claustra annonae, uectigalia opulentissimarum prouinciarum obtinerentur, posse Vitellii exercitum egestate
stipendii frumentique ad deditionem subigi. 3 Eadem
Mucianus crebris epistulis monebat, incruentam et sine
luctu uictoriam et alia huiusce modi praetexendo, sed
gloriae auidus atque omne belli decus sibi retinens.
Ceterum ex distantibus terrarum spatiis consilia post
res adferebantur.

9. 1 Igitur repentino incursu Antonius stationes
hostium inrupit, temptatisque leui proelio animis ex
aequo discessum. Mox Caecina inter Hostiliam, uicum
Veronensium, et paludes Tartari fluminis castra permu-
niit, tutus loco, cum terga flumine, latera obiectu
paludis tegerentur. 2 Quod si adfuisset fides, aut
opprimi uniuersis Vitellianorum uiribus duae legiones,
nondum coniuncto Moesico exercitu, potuere, aut retro
actae deserta Italia turpem fugam consciuissent. Sed
Caecina per uarias moras prima hostibus prodidit
tempora belli, dum quos armis pellere promptum erat,
epistulis increpat, donec per nuntios pacta perfidiae

1 interiectus *B Hol* : intertectus *M* interceptus *B72 V58 H Mal
Prm J G B05 Y01 Y02* ‖ Raetiam *Puteolanus* : praetiam *M* ‖ ac
codd., *secl. Juste Lipse* : ac Noricum *Weissenborn.*
3 eadem *M²* : eamdem *M¹*.
9, 1 Hostiliam *recc.* : hostiam *M* ‖ tartari *recc.* : cartari *M*.

qu'exigeait sa perfidie. 3 Sur ces entrefaites, Aponius
Saturninus [7] arriva avec la septième légion Claudiana [8].
Cette légion était commandée par le tribun Vipstanus
Messalla, d'une illustre famille, lui-même d'un rare mérite,
et le seul qui se fût engagé dans cette guerre avec des
principes moraux [9]. 4 Caecina écrivit à ces troupes, dont
l'effectif était bien inférieur à celui des Vitelliens — car
elles ne comptaient encore que trois légions [10] —, en leur
reprochant leur témérité à combattre avec des armes de
vaincus [11]. En même temps, il exaltait la valeur de l'armée
de Germanie, n'accordant à Vitellius qu'une mention
brève et banale, sans aucune injure contre Vespasien, bref,
sans un mot qui pût séduire ou effrayer l'ennemi. 5 Les
chefs du parti flavien, négligeant de justifier leur attitude passée [12], se permirent de répondre par un magnifique éloge de Vespasien, parlant de leur cause avec
confiance, de leur armée avec assurance, traitant Vitellius
en ennemi [13], tout en laissant espérer aux tribuns et aux
centurions le maintien des avantages accordés par Vitellius [14] ; quant à Caecina lui-même, ils l'exhortaient ouvertement à passer dans leur camp. Cette correspondance, lue
devant l'assemblée des soldats, redoubla leur confiance,
parce que, se disaient-ils, Caecina n'avait pas élevé le ton,
comme s'il craignait d'offenser Vespasien, tandis que leurs
chefs avaient usé de termes méprisants, comme pour
braver Vitellius [15].

10. 1 Ensuite, après l'arrivée de deux autres légions [1],
la troisième commandée par Dillius Aponianus, la huitième, par Numisius Lupus [2], on décida de faire montre de
ses forces et d'entourer Vérone d'une fortification de
campagne [3]. Il se trouva que la légion Galbiana [4] travaillait
à la partie du retranchement qui faisait face à l'ennemi ;
voyant venir de loin des cavaliers alliés qu'elle prit pour
des ennemis, elle fut saisie d'une terreur vaine. 2 On court

firmaret. 3 Interim Aponius Saturninus cum legione
septima Claudiana aduenit. Legioni tribunus Vipstanus
Messalla praeerat, claris maioribus, egregius ipse et qui
solus ad id bellum artes bonas attulisset. 4 Has ad
copias nequaquam Vitellianis pares — quippe tres
adhuc legiones erant — misit epistulas Caecina, teme-
ritatem uicta arma tractantium incusans. Simul uirtus Germanici exercitus laudibus attollebatur, Vitellii
modica et uolgari mentione, nulla in Vespasianum
contumelia ; nihil prorsus quod aut corrumperet hostem aut terreret. 5 Flauianarum partium duces omissa
prioris fortunae defensione pro Vespasiano magnifice,
pro causa fidenter, de exercitu securi, in Vitellium ut
inimici praesumpsere, facta tribunis centurionibusque
retinendi quae Vitellius indulsisset spe, atque ipsum
Caecinam non obscure ad transitionem hortabantur.
Recitatae pro contione epistulae addidere fiduciam,
quod submisse Caecina, uelut offendere Vespasianum
timens, ipsorum duces contemptim tamquam insultantes
Vitellio scripsissent.

10. 1 Aduentu deinde duarum legionum, e quibus
tertiam Dillius Aponianus, octauam Numisius Lupus
ducebant, ostentare uires et militari uallo Veronam
circumdare placuit. Forte Galbianae legioni in aduersa
fronte ualli opus cesserat, et uisi procul sociorum
equites uanam formidinem ut hostes fecere. 2 Rapiun-

---

3 Vipstanus *Ruperti* : uipsanius *M U* uipsanus *B72 V58 H Mal
Prm J G B05 Y01 Y02 B Hol.*

5 praesumpsere *codd.* : rescripsere *Freinsheim* loqui praesumpsere
Lenchantin || facta tribunis *recc.* : fata a tribunis *M* || submisse *recc.* :
summisisse *M* || contemptim *recc.* : contempti *M*.

10, 1 Aponianus *Rhenanus* : apontanus *M L* || uisi procul *M*^{2} : uisi
In procul *M*^{1}.

aux armes par crainte d'une trahison. La colère des soldats tomba sur Tampius Flavianus [5], sans qu'on eût aucune preuve de sa culpabilité ; mais, comme il était haï depuis longtemps, une sorte d'ouragan populaire exigeait sa mort : mille cris se faisaient entendre : « C'est un parent de Vitellius, il a trahi Othon, volé l'argent du *donativum* [6] ». Nul moyen pour lui de se défendre, bien qu'il tendît des mains suppliantes, qu'il se jetât par terre à plusieurs reprises, les vêtements déchirés, la poitrine et le visage secoués de sanglots [7]. C'est cela justement qui excitait les agresseurs, parce qu'ils prenaient cet excès de frayeur pour l'aveu de sa faute. 3 Les cris des soldats couvraient la voix d'Aponius, quand il essayait de parler ; des murmures et des clameurs méprisantes accueillent les autres chefs [8]. Seul Antonius avait l'oreille de la troupe : il était éloquent, il avait l'art de calmer la foule, et l'autorité. Comme la sédition empirait et que, des invectives et des insultes, on passait aux armes et aux voies de fait, il donne l'ordre de mettre aux fers Flavianus. Le soldat comprit qu'on le jouait [9] et, après avoir dispersé la garde du tribunal, il allait se porter aux dernières violences. 4 Antonius, tirant l'épée, leur montra sa poitrine, jurant qu'il périrait des mains de ses soldats ou des siennes ; chaque fois qu'il apercevait un homme connu de lui et distingué par quelque décoration militaire [10], il lui demandait assistance en l'appelant par son nom. Puis, se tournant vers les enseignes et les dieux de la guerre [11], il les priait d'inspirer plutôt aux armées ennemies une telle folie, un tel esprit de discorde, si bien que la sédition finit par s'épuiser et que, à la fin du jour, chacun se retira sous sa tente. Flavianus partit cette même nuit et reçut en chemin une lettre de Vespasien qui le tira du danger.

tur arma metu proditionis. Ira militum in Tampium
Flauianum incubuit, nullo criminis argumento, sed iam
pridem inuisus turbine quodam ad exitium poscebatur :
propinquum Vitellii, proditorem Othonis, intercepto-
rem donatiui clamitabant. Nec defensioni locus, quamquam supplices manus tenderet, humi plerumque
stratus, lacera ueste, pectus atque ora singultu quatiens.
Id ipsum apud infensos incitamentum erat, tamquam
nimius pauor conscientiam argueret. 3 Obturbabatur
militum uocibus Aponius, cum loqui coeptaret ; fre-
mitu et clamore ceteros aspernantur. Vni Antonio
apertae militum aures ; namque et facundia aderat
mulcendique uolgum artes et auctoritas. Vbi crudes-
cere seditio et a conuiciis ac probris ad tela et
manus transibant, inici catenas Flauiano iubet. Sensit
ludibrium miles, disiectisque qui tribunal tuebantur
extrema uis parabatur. 4 Opposuit sinum Antonius
stricto ferro, aut militum se manibus aut suis moritu-
rum obtestans, ut quemque notum et aliquo militari
decore insignem aspexerat, ad ferendam opem nomine
ciens. Mox conuersus ad signa et bellorum deos,
hostium potius exercitibus illum furorem, illam discordiam inicerent orabat, donec fatisceret seditio et
extremo iam die sua quisque in tentoria dilaberentur.
Profectus eadem nocte Flauianus obuiis Vespasiani
litteris discrimini exemptus est.

2 arma metu *Faernus* : arma et ut M^2L (armam M^1) arma et metu
Nipperdey ‖ Tampium *edd.* : T. ampium *M* Ti. appium *L* ‖
clamitabant M^2 : -bat M^1.
4 ad ferendam *recc.* : auferendam *M* ‖ fatisceret *B72 V58 H Mal
Prm J G B05 Y01 Y02 B* : -cere *M Hol U* ‖ discrimini M^2 : -nis M^1.

11. 1 Les légions, comme infectées d'un mal conta-
gieux, s'en prennent à Aponius Saturninus, légat de
l'armée de Mésie [1], avec d'autant plus d'animosité qu'elles
n'étaient pas, comme la première fois, épuisées de fatigue
et de travail [2] : leur colère s'était enflammée au milieu du
jour, quand on leur avait donné connaissance de lettres
que Saturninus, croyait-on, avait écrites à Vitellius [3]. 2 Ce
n'était plus, comme jadis, de courage et de discipline, mais
d'insolence et d'impudence, qu'elles rivalisaient alors, ne
voulant pas mettre moins de violence à exiger le supplice
d'Aponius que celui de Flavianus. C'est que les légions de
Mésie rappelaient qu'elles avaient aidé les Pannoniens à se
venger, et les Pannoniens, comme si la sédition des autres
faisait pardonner la leur, prenaient plaisir à redoubler leur
faute [4]. 3 On court à la maison de plaisance où Saturninus [5]
avait son quartier général, et celui-ci dut son salut moins à
Primus, à Aponianus et à Messalla [6], malgré tous leurs
efforts, qu'à l'obscurité de la retraite où il se dissimulait,
caché dans la chaudière d'un établissement de bains [7], qui
se trouvait alors fermé. Puis, renonçant à ses licteurs [8], il
se retira à Padoue. 4 Le départ des consulaires [9] laissa au
seul Antonius le pouvoir effectif sur l'une et l'autre
armées [10], grâce à l'effacement de ses collègues [11] et aux
sympathies de la troupe, qui lui étaient acquises. Et il ne
manquait pas de gens pour croire que les deux séditions
avaient été déclenchées par les intrigues d'Antonius, qui
voulait être seul à profiter de la guerre.

État d'esprit et divisions des Vitelliens.

12. 1 Dans le parti de Vitellius non plus, les esprits
n'étaient pas en repos [1] : ils étaient troublés par une
discorde plus pernicieuse, due non pas aux soupçons de la
foule, mais à la perfidie des chefs. Lucilius Bassus, préfet
de la flotte de Ravenne [2], profitant des dispositions
ambiguës de ses hommes [3], dont un bon nombre étaient

11. 1 Legiones uelut tabe infectae Aponium Saturninum Moesici exercitus legatum eo atrocius adgrediuntur quod non, ut prius, labore et opere fessae, sed
medio diei exarserant, uolgatis epistulis quas Saturninus ad Vitellium scripsisse credebatur. 2 Vt olim
uirtutis modestiaeque, tunc procacitatis et petulantiae
certamen erat, ne minus uiolenter Aponium quam
Flauianum ad supplicium deposcerent. Quippe Moesicae legiones adiutam a se Pannonicorum ultionem
referentes, et Pannonici, uelut absoluerentur aliorum
seditione, iterare culpam gaudebant. 3 In hortos, in
quibus deuertebatur Saturninus, pergunt. Nec tam
Primus et Aponianus et Messalla, quamquam omni
modo nisi, eripuere Saturninum quam obscuritas late-
brarum, quibus occulebatur, uacantium forte balnearum fornacibus abditus. Mox omissis lictoribus
Patauium concessit. 4 Digressu consularium uni Antonio uis ac potestas in utrumque exercitum fuit, cedenti-
bus collegis et obuersis militum studiis. Nec deerant
qui crederent utramque seditionem fraude Antonii
coeptam, ut solus bello frueretur.

12. 1 Ne in Vitellii quidem partibus quietae mentes :
exitiosiore discordia non suspicionibus uolgi, sed perfidia ducum turbabantur. Lucilius Bassus classis Rauennatis praefectus ambiguos militum animos, quod magna

---

11, 1 eo M^2 : et M^1.
2 uirtutis M^2 : -tes M^1 ‖ uiolenter *recc.* : uolenter M ‖ flauianum
M^2 : -nus M^1 ‖ legiones M^2 : -nis M^1.
3 hortos *recc.* : hortus M ‖ Messalla *edd.* : messala M.
4 militum *recc.* : militibus M militaribus *Pichena*.

Dalmates ou Pannoniens [4] — provinces aux mains de
Vespasien —, les avait ralliés au parti de ce prince. On
choisit une nuit pour la trahison, afin que, à l'insu de tous
les autres, seuls les partisans de la défection se réunissent
sur la place d'armes [5]. 2 Bassus, soit honte, soit crainte,
attendait chez lui l'issue de l'affaire. Les triérarques se
jettent à grands cris sur les images de Vitellius [6] et, la
poignée de résistants une fois massacrés [7], le reste de la
foule, par goût du changement, penchait pour Vespasien.
Alors Lucilius se montre et se présente ouvertement
comme l'instigateur du mouvement. 3 La flotte se choisit
pour préfet Cornelius Fuscus [8], qui se hâta d'accourir [9].
Bassus, conduit à Atria [10] avec une garde d'honneur [11] et
une escorte de vaisseaux liburniens [12], est mis aux fers par
le préfet de cavalerie Vibennius Rufinus [13], qui y tenait
garnison ; mais il fut relâché aussitôt sur l'intervention
d'Hormus, affranchi de César [14] : cet individu comptait
aussi parmi les chefs [15].

13. 1 Cependant Caecina [1], une fois connue la défection de la flotte, voulant faire le vide dans le camp [2],
disperse la troupe en corvées de service [3], sauf les
centurions de premier rang et un petit nombre de soldats
qu'il convoque sur la place d'armes. Là, il exalte le courage
de Vespasien et la force de son parti : la flotte a fait
défection, le ravitaillement est réduit [4], les Gaules et les
Espagnes sont hostiles, Rome n'est rien moins que sûre ;
bref, s'agissant de Vitellius, tout est poussé au noir [5]. Puis,
en commençant par les conjurés, passant ensuite aux
autres, stupéfaits de ce revirement, il leur fait prêter
serment à Vespasien ; en même temps les images de

pars Dalmatae Pannoniique erant, quae prouinciae
Vespasiano tenebantur, partibus eius adgregauerat. Nox
proditioni electa, ut ceteris ignaris soli in principia
defectores coirent. 2 Bassus pudore seu metu quisnam
exitus foret, intra domum opperiebatur. Trierarchi
magno tumultu Vitellii imagines inuadunt, et paucis
resistentium obtruncatis ceterum uolgus rerum nouarum studio in Vespasianum inclinabat. Tum progressus
Lucilius auctorem se palam praebet. 3 Classis Cornelium Fuscum praefectum sibi destinat, qui propere
adcucurrit. Bassus honorata custodia Liburnicis nauibus Atriam peruectus a praefecto alae Vibennio Rufino
praesidium illic agitante uincitur, sed exoluta statim
uincula interuentu Hormi Caesaris liberti : is quoque
inter duces habebatur.

13. 1 At Caecina, defectione classis uolgata, primores centurionum et paucos militum, ceteris per
militiae munera dispersis, secretum castrorum adfec-
tans in principia uocat. Ibi Vespasiani uirtutem
uiresque partium extollit : transfugisse classem, in arto
commeatum, aduersas Gallias Hispaniasque, nihil in
urbe fidum ; atque omnia de Vitellio in deterius. Mox
incipientibus qui conscii aderant, ceteros re noua
attonitos in uerba Vespasiani adigit ; simul Vitel-

12, 2 trierarchi M^2 : -chus M^1 ‖ obtruncatis *B72 V58 H Mal Prm J
G B05 Y01 Y02* : obumbratis *M B Hol U.*
   3 fuscum *N22 L V64* : tuscum *M B72 V58 H Mal Prm G B05 Y01
Y02 B Hol U* ‖ Vibennio *Dessau* : uiuennio M^2 uiuenniorum $M^1 U$
uiuennorum *B Hol* mennio *uel* memmino *B72 V58 H Mal Prm J G
B05 Y01 Y02* Memmio *Wellesley.*
   13, 1 secretum *L, Agricola* : secretorum *M B Hol U* secreta *B72
V58 H Mal Prm J G B05 Y01 Y02* ‖ transfugisse M^2 : -sset M^1 ‖ in
arto M^2 : inarte M^1.

Vitellius [6] furent arrachées et on envoya des courriers pour mettre Antonius au courant. 2 Mais quand la nouvelle de la trahison se fut répandue dans tout le camp et que les soldats, regagnant en hâte la place d'armes, aperçurent le nom de Vespasien écrit sur les enseignes, et les images de Vitellius jetées à terre, ce fut d'abord un grand silence, puis un tollé général [7]. Voilà donc où était ravalée la gloire de l'armée de Germanie : livrer sans combat, sans blessures, leurs bras enchaînés et leurs armes prisonnières ! Et quelles légions voyait-on en face ? Eh bien ! des légions vaincues ; encore manquait-il l'unique force de l'armée othonienne, les hommes de la première et de la quatorzième, qu'ils avaient d'ailleurs, dans ces mêmes plaines, mis en déroute et écrasés [8]. 3 Était-ce pour que tant de milliers de guerriers fussent, comme un troupeau d'esclaves à vendre, offerts en cadeau à Antonius, ce banni [9] ? Apparemment huit légions vont se mettre à la remorque d'une seule flotte [10] ! Voici ce que Bassus, ce que Caecina ont décidé : après avoir ravi au prince ses palais, ses jardins, ses trésors, ravir aussi aux soldats leur prince, au prince ses soldats [11]. Sans avoir rien perdu de leurs forces ni versé leur sang, méprisables même aux yeux du parti flavien, que diraient-ils à ceux qui leur demanderaient compte de leurs succès ou de leurs revers ?

14. Telles étaient les clameurs que poussait chaque soldat, que poussait l'armée entière, sous le coup de l'indignation ; sur l'initiative de la cinquième légion, ils remettent en place les images de Vitellius et chargent de chaînes Caecina [1] ; ils choisissent pour chefs Fabius Fabullus, légat de la cinquième légion, et Cassius Longus, préfet de camp [2] ; rencontrant par hasard les soldats de trois vaisseaux liburniens, qui ne savaient rien et n'avaient rien fait [3], ils les massacrent ; ils abandonnent le camp, coupent le pont [4] et regagnent Hostilia, puis Crémone, pour opérer leur jonction avec la première légion Italica et la vingt-et-

lii imagines dereptae et missi qui Antonio nuntiarent.
2 Sed ubi totis castris in fama proditio, recurrens in
principia miles praescriptum Vespasiani nomen, proiec-
tas Vitellii effigies aspexit, uastum primo silentium,
mox cuncta simul erumpūnt. Huc cecidisse Germanici
exercitus gloriam ut sine proelio, sine uolnere uinctas
manus et capta traderent arma ? quas enim ex diuerso
legiones ? nempe uictas ; et abesse unicum Othoniani
exercitus robur, primanos quartadecimanosque, quos
tamen isdem illis campis fuderint strauerintque. 3 Vt
tot armatorum milia, uelut grex uenalium, exuli Antonio donum darentur ? octo nimirum legiones unius
classis accessionem fore. Id Basso, id Caecinae uisum,
postquam domos, hortos, opes principi abstulerint,
etiam milititibus principem auferre, principi militem.
Integros incruentosque, Flauianis quoque partibus uiles,
quid dicturos reposcentibus aut prospera aut aduersa ?

14. Haec singuli, haec uniuersi, ut quemque dolor
impulerat, uociferantes, initio a quinta legione orto,
repositis Vitellii imaginibus, uincla Caecinae iniciunt ;
Fabium Fabullum quintae legionis legatum et Cassium
Longum praefectum castrorum duces deligunt ; forte
oblatos trium Liburnicarum milites, ignaros et insontes,
trucidant ; relictis castris, abrupto ponte Hostiliam
rursus, inde Cremonam pergunt, ut legionibus primae
Italicae et unietuicensimae Rapaci iungerentur, quas

3 ut tot *B72 V58 H Mal Prm J G B05 Y01 Y02* : ut *M B Hol U* ‖
principi *M²* : -pis *M¹* ‖ principem auferre, principi militem *L* :
principem auferre litem *M B Hol U* principem auferre licet *B72 V58
H Mal Prm J G B05 Y01 Y02*; *alii alia edd.*
14 impulerat *M²* : -rant *M¹* ‖ unietuicensimae *M* : -uicesimae *L*
unetuicesimae *Nipperdey* unaetuicensimae *Ritter*.

unième Rapax [5], que Caecina avait envoyées en avant avec une partie de la cavalerie pour occuper Crémone.

Seconde bataille de Bédriac.

15. 1 Quand ces faits furent connus d'Antonius, il résolut d'attaquer les armées ennemies, en proie à la discorde et dont les forces étaient dispersées, avant que les chefs eussent recouvré l'autorité, les soldats l'esprit d'obéissance, et les légions, une fois réunies, la confiance [1]. En effet il calculait que Fabius Valens était parti de Rome [2] et hâterait sa marche, quand il apprendrait la trahison de Caecina ; or Fabius était fidèle à Vitellius et n'ignorait pas l'art de la guerre. En même temps, on craignait une invasion massive des Germains à travers la Rhétie [3] ; de plus, Vitellius avait appelé des troupes auxiliaires de Bretagne, de Gaule et d'Espagne ; c'eût été un désastre militaire, si Antonius, qui précisément le redoutait, ne s'était assuré d'avance la victoire, en précipitant la bataille. 2 Avec son armée entière, il vint en deux jours de marche de Vérone à Bédriac [4]. Le lendemain, il garda les légions pour travailler au retranchement, et envoya les cohortes auxiliaires [5] sur le territoire de Crémone, pour que, sous prétexte de ravitaillement, le soldat prît goût à piller les civils [6] ; lui-même, avec quatre mille cavaliers, poussa jusqu'à huit milles de Bédriac [7], pour faciliter le pillage. Des éclaireurs, comme c'est l'usage, allaient encore plus loin faire leur service [8].

16. 1 Vers la cinquième heure du jour [1], une estafette annonça que l'ennemi approchait, précédé d'une faible avant-garde, et qu'on percevait sur un vaste espace du mouvement et du bruit. Tandis qu'Antonius délibérait sur le parti à prendre, Arrius Varus, brûlant de faire ses preuves [2], chargea avec les plus résolus des cavaliers et repoussa les Vitelliens, sans en tuer beaucoup, car la

Caecina ad obtinendam Cremonam cum parte equitum
praemiserat.

15. 1 Vbi haec comperta Antonio, discordes animis, discretos uiribus hostium exercitus adgredi statuit, antequam ducibus auctoritas, militi obsequium et
iunctis legionibus fiducia rediret. Namque Fabium
Valentem profectum ab urbe adceleraturumque cognita
Caecinae proditione coniectabat ; et fidus Vitellio
Fabius nec militiae ignarus. Simul ingens Germanorum
uis per Raetiam timebatur ; et Britannia Galliaque et
Hispania auxilia Vitellius acciuerat, immensam belli
luem, ni Antonius id ipsum metuens festinato proelio
uictoriam praecepisset. 2 Vniuerso cum exercitu secundis a Verona castris Bedriacum uenit. Postero die,
legionibus ad muniendum retentis, auxiliares cohortes
in Cremonensem agrum missae, ut specie parandarum
copiarum ciuili praeda miles imbueretur ; ipse cum
quattuor milibus equitum ad octauum a Bedriaco
progressus, quo licentius popularentur. Exploratores, ut
mos est, longius curabant.

16. 1 Quinta ferme hora diei erat, cum citus eques
aduentare hostes, praegredi paucos, motum fremi-
tumque late audiri nuntiauit. Dum Antonius quidnam
agendum consultat, auiditate nauandae operae Arrius
Varus cum promptissimis equitum prorupit impulitque
Vitellianos modica caede ; nam plurium adcursu uersa

15, 1 et Britannia *M B Hol* : et ex B. *B72 V58 H Mal Prm J G
B05 Y01 Y02 U.*
   2 secundis *recc.* : -di *M* ‖ imbueretur *recc.* : -rentur *M* ‖ curabant
codd. : cursabant *Haase.*

prompte arrivée de renforts fit tourner la fortune, et les plus ardents dans la poursuite se trouvèrent à la queue des fuyards [3]. 2 Cette hâte n'avait pas été voulue par Antonius, qui en prévoyait le résultat. Après avoir exhorté les siens à engager vaillamment le combat, il déploie ses escadrons sur les ailes et laisse un accès libre au centre pour recevoir Varus et ses cavaliers ; il donne aux légions l'ordre de s'armer [4] ; il fait sonner l'alarme dans les champs pour que les soldats, abandonnant leur butin, accourent au combat par le plus court chemin. Cependant Varus, pris de panique, se mêle à la cohue des siens, où il jeta l'épouvante. Ils reculaient, blessés et indemnes mêlés ; du fait de leur propre peur et de l'étroitesse des chemins, ils s'écrasaient les uns les autres [5].

17. 1 Dans ce désarroi, Antonius n'omit aucun des devoirs d'un chef déterminé ou d'un soldat intrépide ; il court au-devant de ceux qui sont pris de panique, retient ceux qui lâchent pied ; partout où la pression est la plus forte, partout où s'offre quelque espoir, il commande, se bat, encourage, se signalant à l'ennemi, attirant les regards de ses hommes [1]. Enfin, dans l'excès de son ardeur, il alla jusqu'à percer d'un coup de lance un porte-étendard qui fuyait [2] ; puis, saisissant l'étendard, il le tourna contre l'ennemi. C'est ainsi qu'il fit honte à une centaine de cavaliers — pas plus —, qui firent front ; le terrain les y aida : la route en cet endroit devenait plus étroite, le pont du ruisseau qui la traversait était rompu ; le fond en était mouvant et les bords escarpés, ainsi la fuite devenait impossible [3]. 2 Cette nécessité, ou bien la fortune, rétablit les affaires du parti, déjà compromises. Se réconfortant les uns les autres, ils serrent les rangs et soutiennent l'assaut des Vitelliens imprudemment éparpillés, et ceux-ci sont alors frappés de stupeur [4]. Antonius presse vivement ceux qui ont lâché pied, culbute ceux qu'il trouve sur son chemin ; en même temps les autres, chacun selon son

fortuna, et acerrimus quisque sequentium fugae ultimus erat. 2 Nec sponte Antonii properatum, et fore
quae acciderant rebatur. Hortatus suos ut magno animo
capesserent pugnam, diductis in latera turmis uacuum
medio relinquit iter, quo Varum equitesque eius reciperet ; iussae armari legiones ; datum per agros signum ut,
qua cuique proximum, omissa praeda proelio occurre-
ret. Pauidus interim Varus turbae suorum miscetur
intulitque formidinem. Pulsi cum sauciis integri suomet ipsi metu et angustiis uiarum conflictabantur.

17. 1 Nullum in illa trepidatione Antonius constantis ducis aut fortissimi militis officium omisit. Occursare pauentibus, retinere cedentes, ubi plurimus labor,
unde aliqua spes, consilio, manu, uoce insignis hosti,
conspicuus suis. Eo postremo ardoris prouectus est ut
uexillarium fugientem hasta transuerberaret ; mox raptum uexillum in hostem uertit. Quo pudore haud plures
quam centum equites restitere : iuuit locus, artiore illic
uia et fracto interfluentis riui ponte, qui incerto alueo et
praecipitibus ripis fugam impediebat. 2 Ea necessitas
seu fortuna lapsas iam partes restituit. Firmati inter se
densis ordinibus excipiunt Vitellianos temere effusos
atque illi consternantur. Antonius instare perculsis,
sternere obuios ; simul ceteri, ut cuique ingenium,

16, 1 ultimus *codd.* : *alii alia editores coni. omnia inutilia.*
2 acciderant *codd.* : -derunt *Madvig* ‖ medio *codd.* : in medio
Gudeman ‖ omissa M^2 : amissa M^1 ‖ integri M^2 : -grum M^1 ‖ suomet
recc. : suum et *M.*
17, 1 fortissimi *codd.* : fortis *Acidalius* ‖ occursare M^3 : occursa
M^1 ‖ aliqua *recc.* : -quo *M* ‖ restitere *recc.* : resistere *M.*
2 illi *Rhenanus* : illic *codd.* ‖ perculsis *B Hol* : periculsis M^2
periculis *B72 V58 H Mal Prm J G B05 Y01 Y02 U* -culi M^1.

tempérament, dépouillent les morts, font des prisonniers,
s'emparent des armes et des chevaux. De leur côté,
rameutés par les cris de joie, ceux qui tout à l'heure
fuyaient en désordre à travers champs se mêlaient à la
victoire.

18. 1 À quatre milles de Crémone [1] brillèrent soudain
les enseignes des légions Rapax et Italica [2] qui, apprenant
le premier succès de leur cavalerie, s'étaient avancées
jusque-là. Mais quand la fortune fut contraire, elles
n'ouvrirent pas leurs rangs, ne recueillirent pas les soldats
en déroute, ne marchèrent pas à la rencontre de l'ennemi
et ne prirent pas l'offensive, alors qu'un combat à la course
sur un si long parcours l'avait épuisé [3]. Vaincues par l'effet
du hasard [4], ces troupes avaient moins éprouvé, dans le
succès, le besoin d'un chef que, dans la défaite, elles n'en
ressentaient l'absence. 2 Leur ligne pliait déjà, quand la
cavalerie victorieuse les charge ; en même temps survient
le tribun Vipstanus Messalla avec les auxiliaires de Mésie,
que suivaient du même pas, malgré la rapidité de l'allure,
beaucoup de légionnaires [5] ; ainsi mêlés, fantassins et
cavaliers enfoncèrent la colonne des légions [6]. D'ailleurs la
proximité des remparts de Crémone, qui offrait un espoir
de refuge, diminuait d'autant l'esprit de résistance [7].
Antonius, de son côté, n'insista pas davantage, songeant à
la fatigue et aux blessures [8] dont un combat au sort si
longtemps douteux, malgré le succès final, avait accablé les
cavaliers et les chevaux.

19. 1 Tandis que s'étendait l'ombre du soir [1], tout le
gros de l'armée flavienne arriva. Marchant sur des monceaux de cadavres [2] et sur les traces toutes fraîches du
carnage, ils croient que la guerre est finie et exigent qu'on

spoliare, capere, arma equosque abripere. Et exciti
prospero clamore, qui modo per agros fuga palabantur,
uictoriae se miscebant.

18. 1 Ad quartum a Cremona lapidem fulsere
legionum signa Rapacis atque Italicae, laeto inter initia
equitum suorum proelio illuc usque prouecta. Sed ubi
fortuna contra fuit, non laxare ordines, non recipere
turbatos, non obuiam ire ultroque adgredi hostem
tantum per spatium cursu et pugnando fessum. Forte
uicti haud perinde rebus prosperis ducem desideraue-
rant atque in aduersis deesse intellegebant. 2 Nutantem
aciem uictor equitatus incursat et Vipstanus Messalla
tribunus cum Moesicis auxiliaribus adsequitur, quos
multi e legionariis quamquam raptim ductos aequabant :
ita mixtus pedes equesque rupere legionum agmen. Et
propinqua Cremonensium moenia, quanto plus spei ad
effugium, minorem ad resistendum animum dabant.
Nec Antonius ultra institit, memor laboris ac uolnerum,
quibus tam anceps proelii fortuna, quamuis prospero
fine, equites equosque adflictauerat.

19. 1 Inumbrante uespera uniuersum Flauiani exercitus robur aduenit. Vtque cumulos super et recentia
caede uestigia incessere, quasi debellatum foret, pergere

2 arma equosque M^3 : arme quosque M^1.
18, 1 forte uicti *codd.* (*praeter L ubi legitur* uicturi) : f. ducti
Halm f. recti *C. Heraeus* f. acti *Freinsheim* f. iuncti *Heubner* fortes
inuicti *Urlichs alii alia.*
2 Vipstanus *edd.* : uipsanus *M* ‖ multi e *Duebner* : militiae *M L* ‖
raptim M^2 : rapti M^1 ‖ minorem *M V58 H Mal Prm J G B05 Y01
Y02* : tanto minorem *B72 B Hol U* ‖ proelii *M B Hol U* : belli *B72
V58 H Mal Prm J G B05 Y01 Y02.*
19, 1 incessere M^2 : accessere M^1.

les mène à Crémone pour recevoir la reddition des vaincus ou les prendre d'assaut. Voilà ce qu'on disait tout haut, langage spécieux ; mais, à part soi, chacun se disait que la colonie, située en plaine, pouvait être enlevée par un coup de main [3]. 2 « À la faveur des ténèbres on attaquait avec la même audace, et l'on pillait avec plus de licence. Mais si on attendait le jour, ce serait la paix, ce seraient les prières et, pour prix de leur fatigue et de leurs blessures, ils n'emporteraient qu'un vain renom de clémence, une vaine gloire, tandis que les richesses de Crémone tomberaient dans la poche des préfets et des légats [4]. Quand une ville est prise d'assaut, le butin est pour les soldats ; quand elle capitule, il revient aux chefs ». Ils ne tiennent nul compte des centurions et des tribuns, et pour que nulle voix ne puisse se faire entendre, ils entrechoquent leurs armes, prêts à braver le commandement, si on ne les mène à l'assaut.

20. 1 Alors Antonius fait la tournée des manipules ; quand son apparition et son autorité avaient imposé le silence, il assurait qu'il ne voulait frustrer ni de leur gloire ni de leur salaire des hommes qui les avaient si bien mérités, mais, disait-il, une armée et ses chefs ont des obligations différentes : aux soldats convient la passion du combat ; les chefs, en prévoyant, en délibérant, sont souvent, par la temporisation, plus efficaces que par la précipitation. 2 De même qu'il avait, dans la mesure de ses moyens, contribué à la victoire par son épée et par son bras, il servirait désormais par la réflexion et par la prudence, qualités propres à un chef ; en effet, il ne pouvait y avoir deux avis sur les difficultés qui se présentaient : les ténèbres, une ville dont la topographie leur était inconnue, l'ennemi à l'intérieur, et toutes circonstances favorables à une embuscade. Non, les portes fussent-elles ouvertes, il n'y faudrait entrer qu'après une reconnaissance, et de jour. Lanceraient-ils un assaut sans aucun moyen de voir par où la place était accessible, quelle

Cremonam et uictos in deditionem accipere aut expugnare deposcunt. Haec in medio, pulchra dictu ; illa sibi quisque, posse coloniam plano sitam impetu capi. 2 Idem audaciae per tenebras inrumpentibus et maiorem rapiendi licentiam. Quod si lucem opperiantur, iam pacem, iam preces, et pro labore ac uolneribus clementiam et gloriam, inania, laturos, sed opes Cremonensium in sinu praefectorum legatorumque fore. Expugnatae urbis praedam ad militem, deditae ad duces pertinere. Spernuntur centuriones tribunique, ac ne uox cuiusquam audiatur, quatiunt arma, rupturi imperium ni ducantur.

20. 1 Tum Antonius inserens se manipulis, ubi aspectu et auctoritate silentium fecerat, non se decus neque pretium eripere tam bene meritis adfirmabat, sed diuisa inter exercitum ducesque munia : militibus cupidinem pugnandi conuenire, duces prouidendo, consultando, cunctatione saepius quam temeritate prodesse. 2 Vt pro uirili portione armis ac manu uictoriam iuuerit, ratione et consilio, propriis ducis artibus, profuturum ; neque enim ambigua esse quae occurrant, noctem et ignotae situm urbis, intus hostes et cuncta insidiis opportuna. Non si pateant portae, nisi die intrandum. An obpugnationem inchoaturos adempto omni prospectu, quis aequus locus, quanta altitudo

---

1 plano *codd.* : in plano *Muret.*
2 quatiunt *recc.* : -tur *M.*
20, 1 eripere tam *M*² : -ret an *M*¹ ‖ cupidinem pugnandi *M B Hol U* : pugnandi cupidinem *B72 V58 H Mal Prm J G B05 Y01 Y02.*
2 noctem *recc.* : nocte *M* ‖ cuncta *recc.* : -tas *M.*

était la hauteur des murailles, s'il fallait des machines de
guerre et des traits ou bien des travaux d'approche et des
mantelets pour attaquer la ville ? [1] 3 Puis, s'adressant à
chacun en particulier [2], il demandait s'ils avaient apporté
des haches, des dolabres [3] et tous les autres outils
nécessaires à la prise des villes. Et, comme ils répondaient
que non : « Est-ce avec des épées, dit-il, et des javelots, que
des bras d'homme peuvent forcer et saper des murailles ?
S'il faut élever une terrasse d'approche, se protéger avec
des gabions et des claies [4], resterons-nous là, comme une
foule sans prévoyance, à contempler impuissants la hauteur des tours et les fortifications de l'ennemi ? Ne vaut-il
pas mieux différer d'une seule nuit, faire venir notre
artillerie et nos machines de siège, et apporter avec nous la
force et la victoire [5] ? » En même temps, il envoie à Bédriac
les vivandiers et les valets d'armée [6], avec les cavaliers les
moins fatigués, chercher du ravitaillement et tout ce dont
ils avaient besoin.

21. 1 Mais cela déplaisait fort aux soldats et on n'était
pas loin d'une mutinerie, quand des cavaliers, qui s'étaient
avancés jusqu'au pied des murs, se saisissent de quelques
traînards de Crémone ; ceux-ci révèlent que six légions
vitelliennes et toute l'armée [1] cantonnée à Hostilia [2] avaient
fait ce jour même une marche de trente milles [3] ; qu'ayant
appris le désastre des leurs, elles se préparaient à
combattre, et qu'elles allaient arriver. Cette nouvelle
terrifiante ouvrit aux conseils du chef les esprits obtus. 2 Il
ordonne à la treizième légion de prendre position sur la
chaussée même de la voie Postumia [4] ; en liaison avec elle,
à gauche, la septième Galbiana fut placée en rase campagne, puis la septième Claudiana, couverte sur son front
par un fossé d'irrigation — telle était la disposition des
lieux [5] ; à droite, la huitième, le long d'un chemin à
découvert [6], puis la troisième, protégée par un épais rideau

moenium, tormentisne et telis an operibus et uineis
adgredienda urbs foret ? 3 Mox conuersus ad singulos,
num secures dolabrasque et cetera expugnandis urbibus
secum attulissent, rogitabat. Et cum abnuerent, « Gla-
diisne » inquit « et pilis perfringere ac subruere muros
ullae manus possunt ? Si aggerem struere, si pluteis
cratibusue protegi necesse fuerit, ut uolgus improui-
dum inriti stabimus, altitudinem turrium et aliena
munimenta mirantes ? Quin potius mora noctis unius,
aduectis tormentis machinisque, uim uictoriamque
nobiscum ferimus ? » Simul lixas calonesque cum recen-
tissimis equitum Bedriacum mittit, copias ceteraque
usui adlaturos.

21. 1 Id uero aegre tolerante milite prope seditionem uentum, cum progressi equites sub ipsa moenia
uagos e Cremonensibus corripiunt, quorum indicio
noscitur sex Vitellianas legiones omnemque exercitum
qui Hostiliae egerat, eo ipso die triginta milia passuum
emensum, comperta suorum clade in proelium accingi
ac iam adfore. Is terror obstructas mentes consiliis
ducis aperuit. 2 Sistere tertiam decimam legionem in
ipso uiae Postumiae aggere iubet, cui iuncta a laeuo
septima Galbiana patenti campo stetit, dein septima
Claudiana, agresti fossa — ita locus erat — praemu-
nita ; dextro octaua per apertum limitem, mox tertia

2 *inter uerba* uineis *et* adgredienda *legitur glossa in cod. M, quae
uncis inclusa est* : machinamenti genus ad expugnandos muros In
modum turrium factum. is.

3 ceteraque usui adlaturos *M B Hol U* : c. quae usui forent a. *B72
V58 H Mal Prm J G B05 Y01 Y02* c. quae usui a. *Madvig.*

21, 2 a laeuo *recc.* : Inalae uo *M* ‖ dextro *codd.* : a dextro
C. Heraeus ‖ tertia *Pichena* : tertia decima *M.*

d'arbres. Tel était l'ordre assigné aux aigles et aux
enseignes [7] ; quant aux soldats, en désordre dans les
ténèbres, ils s'étaient placés au hasard [8] ; le détachement
des prétoriens [9] était à côté de la troisième légion, les
cohortes auxiliaires aux ailes ; les flancs et les arrières
étaient couverts par la cavalerie ; les princes suèves Sido et
Italicus [10], avec l'élite de leurs sujets, se trouvaient en
première ligne.

22. 1 Quant à l'armée vitellienne, qui aurait dû,
raisonnablement, se reposer à Crémone et refaire ses forces
par la nourriture et le sommeil, pour culbuter et écraser un
ennemi épuisé par le froid et la faim [1], privée de chef [2] et
sans plan arrêté, elle va se jeter, vers la troisième heure
de la nuit [3], sur les Flaviens qui l'attendaient en bon ordre.
2 Quel était l'ordre de marche de cette armée, dans la
confusion de la colère et des ténèbres, je ne saurais le
garantir ; d'autres pourtant [4] ont rapporté que la quatrième Macédonique était à l'aile droite [5], que la cinquième
et la quinzième, avec des détachements de la neuvième, de
la deuxième et de la vingtième légions britanniques,
formaient le centre, et que les soldats de la seizième, de la
vingt-deuxième et de la première constituaient l'aile
gauche. Les hommes de la Rapax et de l'Italica s'étaient
mêlés dans tous les manipules [6] ; la cavalerie et les
auxiliaires choisirent eux-mêmes leurs postes de combat.
3 La bataille fut, toute la nuit, diverse, incertaine, affreuse,
funeste tantôt aux uns, tantôt aux autres. Ni le courage, ni
les bras, ni même les yeux, incapables de voir au loin,
n'étaient d'aucun secours. Les deux armées avaient les
mêmes armes ; le mot de passe [7], demandé mille fois, était
connu de tous ; les étendards étaient mélangés, selon que
chaque groupe de combattants emportait de-ci de-là ceux
qu'il avait enlevés à l'ennemi. 4 La légion soumise à la plus
vive pression était la septième, récemment enrôlée par
Galba [8]. On lui tua six centurions de première classe [9], on
lui ravit quelques étendards ; quant à l'aigle, le centurion

[decima] densis arbustis intersaepta. Hic aquilarum signorumque ordo : milites mixti per tenebras, ut fors tulerat ; praetorianum uexillum proximum tertianis, cohortes auxiliorum in cornibus, latera ac terga equite circumdata ; Sido atque Italicus Suebi cum delectis popularium primori in acie uersabantur.

22. 1 At Vitellianus exercitus, cui adquiescere Cremonae et reciperatis cibo somnoque uiribus confectum algore atque inedia hostem postera die profligare ac proruere ratio fuit, indigus rectoris, inops consilii, tertia ferme noctis hora paratis iam dispositisque Flauianis impingitur. 2 Ordinem agminis disiecti per iram ac tenebras adseuerare non ausim, quamquam alii tradiderint quartam Macedonicam dextro suorum cornu, quintam et quintam decimam cum uexillis nonae secundaeque et uicensimae Britannicarum legionum mediam aciem, sextadecimanos duoetuicensimanosque et primanos laeuum cornu complesse. Rapaces atque Italici omnibus se manipulis miscuerant ; eques auxiliaque sibi ipsi locum legere. 3 Proelium tota nocte uarium, anceps, atrox, his, rursus illis exitiabile. Nihil animus aut manus, ne oculi quidem prouisu iuuabant. Eadem utraque acie arma, crebris interrogationibus notum pugnae signum, permixta uexilla, ut quisque globus capta ex hostibus huc uel illuc raptabat. 4 Vrgebatur maxime septima legio, nuper a Galba conscripta. Occisi sex primorum ordinum centuriones, abrepta quaedam signa ; ipsam aquilam Atilius Verus

---

22, 1 inops *M B Hol U* : uacuus *B72 V58 H Mal Prm J G B05 Y01 Y02* ‖ hora *recc.* : hara *M.*

2 dextro *codd.* : dextrum *Faernus* in dextro *Castiglioni.*

4 a Galba *recc.* : adgaba *M.*

primipile Atilius Verus [10] l'avait sauvée, en massacrant un grand nombre d'ennemis, et finalement au prix de sa vie.

23. 1 Pour soutenir sa ligne de bataille qui pliait, Antonius fit appel aux prétoriens. Sitôt engagés dans la bataille, ils repoussent l'ennemi, puis ils sont repoussés. C'est que les Vitelliens avaient massé leurs machines de guerre sur la chaussée de la route, afin qu'elles pussent lancer d'un terrain libre et découvert leurs traits, qui auparavant se dispersaient et se heurtaient aux arbres, sans dommage pour l'ennemi. 2 Une baliste d'une taille exceptionnelle, appartenant à la quinzième légion [1], écrasait sous d'énormes pierres la ligne ennemie, et elle eût causé des dommages considérables, sans l'action d'éclat qu'osèrent deux soldats : méconnaissables sous des boucliers arrachés à des tas de cadavres [2], ils allèrent couper les cordes pour faire tomber les contrepoids de la machine [3]. Ils furent aussitôt percés de coups, et de ce fait leurs noms ont péri, mais leur exploit n'est pas contesté [4]. 3 La fortune n'avait penché ni d'un côté ni de l'autre, jusqu'au moment où, la nuit étant déjà avancée, la lune se leva et fit apparaître les lignes sous sa lumière trompeuse [5] : elle favorisait les Flaviens, qu'elle éclairait par derrière, ce qui allongeait les ombres des chevaux et des hommes ; l'ennemi, trompé, prenant celles-ci pour les corps, tirait trop court ; mais les Vitelliens, faisant face au clair de lune, s'offraient, sans pouvoir se garantir, aux coups d'un adversaire pour ainsi dire invisible.

24. 1 Dans ces conditions, Antonius, quand il pouvait reconnaître les siens et s'en faire reconnaître [1], les enflammait, certains par la honte et les reproches, beaucoup par les éloges et les encouragements, tous par l'espoir et les promesses ; il demandait aux légions de Pannonie pourquoi donc elles avaient pris les armes [2] : c'étaient là,

primi pili centurio multa cum hostium strage et ad extremum moriens seruauerat.

23. 1 Sustinuit labentem aciem Antonius accitis praetorianis. Qui ubi excepere pugnam, pellunt hostem, dein pelluntur. Namque Vitelliani tormenta in aggerem uiae contulerant, ut tela uacuo atque aperto excuterentur, dispersa primo et arbustis sine hostium noxa inlisa. 2 Magnitudine eximia quintae decimae legionis ballista ingentibus saxis hostilem aciem proruebat. Lateque cladem intulisset, ni duo milites praeclarum facinus ausi, arreptis e strage scutis ignorati, uincla ac libramenta tormentorum abscidissent. Statim confossi sunt eoque intercidere nomina : de facto haud ambigitur. 3 Neutro inclinauerat fortuna, donec adulta nocte luna surgens ostenderet acies falleretque. Sed Flauianis aequior a tergo ; hinc maiores equorum uirorumque umbrae, et falso, ut in corpora, ictu tela hostium citra cadebant ; Vitelliani aduerso lumine conlucentes uelut ex occulto iaculantibus incauti offerebantur.

24. 1 Igitur Antonius, ubi noscere suos noscique poterat, alios pudore et probris, multos laude et hortatu, omnes spe promissisque accendens, curnam sumpsissent arma, Pannonicas legiones interrogabat :

23, 1 labentem *M B72 V58 H Mal Prm J G B05 Y01 Y02* : labantem *L U* ‖ excepere *recc.* : excipere *M* ‖ dispersa *recc.* : -so *M.*
2 quintae decimae *Juste Lipse* : quartae d. *codd.* sextae d. *Wellesley* ‖ tormentorum *codd.* : del. *Nipperdey* tormento *Juste Lipse pro* ac libramenta tormentorum *Wellesley scripsit* machinamenti.
3 corpora *recc.* : -re *M.*
24, 1 curnam sumpsissent *L, Agricola* : cur rari (*uel* currari) sumpsissent *M B72 V58 H Mal Prm J G B05 Y01 Y02 B Hol U* cur irati sumpsissent *Wellesley* cur resumpsissent *Juste Lipse alii alia.*

disait-il, les plaines où elles pourraient effacer la tache de leur ancien déshonneur [3] et recouvrer leur gloire. 2 Puis, se tournant vers les soldats de Mésie [4], il les stimulait, eux, les promoteurs et les instigateurs de cette guerre : à quoi bon avoir menacé et provoqué en paroles les Vitelliens, s'ils ne pouvaient affronter ni leurs bras ni leurs regards ? Ainsi parlait-il en passant devant chaque corps ; il en dit davantage aux soldats de la troisième légion [5], leur rappelant leurs exploits anciens et nouveaux, comment ils avaient mis en fuite sous Marc Antoine les Parthes [6], sous Corbulon les Arméniens [7], et naguère les Sarmates [8]. 3 Puis, s'emportant contre les prétoriens : « Vous, dit-il, pékins [9] que vous êtes, si vous ne remportez pas la victoire, quel autre général, quel autre camp vous accueilleront ? Là-bas [10] sont vos enseignes et vos armes, et la mort pour les vaincus ; car vous avez toute honte bue [11]. » Une clameur s'éleva de toutes parts ; le soleil parut et les hommes de la troisième légion, selon la coutume syrienne, le saluèrent [12].

25. 1 De là, un bruit vague, lancé peut-être à dessein par le général : Mucien était arrivé [1] et les deux armées avaient échangé leurs saluts. Les Flaviens chargent, comme s'ils avaient reçu le renfort de troupes fraîches, tandis que la ligne des Vitelliens était déjà dégarnie, selon que, laissés sans chef, les soldats, sous l'effet de leur ardeur ou de leur peur, resserraient ou relâchaient leurs rangs. Antonius, les voyant ébranlés, s'efforçait, par des attaques massives, de semer le désordre [2]. Leurs rangs, disjoints, se rompent, sans pouvoir se reformer, empêtrés au milieu des voitures et des machines de guerre [3]. Le long du sentier en bordure de la route se répandent les vainqueurs, dans l'ardeur de la poursuite. 2 Le carnage est resté d'autant plus mémorable qu'un fils y tua son père ; je rapporterai le fait et les noms sur la foi de Vipstanus Messalla [4]. Julius Mansuetus, un

illos esse campos, in quibus abolere labem prioris
ignominiae, ubi reciperare gloriam possent. 2 Tum ad
Moesicos conuersus principes auctoresque belli ciebat :
frustra minis et uerbis prouocatos Vitellianos, si manus
eorum oculosque non tolerent. Haec, ut quosque
accesserat ; plura ad tertianos, ueterum recentiumque
admonens, ut sub M. Antonio Parthos, sub Corbulone
Armenios, nuper Sarmatas pepulissent. 3 Mox infensus
praetorianis « Vos », inquit, « nisi uincitis, pagani, quis
alius imperator, quae castra alia excipient ? Illic signa
armaque uestra sunt, et mors uictis ; nam ignominiam
consumpsistis ». Vndique clamor, et orientem solem —
ita in Syria mos est — tertiani salutauere.

25. 1 Vagus inde an consilio ducis subditus rumor
aduenisse Mucianum, exercitus in uicem salutasse.
Gradum inferunt quasi recentibus auxiliis aucti, rariore
iam Vitellianorum acie, ut quos nullo rectore suus
quemque impetus uel pauor contraheret *di*duceretue.
Postquam pulsos sensit Antonius, denso agmine obturbabat. Laxati ordines abrumpuntur, nec restitui quiuere
impedientibus uehiculis tormentisque. Per limitem uiae
sparguntur festinatione consectandi uictores. 2 Eo
notabilior caedes fuit, quia filius patrem interfecit ; rem
nominaque auctore Vipstano Messalla tradam. Iulius

2 tolerent *recc.* : tollerent *M.*
3 alia excipient *M²* : alie excipiant *M¹.*
25, 1 inde an *M B Hol U* : inde *B72 V58 H Mal Prm J G B05 Y01
Y02* ‖ mucianum *M²* : -nus *M¹* ‖ exercitus *M²* -tum *M¹* ‖ diduceretue
Juste Lipse : duceretue *codd.* ‖ pulsos *codd.* : impulsos *Bipontini* ‖
obturbabat *M B Hol U* : obturbat *B72 V58 H Mal Prm J G B05 Y01
Y02* ‖ festinatione consectandi *M B Hol U* : c.f. *B72 V58 H Mal Prm
J G B05 Y01 Y02.*
2 Vipstano *Ruperti* : uipsano *M L.*

Espagnol enrôlé dans la légion Rapax [5], avait laissé chez lui un fils encore enfant. Celui-ci, devenu adulte, fut incorporé par Galba dans la septième légion ; le hasard l'ayant mis en face de son père [6], il le blesse et le renverse ; pendant qu'il le fouille à demi-mort, il le reconnaît et en est reconnu ; alors il l'embrasse expirant et d'une voix éplorée il suppliait les mânes de son père de se laisser apaiser [7] et de ne pas l'abhorrer comme un parricide : son crime était celui de tout le monde ; quelle part avait dans les guerres civiles un soldat, pris individuellement [8] ? 3 En même temps il relevait le cadavre, creusait la terre et rendait à son père les derniers devoirs. Ceux qui étaient le plus près de lui s'en aperçurent, un plus grand nombre ensuite ; de proche en proche, ce furent dans toute l'armée un cri de stupeur, des lamentations, des malédictions contre une guerre si cruelle. Mais ils n'en mettent pas moins d'ardeur à massacrer, à dépouiller leurs proches, leurs parents, leurs frères : ils dénoncent le crime et ils le commettent [9].

26. 1 Quand ils furent devant Crémone, une tâche nouvelle et immense s'offrit à eux. Pendant la guerre contre Othon [1], les soldats de Germanie avaient établi leur camp auprès des murailles de la ville, entouré ce camp d'un retranchement et renforcé encore ces ouvrages de défense [2]. À cette vue, les vainqueurs s'arrêtèrent, les chefs ne sachant quels ordres donner. 2 Commencer l'attaque avec une armée épuisée par les fatigues du jour et de la nuit [3] était difficile et, faute de réserves à proximité, hasardeux ; mais s'ils retournaient à Bédriac, outre l'intolérable épreuve d'une si longue marche [4], leur victoire était réduite à rien ; se retrancher dans un camp était également dangereux, au voisinage de l'ennemi qui, les voyant dispersés et occupés au travail, pourrait les bousculer par

Mansuetus ex Hispania, Rapaci legioni additus, impu-
bem filium domi liquerat. Is mox adultus, inter
septimanos a Galba conscriptus, oblatum forte patrem
et uolnere stratum dum semianimem scrutatur, agnitus
agnoscensque et exsanguem amplexus, uoce flebili
precabatur piatos patris manes, neue se ut parricidam
auersarentur : publicum id facinus, et unum militem
quotam ciuilium armorum partem ? 3 Simul attollere
corpus, aperire humum, supremo erga parentem officio
fungi. Aduertere proximi, deinde plures ; hinc per
omnem aciem miraculum et questus et saeuissimi belli
exsecratio. Nec eo segnius propinquos, adfines, fratres
trucidant, spoliant : factum esse scelus loquuntur
faciuntque.

26. 1 Vt Cremonam uenere, nouum immensumque
opus occurrit. Othoniano bello Germanicus miles moenibus Cremonensium castra sua, castris uallum circum-
iecerat eaque munimenta rursus auxerat. Quorum
aspectu haesere uictores, incertis ducibus quid iube-
rent. 2 Incipere obpugnationem fesso per diem noctemque exercitu arduum et nullo iuxta subsidio anceps :
sin Bedriacum redirent, intolerandus tam longi itineris
labor, et uictoria ad inritum reuoluebatur ; munire
castra, id quoque propinquis hostibus formidolosum,
ne dispersos et opus molientes subita eruptione turba-

1 legioni *recc.* : -ne *M* || mox *M²* : mos *M¹* || piatos *M³B Hol U L* :
platos *M¹* placatos *uel* placitos *B72 V58 H Mal Prm J G B05 Y01*
Y02.
3 trucidant *J. Gronov* : trucidati *M* -tos *B72 V58 H Mal Prm J G*
B05 Y01 Y02 B Hol U L.
26, 1 germanicus *recc.* : germacus *M.*
2 fesso *recc.* : fessos *M L* || bedriacum *M²* : -co *M¹* || formidolosum
M² : -sus *M¹.*

une brusque sortie. 3 Mais par-dessus tout, les chefs redoutaient leurs propres soldats [5], plus disposés à supporter le péril que l'attente, car ils n'aimaient pas les mesures de sécurité et mettaient leur espoir dans la témérité ; le carnage, les blessures, le sang, tout était compensé par l'appât du butin.

27. 1 Antonius accéda à leurs vœux et donna l'ordre d'investir le retranchement [1]. D'abord on combattait de loin avec des flèches et des pierres [2], au plus grand dam des Flaviens, qui recevaient d'en haut [3] des traits bien ajustés ; puis Antonius répartit entre les légions le retranchement et les portes, pour que la tâche ainsi assignée permît de distinguer les braves des lâches, et que l'émulation pour la gloire enflammât, à elle seule, les courages. 2 La zone voisine de la route de Bédriac [4] fut le lot des soldats de la troisième et de la septième [5] légions, la partie droite du retranchement [6] revint à ceux de la huitième et de la septième Claudiana, ceux de la treizième se portèrent d'un seul élan vers la porte de Brescia. Il y eut ensuite quelque répit, le temps d'apporter des champs voisins, qui des hoyaux et des dolabres, qui des faux et des échelles [7] ; alors, élevant leurs boucliers au-dessus de leurs têtes, en rangs serrés, ils forment la tortue et s'approchent. 3 C'était des deux côtés la tactique romaine : les Vitelliens font rouler de lourds quartiers de roc, qui disjoignent la tortue et y causent du flottement, puis ils la fouillent à coups de lances et de piques, jusqu'à ce que, ayant rompu ce tissu de boucliers, ils abattent les hommes exsangues ou mutilés et en fassent un grand carnage [8]. Le découragement allait gagner du terrain, si les chefs, voyant la troupe épuisée et sourde à des exhortations jugées inutiles, ne lui eussent montré Crémone [9].

rent. 3 Quae super cuncta terrebat ipsorum miles
periculi quam morae patientior : quippe ingrata quae
tuta, ex temeritate spes ; omnisque caedes et uolnera et
sanguis auiditate praedae pensabantur.

27. 1 Huc inclinauit Antonius cingique uallum
corona iussit. Primo sagittis saxisque eminus certabant, maiore Flauianorum pernicie, in quos tela desuper librabantur ; mox uallum portasque legionibus
attribuit, ut discretus labor fortes ignauosque distin-
gueret atque ipsa contentione decoris accenderentur.
2 Proxima Bedriacensi uiae tertiani septimanique sumpsere, dexteriora ualli octaua ac septima Claudiana ;
tertiadecimanos ad Brixianam portam impetus tulit.
Paulum inde morae, dum e proximis agris ligones,
dolabras et alii falces scalasque conuectant : tum ela-
tis super capita scutis densa testudine succedunt.
3 Romanae utrimque artes ; pondera saxorum Vitelliani
prouoluunt, disiectam fluitantemque testudinem lanceis
contisque scrutantur, donec soluta compage scutorum
exsangues aut laceros prosternerent multa cum strage.
Incesserat cunctatio, ni duces fesso militi et uelut
inritas exhortationes abnuenti Cremonam monstrassent.

27, 1 attribuit M^2 : adtriuit M^1 || distingueret M^2 : -geret M^1.
2 e *recc.* : et M || ligones *Rhenanus* : legiones *codd.*
3 contisque *recc.* : concitisque M || compage M^2 : compale M^1.

Prise et sac de Crémone.

28. L'idée vint-elle d'Hormus [1], comme le rapporte
Messalla, ou faut-il se fier plutôt à Pline, qui met en cause
Antonius [2] ? Il me serait difficile de le décider ; en tout cas,
ni Antonius ni Hormus ne démentirent par ce forfait,
quelque exécrable qu'il fût [3], leur réputation ni leur vie
passée. Dès lors, ni le sang ni les blessures n'arrêtaient
plus les soldats : ils sapent le retranchement et battent les
portes en brèche, ils se hissent sur les épaules de leurs
camarades et, grimpant sur la tortue reformée, saisissent
les armes et les bras des ennemis. Indemnes ou blessés, à
moitié morts ou expirants, ils roulent pêle-mêle ; ils
périssent de mille manières et la mort revêt toutes les
formes [4].

29. 1 Le combat le plus acharné était livré par la
troisième et la septième légions, et c'est du même côté [1]
qu'Antonius, leur chef, avec l'élite des auxiliaires, avait
fait pression. Comme les Vitelliens ne pouvaient tenir
contre cette émulation d'efforts opiniâtres et que leurs
traits lancés d'en haut glissaient sur la tortue, ils finirent
par faire rouler la baliste elle-même sur les assaillants ; sur
le moment, elle rompit la tortue et écrasa ceux sur qui elle
était tombée, mais elle entraîna dans sa chute les merlons
et le haut du retranchement [2] ; en même temps, une tour
contiguë céda sous les jets de pierres ; pendant que les
hommes de la septième légion montent à la brèche en
colonnes d'attaque, ceux de la troisième brisèrent la porte
à coups de haches et d'épées. 2 Le premier à forcer le
passage fut C. Volusius, soldat de la troisième légion, au
rapport unanime des historiens [3]. Celui-ci, parvenu en haut
du retranchement, culbuta ceux qui résistaient, puis,
attirant l'attention par le geste et la voix, il s'écria : « Le
camp est pris » ! Les autres s'y précipitèrent, tandis que les
Vitelliens, pris de panique, se jetaient du haut du

28. Hormine id ingenium, ut Messalla tradit, an potior auctor sit C. Plinius, qui Antonium incusat, haud facile discreuerim, nisi quod neque Antonius neque Hormus a fama uitaque sua quamuis pessimo flagitio degenerauere. Non iam sanguis neque uolnera morabantur quin subruerent uallum quaterentque portas, innixi umeris et super iteratam testudinem scandentes prensarent hostium tela brachiaque. Integri cum sauciis, semineces cum exspirantibus uoluuntur, uaria pereuntium forma et omni imagine mortium.

29. 1 Acerrimum tertiae septimaeque legionum certamen, et dux Antonius cum delectis auxiliaribus eodem incubuerat. Obstinatos inter se cum sustinere Vitelliani nequirent et superiacta tela testudine laberentur, ipsam postremo ballistam in subeuntes propulere, quae ut ad praesens disiecit obruitque quos inciderat, ita pinnas ac summa ualli ruina sua traxit ; simul iuncta turris ictibus saxorum cessit, qua septimani dum nituntur cuneis, tertianus securibus gladiisque portam perfregit. 2 Primum inrupisse C. Volusium tertiae legionis militem inter omnes auctores constat. Is in uallum egressus, deturbatis qui restiterant, conspicuus manu ac uoce capta castra conclamauit ; ceteri trepidis iam Vitellianis seque e uallo praecipitantibus perrupere.

---

28 tradit *M²* : traditam *M¹* ‖ an potior *recc.* : an potiora *M* ‖ C. Plinius *recc.* : G. plunius *M* ‖ discreuerim *M²* : -rit *M¹* ‖ innixi *recc.* : Inixi *M* ‖ integri *recc.* : -gris *M*.
29, 1 disiecit obruitque *recc.* : disiecto bruitque *M*.
2 C. *recc.* : G. *M* ‖ restiterant *recc.* : resisterant *M*.

retranchement. Le carnage comble tout l'espace compris entre le camp et les murs [4].

30. 1 Ce furent alors d'autres épreuves, sous une forme nouvelle [1] : les hautes murailles de la ville, des tours de pierre, des portes barrées de fer [2], des soldats brandissant leurs traits, le peuple de Crémone, nombreux et attaché à la cause de Vitellius, une grande partie de l'Italie rassemblée pour une foire qui tombait ces jours-là, une aide pour les défenseurs en raison du nombre, un encouragement pour les assiégeants en raison du butin. 2 Antonius donne l'ordre de prendre sans tarder des torches et de mettre le feu aux résidences les plus plaisantes hors de la ville, pour voir si la perte de leurs biens ne pousserait pas les habitants de Crémone à changer de parti. Les toits des maisons voisines des remparts, qui dominaient les murs, sont par son ordre garnis des soldats les plus vaillants ; ceux-ci, armés de poutres, de tuiles et de torches, jettent les défenseurs à bas des murs [3].

31. 1 Déjà les légionnaires se groupaient pour former la tortue, et les autres troupes lançaient des traits et des pierres [1], lorsque le moral des Vitelliens peu à peu se mit à faiblir. Plus on était gradé, plus on cédait à la fortune, dans la crainte qu'une fois Crémone détruite, elle aussi, il n'y eût plus de pardon, et que la colère du vainqueur ne retombât tout entière, non pas sur la masse qui ne possédait rien [2], mais sur les tribuns et les centurions, dont le meurtre était payant [3]. 2 Le simple soldat, sans souci pour l'avenir et protégé par son obscurité, s'obstinait ; errant par les rues, cachés dans les maisons, ils ne demandaient pas la paix, au moment même où ils avaient cessé la guerre. Les principaux officiers du camp font disparaître le nom et les images de Vitellius [4] ; ils ôtent les fers à Caecina [5] — car il était encore enchaîné — et le prient de leur prêter assistance en plaidant leur cause.

Completur caede quantum inter castra murosque uacui
fuit.

30. 1 Ac rursus noua laborum facies : ardua urbis
moenia, saxeae turres ferrati portarum obices, uibrans
tela miles, frequens obstrictusque Vitellianis partibus
Cremonensis populus, magna pars Italiae stato in
eosdem dies mercatu congregata, quod defensoribus
auxilium ob multitudinem, obpugnantibus incitamentum ob praedam erat. 2 Rapi ignes Antonius inferrique
amoenissimis extra urbem aedificiis iubet, si damno
rerum suarum Cremonenses ad mutandam fidem trahe-
rentur. Propinqua muris tecta et altitudinem moenium
egressa fortissimo quoque militum complet ; illi trabibus tegulisque et facibus propugnatores deturbant.

31. 1 Iam legiones in testudinem glomerabantur, et
alii tela saxaque incutiebant, cum languescere paulatim
Vitellianorum animi. Vt quis ordine anteibat, cedere
fortunae, ne Cremona quoque excisa nulla ultra uenia
omnisque ira uictoris non in uolgus inops, sed in
tribunos centurionesque, ubi pretium caedis erat, reuerteretur. 2 Gregarius miles futuri socors et ignobilitate
tutior perstabat ; uagi per uias, in domibus abditi
pacem ne tum quidem orabant, cum bellum posuissent.
Primores castrorum nomen atque imagines Vitellii
amoliuntur ; catenas Caecinae — nam etiam tunc
uinctus erat — exsoluunt orantque ut causae suae

30, 1 mercatu *recc.* : mercatus *M*.
31, 1 anteibat *recc.* : -bant *M* ‖ reuerteretur *M B72 V58 H Mal*
Prm J G B05 Y01 Y02 B Hol : reuertebatur *U* uerteretur *Muret.*
2 posuissent *M²* : potui- *M¹* ‖ erat *recc.* : erant *M*.

Repoussés avec hauteur, ils l'obsèdent de leurs larmes : quelle misère de voir tant de braves implorer l'aide d'un traître ! Puis, du haut des murs, ils arborent les rameaux et les bandelettes des suppliants [6]. 3 Antonius ayant fait cesser le tir, ils sortirent avec les enseignes et les aigles [7] ; tristement suivait la colonne des soldats sans armes, les yeux baissés vers la terre [8]. Les vainqueurs se tenaient en cercle autour d'eux et, tout d'abord, ils les invectivaient, menaçaient de les frapper ; puis, les voyant tendre la joue aux outrages et, dépouillant toute fierté, tout supporter en vaincus, ils se rappellent que ce sont les mêmes hommes qui naguère à Bédriac n'avaient pas abusé de leur victoire [9]. 4 Mais quand Caecina, que signalaient sa prétexte et les licteurs qui écartaient la foule devant lui, s'avança avec la dignité d'un consul [10], la colère des vainqueurs s'enflamma : ils lui reprochaient son orgueil et sa cruauté [11] — et même sa perfidie, tant le crime est odieux ! Antonius s'interposa et l'envoya sous bonne escorte à Vespasien [12].

32. 1 Cependant le peuple de Crémone, au milieu des hommes en armes [1], avait beaucoup à souffrir et il allait être massacré, quand les prières des chefs calmèrent les soldats. Alors Antonius convoque l'assemblée, adresse aux vainqueurs de magnifiques éloges, aux vaincus des paroles de clémence ; quant à Crémone, il ne prend pas parti [2]. L'armée, poussée par l'amour inné du pillage, auquel s'ajoutait une haine invétérée, s'acharna à la ruine des Crémonais. 2 La ville passait pour avoir aidé le parti de Vitellius dès la guerre contre Othon [3] ; puis, la treizième légion étant restée sur place pour construire un amphithéâtre [4], la populace, insolente comme dans toutes les villes, l'avait raillée et insultée effrontément. L'animosité s'accrut du fait que Caecina avait donné en ce lieu un spectacle de gladiateurs, que Crémone avait servi pour la seconde fois de base d'opérations, qu'elle avait fourni des vivres aux Vitelliens sur le champ de bataille, que des

deprecator adsistat. Aspernantem tumentemque lacrimis fatigant, extremum malorum, tot fortissimi uiri
proditoris opem inuocantes ; mox uelamenta et infulas
pro muris ostentant. 3 Cum Antonius inhiberi tela
iussisset, signa aquilasque extulere ; maestum inermium
agmen deiectis in terram oculis sequebatur. Circumsti-
terant uictores et primo ingerebant probra, intentabant
ictus ; mox, ut praeberi ora contumeliis et posita omni
ferocia cuncta uicti patiebantur, subit recordatio illos
esse qui nuper Bedriaci uictoriae temperassent. 4 Sed
ubi Caecina praetexta lictoribusque insignis, dimota
turba, consul incessit, exarsere uictores : superbiam
saeuitiamque — adeo inuisa scelera sunt — etiam
perfidiam obiectabant. Obstitit Antonius datisque defensoribus ad Vespasianum dimisit.

32. 1 Plebs interim Cremonensium inter armatos
conflictabatur ; nec procul caede aberant, cum precibus
ducum mitigatus est miles. Et uocatos ad contionem
Antonius adloquitur, magnifice uictores, uictos clementer, de Cremona in neutrum. Exercitus praeter insitam
praedandi cupidinem uetere odio ad excidium Cremonensium incubuit. 2 Iuuisse partes Vitellianas Othonis
quoque bello credebantur ; mox tertiadecimanos ad
exstruendum amphitheatrum relictos, ut sunt procacia
urbanae plebis ingenia, petulantibus iurgiis inluserant.
Auxit inuidiam editum illic a Caecina gladiatorum
spectaculum eademque rursus belli sedes et praebiti in
acie Vitellianis cibi, caesae quaedam feminae studio

---

2 fatigant M^2 : -gat M^1.
32, 2 procacia M^2 : -ciae M^1.

femmes avaient été tuées dans le combat, où leur zèle pour le parti les avait entraînées [5] ; de plus, la foire qui se tenait alors donnait à cette colonie, d'ailleurs riche, l'apparence d'être encore plus opulente. 3 Les autres chefs restaient dans l'ombre ; Antonius devait à sa réussite et à sa réputation d'attirer tous les regards [6]. Pour laver le sang dont il était couvert, il se rend aux bains en toute hâte. On perçut une voix [7], alors qu'il se plaignait de la tiédeur de l'eau, disant : « Ça va bientôt chauffer » ; ce propos d'esclave fit retomber tout l'odieux sur lui, comme s'il avait donné le signal pour incendier Crémone, qui brûlait déjà.

33. 1 Quarante mille hommes armés s'y ruèrent [1], et un nombre encore plus grand de valets d'armée et de vivandiers, engeance plus rompue aux pratiques lubriques et cruelles. Ni le rang ni l'âge n'étaient une protection : on mêlait le viol au meurtre, le meurtre au viol. De vénérables vieillards, des femmes au déclin de la vie, méprisés comme butin, étaient emmenés pour l'amusement de la troupe ; quand il se trouvait une vierge nubile ou un beau garçon, ils étaient mis en pièces par les mains brutales de ceux qui les entraînaient et ils finissaient par provoquer entre leurs ravisseurs eux-mêmes une lutte à mort. Tandis qu'ils emportaient, chacun pour son compte, l'argent ou les lourdes offrandes en or des temples, d'autres, plus vigoureux, les mutilaient [2]. 2 Certains, dédaignant ce qui s'offrait à eux, recouraient aux coups et aux tortures pour découvrir les cachettes des propriétaires [3], et déterraient les trésors enfouis ; ils avaient des torches en mains et s'amusaient, après avoir emporté leur butin, à les jeter dans les maisons vidées et les temples dépouillés, et comme toujours dans une armée de langues et de mœurs différentes, où se mêlaient des citoyens, des alliés, des étrangers [4], les passions s'opposaient, chacun avait sa morale et rien n'était interdit. Pendant quatre jours, Crémone leur suffit [5]. Alors que tous les édifices sacrés et

partium ad proelium progressae ; tempus quoque mercatus ditem alioqui coloniam maiore opum specie
complebat. 3 Ceteri duces in obscuro ; Antonium
fortuna famaque omnium oculis exposuerat. Is balineas
abluendo cruori propere petit. Excepta uox est, cum
teporem incusaret, statim futurum ut incalescerent ;
uernile dictum omnem inuidiam in eum uertit, tamquam signum incendendae Cremonae dedisset, quae
iam flagrabat.

33. 1 Quadraginta armatorum milia inrupere, calonum lixarumque amplior numerus et in libidinem ac
saeuitiam corruptior. Non dignitas, non aetas pro-
tegebat quo minus stupra caedibus, caedes stupris
miscerentur. Grandaeuos senes, exacta aetate feminas,
uiles ad praedam, in ludibrium trahebant ; ubi adulta
uirgo aut quis forma conspicuus incidisset, ui mani-
busque rapientium diuolsus ipsos postremo direptores
in mutuam perniciem agebat. Dum pecuniam uel grauia
auro templorum dona sibi quisque trahunt, maiore
aliorum ui truncabantur. 2 Quidam obuia aspernati
uerberibus tormentisque dominorum abdita scrutari,
defossa eruere : faces in manibus, quas, ubi praedam
egesserant, in uacuas domos et inania templa per
lasciuiam iaculabantur ; utque exercitu uario linguis,
moribus, cui ciues, socii, externi interessent, diuersae
cupidines et aliud cuique fas nec quicquam inlicitum.
Per quadriduum Cremona suffecit. Cum omnia sacra

2 alioqui *M* : alioquin *B72 V58 H Mal Prm J G B05 Y01 Y02 B
Hol U* ‖ maiore *recc.* : -rem *M* -rum *alii.*

3 balineas *M²* : balneas *M¹* ‖ incalescerent *recc.* : Inalesceret *M¹*
-rent *M².*

33, 2 obuia *B Hol* : obuiam *M U* ob iram *B72 V58 H Mal Prm J
G B05 Y01 Y02.*

profanes s'abîmaient dans le feu [6], seul le temple de Méfitis
resta debout ; situé hors des murs, sa position le protégea,
ou la divinité [7].

34. 1 Telle fut la fin [1] de Crémone, dans la deux cent
quatre-vingt-sixième année après sa fondation [2]. Elle avait
été bâtie sous les consuls Tiberius Sempronius et Publius
Cornelius [3], au moment où Hannibal menaçait l'Italie,
pour servir de rempart contre les Gaulois établis au-delà
du Pô [4], et pour le cas où quelque autre invasion
franchirait les Alpes. Ainsi donc, grâce au nombre des
colons [5], à la commodité des cours d'eau [6], à la fertilité
du sol, à des alliances et à des mariages avec les peuples
voisins [7], elle grandit et prospéra [8], épargnée par les
guerres étrangères [9], malheureuse dans les discordes
civiles [10]. 2 Antonius, honteux du forfait commis et voyant
croître l'indignation publique, interdit de retenir prisonnier aucun des habitants de Crémone. D'ailleurs ce butin
était devenu sans profit pour les soldats, l'Italie, d'un
accord unanime, refusant d'acheter de tels esclaves ; on se
mit à les tuer [11] ; mais quand la chose se sut, leurs proches
et leurs parents les rachetaient en secret [12]. Puis ce qui
restait de la population revint à Crémone [13], on restaura
les places et les temples, grâce à la générosité des
municipes [14], encouragée d'ailleurs par Vespasien [15].

35. 1 Au reste [1], la terre, infectée de sang corrompu,
ne permit pas de séjourner longtemps dans la ville
ensevelie sous les ruines [2]. S'étant avancés jusqu'au troisième milliaire [3], les vainqueurs regroupent, chacun sous
ses enseignes, les Vitelliens dispersés et tremblants ; et,
comme la guerre durait encore, rendant douteux le loyalisme des légions vaincues, on les dispersa dans l'Illyri-

profanaque in igne considerent, solum Mefitis templum
stetit ante moenia, loco seu numine defensum.

34. 1 Hic exitus Cremonae anno ducentesimo octo-
gesimo sexto a primordio sui. Condita erat Ti. Sempro-
nio P. Cornelio consulibus, ingruente in Italiam Anni-
bale, propugnaculum aduersus Gallos trans Padum
agentes et si qua alia uis per Alpes rueret. Igitur
numero colonorum, opportunitate fluminum, ubere
agri, adnexu conubiisque gentium adoleuit floruitque,
bellis externis intacta, ciuilibus infelix. 2 Antonius
pudore flagitii, crebrescente inuidia, edixit ne quis
Cremonensem captiuum detineret. Inritamque praedam
militibus effecerat consensus Italiae, emptionem talium
mancipiorum aspernantis : occidi coepere ; quod ubi
enotuit, a propinquis adfinibusque occulte redemptabantur. Mox rediit Cremonam reliquus populus :
reposita fora templaque magnificentia municipum ; et
Vespasianus hortabatur.

35. 1 Ceterum adsidere sepultae urbis ruinis noxia
tabo humus haud diu permisit. Ad tertium lapidem
progressi uagos pauentesque Vitellianos, sua quemque
apud signa, componunt ; et uictae legiones, ne manente
adhuc ciuili bello ambigue agerent, per Illyricum

2 in igne *codd.* : in ignem *Heinsius* -nes *Ernesti.*
34, 1 cremonae *B Hol U* : -nam *M* cremonam ... habuit (*post* sui)
B72 V58 H Mal Prm J G B05 Y01 Y02 ; *unde Onions coni.*
Cremonam ... tulit ‖ sui M^2 : suo M^1 ‖ Ti. *Juste Lipse* : T. *M* ‖ P.
Halm : et *M* et P. *Rhenanus* ‖ intacta M^2 : inacta M^1.
2 cremonensem captiuum *M B Hol U* : -ses -uos *B72 V58 H Mal
Prm J G B05 Y01 Y02* ‖ aspernantis *recc.* : -tes *M* ‖ magnificentia *M* :
munificentia *recc.*
35, 1 adsidere sepultae *recc.* : adsideres epuliae *M* ‖ ambigue *recc.* :
-guae *M.*

cum [4]. 2 On envoya ensuite des messagers répandre la nouvelle en Bretagne et dans les Espagnes [5] ; en Gaule on envoya le tribun Julius Calenus, en Germanie le préfet de cohorte Alpinius Montanus [6], parce que ce dernier était trévire et Calenus éduen, tous deux anciens partisans de Vitellius, et qu'on voulait les montrer. En même temps, les passages des Alpes furent garnis de postes [7], par défiance envers la Germanie, qu'on soupçonnait de s'apprêter à soutenir Vitellius.

Réaction de Vitellius ; mort de Junius Blaesus.

36. 1 Quant à Vitellius, une fois Caecina parti [1], il avait obtenu au bout de quelques jours que Fabius Valens se mît en campagne [2] ; il dissimulait ses préoccupations sous le voile des plaisirs [3] : il n'arme pas ses troupes, il ne conforte pas les soldats par la parole et l'exercice, il ne se montre pas au peuple [4], mais, caché sous les ombrages de ses jardins [5], semblable à ces animaux paresseux qui, tant qu'on leur donne à manger, restent couchés et engourdis, il avait banni de sa pensée, avec une égale insouciance, le passé, le présent et l'avenir. 2 Il se trouvait dans le bois d'Aricie [6], indolent et apathique, quand la trahison de Lucilius Bassus et la défection de la flotte de Ravenne le réveillèrent en sursaut ; peu après arrive, à propos de Caecina, une nouvelle à la fois triste et heureuse : il avait trahi, mais son armée le tenait dans les fers [7]. Sur cette âme insouciante, l'allégresse eut plus de prise que l'inquiétude. Exultant, il retourne à Rome où, devant une nombreuse assemblée, il comble d'éloges la loyauté des soldats ; il fait mettre aux fers le préfet du prétoire Publilius Sabinus, à cause de son amitié pour Caecina [8], et il le remplace par Alfenus Varus [9].

37. 1 Puis [1] il prononce au Sénat un discours grandiloquent, et les flatteries étudiées des sénateurs le portent aux

dispersae. 2 In Britanniam inde et Hispanias nuntios
famamque, in Galliam Iulium Calenum tribunum, in
Germaniam Alpinium Montanum praefectum cohortis,
quod hic Treuir, Calenus Aeduus, uterque Vitelliani
fuerant, ostentui misere. Simul transitus Alpium praesidiis occupati, suspecta Germania, tamquam in auxilium
Vitellii accingeretur.

36. 1 At Vitellius, profecto Caecina, cum Fabium
Valentem paucis post diebus ad bellum impulisset,
curis luxum obtendebat : non parare arma, non
adloquio exercitioque militem firmare, non in ore uolgi
agere, sed umbraculis hortorum abditus, ut ignaua
animalia, quibus si cibum suggeras, iacent torpentque,
praeterita, instantia, futura pari obliuione dimiserat.
2 Atque illum in nemore Aricino desidem et marcentem
proditio Lucilii Bassi ac defectio classis Rauennatis
perculit ; nec multo post de Caecina adfertur mixtus
gaudio dolor et desciuisse et ab exercitu uinctum. Plus
apud socordem animum laetitia quam cura ualuit.
Multa cum exultatione in urbem reuectus frequenti
contione pietatem militum laudibus cumulat ; Publilium Sabinum praetorii praefectum ob amicitiam Caecinae uinciri iubet, substituto in locum eius Alfeno
Varo.

37. 1 Mox senatum composita in magnificentiam
oratione adlocutus, exquisitis patrum adulationibus

36, 1 firmare M^2 : -ret M^1 ‖ suggeras M^2 : -rant M^1.
2 perculit M^2 : pertulit M^1 ‖ Publilium *Halm* : plubilium M
publium *cett.*

nues. L'initiative d'une motion rigoureuse contre Caecina fut prise par Lucius Vitellius [2] ; ensuite les autres, s'indignant en termes étudiés qu'un consul ait trahi l'État, un général son empereur [3], un ami l'homme qui l'avait comblé de si grands biens et de tant d'honneurs, avaient l'air de plaindre Vitellius, mais exhalaient leur propre ressentiment. 2 Aucune invective, dans aucun discours, contre les généraux flaviens : tout en blâmant l'erreur et l'imprudence des armées, on usait de réticences et de détours pour éviter de nommer Vespasien ; il se trouva aussi un sénateur pour mendier [4] un jour de consulat — le seul qui restait au successeur de Caecina —, ce qui fit bien rire de celui qui l'accorda et de celui qui le reçut. La veille des calendes de novembre [5], Rosius Regulus [6] entra en charge et en sortit [7]. Les experts remarquaient que jusqu'alors il avait fallu une destitution ou une loi pour remplacer un magistrat par un autre [8], car un consul d'un jour, il y en avait déjà eu un, en la personne de Caninius Rebilus [9], sous la dictature de C. César, lorsqu'on se hâtait de payer les services de la guerre civile [10].

38. 1 On apprit vers la même date [1] la mort de Junius Blaesus [2], qui fit beaucoup parler ; voici ce que nous en savons [3]. Gravement malade dans les jardins de Servilius [4], Vitellius remarqua un palais [5] situé dans le voisinage, qui brillait dans la nuit de mille lumières [6]. Il en demande la raison et on lui répond qu'il y a chez Caecina Tuscus un grand dîner [7], dont l'invité de marque est Junius Blaesus ; pour le reste, on exagère la pompe du festin et la débauche sans retenue des convives. Il ne manqua pas non plus de gens pour accuser Tuscus et les autres, mais en chargeant surtout Blaesus, de couler des jours heureux pendant que le prince était malade. 2 Quand l'exaspération de Vitellius et la possibilité d'abattre Blaesus furent évidentes pour

attollitur. Initium atrocis in Caecinam sententiae a L. Vitellio factum ; dein ceteri composita indignatione, quod consul rem publicam, dux imperatorem, tantis opibus tot honoribus cumulatus amicum prodidisset, uelut pro Vitellio conquerentes, suum dolorem proferebant. 2 Nulla in oratione cuiusquam erga Flauianos duces obtrectatio : errorem imprudentiamque exercituum culpantes, Vespasiani nomen suspensi et uitabundi circumibant, nec defuit qui unum consulatus diem — is enim in locum Caecinae supererat — magno cum inrisu tribuentis accipientisque *e*blandiretur. Pridie kalendas Nouembres Rosius Regulus iniit eiurauitque. Adnotabant periti numquam antea non abrogato magistratu neque lege lata alium suffectum ; nam consul uno die et ante fuerat Caninius Rebi*l*us, C. Caesare dictatore, cum belli ciuilis praemia festinarentur.

38. 1 Nota per eos dies Iunii Blaesi mors et famosa fuit, de qua sic accepimus. Graui corporis morbo aeger Vitellius Seruilianis hortis turrim uicino sitam conlucere per noctem crebris luminibus animaduertit. Sciscitanti causam apud Caecinam Tuscum epulari multos, praecipuum honore Iunium Blaesum nuntiatur ; cetera in maius, de apparatu et solutis in lasciuiam animis. Nec defuere qui ipsum Tuscum et alios, sed criminosius Blaesum incusarent, quod aegro principe laetos dies ageret. 2 Vbi asperatum Vitellium et posse Blaesum

---

37, 1 ceteri M^2 : -ra M^1.

2 eblandiretur *Rhenanus* : bland- *codd.* ‖ Rebilus *Rhenanus* : rebitus M ‖ C. *recc.* : G. M ‖ Caesare M^2 : -rem M^1.

38, 1 uicino *codd.* : in uicino *Muret* ‖ criminosius *recc.* : -sium M.

ceux qui épient d'un œil pénétrant les ressentiments des princes, on confia à Lucius Vitellius le rôle de délateur. Celui-ci, animé contre Blaesus d'une basse jalousie, parce que, souillé de toutes les infamies, il était éclipsé par une réputation si éminente, se fait ouvrir la chambre de l'empereur, prend son fils dans ses bras et tombe à ses genoux [8]. 3 À Vitellius qui lui demande la cause de son trouble il répond qu'il ne craint rien personnellement, qu'il n'est pas inquiet pour lui-même, mais que c'est pour son frère, pour les enfants de son frère qu'il apporte des prières et des larmes [9]. Il n'y a pas lieu de redouter Vespasien, à qui tant de légions germaniques, tant de provinces valeureuses et fidèles, à qui enfin de si grandes étendues de terre et de mer opposent une barrière [10] : c'est à Rome et dans leur sein qu'il faut se garder d'un ennemi public qui fait parade de ses aïeux, les Junius et les Antonius, qui, affable et fastueux à la fois, étale aux yeux des soldats ses origines impériales [11]. 4 C'est de ce côté que sont tournés tous les esprits, pendant que Vitellius, sans faire de différence entre ses amis et ses ennemis, caresse un rival qui, de la table d'un festin, contemple les souffrances du prince. Il faut faire payer cette allégresse intempestive par une nuit morne et funèbre, qui lui apprenne et lui fasse sentir que Vitellius est vivant, qu'il est empereur et que, s'il lui arrive malheur, il a un fils.

39. 1 Ballotté entre le crime et la peur, craignant, s'il différait la mort de Blaesus, de hâter sa propre perte [1], et, s'il l'ordonnait publiquement, d'encourir une violente impopularité, Vitellius résolut de procéder par le poison. Il trahit son forfait par une joie manifeste [2], en allant voir Blaesus. Bien plus, on entendit de sa bouche un mot atroce : il se vanta — je citerai ses propres expressions — d'avoir repu ses yeux au spectacle de la mort d'un ennemi [3]. 2 Blaesus, à l'éclat de la naissance, à la distinction du caractère, joignait une fidélité à toute épreuve [4]. Quand la situation de Vitellius n'était pas

peruerti satis patuit iis qui principum offensas acriter speculantur, datae L. Vitellio delationis partes. Ille infensus Blaeso aemulatione praua, quod eum omni dedecore maculosum egregia fama anteibat, cubiculum imperatoris reserat, filium eius sinu complexus et genibus accidens. 3 Causam confusionis quaerenti, non se proprio metu nec sui anxium, sed pro fratre, pro liberis fratris preces lacrimasque attulisse. Frustra Vespasianum timeri, quem tot Germanicae legiones, tot prouinciae uirtute ac fide, tantum denique terrarum ac maris immensis spatiis arceat : in urbe ac sinu cauendum hostem Iunios Antoniosque auos iactantem, qui se stirpe imperatoria comem ac magnificum militibus ostentet. 4 Versas illuc omnium mentes, dum Vitellius amicorum inimicorumque neglegens fouet aemulum principis labores e conuiuio prospectantem. Reddendam pro intempestiua laetitia maestam et funebrem noctem, qua sciat et sentiat uiuere Vitellium et imperare et, si quid fato accidat, filium habere.

39. 1 Trepidanti inter scelus metumque, ne dilata Blaesi mors maturam perniciem, palam iussa atrocem inuidiam ferret, placuit ueneno grassari. Addidit facinori fidem no*ta*bili gaudio, Blaesum uisendo. Quin et audita est saeuissima Vitellii uox, qua se — ipsa enim uerba referam — pauisse oculos spectata inimici morte iactauit. 2 Blaeso super claritatem natalium et elegantiam morum fidei obstinatio fuit. Integris quoque rebus

---

4 reddendam *recc.* : -da *M* ‖ maestam *M*² : maestitia (*ut uid.*) *M*¹ ‖ imperare *M*² : -ret *M*¹.

39, 1 grassari *recc.* : crassari *M* ‖ notabili *Faernus* : nobili *codd.* ‖ 2 elegantiam *edd. ex* elegantia *M*² : -tium *M*¹ ‖ fidei obstinatio *M*¹ *in margine* alii fides obstinata *M*².

encore compromise [5], Caecina et les notables du parti, qui déjà se détournaient de l'empereur, essayèrent de le circonvenir, mais il persista dans son refus [6]. Irréprochable, ennemi du désordre, ne recherchant pas les honneurs inopinés, encore moins le principat, il n'avait pas su éviter d'en être cru digne.

Campagne de Fabius Valens ; mouvements divers dans l'Empire.

40. 1 Cependant [1] Fabius Valens, suivi d'un cortège nombreux et efféminé de concubines et d'eunuques, s'avançait bien lentement pour un chef allant à la guerre [2], quand il apprit par des courriers rapides que Lucilius Bassus avait livré la flotte de Ravenne. S'il avait hâté sa marche, il aurait pu [3] devancer Caecina qui hésitait encore [4] ou rejoindre les légions avant la bataille décisive ; et il ne manquait pas de gens pour lui conseiller de prendre avec lui les hommes les plus sûrs, et de gagner par des chemins détournés, en évitant Ravenne, Hostilia ou Crémone [5]. 2 D'autres étaient d'avis qu'il fît venir de Rome les cohortes prétoriennes [6] pour opérer une percée avec cette troupe solide ; mais lui, par une fâcheuse temporisation, perdit à délibérer le temps d'agir ; puis, dédaignant l'un et l'autre avis, il prit le pire parti dans les circonstances critiques, le moyen terme, et il n'eut ni assez d'audace ni assez de prévoyance.

41. 1 Il envoie un message à Vitellius pour demander du renfort. Il lui vint trois cohortes [1] avec l'aile de cavalerie britannique [2], un effectif qui ne lui permettait ni de passer inaperçu ni de forcer le passage. Du reste Valens, même dans une situation si critique, n'échappa pas à la réputation infamante [3] de dérober à la hâte des plaisirs interdits, et de souiller d'adultères et de débauches les maisons de ses hôtes : il avait à sa disposition la force, l'argent et les derniers caprices d'une fortune qui croulait.

a Caecina et primoribus partium iam Vitellium aspernantibus ambitus abnuere perseuerauit. Sanctus, intur-
bidus, nullius repentini honoris, adeo non principatus
adpetens, parum effugerat ne dignus crederetur.

40. 1 Fabius interim Valens multo ac molli concu-
binarum spadonumque agmine segnius quam ad bellum
incedens, proditam a Lucilio Basso Rauennatem classem pernicibus nuntiis accepit. Et si coeptum iter
properasset nutantem Caecinam praeuenire aut ante
discrimen pugnae adsequi legiones potuisset ; nec deerant qui monerent ut cum fidissimis per occultos
tramites, uitata Rauenna, Hostiliam Cremonamue pergeret. 2 Aliis placebat accitis ex urbe praetoriis cohortibus ualida manu perrumpere ; ipse inutili cunctatione agendi tempora consultando consumpsit ; mox
utrumque consilium aspernatus, quod inter ancipitia
deterrimum est, dum media sequitur, nec ausus est
satis nec prouidit.

41. 1 Missis ad Vitellium litteris auxilium postulat.
Venere tres cohortes cum ala Britannica, neque ad
fallendum aptus numerus neque ad penetrandum. Sed
Valens ne in tanto quidem discrimine infamia caruit,
quo minus rapere inlicitas uoluptates adulteriisque ac
stupris polluere hospitum domos crederetur : aderant
uis et pecunia et ruentis fortunae nouissima libido.

40, 1 uitata Rauenna *codd.* : *secl. Valmaggi.*
41, 1 domos *Sirker propter usum auctoris* : domus *codd.*

2 C'est seulement l'arrivée de l'infanterie et de la cavalerie qui mit en évidence l'absurdité de son plan, car avec une troupe aussi faible il ne pouvait faire une percée à travers les lignes ennemies, même si elle eût été tout à fait sûre ; or elle n'avait pas apporté la garantie d'une fidélité entière ; pourtant le sentiment de la honte et la présence du chef la tenaient en respect, mais ces liens ne pouvaient arrêter longtemps des hommes qui tremblaient devant les périls et n'avaient cure du déshonneur. 3 Inquiet, Valens envoie en avant ses cohortes à Ariminum [4], il donne l'ordre à l'aile de cavalerie de couvrir leurs arrières [5] ; lui-même, accompagné de la poignée d'hommes que les revers n'avaient pas démoralisés, infléchit sa marche vers l'Ombrie, puis l'Étrurie, où il apprit l'issue de la bataille de Crémone [6] ; il conçut alors un plan qui n'était pas sans hardiesse et qui, s'il avait réussi, eût été redoutable : s'emparer de navires [7], débarquer sur un point quelconque de la province de Narbonnaise, soulever les Gaules, les armées et les peuples de Germanie, bref, déclencher une guerre nouvelle.

42. 1 Le départ de Valens avait laissé dans le désarroi les troupes qui tenaient Ariminum [1] ; Cornelius Fuscus [2] fit avancer son armée [3], envoya des vaisseaux liburniens [4] le long des côtes voisines, et enveloppa cette garnison par terre et par mer : on occupa les plaines de l'Ombrie et la partie du Picénum que baigne l'Adriatique [5] ; ainsi l'Italie entière était partagée entre Vespasien et Vitellius par la chaîne de l'Apennin. 2 Fabius Valens, parti du golfe de Pise, fut contraint par la bonace ou les vents contraires de relâcher au port d'Hercule Monoecus [6]. Non loin de là [7] se trouvait Marius Maturus [8], procurateur des Alpes Maritimes [9] ; fidèle à Vitellius, il n'avait pas encore renié son serment, bien que tout l'environnement fût passé à

2 Aduentu demum peditum equitumque prauitas consilii patuit, quia nec uadere per hostes tam parua manu
poterat, etiam si fidissima foret, nec integram fidem
attulerant ; pudor tamen et praesentis ducis reuerentia
morabatur, haud diuturna uincla apud *p*auidos periculorum et dedecoris securos. 3 Eo metu et paucis, quos
aduersa non mutauerant, comitantibus cohortes Ariminum praemittit, alam tueri terga iubet, ipse flexit in
Vmbriam atque inde Etruriam, ubi cognito pugnae
Cremonensis euentu non ignauum et, si prouenisset,
atrox consilium iniit, ut arreptis nauibus in quam-
cumque partem Narbonensis prouinciae egressus Gallias et exercitus et Germaniae gentes nouumque bellum
cieret.

42. 1 Digresso Valente trepidos, qui Ariminum
tenebant, Cornelius Fuscus, admoto exercitu et missis
per proxima litorum Liburnicis, terra marique circum-
uenit : occupantur plana Vmbriae et qua Picenus ager
Hadria adluitur, omnisque Italia inter Vespasianum ac
Vitellium Appennini iugis diuidebatur. 2 Fabius Valens
e sinu Pisano segnitia maris aut aduersante uento
portum Herculis Monoeci depellitur. Haud procul inde
agebat Marius Maturus Alpium maritimarum procurator, fidus Vitellio, cuius sacramentum cunctis circa

2 reuerentia M^2 : -tiam M^1 ‖ pauidos *Faernus* : auidos *codd*.

3 et paucis *M B72 V58 H Mal Prm J G B05 Y01 Y02* : paucis *B
Hol U* ‖ *uerba* eo metu et paucis *usque ad* ipse flexit *transcripsimus
secundum ordinem traditum, quem iure restituit Wellesley* (*Class.
Quart*. 49, 1956, p. 209 ss.) ‖ euentu M^2 : -tum M^1.

42, 1 proxima M^2 : -mas M^1 ‖ occupantur *recc*. : -patur *M*.

2 segnitia *M B Hol U* : saeuitia *B72 V58 H Mal Prm J G B05 Y01
Y02*.

l'ennemi. Il accueillit Valens avec cordialité et le détourna par ses propos alarmistes de se hasarder en Gaule Narbonnaise [10] ; en même temps la crainte avait eu raison du loyalisme de tous ses compagnons.

43. 1 En effet, les cités des environs avaient prêté serment à Vespasien, grâce au procurateur Valerius Paulinus [1], un soldat énergique, ami de ce prince avant même son avènement. Il avait rassemblé tous ceux qui, licenciés par Vitellius [2], ne demandaient qu'à reprendre les armes ; il avait mis une garnison dans la colonie de Fréjus, qui est la clef de la mer [3], et son autorité avait d'autant plus de poids que Fréjus était sa patrie, et qu'il avait l'estime des prétoriens, dont il avait été autrefois tribun ; les habitants eux-mêmes, favorables à un concitoyen et dans l'espoir de sa future puissance [4], s'efforçaient d'aider son parti. 2 Quand ces préparatifs, importants et encore exagérés par la rumeur, eurent frappé les esprits versatiles des Vitelliens [5], Fabius Valens, accompagné de quatre gardes [6], de trois amis et d'autant de centurions, regagne ses navires ; Maturus et les autres acceptèrent de rester et de prêter serment à Vespasien. Quant à Valens, si la mer lui offrait plus de sécurité que les rivages ou les villes, il n'en était pas moins inquiet pour l'avenir, et il voyait mieux ce qu'il devait éviter qu'il ne savait à qui se fier ; assailli par une tempête, il est drossé sur les îles Stéchades, possession des Marseillais [7]. C'est là que des vaisseaux liburniens envoyés par Paulinus s'emparèrent de lui.

44. La capture de Valens provoqua le ralliement général au pouvoir du vainqueur ; l'initiative fut prise en Espagne par la première légion Adjutrix [1], qui, en souvenir d'Othon, haïssait Vitellius, et elle entraîna la dixième et la

hostilibus nondum exuerat. Is Valentem comiter excep-
tum, ne Galliam Narbonensem temere ingrederetur,
monendo terruit ; simul ceterorum fides metu infracta.

43. 1 Namque circumiectas ciuitates procurator
Valerius Paulinus, strenuus militiae et Vespasiano ante
fortunam amicus, in uerba eius adegerat ; concitisque
omnibus qui exauctorati a Vitellio bellum sponte
sumebant, Foroiuliensem coloniam, claustra maris,
praesidio tuebatur, eo grauior auctor quod Paulino
patria Forum Iulii et honos apud praetorianos, quorum
quondam tribunus fuerat, ipsique pagani fauore muni-
cipali et futurae potentiae spe iuuare partes adniteban-
tur. 2 Quae u*t* paratu firma et aucta rumore apud uarios
Vitellianorum animos increbruere, Fabius Valens cum
quattuor speculatoribus et tribus amicis, totidem centurionibus, ad naues regreditur ; Maturo ceterisque remanere et in uerba Vespasiani adigi uolentibus fuit.
Ceterum ut mare tutius Valenti quam litora aut urbes,
ita futuri ambiguus et magis quid uitaret quam cui
fideret certus aduersa tempestate Stoechadas Massilien-
sium insulas adfertur. Ibi eum missae a Paulino
Liburnicae oppressere.

44. Capto Valente cuncta ad uictoris opes conuersa,
initio per Hispaniam a prima Adiutrice legione orto,
quae memoria Othonis infensa Vitellio decimam quoque

---

2 infracta *recc.* : Inracta *M* intacta *L*.
43, 1 ualerius *recc.* : -rios *M* ‖ sumebant *M²* : -bat *M¹* ‖ claustra *M¹*
B Hol U : claustraque *M³ B72 V58 H Mal Prm J G B05 Y01 Y02.*
2 ut *Jacob* : ui *M* ubi *recc.* ‖ Maturo *L, Agricola* : maturae *M* -re
recc. ‖ uolentibus *M B Hol U* : liberum *B72 V58 H Mal Prm J G B05
Y01 Y02.*
44 hispaniam a prima *recc.* : hispania adprima *M.*

sixième [2]. Les Gaules n'hésitèrent pas non plus. Quant à la
Bretagne, la popularité dont jouissait Vespasien [3], qui avait
été appelé par Claude à y commander la deuxième légion [4]
et s'y était illustré à la guerre, lui rallia cette province [5],
non sans opposition de la part des autres légions [6], où
beaucoup de centurions et de soldats devaient leur avancement à Vitellius [7] et s'inquiétaient de changer un prince
dont ils avaient déjà fait l'essai.

45. 1 Ce désaccord et les bruits incessants de guerre
civile [1] enhardirent les Bretons, à l'instigation de Venutius [2] qui, d'un naturel belliqueux [3] et détestant le nom
romain, était en outre aiguillonné par un ressentiment
personnel contre la reine Cartimandua [4]. Celle-ci régnait
sur les Brigantes [5] avec l'autorité qu'elle tenait de sa
noblesse [6] ; elle avait encore accru sa puissance, depuis
que, s'emparant par ruse du roi Caratacus [7], elle passait
pour avoir fourni à l'empereur Claude l'ornement de son
triomphe [8]. De là, l'opulence et les abus qu'amène la
prospérité ; dédaignant Venutius — c'était son mari [9] —,
elle prit pour époux l'écuyer de celui-ci, Vellocatus [10] et
partagea son trône avec lui. 2 Ce scandale ébranla aussitôt
sa maison ; le mari avait pour lui les sympathies de la
nation ; l'adultère, la passion de la reine et sa cruauté.
Venutius fit donc [11] venir du secours et, secondé par la
défection des Brigantes eux-mêmes, réduisit Cartimandua
à la dernière extrémité. Alors elle demanda l'appui des
Romains. Nos cohortes et nos ailes de cavalerie, après des
combats indécis, finirent par soustraire la reine au danger.
Venutius garda son royaume, et nous, la guerre [12].

46. 1 Au même moment, la Germanie connut des
troubles [1], et la négligence des chefs, l'esprit séditieux des
légions, les assauts de l'étranger, la perfidie des alliés [2]

ac sextam traxit. Nec Galliae cunctabantur. Et Britanniam inditus erga Vespasianum fauor, quod illic secundae legioni a Claudio praepositus et bello clarus egerat, non sine motu adiunxit ceterarum, in quibus plerique centuriones ac milites a Vitellio prouecti expertum iam principem anxii mutabant.

45. 1 Ea discordia et crebris belli ciuilis rumoribus Britanni sustulere animos auctore Venutio, qui super insitam ferociam et Romani nominis odium propriis in Cartimanduam reginam stimulis accendebatur. Cartimandua Brigantibus imperitabat, pollens nobilitate ; et auxerat potentiam, postquam capto per dolum rege Carataco instruxisse triumphum Claudii Caesaris uidebatur. Inde opes et rerum secundarum luxus ; spreto Venutio — is fuit maritus — armigerum eius Vellocatum in matrimonium regnumque accepit. 2 Concussa statim flagitio domus ; pro marito studia ciuitatis, pro adultero libido reginae et saeuitia. Igitur Venutius accitis auxiliis, simul ipsorum Brigantum defectione in extremum discrimen Cartimanduam adduxit. Tum petita a Romanis praesidia. Et cohortes alaeque nostrae uariis proeliis exemere tamen periculo reginam ; regnum Venutio, bellum nobis relictum.

46. 1 Turbata per eosdem dies Germania, et socordia ducum, seditione legionum, externa ui, perfidia

44 inditus *M B Hol U* : inclitus *B72 V58 H Mal Prm J G B05 Y01 Y02 N22 L K* inclinatus *Halm, H. Schütz* insitus *Ernesti alii alia* ‖ legioni *M²* : -nis *M¹*.

45, 1 uenutio *M* : uenusio *B72 V58 H Mal Prm J G B05 Y01 Y02 B Hol U* ‖ cartimanduam *M²* : cartis manduam *M¹* ‖ uellocatum *M²* : uell locatum *M¹* (locatum *in ras*).

46, 1 et socordia *M B Hol U* : ex s. *B72 V58 H Mal Prm J G B05 Y01 Y02* ‖ seditione *M B Hol U* : et s. *B72 V58 H Mal Prm J G B05 Y01 Y02*.

faillirent abattre la puissance romaine. Cette guerre, avec
ses causes et ses conséquences, nous en ferons plus tard le
récit, car elle dura assez longtemps. 2 De leur côté, les
Daces se soulevèrent [3], nation toujours sans foi, alors sans
crainte, l'armée ayant évacué la Mésie [4]. Au début, ils ne
faisaient qu'observer avec calme les événements, mais
quand ils apprirent que la guerre embrasait l'Italie, et que
partout sévissait la guerre civile, ils s'emparèrent des
quartiers d'hiver des cohortes et des ailes de cavalerie ; ils
s'efforçaient d'occuper les deux rives du Danube. Et déjà
ils s'apprêtaient à détruire les camps des légions [5], si
Mucien [6] ne leur avait opposé la sixième légion [7] ; il
avait appris la victoire de Crémone et craignait [8] que la
masse des barbares ne fondît de deux côtés sur l'Empire, si
le Dace et le Germain l'envahissaient, chacun de son côté.
3 Ce qui nous vint en aide, comme souvent en d'autres
occasions, ce fut la Fortune du peuple romain, qui amena
de ce côté Mucien et les forces de l'Orient [9], et aussi la
victoire décisive que nous avions remportée entre-temps à
Crémone. Fonteius Agrippa [10], venant d'Asie — il avait
gouverné cette province pendant un an en qualité de
proconsul — reçut le commandement en Mésie ; on lui
donna des troupes de l'armée vitellienne [11], que la prudence et les intérêts de la paix conseillaient de disperser
dans les provinces et d'engager dans une guerre étrangère.

47. 1 Les autres nations ne restaient pas non plus
silencieuses. Dans le Pont, un esclave barbare [1], ancien
préfet de la flotte royale [2], avait soudain provoqué un
soulèvement armé. C'était Anicetus, affranchi de Polémon [3], autrefois tout-puissant et, depuis la transformation du royaume en province [4], mécontent du changement.
2 Aussi, après avoir soulevé, au nom de Vitellius, les
peuples qui habitent les bords du Pont et séduit par
l'espoir du pillage tous les plus démunis, se jeta-t-il
soudain, à la tête d'une troupe qui n'était pas à dédaigner,
sur Trébizonde, cité antique et renommée, fondée par les

sociali prope adflicta Romana res. Id bellum cum causis
et euentibus — etenim longius prouectum est — mox
memorabimus. 2 Mota et Dacorum gens numquam fida,
tunc sine metu, abducto e Moesia exercitu. Sed prima
rerum quieti speculabantur ; ubi flagrare Italiam bello,
cuncta in uicem hostilia accepere, expugnatis cohortium
alarumque hibernis utraque Danuuii ripa potiebantur.
Iamque castra legionum excindere parabant, ni Mucianus sextam legionem opposuisset, Cremonensis uictoriae gnarus, ac ne externa moles utrimque ingrueret, si
Dacus Germanusque diuersi inrupissent. 3 Adfuit, ut
saepe alias, Fortuna populi Romani, quae Mucianum
uiresque Orientis illuc tulit, et quod Cremonae interim
transegimus. Fonteius Agrippa ex Asia — pro consule
eam prouinciam annuo imperio tenuerat — Moesiae
praepositus est, additis copiis e Vitelliano exercitu,
quem spargi per prouincias et externo bello inligari pars
consilii pacisque erat.

47. 1 Nec ceterae nationes silebant. Subita per
Pontum arma barbarum mancipium, regiae quondam
classis praefectus, mouerat. Is fuit Anicetus Polemonis libertus, praepotens olim, et postquam regnum
in formam prouinciae uerterat, mutationis impatiens.
2 Igitur Vitellii nomine adscitis gentibus quae Pontum
adcolunt, corrupto in spem rapinarum egentissimo
quoque, haud temnendae manus ductor Trapezuntem,

1 romana M^2 : -nas M^1.
2 mota et *M B 72 V58 H Mal Prm J G B05 Y01 Y02* : mota est *B
Hol U L* ‖ hostilia *recc.* : -liam *M* ‖ gnarus *codd.* : ignarus *Würtheim.*
3 saepe alias M^3 : saepelias M^1 ‖ transegimus M^2 : -git M^1 ‖ copiis
recc. : copis *M.*
47, 1 uerterat M^2 : uerteret M^1.

Grecs à l'extrémité des côtes du Pont [5]. Une cohorte y fut massacrée : c'étaient autrefois des auxiliaires fournis par le roi ; depuis, gratifiés de la citoyenneté romaine, ils avaient adopté nos enseignes et nos armes, tout en conservant la mollesse et l'indiscipline des Grecs. 3 Il mit aussi le feu à la flotte [6], en se jouant de nous, car la mer était libre, Mucien ayant fait venir à Byzance les meilleurs vaisseaux liburniens [7] et tous les soldats de marine. De plus, les barbares pratiquaient insolemment la course avec des bateaux construits à la hâte. Ils appellent *camarae* ces bâtiments aux bords rapprochés, au ventre large [8], dont l'assemblage ne comporte aucune attache de bronze ou de fer [9] ; par grosse mer, suivant la hauteur des vagues, ils exhaussent avec des planches la partie supérieure du bordage, jusqu'à ce que ces planches forment une sorte de toit qui recouvre le pont. Ils roulent ainsi à travers les flots, et grâce à leur double proue et à la mobilité de leur banc de nage, ils peuvent aborder par l'avant ou par l'arrière, indifféremment et sans dommage [10].

48. 1 Cette affaire attira l'attention de Vespasien et l'engagea à constituer un détachement de légionnaires [1] sous le commandement de Virdius Geminus [2], officier d'un mérite éprouvé. Celui-ci surprit l'ennemi en désordre et dispersé dans l'ardeur du pillage, et l'obligea à se rembarquer ; puis, ayant construit à la hâte des navires liburniens, il atteint Anicetus à l'embouchure du Chobus [3], où il s'était réfugié sous la protection du roi des Sédochèzes [4], dont il s'était assuré l'alliance par de l'argent et des présents. 2 Et d'abord le roi tenta de protéger le suppliant par des menaces de guerre, puis, comme on lui montrait le prix d'une trahison ou, à défaut, la guerre,

uetusta fama ciuitatem, a Graecis in extremo Ponticae orae conditam, subitus inrupit. Caesa ibi cohors, regium auxilium olim ; mox donati ciuitate Romana signa armaque in nostrum modum, desidiam licentiamque Graecorum retinebant. 3 Classi quoque faces intulit, uacuo mari eludens, quia lectissimas Liburnicarum omnemque militem Mucianus Byzantium adegerat. Quin et barbari contemptim uagabantur, fabricatis repente nauibus. Camaras uocant, artis lateribus latam aluom sine uinculo aeris aut ferri conexam ; et tumido mari, prout fluctus attollitur, summa nauium tabulis augent, donec in modum tecti claudantur. Sic inter undas uoluuntur, pari utrimque prora et mutabili remigio, quando hinc uel illinc adpellere indiscretum et innoxium est.

48. 1 Aduertit ea res Vespasiani animum ut uexillarios e legionibus ducemque Virdium Geminum spectatae militiae deligeret. Ille incompositum et praedae cupidine uagum hostem adortus coegit in naues, effectisque raptim Liburnicis adsequitur Anicetum in ostio fluminis Chobi, tutum sub Sedochezorum regis auxilio, quem pecunia donisque ad societatem perpulerat. 2 Ac primo rex minis armisque supplicem tueri ; postquam merces proditionis aut bellum ostendebatur, fluxa, ut

2 uetusta fama *Juste Lipse* : uetusta mama M^2 (mamu M^1) *in marg.* f *add.* M^2 uetusta manu *B U* uetustam *Hol L* uetustam admodum *B72 V58 H Mal Prm J G B05 Y01 Y02.*

3 classi *B Hol* : classis *M B72 V58 H Mal Prm J G B05 Y01 Y02 U* || lectissimas *B72 V58 H Mal Prm J G B05 Y01 Y02 U* : -ma *M B Hol* || contemptim *recc.* : -pti *M* || latam aluom ... conexam *M* : lata aluo ... conexa *Juste Lipse* || adpellere *recc.* : appellare.

48, 1 Chobi *Colerus* : cohibi *M.*

étant, comme le sont les barbares, d'une fidélité douteuse, il s'engagea à faire périr Anicetus et livra les réfugiés ; ainsi prit fin cette guerre d'esclaves.

3 Heureux de cette victoire, Vespasien, à qui tout réussissait au-delà de ses vœux, est rejoint en Égypte par la nouvelle de la bataille de Crémone [5]. Il n'en met que plus de hâte à gagner Alexandrie [6], afin de faire peser la menace de la famine sur l'armée débandée de Vitellius et sur Rome, toujours dépendante des ressources de l'étranger [7]. Quant à l'Afrique, située dans la même région, il se préparait à l'attaquer par terre et par mer, pour provoquer chez l'ennemi, en lui fermant tous ses greniers, la disette et la discorde.

Marche d'Antonius Primus sur Rome ; exécution de Fabius Valens.

49. 1 Tandis que cet ébranlement universel faisait passer en d'autres mains la fortune de l'Empire [1], la conduite d'Antonius Primus était devenue, après Crémone, beaucoup moins irréprochable, soit qu'il crût avoir assez fait pour la guerre et que le reste serait facile, soit que le succès eût mis à nu, dans une âme comme la sienne, l'avidité, l'orgueil et les autres vices cachés. Il foulait aux pieds l'Italie comme une terre conquise ; il courtisait les légions comme sa propriété [2] ; toutes ses paroles, tous ses actes lui frayaient la voie vers le pouvoir. 2 Et pour donner aux soldats le goût de la licence, il offrait aux légionnaires les grades des centurions tués. Leurs suffrages choisirent les plus turbulents ; le soldat n'était plus dans la dépendance des chefs, mais les chefs étaient débordés par la violence des soldats. Ces pratiques séditieuses et propres à ruiner la discipline, Antonius les tournait ensuite au profit de sa cupidité [3], sans craindre aucunement l'arrivée prochaine de Mucien, ce qui était plus dangereux que d'avoir fait fi de Vespasien [4].

est barbaris, fide pactus Aniceti exitium perfugas tradidit, belloque seruili finis impositus.

3 Laetum ea uictoria Vespasianum, cunctis super uota fluentibus, Cremonensis proelii nuntius in Aegypto adsequitur. Eo properantius Alexandriam pergit, ut fracto Vitellii exercitu urbemque externae opis indigam fame urgeret. Namque et Africam eodem latere sitam terra marique inuadere parabat, clausis annonae subsidiis inopiam ac discordiam hosti facturus.

49. 1 Dum hac totius orbis nutatione fortuna imperii transit, Primus Antonius nequaquam pari innocentia post Cremonam agebat, satis factum bello ratus et cetera ex facili, seu felicitas in tali ingenio auaritiam superbiam ceteraque occulta mala patefecit. Vt captam Italiam persultare, ut suas legiones colere ; omnibus dictis factisque uiam sibi ad potentiam struere. 2 Vtque licentia militem imbueret, interfectorum centurionum ordines legionibus offerebat. Eo suffragio turbidissimus quisque delecti ; nec miles in arbitrio ducum, sed duces militari uiolentia trahebantur. Quae seditiosa et corrumpendae disciplinae mox in praedam uertebat, nihil aduentantem Mucianum ueritus, quod exitiosius erat quam Vespasianum spreuisse.

2 exitium *M B Hol U* : excidium *L* auxilium *B72 V58 H Mal Prm J G B05 Y01 Y02.*

3 fracto *codd.* : fractos *Meiser* ‖ exercitu *B72 V58 H Mal Prm J G B05 Y01 Y02 B Hol U* : -tus *M, Meiser* ‖ urbemque *M B Hol U* : urbem quoque *B72 V58 H Mal Prm J G B05 Y01 Y02.*

49, 1 nutatione *M U* : mu- *B72 V58 H Mal Prm J G B05 Y01 Y02 B Hol U* ‖ uiam sibi ad *Juste Lipse* : uim sibi ad *M B72 V58 H Mal Prm J G B05 Y01 Y02 alii recc.* uim sibi ac *B Hol U L.*

50. 1 Quoi qu'il en soit, comme l'hiver approchait [1] et que le Pô inondait les plaines, l'armée se mit en marche sans bagages [2]. Les enseignes et les aigles des légions victorieuses, les soldats accablés par les blessures ou par l'âge, et même beaucoup d'hommes valides furent laissés à Vérone : les cohortes et les ailes de cavalerie [3] avec l'élite des légionnaires semblaient suffire pour une guerre presque terminée. 2 La onzième légion [4] avait rejoint, d'abord indécise, mais maintenant inquiète de n'avoir pas contribué au succès ; six mille Dalmates, recrutés récemment, l'accompagnaient, sous la conduite d'un consulaire, Pompeius Silvanus [5], mais le stratège était Annius Bassus [6], commandant de la légion. Silvanus, officier nonchalant [7], gaspillait à discourir le temps de l'action ; sous couleur de lui obéir, Annius le dirigeait et veillait à toutes les opérations avec une tranquille diligence [8]. 3 À ces troupes on incorpora les meilleurs éléments de la flotte de Ravenne, qui demandaient à servir dans les légions : des Dalmates les suppléèrent dans les équipages ; l'armée et ses chefs firent halte à Fanum Fortunae [9], s'interrogeant sur la situation générale : ils avaient entendu dire que les cohortes prétoriennes avaient quitté Rome, et ils pensaient que l'Apennin était gardé par des postes [10] ; de plus, ils se trouvaient dans une région ravagée par la guerre, et les chefs redoutaient la disette et les cris séditieux des soldats réclamant le *clavarium* (c'est le nom d'une gratification) [11]. Ils ne s'étaient pourvus ni d'argent ni de blé ; d'ailleurs la précipitation et l'avidité gênaient leur action : ce qu'on aurait pu se faire donner, on le pillait [12].

51. 1 Les auteurs les plus accrédités [1] me sont garants que les vainqueurs avaient un tel mépris du bien et du mal qu'un simple soldat de cavalerie, déclarant qu'il avait tué son frère dans la dernière bataille, demanda une récompense à ses chefs. Le droit naturel ne leur permettait pas d'honorer ce meurtre, ni les exigences de la guerre de le

50. 1 Ceterum propinqua hieme et umentibus Pado campis expeditum agmen incedere. Signa aquilaeque uictricium legionum, milites uolneribus aut aetate graues, plerique etiam integri Veronae relicti : sufficere cohortes alaeque et e legionibus lecti profligato iam bello uidebantur. 2 Vndecima legio sese adiunxerat, initio cunctata, sed prosperis rebus anxia quod defuisset ; sex milia Dalmatarum, recens dilectus, comitabantur ; ducebat Pompeius Siluanus consularis ; uis consiliorum penes Annium Bassum legionis legatum. Is Siluanum socordem bello et dies rerum uerbis terentem specie obsequii regebat < et ad > omnia quae agenda forent, quieta cum industria aderat. 3 Ad has copias e classicis Rauennatibus legionariam militiam poscentibus optimus quisque adsciti : classem Dalmatae suppleuere. Exercitus ducesque ad Fanum Fortunae iter sistunt, de summa rerum cunctantes, quod motas ex urbe praetorias cohortes audierant et teneri praesidiis Appenninum rebantur ; et ipsos in *r*egione bello adtrita inopia et seditiosae militum uoces terrebant, clauarium — donatiui nomen est — flagitantium. Nec pecuniam aut frumentum prouiderant, et festinatio atque auiditas praepediebant, dum quae accipi poterant rapiuntur.

51. 1 Celeberrimos auctores habeo tantam uictoribus aduersus fas nefasque inreuerentiam fuisse ut gregarius eques occisum a se proxima acie fratrem professus praemium a ducibus petierit. Nec illis aut honorare eam caedem ius hominum aut ulcisci ratio

---

50, 2 et ad omnia quae *Halm* : omniaque *M B Hol* ad omniaque quae *U, Puteolanus.*
3 cunctantes *recc.* : cunctates *M* ‖ regione *Faernus* : legione *codd.*
51, 1 gregarius M^2 : -rios M^1.

punir. Ils avaient ajourné le soldat, sous prétexte que le service rendu avait trop de prix pour être rémunéré sur-le-champ ; et l'histoire s'arrête là. 2 Au reste, au cours des guerres civiles précédentes, un pareil crime avait déjà été commis. En effet, dans le combat contre Cinna au Janicule [2], un soldat de Pompeius tua son frère, puis, après s'être aperçu de son forfait, se suicida, comme le rapporte Sisenna [3] : tant était plus vivant chez nos ancêtres le sentiment de la gloire qui s'attache aux vertus et du repentir qui suit les crimes [4] ! En tout cas, de tels traits et d'autres encore, tirés de l'histoire ancienne, nous fourniront, chaque fois que les circonstances le demanderont, des exemples du bien ou des consolations du mal, qu'il ne sera pas hors de propos de rappeler.

52. 1 Antonius et les chefs du parti décidèrent d'envoyer en avant la cavalerie et de reconnaître toute l'Ombrie, afin de chercher quelque passage plus accessible pour aborder la chaîne de l'Apennin [1] ; de plus, on rappellerait les aigles et les enseignes, et tout ce qu'il y avait de soldats à Vérone [2], on couvrirait le Pô et la mer de convois. Parmi les chefs, il s'en trouvait pour multiplier les atermoiements : on pensait qu'Antonius prenait trop d'importance [3] et on espérait de Mucien des avantages plus certains. 2 En effet Mucien, inquiet d'une victoire si rapide [4], et pensant que, s'il ne s'emparait pas de Rome en personne, sa part de gloire lui échapperait avec la guerre, ne cessait d'écrire à Primus et à Varus des lettres ambiguës [5], où il exposait la nécessité de hâter l'entreprise, ou au contraire les avantages de la temporisation, étudiant ses propos de manière à pouvoir, selon l'issue des événements, répudier les revers ou revendiquer les succès. 3 À Plotius Grypus [6], que Vespasien venait de faire entrer dans l'ordre sénatorial et de mettre à la tête d'une légion [7], à tous ses autres amis sûrs, il adressait des instructions

belli permittebat. Distulerant tamquam maiora meritum quam quae statim exsoluerentur ; nec quidquam ultra traditur. 2 Ceterum et prioribus ciuium bellis par scelus inciderat. Nam proelio quo apud Ianiculum aduersus Cinnam pugnatum est, Pompeianus miles fratrem suum, dein cognito facinore se ipsum interfecit, ut Sisenna memorat : tanto acrior apud maiores, sicut uirtutibus gloria, ita flagitiis paenitentia fuit. Sed haec aliaque ex uetere memoria petita, quotiens res locusque exempla recti aut solacia mali poscet, haud absurde memorabimus.

52. 1 Antonio ducibusque partium praemitti equites omnemque Vmbriam explorari placuit, si qua Appennini iuga clementius adirentur : adciri aquilas signaque et quidquid Veronae militum foret, Padumque et mare commeatibus compleri. Erant inter duces qui necterent moras : quippe nimius iam Antonius, et certiora ex Muciano sperabantur. 2 Namque Mucianus tam celeri uictoria anxius et, ni praesens urbe potiretur, expertem se belli gloriaeque ratus, ad Primum et Varum media scriptitabat, instandum coeptis aut rursus cunctandi utilitates edisserens atque ita compositus ut ex *e*uentu rerum aduersa abnueret uel prospera adgnosceret. 3 Plotium Grypum, nuper a Vespasiano in senatorium ordinem ad*s*citum ac legioni praepositum, ceterosque

---

1 distulerant *M* : -runt *recc.* || quam quae *L*, *Puteolanus* : quanquam *M*.

2 Sisenna *edd.* : sisennam *M*[1] sisinna *M*[2].

52, 2 edisserens *codd.* : disserens *Fisher* || euentu *recc.* : uentu *M*.

3 Grypum *G. Heraeus* : griphum *M* griffum *L* || adscitum *Ritter* : additum *codd.*

plus franches ; aussi toutes leurs réponses firent-elles état
de la précipitation de Primus et de Varus, avec malveillance et selon les volontés de Mucien. En envoyant ces
lettres à Vespasien, il avait réussi à empêcher les plans et
les actes d'Antonius d'être appréciés comme celui-ci
l'espérait.

53. 1 Antonius en fut indigné et s'en prit à Mucien,
dont les imputations avaient, selon lui, déprécié ses périls
et il ne ménageait pas ses paroles, incapable de tenir sa
langue et peu habitué à la déférence [1]. Il écrivit à
Vespasien avec plus de jactance qu'il ne convient à l'égard
d'un prince, et non sans attaques déguisées contre Mucien :
c'était lui, Antonius, qui avait poussé les légions de
Pannonie [2] à prendre les armes ; c'était à son instigation
que les généraux de Mésie avaient fait mouvement [3] ;
c'était son énergie qui avait forcé les Alpes, occupé l'Italie,
barré la route aux secours envoyés de Germanie et de
Rhétie [4]. 2 Si les légions de Vitellius, désunies et dispersées, avaient été balayées par la tornade d'une charge de
cavalerie [5], puis par le choc de l'infanterie, pendant un jour
et une nuit [6], ce magnifique fait d'armes avait été son
ouvrage. Quant au malheur de Crémone, il fallait l'imputer
à la guerre ; les anciennes discordes civiles avaient coûté
plus cher à la République, en détruisant un plus grand
nombre de villes. 3 Ce n'était pas avec des courriers ni
avec des rapports, mais avec son bras et ses armes qu'il
combattait pour son empereur ; il ne rabaissait pas la
gloire de ceux qui pendant ce temps avaient mis de l'ordre
en Dacie [7] ; ceux-là avaient eu à cœur la paix de la Mésie,
et lui, le salut et la sécurité [8] de l'Italie ; c'étaient ses
exhortations qui avaient gagné à Vespasien les Gaules et
les Espagnes [9], la plus puissante partie du monde. Mais ses
travaux n'avaient abouti à rien, si la récompense des
dangers était acquise à ceux-là seuls qui n'avaient pas pris
part aux dangers. Ces insinuations n'échappèrent pas à
Mucien ; de là, de graves inimitiés, qu'Antonius nourris-

sibi fidos apertius monuit, hique omnes de festinatione
Primi ac Vari sinistre et Muciano uolentia rescripsere.
Quibus epistulis Vespasiano missis effecerat ut non pro
spe Antonii consilia factaque eius aestimarentur.

53. 1 Aegre id pati Antonius et culpam in Mucianum conferre, cuius criminationibus euiluissent pericula sua ; nec sermonibus temperabat, immodicus
lingua et obsequii insolens. Litteras ad Vespasianum
composuit iactantius quam ad principem nec sine
occulta in Mucianum insectatione : se Pannonicas
legiones in arma egisse, suis stimulis excitos Moesiae duces, sua constantia perruptas Alpes, occupatam
Italiam, intersaepta Germanorum Raetorumque auxilia.
2 Quod discordes dispersasque Vitellii legiones equestri
procella, mox peditum ui per diem noctemque fudisset,
id pulcherrimum et sui operis. Casum Cremonae bello
imputandum : maiore damno plurium urbium excidiis
ueteres ciuium discordias rei publicae stetisse. 3 Non se
nuntiis neque epistulis, sed manu et armis imperatori
suo militare, neque officere gloriae eorum qui *Dac*iam
interim composuerint : illis Moesiae pacem, sibi salutem securitatemque Italiae cordi fuisse ; suis exhortationibus Gallias Hispaniasque, ualidissimam terrarum
partem, ad Vespasianum conuersas. Sed cecidisse in
inritum labores, si praemia periculorum soli adsequan-
tur qui periculis non adfuerint. Nec fefellere ea
Mucianum ; inde graues simultates, quas Antonius

53, 1 lingua *M* : -guae *Juste Lipse* ‖ litteras *recc.* : -ra *M*.
2 diem *M*[1] : die *M*[2] ‖ cremonae *M B72 V58 H Mal Prm J G B05
Y01 Y02* : -nensi *B Hol U* -nensium *L* ‖ bello *M*[2] : bellum *M*[1].
3 imperatori suo *M*[2] : imperatorum *M*[1] ‖ Daciam *Sirker* : alia *V58*,
Ritter asiam *cett. codd.* Moesiam *Purser alii alia* ‖ composuerint *M*[2] :
-rit *M*[1] ‖ graues *recc.* : graue *M*.

sait avec plus de franchise, Mucien avec adresse et par
là-même plus implacablement.

54. 1 Cependant Vitellius, après avoir perdu la partie à
Crémone, cachait les nouvelles du désastre, dissimulation
stupide qui ajournait les remèdes du mal plutôt que le mal.
En effet, s'il avait avoué et pris conseil, il lui restait de
l'espoir et des forces ; au contraire, en feignant que tout
allait bien, il laissait le mensonge aggraver son état [1]. Un
étrange silence régnait autour de lui sur la guerre ; dans
Rome, défense d'en parler, et de ce fait on n'en parlait que
davantage [2], et ceux qui, s'ils en avaient eu la permission,
étaient prêts à parler vrai, avaient colporté, à cause de
l'interdiction, des récits poussés au noir. 2 De leur côté, les
chefs ennemis ne manquaient pas d'amplifier les rumeurs,
en relâchant les éclaireurs de Vitellius qu'ils avaient faits
prisonniers et promenés partout, pour leur montrer la
force de l'armée victorieuse ; Vitellius, après les avoir
interrogés en secret, les fit tous mettre à mort. Le
centurion Julius Agrestis fit preuve d'une remarquable
fermeté [3] : après un bon nombre d'entretiens, où il
exhortait vainement Vitellius à être courageux, il obtint
d'être envoyé personnellement pour reconnaître les forces
de l'ennemi et ce qui s'était passé à Crémone. Sans
chercher à tromper Antonius en l'espionnant, il lui expose
les instructions de l'empereur, ses propres intentions et
demande à tout visiter. On lui donna des guides pour lui
montrer le champ de bataille, les ruines de Crémone et les
légions prisonnières. 3 Agrestis revint auprès de Vitellius,
et comme celui-ci niait la vérité de son rapport et allait
jusqu'à le traiter de vendu : « Eh bien, dit-il, puisqu'il te
faut une grande preuve et que ma vie ni ma mort ne te
servent plus à rien d'autre, je vais t'en donner une à
laquelle tu croiras. » Et l'ayant quitté sur ces mots, il
confirma ses paroles par une mort volontaire. Certains
auteurs rapportent qu'il fut tué par ordre de Vitellius,
mais sur sa fidélité et son courage, ils sont d'accord [4].

simplicius, Mucianus callide eoque implacabilius nutrie-
bat.

54. 1 At Vitellius, fractis apud Cremonam rebus,
nuntios cladis occultans stulta dissimulatione remedia
potius malorum quam mala differebat. Quippe confi-
tenti consultantique supererant spes uiresque ; cum e
contrario laeta omnia fingeret, falsis ingrauescebat.
Mirum apud ipsum de bello silentium ; prohibiti per
ciuitatem sermones, eoque plures ac, si liceret, uere
narraturi, quia uetabantur, atrociora uulgauerant. 2 Nec
duces hostium augendae famae deerant, captos Vitellii
exploratores circumductosque, ut robora uictoris exercitus noscerent, remittendo ; quos omnes Vitellius secreto
percunctatus interfici iussit. Notabili constantia centurio Iulius Agrestis post multos sermones, quibus
Vitellium ad uirtutem frustra accendebat, perpulit ut ad
uires hostium spectandas quaeque apud Cremonam acta
forent ipse mitteretur. Nec exploratione occulta fal-
lere Antonium temptauit, sed mandata imperatoris
suumque animum professus, ut cuncta uiseret postulat.
Missi qui locum proelii, Cremonae uestigia, captas
legiones ostenderent. 3 Agrestis ad Vitellium remeauit
abnuentique uera esse quae adferret, atque ultro corruptum arguenti, « Quando quidem » inquit « magno
documento opus est, nec alius iam tibi aut uitae aut
mortis meae usus, dabo cui credas ». Atque ita digressus
uoluntaria morte dicta firmauit. Quidam iussu Vitellii
interfectum, de fide constantiaque eadem tradidere.

55. 1 Vitellius, pour ainsi dire tiré du sommeil [1], envoie Julius Priscus et Alfenus Varus [2] bloquer les passes de l'Apennin avec quatorze cohortes prétoriennes et toutes les ailes de cavalerie [3] ; suivait une légion d'infanterie de marine [4]. Tant de milliers d'hommes armés [5], une élite d'hommes et de chevaux, auraient été une force suffisante, sous un autre chef, même pour prendre l'offensive. 2 Le reste des cohortes [6] fut confié à son frère Lucius Vitellius pour la défense de Rome. Quant à lui, sans rien retrancher de ses dissipations habituelles, se hâtant par manque de confiance, il précipitait les élections [7], où il désignait les consuls pour de nombreuses années [8], il prodiguait des traités aux alliés, le droit latin aux étrangers [9] ; aux uns il faisait remise des impôts, aux autres il accordait des exemptions [10] ; bref, sans aucun souci de l'avenir, il mettait l'Empire en lambeaux. Mais la foule était restée bouche bée devant cette profusion de bienfaits [11] ; les plus stupides les achetaient à prix d'argent, les sages tenaient pour chimériques des faveurs qui ne pouvaient être données ni reçues sans ruiner la République. 3 Enfin, cédant aux instances de l'armée, qui avait pris position à Mévania [12], il part, traînant à sa suite un long cortège de sénateurs, dont beaucoup voulaient lui plaire, et un plus grand nombre avaient peur de lui ; il arrive au camp, l'esprit irrésolu et accessible aux conseils de la perfidie.

56. 1 Pendant qu'il haranguait l'assemblée, on vit — prodige incroyable [1] — des oiseaux de mauvais augure voltiger au-dessus de sa tête, si nombreux qu'ils voilèrent le jour d'une nuée sombre [2]. À cela s'ajouta un présage sinistre : un taureau s'enfuit de l'autel en dispersant l'appareil du sacrifice et fut égorgé loin de là, sans que fût respecté le rite de la mise à mort des victimes [3]. 2 Mais le principal prodige [4], c'était Vitellius lui-même, ignorant l'art de la guerre, incapable de prendre parti, réduit à interroger sans cesse les autres sur l'ordre de marche, sur le service des reconnaissances, sur la mesure à garder dans

55. 1 Vitellius ut e somno excitus Iulium Priscum et Alfenum Varum cum quattuordecim praetoriis cohortibus et omnibus equitum alis obsidere Appenninum iubet ; secuta e classicis legio. Tot milia armatorum, lecta equis uirisque, si dux alius foret, inferendo quoque bello satis pollebant. 2 Ceterae cohortes ad tuendam urbem L. Vitellio fratri datae : ipse nihil e solito luxu remittens et diffidentia properus festinare comitia quibus consules in multos annos destinabat ; foedera sociis, Latium externis dilargiri ; his tributa dimittere, alios immunitatibus iuuare ; denique nulla in posterum cura lacerare imperium. Sed uolgus ad magnitudinem beneficiorum h*iaue*rat, stultissimus quisque pecuniis mercabatur, apud sapientes cassa habebantur quae neque dari neque accipi salua re publica poterant. 3 Tandem flagitante exercitu, qui Meuaniam insederat, magno senatorum agmine, quorum multos ambitione, plures formidine trahebat, in castra uenit, incertus animi et infidis consiliis obnoxius.

56. 1 Contionanti — prodigiosum dictu — tantum foedarum uolucrum superuolitauit ut nube atra diem obtenderent. Accessit dirum omen, profugus altaribus taurus disiecto sacrificii apparatu, longe nec u*t* feriri hostias mos est, confossus. 2 Sed praecipuum ipse Vitellius ostentum erat, ignarus militiae, improuidus consilii, quis ordo agminis, quae cura explorandi,

---

55, 1 quattuordecim *M* : tredecim *Nipperdey* ‖ lecta equis *recc.* : lectae quis *M*.

2 externis *recc.* : ternis *M* ‖ hiauerat *Walter* : haberat *M* habeat *B Hol om. U* aberat *alii codd.* aderat *B72 V58 H Mal Prm J G B05 Y01 Y02* hiabat *J. F. Gronov alii alia.*

56, 1 nec ut *Fr. Schneider* : necui *M* nec cui *Schramm* nec ubi *recc.*

2 consilii *B72 V58 H Mal Prm J G B05 Y01 Y02* : -liis *M B Hol U.*

l'accélération ou le ralentissement des opérations, et, à l'arrivée de chaque messager, manifestant son désarroi sur son visage même et dans sa démarche, puis finissant par s'enivrer [5]. Enfin, dégoûté du camp et informé de la défection de la flotte de Misène [6], il revint à Rome, prenant peur à chaque coup nouveau, sans se soucier du risque suprême. 3 En effet, alors qu'il lui eût été facile de franchir l'Apennin avec son armée intacte et solide et d'attaquer un ennemi épuisé par l'hiver et la disette [7], en dispersant ses forces, il livra au carnage et à la captivité des soldats intrépides et obstinés à tout supporter [8], et il le fit contre l'avis des centurions les plus expérimentés, tout prêts, s'il les eût consultés, à lui dire la vérité. Mais les amis intimes de Vitellius [9] les tinrent à l'écart ; les oreilles de ce prince étaient ainsi faites : les paroles utiles le blessaient et il n'écoutait que ce qui le flattait et devait lui nuire [10].

57. 1 Quant à la flotte de Misène, un centurion — tant est puissante dans les discordes civiles l'audace, ne serait-ce que celle d'un seul homme [1] ! —, Claudius Faventinus, ignominieusement congédié par Galba, l'entraîna à faire défection [2] ; en produisant une fausse lettre de Vespasien [3], il lui faisait miroiter le prix de la trahison. La flotte avait pour chef Claudius Apollinaris [4], incapable de constance dans la fidélité et de résolution dans la perfidie ; Apinius Tiro [5], un ancien préteur, qui se trouvait alors à Minturnes [6], s'offrit comme chef aux rebelles. Ceux-ci entraînèrent les municipes et les colonies [7], Pouzzoles manifestant un zèle tout particulier pour Vespasien, tandis que Capoue restait fidèle à Vitellius [8] ; ainsi les rivalités locales se mêlaient à la guerre civile [9]. 2 Vitellius choisit pour calmer l'esprit des soldats Claudius Julianus, qui

quantus urgendo trahendoue bello modus, alios rogi-
tans et ad omnes nuntios uoltu quoque et incessu
trepidus, dein temulentus. Postremo taedio castrorum
et audita defectione Misenensis classis Romam reuertit,
recentissimum quodque uolnus pauens, summi discriminis incuriosus. 3 Nam cum transgredi Appenninum
integro exercitus sui robore et fessos hieme atque inopia
hostes adgredi in aperto foret, dum dispergit uires,
acerrimum militem et usque in extrema obstinatum
trucidandum capiendumque tradidit, peritissimis centurionum dissentientibus et, si consulerentur, uera dictu-
ris. Arcuere eos intimi amicorum Vitellii, ita formatis
principis auribus ut aspera quae utilia, nec quidquam
nisi iucundum et laesurum acciperet.

57. 1 Sed classem Misenensem — tantum ciuilibus
discordiis etiam singulorum audacia ualet — Claudius
Fauentinus centurio per ignominiam a Galba dimissus
ad defectionem traxit, fictis Vespasiani epistulis pretium proditionis ostentans. Praeerat classi Claudius
Apollinaris, neque fidei constans neque strenuus in
perfidia ; et Apinius Tiro praetura functus ac tum
forte Minturnis agens ducem se defectoribus obtulit.
A quibus municipia coloniaeque impulsae, praecipuo
Puteolanorum in Vespasianum studio, contra Capua
Vitellio fida, municipalem aemulationem bellis ciuilibus
miscebant. 2 Vitellius Claudium Iulianum — is nuper

2 recentissimum M^2 : -mus M^1 ‖ quodque *recc.* : quoque M ‖
summi *recc.* : summis M.
3 arcuere *Juste Lipse* : arguere *codd.* ‖ aspera *codd.* : -re *Bipontini.*
57, 1 uespasiani M^3 : uespani M^1 ‖ praecipuo M^2 : -puae M^1.
2 claudium M^2 : -dius M^1.

avait commandé naguère la flotte de Misène [10], avec une
autorité laxiste ; on lui donna, pour l'appuyer, une cohorte
urbaine et les gladiateurs, dont le chef était Julianus [11].
Quand les deux camps furent face à face, Julianus, sans
grande hésitation, passa au parti de Vespasien et ils
occupèrent tous Terracine, mieux défendue par ses remparts et sa situation que par leurs talents [12].

58. 1 À cette nouvelle, Vitellius [1], laissant à Narni
une partie de ses troupes avec les préfets du prétoire [2],
opposa son frère Lucius Vitellius, avec six cohortes et cinq
cents cavaliers, à l'offensive qui progressait en Campanie [3].
Lui-même, malgré son abattement, était réconforté par le
dévouement des soldats et par les cris du peuple qui
demandait des armes ; et dans son aveuglement il donnait
à ce ramassis de lâches [4], dont l'audace serait purement
verbale, le nom d'armée et de légions. 2 Sur le conseil de
ses affranchis, — car parmi ses amis les plus notables
étaient aussi les moins sûrs [5] —, il convoque les tribus [6]
et fait prêter serment à ceux qui s'enrôlent. Comme on
était débordé par le nombre, il répartit entre les consuls le
soin de choisir les recrues ; il impose aux sénateurs le
nombre d'esclaves et le poids d'argenterie à fournir [7]. Les
chevaliers romains offrirent leur concours et leur argent,
les affranchis eux-mêmes sollicitèrent spontanément leur
part de ces charges. Cet empressement simulé, né de la
crainte, s'était mué en enthousiasme ; et beaucoup prenaient en pitié moins Vitellius que l'avilissement du
principat. 3 Et lui, par ses mines, sa voix, ses larmes,
provoquait la compassion, prodigue de promesses, et cela
sans mesure, comme tous ceux qui tremblent. Bien plus, il
voulut qu'on l'appelât César, titre qu'il avait refusé jusque-
là [8], mais dont il avait alors la superstition ; et puis, quand
on a peur, on écoute aussi bien les rumeurs de la foule que
les conseils des sages. 4 Du reste, comme toutes les

classem Misenensem molli imperio rexerat — permul-
cendis militum animis delegit ; data in auxilium urbana
cohors et gladiatores, quibus Iulianus praeerat. Vt
conlata utrimque castra, haud magna cunctatione Iuliano
in partes Vespasiani transgresso, Tarracinam occu-
pauere, moenibus situque magis quam ipsorum ingenio
tutam.

58. 1 Quae ubi Vitellio cognita, parte copiarum
Narniae cum praefectis praetorii relicta, L. Vitellium
fratrem cum sex cohortibus et quingentis equitibus
ingruenti per Campaniam bello opposuit. Ipse aeger
animi studiis militum et clamoribus populi arma
poscentis refouebatur, dum uolgus ignauom et nihil
ultra uerba ausurum falsa specie exercitum et legiones
appellat. 2 Hortantibus libertis — nam amicorum eius
quanto quis clarior, minus fidus — uocari tribus iubet,
dantes nomina sacramento adigit. Superfluente multitudine, curam dilectus in consules partitur ; seruorum
numerum et pondus argenti senatoribus indicit. Equites
Romani obtulere operam pecuniasque, etiam libertinis
idem munus ultro flagitantibus. Ea simulatio officii a
metu profecta uerterat in fauorem ; ac plerique haud
proinde Vitellium quam casum locumque principatus
miserabantur. 3 Nec deerat ipse uoltu, uoce, lacrimis
misericordiam elicere, largus promissis et, quae natura
trepidantium est, immodicus. Quin et Caesarem se dici
uoluit, aspernatus antea, sed tunc superstitione nominis
et quia in metu consilia prudentium et uolgi rumor

58, 1 praetorii M^2 : -riis M^1.
2 dantes *B Hol U* : dante *M* data *B72 V58 H Mal Prm J G B05
Y01 Y02* ‖ officii a metu *recc.* : officia metu *M* ‖ proinde *M* : perinde
recc.

entreprises issues d'un élan irréfléchi, après des débuts impétueux, languissent avec le temps, les sénateurs et les chevaliers s'éclipsèrent peu à peu, d'abord timidement, en profitant de l'absence du prince, puis en marquant leur mépris et sans choisir le moment, jusqu'à ce que Vitellius, honteux de sa vaine tentative, fit remise de ce qu'on ne lui donnait pas.

59. 1 Si la terreur régnait en Italie depuis l'occupation de Mévania [1], qui semblait avoir ressuscité la guerre, il n'est pas douteux non plus que la retraite si piteuse de Vitellius assura au parti flavien des sympathies nouvelles. Les Samnites, les Péligniens et les Marses, jaloux d'avoir été devancés par la Campanie, étaient pleins d'ardeur, comme toujours quand on sert un nouveau maître, pour assumer toutes les charges de la guerre. 2 Mais un hiver rigoureux [2] éprouva l'armée au passage de l'Apennin, et la difficulté qu'elle eut, bien que sa marche ne fût pas inquiétée, à se frayer un chemin à travers les neiges, montra à quelle situation critique elle aurait dû faire face [3], si la fortune, qui servit les chefs flaviens aussi souvent que leurs calculs, n'avait ramené Vitellius en arrière. On rencontra là-bas [4] Petilius Cerialis, qui, déguisé en paysan et grâce à sa connaissance du pays, avait échappé aux postes de Vitellius. Proche parent, par alliance, de Vespasien, Cerialis ne manquait pas lui-même de réputation militaire [5] ; aussi fut-il reçu au nombre des chefs. 3 Flavius Sabinus et Domitien [6] eurent aussi une occasion favorable pour s'enfuir, au dire de nombreux historiens [7], et, en fait, des émissaires d'Antonius, grâce à divers subterfuges, parvenaient jusqu'à eux, leur indiquant le lieu où ils trouveraient une escorte. Sabinus s'excusait sur son état de santé, qui lui interdisait les fatigues et l'audace ; Domitien était disposé à agir, mais Vitellius avait renforcé sa garde

iuxta audiuntur. 4 Ceterum ut omnia inconsulti impetus coepta initiis ualida spatio languescunt, dilabi
paulatim senatores equitesque, primo cunctanter et ubi
ipse non aderat, mox contemptim et sine discrimine,
donec Vitellius pudore inriti conatus quae non daban-
tur remisit.

59. 1 Vt terrorem Italiae possessa Meuania ac uelut
renatum ex integro bellum intulerat, ita haud dubium
erga Flauianas partes studium tam pauidus Vitellii
discessus addidit. Erectus Samnis Paelignusque et
Marsi aemulatione quod Campania praeuenisset, ut in
nouo obsequio ad cuncta belli munia acres erant. 2 Sed
foeda hieme per transitum Appennini conflictatus
exercitus, et uix quieto agmine niues eluctantibus patuit
quantum discriminis adeundum foret, ni Vitellium
retro fortuna uertisset, quae Flauianis ducibus non
minus saepe quam ratio adfuit. Obuium illic Petilium
Cerialem habuere, agresti cultu et notitia locorum
custodias Vitellii elapsum. Propinqua adfinitas Ceriali
cum Vespasiano, nec ipse inglorius militiae eoque inter
duces adsumptus est. 3 Flauio quoque Sabino ac
Domitiano patuisse effugium multi tradidere ; et missi
ab Antonio nuntii per uarias fallendi artes penetra-
bant, locum ac praesidium monstrantes. Sabinus inhabilem labori et audaciae ualetudinem causabatur ;
Domitiano aderat animus, sed custodes a Vitellio additi,

---

4 contemptim et sine *Pichena* : contempti mesti ne *M* contenti
moestiue *L*.
59, 1 paelignusque *M*³ : aeli- *M*¹.
2 propinqua *M*² : -quas *M*¹.
3 flauio *recc.* : flauiano *M* ‖ inhabilem *M*² : Inabilem *M*¹.

et, malgré la promesse de ses gardiens de fuir avec lui, il
craignait un piège de leur part. D'ailleurs Vitellius, qui
songeait à ses propres parents [8], n'avait personnellement
aucune intention menaçante contre Domitien.

60. 1 Les chefs du parti flavien, arrivés à Carsulae [1],
prennent quelques jours de repos, en attendant les aigles et
les enseignes des légions [2]. L'emplacement même du camp
leur convenait : des vues étendues, le transport des
approvisionnements assuré [3], à l'arrière, des municipes très
prospères [4] ; de plus, on espérait entrer en pourparlers
avec les Vitelliens, campés à dix milles de là [5], et les
amener à trahir. Cela n'était pas du goût des soldats, qui
aimaient mieux la victoire que la paix ; ils ne voulaient
même pas attendre leurs propres légions, qui partage-
raient, se disaient-ils, le butin plutôt que les dangers. 2 Les
ayant convoqués à l'assemblée, Antonius leur expliqua que
Vitellius avait encore des forces, indécises si elles déli-
béraient, redoutables si elles étaient réduites au désespoir.
Au début des guerres civiles, il fallait s'en remettre à la
fortune ; mais la victoire n'était acquise que par la
réflexion et la tactique. Déjà la flotte de Misène et le
magnifique rivage de la Campanie avaient fait défection [6],
et de la terre entière, il ne restait à Vitellius que le
territoire compris entre Terracine et Narni. 3 Assez de
gloire avait été gagné au combat de Crémone, et trop de
haine soulevé par la ruine de Crémone [7] : ils ne devaient
pas souhaiter prendre Rome plutôt que la sauver. Pour
eux les récompenses seraient plus grandes, et l'honneur
bien plus grand encore, s'ils assuraient sans effusion de
sang le salut du Sénat et du peuple romain. Ces paroles et
d'autres semblables apaisèrent les esprits [8].

quamquam se socios fugae promitterent, tamquam
insidiantes timebantur. Atque ipse Vitellius respectu
suarum necessitudinum nihil in Domitianum atrox
parabat.

60. 1 Duces partium ut Carsulas uenere, paucos ad
requiem dies sumunt, donec aquilae signaque legionum
adsequerentur. Et locus ipse castrorum placebat, late
prospectans, tuto copiarum adgestu, florentissimis pone
tergum municipiis ; simul conloquia cum Vitellianis
decem milium spatio distantibus et proditio sperabatur.
Aegre id pati miles et uictoriam malle quam pacem ; ne
suas quidem legiones opperiebantur, ut praedae quam
periculorum socias. 2 Vocatos ad contionem Antonius
docuit esse adhuc Vitellio uires, ambiguas si delibera-
rent, acres si desperassent. Initia bellorum ciuilium
fortunae permittenda ; uictoriam consiliis et ratione
perfici. Iam Misenensem classem et pulcherrimam
Campaniae oram desciuisse nec plus e toto terrarum
orbe reliquum Vitellio quam quod inter Tarracinam
Narniamque iaceat. 3 Satis gloriae proelio Cremonensi
partum et exitio Cremonae nimium inuidiae : ne
concupiscerent Romam capere potius quam seruare.
Maiora illis praemia et multo maximum decus, si
incolumitatem senatui populoque Romano sine sanguine quaesissent. His ac talibus mitigati animi.

60, 1 aquilae M^2 : -las M^1.
2 antonius M^2 : -nium M^1 ‖ consiliis ... perfici *B Hol alii recc.* :
consiliis ... profici *M U* a consiliis ... proficisci *B72 V58 H Mal Prm J
G B05 Y01 Y02* ‖ campaniae *recc.* : capiniae *M*.
3 ne *B72 V58 H Mal Prm J G B05 Y01 Y02* : nec *M B Hol U* ‖
maiora *recc.* : maior *M*.

61. 1 Et peu après les légions arrivèrent [1]. Alors la nouvelle terrifiante de cet accroissement de l'armée ébranlait les cohortes vitelliennes, que personne n'encourageait à la guerre et que beaucoup poussaient à la désertion : ils livraient à l'envi leurs centuries ou leurs escadrons, en présent au vainqueur et pour s'assurer du crédit en vue du lendemain. On apprit par eux qu'Interamna [2], dans les plaines voisines, avait une garnison de quatre cents cavaliers. 2 Envoyé sur-le-champ avec une troupe légère, Varus [3] y tua le peu d'hommes qui résistèrent ; la plupart jetèrent leurs armes et demandèrent grâce. Certains, réfugiés dans le camp [4], y répandaient la terreur en exagérant dans leurs propos la valeur et les forces de l'ennemi, pour atténuer la honte d'avoir abandonné leur poste. 3 Non seulement il n'y avait pas chez les Vitelliens de châtiment pour l'infamie, mais les récompenses accordées aux déserteurs avaient ruiné la fidélité et l'on ne rivalisait plus que de perfidie. Nombreux étaient les tribuns et les centurions qui passaient à l'ennemi ; quant au simple soldat, il était obstinément fidèle à Vitellius. Enfin Priscus et Alfenus [5], qui avaient déserté, revinrent à Vitellius et épargnèrent à tous les autres la honte d'une trahison [6].

62. 1 Pendant ces mêmes journées, Fabius Valens est mis à mort dans sa prison à Urbinum [1]. On montra sa tête aux cohortes vitelliennes, pour leur ôter leur dernière espérance, car elles croyaient que Valens avait pénétré dans les Germanies, qu'il y mettait en branle les anciennes armées [2] et en levait de nouvelles ; la vue de sa tête coupée les jeta dans le désespoir. Quant à l'armée flavienne, la mort de Valens fut pour elle un prodigieux encouragement : elle la regardait comme la fin de la guerre. 2 Valens était né à Anagnia [3], dans une famille équestre. Son caractère dévergondé, malgré un esprit qui n'était pas déraisonnable, le portait à chercher dans la dissipation un renom d'homme distingué [4]. Aux fêtes des Juvénales, sous

61. 1 Nec multo post legiones uenere. Et terrore famaque aucti exercitus Vitellianae cohortes nutabant, nullo in bellum adhortante, multis ad transitionem, qui suas centurias turmasque tradere, donum uictori et sibi in posterum gratiam, certabant. Per eos cognitum est Interamnam proximis campis praesidio quadringentorum equitum teneri. 2 Missus extemplo Varus cum expedita manu paucos repugnantium interfecit ; plures abiectis armis ueniam petiuere. Quidam in castra refugi cuncta formidine implebant, augendo rumoribus uirtutem copiasque hostium, quo amissi praesidii dedecus lenirent. 3 Nec ulla apud Vitellianos flagitii poena, et praemiis defectorum uersa fides ac reliquum perfidiae certamen. Crebra transfugia tribunorum centurionumque ; nam gregarius miles induruerat pro Vitellio, donec Priscus et Alfenus desertis castris ad Vitellium regressi pudore proditionis cunctos exsoluerent.

62. 1 Isdem diebus Fabius Valens Vrbini in custodia interficitur. Caput eius Vitellianis cohortibus ostentatum, ne quam ultra spem fouerent ; nam peruasisse in Germanias Valentem et ueteres illic nouosque exercitus ciere credebant : uisa caede in desperationem uersi. Et Flauianus exercitus immane quantum <aucto> animo exitium Valentis ut finem belli accepit. 2 Natus erat Valens Anagniae equestri familia. Procax moribus neque absurdus ingenio famam urbanitatis per lasciuiam petere. Ludicro Iuuen*ali*um sub Nerone uelut

61, 1 nutabant *recc.* : nuntiabant *M.*
3 uersa *Freinsheim* : uerba *M* uera *L.*
62, 1 urbini *codd.* : Vruini *G. Heraeus* ‖ ostentatum M^2 : -tatur M^1 ‖ quantum aucto *Haase, Nipperdey* : quantum *codd.* quanto *Festa.*
2 petere M^2 : -ret M^1 ‖ Iuuenalium *Juste Lipse* : iuuenum *codd.*

Néron [5], il joua des mimes, soi-disant par contrainte, puis de son plein gré, avec plus de talent que de décence [6]. Légat de légion, il fit la cour à Verginius, et le diffama [7] ; il tua Fonteius Capito [8] après l'avoir corrompu, ou parce qu'il n'avait pu le corrompre ; traître à Galba [9], fidèle à Vitellius, la perfidie des autres lui donna quelque éclat [10].

63. 1 Voyant leurs espérances de toute part brisées, les soldats vitelliens, décidés à changer de parti, voulurent encore ne pas le faire sans honneur [1] : ils descendirent, enseignes et étendards déployés [2], dans les plaines au-dessous de Narni [3]. L'armée flavienne, en ordre et équipée comme pour le combat, avait pris position en rangs serrés des deux côtés de la route [4]. Les Vitelliens furent reçus au milieu et entourés ; Primus Antonius les harangua avec bienveillance ; on leur donna l'ordre de rester, les uns à Narni, les autres à Interamna. On laissa avec eux quelques-unes des légions victorieuses, qui, sans les gêner s'ils se tenaient tranquilles, seraient en force en cas de rébellion. 2 Ces jours-là [5], Primus et Varus ne manquèrent pas d'envoyer messages sur messages pour offrir à Vitellius la vie sauve, de l'argent et une retraite en Campanie [6], s'il déposait les armes et se remettait, lui et ses enfants [7], entre les mains de Vespasien. Mucien lui écrivit aussi dans le même sens, et ses lettres inspiraient généralement confiance à Vitellius, qui parlait du nombre de ses esclaves et du rivage dont il ferait choix. Une telle torpeur avait envahi son esprit [8] que, si les autres ne s'étaient pas souvenus qu'il avait été prince, lui-même l'eût oublié.

Situation à Rome dans les deux camps ; état d'esprit des Vitelliens.

64. 1 Cependant les premiers personnages de l'État [1], dans des entretiens secrets, engageaient Flavius Sabinus,

ex necessitate, mox sponte mimos actitauit, scite magis
quam probe. Legatus legionis et fouit Verginium et
infamauit ; Fonteium Capitonem corruptum, seu quia
corrumpere nequiuerat, interfecit ; Galbae proditor,
Vitellio fidus et aliorum perfidia inlustratus.

63. 1 Abrupta undique spe, Vitellianus miles transi-
turus in partes, id quoque non sine decore, sed sub
signis uexillisque in subiectos Narniae campos descendere. Flauianus exercitus, ut ad proelium intentus
ornatusque, densis circa uiam ordinibus adstiterat.
Accepti in medium Vitelliani, et circumdatos Primus
Antonius clementer adloquitur : pars Narniae, pars
Interamnae subsistere iussi. Relictae simul e uictricibus
legiones, neque quiescentibus graues et aduersus contu-
maciam ualidae. 2 Non omisere per eos dies Primus ac
Varus crebris nuntiis salutem et pecuniam et secreta
Campaniae offerre Vitellio, si positis armis seque ac
liberos suos Vespasiano permisisset. In eundem modum
et Mucianus composuit epistulas ; quibus plerumque
fidere Vitellius ac de numero seruorum, electione
litorum loqui. Tanta torpedo inuaserat animum ut, si
principem eum fuisse ceteri non meminissent, ipse
obliuisceretur.

64. 1 At primores ciuitatis Flauium Sabinum praefectum urbis secretis sermonibus incitabant, uictoriae

---

63, 1 ornatusque *M¹V58* : armatusque *M²* *in marg.* *M¹ B72 V58 H
Mal Prm J G B05 Y01 Y02 B Hol U* || adstiterat *recc.* : adsisterat *M* ||
subsistere *recc.* : substitere *M* || simul *codd.* : simul singulae
J. Müller.

préfet de Rome, à prendre sa part de victoire et de renommée : il avait des soldats à lui [2], ceux des cohortes urbaines, et les cohortes des vigiles ne lui feraient pas défaut, non plus que les esclaves de ses amis, ni la fortune du parti : tout est facile pour les vainqueurs ; pour la gloire, il ne devait céder le pas ni à Antonius ni à Varus. 2 Vitellius n'avait qu'un petit nombre de cohortes, et encore, désemparées par les tristes nouvelles venues de tous côtés [3] ; le peuple a l'âme changeante et, si Sabinus se proposait comme chef, les mêmes adulations iraient à Vespasien ; Vitellius, lui, n'avait pas été à la hauteur, même dans le succès, à plus forte raison était-il impuissant dans l'effondrement. Le mérite d'avoir terminé la guerre reviendrait à qui mettrait la main sur la Ville. Le rôle qui convenait à Sabinus, c'était de garder pour son frère l'Empire en dépôt, celui de Vespasien, de faire passer Sabinus avant tous les autres.

65. 1 Ces paroles ne relevaient nullement son courage, car il était affaibli par l'âge [1] ; mais il y avait des gens pour le soupçonner secrétement et lui reprocher de retarder par malveillance et par jalousie l'avènement de son frère. De fait, Flavius Sabinus était l'aîné et, quand ils étaient tous deux de simples particuliers, il avait sur Vespasien l'avantage de l'autorité et de la fortune [2] ; il passait même pour avoir soutenu d'une façon assez fâcheuse [3] son crédit entamé, en prenant en gage sa maison et ses terres ; aussi, malgré leur bonne entente apparente, craignait-on de secrets ressentiments. 2 Une hypothèse plus bienveillante, c'est que cet homme doux avait horreur du sang et des massacres, et que pour cette raison il avait avec Vitellius de fréquents entretiens sur la paix et sur la possibilité de déposer les armes grâce à une transaction [4]. Après s'être souvent rencontrés l'un chez l'autre, ils finirent par

famaeque partem capesseret : esse illi proprium militem cohortium urbanarum, nec defuturas uigilum cohortes, seruitia ipsorum, fortunam partium et omnia prona uictoribus : ne Antonio Varoque de gloria concederet. 2 Paucas Vitellio cohortes et maestis undique nuntiis trepidas ; populi mobilem animum et, si ducem se praebuisset, easdem illas adulationes pro Vespasiano fore ; ipsum Vitellium ne prosperis quidem parem, adeo ruentibus debilitatum. Gratiam patrati belli penes eum qui urbem occupasset : id Sabino conuenire ut imperium fratri reseruaret, id Vespasiano ut ceteri post Sabinum haberentur.

65. 1 Haudquaquam erecto animo eas uoces accipiebat, inualidus senecta ; erant qui occultis suspicionibus incesserent, tamquam inuidia et aemulatione fortunam fratris moraretur. Namque Flauius Sabinus aetate prior priuatis utriusque rebus auctoritate pecuniaque Vespasianum anteibat, et credebatur adfectam eius fidem pr*au*e iuuisse domo agrisque pignori acceptis ; unde, quamquam manente in speciem concordia, offensarum operta metuebantur. 2 Melior interpretatio, mitem uirum abhorrere a sanguine et caedibus, eoque crebris cum Vitellio sermonibus de pace ponendisque per condicionem armis agitare. Saepe domi congressi,

64, 2 reseruaret *M²* : -uari *M¹*.

65, 1 senecta *Puteolanus* : senecta seu *M* senecta sensu *K* senecta sensuque *L* senecta sed *Haase* ‖ *post haec uerba in omnibus codicibus ordo turbatus est* ; *sequitur* ferebatur lecticula (67, 2) *usque ad* in Capitolium acciuit (69, 4) ; *quibus uerbis succedunt* erant qui (65, 1) *usque ad* circum familia (67, 2) ; *ordinem restituit Puteolanus* ‖ inuidia *recc.* : -diae *M* ‖ praue iuuisse *Doederlein* : preiuuisse *codd.* parce iuuisse *Halm* parum iuuisse *Bipontini* praemuniisse *Wellesley.*

2 ponendisque *recc.* : ponesisque *M* ‖ propior *recc.* : proprior *M*.

conclure un accord, comme le bruit en courut alors, dans le temple d'Apollon [5]. Leurs paroles et leurs voix n'avaient que deux témoins, Cluvius Rufus et Silius Italicus [6] ; ceux qui les observaient de loin remarquaient l'expression de leurs visages : celui de Vitellius était abattu et sans dignité, Sabinus, loin de triompher, semblait plutôt apitoyé.

66. 1 Si Vitellius avait pu faire fléchir l'obstination des siens [1] aussi facilement qu'il avait lui-même cédé la place, l'armée de Vespasien fût entrée dans Rome sans effusion de sang. Mais plus ils étaient fidèles à Vitellius, plus ils repoussaient la paix et les transactions [2] ; ils en montraient le danger et le déshonneur, et pour toute garantie le bon plaisir du vainqueur. 2 Et puis, Vespasien n'avait pas un tel sentiment de sa supériorité qu'il pût souffrir Vitellius simple particulier ; les vaincus eux-mêmes ne le supporteraient pas : ainsi le danger viendrait de la pitié [3]. Sans doute était-il lui-même âgé et rassasié de succès et de revers, mais quel nom, quelle situation aurait son fils Germanicus [4] ? Pour le moment, on lui promettait de l'argent, des esclaves et les rivages heureux de la Campanie, mais quand Vespasien serait maître de l'Empire, ni lui-même, ni ses amis, ni enfin ses armées ne retrouveraient la sécurité qu'après la mort d'un rival. 3 Fabius Valens, fait prisonnier et épargné quelques jours [5], avait été pour eux une charge insupportable ; à plus forte raison, Primus, Fuscus [6] et Mucien, le partisan accompli, n'avaient-ils, à l'endroit de Vitellius, d'autre licence que celle de le tuer. César n'avait pas laissé la vie à Pompée, ni Auguste à Antoine [7] ; mais peut-être avait-il l'âme plus haute, ce Vespasien, client d'un Vitellius [8], quand ce Vitellius était collègue de Claude ? 4 Que bien plutôt la censure

postremo in aede Apollinis, ut fama fuit, pepigere.
Verba uocesque duos testes habebant, Cluuium Rufum
et Silium Italicum ; uoltus procul uisentibus notaban-
tur, Vitellii proiectus et degener, Sabinus non insultans
et miseranti propior.

66. 1 Quod si tam facile suorum mentes flexisset
Vitellius quam ipse cesserat, incruentam urbem Vespasiani exercitus intrasset. Ceterum ut quisque Vitellio
fidus, ita pacem et condiciones abnuebant, discrimen ac
dedecus ostentantes et fidem in libidine uictoris. 2 Nec
tantam Vespasiano superbiam ut priuatum Vitellium
pateretur, ne uictos quidem laturos : ita periculum ex
misericordia. Ipsum sane senem et prosperis aduer-
sisque satiatum, sed quod nomen, quem statum filio
eius Germanico fore ? Nunc pecuniam et familiam et
beatos Campaniae sinus promitti ; sed ubi imperium
Vespasianus inuaserit, non ipsi, non amicis eius, non
denique exercitibus securitatem nisi exstincto aemulo
redituram. 3 Fabium illis Valentem, captiuum et paucis
diebus reseruatum, praegrauem fuisse, nedum Primus
ac Fuscus et specimen partium Mucianus ullam in
Vitellium nisi occidendi licentiam habeant. Non a
Caesare Pompeium, non ab Augusto Antonium incolumes
relictos, nisi forte Vespasianus altiores spiritus gerat,
Vitellii cliens, cum Vitellius collega Claudio foret.

66, 1 uespasiani *recc.* : uespani *M.*
2 promitti sed *recc.* : promittis. et *M* ‖ exstincto *M²* : extato *M¹* ‖
aemulo redituram *Rhenanus* : emulatore dituram *M* emulatore
redituram *B72 V58 H Mal Prm J G B05 Y01 Y02* emulatore daturam
B Hol U aemulato redituram *Walther.*
3 paucis diebus *L* : casibus dubiis *B72 V58 H Mal Prm J G B05
Y01 Y02* captis diebus *M B Hol U* ‖ altiores *recc.* : -re *M.*

de son père et ses trois consulats [9], que tant d'honneurs accumulés sur une illustre maison le poussent à s'armer, fût-ce par désespoir, pour un coup d'audace [10] ! Le soldat tenait bon, la faveur du peuple lui restait acquise ; enfin rien ne pouvait arriver de plus affreux que le malheur où d'eux-mêmes ils se précipitaient. Il faudrait mourir s'ils étaient vaincus, mourir s'ils se rendaient ; il importait seulement de savoir s'ils rendraient le dernier soupir sous la raillerie et les insultes, ou en braves.

67. 1 Vitellius faisait la sourde oreille aux conseils énergiques ; son âme était accablée de compassion et de souci, dans la crainte qu'une lutte opiniâtre ne laissât le vainqueur moins clément pour sa femme et ses enfants [1]. Il avait aussi une mère, épuisée par l'âge [2] ; celle-ci toutefois prévint de quelques jours, en mourant à propos, la ruine de sa maison. Elle n'avait gagné au principat de son fils que des chagrins et l'estime publique.

2 Le quinzième jour avant les calendes de janvier [3], ayant appris la défection de la légion et des cohortes qui s'étaient rendues à Narni, il sort du palais, en vêtements de deuil, entouré de sa maison en larmes [4] ; on portait sur sa propre litière [5] son tout jeune fils [6], comme pour un cortège funèbre [7] ; les cris du peuple étaient flatteurs, mais intempestifs ; les soldats gardaient un silence menaçant.

68. 1 Personne n'était assez oublieux des vicissitudes humaines pour n'être pas ému à ce spectacle : un prince romain, naguère encore maître du genre humain [1], abandonnant le siège de sa fortune [2] et traversant le peuple, traversant la Ville, pour sortir de l'Empire [3]. On n'avait jamais vu, jamais entendu rien de tel. Un attentat soudain avait abattu le dictateur César [4], un obscur complot,

4 Quin, ut censuram patris, ut tres consulatus, ut tot egregiae domus honores deceret, desperatione saltem in audaciam accingeretur. Perstare militem, superesse studia populi ; denique nihil atrocius euenturum quam in quod sponte ruant. Moriendum uictis, moriendum deditis : id solum referre, nouissimum spiritum per ludibrium et contumelias effundant an per uirtutem.

67. 1 Surdae ad fortia consilia Vitellio aures : obruebatur animus miseratione curaque, ne pertinaci- bus armis minus placabilem uictorem relinqueret coniugi ac liberis. Erat illi et fessa aetate parens ; quae tamen paucis ante diebus opportuna morte excidium domus praeuenit, nihil principatu filii adsecuta nisi luctum et bonam famam. 2 XV kalendas Ianuarias audita defec- tione legionis cohortiumque quae se Narniae dedide- rant, pullo amictu Palatio degreditur maesta circum familia ; *sua* ferebatur lecticula paruulus filius uelut in funebrem pompam ; uoces populi blandae et intempes- tiuae, miles minaci silentio.

68. 1 Nec quisquam adeo rerum humanarum imme- mor, quem non commoueret illa facies, Romanum principem et generis humani paulo ante dominum relicta fortunae suae sede per populum, per urbem exire de imperio. Nihil tale uiderant, nihil audie- rant. Repentina uis dictatorem Caesarem oppresserat,

---

4 tres *recc.* : res *M* ‖ deceret *B72 V58 H Mal Prm J G B05 Y01 Y02* : degeret *M B Hol U* negligeret *L, Wellesley* (negle-) ‖ audaciam *recc.* : -cia *M*.

67, 1 obruebatur *recc.* : -bantur *M* ‖ coniugi *recc.* : -gis *M*.

2 XV *M* : quintum decimum *uel* -to -mo *recc.* ‖ familia *B72 V58 H Mal Prm J G B05 Y01 Y02* : famia *M* fana *uel* fama *B Hol U* ‖ sua *Lenchantin pro* seu *M* (*uide adn. ad* 65, 1) simul *Puteolanus*.

Caligula [5] ; la nuit et une campagne inconnue avaient caché
la fuite de Néron [6] ; Pison et Galba tombèrent comme au
combat [7] ; 2 mais Vitellius, ce fut dans l'assemblée qu'il
avait convoquée, au milieu de ses soldats, et même avec
des femmes observant de loin [8], qu'il prononça quelques
mots conformes à la tristesse présente [9] : il se retirait dans
l'intérêt de la paix et de l'État [10], demandant seulement
qu'on gardât son souvenir et qu'on eût pitié de son frère,
de sa femme et de l'âge innocent de ses enfants ; en même
temps, il élevait son fils dans ses bras et le recommandait
tour à tour à chacun en particulier et à tous ensemble ;
enfin, les pleurs étouffant sa voix, il se tourna vers le
consul debout près de lui — c'était Caecilius Simplex [11] —
et détachant de son côté le poignard, symbole du droit de
vie et de mort sur les citoyens, il voulait le lui remettre.
3 Le consul le repousse, les assistants se récrient, alors
Vitellius s'éloigna, avec l'intention de déposer au temple
de la Concorde les insignes de l'Empire [12] et de gagner la
maison de son frère [13]. Sur ce les cris redoublent, on
s'oppose à ce qu'il aille dans une demeure privée, on
l'appelle au palais. Tout autre chemin était barré, seul
restait ouvert celui qui conduisait à la Voie Sacrée ; alors,
ne sachant que décider, il retourne au palais [14].

Action de Flavius Sabinus ; prise et incendie du Capitole.

69. 1 Le bruit s'était répandu d'avance qu'il abdiquait
l'Empire [1], et Flavius Sabinus avait écrit aux tribuns des
cohortes de contenir leurs troupes [2]. Ainsi donc, comme si
l'État tout entier fût tombé dans les bras de Vespasien, les
principaux sénateurs, la plupart des chevaliers, tous les
soldats des cohortes urbaines et des vigiles remplissent la
maison de Flavius Sabinus [3]. C'est là qu'on vient annoncer
les manifestations de la foule et les menaces des cohortes
germaniques [4]. 2 Sabinus s'était déjà trop avancé pour
pouvoir reculer ; d'autre part, les autres, craignant d'être
exposés isolément, et par suite moins forts, à la poursuite

occultae Gaium insidiae, nox et ignotum rus fugam
Neronis absconderant, Piso et Galba tamquam in acie
cecidere : 2 in sua contione Vitellius, inter suos milites,
prospectantibus etiam feminis, pauca et praesenti maes-
titiae congruentia locutus — cedere se pacis et rei
publicae causa, retinerent tantum memoriam sui fratremque et coniugem et innoxiam liberorum aetatem
miserarentur — simul filium protendens, modo singulis
modo uniuersis commendans, postremo fletu praepe-
diente adsistenti consuli — Caecilius Simplex erat —
exsolutum a latere pugionem uelut ius necis uitaeque
ciuium reddebat. 3 Aspernante consule, reclamantibus
qui in contione adstiterant, ut in aede Concordiae
positurus insignia imperii domumque fratris petiturus
discessit. Maior hic clamor obsistentium penatibus
priuatis, in Palatium uocantium. Interclusum aliud iter,
idque solum quo in sacram uiam pergeret patebat ; tum
consilii inops in Palatium redit.

69. 1 Praeuenerat rumor eiurari ab eo imperium,
scripseratque Flauius Sabinus cohortium tribunis ut
militem cohiberent. Igitur tamquam omnis res publica
in Vespasiani sinum cessisset, primores senatus et
plerique equestris ordinis omnisque miles urbanus et
uigiles domum Flauii Sabini compleuere. Illuc de
studiis uolgi et minis Germanicarum cohortium adfertur. 2 Longius iam progressus erat quam ut regredi
posset ; et suo quisque metu, ne disiectos eoque minus

68, 2 sui M^2 : suam M^1.

3 hic *codd.* : hinc *Haase* ‖ interclusum *recc.* : inter clausum M ‖
quo in sacram *recc.* : quod in sacra M ‖ redit M : rediit *recc.*

69, 1 eiurari *recc.* : iurari M ‖ cessisset *B72 V58 H Mal Prm J G
B05 Y01 Y02* : cecississet M cecidisset *B Hol U.*

des Vitelliens, poussaient aux armes Sabinus qui hésitait ;
mais, comme il arrive en pareil cas, tous donnèrent le
conseil, un petit nombre prit part au danger. En descendant vers le bassin de Fundanus [5], l'escorte armée de
Sabinus [6] se heurte aux plus déterminés des Vitelliens. Le
combat se réduisit à une bagarre fortuite, mais l'avantage
resta aux Vitelliens. 3 Sabinus, dans son désarroi, prit le
parti le plus sûr, étant donné les circonstances : il occupa
la citadelle du Capitole [7] avec ses soldats auxquels se
mêlaient quelques sénateurs et chevaliers, dont il serait
difficile de rappeler les noms, car, après la victoire de
Vespasien, beaucoup revendiquèrent mensongèrement ce
service rendu au parti. Même des femmes subirent le siège,
parmi lesquelles Verulana Gratilla [8] surtout se fit remarquer, car elle n'avait suivi ni ses enfants ni ses proches,
mais la guerre. 4 Les soldats vitelliens investirent la place
avec négligence, si bien que Sabinus, en pleine nuit [9], fit
venir au Capitole ses enfants [10] et Domitien, le fils de son
frère, et envoya, par des passages non gardés, un émissaire
aux chefs flaviens, pour les prévenir qu'ils étaient assiégés
et que, faute de secours, leur position serait critique. La
nuit qu'il passa fut si paisible qu'il aurait pu sortir sans
dommage : de fait, les soldats de Vitellius, intrépides en
face des dangers, manquaient de zèle pour les travaux et
les veilles ; de plus, une averse d'hiver, qui se mit soudain
à tomber, empêchait de voir et d'entendre.

70. 1 Au point du jour [1], Sabinus, sans attendre la
reprise des hostilités, envoya le primipilaire Cornelius
Martialis [2] auprès de Vitellius, avec mission de se plaindre
que l'accord fût violé [3] : son abdication n'avait été qu'un
simulacre, une comédie destinée à tromper tant d'illustres

ualidos Vitelliani consectarentur, cunctantem in arma
impellebant ; sed quod in eius modi rebus accidit,
consilium ab omnibus datum est, periculum pauci
sumpsere. Circa lacum Fundani descendentibus qui
Sabinum comitabantur armatis occurrunt promptissimi Vitellianorum. Modicum ibi proelium improuiso
tumultu, sed prosperum Vitellianis fuit. 3 Sabinus re
trepida, quod tutissimum e praesentibus, arcem Capitolii insedit mixto milite et quibusdam senatorum equitumque, quorum nomina [aut] tradere haud promptum
est, quoniam uictore Vespasiano multi id meritum erga
partes simulauere. Subierunt obsidium etiam feminae,
inter quas maxime insignis Verulana Gratilla, neque
liberos neque propinquos sed bellum secuta. 4 Vitellianus miles socordi custodia clausos circumdedit ; eoque
concubia nocte suos liberos Sabinus et Domitianum
fratris filium in Capitolium acciuit, misso per neglecta
ad Flauianos duces nuntio, qui circumsideri ipsos et, ni
subueniretur, artas res nuntiaret. Noctem adeo quietam
egit ut digredi sine noxa potuerit : quippe miles Vitellii
aduersus pericula ferox, laboribus et uigiliis parum
intentus erat, et hibernus imber repente fusus oculos
auresque impediebat.

70. 1 Luce prima Sabinus, antequam in uicem
hostilia coeptarent, Cornelium Martialem e primipilaribus ad Vitellium misit cum mandatis et questu quod
pacta turbarentur : simulationem prorsus et imaginem

2 pauci M^2 : paucis M^1 || improuiso M^2 : -sum M^1.
3 quod M^2 : quoque M^1 || tradere haud *recc.* : aut tradere haud M ||
Gratilla *Ernesti* : gratilia M L.
4 domitianum M^2 : -nus M^1 || ipsos et ni *Pichena* : ipso se Ini M
ipsi seni L || artas M^2L : artes M^1.
70, 1 simulationem *recc.* : -ne M.

citoyens ; car, sans cela, pourquoi, des Rostres avoir gagné
la maison de son frère, qui, dominant le Forum, est bien
faite pour provoquer les regards [4], plutôt que l'Aventin et
la demeure de son épouse [5] ? Voilà ce que devait faire un
simple particulier, voulant éviter tout ce qui évoquait le
principat. 2 Au contraire, Vitellius était retourné au palais,
précisément dans la forteresse du pouvoir ; de là, il avait
lancé une colonne armée, il avait jonché de cadavres d'in-
nocents le quartier le plus fréquenté de la ville, on ne
respectait même pas le Capitole. Lui, Sabinus, vêtu de la
toge, n'était, bien entendu, qu'un simple sénateur ; tandis
qu'entre Vespasien et Vitellius le différend se réglait par
des combats de légions, des prises de villes, des capitula-
tions de cohortes [6], que déjà les Espagnes, les Germanies et
la Bretagne faisaient défection [7] ; le frère de Vespasien
était resté loyal, jusqu'au moment où on était venu
l'inviter à négocier. 3 La paix et la concorde sont
profitables aux vaincus, pour les vainqueurs elles sont
seulement glorieuses. Si Vitellius regrette leur accord, ce
n'est pas Sabinus qu'il doit attaquer, le fer à la main, après
l'avoir perfidement trompé, ni le fils de Vespasien, tout
juste pubère [8] — que gagnerait-il au meurtre d'un vieillard
et d'un adolescent ? — il doit marcher à la rencontre des
légions et combattre là-bas pour le pouvoir suprême ; de
l'issue du combat dépendra tout le reste. 4 À ces
reproches, Vitellius, bouleversé, répondit quelques mots
pour se justifier, rejetant la faute sur les soldats, dont
l'ardeur était excessive ; sa modération était impuissante ;
puis il avertit Martialis de se retirer discrètement par un
passage dérobé, de peur que le médiateur d'une paix
odieuse ne fût tué par les soldats [9]. Lui-même, incapable
d'ordonner et d'interdire, il avait cessé d'être empereur et
n'était plus qu'une cause de guerre.

deponendi imperii fuisse ad decipiendos tot inlustres
uiros. Cur enim e rostris fratris domum, imminentem
foro et inritandis hominum oculis, quam Auentinum et
penates uxoris petisset ? Ita priuato et omnem principatus speciem uitanti conuenisse. 2 Contra Vitellium in
Palatium, in ipsam imperii arcem regressum ; inde
armatum agmen emissum, stratam innocentium caedibus celeberrimam urbis partem, ne Capitolio quidem
abstineri. Togatum nempe se et unum e senatoribus ;
dum inter Vespasianum ac Vitellium proeliis legionum,
captiuitatibus urbium, deditionibus cohortium iudica-
tur, iam Hispaniis Germaniisque et Britannia desciscentibus, fratrem Vespasiani mansisse in fide, donec ultro
ad condiciones uocaretur. 3 Pacem et concordiam uictis
utilia, uictoribus tantum pulchra esse. Si conuentionis
paeniteat, non se, quem perfidia deceperit, ferro pete-
ret, non filium Vespasiani uix puberem — quantum
occisis uno sene et uno iuuene profici ? — : iret obuiam
legionibus et de summa rerum illic certaret ; cetera
secundum euentum proelii cessura. 4 Trepidus ad haec
Vitellius pauca purgandi sui causa respondit, culpam in
militem conferens, cuius nimius ardor ; imparem esse
modestiam suam ; et monuit Martialem ut per secretam
aedium partem occulte abiret, ne militibus internuntius
inuisae pacis interficeretur. Ipse neque iubendi neque
uetandi potens non iam imperator, sed tantum belli
causa erat.

1 conuenisse *recc.* : contemnisse *M.*
2 captiuitatibus *recc.* : -uitabus *M.*
3 se quem *recc.* : seque *M.*
4 nimius ardor *M B72 H Mal Prm J G B05 Y01 Y02 B Hol U L* :
nimio ardori *V58, Puteolanus* ‖ secretam aedium *recc.* : secretam (-ta
M²) maedium *M¹* ‖ militibus *M recc.* : a militibus *recc.* ‖ iubendi *recc.* :
iuuendi *M.*

71. 1 À peine Martialis était-il rentré au Capitole que les soldats déchaînés y étaient déjà ; pas de chef, chacun ne prenait conseil que de lui-même. Formés en colonne, ils dépassent rapidement le Forum et les temples qui le dominent [1], puis ils escaladent en ordre de bataille la colline qui leur fait face [2], jusqu'à la première porte de la citadelle du Capitole [3]. Le long de la rampe, à droite en montant, il y avait depuis l'antiquité des portiques [4], sur le toit desquels s'avancèrent les assiégés ; de là, ils écrasaient les Vitelliens avec des pierres et des tuiles [5]. 2 Ceux-ci n'avaient à la main que leurs épées, et il leur semblait trop long de faire venir des machines ou des armes de jet ; ils lancèrent des torches sur le portique qui faisait saillie [6], et ils progressaient à la suite du feu ; la porte du Capitole était en flammes et ils l'auraient forcée, si Sabinus, faisant arracher de leurs bases toutes les statues, monuments glorieux de nos ancêtres, n'en avait fait, juste à l'entrée, une sorte de barricade. 3 Alors l'ennemi attaque d'autres points d'accès du Capitole, du côté opposé [7] près du Bois d'Asile [8] et à l'endroit où on accède à la Roche Tarpéienne par les Cent Degrés [9]. Ces deux assauts étaient imprévus ; le plus rapproché et le plus violent était mené à travers l'Asile. On ne pouvait arrêter les assaillants qui montaient par une suite de bâtiments contigus, élevés en pleine paix à une hauteur telle qu'ils étaient de niveau avec le sol du Capitole. 4 À ce propos, on discute [10] si ce furent les assaillants qui lancèrent des brandons sur les toits, ou les assiégés, selon l'opinion la plus répandue, qui repoussèrent ainsi leurs adversaires progressant dans leur escalade. De là, le feu gagna les portiques adossés au temple [11] ; puis les aigles en bois ancien qui soutenaient le faîte [12] attirèrent les flammes et les nourrirent. Ainsi brûla le Capitole, portes closes, sans être défendu ni pillé [13].

72. 1 Ce fut depuis la fondation de Rome le plus déplorable et le plus honteux forfait qui eût éprouvé la République du peuple romain [1] : elle était sans ennemi

71. 1 Vixdum regresso in Capitolium Martiale, furens miles aderat, nullo duce, sibi quisque auctor. Cito agmine forum et imminentia foro templa praeter-uecti erigunt aciem per aduersum collem usque ad primas Capitolinae arcis fores. Erant antiquitus porti-cus in latere cliui dextrae subeuntibus, in quarum tectum egressi saxis tegulisque Vitellianos obruebant. 2 Neque illis manus nisi gladiis armatae, et arcessere tormenta aut missilia tela longum uidebatur : faces in prominentem porticum iecere et sequebantur ignem ambustasque Capitolii fores penetrassent, ni Sabinus reuolsas undique statuas, decora maiorum, in ipso aditu uice muri obiecisset. 3 Tum diuersos Capitolii aditus inuadunt iuxta lucum asyli et qua Tarpeia rupes centum gradibus aditur. Improuisa utraque uis ; pro-pior atque acrior per asylum ingruebat. Nec sisti poterant scandentes per coniuncta aedificia, quae ut in multa pace in altum edita solum Capitolii aequabant. 4 Hic ambigitur, ignem tectis obpugnatores iniecerint an obsessi, quae crebrior fama, nitentes ac progressos depulerint. Inde lapsus ignis in porticus adpositas aedibus ; mox sustinentes fastigium aquilae uetere ligno traxerunt flammam alueruntque. Sic Capitolium clausis foribus indefensum et indireptum conflagrauit.

72. 1 Id facinus post conditam urbem luctuosissi-mum foedissimumque rei publicae populi Romani

---

71, 1 collem *recc.* : colle *M*.
3 solum *recc.* : sonum *M*.
4 fama *recc.* : famam *M* ‖ nitentes ... depulerint *M B Hol U* : quo nitentes ... depellerent *B72 V58 H Mal Prm J G B05 Y01 Y02* ‖ uetere *recc.* : uertere *M* ‖ traxerunt *M B Hol U* : traxere *B72 V58 H Mal Prm J G B05 Y01 Y02*.

étranger, en paix avec les dieux, autant que nos mœurs le permettaient, et pourtant la demeure de Jupiter Très Bon, Très Grand, que nos ancêtres avaient fondée, sur la foi des auspices, comme le gage de l'Empire [2], ce temple, que ni Porsenna quand la Ville capitula [3], ni les Gaulois quand ils la prirent [4] n'avaient pu profaner, était détruit par l'égarement des princes. Le Capitole avait déjà brûlé pendant une autre guerre civile, mais par le crime de simples particuliers [5] ; cette fois, il fut ouvertement assiégé, ouvertement incendié, et pourquoi avait-on pris les armes ? Quel profit a-t-on retiré d'un tel désastre ? Est-ce pour la patrie que nous avons combattu [6] ? 2 Le temple avait été voué par le roi Tarquin l'Ancien pendant la guerre contre les Sabins, et il en avait jeté les fondations plutôt en prévision de notre grandeur future que d'après les ressources encore modestes du peuple romain [7]. Puis Servius Tullius, grâce au zèle des alliés [8], ensuite Tarquin le Superbe, après la prise de Suessa Pometia, avec les dépouilles des ennemis, élevèrent l'édifice [9]. Mais la gloire d'un si bel ouvrage était réservée au régime de la liberté : après l'expulsion des rois, Horatius Pulvillus, consul pour la seconde fois [10], dédia ce monument, d'une telle magnificence que plus tard les immenses richesses du peuple romain devaient l'embellir plutôt que l'agrandir. 3 Il fut reconstruit sur le même emplacement quand, au bout de quatre cent quinze ans, il brûla, sous le consulat de Lucius Scipion et de Caius Norbanus [11]. Après sa victoire, Sylla se chargea de le reconstruire, mais pourtant il n'en fit pas la dédicace : c'est la seule chose qui ait été refusée à son bonheur [12]. Le nom de Lutatius Catulus [13], parmi les grands ouvrages des Césars, a subsisté jusqu'à Vitellius [14]. C'est ce temple qui brûlait alors.

accidit, nullo externo hoste, propitiis, si per mores
nostros liceret, deis, sedem Iouis Optimi Maximi,
auspicato a maioribus pignus imperii conditam, quam
non Porsenna dedita urbe neque Galli capta temerare
potuissent, furore principum excindi. Arserat et ante
Capitolium ciuili bello, sed fraude priuata : nunc palam
obsessum, palam incensum, quibus armorum causis ?
quo tantae cladis pretio stetit ? pro patria bellauimus ?
2 Vouerat Tarquinius Priscus rex bello Sabino iece-
ratque fundamenta spe magis futurae magnitudinis
quam quo modicae adhuc populi Romani res sufficerent. Mox Seruius Tullius sociorum studio, dein Tarquinius Superbus capta Suessa Pometia hostium spoliis
exstruxere. Sed gloria operis libertati reseruata : pulsis
regibus, Horatius Puluillus iterum consul dedicauit ea
magnificentia quam immensae postea populi Romani
opes ornarent potius quam augerent. 3 Isdem rursus
uestigiis situm est, postquam interiecto quadringentorum quindecim annorum spatio L. Scipione C. Norbano
consulibus flagrauerat. Curam uictor Sulla suscepit
neque tamen dedicauit : hoc solum felicitati eius
negatum. Lutatii Catuli nomen inter tanta Caesarum
opera usque ad Vitellium mansit. Ea tunc aedes
cremabatur.

72, 1 optimi *recc.* : -mum *M* ‖ stetit pro *codd.* : stetit dum pro
Haase stetit ? num pro *Lenchantin* stetit ? scilicet pro *Koestermann*
alii alia.

2 operis *codd.* : patrati operis *Ritter* ‖ puluillus *recc.* : puluilius
M ‖ consul *M²* : -le *M¹.*

3 quindecim *codd.* : uiginti quinque *Juste Lipse* ‖ inter tanta *recc.* :
inter ta *M* inter tot *Pichena.*

73. 1 Cependant l'incendie causa plus de frayeur aux assiégés qu'aux assiégeants. C'est que le soldat vitellien ne manquait dans les moments critiques ni de ruse ni de fermeté ; dans le camp opposé, des soldats désemparés, un chef sans énergie et hébété [1], incapable de parler et d'entendre, qui ne se laissait pas guider par les conseils d'autrui, mais ne décidait rien par lui-même, qui tournait ici et là, selon les cris de l'ennemi, interdisait ce qu'il avait ordonné, ordonnait ce qu'il avait interdit ; bientôt, comme il arrive quand tout est perdu, tout le monde commandait, personne n'exécutait ; enfin, jetant leurs armes, ils cherchaient d'un œil inquiet comment fuir et se dérober. 2 Les Vitelliens font irruption [2] et portent partout le carnage, le fer et les flammes. Un petit nombre d'hommes de guerre [3], dont les plus distingués étaient Cornelius Martialis, Aemilius Pacensis, Casperius Niger, Didius Scaeva [4], osent combattre et se font tuer. Flavius Sabinus était sans armes et n'essayait pas de fuir ; on l'entoure, ainsi que le consul Quintius Atticus [5], que signalaient cette ombre de magistrature et sa propre légèreté, car il avait lancé des proclamations au peuple pleines d'éloges pour Vespasien et d'invectives contre Vitellius [6]. 3 Les autres, après maintes aventures, s'échappèrent, certains déguisés en esclaves, d'autres recueillis par des clients fidèles et cachés parmi des bagages. Il y en eut qui, ayant surpris le mot de passe qui servait aux Vitelliens à se reconnaître, surent le demander ou le donner, et trouvèrent dans leur audace un refuge.

74. 1 Domitien, dès le début de l'invasion des assaillants [1], s'était caché chez le gardien du temple ; l'astuce d'un affranchi lui permit de se mêler incognito, vêtu de lin [2], à une foule de dévots et de gagner le domicile de Cornelius Primus, client de son père [3], près du Vélabre [4], où il resta caché. Et quand son père eut pris le pouvoir, il

73. 1 Sed plus pauoris obsessis quam obsessoribus intulit. Quippe Vitellianus miles neque astu neque constantia inter dubia indigebat ; ex diuerso trepidi milites, dux segnis et uelut captus animi non lingua, non auribus competere ; neque alienis consiliis regi neque sua expedire, huc illuc clamoribus hostium circumagi, quae iusserat uetare, quae uetuerat iubere ; mox, quod in perditis rebus accidit, omnes praecipere, nemo exsequi ; postremo abiectis armis fugam et fallendi artes circumspectabant. 2 Inrumpunt Vitelliani et cuncta sanguine, ferro flammisque miscent. Pauci militarium uirorum, inter quos maxime insignes Cornelius Martialis, Aemilius Pacensis, Casperius Niger, Didius Scaeua, pugnam ausi obtruncantur. Flauium Sabinum inermem neque fugam coeptantem circumsistunt et Quintium Atticum consulem, umbra honoris et suamet uanitate monstratum, quod edicta in populum pro Vespasiano magnifica, probrosa aduersus Vitellium iecerat. 3 Ceteri per uarios casus elapsi, quidam seruili habitu, alii fide clientium contecti et inter sarcinas abditi. Fuere qui excepto Vitellianorum signo quo inter se noscebantur, ultro rogitantes respondentesue audaciam pro latebra haberent.

74. 1 Domitianus prima inruptione apud aedituum occultatus, sollertia liberti lineo amictu turbae sacricolarum immixtus ignoratusque apud Cornelium Primum paternum clientem iuxta Velabrum delituit. Ac potiente

---

73, 1 pauoris *codd.* : i (?) pauoris *M unde* id pauoris *Andresen fortasse recte* ǁ iubere *recc.* : iuuere *M*.
2 insignes *recc.* : -gnis *M*.
3 fide *M*² : fidem *M*¹.

fit abattre la loge du gardien pour bâtir à sa place un petit sanctuaire à Jupiter Sauveur[5], avec un autel où son aventure était gravée sur le marbre ; puis, devenu empereur il consacra un grand temple à Jupiter Gardien, avec son effigie entre les bras du dieu[6]. 2 Sabinus et Atticus chargés de chaînes sont amenés à Vitellius[7], qui les accueille sans aucune animosité dans les propos ni sur le visage, malgré les murmures de ceux qui réclamaient le droit de les tuer et le salaire du service ainsi rendu. Sur un cri poussé par les assistants les plus proches de lui[8], la populace[9] exige le supplice de Sabinus, en mêlant les menaces aux adulations. Debout sur les degrés[10] du palais, Vitellius s'apprêtait à intercéder, mais ils réussirent à l'y faire renoncer ; alors Sabinus est percé de coups et mis en pièces[11] ; on lui coupe la tête et on traîne aux Gémonies[12] son corps mutilé.

75. 1 Telle fut la fin[1] d'un homme qui n'était certes pas méprisable. Il avait servi l'État pendant trente-cinq ans[2] et s'était illustré dans la paix comme dans la guerre[3]. Son désintéressement et son esprit de justice étaient au-dessus de tout soupçon, mais il parlait trop : c'est le seul reproche que lui ait fait l'opinion pendant les sept ans où il gouverna la Mésie[4] et les douze ans où il fut préfet de Rome[5]. Sur la fin de sa vie, certains le crurent sans énergie[6], mais beaucoup le trouvaient modéré et économe du sang de ses concitoyens[7]. Un fait dont tout le monde semble convenir, c'est qu'avant le principat de Vespasien l'éclat de cette maison résidait en Sabinus[8]. 2 Son meurtre fit la joie de Mucien, c'est ce que nous avons entendu dire[9]. Beaucoup soutenaient même que cette mort servait les intérêts de la paix, en faisant disparaître la rivalité entre deux hommes, dont l'un songeait qu'il était le frère de l'empereur, et l'autre qu'il était associé à l'Empire. 3 Quoi qu'il en soit, Vitellius tint bon contre le peuple qui réclamait le supplice du consul ;

rerum patre, disiecto aeditui contubernio, modicum
sacellum Ioui Conseruatori aramque posuit casus suos
in marmore expressam ; mox imperium adeptus Ioui
Custodi templum ingens seque in sinu dei sacrauit.
2 Sabinus et Atticus onerati catenis et ad Vitellium
ducti nequaquam infesto sermone uoltuque excipiun-
tur, frementibus qui ius caedis et praemia nauatae
operae petebant. Clamore proximis orto, sordida pars
plebis supplicium Sabini exposcit, minas adulatio-
nesque miscet. Stantem pro gradibus Palatii Vitellium
et preces parantem peruicere ut absisteret ; tum confossum conlaceratumque et absciso capite truncum corpus
Sabini in Gemonias trahunt.

75. 1 Hic exitus uiri haud sane spernendi. Quinque
et triginta stipendia in re publica fecerat, domi mili-
tiaeque clarus. Innocentiam iustitiamque eius non
argueres ; sermonis nimius erat : id unum septem annis
quibus Moesiam, duodecim quibus praefecturam urbis
obtinuit, calumniatus est rumor. In fine uitae alii
segnem, multi moderatum et ciuium sanguinis parcum
credidere. Quod inter omnes constiterit, ante principa-
tum Vespasiani decus domus penes Sabinum erat. 2
Caedem eius laetam fuisse Muciano accepimus. Ferebant plerique etiam paci consultum dirempta aemulatione inter duos, quorum alter se fratrem imperatoris,
alter consortem imperii cogitaret. 3 Sed Vitellius
consulis supplicium poscenti populo restitit, placatus ac

74, 2 nauatae *recc.* : enouatae *M* ‖ proximis *M B Hol* : a prox- *B72*
V58 H Mal Prm J G B05 Y01 Y02 U ‖ conlaceratumque *codd.* :
laceratumque *Nipperdey*.
75, 2 dirempta *recc.* : direpta *M*.

sa colère était tombée et il voulait en quelque sorte
s'acquitter envers Atticus : pressé de dire qui avait mis le
feu au Capitole, celui-ci s'était dénoncé, et par cet aveu ou
ce mensonge plein d'à propos, il semblait avoir assumé
l'odieux de l'accusation et en avoir déchargé le parti de
Vitellius [10].

Prise de Terracine par les Vitelliens.

76. 1 Pendant ces mêmes jours [1], Lucius Vitellius, qui
avait établi son camp près de Féronia [2], menaçait de
détruire Terracine, où s'étaient enfermés les gladiateurs et
les rameurs [3], qui n'osaient pas sortir des murs ni se
risquer en rase campagne. À leur tête se trouvaient, ainsi
que nous l'avons dit plus haut, Julianus pour les gladiateurs et Apollinaris pour les rameurs [4], deux hommes qui,
par leur dévergondage et leur apathie, ressemblaient à des
gladiateurs plutôt qu'à des chefs [5]. 2 Ils n'assuraient pas les
rondes de nuit, ils ne renforçaient pas les points faibles des
murailles ; s'adonnant jour et nuit à une vie de mollesse et
faisant retentir du bruit de leurs fêtes ces rivages char-
mants, ils dispersaient les soldats au service de leurs
débauches, et c'est seulement à table qu'ils parlaient de la
guerre. Quelques jours plus tôt, Apinius Tiro [6] avait quitté
la ville et l'âpreté qu'il mettait à faire dans les municipes
des réquisitions en nature et en argent valait au parti plus
de haine que de forces.

77. 1 Cependant un esclave de Vergilius Capito [1] passa
dans le camp de Lucius Vitellius et promit, s'il lui donnait
des troupes, de lui livrer la citadelle vide de défenseurs [2] ;
en pleine nuit, il emmène des cohortes légères par le
sommet des montagnes et les poste au-dessus de la tête des
ennemis [3] ; de là, les soldats se précipitent au carnage
plutôt qu'au combat. Ils abattent des adversaires sans
armes ou essayant de s'armer, certains arrachés au sommeil, alors que les ténèbres, la peur, le son des trom-

uelut uicem reddens, quod interrogantibus quis Capitolium incendisset, se reum Atticus obtulerat eaque
confessione, siue aptum tempori mendacium fuit, inuidiam crimenque adgnouisse et a partibus Vitellii
amolitus uidebatur.

76. 1 Isdem diebus L. Vitellius, positis apud
Feroniam castris, excidio Tarracinae imminebat, clausis
illic gladiatoribus remigibusque, qui non egredi moenia
neque periculum in aperto audebant. Praeerat, ut supra
memorauimus, Iulianus gladiatoribus, Apollinaris remi-
gibus, lasciuia socordiaque gladiatorum magis quam
ducum similes. 2 Non uigilias agere, non intuta
moenium firmare ; noctu dieque fluxi et amoena litorum personantes, in ministerium luxus dispersis militibus, de bello tantum inter conuiuia loquebantur.
Paucos ante dies discesserat Apinius Tiro donisque ac
pecuniis acerbe per municipia conquirendis plus inuidiae quam uirium partibus addebat.

77. 1 Interim ad L. Vitellium seruus Vergilii
Capitonis perfugit pollicitusque, si praesidium acciperet, uacuam arcem traditurum, multa nocte cohortes
expeditas summis montium iugis super caput hostium
sistit ; inde miles ad caedem magis quam ad pugnam
decurrit. Sternunt inermos aut arma capientes et
quosdam somno excitos, cum tenebris, pauore, sonitu

3 tempori M^2 : -ris M^1.
76, 1 apollinaris *recc.* : pollinaris M ‖ gladiatorum *codd.* :
gregariorum *Andresen*.
77, 1 uergilii M : -ginii *Puteolanus* ‖ traditurum *B Hol* : tradi
futurum M U furtim traditurum *B72 V58 H Mal Prm J G B05 Y01
Y02.*

pettes, les cris des ennemis les jetaient dans le désarroi.
2 Quelques gladiateurs résistèrent et ne tombèrent pas sans
vengeance ; les autres se ruaient aux navires, où une égale
panique remplissait tout de confusion, les gens du pays [4]
pêle-mêle avec les fuyards étant égorgés indistinctement
par les Vitelliens. Six vaisseaux liburniens [5] s'échappèrent
au début de l'échauffourée, et avec eux le préfet de la
flotte, Apollinaris ; les autres furent pris sur le rivage ou,
s'enfonçant sous le poids excessif de ceux qui s'y précipitaient, furent engloutis par la mer. 3 Julianus est conduit
devant L. Vitellius, soumis au supplice infamant des
verges, et égorgé sous ses yeux. Il s'est trouvé des gens
pour accuser la femme de L. Vitellius, Triaria [6], d'avoir
ceint une épée de soldat [7] et d'avoir eu, au milieu du deuil
et du carnage de Terracine prise d'assaut, une conduite
orgueilleuse et cruelle. Quant à Lucius, il envoya à son
frère une lettre laurée [8] en signe de succès, lui demandant
s'il devait revenir immédiatement ou achever la soumission de la Campanie [9]. 4 Ce fut le salut non seulement du
parti de Vespasien, mais aussi de la République. Car si le
soldat, au lendemain de sa victoire, et joignant à son
opiniâtreté naturelle l'ivresse du succès, avait marché sur
Rome, le combat eût été d'envergure et eût causé la
destruction de la cité. Car L. Vitellius, en dépit de son
infamie, ne manquait pas de talent, et s'il ne puisait pas,
comme les gens de bien, sa force dans les vertus, il la
trouvait, comme tous les pervers, dans ses vices.

Arrivée et entrée à Rome d'Antonius Primus ; mort de Vitellius.

78. 1 Pendant que ces événements se passaient dans le
camp de Vitellius [1], l'armée de Vespasien, ayant quitté
Narni [2], célébrait tranquillement à Ocriculum les fêtes de
Saturne [3]. Ce retard si fâcheux s'expliquait par le désir
d'attendre Mucien. On ne manqua pas non plus de soup-

tubarum, clamore hostili turbarentur. 2 Pauci gladiatorum resistentes neque inulti cecidere ; ceteri ad naues
ruebant, ubi cuncta pari formidine implicabantur,
permixtis paganis, quos nullo discrimine Vitelliani
trucidabant. Sex Liburnicae inter primum tumultum
euasere, in quis praefectus classis Apollinaris ; reliquae
in litore captae, aut nimio ruentium onere pressas mare
hausit. 3 Iulianus ad L. Vitellium perductus et uerberibus foedatus in ore eius iugulatur. Fuere qui uxorem
L. Vitellii Triariam incesserent, tamquam gladio militari cincta inter luctum cladesque expugnatae Tarracinae superbe saeueque egisset. Ipse lauream gestae
prospere rei ad fratrem misit, percunctatus statim
regredi se an perdomandae Campaniae insistere iuberet.
4 Quod salutare non modo partibus Vespasiani, sed rei
publicae fuit. Nam si recens uictoria miles et super
insitam peruicaciam secundis ferox Romam contendis-
set, haud parua mole certatum nec sine exitio urbis
foret. Quippe L. Vitellio quamuis infami inerat industria, nec uirtutibus, ut boni, sed quo modo pessimus
quisque, uitiis ualebat.

78. 1 Dum haec in partibus Vitellii geruntur,
digressus Narnia Vespasiani exercitus festos Saturni
dies Ocriculi per otium agitabat. Causa tam prauae
morae, ut Mucianum opperirentur. Nec defuere qui

2 reliquae *recc.* : -quas *M* ‖ aut *recc.* : ut *M*.
3 incesserent *recc.* : -rant *M* ‖ cincta *recc.* : -tam *M* ‖ perdomandae
M^2 : -dam M^1.
4 parua M^2 : -uam M^1 ‖ boni M^2 : bonis M^1.
78, 1 festos *recc.* : festo *M*.

çonner et d'accuser Antonius : il aurait temporisé par ruse à la suite d'un message secret de Vitellius, qui lui offrait le consulat, la main de sa fille [4] et une grosse dot pour prix de sa trahison. 2 Pour d'autres, tout cela est une fable, imaginée pour plaire à Mucien ; certains soutiennent que tous les chefs s'étaient mis d'accord pour montrer la guerre à Rome, au lieu de l'y porter, puisque les cohortes les plus solides de Vitellius avaient fait défection, et que, coupé de tous ses appuis, il semblait devoir renoncer à l'Empire ; mais tous ces plans auraient été ruinés par la précipitation, puis par la lâcheté de Sabinus [5], qui, après avoir pris témérairement les armes, n'avait pas été capable de défendre contre trois cohortes la citadelle puissamment fortifiée du Capitole [6], imprenable même par de grandes armées. 3 Il serait difficile d'imputer à un seul une faute qui fut celle de tous. Car Mucien par ses lettres équivoques [7] retardait les vainqueurs, et Antonius, par une obéissance à contretemps, ou en voulant rejeter le blâme sur autrui, s'attira une accusation méritée ; quant aux autres chefs [8], en croyant la guerre terminée, ils en rendirent la fin mémorable. Petilius Cerialis lui-même [9], envoyé en avant avec mille cavaliers, pour couper court en passant par le pays des Sabins et entrer dans Rome par la voie Salaria [10], n'avait pas assez fait diligence ; enfin la nouvelle que le Capitole était assiégé les réveilla tous à la fois.

79. 1 Antonius suivit la voie Flaminia jusqu'aux Roches Rouges [1] et arriva à une heure déjà avancée de la nuit, apportant un secours tardif. C'est là qu'il apprit le meurtre de Sabinus, l'incendie du Capitole, l'effroi de Rome, rien que de tristes nouvelles ; on annonçait aussi que le peuple et les esclaves s'armaient pour Vitellius. De plus, Petilius Cerialis avait livré un combat de cavalerie malheureux, car il fonçait sans précaution, comme sur des

Antonium suspicionibus arguerent tamquam dolo cunctantem post secretas Vitellii epistulas, quibus consulatum et nubilem filiam et dotales opes pretium proditionis offerebat. 2 Alii ficta haec et in gratiam Muciani
composita ; quidam omnium id ducum consilium fuisse,
ostentare potius urbi bellum quam inferre, quando
ualidissimae cohortes a Vitellio desciuissent, et abscisis
omnibus praesidiis cessurus imperio uidebatur ; sed
cuncta festinatione, deinde ignauia Sabini corrupta, qui
sumptis temere armis munitissimam Capitolii arcem et
ne magnis quidem exercitibus expugnabilem aduersus
tres cohortes tueri nequiuisset. 3 Haud facile quis uni
adsignauerit culpam, quae omnium fuit. Nam et Mucianus ambiguis epistulis uictores morabatur, et Antonius
praepostero obsequio, uel dum regerit inuidiam, crimen
meruit ; ceterique duces, dum peractum bellum putant,
finem eius insigniuere. Ne Petilius quidem Cerialis cum
mille equitibus praemissus, ut transuersis itineribus per
agrum Sabinum Salaria uia urbem introiret, satis
maturauerat, donec obsessi Capitolii fama cunctos
simul exciret.

79. 1 Antonius per Flaminiam ad Saxa rubra multo
iam noctis serum auxilium uenit. Illic interfectum
Sabinum, conflagrasse Capitolium, tremere urbem,
maesta omnia accepit ; plebem quoque et seruitia pro
Vitellio armari nuntiabatur. Et Petilio Ceriali equestre
proelium aduersum fuerat ; namque incautum et tam-

---

2 gratiam *recc.* : -tia *M*.
3 regerit *Pichena* : regeret *M U* tegeret *B72 V58 H Mal Prm J G
B05 Y01 Y02 B Hol.*
79, 1 aduersum *M²* : -sus *M¹*.

vaincus, quand les Vitelliens, cavaliers et fantassins mêlés, le reçurent de pied ferme. 2 Le combat eut lieu non loin de Rome, entre des bâtiments et des jardins, sur des chemins sinueux, connus des Vitelliens, inconnus de leurs ennemis [2] ; ceux-ci avaient pris peur. De plus, tous les cavaliers n'avaient pas le même état d'esprit ; dans le nombre, il s'en trouvait qui avaient naguère capitulé à Narni [3] et qui épiaient la fortune des partis. On fait prisonnier Julius Flavianus, préfet de cavalerie [4] ; les autres, pris de panique, s'enfuient honteusement, mais les vainqueurs ne les poursuivirent pas au-delà de Fidènes [5].

80. 1 Ce succès augmenta l'ardeur du peuple ; la populace urbaine prit les armes [1]. Peu d'hommes avaient des boucliers de fantassin [2] ; la plupart se saisissent des armes qui leur tombent sous la main et réclament le signal du combat. Vitellius les remercie et leur donne l'ordre de courir défendre la ville. Puis on convoque le Sénat et on choisit une délégation chargée de se rendre auprès des armées [3], pour les inviter, sous le prétexte du bien public, à la concorde et à la paix. Le sort de ces délégués fut divers. 2 Ceux qui s'étaient présentés à Petilius Cerialis coururent les pires dangers, car ses soldats rejetaient toutes propositions de paix. On blesse le préteur Arulenus Rusticus [4], attentat que rendit plus odieux, outre sa qualité de délégué et de préteur, la considération dont il jouissait personnellement. Sa suite se disperse [5], on tue le licteur le plus proche de lui [6], qui avait osé vouloir écarter la foule, et si la garde que leur avait donnée le général [7] ne les avait défendus, le droit des ambassadeurs, sacré même chez les nations étrangères, aurait été, sous les murs mêmes de la patrie, violé jusqu'au meurtre par la rage de la guerre civile. Un accueil plus calme fut réservé à ceux qui s'étaient rendus auprès d'Antonius, non que le soldat fût plus modéré, mais le chef avait plus d'autorité.

quam ad uictos ruentem Vitelliani, interiectus equiti
pedes, excepere. 2 Pugnatum haud procul urbe inter
aedificia hortosque et anfractus uiarum, quae gnara
Vitellianis, incomperta hostibus metum fecerant. Neque
omnis eques concors, adiunctis quibusdam, qui nuper
apud Narniam dediti fortunam partium speculabantur.
Capitur praefectus alae Iulius Flauianus ; ceteri foeda
fuga consternantur, non ultra Fidenas secutis uictoribus.

80. 1 Eo successu studia populi aucta ; uolgus
urbanum arma cepit. Paucis scuta militaria, plures
raptis quod cuique obuium telis signum pugnae expos-
cunt. Agit grates Vitellius et ad tuendam urbem
prorumpere iubet. Mox uocato senatu deliguntur legati
ad exercitus, ut praetexto rei publicae concordiam
pacemque suaderent. Varia legatorum sors fuit. 2 Qui
Petilio Ceriali occurrerant extremum discrimen adiere,
aspernante milite condiciones pacis. Volneratur praetor
Arulenus Rusticus ; auxit inuidiam, super uiolatum
legati praetorisque nomen, propria dignatio uiri. Palantur comites, occiditur proximus lictor dimouere turbam
ausus, et ni dato a duce praesidio defensi forent, sacrum
etiam inter exteras gentes legatorum ius ante ipsa
patriae moenia ciuilis rabies usque in exitium temeras-
set. Aequioribus animis accepti sunt qui ad Antonium
uenerant, non quia modestior miles, sed duci plus
auctoritatis.

---

2 Iulius *L, Agricola* : tulius *M* tullius *recc.*
80, 1 aucta *M²* : aucti *M¹* ‖ raptis *recc.* : rapti *M* ‖ uitellius *recc.* :
uitellium *M* ‖ uocato *M²* : -tis *M¹* ‖ senatu *M²* : -to *M¹*.
2 condiciones *edd.* : conditiones *M³* condiones *M¹* ‖ arulenus *recc.* :
-nius *M* ‖ palantur *M U* : pallantur *B72 V58 H Mal Prm J G B05
Y01 Y02* pelluntur *B Hol* pulsantur *Kiessling* ‖ inter *recc.* : in *M*.

81. 1 Aux délégués s'était joint Musonius Rufus [1], chevalier romain qui se piquait de philosopher et de mettre en pratique les maximes stoïciennes ; se mêlant aux manipules, il commençait à disserter sur les biens de la paix, sur les dangers de la guerre, et à faire la leçon à des hommes en armes. Il en fit rire beaucoup, en fatigua davantage ; et il ne manquait pas de soldats prêts à le jeter à terre et à le piétiner, si, cédant aux avis des plus modérés et aux menaces des autres, il n'eût laissé là sa sagesse intempestive. 2 Les Vestales vinrent aussi, apportant une lettre de Vitellius à Antonius [2] : il demandait une trêve d'un seul jour avant le combat décisif ; si ce délai intervenait, il serait plus facile de tout arranger [3]. Les Vestales furent congédiées avec honneur ; on répondit à Vitellius que le meurtre de Sabinus et l'incendie du Capitole avaient rompu les négociations entre les belligérants.

82. 1 Antonius convoqua [1] pourtant ses légions à l'assemblée et essaya de les amener par la douceur à camper près du pont Mulvius [2] et à n'entrer dans Rome que le lendemain [3]. Le motif de ce délai, c'était la crainte de voir les soldats, exaspérés par le combat, n'épargner ni le peuple, ni le Sénat, ni même les temples et les sanctuaires des dieux. Mais tout retard était suspect de nuire à la victoire [4] ; en même temps des étendards brillant sur les collines [5], quoique suivis d'un peuple inapte à la guerre, avaient donné l'impression d'une armée en bataille. 2 Antonius répartit ses forces en trois colonnes : l'une poursuivit sa marche par la voie Flaminia, où il avait fait halte ; la seconde s'avança le long du Tibre ; la troisième colonne, par la voie Salaria, s'approchait de la porte Colline [6]. La populace [7], chargée par la cavalerie, fut dispersée ; mais les soldats vitelliens, formés eux aussi en trois corps [8], se portèrent à leur rencontre. Des combats nombreux eurent lieu devant la ville, avec des succès

81. 1 Miscuerat se legatis Musonius Rufus equestris ordinis, studium philosophiae et placita Stoicorum aemulatus ; coeptabatque permixtus manipulis, bona pacis ac belli discrimina disserens, armatos monere. Id plerisque ludibrio, pluribus taedio ; nec deerant qui propellerent proculcarentque, ni admonitu modestissimi cuiusque et aliis minitantibus omisisset intempestiuam sapientiam. 2 Obuiae fuere et uirgines Vestales cum epistulis Vitellii ad Antonium scriptis : eximi supremo certamini unum diem postulabat ; si moram interiecissent, facilius omnia conuentura. Virgines cum honore dimissae ; Vitellio rescriptum Sabini caede et incendio Capitolii dirempta belli commercia.

82. 1 Temptauit tamen Antonius uocatas ad contionem legiones mitigare, ut castris iuxta pontem Muluii positis postera die urbem ingrederentur. Ratio cunctandi, ne asperatus proelio miles non populo, non senatui, ne templis quidem ac delubris deorum consuleret. Sed omnem prolationem ut inimicam uictoriae suspectabant ; simul fulgentia per colles uexilla, quamquam imbellis populus sequeretur, speciem hostilis exercitus fecerant. 2 Tripertito agmine pars, ut adstiterat, Flaminia uia, pars iuxta ripam Tiberis incessit ; tertium agmen per Salariam Collinae portae propinquabat. Plebs inuectis equitibus fusa ; miles Vitellianus trinis et ipse praesidiis occurrit. Proelia ante urbem

81, 2 certamini *recc.* : -ne *M* ‖ interiecissent *recc.* : Inter Iecissecissent *M* ‖ dirempta *recc.* : direpta *M*.

82, 1 Muluii *edd.* : mului *M* miluium *B72 V58 H Mal Prm J G B05 Y01 Y02* miluii *B Hol* milui *U*.

2 tripertito *M B72 V58 H Mal Prm J G B05 Y01 Y02* : tripar- *B Hol U* ‖ adstiterat *recc.* : adsisterat *M* ‖ ante *codd.* : intra *Meiser*.

divers, mais les Flaviens eurent le plus souvent l'avantage, grâce à l'habileté de leurs chefs. 3 Seuls furent maltraités ceux qui, se dirigeant vers les quartiers gauches de Rome, s'étaient engagés, près des jardins de Salluste, dans des chemins étroits et glissants. Debout sur les murs en pierres sèches des jardins, les Vitelliens ne cessèrent jusqu'au soir de repousser les assaillants à coups de pierres et de javelots ; alors la cavalerie, qui avait forcé la porte Colline, les enveloppa. Deux corps ennemis s'affrontèrent aussi au Champ de Mars. Les Flaviens avaient pour eux la fortune et la victoire si souvent acquise ; les Vitelliens, poussés seulement par le désespoir, chargeaient et, bien que repoussés, se regroupaient à l'intérieur de Rome [9].

83. 1 Le peuple assistait aux combats en spectateur, et, comme aux jeux du Cirque, il encourageait de ses cris et de ses applaudissements tantôt ceux-ci, tantôt ceux-là [1]. Chaque fois qu'un des deux partis fléchissait, si des vaincus s'étaient cachés dans des boutiques ou réfugiés dans telle ou telle maison, il exigeait qu'on les en arrachât et qu'on les égorgeât, puis il faisait main basse sur la plus grande partie du butin, car le soldat, ne songeant qu'au sang et au carnage, laissait les dépouilles à la populace. 2 C'était un spectacle cruel et hideux qu'offrait la ville entière : ici des combats et des blessures, là des bains et des tavernes ; des flaques de sang et des monceaux de cadavres [2], à côté, des prostituées et autres débauchés ; tous les débordements d'une paix dissolue ; tous les crimes qu'entraîne l'occupation la plus impitoyable ; bref, on eût cru que la même cité était en proie à la fois à la fureur et à la lubricité. 3 Auparavant déjà, Rome avait servi de champ de bataille à des armées, deux fois quand Lucius Sylla, une fois quand Cinna furent vainqueurs [3], et en ce temps-là, la cruauté n'avait pas été moindre ; mais cette fois régnait une monstrueuse insouciance : pas un instant les plaisirs

multa et uaria, sed Flauianis consilio ducum praestanti-
bus saepius prospera. 3 Ii tantum conflictati sunt, qui
in partem sinistram urbis ad Sallustianos hortos per
angusta et lubrica uiarum flexerant. Superstantes mace-
riis hortorum Vitelliani ad serum usque diem saxis
pilisque subeuntes arcebant, donec ab equitibus, qui
porta Collina inruperant, circumuenirentur. Concurrere
et in campo Martio infestae acies. Pro Flauianis fortuna
et parta totiens uictoria ; Vitelliani desperatione sola
ruebant, et quamquam pulsi, rursus in urbe congrega-
bantur.

83. 1 Aderat pugnantibus spectator populus utque
in ludicro certamine, hos, rursus illos clamore et plausu
fouebat. Quotiens pars altera inclinasset, abditos in
tabernis aut si quam in domum perfugerant, erui
iugularique expostulantes parte maiore praedae potiebantur : nam milite ad sanguinem et caedes obuerso
spolia in uolgus cedebant. 2 Saeua ac deformis urbe tota
facies : alibi proelia et uolnera, alibi balineae popi-
naeque ; simul cruor et strues corporum, iuxta scorta et
scortis similes ; quantum in luxurioso otio libidinum,
quidquid in acerbissima captiuitate scelerum, prorsus
ut eandem ciuitatem et furere crederes et lasciuire.
3 Conflixerant < et > ante armati exercitus in urbe, bis
Lucio Sulla, semel Cinna uictoribus, nec tunc minus
crudelitatis ; nunc inhumana securitas et ne minimo
quidem temporis uoluptates intermissae : uelut festis

83, 1 hos rursus *M B Hol U* : hos modo rursus *B72 V58 H Mal
Prm J G B05 Y01 Y02.*
    2 ac *M²* : a *M¹* ‖ facies *M³* : iacies *M* ‖ alibi *recc.* : alii *M.*
    3 et ante *Ritter* : ante *codd. om. Hol.*

ne s'interrompirent ; comme si ce divertissement s'ajoutait
aux jours de fête [4], on exultait, on jouissait, sans se soucier
des partis, heureux des malheurs publics [5].

84. 1 La tâche la plus rude [1] fut l'attaque du camp des
prétoriens, que les plus intrépides défendaient comme leur
ultime espoir. Les vainqueurs s'acharnaient d'autant plus,
les vieilles cohortes [2] manifestant une ardeur particulière ;
tous les moyens inventés pour la destruction des places les
plus fortes, ils les mettent en œuvre à la fois : tortue,
machines, terrasses d'approche, brandons [3] ; tout ce qu'ils
avaient subi, dans tant de combats, en fait de fatigues et de
dangers, tout cela, criaient-ils, trouvait sa fin dans cette
dernière opération. 2 Rome était rendue au Sénat et au
peuple romain, les temples aux dieux ; l'honneur propre
au soldat était dans son camp : c'était sa patrie, c'étaient
ses pénates ; s'il n'était aussitôt reconquis, il faudrait
passer la nuit sous les armes. De leur côté, les Vitelliens,
inférieurs pourtant par leur nombre et leur destin,
inquiétaient la victoire, retardaient la paix, souillaient de
sang les maisons et les autels, suprêmes consolations des
vaincus, auxquelles ils se raccrochaient. 3 Beaucoup,
blessés à mort, expirèrent sur les tours et les parapets ;
quand les portes eurent été arrachées, le peloton qui restait
fit face aux vainqueurs, et ils tombèrent tous [4] en rendant
les coups, le visage tourné vers l'ennemi : tant ils avaient
souci, même en mourant, d'une fin glorieuse [5] !

4 Après la prise de Rome, Vitellius sort du palais par
une porte de derrière [6] et se fait porter en chaise sur
l'Aventin, chez sa femme [7], avec l'intention, s'il échappait
dans cette cachette aux dangers du jour, de se réfugier à
Terracine, auprès des cohortes et de son frère [8]. Puis, du
fait de son instabilité [9], et parce que, comme il est naturel
quand on a peur, craignant tout, il était surtout sensible
aux alarmes présentes, il revient au palais, qui était vide et
déserté, car même les derniers de ses esclaves s'étaient
dispersés ou évitaient de le rencontrer. La solitude

diebus id quoque gaudium accederet, exsultabant, fruebantur, nulla partium cura, malis publicis laeti.

84. 1 Plurimum molis in obpugnatione castrorum fuit, quae acerrimus quisque ut nouissimam spem retinebant. Eo intentius uictores, praecipuo ueterum cohortium studio, cuncta ualidissimarum urbium excidiis reperta simul admouent, testudinem, tormenta, aggeres facesque, quidquid tot proeliis laboris ac periculi hausissent, opere illo consummari clamitantes. 2 Vrbem senatui ac populo Romano, templa dis reddita ; proprium esse militis decus in castris : illam patriam, illos penates. Ni statim recipiantur, noctem in armis agendam. Contra Vitelliani, quamquam numero fatoque dispares, inquietare uictoriam, morari pacem, domos arasque cruore foedare, suprema uictis solacia amplectebantur. 3 Multi semianimes super turres et propugnacula moenium exspirauere ; conuolsis portis reliquus globus obtulit se uictoribus, et cecidere omnes contrariis uolneribus, uersi in hostem : ea cura etiam morientibus decori exitus fuit.

4 Vitellius capta urbe per auersam Palatii partem Auentinum in domum uxoris sellula defertur, ut, si diem latebra uitauisset, Tarracinam ad cohortes fratremque perfugeret. Dein mobilitate ingenii et, quae natura pauoris est, cum omnia metuenti praesentia maxime displicerent, in Palatium regreditur uastum desertumque, dilapsis etiam infimis seruitiorum aut occursum eius declinantibus. Terret solitudo et tacentes

84, 1 aggeres *codd*. : -rem *Ritter* ‖ periculi M^2 : -lis M^1.
4 auentinum *codd*. : *secl. Nipperdey, Wellesley* ‖ latebra M^2 : -bras M^1.

l'épouvante, et le silence de ces lieux ; il cherche à ouvrir les salles fermées et frissonne de les trouver vides ; enfin, las d'errer misérablement, il se cache dans un réduit ignoble [10], d'où vient l'arracher Julius Placidus, tribun d'une cohorte [11]. 5 Les mains liées derrière le dos, les vêtements en lambeaux, on le traînait — hideux spectacle — sous mille invectives, sans que personne versât une larme : la laideur de cette fin avait étouffé la compassion [12]. On rencontra un soldat de l'armée de Germanie : est-ce Vitellius qu'il voulut atteindre, en lui portant un coup dans un accès de colère, ou pour le soustraire plus vite à l'humiliation, ou bien visait-il le tribun ? personne ne put le dire ; il coupa une oreille au tribun et fut aussitôt percé de coups [13].

85. Quant à Vitellius, on le forçait avec la pointe des épées tantôt à lever la tête et à l'offrir aux outrages, tantôt à regarder ses statues qu'on renversait, surtout les Rostres [1], ou le lieu où Galba avait été tué [2] ; enfin ils le poussèrent devant eux jusqu'aux Gémonies [3], où le corps de Flavius Sabinus avait été jeté. On recueillit de sa bouche une seule parole qui ne fût pas d'une âme basse : au tribun qui l'insultait il répondit que tout de même il avait été son empereur [4] ; puis il tomba sous les coups qu'on lui porta [5], et la populace l'outrageait mort avec la même bassesse qu'elle l'avait adulé vivant [6].

86. 1 Il avait pour père [1]... Lucérie [2], et il achevait la cinquante-septième année de sa vie [3]. Consulat, sacerdoces, nom et rang éminent, il n'avait rien acquis par son talent personnel ; il devait tout à l'illustration de son père [4]. Le

loci ; temptat clausa, inhorrescit uacuis ; fessusque
misero errore et pudenda latebra semet occultans ab
Iulio Placido tribuno cohortis protrahitur. 5 Vinctae
pone tergum manus ; laniata ueste, foedum spectaculum, ducebatur, multis increpantibus, nullo inlacri-
mante : deformitas exitus misericordiam abstulerat.
Obuius e Germanicis militibus Vitellium infesto ictu
per iram, uel quo maturius ludibrio eximeret, an
tribunum adpetierit, in incerto fuit ; aurem tribuni
amputauit ac statim confossus est.

85. Vitellium infestis mucronibus coactum modo
erigere os et offerre contumeliis, nunc cadentes statuas
suas, plerumque rostra aut Galbae occisi locum con-
tueri, postremo ad Gemonias, ubi corpus Flauii Sabini
iacuerat, propulere. Vna uox non degeneris animi
excepta, cum tribuno insultanti se tamen imperatorem
eius fuisse respondit ; ac deinde ingestis uolneribus
concidit. Et uolgus eadem prauitate insectabatur interfectum, qua fouerat uiuentem.

86. 1 Patrem illi < ... > Luceriam. Septimum et
quinquagesimum aetatis annum explebat, consulatum,
sacerdotia, nomen locumque inter primores, nulla sua
industria, sed cuncta patris claritudine adeptus. Princi-

---

4 protrahitur M^2 : protraitur M^1.
5 pone *recc.* : poene M || abstulerat M^2 : -rant M^1.
85 prauitate M^2 : -tatem M^1.
86, 1 *lacunam indicauit Weissenborn* : patrem illi Luceriam M B
Hol U pater illi L. Vitellius nam $B72$ $V58$ H Mal Prm J G $B05$ $Y01$
$Y02$ patrem illi Lucium Vitellium censorem ac ter consulem fuisse
memoraui, patriam habuit Luceriam *ita suppl. Andresen* pater illi
Lucius Vitellius, patria Nuceria ; iam *ita suppl. Wellesley* || explebat
codd. : explerat *Holzapfel* || principatum *recc.* : prinpatum M || ei
detulere *Rhenanus* : eidem tulere M.

principat lui fut déféré par des gens qui ne le connaissaient pas [5] ; il est rare qu'un chef gagne par ses mérites l'affection de ses soldats au même degré que Vitellius par son apathie [6]. 2 Il n'était pourtant pas dépourvu de franchise et de libéralité, qualités qui, si on ne les exerce avec modération, deviennent fatales. Croyant qu'on s'assure des amitiés par l'importance des présents, et non par la fermeté du caractère, il en mérita plus qu'il n'en eut. Il importait sans aucun doute à la République que Vitellius fût vaincu, mais ils ne peuvent se faire un mérite de leur perfidie, ceux qui trahirent Vitellius pour Vespasien, puisqu'ils avaient déjà abandonné Galba [7].

3 Le jour était sur son déclin, et la panique des magistrats et des sénateurs, qui s'étaient dispersés hors de Rome ou se cachaient chez leurs clients [8], empêcha de convoquer le Sénat [9]. Domitien, ne voyant plus rien à redouter, se rendit auprès des chefs du parti ; salué du nom de César, il fut escorté par une troupe nombreuse, encore sous les armes, qui le conduisit à la maison de son père [10].

patum ei detulere qui ipsum non nouerant ; studia exercitus raro cuiquam bonis artibus quaesita perinde adfuere quam huic per ignauiam. 2 Inerat tamen simplicitas ac liberalitas, quae, ni adsit modus, in exitium uertuntur. Amicitias dum magnitudine munerum, non constantia morum contineri putat, meruit magis quam habuit. Rei publicae haud dubie intererat Vitellium uinci, sed imputare perfidiam non possunt qui Vitellium Vespasiano prodidere, cum a Galba desciuissent.

3 Praecipiti in occasum die ob pauorem magistratuum senatorumque, qui dilapsi ex urbe aut per domos clientium semet occultabant, uocari senatus non potuit. Domitianum, postquam nihil hostile metuebatur, ad duces partium progressum et Caesarem consalutatum miles frequens utque erat in armis in paternos penates deduxit.

2 magnitudine M^2 : -nem M^1 || contineri *Acidalius* : -nere M || uinci sed *recc.* : uicinis sed M.

3 praecipiti *recc.* : precipit M.

Corneli taciti Liber XVIIII explicit Incipit uicesimus M.

LISTE COMPLÉMENTAIRE
DES ABRÉVIATIONS UTILISÉES
POUR LES OUVRAGES FRÉQUEMMENT CITÉS
DANS LES NOTES

J. BÉRANGER, *L'abdication* : « L'abdication de l'empereur romain », *C.r. Acad. Inscr. et Belles-Lettres*, 1979, p. 357-379.

A. BOUCHÉ-LECLERQ, *Manuel...* : *Manuel des institutions romaines*, Paris, 1886.

A. BRIESSMANN, *Tacitus...* : *Tacitus und das flavische Geschichtsbild* (Hermes Einzelschrift, 10), Wiesbaden, 1955.

K. BÜCHNER, *Die Reise...* : « Die Reise des Titus » in *Studien zur römischen Literatur* : IV *Tacitus und Ausklang*, Wiesbaden, 1964, p. 83-98.

A. B. ČERNJAK, 1981 : « Bemerkungen zu einer Tacitus-Ausgabe, Historien III », *Philologus*, CXXV, 1981, p. 240-258.

—, 1983 : « Nochmals zu Tacitus, Historien III », *ibid.*, p. 148-152.

G. E. F. CHILVER, *The war between...* : « The war between Otho and Vitellius and the North Italian towns », *Centro studi e documentazione sull'Italia romana*, III, 1970-1971, p. 101-114.

A. von DOMASZEWSKI, *Die Rangordnung...* : « Die Rangordnung der römischen Heeres », *Bönner Jahrbücher*, Heft 117, Bonn, 1908, p. 161-178 (réimpr. Cologne, 1967).

Ph. FABIA, *L'adhésion...* : « L'adhésion de l'Illyricum à la cause flavienne (*Hist.*, II, 85-86) », *R.E.A.*, IV, 1903, p. 329-382.

—, *Vitellius à Lyon* : « Vitellius à Lyon », *Revue d'Histoire de Lyon*, II, 1903, p. 89-105.

—, *Les prétoriens...* : « Les prétoriens de Vitellius. Notes exégétiques sur plusieurs passages des *Histoires* de Tacite ». *R. Ph.*, XXXVIII, 1914, p. 32-75.

—, *La concentration...* : « La concentration des Othoniens sur le Pô », *R.E.A.*, XLIII, 1941, p. 192-215.

B. HALLERMANN, *Unstersuchungen...* : *Untersuchungen zu Truppenbewegungen in den Jahren 68/69 n. Chr.*, Diss. Würzburg, 1963.

J. Harmand, *L'armée...* : *L'armée et le soldat à Rome, de 107 à 50 avant notre ère*, Paris, Picard, 1967.

L. Holzapfel, *Röm. Kaiserd. 1913...* : « Römische Kaiserdaten », *Klio*, XIII, 1913, p. 289-304.

—, *Röm. Kaiserd. 1918* : ibid., XV, 1918, p. 99-121.

L. Homo, *Vespasien* : *Vespasien, l'empereur du bon sens (69-79 ap. J.-C.)*, Paris, 1949.

P. Jal, *Le soldat des guerres civiles...* : « Le soldat des guerres civiles à la fin de la République et au début de l'Empire », *Pallas*, XI, 1962, p. 7-27.

—, *Le rôle des Barbares...* : « Le rôle des Barbares dans les guerres civiles à Rome, de Sylla à Vespasien », *Latomus*, XXI, 1962, p. 8-48.

E. Koestermann, *Die erste Schlacht...* : « Die erste Schlacht bei Bedriacum 69 n. Chr. », *Riv. di cult. class. e medioev.*, III, 1951, p. 16-29.

F. Kuntz, *Die Sprache...* : *Die Sprache des Tacitus und die Tradition der lateinischen Historikersprache*, Diss. Heidelberg, 1962.

H. Mattingly-E. Sydenham, *R. I. C.* : *The Roman imperial coinage*, 2 tomes, Londres, 1923-1926.

A. Michel, *Tacite...* : *Tacite et le destin de l'Empire*, Paris, Arthaud, 1966.

A. Momigliano, *Vitellio...* : « Vitellio », *Stud. it. fil. cl.*, IX, 1931, p. 117-161.

Th. Mommsen, *Die zwei Schlachten...* : « Die zwei Schlachten von Betriacum im J. 69 », *Hermes*, V, 1871, p. 161-173 = *Gesammelte Schriften*, IV, p. 354-365.

Cl. Nicolet, *L'ordre équestre...* : *L'ordre équestre à l'époque républicaine (312-43 av. J.-C.)*, Paris, De Boccard, 1966.

A. Passerini, *Le due battaglie...* : « Le due battaglie presso Betriacum », *Studi di Antichità classica offerte... a Emmanuele Ciaceri*, Gênes-Rome-Naples, 1940, p. 178-248.

P. Schunck, *Studien...* : « Studien zur Darstellung des Endes von Galba, Otho und Vitellius in den *Historien* des Tacitus », *Symbolae Osloenses*, XXXIX, 1964, p. 38-82.

E. R. Schwinge, *Die Schlacht...* : « Die Schlacht bei Bedriacum. Ein Beitrag zur Frage der historischen Wahrheit bei Tacitus » in *Silvae (Festschr. E. Zinn)*, Tübingen, 1971, p. 217-232.

G. Sörbom, *Variatio...* : *Variatio sermonis Taciti aliaeque apud eundem quaestiones selectae*, Diss. Uppsala, 1935.

P. Steiner, *Die dona militaria...* : « Die dona militaria », *Bonner Jahrbücher*, CXIV, 1906, p. 1-98.

M. Treu, *M. Antonius Primus...* : « M. Antonius Primus in der taciteischen Darstellung », *Würzb. Jahrb. für die Altertumswissenschaft*, III, 1948, p. 241-262.

K. Wellesley, *Three... puzzles...* : « Three historical puzzles in Histories III », *Cl. Quart.*, L, 1956, p. 207-214.

—, *Moonshine* : « Moonshine in Tacitus », *Rh. M.*, C, 1957, p. 244-252.

—, *Maior crux* : « A maior crux in Tacitus *Histories*, II, 40 », *J.R.S.*, LXI, 1971, p. 28-51.

NOTES

Des circonstances indépendantes de notre volonté nous ont amenés à réduire assez considérablement le volume des notes par rapport à celles du livre I. À cet effet, les remarques d'ordre stylistique ont été presque totalement éliminées ; les citations de textes ont été réduites au minimum ; les références bibliographiques ont été limitées ; en particulier, les renvois à la *R.E.* (*Real-Encyclopädie*) et à la *P.I.R.* (*Prosopographia Imperii Romani*) sont implicites et ne sont formellement indiqués que dans quelques cas où cette mention a son importance.

Les chapitres 1 à 9 forment, entre la fin du livre I, qui évoque le départ d'Othon pour la guerre contre Vitellius, et le chapitre 10 du livre II, qui nous ramène à Rome et dans la partie occidentale de l'Empire, une sorte de digression. L'essentiel en est constitué par « Le voyage de Titus » (1,1-4,2).

La place et le rôle de cet épisode ont suscité bien des discussions. Il a son équivalent dans Suet., *Tit.* 5,1 qui le place immédiatement après l'accès de Galba à l'Empire et dans Josèphe, *B.I.* 4, 498-502, qui le situe après l'entrée de Vitellius à Rome. Tacite lui-même a déjà mentionné ce voyage en 1,10,3, où il aurait par conséquent eu assez naturellement sa place ; il aurait également pu intervenir après la mort de Galba, que Titus apprend au moment où il est à Corinthe. Le fait que ces chapitres se présentent au début d'un livre et à l'intérieur du récit de la lutte entre Othon et Vitellius fait évidemment songer à une intention délibérée de Tacite. Par la reprise des mêmes termes, l'auteur établit lui-même un rapport avec le chapitre 51 du livre I qui introduit le récit du soulèvement des Vitelliens : 1,51,1 : *Nunc initia causasque motus Vitelliani expediam* — 2,1,1 : *Struebat... initia causasque*. M. Fuhrmann, *Das Vierkaiserjahr*, p. 260-261 ; 267 ; 276 sq. décèle de ce fait une division tripartite d'un ensemble consacré successivement au régime de Galba, à la lutte entre Othon et Vitellius, enfin au soulèvement de Vespasien. Par la place qu'il a donnée à cet épisode annonciateur d'événements décisifs pour l'histoire de l'Empire, l'historien aurait ainsi voulu marquer l'importance qu'il lui accorde par rapport au caractère pitoyable et dérisoire de la lutte entre les deux prédécesseurs de Vespasien, qui se soldera par un échec pour les deux adversaires. Toutefois, cette importance et les intentions de Tacite ne peuvent être parfaitement éclairées que par la solution de deux problèmes.

Le premier est celui de savoir dans quelle mesure le voyage de Titus annonce et fait prévoir le soulèvement de Vespasien. Pour les uns, qui s'appuient principalement sur le récit de Flavius Josèphe dans lequel on ne trouve aucune allusion à un tel lien, les deux faits sont totalement indépendants ; telle est l'opinion de H. Heubner dans son *Commentaire* (p. 12 sq.), qui ne croit pas à un plan préparé, à une préméditation de Vespasien, et se rallie à l'opinion de L. Homo, *Vespasien...*, p. 60, pour qui ce sont ses troupes qui ont éveillé chez lui la pensée de l'Empire. Mais K. Büchner, *Die Reise...*, p. 83-98, croit invraisemblable et pur mensonge le récit de Flavius Josèphe, où ne sont mentionnés, ni l'arrêt à Corinthe, ni la consultation de l'oracle, ni les trois étapes du retour ; il est issu d'une tradition proflavienne, et sans doute des *Commentaires* de Vespasien lui-même. C'est bien aussi l'avis de M. Fuhrmann, *op. cit.*, p. 274 sq., pour qui le soulèvement a été l'œuvre depuis longtemps préparée de quelques personnalités, principalement de Vespasien et de Mucien ; dans son compte rendu de l'ouvrage de A. Briessmann (cf. *infra*), dans *Gnomon*, XXVIII, 1956, p. 519-527, H. Drexler fait même remonter jusqu'à 67 de tels préparatifs.

Le deuxième problème, directement lié au premier, est celui de la source utilisée par Tacite. Selon A. Briessmann, *Tacitus...*, en particulier p. 25 sq., le récit de l'historien latin combinerait deux sources : l'une proflavienne, pour laquelle le soulèvement de Vespasien serait le résultat de l'*impetus militum* (7,1), l'autre antiflavienne, qui y voit l'issue d'un plan longtemps et habilement mûri (*consilia Flauiorum* : 7,2 ; 74,1 ; 98,2 ; 3,1,1). Cette idée a été rejetée par K. Büchner, *op. cit.*, p. 93 sq., qui fait remarquer que *impetus* et *consilia* ne sont pas exclusifs l'un de l'autre, comme il apparaît d'ailleurs en 80,1 et qu'invoquer la contamination de deux sources, c'est rabaisser le talent de Tacite qui excelle à dissimuler l'action des grands personnages derrière le mouvement anonyme des masses. Ce qu'apporte, selon lui (*op. cit.*, p. 90), le récit de Tacite, c'est l'idée d'un enchaînement implacable des faits, d'une dynamique irrésistible ; on peut croire à une création de l'historien à partir d'une tradition déjà formée, ainsi que semble l'indiquer la comparaison avec le récit de Suétone.

Il ne paraît guère douteux, en tout cas, que Tacite a bien voulu donner à cet épisode du voyage de Titus un rôle annonciateur des événements à venir. C'est ce qui résulte notamment de la phrase introductrice (*Struebat... initia causasque imperio* : pour le commentaire, cf. *infra*) et de l'attitude du peuple qui voit en Titus un futur *princeps* (1,2 : *Augebat famam ipsius Titi ingenium quantaecumque fortunae capax*). Il y a de la part de l'historien-artiste une volonté très claire de construction dramatique, qui donne à ce récit toute sa valeur, et nous souscrivons pleinement à ces phrases de E. Courbaud, *Les procédés...*, p. 147 : « Quoique l'art y sente un peu l'artifice, cette intervention de Titus, et de Vespasien derrière Titus, est dramatique. Pendant que les deux compétiteurs se disposent à entrer en lutte, le troisième, qui les mettra d'accord, apparaît dans le fond de la scène. De la sorte, tous les acteurs sont présentés en même temps ; c'est comme une intrigue qui se noue ».

NOTES DU LIVRE II

1.

1. *Struebat... initia causasque* : l'antéposition du verbe donne à l'expression vigueur et relief ; Tacite se plaît à souligner le rôle de la *fortuna* dans la marche des événements : cf. *Ann.* 2,42,1 : *struxitque causas aut forte oblatas arripuit* ; la formule appartient à la langue juridique : cf. Plin., *Ep.* 10,81,3 : *ad struendam causam* « pour instruire la cause » (trad. M. Durry) ; sur *initia causasque*, cf. *supra*, p. 1 et 1,51,1 et n. 1. — *diuersa parte* : dans la partie opposée de l'Empire par rapport au théâtre des événements relatés à la fin du livre I, donc en Orient. — *imperio* : datif de but : « pour la dynastie (flavienne) » ; le mot s'oppose implicitement à *motus* dans le passage correspondant de 1,51,1 : le mouvement doit conduire cette fois, non au désordre comme dans le cas précédent, mais à un régime nouveau qui rétablira l'ordre.

2. *aut... uel, prosperum... exitio* : double *uariatio* ; *prosperum* vise Vespasien et Titus, *exitio* Domitien ; sur le sens de *atrox*, cf. 1,2,1 : *atrox proeliis*.

3. T. Flavius Vespasianus, l'aîné des deux fils de Vespasien, né le 30 décembre 39 (Suet., *Tit.* 11 ; Aur. Vict. 10,15 ; Eutrop. 7,22). Il servit comme tribun militaire en Germanie et en Bretagne (cf. 77,1 et Suet., *Tit.* 4,1) et devint questeur en 65, puis il fut légat de la *legio XV Apollinaris*, sous son père, de 66 à 69 (Suet., *Tit.* 4,3 ; Ios., *B.I.* 3,8) : cf. Weynand, *R.E.* VI, 2, col. 2695-2729, n° 207 ; Br. W. Jones, *Titus*.

4. Cf. 1,10,3.

5. Sans doute la préture qu'il n'avait pas encore atteinte ; il était alors dans sa trentième année. — *accitum in adoptionem* : cela montre à quel point le problème de l'éventuelle adoption par Galba de quelqu'un destiné à devenir son successeur agitait alors la classe politique romaine.

6. Même récit des faits chez Suet., *Tit.*, 5,1, mais Ios., *B.I.* 4,498 donne une autre version en disant que Vespasien envoya Titus auprès de Galba pour « le saluer et prendre ses directives concernant les Juifs ».

7. Cf. *supra*, 1,12,2-3.

8. Cf. Suet., *Tit.*, 3, 1. — *fortunae capax* : cf. 1, 49, 4 : *capax imperii* et n. 21 ; sur *fortuna = imperium* comme désignant la position du *princeps*, cf. 1, 10, n. 13. — *decor oris* est une correction nécessaire et qui peut s'appuyer sur Val. Max. 4, 5, ext. 1 : *oris decorem uulneribus confudit*.

9. Cf. 1, 10, 3 : *Occulta fati et ostentis ac responsis destinatum Vespasiano liberisque eius imperium post fortunam credidimus* ; ces présages sont énumérés en détail en 78, 2-3 et par Suet., *Vesp.* 5.

10. *Corinthi, Achaiae urbe* : cette indication ne se trouve pas chez Suétone ; Ios., *B.I.* 4, 499, se contente de dire que Titus longea l'Achaïe sans préciser qu'il fit relâche.

11. *incertam adhuc uictoriam* : nous adoptons la correction de Rhenanus, d'après la leçon des *Laurentiani A* et *B* entre autres, *incertam adhuc uictoris* (*incertum B* corr.) ; *uictoris* a sans doute été amené par le membre de phrase précédent *offensam haud dubiam uictoris* ; la plupart des éditeurs retiennent la leçon des autres manuscrits *incerta adhuc uictoria*, mais on ne voit pas comment le comportement de Titus aurait été excusé par le fait que la victoire était encore incertaine ; *incertam... uictoriam* paraît d'autre part imposé par l'antithèse qu'il forme avec *offensam haud dubiam*.

2.

1. Ces hésitations n'ont pas leur équivalent chez Suet., *Tit.* 5, 1 : *Sed ubi turbari rursus cuncta sensit, redit ex itinere*, encore moins chez Ios., *B.I.* 4, 501, qui indique simplement que Titus rebroussa chemin sous l'effet d'une inspiration divine. On observera le caractère très laconique de la formule de Tacite qui ne dit pas formellement que Titus opta pour le retour ; mais l'expression *spes uicit*, conforme au goût de Tacite pour les tours abstraits, donne à la solution choisie par le fils de Vespasien sa véritable dimension. — *inter spem metumque iactatum* : l'expression comporte sans doute un double souvenir virgilien ; *inter spem metumque* rappelle *Aen.* 1, 218 : *spem metumque inter dubii* ; cf. aussi Liu. 42, 59, 8 : *fluctuante rege inter spem metumque tantae rei conandae* et *supra* 1, 19, n. 9 ; *iactatum* fait référence à *Aen.* 1, 3 : *multum ille et terris iactatus*. Sur l'atmosphère très « virgilienne » de ce passage, se reporter à l'étude très suggestive de R. Guerrini, « Tito al santuario Pafio e il recordo di Enea », *Atene e Roma*, XXXI, 1986, p. 28-34.

2. *Berenices reginae* : Iulia Berenice, fille aînée du roi de Judée, Hérode Agrippa I et de Kypros, elle-même fille de Phasaël (Ios., *Ant.*

18, 132 ; *B.I.* 2, 220), née en 28 après J.-C., épousa Marcus, fils de l'alabarque Alexandros, neveu de Philon d'Alexandrie, puis après la mort de celui-ci, son oncle Hérode, roi de Chalcis (Ios., *Ant.* 19, 277 ; *B.I.* 2, 217) ; ce dernier étant mort à son tour, elle eut une liaison incestueuse avec son propre frère, Hérode Agrippa II ; toutefois, pour faire cesser les rumeurs nées à ce sujet, elle aurait épousé le roi du Pont et de Cilicie, Polémon II ; mais elle se sépara de lui (Ios., *Ant.* 20, 145-146). Cela est cependant contesté par G. H. Macurdy, « Iulia Berenice », *A. J. Ph.* LVI, 1935, p. 246-253 qui, se fondant sur le fait qu'elle est appelée *regina* (cf. aussi 81, 2), titre confirmé par une inscription antique (*I.G.* III, 556), croit qu'en réalité elle était l'associée au pouvoir d'Agrippa ; mais l'inceste est également mentionné par Ios., *Ant.* (*ad loc.*) et par Juvénal (6, 158) : Wilcken, *R.E.* III, 1, col. 287-289, n° 15 ; Br. W. Jones, *Titus*, p. 61 ; 74, n. 94.

3. Bérénice se trouvait alors à Césarée, près de Vespasien.

4. En 66, son frère et elle-même se rangèrent au côté des Romains après l'incendie de leur palais (Ios., *B.I.* 2, 426) ; elle gagna le cœur du jeune Titus, bien qu'elle fût son aînée de onze ans (*florens aetate* : 81, 2).

5. Ce jugement est confirmé par Suet., *Tit.* 6-7, qui décrit les excès et les débauches de Titus, et indique qu'on le représentait comme un second Néron, mais signale également la profonde transformation qui se produisit en lui.

6. Sur l'Achaïe, cf. 1, 23, n. 6 ; la province d'Asie avait été conquise par les Romains sur Antiochus à la bataille de Magnésie (189 avant J.-C.), mais ne fut organisée qu'en 129 par M' Aquilius ; elle devint province sénatoriale sous Auguste ; elle était particulièrement riche, comme l'attestaient sa capitale Ephèse, ainsi que des villes comme Pergame, Smyrne, Sardes et Cyzique.

7. K. Büchner, *Die Reise...*, p. 97, rappelle que Mucien s'y trouvait ; selon lui, la direction prise par Titus devait être due au désir de le rencontrer ; le fait que Josèphe ne parle pas d'une telle intention ne lui paraît pas une objection, car l'historien juif ne pouvait pas mentionner un fait qui supposerait une collusion entre Titus et Mucien ; mais, pour H. Heubner, *Comm.*, p. 22, l'intention de Titus était seulement d'abréger son voyage par mer. — *audentioribus spatiis* : c'est-à-dire en quittant la côte pour s'aventurer en haute mer ; comme H. Heubner, nous pensons que cette formule constitue une antithèse en forme de *uariatio* avec *praeuectus* et se rapporte par conséquent à l'ensemble de l'expression à partir de *Rhodum* ; opinion contraire de K. Büchner, *op. cit.* ; Weynand, *R.E.* VI, 2, col. 2700, 1.7-10 ; G. E. F. Chilver, *ad loc.*, p. 164.

8. Paphos, ville située à l'ouest de l'île de Chypre (aujourd'hui Koúklia), fondée vers le xᵉ siècle avant J.-C. par des colons phéniciens ; il s'y était formé un culte d'Aphrodite, cette dernière n'étant autre que l'Astarté phénicienne dont le culte s'était épuré au

contact de la civilisation grecque : Oberhummer, *R.E.* XVIII, 3, col. 937-951 et Johanna Schmidt, *ibid.* col. 951-964.

9. *Haud fuerit longum* : formule traditionnelle d'introduction d'un excursus : cf. *Ann.* 4, 65, 1 : *Haud fuerit absurdum tradere* ; 12, 24, 1 ; Vell. 2, 38, 1.

10. Sur cette forme, cf. *infra*, 3, n. 10 ; elle nous est connue par de nombreuses représentations sur des pierres gravées et des monnaies d'époque impériale ; sur les fouilles effectuées sur le site, cf. notamment T. B. Mitford-J. H. Iliffe, « Excavations at Koúklia (Old Paphos), Cyprus, 1950 », *Antiqu. Journ.* XXXI, 1951, p. 51-66 ; sur le détail de la description du temple, qui était une construction en bois, cf. Chr. Blinkenberg, *Le temple de Paphos*, Copenhague, 1924, et la très riche notice de H. Heubner, *Comm.*, p. 30-36, où l'on trouvera aussi une abondante bibliographie.

3.

1. Même indication de Tacite dans *Ann.* 3, 62, 4, mais cf. Chr. Blinkenberg, *op. cit.*, p. 31 : « Le nom d'Aerias est pure fiction et probablement assez tardif » ; il s'agirait à l'origine d'une épiclèse de l'Aphrodite de Paphos, donnée par les Arcadiens qui s'installèrent à Chypre au XIIe siècle avant J.-C. ; le nom du fondateur du temple serait, d'après Strab. 14, 682 et Paus. 8, 5, 2 ; 53, 7, Agapenor, et, d'après Euseb., *Chron.* 2, 34, cette fondation remonterait aux environs de 1425 avant J.-C. ; la déesse de Paphos est mentionnée par Hom., *Od.* 8, 362.

2. Cinyras, premier roi-prêtre de Chypre, originaire de Cilicie, fut aimé d'Apollon (Pind., *Pyth.* 2, 15 ; *Nem.* 8, 18 ; Tyrt., *frg.* 12, 6) ; il est le père d'Adonis, fruit de son union avec Métharmè, fille de Pygmalion (Apollod. 3, 14, 3) ou avec sa propre fille Smyrna (Hyg., *Fab.* 58 ; 242 ; 248 ; 251 ; 271) ; l'origine sémitique de l'Aphrodite chypriote fait qu'on le dit aussi roi des Syriens (Apollod., *loc. cit.*) ou des Assyriens (Hyg., *Fab.* 58 ; 242 ; 270). On le considérait comme ayant inventé les tuiles ainsi que divers instruments et découvert des mines de cuivre : Plin., *N.H.* 7, 195 (mais R. Schilling, *Comm.*, *ad loc.*, affirme sans justification qu'il ne s'agit pas du même personnage). La première mention de ce roi se trouve chez Hom., *Il.* 11, 20, à propos d'une cuirasse dont il avait fait don à Agamemnon.

3. D'où son surnom d'Anadyomène, c'est-à-dire « qui sort des flots » ; selon Varron, *L.L.* 5, 63, la conception et la naissance d'Aphrodite furent simultanées.

4. *Tamiram* : Tamiras, nom d'origine sémitique, attesté sous la forme Tumira sur une inscription d'Amathonte, désignait sans doute primitivement une déesse palestinienne de la fécondité ; il est appliqué à la déesse de Paphos, puis à son prêtre. A. Enmann, *Kypros und der Ursprung des Aphroditekultus* (Mém. Ac. Petersb., 7 Ser.,

Bd. 34), 1886, p. 56, a tenté faussement de lui attribuer une origine indo-européenne, ou même grecque : cf. G. von Geisau, *R.E.* IV A, 2, col. 2138 ; A. Bouché-Leclercq, *Histoire de la divination dans l'Antiquité*, Paris, 1880, t. II, p. 391 sq.

5. Les Κινυράδαι (les autochtones) et les Ταμιράδαι (les étrangers).

6. Le fait est souligné par Tacite parce que, à Rome, on ne sacrifiait pas de victimes mâles à des divinités féminines : cf. F. Bömer, *ad Ov., Fast.* 4, 650 ; les victimes étaient destinées, comme le montre le contexte, à la divination et non à un sacrifice proprement dit.

7. *igne puro* : c'est-à-dire justement, sans que le sang soit répandu ; c'était selon Chr. Blinkenberg, *op. cit.*, p. 22 et n. 7, une particularité de la religion de l'époque mycénienne.

8. Le fait est confirmé par Plin., *N.H.* 2, 210 : *Celebre fanum habet Veneris Paphos, in cuius quandam aream non impluit*, ce qui conduit Ph. Fabia, *Les sources...*, p. 247, à voir dans Pline la source de Tacite ; même indication dans Serv., *ad Aen.* 1, 415 : *Varro et plures referunt in hoc tantum templo Veneris quibusuis maximis in circuitu pluuiis numquam inpluere* ; cependant, saint Augustin, *Ciu. D.* 21, 6, donne du phénomène une explication plus rationnelle ; en réalité, il y avait, selon lui, dans le temple, un candélabre constitué de sortes de feux grégeois résistant à la tempête et à l'eau.

9. Cf. Chr. Blinkenberg, *op. cit.*, p. 3 : « Le temple ne contenait pas d'image proprement dite, on adorait un symbole cultuel ».

10. Cf. Serv., *Ad Aen.* 1, 720 : *Apud Cyprios Venus in modum umbilici, uel ut quidam uolunt, metae colitur* ; Maxim. Tyr. 2, 8 (éd. Hobein, p. 26) ; il s'agissait en fait d'un tronc de cône : cf. la pl. X, a, de l'ouvrage de Mitford-Iliffe cité n. 10 du chap. 2.

11. Il est la marque d'un culte aniconique très répandu dans la civilisation mycénienne : Chr. Blinkenberg, *op. cit.*, p. 14.

4.

1. *de se per ambages interrogat* : Tacite est sur ce point plus précis que Suétone qui écrit simplement (*ibid.*) : *etiam de imperii spe confirmatus est*.

2. Vespasien se trouvait à Césarée, ville du nord de la Palestine, fondée en 22 avant J.-C. par Hérode le Grand ; capitale de la province romaine de Judée, elle devint après l'élévation de Vespasien à l'Empire *Prima Colonia Flauia Augusta Caesarea* ; sur cette ville, cf. B. Lifshitz, « Césarée de Palestine, son histoire et ses institutions », *A.N.R.W.* II, 8, p. 490-518.

3. C'est à Vespasien et Titus que Josèphe, *B.I.* 4, 501-502, attribue cette indécision et cette incertitude ; l'indécision de Vespasien est cependant exprimée par Tacite en 74, 2 : *Sed in tanta mole belli plerumque cunctatio ; et Vespasianus modo in spem erectus, aliquando aduersa reputabat.*

4. Jérusalem, capitale du royaume de Judée, est bâtie sur plusieurs hauteurs, à l'ouest du Cédron.

5. Cf. 1, 10, 3 : *Bellum Iudaicum Flauius Vespasianus... legionibus administrabat.*

6. *Ibid.* et n. 5 : il s'agit des légions *V Macedonica*, *X Fretensis* et *XV Apollinaris* à la tête desquelles Vespasien se trouvait depuis 67 avec le titre de légat impérial ; sur ces trois légions, cf. Ios., *B.I.* 4, 598.

7. Cf. 1, 10, 1 : *Syriam et quattuor legiones obtinebat Licinius Mucianus* et n. 1 ; ce sont les légions *III Gallica*, *IV Scythica*, *VI Ferrata* et *XII Fulminata*, mais la première d'entre elles avait été transférée en Mésie à la fin du règne de Néron.

8. *belli ardor* : *ardor* est une correction, généralement admise, de Rhenanus contre le texte de M, *labor*, qui apparaît comme une très probable dittographie de celui qui se trouve à la ligne précédente ; pour l'expression, cf. Liu. 24, 45, 4 ; 34, 1, 3 ; cf. aussi 1, 53, 9. Orelli préfère *belli amor* adopté par plusieurs éditeurs ; K. Büchner, *Die Reise...*, p. 88, n. 6, suggère *labes*.

9. Il s'agit des flottes du Pont (cf. 83, 2 ; 3, 47, 3), de Syrie et d'Alexandrie : cf. C. G. Starr, *Roman imperial navy*, p. 109 sq. ; 125 sq.

10. Ces rois sont principalement Hérode Agrippa II, roi de Trachonitide, frère de Bérénice (cf. *supra*, chap. 2, n. 2), Sohème, roi de Sophène et Antiochus, roi de Commagène (cf. *infra*, 81, n. 3, 5 et 6).

5.

1. Ce portrait est tout à fait conforme à ce que Suétone nous dit de Vespasien : *consilio ac... manu*, cf. Suet., *Vesp.* 4, 6 ; *ueste habituque... discrepans*, cf. *ibid*, 12, 1 : *Ceteris in rebus statim ab initio principatus usque ad exitum ciuilis et clemens* ; *si auaritia abesset*, cf. *ibid.*, 16, 1 : *Sola est in qua merito culpetur, pecuniae cupiditas.*

2. La même idée est exprimée, de façon plus explicite, par Ios., *B.I.* 4, 597 ; bien que, dans le cas de l'écrivain grec, la comparaison s'applique à des personnages différents — Vespasien et Titus — la similitude de la pensée fait supposer, avec beaucoup de vraisemblance, par A. Briessman, *Tacitus*, p. 5, une source commune aux deux auteurs.

3. En fait, il y avait déjà eu auparavant des contacts, puisque c'est après la prise de Gamala, en novembre 67, que, selon Ios., *B.I.* 4, 32, Titus avait été envoyé auprès de Mucien.

6.

1. C'est-à-dire celle de Judée et celle de Syrie, sous les ordres respectifs de Vespasien et de Mucien.

2. *pernicibus* : nous adoptons la correction de Jacob, *pernicibus*, également reçue par H. Heubner et G. E. F. Chilver, contrairement à Goelzer et Koestermann qui suivent le texte de *L*, *praecipitibus*, en se fondant sur celui de 41, 1, *praecipites exploratores*, et qui estiment que la faute, *precibus*, s'explique par l'omission, fréquente dans le *Mediceus*, des syllabes du milieu ; mais Jacob, de son côté, rapproche de 3, 40, 1 : *proditam a Lucilio Basso Rauennatem classem pernicibus nuntiis accepit* ; on ne peut en revanche que rejeter celle de A. B. Černjak, « Quelques problèmes de critique textuelle chez Tacite », *Quaderni dell'Istituto di Filologia latina dell'Università di Padova*, IV, 1976, p. 99-111, qui veut lire *properis* (p. 110-111).

3. *Gallia* = *Cisalpina* : allusion à la guerre de Modène.

4. Pompée, après Pharsale, en Egypte (28 septembre = 16 août 48 avant J.-C.) ; Cassius, puis Brutus, après Philippes (octobre-novembre 42 avant J.-C.) ; Antoine, après Actium, à Alexandrie (30 avant J.-C.).

5. Aucun d'entre eux n'était venu en Orient depuis le voyage de C. Caesar, le petit-fils d'Auguste, en 1 après J.-C., puis celui de Germanicus en 19 ; il n'y en eut également aucun autre entre celui de Titus, en 71 après J.-C. et le moment où écrit Tacite.

6. C'est-à-dire la révolte de Vindex et le soulèvement qui mit fin au règne de Néron.

7. Sur ces sept légions qui se partageaient la Syrie et la Judée, cf. *supra*, 4, n. 6 et 7, — *ingentibus auxiliis* : au début de la campagne de Judée, Vespasien et Titus disposaient de 23 cohortes sont 10 *milliariae* et 5 *alae*.

8. La *III Cyrenaica* et la *XXII Deiotariana*.

9. Cf. *supra*, 1, 78, 1 et n. 7.

10. *Pontus* : partie orientale de l'ancien royaume de Mithridate annexé par Rome en 64 avant J.-C. ; il était borné à l'ouest par la Paphlagonie, au nord par le Pont-Euxin, à l'est par la Petite et la Grande Arménie, au sud par la Cappadoce et la Galatie ; sa capitale était Neo-Caesarea.

11. *Armeniis* : l'*Armenia maior* et l'*Armenia minor*, situées entre le Pont-Euxin et la mer Caspienne, séparées l'une de l'autre par l'Euphrate, et comprenant la vallée supérieure de ce fleuve, bornées à l'est par les Caspii, au sud par la Médie, séparées au nord de l'Albanie et de l'Ibérie par le Cyrus, de la Colchide et du Pont par les monts Paryadres, à l'ouest, de la Cappadoce par ces mêmes montagnes, au sud de la Mésopotamie et de l'Assyrie par le Tigre ; les villes principales étaient Artaxate sur l'Araxes, et Tigranocerte, la capitale, située dans la haute vallée du Tigre, mais dont l'emplacement précis est incertain. L'*Armenia maior* fut conquise par Trajan, abandonnée par Hadrien, l'*Armenia minor* était rattachée à la province procuratorienne de Cappadoce.

12. *pecuniae* : c'est le texte de *M*, généralement corrigé, à la suite de Ritter, en *pecunia*, parce que l'adjectif *opulentus* est ordinaire-

ment suivi de l'ablatif : cf. par exemple *Ann.* 3, 46, 2 ; toutefois, le génitif se trouve chez les poètes : Hor., *Od.* 1, 17, 16 ; Stat., *Theb.* 6, 91, si bien qu'il nous a paru possible de conserver le texte du manuscrit.

7.

1. *bello ciuili* : lecture très vraisemblable, de Heinisch, et adoptée par la plupart des éditeurs, du texte de *M bellū cū In.*

2. Cette attitude de neutralité et d'exspectative n'est pas conforme à ce que, selon Plut., *Otho*, 15, 6, pensait Othon, qui déclarait à ses soldats après la bataille de Bédriac : « L'Asie, la Syrie, l'Egypte et les troupes qui combattent contre les Juifs sont avec nous » ; cf. aussi *ibid.* 4, 3.

3. *discordiam his, ignauiam, luxuriem* : contrairement à Koestermann qui adopte la correction de Madvig, *discordia militis, ignauia, luxurie*, nous gardons le texte de *M*, qui donne un sens parfaitement acceptable, suivant en cela la suggestion de D. C. A. Shotter, *Cl. Ph.* LXIII, 1968, p. 287.

4. C'est-à-dire depuis le retour de Titus qui les a informés de la mort de Galba ; nous avons toujours là la marque d'une source proflavienne, ainsi que cela est confirmé par Ios., *B.I.* 4, 602 ; cf. A. Briessmann, *Tacitus*, p. 7.

8.

1. L'épisode du faux Néron, qui occupe les chapitres 8 et 9, constitue dans la structure dramatique de ce début du livre II, une sorte de transition qui nous ramène progressivement à la situation de Rome et au terrain des opérations occidentales qui ont été abandonnées à la fin du livre I. — *sub idem tempus* : nous sommes sans doute dans la deuxième quinzaine de mars, peu après qu'Othon a quitté Rome.

2. *falso exterritae* : *exterritus* est un mot fort, mais l'expression traduit la profonde instabilité politique, à cette époque, de l'Empire romain, qui s'émeut à la moindre nouvelle, fût-elle erronée ; sur les fausses nouvelles et les *rumores* en période de guerre civile, cf. P. Jal, *Guerre civile*, p. 119 sq.

3. On connaît, en-dehors de celui-ci, deux autres faux Nérons : un Asiatique, Terentius Maximus, qui se manifesta sous Titus, en 80, et bénéficiait de l'appui des Parthes (Dio Cass. 66, 19 = Zon. 11, 18 ; cf. Ios., *Ant.*, fr. 106 M) ; en 88, celui dont il est question en 1, 2, 1, dont parle Suétone dans *Ner.* 57, 2 (cf. *supra*, 1, 2, n. 12) et qui était lui aussi soutenu par les Parthes ; sur cette question, cf. la mise au point de P. A. Gallivan, « The false Neros : a re-examination », *Historia*, XXII, 1973, p. 364-365. Le fait qu'il y avait eu peu de témoins, et pas très sûrs, de l'incinération de Néron (cf. Suet., *Ner.*

50 ; Plut., *Galba*, 7, 2-3) favorisait de telles impostures ou de telles fables : qu'on pense à celles qui ont couru, et courent encore parfois, à propos de Hitler. On peut aussi penser à l'aventure, plus proche dans le temps de celle du faux Néron, d'Andriscus, le Pseudo-Philippe, rapportée par Tite-Live (cf. *Per.* 49, 21-27, et la n. 23 de l'éd. P. Jal). Dion Chrysostome, *Or.* 21, 10, atteste qu'au temps de Trajan, beaucoup de gens ne voulaient pas croire que Néron était mort.

4. Cette partie de l'ouvrage de Tacite est perdue.

5. Confusion d'autant plus aisée que peu nombreux étaient évidemment les gens qui avaient pu approcher Néron dans cette partie orientale de l'Empire.

6. *propior ad fallendum fides* = *fides quae propius accedebat ad fallendum* : la construction est dure, d'où la correction *pronior* de Heinsius et *promptior* de Freinsheim ; *fallendum fides* constitue un oxymoron.

7. *Cythnum insulam* : l'île de Cythnos, l'une des Cyclades, entre Céos au nord et Sériphos au sud, célèbre par ses sources thermales, d'où son nom actuel de Thermia : cf. Bürchner, *R.E.* XII, 1, col. 219-221.

8. Ce personnage n'est pas autrement connu.

9. Sur ce geste, cf. *supra*, 1, 54, 1 et n. 2.

10. Sur les mains jointes, symbole de *concordia*, cf. P. Boyancé, « La main de Fides », *Hommages à Jean Bayet* (Coll. Latomus, 70), Bruxelles, 1964, p. 101-113.

9.

1. *Galatiam ac Pamphyliam prouincias* : la Galatie était une contrée d'Asie mineure, bornée au nord par la Bithynie et la Paphlagonie, à l'est par le Pont, au sud par la Lycaonie et la Cappadoce, à l'ouest par la Phrygie ; elle devint province impériale en 25 avant J.-C., à la mort de son dernier roi, Amyntas ; la Pamphylie, bordée au sud par la mer, était séparée de la Lycie, à l'ouest, par les monts Climax, de la Cilicie, à l'est, par le fleuve Mélas, de la Pisidie, au nord, par le mont Taurus. Trop petite pour former une province, la Pamphylie fut réunie à la Galatie, d'Auguste à Claude, à la Lycie, de Claude à Néron (ou Galba) ; sous Galba, la Lycie redevint indépendante et la Pamphylie fut à nouveau réunie à la Galatie ; cette mesure fut par la suite révoquée par Vespasien : cf. R. Syme, « Pamphylia from Augustus to Vespasian », *Klio*, XXX, 1937, p. 227-231, qui pense que l'emploi du pluriel *prouincias* (au lieu de *prouinciam*) indique que Galba réunit sous le commandement unique d'Asprenas des provinces auparavant séparées (p. 231).

2. *Calpurnio Asprenati* : Nonius Calpurnius Asprenas, peut-être petit-fils de L. Nonius Asprenas, cons. 6 après J.-C., qui a sauvé une

partie de l'armée de Varus du désastre (Vell. 2, 120, 3) ; son père s'était vu attribuer le *cognomen* de Torquatus en même temps qu'un *torques* d'or, comme dédommagement d'une blessure reçue lors des jeux troyens donnés par Auguste (Suet., *Aug.* 43, 2) ; il fut consul, probablement dans les premières années du règne de Vespasien, mais sans qu'on puisse préciser la date ; il devint proconsul d'Afrique en 83.

3. *trierarchos* : au sens propre commandant d'une trière, le triérarque était à Athènes le titulaire d'une liturgie qui consistait, non seulement à commander un vaisseau de guerre, mais aussi à supporter les frais de l'expédition ; dans l'usage, les triérarques étaient les commandants des vaisseaux de guerre, subordonnés au commandant de la flotte, le navarque ; à l'époque impériale, ce pouvaient être des affranchis ou des *peregrini* qui devenaient ainsi citoyens.

4. *Corpus* : nous n'avons pas adopté, comme l'ont fait Koestermann et, à sa suite, Heubner, la correction *caput* ; elle est, certes, tentante, étant donné le contexte ; mais, devant l'unanimité des manuscrits, elle manque d'appuis suffisants ; de plus, on rapproche fort justement de cette phrase le texte d'*Ann.* 2, 14, 3 : *Iam corpus, ut uisu toruum* ; cf. aussi, dans un autre ordre d'idées, Suet., *Tib.* 7, 3 : *cuius corpus... Romam usque peruexit.*

10.

1. *In ciuitate*, en rapport avec *Romam* dans la phrase précédente, assure le lien entre les deux chapitres ; nous sommes ramenés dans la partie occidentale de l'Empire et dans sa capitale. Ce chapitre constitue une sorte d'introduction de cette nouvelle partie du développement ; les thèmes majeurs en sont fixés : *discordia*, confusion de la *libertas* et de la *licentia* qui entraînent de profonds bouleversements. L'incident même qui y est rapporté est sans relation directe avec la suite de la narration, mais Vibius Crispus est une figure-clé du régime des Flaviens.

2. *Vibius Crispus* : Q. Vibius Crispus, originaire de Verceil, selon Tac., *Dial.* 8, 1, qui indique également (*ibid.* 3) que lui-même et Eprius Marcellus (cf. *infra*, 53, 1) étaient des orateurs considérables et les principaux conseillers de Vespasien (*principes in Caesaris amicitia*). Né aux environs de 12 après J.-C., il fut sous Néron consul suffect en 61, proconsul en Afrique (Plin., *N.H.* 19, 4) et peut-être *curator aquarum* de 68 à 71 (cf. Frontin, *Aq.* 102 et l'allusion indirecte de Juvénal, 4, 87-88), gouverneur de Tarraconaise, peut-être sous Vespasien, une deuxième fois consul, sans doute en mars 74, une troisième fois en 82 ou 83 ; il dépassa les quatre-vingts ans (Iuuen. 4, 92), mais on peut déduire de Quint., *I.O.* 5, 13, 48 qu'il mourut avant 93.

3. C'était un orateur réputé (Tac., *Dial.* 8, 2 : cf. note précédente)

dont la qualité principale était la *iucunditas* (cf. Quint., *I.O.* 5, 13, 48 : *uir ingenii iucundi et elegantis* ; 10, 1, 119 : *compositus et iucundus et delectationi natus, priuatis tamen causis quam publicis melior*, confirmé par Iuuen. 4, 81 : *Venit et Crispi iucunda senectus* et par Tacite lui-même, *infra* 4, 43, 2 : *Crispus renidens*), célèbre aussi par ses mots d'esprit (Suet., *Dom.* 3, 1 ; Dio Cass. 65, 2, 3) ; il était remarquable, selon Iuuen. 4, 89-90, par son habileté à « suivre le courant » : *Ille... numquam derexit bracchia contra/torrentem*, mais c'était surtout un délateur redoutable.

4. Ce personnage n'est pas autrement connu ; G. E. F. Chilver, *ad loc.*, p. 174, voit en lui un possible ancêtre de l'épouse d'Antonin le Pieux.

5. *censuerant patres ut... noscerentur* : Tacite reproduit sans doute à peu près le texte de la *sententia* ; sur ces poursuites, cf. *infra*, 4, 6 (Eprius Marcellus) ; 4, 42 (Regulus).

6. *retinebat adhuc terroris* : C'est le texte de *M* qu'à la suite de Valmaggi et de Heubner, implicitement approuvés par Chilver, nous croyons devoir garder ; Heubner cite en parallèle *Germ.* 15, 2 : *Mos est ciuitatibus ultro ac uiritim conferre principibus uel armentorum uel frugum quod pro honore acceptum etiam necessitatibus subuenit*. Cet emploi du génitif partitif ne paraît pas impossible et peut être analogique de celui des compléments des verbes signifiant « emplir » : Ern.-Th., *Synt.* § 65.

7. L. Vibius Secundus, procurateur de Mauritanie, avait, en 60, été poursuivi *de repetundis* et, grâce à l'intervention de son frère, condamné seulement à la rélégation (*Ann.* 14, 28, 2).

8. *nihil aeque reo proderat* : l'influence excessive de son accusateur servait l'accusé, car il arrivait à Rome que des accusés manifestement coupables fussent acquittés à la suite des attaques violentes de grands personnages ; sur les faits, cf. Cic., *Mur.* 58 ; *Brut.* 84 ; Val. Max. 8, 1, 11 ; Tac., *Ann.* 3, 66 et, dans l'édition des *Abrégés de l'Histoire romaine de Tite-Live*, vol. 2, p. 141 (n. 6 à *Per. Oxy.* 55, 210-211), la note de P. Jal qui attire l'attention sur ce fait.

9. *dari tempus... censebant* : la forme même de la phrase indique que nous avons là le texte d'une *sententia*, donc d'une motion ou proposition d'un ou plusieurs sénateurs ; ils suivent l'accusé qui demande un délai et la communication des griefs du dossier, afin de pouvoir valablement préparer sa défense ; Plin., *Ep.* 3, 9, 32 nous relate une demande analogue : *Dari sibi diem et edi crimina postulauit.*

11.

1. *Laeta interim* : marque le passage sur le terrain des opérations, avec en tête un adjectif qui en traduit l'atmosphère générale ; pour l'expression, cf. Liu. 3, 33, 2 : *laeta enim principia magistratus eius*

nimis luxuriauere. Cette introduction souligne le caractère essentiellement dramatique que Tacite donne à l'organisation de son récit, alors
que, comme on l'a souvent observé, il ne se soucie pas de construire
sa narration de façon logique et rationnelle ; « il ne nous indique
nullement, avant d'entrer dans l'exposé détaillé des événements, le
plan de campagne d'Othon, ni les mesures qu'il prit et les ressources
qu'il eut à sa disposition pour l'exécuter » (Ph. Fabia, *La concentration...*, p. 213). L'emploi de *laeta* et sa mise en relief correspondent à
cette même tendance, car les débuts de la campagne d'Othon furent
loin d'être un succès, puisque sa flotte échoua dans son entreprise
contre la Narbonnaise et que ses troupes ne purent empêcher l'arrivée
de Caecina en Italie : « il eût été plus exact de dire que la guerre
n'avait pas très bien commencé pour Othon, mais qu'ensuite la
fortune sembla lui sourire franchement » (Ph. Fabia, *ibid.*, p. 193).

2. Mais, comme le remarque Ph. Fabia, *op. cit.*, p. 194, Tacite ne
mentionne pas les troupes de Mésie qui, elles aussi, se sont déclarées
pour Othon (1, 76) « sans doute parce que ni le gros, ni même aucune
fraction appréciable de ces troupes ne prirent effectivement part aux
opérations ».

3. *modicis interuallis* : selon Ph. Fabia, *op. cit.*, p. 198, l'emploi
de ce pluriel indique que ces contingents venaient de lieux différents
et qu'il y avait autant de colonnes que de légions ; cela se trouve
confirmé par le fait que seul le *uexillum* de la *legio XIII* participa au
combat *ad Castores* (24, 3).

4. Venaient de Dalmatie la *XI Claudia Pia Fidelis* (Burnum) et la
XIV Martia Gemina Victrix (?) qui avait été appelée de Bretagne par
Néron, de Pannonie la *VII Gemina Galbiana* (Carnuntum) et la *XIII
Gemina* (Poetovio) : cf. *supra*, 1, 76, 1 et n. 2, ainsi que le tableau de
marche de ces légions dressé par K. Wellesley, *Maior crux*, p. 42 ; on
observe que les quatre légions sont mentionnées selon leur ordre
numérique, et non selon leur provenance, mais de telle façon que se
trouve détachée en tête celle qui a été formée le plus récemment (cf.
1, 6, 2 et n. 11) et, à la fin, celle qui s'est spécialement distinguée (cf.
Ph. Fabia, *op. cit.*, p. 195) ; cette particularité est peut-être soulignée
par le terme employé pour désigner cette légion (*quartadecimani*) en
uariatio par rapport aux précédents ; Ph. Fabia soutient que le terme
indiquerait qu'il ne s'agit que d'une partie de la *legio XIV*, mais cela
paraît peu acceptable ; sur cette légion, cf. Ritterling, *R.E.* XII, 2,
col. 1727, l. 43 sq. — *a Galba conscripta* : par l'emploi de ce tour,
Tacite précise qu'il s'agit de la *VII Galbiana*, alors qu'existe
également la *VII Claudiana*, et indique en même temps que cette
légion était de formation récente. — *rebellione Britanniae compressa* :
sous les ordres de C. Suetonius Paulinus, elle vint à bout de la révolte
de Boudicca (60-61) ; c'est à la suite de cette éclatante victoire qu'elle
reçut le nom de *Martia Victrix*.

5. En 67, Néron l'avait probablement rappelée de Bretagne pour

l'expédition qu'il projetait contre les Albani, puis, selon Tacite, l'avait fait revenir pour l'engager contre Vindex (*supra*, 1, 6, 2) ; en 69, elle se trouvait dans le nord de l'Italie, s'apprêtant à regagner la Bretagne (*infra*, 27, 2).

6. Par haine pour Galba accusé d'avoir été la cause de la mort de Néron ; de plus, nous l'avons vu, Othon se plaisait à se donner l'air d'un nouveau Néron : cf. 1, 78, 2 et n. 13.

7. L'interprétation de cette phrase a laissé perplexes les commentateurs. H. Heubner, *Comm.*, p. 51-53, soutient, à la suite de J. Gerstenecker, *Der Krieg des Otho und Vitellius in Italien im Jahre 69* (Progr. München, 1882), p. 63, n. 45 et de Ph. Fabia, *La concentration...*, p. 195 notamment, que cette remarque concerne l'ensemble des quatre légions, et non pas seulement la *legio XIV*, car cette dernière n'était pas plus forte numériquement que les autres et, d'autre part, cette affirmation serait en contradiction avec le fait que *longa illis erga Neronem fides et erecta in Othonem studia*. Mais K. Wellesley dans *Suggestio falsi...* p. 272-274 et *Maior crux*, p. 43 (cf. aussi A. Passerini, *Le due battaglie...*, p. 204), a justement montré que la *legio XIV* se détache des autres et que c'est la seule qui puisse, en fonction du contexte, avoir *plus uirium ac roboris*, ce qui lui valut d'être choisie par Néron pour sa campagne orientale, qu'enfin, elle arriva effectivement la dernière sur le terrain des opérations (cf. *infra*, 2, 32) et ne put participer à la bataille de Bédriac, au contraire de la *legio XIII*. La contradiction entre l'attachement de cette légion pour Othon et cette non-participation peut s'expliquer si l'on admet que la 14ᵉ légion, partant d'un point plus éloigné de Bédriac (Siscia, sur la Save = aujourd'hui Siszek, en Yougoslavie, ou peut-être encore plus à l'est, selon Wellesley) que la 13ᵉ, ne pouvait qu'arriver après elle, malgré tous ses efforts ; mais Tacite, incapable de résister à l'attrait d'une belle *sententia* fondée sur l'antithèse *fiducia/tarditas*, s'est mépris sur le sens et la cause de ce retard.

8. Elles se trouvaient placées entre le gros de l'armée et les deux mille hommes de chacune des légions envoyées en avant-garde.

9. Sur les cohortes prétoriennes, cf. *supra*, 1, 5, n. 1 ; les *equitum uexilla* sont ceux des cohortes prétoriennes qui comprenaient chacune, nous l'avons vu (*ibid.*), 90 cavaliers.

10. La *legio I Adiutrix classicorum* : cf. 1, 6, n. 12.

11. Ce fut le cas, d'après App., *B.C.* 3, 49, de D. Brutus lors du siège de Modène, en 44 ; sur la présence de ces gladiateurs dans la guerre, cf. *infra*, 23, 3 ; 34, 1 ; 43, 2.

12. Sur Annius Gallus, cf. *supra*, 1, 87, 2, n. 19. — *rector* : le mot est couramment employé par Tacite pour désigner un chef militaire ou un gouverneur de province : cf. 1, 59, 2 ; 1, 87, 2 ; 2, 59, 2 ; 2, 85, 2 ; *Ann.* 2, 4, 3 ; 12, 54, 3 ; 14, 27, 3 etc.

13. *cum Vestricio Spurinna* : selon Ph. Fabia, *La concentration...*,

p. 206, la façon dont il est nommé indique que Spurinna était subordonné à Annius Gallus ; cf. aussi, *infra*, 23, 1. Vestricius Spurinna est né aux environs de 25 après J.-C., ainsi qu'on peut le déduire de Plin., *Ep.* 3, 1, 10, qui vante son talent de poète et nous indique aussi que *quoad honestum fuit, obiit officia, gessit magistratus, prouincias rexit* (*ibid.* 12). Il est mentionné par Plut., *Otho*, 5, 5, comme l'un des généraux d'Othon, mais non pas par Tacite en 1, 87, 2, vraisemblablement du fait qu'il était subordonné à Gallus. Il fut consul sous Vespasien, à une date indéterminée, reçut probablement un deuxième consulat sous Nerva et un troisième sous Trajan (cf. Plin., *Pan.* 60, 5 ; 61, 7). Peut-être fit-il partie, en 97, de la délégation qui alla notifier à Trajan son adoption ; on lui décerna, sans doute aussi sous Nerva, en 98, une statue triomphale parce qu'il avait rétabli sur son trône le roi des Bructères (Plin., *Ep.* 2, 7, 1-2), fait dont parle peut-être Tacite dans *Germ.* 33 : cf. M. Schuster, *R.E.* VIII A, 2, col. 1791-1798 ; R. Syme, *Tacitus*, App. 2, p. 634-635. Selon R. Syme, *ibid.* 1, p. 176-177, il pourrait avoir été une source importante de Tacite pour le récit de cette campagne.

14. Ce plan visait à contenir les Vitelliens au-delà des Alpes : cf. 1, 87, 1.

15. Cf. 1, 70, 3 et n. 27 ; sur Caecina, cf. 1, 52, n. 14.

16. Sur les *speculatores*, cf. 1, 24, 2 et n. 8.

17. C'est-à-dire celles qui ne faisaient pas partie du contingent commandé par Annius Gallus et Vestricius Spurinna.

18. Les vétérans des cohortes prétoriennes rengagés figuraient dans des contingents distincts de ces dernières.

19. Cf. 1, 87, 1 et n. 7 à 9.

20. *lorica ferrea* : c'est-à-dire une simple cuirasse de légionnaire, assez grossière, et non une cuirasse plus ouvragée, en argent ou en bronze doré.

21. *ante signa pedes ire, horridus, incomptus* : image traditionnelle et conventionnelle du chef de guerre qui partage les fatigues du soldat : cf. P. Schunck, *Studien...*, p. 79 ; *pedes ire* est une correction de Madvig, adoptée par presque tous les éditeurs ; elle nous paraît plus proche du texte de *M*, *pedestre*, que la leçon de *L* et de certains des *deteriores*, soutenue par Nipperdey, *pedester* ; elle convient mieux aussi à la structure de la phrase.

12.

1. Les Alpes Maritimes formaient sur les deux rives du Var une province procuratorienne, bornée, à l'est, par la Ligurie, à l'ouest, par la Narbonnaise.

2. Cf. *supra*, 1, 48, n. 17.

3. Ces trois personnages ont déjà été mentionnés en 1, 87, 2 : cf. *ad loc.*, les notes 12, 13 et 14.

4. *loca sedesque patriae* : l'expression peut paraître forcée et avoir

un caractère rhétorique ; sans doute en est-il ainsi dans une certaine mesure, mais, comme le rappelle G. E. F. Chilver, *ad loc.*, p. 177, selon Strab. 4, 6, 4, 203 C, bien que les Alpes Maritimes eussent à leur tête un procurateur équestre résidant à Cemenelum (Cimiez), celui-ci n'avait d'autorité que sur les tribus montagnardes, tandis que les villes de la côte étaient considérées comme faisant partie de l'Italie et jouissaient du *ius Italicum* ; cfr. aussi Plin., *N.H.*, 3, 31.

5. Nous sommes au début du mois de mars.

6. Ce personnage n'est pas autrement connu ; on le retrouve en 3, 42-43 longtemps fidèle à Vitellius, malgré l'abandon de tout l'entourage de ce dernier, mais consentant finalement à prêter serment à Vespasien.

13.

1. *Albintimilium* ou *Albium Intemelium* (cf. Strab. 4, 6, 2, 202 C : Ἄλβιον Ἰντεμέλιον = Intémélium alpin), aujourd'hui Vintimille.

2. *insontium* : au nombre des victimes innocentes, il y eut la mère d'Agricola (*Agr.* 7, 2).

14.

1. Sur Fabius Valens, cf. 1, 7 et n. 8 ; selon H. Heubner, *Comm.*, p. 60, Fabius Valens reçut cette nouvelle vraisemblablement à Luc-en-Diois : voir le calendrier de la marche de Valens en 1, 63, n. 2.

2. C'est-à-dire Narbo Martius (Narbonne), Aquae Sextiae (Aix-en-Provence), Forum Iulii (Fréjus), Arelate (Arles), Baeterrae (Béziers), Carcaso (Carcassonne), Arausio (Orange), Valentia (Valence), Vienna (Vienne). Certaines d'entre elles, au moins, étaient directement menacées par l'attaque des Othoniens.

3. *Tungrorum* : les Tongres, peuple germanique émigré en Gaule Belgique, entre Escaut et Meuse, voisins des Ubiens et des Nerviens (cf. *Germ.* 2, 5), dans la province actuelle de Liège.

4. *Treuirorum* : sur les Trévires, cf. 1, 53, n. 13 ; ils fournissaient aux Romains une cavalerie excellente, la meilleure et la plus brave de toute l'armée ; cette *Treuirorum ala* avait provoqué des troubles sous Tibère, sous l'impulsion de Iulius Florus : *Ann.* 3, 42.

5. *Iulio Classico* : Julius Classicus, chef trévire, *nobilitate opibusque ante alios* (*infra*, 4, 55, 1), qui se joignit au soulèvement de Civilis (*ibid.*).

6. *in colonia Foroiuliensi* : ordre inverse des deux mots en 3, 43, 1 ; la colonie de Fréjus, à l'embouchure de l'Argens, sur la *uia Aurelia*, avait été fondée par César, en 55 avant J.-C. ; c'était, avec Misène et Ravenne, une des trois grandes bases navales de Rome (*Ann.* 4, 5, 1) ; Tacite souligne bien l'importance de cette base en 3, 43, 1 en l'appelant *claustra maris*.

7. *uacuo mari* : car les Vitelliens ne disposaient pas de flotte.

8. *duodecim equitum turmae* : cela équivaut à la moitié d'une *ala miliaria*, soit 480 h. : une *ala miliaria* comporte vingt-quatre *turmae* de 40 h. chacune, au lieu de seize *turmae* de 30 h. pour une *ala quingenaria* : cf. *supra*, 1, 70, n. 8.

9. Selon F. Köster, *Der Marsch*..., p. 52 sq., cela fait environ 500 h., soit à peu près l'équivalent d'une cohorte.

10. Cette cohorte était cantonnée à Cemenelum (= Cimiez), ainsi qu'en témoignent plusieurs inscriptions : *C.I.L.* V, 7889 sq. (cf. B. Hallermann, *op. cit.*, p. 33).

11. Tacite est sur ce point extrêmement imprécis, voire obscur ; les troupes venant de Pannonie répondaient à l'appel d'Othon (*supra*, 11, 1) et une cohorte de Pannoniens fut faite prisonnière par les Vitelliens à Crémone (*infra*, 17, 2) ; par conséquent, ou bien il y a confusion de Tacite entre les deux armées (G. E. F. Chilver, *ad loc.*, p. 180), ou bien il s'agit d'une fraction qui s'apprêtait à rejoindre l'armée de Vitellius, mais dont il n'est question nulle part ailleurs.

12. Selon J. E. Dugand, *De l'Aegitna de Polybe au Trophée de La Brague*, Paris-Nice, 1970, qui étudie p. 213-225 la localisation de la bataille évoquée dans ce passage, la plaine en question est celle de La Brague, entre Antibes et Villeneuve-Loubet (p. 220), et les collines voisines celles de Biot et de Vaugrenier principalement : cf. le plan de la bataille pl. XLVIII, p. 406 de cet ouvrage dans lequel on trouvera une large bibliographie du sujet, avec en particulier la mention des autres solutions proposées par divers auteurs. Sur les différentes localisations avancées, cf. H. Heubner, *Comm.*, p. 61, qui cite notamment F. Köster, *Der Marsch*..., selon lequel l'affaire se situerait aux environs de Menton, à 9 km à l'est de Cemenelum.

13. Cf. 14, 1 et n. 4.

14. *etiam paganorum manus* : nouvelle obscurité dans la rédaction de Tacite ; il nous semble qu'*etiam* renvoie aux *pagani* de l'armée cités au § 2 (*pars classicorum mixtis paganis*) ; les *pagani* sont les gens du pays que les Othoniens avaient décidés ou contraints à leur prêter main-forte : cf. H. Heubner, *Comm.*, p. 61.

15.

1. Ceux qui étaient cantonnés à Fréjus : cf. 14, 1.

2. *Tungrarum cohortium* : tel est le texte de *M* qu'il n'y a pas lieu de suspecter malgré celui de 14, 1 : *Duas Tungrorum cohortes* ; cf. Heraeus, *Woch. f. Klass. Phil.* XXXIII, 1916, p. 796, qui défend ce texte en mettant en parallèle *Ann.* 4, 73, 2 : *alam Canninefatem* et 4, 47, 3 : *Sugambrae cohortis*.

3. Ainsi que le note E. Koestermann, « Der erste Schlacht bei Bedriacum 69 n. Chr. », *Riv. di cult. class. e medioev.* III, 1961, p. 16-29 (p. 18), les raisons de ce retrait des deux troupes adverses n'apparaissent pas clairement dans le récit de Tacite. — *interioris Liguriae* : la Ligurie s'étendait sur la côte, depuis l'embouchure du

Var jusqu'à celle du Macra qui la séparait de l'Etrurie ; Albingaunum, aujourd'hui Albenga, se trouvant au bord de la mer, *interior* doit être considéré ici comme l'équivalent de *citerior*, c'est-à-dire désignant la partie de la Ligurie la plus proche de Rome.

16.

1. *Corsicam ac Sardiniam* : elles formaient depuis 27 avant J.-C. (cf. Strab. 17, 25, 840 C) une seule province sénatoriale ; elles devinrent impériales et reçurent un procurateur équestre en 6 après J.-C. (Dio Cass. 55, 28, 1), mais, sous Néron, le 1ᵉʳ juillet 67, la Sardaigne redevint province sénatoriale en échange de l'Achaïe (Paus. 7, 17, 3), tandis que la Corse, détachée d'elle, est peut-être restée province impériale, à moins que le procurateur mentionné ici n'ait été seulement subordonné du proconsul de Sardaigne ; toutefois, la première solution est plus vraisemblable selon G. E. F. Chilver, *ad loc.*, p. 181 ; la Sardaigne redevint impériale sous Vespasien (cf. J. Gaudemet, *Institutions*, p. 507, n. 6).

2. *Decumi Picarii* : Picarius semble bien être le nom de ce personnage ; ce nom est attesté par divers textes d'inscriptions : *C.I.L.* II, 4611 ; VI, 24173 sq. ; 24420 = 26905 ; XI, 6393, alors que la forme Pacarius n'est nulle part mentionnée : cf. A. Stein, *R.E.* XX, 1, col. 1186, qui s'appuie sur G. Heraeus, *Woch. f. Kl. Phil.* XXXIII, 1916, p. 790. La correction du texte de *M* s'impose donc d'autant plus que c'est la forme Picarius qui se trouve dans les deux autres occurrences du nom dans ce chapitre.

3. *Claudium Pyrrichum... Quintium Certum* : les noms de Claudius Pyrrichus et de Quintius Certus n'apparaissent que dans ce texte — *trierarchum Liburnicarum* : sur le sens de triérarque, cf. *supra*, 9, 1, n. 3 ; les liburnes étaient des navires longs et étroits, rapides et légers, à deux rangs de rames à l'origine, sur le modèle de ceux des pirates Illyriens (Liburnia = Illyria), qu'Auguste avait introduits dans la flotte romaine et utilisés avec un plein succès à Actium contre les lourds vaisseaux égyptiens d'Antoine. — *ibi nauium* : la Corse était à l'époque une des bases de la flotte de Misène.

4. *in uerba Vitellii iurauere* : pour l'expression, cf. *supra*, 1, 56, 2 ; 4, 57, 3 ; 4, 60, 2 etc. — *alieni = principum* ; sur les *imperiti* (= *multitudo* ou *turba imperita*) opposés aux *principes*, cf. J. Hellegouarc'h, *Voc. pol.*, p. 514.

5. *Digressis qui Picarium frequentabant — trucidati et comites* : antithèse dissymétrique portant sur une opposition casuelle (*digressis*/*trucidati*), mais aussi sur une *uariatio* dans l'expression : *qui... frequentabant*/*comites* ; ces derniers sont ceux qui constituent le personnel de maison du gouverneur et qu'il a amenés avec lui de Rome (J. Hellegouarc'h, *Voc. pol.*, p. 58-59), les autres, les habitants de l'île qui sont liés d'amitié avec lui.

17.

1. *Aperuerat iam* : reprise du récit, interrompu en 1, 70, de la marche des Vitelliens, sous la conduite de Caecina, à travers les Alpes, en direction de l'Italie.

2. Cf. 1, 70, 1 et n. 3.

3. Inexact, car les Vitelliens occupaient seulement la *Transpadana regio XI*, à l'ouest de l'Adduа (= Adda) ; l'est, du Pô à l'Istrie (*regio X*), appartenait aux Othoniens ; E. Courbaud, *Les procédés...*, p. 86, cite le fait comme exemple d'amplification rhétorique : « (Cette) manière de raconter rend cette descente de Caecina plus triomphante ; elle a donc l'avantage aux yeux de Tacite, qui n'y regarde pas de très près ».

4. Cf. 1, 70, 2 : *praemissis Gallorum Lusitanorumque et Britannorum cohortibus et Germanorum uexillis cum ala Petriana.*

5. *Cremonam* : Crémone, située à 12 km environ à l'est du confluent de l'Adda et du Pô, sur la rive gauche de celui-ci, colonie depuis 218 avant J.-C., fut longtemps la place forte principale dressée contre l'invasion des peuplades gauloises ; elle était célèbre pour ses monuments, et principalement pour son amphithéâtre (Hülsen, R.E. IV, 2, col. 1702-1703). La *cohors Pannoniorum* ne constituait sans doute pas, contrairement à ce que pense H. Drexler, *Zur Geschichte...*, p. 163, une avant-garde de l'armée de Pannonie, mais, selon Ph. Fabia, *La concentration...*, p. 55, elle y avait probablement été laissée depuis la mobilisation effectuée par Néron contre Vindex en 68 (cf. 1, 70, 1) ; B. Hallermann, *Untersuchungen*, p. 92 sq., l'identifie comme étant la *cohors I Pannoniorum equitata* appartenant à l'armée de Germanie supérieure, rappelée en Italie avec l'*ala Siliana* et se rangeant aux côtés d'Othon, pendant que l'*ala Siliana* se déclarait pour Vitellius.

6. *Placentiam* : Plaisance, située sur la rive droite du Pô, près de son confluent avec la Trebbia, était devenue colonie en 218 avant J.-C. ; c'était un point stratégique de premier ordre, sur la route de Milan à Parme, et en tête de la *uia Aemilia* conduisant à Ariminum ; elle était considérée comme formant un verrou contre l'avance de Vitellius. — *Ticinum*, aujourd'hui Pavie, également point stratégique important de la route conduisant de Rome en Gaule, sur la rive gauche du Tessin, près de son confluent avec le Pô. — *mille classici* : ces *classici* appartenaient vraisemblablement à la flotte de Ravenne : cf. B. Hallermann, *Untersuchungen*, p. 92 et n. 1.

7. Sur la passion des Bataves pour la nage, cf. *infra*, 4, 12, 3 ; *Ann.* 2, 8, 3 ; *Agr.* 18, 5 ; Dio Cass. 69, 9.

8. *trepidi ac falsi* : sorte d'hendiadys ; c'est leur panique même qui a provoqué leur erreur.

18.

1. Sur Vestricius Spurinna, cf. 11, 2, n. 13.

2. Sur un total de cinq (cf. *supra*, 11, 2), les autres étant avec Annius Gallus.

3. Les *uexillarii* étaient des corps de soldats détachés des légions.

4. G. E. F. Chilver, p. 183, aussi bien que H. Heubner, p. 88, considèrent comme douteuse l'opinion de A. Passerini, *Le due battaglie...*, p. 192, n. 35, selon lequel il s'agirait des *classici* et des cavaliers qui, en 22, 3, passeront du côté de Caecina.

5. *signis uexillisque* : les *signa* pour les fantassins, les *uexilla* pour les cavaliers : cf. *supra*, 1, 36, 1, n. 4 ; toutefois, les deux mots constituent un groupe stéréotypé qu'on retrouve souvent chez Tacite : 2, 43, 1 ; 3, 63, 1 ; 4, 15, 3 ; 4, 34, 2.

6. *centurionibus tribunisque* : cf. apparat critique ; on lit dans les mss *tribunisque prouidentiam ducis laudari* (*laudare* L), les trois derniers mots ayant été manifestement introduits dans le texte d'après le membre de phrase semblable de 19, 1.

7. Plutarque, *Otho*, 5, 5-6 ; 8-10, donne de l'incident une version légèrement différente, en ce que, selon lui, les actes d'indiscipline ont été le fait de l'ensemble des soldats d'Othon, Spurinna étant le seul des généraux dont la résistance soit signalée.

19.

1. *Postquam in conspectu Padus* : tour elliptique ; la brièveté recherchée par Tacite conduit à une obscurité qui a provoqué de nombreuses propositions de correction : pour le détail, cf. H. Heubner, *Comm.*, p. 77. On ne comprend pas comment Spurinna, s'éloignant de Plaisance qu'arrose le Pô (cf. *supra*, 17, n. 6) peut arriver en vue de ce dernier au soir d'une journée de marche. A. Passerini, *Le due battaglie...*, p. 195 sq., approuvé par K. Wellesley, *Suggestio falsi*, p. 274-276, en a donné une explication qui, à vrai dire, avait déjà été formulée longtemps avant lui : cf. par exemple le *Commentaire* de H. Goelzer, *al loc.*, p. 205. Spurinna, en homme organisé (cf. Plin., *Ep.* 3, 1, 1) et fin psychologue, disposant d'une marge de manœuvre suffisante vu l'éloignement encore relatif de Caecina, feint de se plier aux exigences inconsidérées de ses soldats (*fit temeritatis alienae comes Spurinna*) ; il se dirige à partir de Plaisance vers le nord-ouest, sans doute en direction de Ticinum, soit au-devant de Caecina, soit, plus probablement, comme le pense H. Goelzer, parce qu'il suppose ne pas risquer de l'y rencontrer, en tout cas là où le fleuve forme deux grandes boucles ; la troupe de Spurinna marche donc toute une journée, avec le fleuve derrière elle, à droite tout d'abord, à gauche ensuite, avant de se trouver face à lui en fin de journée.

2. Les troupes envoyées en avant-garde sous le commandement d'Annius Gallus et de Vestricius Spurinna comprenaient notamment

cinq cohortes prétoriennes et deux mille gladiateurs (*supra*, 11, 2) ;
sur leur comportement de *milites urbani*, cf. Plut., *Otho*, 5, 8.

3. Cf. 17, n. 6 ; selon G. E. F. Chilver, *Cisalpine Gaul* (Oxford,
1941), les colonies latines de Cisalpine étaient devenues municipes
après la guerre sociale, mais de nouveau colonies sous Auguste ; à vrai
dire, la différence de statut entre colonie et municipe était peu
sensible : J. Gaudemet, *Institutions*, p. 512-513.

4. Il en eut largement le temps, car Caecina était encore fort
éloigné.

5. Tacite résume son développement en une *sententia* moralisante.
Selon H. Heubner, *Comm.*, p. 79, la source de cette anecdote pourrait
être Pline le Jeune, auquel Vestricius Spurinna, qui était son ami (cf.
Ep. 3, 1), l'aurait racontée ; il y aurait de la part de Tacite la volonté
de rendre à Spurinna la justice qui lui était due.

20.

1. Cette cruauté et cette licence se sont manifestées contre les
Helvètes : cf. *supra*, 1, 67 sq.

2. *uersicolori sagulo, bracas* : *uersicolor sagulum* désigne une
casaque faite d'une étoffe rayée de diverses couleurs, qui était, comme
les braies, le vêtement national des Gaulois. — *barbarum tegmen* :
comme l'a fait Koestermann, nous maintenons ces deux mots, exclus
par plusieurs éditeurs, à la suite de Ritter, comme constituant une
glose explicative, interpolée à partir du texte de Virg., *Aen.* 11, 777 :
barbara tegmina crurum. G. E. F. Chilver, par exemple (*ad loc.*, p.
185), pense que les *bracae* étaient bien connues au temps de Tacite
(cf. Cic., *Fam.* 9, 15, 2 ; Suet., *Caes.* 80, 2), et qu'il ne lui était pas
nécessaire d'indiquer à ses lecteurs ce dont il s'agissait ; on a supposé
aussi (J. P. Postgate, *Cl. Rev.* XL, 1926, p. 122) que c'est *bracas* qui
constitue la glose. Il nous semble que *barbarum tegmen* a surtout une
valeur rhétorique, antithétique à *togatos*, et qu'il est l'écho des
réflexions des citoyens romains scandalisés par le comportement de
l'adjoint de Vitellius.

3. *quoque* est le texte de *L*, et aussi une correction marginale de *M*
pour $\widetilde{au}$ (= *autem*) dans le texte ; mais, comme le fait observer
H. Heubner, Tacite n'utilise à peu près jamais *autem* dans la
narration, à l'exception de *Ann.* 13, 25, 3 ; au contraire, *quoque* se
trouve avec la valeur qu'il a ici, par exemple dans *Agr.* 44, 2 :
habitum quoque eius ; *Ann.* 2, 57, 4 : *uox quoque eius*.

4. Plut., *Otho*, 6, 6, donne de Caecina et de sa femme un portrait
concordant, quoiqu'encore plus critique : « Caecina, l'un des Vitelliens, n'avait rien de démocratique dans son langage et son extérieur :
affreux et étrange avec un corps immense, c'est accoutré de braies et
de moufles à la mode gauloise qu'il parlait aux gens du peuple et aux
magistrats, et sa femme l'accompagnait à cheval, escortée par des
cavaliers d'élite et brillamment parée ».

5. Il traversa le Pô à 20 km à l'ouest de Plaisance, au lieu-dit Ad Padum, aujourd'hui Pievetta selon K. Miller, *Itineraria Romana* (1916), p. 227.

21.

1. *ueterani exercitus* : cf. 18, 1 : *ueterano exercitui* ; *artibus*, c'est-à-dire marquées par la prudence et la régularité.

2. On pense généralement que, s'il brûla complètement (*conflagrauit*), c'est qu'il était en bois comme celui de Fidènes, qui s'effondra en 27 après J.-C. (*Ann.* 4, 62), ou ceux que construisirent, à Bologne et à Crémone, les Othoniens de la 13ᵉ légion vaincus par Vitellius (2, 67) ; cependant G. E. F. Chilver suggère que cela pouvait être un amphithéâtre en pierre comportant des éléments en bois, comme ceux de Vérone et d'Ariminum.

3. *faces* : paquets d'étoupe garnis de poix ; *glandes* : balles ovoïdes d'argile rougie au feu (cf. Caes., *Gall.* 5, 43, 1 : *feruentes fusili ex argilla glandes*) ; selon L. Constans, n. 3 *ad loc.*, cette *argilla fusilis* serait de la tourbe. — *missilem ignem* semble désigner les *falaricae* (ou *phalaricae*), javelots de bois enduits de poix, lancés du haut de tours appelées *phalae* : cf. Liu. 21, 8, 10.

4. *retorta ingerunt* : conjecture de J. Gronov à partir du texte de M, *reportans gerunt*, qui s'appuie sur des emplois comme *ingerit hastas* : Virg., *Aen.* 9, 763 ; 12, 330 ; *ingerere tela* : Liu. 24, 34, 9 ; 31, 46, 10 ; 37, 41, 10 ; 42, 65, 7, expression qu'on trouve aussi dans *Ann.* 1, 49, 1 ; cf. encore *Hist.* 2, 22, 1 : *ingerunt... pila* ; cette conjecture est suivie par Koestermann, mais non par Heubner qui, comme Goelzer, préfère la correction de Puteolanus, *regerunt*, approuvée également par H. Bardon, *Latomus*, XL, 1981, p. 394.

5. *pluteos* : abris en forme d'arcs-de-cercle, constitués de branchages entrelacés et portés sur trois roues, sous lesquels se protégeaient les assaillants. — *crates* : panneaux de même nature derrière lesquels il se tenaient. — *uineas* : constructions légères en bois et clayonnage d'osier, en forme de treille ou de pergola, protégées contre le feu par des peaux ou des tissus mouillés, « ayant huit pieds de large, sept de haut et seize de long » ; pour ces définitions, voir Veg., *Mil.* 4, 15.

6. *sudes* : poutres aiguisées, lancées par des machines de jet contre les ennemis.

7. *illi*, c'est-à-dire les Vitelliens. — *circo ac theatris* est une locution consacrée : cf. 1, 4, 3 et n. 10 ; 1, 32, 1 ; 1, 72, 3 ; 3, 2, 2. Plut., *Otho*, 6, 2, rapporte ces injures avec beaucoup plus de détails : « En effet, les Vitelliens étant allés attaquer les murs de cette place, raillèrent les soldats d'Othon qui se tenaient debout près des créneaux, en les traitant de comédiens, de danseurs de pyrrhique, de spectateurs des fêtes pythiques et olympiques... » ; en revanche, il ne dit rien de la réponse des Othoniens (*hi*).

22.

1. *densum legionum agmen* : *legionum* est à comprendre comme signifiant les légionnaires (cf. 1, 11, 2, n. 10), car Caecina n'avait qu'une légion complète, la *XXI Rapax* (1, 61, 2 ; 1, 67, 1), mais il avait aussi des détachements des légions *IV Macedonica* et *XXII Primigenia*.

2. En raison de la longue période de paix dont avait bénéficié l'Italie : cf. 17, 1.

3. *librato... et certo* : peut être interprété comme un hendidadys ; en raison de la position des Othoniens, les *pila* sont lancés avec un meilleur équilibre (*librato*) et leurs coups sont par là plus assurés ; Tite-Live emploie lui aussi *libratus* dans un passage analogue (30, 10, 13), d'une façon qui en éclaire parfaitement le sens : *ex rostratis Poeni uana pleraque, utpote supino iactu, tela in locum superiorem mittebant ; grauior ac pondere ipso libratior superne ex onerariis ictus erat* : « ... plus puissants et, par suite de leur poids même, mieux équilibrés sur leur trajectoire, étaient les coups lancés d'en haut par les bateaux de charge ».

4. *cantu truci* : c'est le bardit ; cf. *Germ.* 3, 1 ; Liu. 5, 37, 8 applique *truci cantu* aux Gaulois ; cf. aussi Curt. 10, 1, 12.

5. *more patrio nudis corporibus* : c'est-à-dire sans porter le *sagulum* ; cf. *Germ.* 6, 2 : *nudi aut sagulo leues* ; le *mos patrius* en ce qui concerne la nudité pour les Germains est encore noté en *Germ.* 20, 1 et 24, 1, ainsi que par Caes., *Gall.* 4, 1, 10 ; 6, 21, 5, qui la remarque également pour les Gaulois en 1, 25, 4.

6. Même attitude des Gaulois qui tentent de s'opposer à la traversée du Rhône par les Carthaginois dans Liu. 21, 28, 1.

7. Cf. Plut., *Otho*, 6, 4.

8. Cf. Plut., *Otho*, 6, 8.

9. Cf. Plut., *Otho*, 7, 1.

10. *Turullius Cerialis* : ce personnage n'est pas mentionné par ailleurs. — *cum compluribus classicis* : cf. *supra*, 11, 3 et n. 19 ; avec raison, H. Heubner conteste l'opinion de A. Passerini, *Le due battaglie...*, p. 192, n. 35, selon lequel ces *classici* feraient partie des *mille uexillarii* donnés en 18, 1 comme membres de la garnison de Plaisance (cf. *supra*, 18, n. 3) ; il est plus probable que, bien qu'effectivement membres de cette garnison, ils n'ont pas encore été mentionnés par Tacite ; en revanche, les *pauci equites* qui suivent Briganticus font bien partie de ceux qui sont nommés en 18, 1.

11. *Iulius Briganticus* : neveu et ennemi de Iulius Ciuilis : cf. *infra*, 4, 70.

12. *praefectus alae* : Passerini suppose que cette *ala* appartenait à l'armée d'Illyrie, mais rien ne permet de l'affirmer, ni d'ailleurs de le nier. — *primipilaris* : cf. 1, 31, 2, n. 6.

23.

1. Cf. *supra*, 11, n. 12 ; il avait pour tâche d'assurer la liberté de communication avec l'Illyricum d'ou venaient les armées de Dalmatie et de Pannonie : *ibid.*, n. 4.

2. La *legio I Adiutrix classicorum* : *ibid.*, n. 10.

3. *paucitati cohortium* : cf. *supra*, 18, 1 : « trois cohortes prétoriennes et mille vexillaires avec quelques cavaliers » ; nous suivons la leçon de M², *paucitati*, contre le texte primitif du manuscrit, *paucitate*, l'usage de Tacite, représenté, il est vrai, par un faible nombre d'occurrences, ne permettant pas d'admettre l'ablatif avec *diffido* ; toutefois, on trouve ce dernier cas chez quelques auteurs plus tardifs, et principalement avec cette même expression : Frontin., *Strat.* 1, 8, 5 : *paucitate suorum diffidens* ; Amm. 29, 5, 39 : *militis paucitate diffisus* ; Suet., *Caes.* 3 ; Lact., *Inst.* 5, 20, 2 ; 7, 1, 4 ; Heges. 2, 15, 8.

4. Gallus allant au secours de Plaisance assiégée n'avait plus lieu de continuer, puisque le siège était levé ; il prend position en un endroit où il peut être rejoint par les légions venant de l'Illyricum, dont il avait pour mission d'assurer le passage, et par Othon qui était resté en arrière ; selon A. Passerini, *Le due battaglie...*, p. 198, il aurait eu aussi pour but de couper les communications de Caecina avec Ticinum.

5. Vérone, ville des Euganei, sur l'Adige, colonie romaine depuis 89 avant J.-C., puis municipe en 49, et des plus florissants, patrie de Catulle et de Vitruve.

6. L'emplacement précis de Bédriac est discuté : à 22 milles (= 32 km) à l'est de Crémone, en direction de Mantoue, d'après la table de Peutinger (A. Passerini, *Le due battaglie...*, p. 188), aujourd'hui Calvatone, selon Th. Mommsen, *Die zwei Schlachten...*, mais, plus probablement, près de Tornata, à l'ouest de cette localité selon K. Wellesley, *Maior crux*, p. 28-29. L'importance de cette bourgade venait de ce que la route des Alpes au Pô, allant de Vérone à Crémone, y rejoignait la route de Crémone à Mantoue. C'était donc une étape où les légions d'Illyrie pouvaient rejoindre les Othoniens. La forme du nom de ce bourg présente diverses variantes : Bedriacum, également chez Plin., *N.H.* 10, 135 ; Ios, *B.I.* 4, 547 (Βηδριακόν) ; Betriacum chez Suet., *Otho*, 9, 2 ; *Vit.* 10, 1 ; *Vesp.* 5, 7 ; Plut. *Otho*, 8, 1 ; Eutrop. 7, 17, 3 ; Bebriacum chez Iuuen. 2, 106 et son scoliaste, ce qui, selon L. Herr, « Betriacum-Bebriacum », *R. Ph.* XVII, 1893, p. 208-212, pourrait être la forme originelle ; ce nom, d'origine celtique serait alors susceptible d'être rapproché de Bibrax, Bibracte, être dérivé du gaulois *beber* « castor » et avoir un rapport avec le toponyme Castores, *infra*, 24, 2 et n. 3 ; mais cette thèse a été contestée par G. Helmreich, *Jahresber. Fortschritt. class. Altertumswiss.* LXXXIX, 1896, p. 40, et par L. Valmaggi, *Boll. Filol. class.* III, 1895-1896, p. 62 sq., ainsi que par A. Passerini, *op. cit.*, p. 180 et

n. 7, qui adopte Betriacum et y voit un toponyme de caractère gentilice, pourvu du suffixe -*acum* : le nom pourrait être celui d'un centurion, Betrius, attesté par une inscription.

7. Ceux qui ont été subis par Othon, le 14 avril 69 et par Vitellius, en octobre de la même année.

8. C'est-à-dire, vraisemblablement, avant que Caecina ne soit parvenu à Crémone : cf. A. Passerini, *op. cit.*, p. 197, n. 44.

9. *a Martio Macro* : L. (?) Martius Macer, originaire d'Arretium, commença sa carrière comme tribun militaire de la *legio II Augusta*, sous Tibère, puis il fut successivement *quattuoruir uiarum curandarum*, questeur, édile curule et préteur. Sous Claude, il fut de 42 à 43 *legatus pro praetore prouinciae Moesiae*, puis proconsul de la province d'Achaïe au cours d'une période comprise entre 44 et 54. Il aurait été désigné par Othon pour occuper le consulat, mais en fut empêché par Vitellius (*infra*, 71) : cf. F. Miltner, *R.E.* XIV, 2, col. 2023-2024.

10. Cf. *supra*, 11, 2 et n. 11 ; les navires appartenaient probablement à la flotte de Ravenne : cf. 35, 1 ; 43, 2 ; 48, 2.

11. *in aduersam Padi ripam... effudit* : c'est-à-dire sur la rive gauche ; sans doute son opération avait-elle pour but d'empêcher Caecina d'établir une tête de pont sur la rive droite du Pô : cf. 17, 2 ; H. Heubner, *Comm.*, p. 83.

12. Sur ces deux personnages, cf. *supra*, 1, 87, 2, n. 17 ; 1, 14, 1, n. 4.

13. Sur Titianus, cf. 1, 75, 2, n. 5. Selon Plut., *Otho*, 7, 6, cette nomination serait intervenue après la bataille *ad Castores* (cf. *infra*, 24-26) et en conséquence de l'échec partiel qu'elle constituait. L'objection a été faite (cf. G. E. F. Chilver, *ad loc.*, p. 189) que, s'il en était ainsi, Titianus, qui se trouvait à Rome comme *praefectus urbis* et assurait la charge de l'Empire en l'absence de son frère (1, 90, 3) n'aurait pas eu le temps d'arriver sur le terrain des opérations avant la bataille finale ; en revanche, Ph. Fabia, *Les sources...*, p. 59 sq., trouve plus vraisemblable la version de Plutarque, car le comportement de Macer, qui n'avait nullement abouti à un échec, ne justifiait pas la décision d'Othon : « D'après le récit de Tacite, parce que Marcius Macer a retenu l'élan de ses gladiateurs victorieux, les soldats soupçonnent tous leurs généraux de trahison et Othon leur substitue Titianus : cela ne tient pas ». Cependant F. Klingner, *Die Geschichte...*, p. 6 sq., a montré que les deux versions sont relativement compatibles. Pour lui, la nomination de Titianus n'est pas, en effet, le résultat du pseudo-échec de Macer, mais celui du dénigrement général à l'égard des chefs othoniens qu'exprime la phrase *Suspectum id Othonianis fuit, omnia ducum facta praue aestimantibus* dont Othon a cru devoir tenir compte sous la pression des prétoriens qui l'avaient porté au principat et dont le comportement à l'égard de Macer n'est qu'un aspect particulier.

24.

1. *Interea* : c'est-à-dire avant la prise du commandement par Titianus.

2. *Ad duodecimum*, s.e. *lapidem*, soit 18 km à l'est de Crémone, sur la *uia Postumia*.

3. On trouve le même nom chez Oros. 7, 3, 6 : *Circa locum quem Castores uocant* et Suet., *Otho*, 9, 2 : *ad Castoris, quod loco nomen est*, ce qui peut signifier *ad (aedem) Castoris* ; il peut s'agir d'un temple consacré à Castor et Pollux, le pluriel *Castores* étant expliqué par Serv., *ad Virg. Georg.* 3, 89 : *Ambo licenter et Polluces et Castores uocantur : nam et ludi et templum et stellae Castores appellantur* ; le temple pourrait être celui devant lequel, selon Plut., *Otho*, 14, 2, le consulaire Mestrius Florus aurait vu des monceaux de cadavres accumulés jusqu'au fronton ; cette interprétation paraît confirmée, selon A. Passerini, *op. cit.*, p. 214, par l'emploi du mot *lucus* qui désigne un bois consacré ; mais, sur le sens de *Castores*, cf. aussi 23, n. 6.

4. Cf. Plut., *Otho* 7, 2.

5. Contre H. Drexler, *Zur Geschichte...*, p. 171, H. Heubner, *Comm.*, p. 100, a bien montré que cette division des tâches entre les deux généraux était purement circonstancielle et non permanente ; Annius Gallus n'est pas nommé, car il n'était pas disponible, à la suite, nous le verrons plus loin (33, 1), d'une chute de cheval.

6. Tous ces éléments étaient des détachements avancés des troupes qu'Othon avait fait venir de Pannonie et de Dalmatie (11, 1) ; le *uexillum* de la 13ᵉ légion, comme celui des trois autres, comprenait deux mille hommes.

7. Il s'agit de la chaussée de la *uia Postumia* menant de Crémone à Mantoue en passant par Bédriac ; l'emploi du mot *agger*, qui n'est appliqué par Tacite qu'à la *uia Postumia* (42, 3 ; 3, 21, 2 ; 3, 23, 1), indique qu'elle était exceptionnellement élevée, sans doute du fait que la route traversait une région entrecoupée de fossés et de canaux, et fréquemment inondée par les crues des rivières alpestres qui, au sortir des montagnes, s'étalaient librement dans une région totalement dépourvue de pentes (sur ce paysage et cette description, cf. A. Passerini, *Le due battaglie...*, p. 185 ; 213 sq.). — *tres praetoriae cohortes* : sur les cinq dont disposait Gallus (11, 2), trois avaient été attribuées à Spurinna (18, 1) ; celles dont il est ici question sont donc constituées des deux qui restaient à Gallus et d'une, prise sur les sept dernières qu'avait gardées Othon (11, 3). — *altis ordinibus* : « en formation profonde », c'est-à-dire « en colonne serrée », puisqu'ils se trouvent sur l'*agger* ; *altis* apparaît ici comme un équivalent de *densis* ou *confertis*.

8. La *legio I Adiutrix classicorum*.

9. *e praetorio* : le mot *praetorium* désigne l'ensemble des prétoriens : M. Durry, *Les cohortes...*, p. 352.

25.

1. Le double emploi du même mot, *Vitelliani*, donne à nouveau à la phrase de Tacite une obscurité qui ne se résout que par l'examen du contexte : dans le premier emploi, *Vitelliani* désigne les cavaliers de Caecina qui se portent à l'attaque, dans le deuxième, l'infanterie des auxiliaires, dissimulée dans les bois qui dominent l'*agger*.

2. *legionum* : comme en 22, 1 (cf. n. 1), le mot désigne les légionnaires, ceux de la *I Adiutrix classicorum* et le *uexillum* de la *XIII Gemina* (24, 3) ; mais G. E. F. Chilver, p. 190, pense que ce terme inclut aussi les prétoriens.

3. La description des positions des forces othoniennes est pour le moins imprécise et ne correspond pas à ce qui est indiqué en 24, 3 ; *equites* est employé ici indistinctement et globalement, alors que, comme nous l'avons vu, les deux mille cavaliers de Celsus se trouvaient, cinq cents sur le flanc gauche, autant à droite, mille en queue de colonne sur l'*agger* ; quant aux légionnaires, ceux de la 13e légion étaient à gauche, ceux de la 1re à droite ; cela ne peut s'expliquer que par le fait que, comme l'indique H. Heubner, *Comm.*, p. 101, un mouvement a été effectué au cours de l'action, qui n'est nullement précisé par l'historien. Plut., *Otho*, 7, 3, décrit l'action d'une façon plus sommaire, mais finalement plus claire : « (Celsus) lança une contre-attaque avec de valeureux cavaliers, poursuivit l'ennemi en usant de circonspection, enveloppa l'embuscade, y jeta la confusion et appela du camp son infanterie ».

4. *cunctator* : nous ne pensons pas que, contrairement à ce que suggèrent certains, le mot doive être pris dans un sens systématiquement péjoratif ; cf. d'ailleurs Liu. 22, 12, 12 (à propos justement de Fabius Cunctator) : *propalam in uulgus pro cunctatore segnem, pro cauto timidum, adfingens uicina uirtutibus uitia, compellabat* ; en *Ann.* 14, 33, 1, Tacite indique que, au cours de sa campagne de Bretagne, Suetonius fit preuve d'une *mira constantia* ; mais c'est, comme nous le voyons par la suite, l'interprétation qui est faite de cette *cunctatio* qui permet de lui attribuer un caractère défavorable.

5. *fossas* : les canaux d'irrigation, nombreux dans cette région de la Lombardie (cf. 24, n. 7). — *aperiri campum* : c'est-à-dire débarrasser la plaine des arbres et des plants de vigne (cf. *infra*, n. 6), afin que les troupes puissent se déployer : cf. 42, 2 : *per locos arboribus ac uineis impeditos*.

6. *traducum* : terme technique ; il s'agit de sarments de vigne qu'on fait courir d'un arbre à l'autre (cf. Varr., *R.R.* 1, 8, 3 ; 1, 8, 4 ; Colum. 4, 29, 13 ; 4, 29, 14 ; 5, 6, 30 ; 5, 6, 36 ; Plin., *N.H.* 17, 208 ; 211 ; 212) ; dans la vallée du Pô, les pieds de vigne sont encore aujourd'hui plantés au milieu d'arbres, ormes ou peupliers, qui leur servent de tuteurs.

7. Cf. 1, 80, 2, n. 12.

8. *Rex Epiphanes* : C. Iulius Antiochus Epiphanes, fils du dernier roi de Commagène, C. Iulius Antiochus IV. Ce dernier devait se déclarer pour Vespasien (2, 81, 1), mais fut déposé en 72, s'enfuit d'abord chez les Parthes, puis fut ramené à Rome : cf. Ios., *B.I.* 7, 219 sq. ; *I.L.S.* 9200. Epiphane devait se trouver à Rome, soit comme envoyé de son père, soit, plus probablement comme otage.

26.

1. *non simul cohortes* : *simul = cunctas*. Selon H. Heubner, *Comm.*, p. 104, cette tactique de Caecina s'expliquerait par la volonté d'assurer à ses troupes, durant l'attaque des Othoniens, une retraite aussi ordonnée que possible, par l'envoi de chacune de ses cohortes vers les points les plus menacés, sans engager ses forces de façon décisive, en attendant l'arrivée de Fabius Valens.

2. Sur le *praefectus castrorum*, cf. 1, 82, 1, n. 2 ; il y avait en principe un *praefectus* par légion, mais dans un camp, il n'y en avait qu'un seul, quels que fussent les éléments qui composaient ce camp ; sur ce problème particulier, cf. Vell. 2, 120, 4 et R. Syme, « Die Zahl der *praefecti castrorum* im Heere des Varus », *Germania*, XVI, 1932, p. 109-111.

3. Sur ces deux personnages, cf. 1, 20, n. 13.

4. Plut., *Otho*, 7, 4, prend cette rumeur à son compte, tout en insistant plutôt sur le retard dû à la *cunctatio* de Suetonius Paulinus : « Si (l'infanterie de Suetonius) était arrivée à temps, il semble bien qu'il ne serait pas resté un seul ennemi et qu'elle aurait écrasé et anéanti toute l'armée de Caecina en appuyant la cavalerie ».

5. Suetonius Paulinus est le premier chef romain qui, alors qu'il commandait en Mauritanie, a traversé l'Atlas ; il en a donné une description dont s'est inspiré Plin., *N.H.* 5, 14 ; il n'est donc pas impossible qu'il ait également laissé des écrits sur ses autres campagnes, mais aucune trace n'en subsiste.

6. Plut., *Otho*, 7, 4-5, est beaucoup plus précis : « Paulinus, avançant avec lenteur, arriva trop tard pour aider Celsus et encourut le reproche d'avoir manœuvré d'une manière inférieure à sa renommée par excès de précaution. La plupart des soldats l'accusèrent même de trahison et excitèrent Othon contre lui ».

27.

1. Sur Ticinum, cf. 17, 2, n. 6 ; sur la marche de Valens, cf. 1, 63, n. 2 ; ses troupes avaient franchi les Alpes Cottiennes (cf. 1, 61, 1), mais, dans son récit, Tacite les a laissées au pied de ces dernières (1, 66, 3), sans rien nous dire de la manière dont s'est effectué ce franchissement ; Valens est arrivé à Augusta Taurinorum (= Turin) le 30 mars, puis s'est dirigé sur Ticinum.

2. *posito hostium contemptu* : après les échecs qu'avaient subis sur

la côte méditerranéenne les détachements envoyés contre Othon par Valens : *supra*, 14 et 15. — *decoris cupidine* : il s'agit sans doute des atteintes à leur honneur militaire qui résultent des mêmes événements ; certains, cependant, considérant que cet échec, ne touchant qu'un petit nombre d'éléments, ne comportait pas une telle conséquence (cf. G. E. F. Chilver, *ad loc.*, p. 193), pensent que cela vise plutôt la conduite déshonorante des troupes de Valens en Gaule (1, 63 ; 66) et peut-être aussi la révolte dont il est question par la suite.

3. *Grauis alioquin* : le sens de *alioquin* est très discuté ; pour le détail des solutions proposées, cf. G. E. F. Chilver, *ad loc.*, p. 193. Ce sens se dégage de toute façon du contexte, et il semble bien que l'opposition marquée par l'adverbe n'est pas purement rhétorique (contraste entre insubordination et soumission), mais aussi temporelle : la mutinerie a éclaté après le franchissement des Alpes et, vraisemblablement, au cours de la marche de Valens d'*Augusta Taurinorum* à *Ticinum* : cf. Heubner, *Comm.*, p. 110, d'après F. Köster, *Der Marsch...*, p. 62.

4. Cf. *supra*, 1, 59, n. 4 et 5 ; l'expression *bello Neronis* n'est pas claire ; comme cette séparation des Bataves d'avec la 14ᵉ légion semble bien s'être produite lors du soulèvement de Vindex, il faut voir dans *Neronis* un équivalent de *Aduersus Neronem*, ce qui est en accord avec le reste de la phrase ; sur ces faits, cf. P. A. Brunt, « The revolt of Vindex and the fall of Nero », *Latomus*, XVIII, 1959, p. 531-559 (541).

5. Cf. 1, 64, 2 et 3, n. 6 et 7.

6. Sur l'attachement de la 14ᵉ légion à Néron, cf. 11, 1.

7. *fortunam... sitam iactantes* : ce comportement des Bataves traduit l'esprit de corps et l'attachement des soldats à l'honneur de celui-ci. Les Bataves, qui se sont ralliés à Vitellius, étaient acharnés contre la 14ᵉ légion, le plus fidèle soutien d'Othon (cf. 11, 1 : *erecta in Othonem studia*).

8. Expression extrêmement dense, en raison des constructions elliptiques et du recours aux tours abstraits.

28.

1. Sur ces événements, cf. *supra*, 14 et 15.

2. *tot bellorum uictores* : sans doute en Bretagne, neuf ans auparavant.

3. *uictoriae columen* : nous ne pensons pas qu'il y ait lieu d'adopter la correction *uictoria incolumi* proposée par W. S. Hadley, *Cl. Rev.* XIII, 1899, p. 368, et défendue par K. Wellesley, *ibid.*, N.S. XXIII, 1973, p. 6-7. Ce dernier auteur met en avant une prétendue incohérence de l'expression *columen... uerteretur* dans laquelle il donne à *uerto* la valeur de « tourner », « pivoter » ; le sens que nous attribuons pour notre part à ce verbe est attesté chez Cic., *Verr.* 1, 20 : *omnia in unius potestate ac moderatione uertentur* ; Liu. 1, 30, 8 :

cum... uerti... in eo res uideretur utri prius arma inferrent ; de plus, *columen* se trouve en quelque sorte indirectement confirmé par les mots *sanitas sustentaculum* qui ont été à juste raison exclus du texte par Nipperdey comme étant une glose interpolée dans le texte : cf. Placidus (éd. Lindsay-Pirie dans *Glossaria Latina*, Paris, Les Belles Lettres, 1930, p. 16, n° 32), 5, 11, 10 : *Columen : uel sanitas uel substentaculum quia a columna fit.*

29.

1. *lictoribus* : sans doute, non pas des licteurs au sens rigoureux et technique du terme, mais des gardes du corps ; H. Heubner les assimile, avec raison, nous semble-t-il, aux *statores* qui « constituaient une sorte de maréchaussée aux armées » (M. Durry, *Les cohortes...*, p. 21).

2. Cf. 1, 64-66 ; sur l'*aurum Viennensium*, cf. particulièrement 66, 2 : *sed fama constans fuit ipsum Valentem magna pecunia emptum.*

3. Sur le décurion de cavalerie, cf. *supra*, 1, 70, n. 8.

4. Sur ce personnage, qui participa à la bataille de Bédriac comme commandant des Bataves (*infra*, 43, 2) et devint préfet de la garde après la disgrâce de Caecina (3, 36, 2), cf. encore 3, 55, 1 ; 3, 61, 2-3 ; 4, 11, 1 ; P.v.Rohden, *R.E.* I, 2, col. 1472, n° 7 ; sur le *praefectus castrorum*, cf. 1, 82, n. 2.

5. Même comportement des soldats à l'égard d'Othon en 1, 36, 1 ; les aigles sont celles des légions *V Alaudae* (1, 61, 2) et *I Italica* (1, 64, 3).

6. Même comportement d'Othon en 1, 84, 2 : *Paucorum culpa fuit, duorum poena erit.*

7. Sur la licence des soldats dans les guerres civiles, cf. P. Jal, *Guerre civile*, p. 478 ; *Le soldat des guerres civiles...*

30.

1. La défaite subie *ad Castores* : *supra*, 24 ; l'arrivée à Ticinum est à dater du 6 avril selon F. Köster, *Der Marsch...*, p. 17.

2. Contre H. Drexler, *Zur Geschichte...*, p. 174, qui voit dans cette affirmation une contradiction avec 27, 1 : *Fabii... Valentis copiae... reuerentius et aequalius duci parebant*, H. Heubner, *Comm.*, p. 110, fait justement observer qu'il n'est question ici que d'une menace de *seditio*, mais non d'une *seditio* qui aurait réellement éclaté.

3. *tanto pauciores* : on considère généralement qu'il s'agit de l'infériorité numérique des troupes de Caecina par rapport à celles de Valens : trente mille hommes contre quarante mille : cf. *supra*, 1, 61, 2. Toutefois, A. Passerini, *Le due battaglie...*, p. 211, considère — et sans doute a-t-il raison — comme absurde cette interprétation ; l'écart entre trente et quarante mille n'est pas si considérable et surtout, la structure même de la phrase semble indiquer que l'antithèse est entre

pauciores et *integris* ; G. E. F. Chilver, « *The war between...*, p. 108, conclut dans le même sens.

4. Apparente exagération des soldats, comme le montre la note précédente ; il faut toutefois tenir compte des pertes qui sont intervenues entre-temps.

5. Cf. 1, 53, 1 : *Caecina, decora iuuenta, corpore ingens, animi immodicus, scito sermone, erecto incessu, studia militum inlexerat.*

6. *foedum ac maculosum* : ce sont les adjectifs appliqués à Fonteius Capito en 1, 7, 2 ; voir le portrait de Valens en 1, 66, 2 : *Diu sordidus, repente diues... accensis egestate longa cupidinibus immoderatus et inopi iuuenta senex prodigus* ; cf. aussi 3, 62, 2.

7. Cf. *supra*, n. 5 : *animi immodicus.*

8. Car, bien évidemment, ils étaient avant tout soucieux de ménager l'avenir ; sur les lettres échangées entre adversaires des guerres civiles, cf. Jal, *Guerre civile*, p. 336.

31.

1. Sur la mort glorieuse d'Othon, cf. *infra*, 49 ; sur celle de Vitellius, 3, 84, 5 : *deformitas exitus misericordiam abstulerat.*

2. En effet, celle-ci résulte, d'après 1, 52, 3, de la *profusa cupido* et de l'*insignis temeritas* de Valens et de Caecina qui ont fait pression sur Vitellius.

3. *Coniunctis... copiis* : à Crémone, qu'avait occupée Caecina : 22, 3 ; 23, 2.

4. Ce qu'ils ne firent cependant pas, comme on le voit en 34, 1.

5. Plut., *Otho*, 8, 1, indique que cette conférence se tint à Bédriac ; cette localisation, qui n'est pas expressément formulée par Tacite, résulte cependant du fait que Annius Gallus (23, 2), ainsi que Suetonius Paulinus et Marius Celsus (23, 4), y ont établi leur quartier général.

32.

1. *dignum fama sua* : en raison des succès qu'il avait obtenus en Bretagne : cf. 1, 87, n. 17.

2. *de toto genere belli* : sur cette expression, cf. Cic., *Imp. Pomp.* 6 ; Caes., *Ciu.* 3, 50, 1 ; Liu. 21, 40, 5 ; 22, 39, 8 etc. — Deux divergences importantes sont à noter par rapport au récit par ailleurs concordant de Plut., *Otho*, 8 sq. : 1) Chez Plutarque, c'est Othon qui interroge ses conseillers alors que, chez Tacite, ce sont ces derniers qui prennent l'initiative de donner leur avis, le rôle de l'empereur étant totalement passif ; 2) Le discours de Suetonius précède l'intervention en sens contraire de Titianus et Proculus, alors que, chez Plutarque, ce sont ceux-ci qui s'expriment les premiers. Selon A. Passerini, *Le due battaglie...*, p. 223, il s'agit très probablement d'une organisation du récit propre à Tacite, car il est plus

vraisemblable que Titianus, qui était le commandant en chef, ait parlé le premier ; par cette disposition, comme par l'extension donnée aux propos de Suetonius, Tacite met en relief les erreurs commises par l'empereur et le rôle néfaste joué par ceux dont il a finalement adopté les avis.

3. Exagération manifeste, car Vitellius est encore en Gaule avec le gros des troupes (*tota mole belli* : 1, 61, 2).

4. Sur les dangers résultant du dégarnissement des frontières livrées à l'invasion des barbares, cf. P. Jal, « Le rôle des Barbares dans les guerres civiles à Rome, de Sylla à Vespasien », *Latomus*, XXI, 1962, p. 8-48.

5. Sur l'adhésion à Vitellius des troupes de Bretagne, cf. 1, 61, 1.

6. Il s'y trouvait deux légions, la *VI Victrix* et la *X Gemina*.

7. Cf. *supra*, chap. 14 sq.

8. *nullo maris subsidio* : car toutes les flottes se trouvaient sous les ordres d'Othon. Cette partie de l'argumentation de Suetonius est résumée chez Plut., *Otho*, 8, 3, par ce simple membre de phrase : « Paulinus... fit observer que les ennemis disposaient pour combattre de tous leurs effectifs ».

9. *Transpadanam Italiam* : cf. *supra*, 1, 70, n. 15. — La Transpadane avait depuis dix-huit mois subi le passage dans les deux sens des armées de Galba, d'Othon, maintenant de Vitellius ; bientôt ce serait celui des Flaviens.

10. *nec exercitum sine copiis retineri posse* : c'est sur cet argument que se termine le discours chez Plut., *Otho*, 8, 5 : « En outre, les délais sont à notre avantage, parce que nous avons tout en abondance, tandis que les Vitelliens, campés en pays ennemi, seront bientôt réduits à manquer du nécessaire ».

11. Sur la faible résistance des Germains à la chaleur, cf. *Germ.* 4, 3 : *Minime... sitim aestumque tolerare, frigora atque inediam caelo soloue adsueuerunt* ; ils étaient également vulnérables à des maladies telles que la malaria : cf. *infra*, 93, 1.

12. Cf. Plut., *Otho*, 8, 5 (texte cité *supra*, n. 10). — Les deux parties du discours sont construites en chiasme l'une par rapport à l'autre ; cet argument est en antithèse directe avec celui sur lequel se termine la partie précédente, tandis qu'au contraire la fin du discours s'oppose à son début.

13. Cf. Plut., *Otho*, 8, 3 : « ... tandis qu'Othon pouvait compter sur l'armée de Mésie et de Pannonie, qui n'était pas moins importante que celle qu'il avait déjà ». G. E. F. Chilver, *The war between...*, p. 105-106, évalue à 41 000 hommes l'effectif des renforts attendus par les Othoniens des régions danubiennes, à 36 000 hommes celui des troupes dont ils disposent déjà.

14. Si l'on s'en rapporte à 1, 55, 4 : *senatus populique Romani obliterata iam nomina*, Tacite lui-même ne souscrit apparemment pas à cette affirmation de Suetonius ; mais le même rappel du rôle

éminent du Sénat se trouve dans le discours d'Othon en 1, 84, 3 : *senatum... caput imperii et decora omnium prouinciarum* ; cf. aussi 1, 76, 2 : *Sed erat grande momentum in nomine urbis ac praetexto senatus.* Par une fiction politique constante, le Sénat était considéré comme la tête de l'Empire.

15. Les Othoniens, établis sur la rive droite autour de Plaisance, sont protégés par le fleuve contre les Vitelliens, installés notamment à Crémone, sur la rive gauche : cf. K. Wellesley, *Suggestio falsi*, p. 279.

16. C'est-à-dire les légions *III Gallica, VII Claudia Pia Fidelis*, et *VIII Augusta*, mais nous voyons par Suet., *Vesp.* 6 qu'en fait seuls les deux mille hommes constituant le *uexillum* de chacune de ces trois légions, envoyés en avant-garde, étaient arrivés jusqu'à Aquilée, bien qu'ayant appris en cours de route la mort d'Othon (cf. *infra*, 46, 3 ; 85, 1 et G. E. F. Chilver, *ad loc.*, p. 197) ; *paucis diebus* constitue donc une exagération rhétorique.

33.

1. Tacite suit ici d'assez près la source qui lui est commune avec Plutarque ; cf. dans ce dernier, *Otho*, 8, 5-6.

2. Sur Titianus, cf. 1, 75, n. 5 ; sur Proculus, 1, 46, n. 4.

3. *imperitia properantes* : Tacite souligne par le jeu des sonorités (*p* et *t*) le fait que les partisans de la guerre immédiate « piaffent » d'impatience de voir adoptée leur solution ; Plut., *Otho*, 9, 1, fournit une explication moins sommaire et sans doute plus exacte de ce comportement, en l'attribuant à l'ensemble des prétoriens et en en donnant une justification plus détaillée.

4. K. Wellesley remarque à ce propos dans *Maior crux*, p. 40 : « Le lecteur attend maintenant que la thèse pour l'action immédiate soit exposée par Titianus, Proculus ou Othon. Un tel discours contradic- toire ne nous est pas offert ». Tacite caricature quelque peu le comportement de Titianus et de Proculus ; de fait, si l'on en croit Plut., *Otho*, 8, 2, ces derniers ont également présenté des arguments sérieux.

5. *in adulationem concesserant* : l'emploi du plus-que-parfait montre que l'action marquée par ce verbe est antérieure à celle qui est signifiée par *testabantur* ; donc la flatterie a commencé dès le début du Conseil.

6. *Postquam pugnari placitum* : allitération à trois termes, qui souligne sans doute la dérision de la situation, où le rôle d'Othon est réduit à néant et où la décision est prise en fait par les conseillers ; sans être contradictoire avec celle-ci, l'affirmation de Plut., *Otho*, 8, 6, est un peu plus nuancée. Cette dérision est également marquée, de façon sarcastique comme le souligne H. Heubner, *ad loc.*, p. 127, par l'emploi de *imperatorem*, au lieu d'*Othonem* ou de *principem* —

comme s'il n'allait pas de soi que le général en chef participe au combat ! — et par le passif *seponi*.

7. *Brixellum* : aujourd'hui Brescello, place-forte sur la rive droite du Pô, sur la route de Vérone à Mantoue et à Parme, à 18 km de cette dernière localité. Selon Plut., *Otho*, 5, 5, Othon s'y était installé dès son arrivée dans la région. Pour E. Courbaud, *Les procédés...*, p. 88-89, il y a de la part de Tacite l'intention de « donner à ce départ, au moment où la lutte va s'engager, l'apparence d'une fuite » ; mais E. Koestermann, *Die erste Schlacht*, p. 23, pense que le choix de Brixellum était déterminé par le caractère stratégique de sa situation.

8. « Conclusion saisissante, mais inexacte » selon E. Courbaud, *ibid.*, qui voit chez Tacite la volonté de sacrifier ici la vérité historique au drame.

9. *praetoriarum cohortium et speculatorum equitumque* : *speculatorum equitumque* constitue un élément particulier, un groupe d'élite dans l'ensemble des cohortes prétoriennes, ce que montre, nous semble-t-il, la différence entre les deux conjonctions de coordination, *et* et *-que* ; sur les cohortes prétoriennes, cf. 1, 5, n. 1 ; sur les *speculatores*, 1, 24, n. 8.

10. Plut., *Otho*, 10, 1, s'exprime dans les mêmes termes.

34.

1. On a beaucoup discuté sur la question de savoir si cette affirmation de Tacite correspond à la réalité. Un certain nombre de commentaires : B. W. Henderson, *Civil war*, p. 93 sq. ; A. Momigliano, *Vitellio*, p. 138 ; K. Wellesley, *Suggestio falsi*, p. 279 sq. ; *Maior crux*, p. 38 sq., croient que les Vitelliens ont très sérieusement eu l'intention de franchir le fleuve ; K. Wellesley fait en particulier remarquer qu'il est difficile de penser qu'une entreprise aussi importante que la construction d'un pont ait pu être un simple exercice destiné à maintenir en activité les troupes, d'où sa proposition de correction de *simulantes* en *simul <copul> antes* ; le texte de Plut., *Otho*, 10, 2, semble confirmer cette interprétation : « Il y eut en ces jours-là un combat au bord du Pô pour un pont que Caecina voulait jeter sur le fleuve et à la construction duquel les Othoniens s'opposèrent de toutes leurs forces ». L'opinion contraire, prenant l'affirmation de Tacite au pied de la lettre et représentée notamment par E. G. Hardy, *Military historian* ; A. Passerini, *Le due battaglie...*, p. 217 ; R. Syme, *Tacitus*, p. 160 sq., semble aujourd'hui prévaloir ; sur le détail, cf. H. Heubner, *Comm.*, p. 128-131.

2. *super* : contrairement à H. Heubner, *ad loc.*, p. 135, qui s'appuyant sur l'étude de A. Gerber, « Der adverbiale und präpositionale Gebrauch von *super* und seinen Compositis bei Tacitus mit Bezug auf *Hist.* II, 34 », *Philolog.* XXXIII, 1874, p. 617 sq., pense que *super* est ici une préposition introduisant *ancoris*, nous croyons,

comme H. Goelzer et G. E. F. Chilver notamment, que *super* a ici une valeur adverbiale et est l'équivalent de *insuper* ou *praeterea* (*insuper* est d'ailleurs donné par certains manuscrits) ; la logique même de la phrase semble imposer cette interprétation : les navires sont fixés au moyens de poutres par la proue et par la poupe en premier lieu, par des ancres en second lieu (*super*) ; à plus forte raison, faut-il rejeter l'opinion de ceux qui, comme E. Wolff et K. Wellesley, donnent à *super* un sens local et le traduisent par « en amont », sens qui, comme le remarque H. Heubner, « serait singulier ».

3. *augescente flumine* : l'on est au printemps où ce genre d'incident est particulièrement fréquent.

4. *imposita turris* : il s'agit d'une *turris ambulatoria* montée sur roues : cf. *B. Alex.* 2, 5 ; Veg., *Mil.* 2, 25 ; 4, 16 ; 4, 20 ; de la même façon, en *Ciu.* 3, 39, 2, César fait dresser une tour sur un navire de transport pour défendre l'entrée du port d'Oricum.

35.

1. La localisation de cette île est difficile, sinon impossible, car ainsi que le remarquent plusieurs commentateurs (cf. notamment G. E. F. Chilver, p. 199 ; P. Tozzi, « Tacito e la geografia della valle del Po », *Athenaeum*, XLVIII, 1970, p. 104-136) il y a beaucoup d'îles dans cette région et il n'est pas très sûr que la situation géographique y ait été la même qu'aujourd'hui. Il s'agit en tout cas d'une petite île selon Plut., *Otho*, 10, 5.

2. *praelabebantur* : nous ne suivons pas H. Heubner qui, dans « Tacitea I », *Gymnasium*, LXII, 1955, p. 105-108, s'appuyant sur Cic., *Nat. D.* 2, 111 (= *Arat.* 33, 12) et Apul., *Socrat.*, pr. 4, nie que *prae-* ait ici valeur d'anticipation et attribue à *praelabi* le sens de « glisser », en estimant absurde une traduction qui reviendrait à considérer des nageurs comme plus rapides que des bateaux. Cette supériorité nous paraît au contraire formellement marquée par *plures* et, dans ces conditions, il faut sans doute, comme G. E. F. Chilver, *ad loc.*, l'expliquer par le fait que les Germains nagent dans le sens du courant tandis que les gladiateurs rament dans le sens inverse. Mais cela exclut toute idée de compétition directe et, par conséquent, d'accord cette fois avec H. Heubner, nous pensons que le syntagme *gladiatores... molientes* n'est pas complément d'objet du verbe, mais sujet, sur le même plan que *Germani*, même si le sens du verbe ne convient bien qu'à ce dernier terme ; il y a un zeugma et, de plus, *molientes... nando* constitue une forme très caractéristique de *uariatio* tacitéenne.

3. *Liburnicis* : sur les liburniennes, cf. *supra*, 16, n. 3 ; sur Martius Macer, 23, n. 9.

4. *stabili gradu e ripa* : sur la rive de l'île où ils avaient pris pied.

5. *comminus mergere* : l'expression n'est pas extrêmement claire ;

peut-être faut-il, pour la comprendre, se reporter à Plut., *Otho*, 10, 2-5, qui fait de cet engagement un récit un peu différent : les navires ont coulé à la suite d'un incendie dont ils furent la proie parce que les Othoniens les avaient bourrés de bois résineux, de soufre et de poix afin de les lancer enflammés contre les ponts des navires, mais le vent qui soufflait fort fit que le feu se développa plus vite qu'il n'avait été prévu.

6. *utriusque exercitus* : ce sont le corps des gladiateurs othoniens, d'un côté, les troupes des Vitelliens employées à la construction du pont, de l'autre.

7. *auctorem... cladis* : il s'agit de Macer et non d'Othon.

36.

1. Sur Vestricius Spurinna, cf. *supra*, 11, n. 13.

2. *Flauuium Sabinum* : il s'agit, non du frère de Vespasien, mais de son neveu, déjà mentionné en 1, 77, 2 ; cf. la n. 9 de ce chapitre.

37.

1. *Inuenio apud quosdam auctores* : l'une de ces sources au moins fut aussi celle de Plut., *Otho*, 9 ; mais Tacite s'en écarte quelque peu : cf. *infra* et Ph. Fabia, *Les sources...*, p. 64 ; E. R. Schwinge, *Die Schlacht...*, p. 226 ; A. Momigliano, *Vitellio*, p. 175-176 ; au demeurant, Plut., *ibid.* 9, 1, invoque lui aussi une pluralité de sources.

2. Cf. *supra*, 1, 12, 1, un comportement analogue des légions de Germanie supérieure. Le récit de Plutarque, *Otho*, 9, 4, est en effet tout à fait comparable ; mais Plutarque a auparavant (§ 1 et 2) mentionné deux autres explications données par les sources de la décision d'Othon : 1) les prétoriens, regrettant la vie paisible et confortable qu'ils menaient à Rome, étaient impatients de régler l'affaire ; 2) Othon, lui non plus, ne pouvait supporter l'attente et « voulait, semble-t-il, en finir au plus vite et jeter sa cause au hasard, les yeux fermés, comme dans un précipice » ; cf. aussi Suet., *Otho*, 9, 1 ; comme l'observe E. R. Schwinge, *op. cit.*, p. 226, Tacite ne retient parmi ces diverses explications que celle qui lui paraît le motif essentiel de la décision d'Othon.

3. *praecipua spe Paulini* : *Paulini* est à interpréter comme un génitif subjectif, et non comme un génitif objectif qui donnerait à entendre que c'est en Paulinus que résidait le principal espoir des soldats ; dans le passage correspondant de Plutarque (*Otho*, 9, 6), c'est Marius Celsus qui « proposait de différer (la bataille) dans l'espoir que la situation se dénouerait sans combat et sans peine ».

4. *uetustissimus consularium et militia clarus* : il avait été consul, sans doute en 42 (cf. *supra*, 1, 87, n. 17) et pour la deuxième fois en 66 ; le plus ancien dans la fonction après lui était Titianus, cons. en 52.

5. Suetonius Paulinus fut *legatus pro praetore* en Bretagne de 59 à 61 : cf. *supra*, 1, 87, n. 17.

6. *ita... reor* : Tacite repousse en ces termes une idée que Plutarque (*Otho*, 9, 5) considère comme n'étant pas invraisemblable.

7. *exercitus linguis moribusque dissonos* : pour l'expression, cf. 3, 33, 3 : *exercitu uario linguis, moribus...* C. A. Powell, « Deum ira, hominum rabies », *Latomus*, XXXI, 1972, p. 833-848, conteste cette affirmation de Tacite et observe (p. 839) que l'historien indique lui-même en 34, 1, que les Vitelliens étaient parfaitement informés de ce qui se passait dans le camp adverse ; il signale en 42, 1, une tentative de fraternisation du côté des Othoniens que l'on voit d'ailleurs se manifester en 45, 3 ; mais E. R. Schwinge, *Die Schlacht...*, p. 227, estime que le sentiment de Tacite est vraisemblablement plus proche de la réalité et qu'il y avait effectivement quelque difficulté à donner une unité à des troupes formées d'Italiens et de non-Italiens ; il pense trouver un écho de cette divergence dans le texte de Plutarque, *Otho*, 9, 5 où γνήσιοι désignerait selon lui, non de « vrais soldats » (traduction usuelle : cf. R. Flacelière), mais des « soldats de pure souche » (les Italiens par opposition aux barbares).

8. *aut legatos ac duces* : principalement sans doute Caecina et Valens.

38.

1. *inter patres plebemque* : G. E. F. Chilver, *al loc.*, p. 203, fait remarquer avec juste raison qu'il s'agit ici, non des luttes qui donnèrent aux plébéiens l'accès aux magistratures, mais de celles qui, après 146 avant J.-C. (*subacto orbe*), opposèrent *optimates* et *populares*. Il faut observer que le couple *patres/plebs* est une antithèse traditionnelle de la thématique politique, appliquée à des situations très diverses, et qui s'est figée dans le vocabulaire des Romains, comme l'atteste Sall., *Ad Caes.* 2, 5, 1 : *In duas partes ego ciuitatem diuisam arbitror in patres et plebem sicut a maioribus accepi* ; sur cette question, cf. J. Hellegouarc'h, *Voc. pol.*, p. 429-430.

2. *turbulenti tribuni... consules praeualidi* : Les Gracques, L. Appuleius Saturninus (tr. pl. 103), M. Liuius Drusus (tr. pl. 91), P. Sulpicius Rufus (tr. pl. 88) pour les premiers, L. Opimius (cons. 121), M. Aemilius Scaurus (cons. 115) et Q. Seruilius Caepio (cons. 106) pour les seconds.

3. *e plebe infima C. Marius* : Sall., *Iug.* 73, 4, parle de son côté de sa *generis humilitas* et cette humble origine est également affirmée par Plin., *N.H.* 33, 150 ; Plut., *Mar.* 3, 1 ; Iuuen. 8, 245 sq. ; Dio Cass. 26, frg. 89, 2 ; Velleius Paterculus écrit aussi en 2, 128, 3 : *C. Marium, ignotae originis*, mais ce même auteur le donne en 2, 11, 1 comme *natus equestri loco*, et Valère Maxime, 8, 15, 7 (cf. aussi Diod. Sic. 34, 38) indique qu'il a servi dans les rangs équestres. La plupart des auteurs croient aujourd'hui à l'origine équestre de Marius ; cf. en

dernier lieu Cl. Nicolet, *L'ordre équestre*..., t. II, p. 943-945 et voir la mise au point de J. Hellegouarc'h in *ed. Vell*, t. II, p. 156, n. 3 du chap. XI.

4. On trouve une observation analogue dans Plut., *Otho*, 9, 5, mais le biographe grec ajoute le nom de César.

5. *libertatem in dominationem uerterunt* : cf. Sall., *Iug.* 41, 5 ; *Hist.*, frg. 12 ; sur le concept de *dominatio*, cf. J. Hellegouarc'h, *Voc. pol.*, p. 562-563.

6. *occultior, non melior* : jugement défavorable à Pompée, analogue à celui qu'exprime Salluste dans *Hist.* 2, 17 : *modestus ad alia omnia, nisi ad dominationem* ; on peut également rapprocher de César qui, dans le *Bellum ciuile*, « a soigneusement travaillé à rabaisser le personnage de Pompée et à le conduire par degrés dans ce petit bateau (*nauiculam paruulam* ; 3, 104, 3), où il se fera assassiner » (M. Rambaud, « L'apologie de Pompée par Lucain au livre VII de la *Pharsale* », *R.E.L.* XXXIII, 1955, p. 258-296 (259)). H. Bardon, dans « Points de vue sur Tacite », *Riv. di cult. class. e med.* IV, 1962, p. 282-293, souligne (p. 288) la qualité de cette asyndète adversative qui aboutit à une véritable *sententia*.

7. *ciuium legiones* : l'expression désigne symboliquement les armées républicaines (cf. Liu. 25, 14, 8), bien que César et ses adversaires aient recruté un nombre important de non-citoyens ; comme le note G. E. F. Chilver, p. 204, l'expression s'oppose principalement aux *exercitus... dissonos* de l'année 69.

8. *deum ira* : même expression en 4, 26, 2 ; *Ann.* 4, 1, 2 ; Virg., *Aen.* 3, 215 ; 5, 706-707 ; 11, 233 etc. — *hominum rabies* : cf. Hor., *Od.* 3, 24, 26 : *rabiem ciuicam* ; Val. Max. 5, 8, 5 : *belli ciuilis rabies* ; l'association des deux mots se retrouve dans *Ann.* 1, 39, 6 : *Tum, fatalem increpans rabiem, neque militum sed deum ira resurgere...* Selon C. A. Powell, *op. cit.*, p. 840-848, une telle observation, dont on trouve l'équivalent dans Plut., *Otho*, 5, 4-10 et pour laquelle c'est l'agitation et le désordre des soldats, et non la volonté de leurs chefs qui ont provoqué les événements de 69, remonterait à une source commune pro-flavienne, soutenant la thèse que ces événements seraient conformes à un plan divin très cohérent conduisant à l'avènement au pouvoir d'un empereur venant de l'est. Plus simplement, on peut à ce sujet évoquer le thème du *furor* et du *miles impius* dans les guerres civiles : cf. P. Jal, *Guerre civile*, p. 417 sq. et p. 473 sq.

9. *uenio* : est dans *M* une correction de *ueniunt* ; C. Heraeus, et à sa suite, Halm, ont adopté *redeo* qui est le verbe attendu dans cette formule : cf. *Ann.* 12, 40, 5 : *nunc ad temporum ordinem redeo*, mais G. Andresen, *Woch. f. kl. Phil.* XXXI, 1914, p. 1061, défend *uenio* en estimant que Tacite indique, par cette formule, qu'après les débats évoqués dans le chapitre précédent, il en arrive au récit de la période décisive de la guerre entre Othon et Vitellius.

39.

1. *Profecto... Othone* : sur ce départ, auquel Tacite donne les apparences d'une fuite, cf. *supra*, 33, 2, n. 7.

2. Cf. Plut., *Otho*, 7, 6-7.

3. *Promoueri... castra* : bien que Tacite ne le dise pas formellement, il s'agit des troupes campées à Bédriac, comme le montre le texte de Plutarque cité dans la note précédente.

4. *ad quartum a Bedriaco* : 4 milles, c'est-à-dire 6 km, à l'ouest de Bédriac, en direction de Crémone ; 50 stades, soit 6 milles ou 9 km d'après Plut., *ibid.* ; selon K. Wellesley, *Maior crux*, p. 34, il pourrait y avoir eu confusion de la part de Plutarque entre IV et VI.

5. La bataille de Bédriac eut lieu le 14 avril 69.

6. Plutarque, *ibid.*, attribue nettement à Proculus une responsabilité qui est plus enveloppée dans la rédaction de Tacite : « Proculus... choisit l'endroit d'une manière si maladroite (οὕτως ἀπείρως = *adeo imperite*) et ridicule que, bien que l'on fût au printemps et que les plaines d'alentour fussent abondamment arrosées par des sources et des rivières intarissables, on souffrit du manque d'eau » ; sur ce site, cf. *supra*, 2, 23.

7. *trans Padum* : c'est-à-dire sur la rive droite du Pô, à Brixellum où Othon avait son quartier général.

40.

1. *Non ad pugnam, sed ad bellandum* : la suite du texte indique ce qu'implique *ad bellandum* : les Othoniens sont en formation de marche *sarcinis graues, incompositi in agmine aut dispersi* alors que les Vitelliens sont *expediti* ; cf. 45, 1 : *expeditis et tantum ad proelium egressis*.

2. *sedecim inde milium* : soit environ 24 km. Cette phrase constitue selon R. Syme, *Tacitus*, p. 163, le problème philologique le plus ardu de toute l'œuvre de Tacite. Car, le confluent du Pô et de l'Adda se trouvant en fait à 7 milles (= 10 km) à l'ouest de Crémone, il se situerait, d'après les chiffres donnés antérieurement, à 16 + 7 = 23 milles (35,5 km) du camp othonien. On peut préférer tout simplement la version de Plutarque qui indique (*Otho*, 11, 2 : voir le texte dans la note suivante) comme but de la marche des Othoniens la position ennemie à 100 stades, environ 12 milles. Mais d'autres solutions ont été proposées, dont voici les principales. Th. Mommsen, dans *Die zwei Schlachten...*, p. 176 et B. W. Henderson, *Civil war...*, qui a repris et développé la thèse de Mommsen (p. 100 sq.), supposent qu'Othon avait conçu d'exécuter, avec l'aide des troupes danubiennes (qui, en fait, comme nous l'avons déjà vu, n'étaient pas encore arrivées) un vaste mouvement d'encerclement de Crémone, occupée par les Vitelliens, afin de couper ces derniers de leurs lignes de ravitaillement. Pour A. Passerini, *Le due battaglie...*, p. 226 sq., le

but de l'opération est bien celui qui est indiqué par Tacite, mais, dans les chiffres qu'il donne, il aurait confondu le total du parcours à effectuer avec la distance effectivement franchie le premier jour. E. G. Hardy, *Military historian...*, soutient, contre Mommsen et Henderson, la véracité du récit de Tacite, mais il propose de corriger *Aduae* en *Ardae* (correction déjà suggérée par Valmaggi), ce dernier mot désignant la rivière appelée aujourd'hui Adra, affluent du Pô, à 7 milles de Crémone, en aval de cette dernière ville ; c'est la leçon suivie par E. Koestermann (1961 et 1969), mais non par H. Heubner ; en dehors du fait que les chiffres ne concordent toujours pas avec ceux de Tacite, on objecte surtout qu'il s'agit d'un affluent de la rive droite, alors que le mouvement des Othoniens a lieu sur la rive gauche. Enfin, K. Wellesley, *Maior crux*, p. 34 sq., propose une solution analogue à celle de Hardy, mais la rivière concernée serait un affluent de la rive gauche, dont le nom antique est inconnu, aujourd'hui appelé Naviglio Civico, qui se jette dans le Pô à 3,5 milles en aval de Crémone, entre Bosco ex-Parmigiano et Battaglione ; il est alors également nécessaire de corriger le texte ; Wellesley propose de lire *accolae* (« le confluent du Pô et d'un affluent »), mot employé chez Tacite avec ce sens d'affluent dans un autre cas (*Ann.* 1, 79, 3) ; ce terme serait, par modifications successives, dues à l'ignorance ou à la négligence des copistes, à l'origine des formes *adue, abdue, agde, agile* de certains manuscrits (par exemple *accole < acole < acde < agde* : p. 38). Cette explication nous semble aussi fragile, sinon plus, que certaines autres condamnées par son auteur. Même si cela paraît une solution de facilité, nous sommes tentés de penser que E. Courbaud a raison lorsqu'il écrit (*Les procédés...*, p. 101) : « Il semble bien, si le texte du chapitre est exact, que, d'une manière ou d'une autre, Tacite s'est trompé dans le calcul des distances, et il s'est trompé pour n'avoir apporté à la chose qu'une médiocre attention ». Telle est aussi l'opinion de R. Syme, *Tacitus*, p. 679, qui pense que la géographie de la Transpadane n'était sans doute pas familière à l'historien ; l'objection avancée par Wellesley, *op. cit.*, p. 37, que celui-ci était originaire de cette région, en dehors du fait qu'il s'agit là d'une pure hypothèse, ne nous paraît pas vraiment sérieuse. Pour le détail de cette discussion, cf. K. Wellesley, *Maior crux*, p. 33-38 et H. Heubner, *Comm.*, p. 152-160.

3. Sur cette discussion, cf. Plut., *Otho*, 11, 2. R. Syme, *Tacitus*, II, p. 678, pense qu'elle n'est qu'un doublet de celle qui a été signalée au chapitre précédent (*dubitatum*) et que cela résulterait de la contamination de deux sources différentes ; cette hypothèse est rejetée comme dépourvue de preuve par H. Heubner (*Comm.*, p. 150) ainsi que par G. E. F. Chilver, *ad loc.*, p. 205, auxquels nous renvoyons pour le détail ; ils pensent qu'il s'agit, non d'un deuxième conseil, mais du même débat qui se poursuit au cours de la marche des troupes ; cela semble clairement résulter de la suite de la phrase et, en particulier,

de l'emploi de l'imparfait *transibant* et du subjonctif *uincerentur*, ainsi que du fait qu'aucune prise de décision n'est indiquée dans ce chapitre ; dans le texte de Plutarque, il n'est d'ailleurs question que d'une seule discussion.

4. Cf. 39, 1.

5. *Numida* : un esclave d'Othon ; c'était en effet la mode pour les jeunes nobles de cette époque d'être accompagnés de cavaliers Numides qui leur servaient de courriers, comme nous le voyons d'après Sen., *Ad Luc.* 87, 9 ; 123, 7 : *Omnes iam sic peregrinantur ut illos Numidarum praecurrat equitatus, ut agmen cursorum antecedat.*

6. Cf. Plut., *Otho*, 11, 3.

7. Cf. Plut., *Otho*, 9, 2-3 ; Suet., *Otho*, 9, 1.

41.

1. Cf. *supra*, 34, 1.

2. Aux ordres de Vestricius Spurinna : cf. 11, 2 ; 36, 2.

3. Cf. Plut., *Otho*, 11, 4-5. — *reuectus* : s.-e. *equo* : cf. Liu. 7, 41, 3 : *equo citato ad Vrbem reuectus.* — *in castra* : selon K. Wellesley, *Maior crux*, p. 33, ce retour ne prit pas plus de quinze minutes.

4. Correspondance presque textuelle chez Plut., *Otho*, 11, 5 : « Pendant que les corps de troupes se partageaient les postes de combat, l'élite de la cavalerie fut envoyée en avant ».

5. Il s'agissait de deux ailes des légions de Pannonie et de Mésie, comme l'indique dans un discours Antonius Primus en 3, 2, 4.

6. *Italicae legionis* : sur la *legio I Italica*, cf. 1, 59, n. 12.

7. Le champ de bataille ressemble à celui de *ad Castores*, encombré de vignes (25, 2) ; *arbusta* désigne les plantations d'arbres qui servent de support à la vigne : cf. *infra*, 42, 2. et n. 4.

8. Il s'agit de la *uia Postumia* : cf. *infra*, 3, 21, 2.

9. *uocantium* : comme la plupart des éditeurs, nous adoptons la leçon de J. F. Gronov, d'après M^2 qui a sans doute négligemment corrigé en *uo* la syllabe *cla* du texte de M^1, *clamantium*, ce qui donne *uomantium* ; cette lecture s'appuie sur plusieurs textes qui tendent à prouver que le mot fait partie d'une certaine thématique de ce genre de récit : cf. *infra*, 3, 68, 3 : *Maior hic clamor obsistentium penatibus priuatis, in Palatium uocantium* ; Sen., *Vit. beat.* 1, 2 : *Non ducem secuti, sed fremitum et clamorem dissonum in diuersa uocantium* ; Curt., 3, 8, 25 : *Sed ipsa festinatio discurrentium suosque ad arma uocantium.*

42.

1. Cf. Plut., *Otho*, 12, 1.

2. Suet., *Otho*, 9, 2, dont le père combattit comme tribun de la *legio XIII Gemina*, penche pour le premier terme de l'alternative ;

sur le rôle des *rumores* et de l'intoxication dans les guerres civiles, cf. P. Jal, *Guerre civile*, p. 122 sq.

3. Plut., *Otho*, 12, 1, est un peu plus explicite : « Aussi, dès que les deux armées furent proches l'une de l'autre, les Othoniens saluèrent-ils les autres amicalement en les appelant camarades, mais les Vitelliens, loin de répondre courtoisement à ce salut, l'accueillent avec colère et poussent des cris hostiles. Ceux qui les avaient salués sont alors pris de découragement, et soupçonnés de trahison par le reste de l'armée ».

4. Cf. *supra*, 41, n. 7 ; Plut., *Otho*, 12, 3, parle uniquement des trous et des fossés dont était encombré le terrain.

5. *cateruis et cuneis* : les *cateruae* sont les gros bataillons d'infanterie, s'imposant par leur masse ; les *cunei*, les colonnes d'attaque, en forme de coins, qui pénètrent en profondeur : cf. Veget., *Mil.* 3, 19.

6. *in aggere uiae* : sur la chaussée de la *uia Postumia*, cf. 24, 3.

7. Procédures de combat usuelles. — *corporibus et umbonibus niti* : cf. Liu. 34, 46, 10 : *Nec dextris magis gladiisque gerebatur res, quam scutis corporibusque ipsis obnixi urgebant.* — *omisso pilorum iactu gladiis... perrumpere* : cf. Sall., *Cat.* 60, 2 : *pila omittunt, gladiis res geritur.*

43.

1. Sur cette légion, cf. 1, 52, n. 14 ; 1, 61, 2 ; 1, 67, 1, n. 6. — *cognomen* : c'est le seul passage où l'on trouve ce terme chez Tacite, qui emploie partout ailleurs *cognomentum* : cf. H. Heubner, *ad loc.*, p. 173.

2. Cf. 1, 6, n. 12 ; 1, 31, 3 ; 1, 36, 3 ; 2, 11, 2 ; 2, 23, 1 ; sur ce passage, cf. Plut., *Otho*, 12, 4.

3. La première légion avait en fait participé à la bataille *ad Castores* : cf. 2, 24, 3 ; mais Plutarque, *ibid.* 5, faisant la même remarque, on peut supposer qu'elle se trouvait dans la source commune des deux historiens qui ne considérait vraisemblablement cet engagement que comme une embuscade, et non comme un véritable combat en règle : cf. H. Heubner, *ad loc.*, p. 174.

4. Sur ce sens de *principia*, cf. Ter., *Eun*, 781 ; Sall., *Iug.* 50, 2 ; Liu. 2, 65, 2 ; Veget., *Mil.* 1, 20.

5. *aquilam abstulere* : l'aigle était l'emblème de la légion, qu'avait en charge le primipile de la 1re cohorte : cf. Veget., *Mil.* 2, 6 ; Caes., *Ciu.* 3, 64, 3 ; Val. Max. 1, 6, 11 ; Plin., *N.H.* 14, 19 ; v. Domaszewski, *R.E.* II, col. 317-318.

6. Sur ce personnage, sans doute identique à celui dont le nom nous est transmis par une inscription de Capestrano (*Not. d. Scav.* 1894, 404), cf. W. Hoffmann, *R.E.* XVIII, 1, col. 1020, n° 2.

7. Récit rigoureusement semblable chez Plut., *Otho*, 12, 6. — *signa uexillaque* : cf. 18, 2, n. 5.

8. *A parte alia* : sur un autre point de l'armée othonienne, l'aile droite, pense G. E. F. Chilver, *ad loc.*, p. 207.

9. Sur la *XIII Gemina*, cf. 1, 76, 1, n. 2 ; la *XIV Gemina Martia Victrix*, 1, 61, 1, n. 1 ; ces deux légions faisaient partie des troupes othoniennes ; la première appartenait à l'armée de Pannonie et était basée à Poetovio (Pettau) ; la deuxième, dont la localisation est incertaine, avait été ramenée par Néron de la Bretagne dans la région de Pannonie-Dalmatie. La cinquième légion est la fameuse légion « L'Alouette », *V Alauda* ou, plus exactement, *Alaudae*, levée par César en Gaule (Suet., *Diu. Iul.* 24, 2) ; elle était l'élément essentiel de l'armée de Fabius Valens : cf. *supra*, 1, 8, 2, n. 9 ; 1, 55, 2, n. 1 ; 1, 61, 2 ; Cichorius, *R.E.* I, 1, col. 1295-1296.

10. Sur Alfenus Varus, *praefectus castrorum*, cf. 29, 2 et n. 4 ; il est à noter que l'ordre des noms que nous avons ici se trouve également dans le passage correspondant de Plutarque (cf. note suivante), ce qui est une autre marque de la fidélité des deux historiens à une source commune.

11. Cf. Plut., *Otho*, 12, 7 : « Varus Alfenus les fit charger par ceux qu'on appelle Bataves, les meilleurs cavaliers de Germanie, qui habitent une île baignée par le Rhin » ; ce texte explique que les mêmes soient appelés *Germani* en 2, 35, 1.

12. Etablis sur la rive droite du Pô, les gladiateurs avaient tenté de passer sur la rive gauche ; comme le montre la suite du texte de Plutarque, *Otho*, 12, 8, il ne s'agit pas, malgré la similitude des situations, de l'engagement sur le Pô raconté en 2, 35.

13. *latus hostium* :le flanc gauche, tenu par la *legio I Adiutrix*.

44.

1. Cette phrase présente une difficulté qui apparaît principalement dans la traduction de *passim*. H. Goelzer (éd. Hachette, *ad loc.*, p. 242, n. 1), s'appuyant sur le passage correspondant de Plutarque (*Otho*, 12, 10) : « Cependant, beaucoup des soldats d'Othon, victorieux de ceux qu'ils avaient eus en face d'eux, s'ouvrirent un passage au milieu des ennemis vainqueurs pour regagner leur camp », propose de traduire *passim* « en masse », ce qu'il fait effectivement dans son édition de la C.U.F. Mais un tel sens de *passim* n'apparaît nulle part ailleurs, en particulier pas en 4, 33, 1 : *auxilia passim circumfusa sunt*, passage auquel il se réfère, mais que dans son édition de la C.U.F. il traduit « les auxiliaires se répandirent un peu partout sur les deux ailes ». La phrase de Tacite résume en réalité une situation plus complexe, comme il résulte du texte de Plutarque dans le paragraphe précédent (12, 9) : « La conduite la plus honteuse au combat fut celle des prétoriens : non seulement ils n'eurent pas le cœur d'en venir aux mains avec leurs adversaires, mais encore ils remplirent de trouble et de frayeur ceux de leurs camarades qui tenaient ferme, en fuyant au travers de leurs rangs ». Le désordre s'est

donc bien installé, d'après Plutarque également, dans les rangs des Othoniens, mais, de plus, il n'est pas impossible de penser que ceux-ci ont traversé en force les rangs des Vitelliens et se sont ensuite répandus en désordre dans la direction de Bédriac. — *Bedriacum* : le camp des Othoniens était adossé à la ville de Bédriac, légèrement à l'extérieur ; comme il résulte de la première phrase du chapitre suivant, il s'agit bien de ce camp et non du camp provisoire établi à quatre milles à l'ouest par Titianus et Proculus (39, 2).

2. La bataille ayant eu lieu à 4 milles à l'est de Crémone et le camp se trouvant à 22 milles (cf. 23, n. 6), la distance était donc de 18 milles, soit 27 km, ce qui a dû effectivement paraître considérable à des troupes épuisées par un terrible combat et anéanties par leur défaite.

3. Plutarque rapporte (*Otho*, 14, 2) que, alors qu'il visitait le champ de bataille en compagnie d'un ami, le consulaire Mestrius Florus, ce dernier, lui montrant un vieux temple, lui indiqua qu'il y avait vu un monceau de cadavres atteignant le niveau des frontons.

4. La phrase est obscure, et cela sans doute en raison d'une brachylogie de l'auteur. Ce dernier veut dire, nous semble-t-il, que les monceaux de cadavres retardant la fuite des soldats, ceux-ci ont été capturés en plus grand nombre, d'où un accroissement du nombre de ces cadavres, puisqu'on ne faisait pas de prisonniers. La réflexion était sans doute présente dans la source de Tacite, puisqu'on la retrouve aussi chez Plut., *Otho*, 14, 3 : « Il est normal que, dans les guerres civiles, il périsse plus d'hommes que dans les autres parce que, en cas de déroute, on ne fait pas de prisonniers, ceux qui les auraient capturés ne pouvant en tirer profit » ; cf. aussi Dio Cass. 64, 10, suivant lequel environ 40 000 hommes tombèrent dans cette bataille.

5. Plut., *Otho*, 13, 1, est un peu plus explicite : « Mais, parmi leurs généraux, ni Proculus, ni Paulinus n'osèrent y rentrer avec eux ; ils s'éclipsèrent, craignant les soldats, qui déjà rejetaient sur leurs chefs la responsabilité de la défaite » ; en revanche, il ne parle pas de l'épisode de Vedius Aquila que Tacite évoque dans la phrase suivante.

6. Le personnage n'est pas autrement connu ; on le retrouve en 3, 7, 1, dans les troupes d'Antonius Primus, comme légat de cette même légion, mais aussi de la *VII Galbiana*.

7. *Titianus... Celsus... Annius Gallus* : sur ces différents personnages, cf. *supra*, 33 ; Annius Gallus avait été laissé en arrière en raison d'une chute de cheval ; Plut., *Otho*, 13, 3-5, développe dans un discours qu'il attribue à Celsus les incitations au *consensus* qui sont ici exprimées par Gallus.

8. Sur ces faits, cf. 43, 1. Plut., *Otho*, 13, 2, met de tels propos dans la bouche d'Annius Gallus : « Annius Gallus recueillit dans le bourg ceux qui s'étaient regroupés après la bataille, et il tenta de les consoler en leur disant que le résultat avait été presque égal des deux

côtés, et que, sur plusieurs points, ils avaient vaincu les ennemis ».
C'est la raison pour laquelle Valmaggi, à la suite de Dieckmann,
transpose *Ceteris... fremebat* après *perituros*, en supposant une lacune
devant *His cogitationibus*. Mais Annius Gallus n'ayant pas participé à
la bataille en raison de sa blessure, de tels propos ne sont pas
vraisemblables de sa part ; il faut donc conclure à une erreur de
Plutarque, dont le récit n'est pas très cohérent, au contraire,
justement, de celui de Tacite.

9. C'est-à-dire sur la rive droite du Pô, à Brixellum : cf. 39, 2.

10. Cf. *supra*, 32, 2 et n. 17.

45.

1. Près de l'église actuelle de S. Pietro di Mendicate, selon K.
Wellesley, *Maior crux*, p. 29 sq.

2. *obpugnationem castrorum* : le camp que commandait Annius
Gallus et qui jouxtait Bédriac ; cf. *supra*, 44, n. 1.

3. *sed expeditis et tantum ad proelium egressis* : à la différence des
Othoniens ; cf. *supra*, 40, 1 : *Non ut ad pugnam, sed ad bellandum
profecti*.

4. *tantum... munimentum... uictoria* : partis seulement pour
combattre, ils n'avaient pas les outils nécessaires à l'édification d'un
ouvrage de défense et leur victoire les mettait à l'abri d'un retour
offensif des Othoniens.

5. *ad paenitentiam inclinantibus* : il s'agit sans doute des
prétoriens. Tacite ne dit rien de l'initiative prise pour cela par Celsus
et du discours qu'il adressa aux soldats : cf. Plut., *Otho*, 13, 3-5.

6. *missa legatio* : elle comprenait Celsus et Gallus selon Plut.,
Otho, 13, 6.

7. Plut., *Otho*, 13, 7, rapporte les faits avec beaucoup plus de
détails, précisant que Celsus et Gallus « rencontrèrent en chemin des
centurions (Vitelliens) qui leur dirent que l'armée déjà s'ébranlait
pour marcher sur Bédriac et qu'ils étaient eux-mêmes envoyés par
leurs généraux pour proposer un accommodement ».

8. Nous savons par Plut., *ibid.* 9-10, que ce retard fut provoqué
par des cavaliers vitelliens qui, apercevant Marius Celsus et se
souvenant de l'embuscade *apud Castores* au cours de laquelle il avait
failli les anéantir, (cf. *supra*, 24-26) « s'élancèrent sur lui en poussant
des cris. Mais les centurions le couvrirent de leurs corps et arrêtèrent
la ruée, tandis que les autres officiers criaient aux cavaliers de
l'épargner. Caecina, apprenant ce qui se passait, accourut à cheval et
fit cesser aussitôt le tumulte des cavaliers, puis il salua courtoisement
Celsus, et tous ensemble firent route vers Bédriac ».

9. Selon Plut., *ibid.* 11-12, Titianus songea à reprendre la lutte et
« fit remonter sur les murs les plus hardis de ses soldats, en appelant
les autres à leur prêter main-forte ; mais, quand ils virent Caecina
s'avancer à cheval et leur tendre la main, aucun d'eux ne résista ».

10. Cette scène pathétique, bien dans la manière de Tacite, est aussi dans celle de l'historiographie latine ; cf. par exemple César qui, dans *Ciu.* 1, 74, décrit de façon également pathétique une tentative de réconciliation entre soldats pompéiens et césariens, et Lucain, qui, en 4, 168-205, donne son interprétation de la même scène, et voir P. Jal, *Guerre civile*, p. 295-298. Cette scène n'a pas son équivalent chez Plutarque, qui se contente d'un rapport assez sec (*Otho*, 13, 12-13). Cela ne veut pas dire que sa source soit différente, mais, comme Ph. Fabia, *Les sources...*, p. 77 sq., nous pensons que les deux écrivains ont utilisé une source commune chacun selon son tempérament ; cf. dans le même sens E. Courbaud, *Les procédés...*, p. 65 sq.

46.

1. *consilii certus* : c'est-à-dire qu'il est décidé à se donner la mort. — Selon Suet., *Otho*, 9, 3, Othon, qui était à Brixellum, avait pris la décision de se tuer dès qu'il aurait appris l'attaque lancée par surprise contre ses troupes par les Vitelliens (cf. chap. 42) « plutôt, comme beaucoup le pensent non sans raison, parce qu'il se faisait scrupule de s'obstiner à garder le pouvoir en exposant à de si grands dangers l'Empire et les soldats, que par désespoir ou par le moindre manque de confiance à l'égard de ses troupes » ; l'idée est développée par Othon dans le discours que lui prêtent Tacite (47) et Plutarque, *Otho*, 15, 4-8.

2. Cf. Plut., *Otho*, 15, 1.

3. *Plotio Firmo* : sur Plotius Firmus, cf. *supra*, 1, 46, 1, n. 3. — Plut., *Otho*, 15, 2-3, développe cette scène de façon beaucoup plus détaillée et concrète, mais prête à la collectivité les propos que Tacite met dans la bouche de Plotius Firmus ; cf. aussi Suet., *Otho*, 9, 3.

4. On ne trouve pas chez Plutarque cette notation qui semble contredire *consilii certus* au début du chapitre.

5. L'arrivée de cette armée de Mésie est évoquée en 32, 2 : *Paucis diebus quartam decimam legionem... cum Moesicis copiis adfore* ; 44, 3 : *uenire Moesicas legiones* (cf. respectivement n. 17 et n. 10) ; Othon en parle lui-même dans le discours que rapporte Plut., *Otho*, 15, 6 : « On annonce que notre armée de Moesie se trouve seulement à quelques jours de marche et qu'elle descend déjà aux bords de l'Adriatique » ; dans *Vesp.* 6, 2, Suétone est plus précis : « Les deux mille soldats que chacune des trois légions de l'armée de Mésie avait envoyés au secours d'Othon, ayant appris en cours de route sa défaite et son suicide, poussèrent néanmoins jusqu'à la ville d'Aquilée, comme s'ils ne se fiaient pas à ce bruit ». On voit la différence entre les trois auteurs : Tacite distingue entre l'avant-garde, composée sans doute des deux mille soldats de chacune des trois légions, qui opère sa jonction avec les Othoniens, et le gros des troupes qui arrive jusqu'à Aquilée (confirmé par 85, 1) ; Plutarque ne parle que de ces dernières, sans aucune allusion à l'avant-garde ; à l'inverse, Suétone

ne cite que celle-ci, et c'est elle qui se serait arrêtée à Aquilée, mais il est vraisemblablement inexact car, dans son discours en 3, 2, 3 et 4, Antonius Primus mentionne la présence de ces troupes de Mésie, et Plutarque en dépit des différences, confirme en fait Tacite ; toutefois, E. G. Hardy, *op. cit.*, p. 136 sq., conteste au contraire la véracité de l'entrée à Aquilée des troupes de Mésie avant la mort d'Othon. K. Wellesley, *Suggestio falsi*, p. 276-279 et *Maior crux*, p. 44 sq., a voulu résoudre la difficulté en supposant que les légions évoquées dans ce passage ne seraient pas les légions de Mésie, la *III Gallica*, la *VII Claudia* et la *VIII Augusta* (cf. *supra*, 32, n. 17), mais celles d'Illyrie, la *VII Galbiana* venant de Carnuntum (aujourd'hui Petronell, en Autriche) et la *XI* de Burnum, en Dalmatie (près de l'actuelle Knin, Yougoslavie) qui, ayant moins de chemin à parcourir, auraient effectivement pu parvenir à Aquilée. Ce raisonnement nous paraît spécieux, et nous ne voyons pas comment *praemissi e Moesia* pourrait désigner autre chose que les troupes de Mésie ; cf. d'ailleurs les objections de G. E. F. Chilver, *The war between...*, p. 105. — *Aquileiam* : Aquilée, colonie romaine, fondée en 181 avant J.-C. (Liu. 40, 34, 2), port sur l'Adriatique, était le point d'aboutissement de la *uia Aemilia* ; à partir d'elle rayonnaient les routes conduisant aux localités situées au nord et à l'est de l'Adriatique, et c'est donc par là que pénétraient en Italie les légions venant d'Orient.

47.

1. Tacite reproduit dans cette phrase une réflexion d'Othon qui, chez Plut., *Otho*, 15, 4 et Dio Cass. 64, 11, est faite par l'empereur à la suite du suicide devant lui d'un de ses soldats, après Bédriac, événement rapporté par Suet., *Otho*, 10, 1, qui déclare tenir le fait de son père, tribun angusticlave de la 13ᵉ légion.

2. Pas de correspondance exacte de cette pensée chez Plutarque, mais l'idée générale s'y retrouve cependant dans la première partie du discours d'Othon (*Otho*, 15, 4) : « Cette journée, camarades, me paraît plus heureuse que celle où vous m'avez fait empereur, puisque je vous vois dans de telles dispositions et que je reçois de vous de si grandes marques d'estime ».

3. C'est le thème, en grande partie stoïcien, de la dialectique entre la *uirtus* et la *fortuna* : pour le vulgaire, c'est la *fortuna* qui mène le monde et les hommes, mais celui qui est pourvu de *uirtus*, le *uir fortis*, le *sapiens* formé par la philosophie, triomphe de la *fortuna* : cf. J. Hellegouarc'h, *La fortune du prince*, p. 424-426.

4. Cf. Stat., *Theb.* 2, 446 : *Non parcit populis regnum breue*.

5. Cette réflexion se rapporte au lieu commun du caractère déshonorant de la guerre civile, exprimé par Tacite lui-même en *Ann.*, 1, 9, 3 : *ad arma ciuilia actum, quae neque parari possent neque haberi per bonas artes* ; cf. encore Cic., *Att.* 9, 10, 3 : *At Sulla,*

*at Marius, at Cinna... quid eorum uictoria crudelius, quid funes-
tius ?* et voir P. Jal, *Guerre civile*, p. 450-460, où l'on trouvera de
nombreuses autres références.

6. *fratre, coniuge, liberis* : cf. 1, 75, 2 (où nous voyons qu'Othon
détenait aussi la mère de Vitellius, Sextilia), n. 6 ; 1, 88, 1 ; Plut.,
Otho, 15, 6 : « Nous tenons le Sénat, ainsi que les enfants et les
femmes de nos adversaires ».

7. *solaciis* : les compensations qu'Othon pourrait trouver en se
vengeant sur Vitellius et sa famille ; le terme a valeur juridique : cf.
Dig. 8, 4, 13.

8. *Romanae pubis* : ce sont les prétoriens : cf. 1, 84, 3 et n. 14.

9. *de nemine* : Othon pense évidemment à certains de ses
généraux.

10. Le discours d'Othon est également reproduit par Plut., *Otho*,
15, 4-8 et Dio Cass. (= Xiph.), 64, 13. On retrouve chez Plutarque
les mêmes idées que chez Tacite : cf. en dehors des rapports signalés
n. 1, 2 et 5, les phrases des § 5 : « Si j'ai été digne de l'empire des
Romains, je ne dois pas craindre de sacrifier ma vie à la patrie » et 8 :
« Je puis mourir plus glorieusement que je ne saurais régner » ; on ne
trouve pas en revanche chez le biographe grec la fermeté et la sérénité
d'âme qui conduisent l'empereur à déclarer qu'il n'a pas de plaintes
ni de reproches à exprimer du fait de sa situation ; chez Plutarque, le
discours est avant tout politique et patriotique, tandis que celui que
reproduit Tacite est tout empreint de philosophie et de rhétorique.

48.

1. Plut., *Otho*, 16, 1, dit à peu près la même chose, mais de façon
cependant un peu plus précise et complète, quant à Suet., *Otho*, 10,
2, il ajoute à cela que « resté seul, il écrivit deux billets, l'un à sa
sœur, pour la consoler, l'autre à Messaline (= Statilia Messalina : cf.
Ner. 35, 1), la veuve de Néron, qu'il avait voulu épouser, pour lui
recommander sa dépouille et sa mémoire ». Malgré ces divergences, la
ressemblance, parfois textuelle, entre les trois récits, et surtout entre
ceux de Tacite et de Plutarque (par exemple, *Talia locutus* =
Τοιαῦτα διαλεχθείς) est l'indice à peu près certain d'une communauté
de sources : cf. A. Momigliano *Vitellio*, p. 177.

2. *epistulas... abolet* : on peut comparer l'acte d'Othon à celui de
Vitellius qui, en 1, 44, 2, fait mettre à mort les auteurs de requêtes
demandant une récompense pour leur participation au meurtre de
Galba « parce que c'est la politique traditionnelle des princes
d'assurer ainsi leur sauvegarde dans le présent, leur vengeance pour
l'avenir ». Il rappelle aussi la conduite de Pompée brûlant les papiers
de Sertorius (Plut., *Sert.* 27, 4-5 ; *Pomp.* 20, 7-8) ou celle de César
après sa victoire sur les Pompéiens, comme la rapporte Plin., *N.H.* 7,
94.

3. Cf. Suet., *Otho*, 10, 2 : *Quicquid deinde epistularum erat, ne cui periculo aut noxae apud uictorem forent, concremauit. Diuisit et pecunias domesticis ex copia praesenti* ; la ressemblance entre les deux textes est également frappante, Tacite se montrant cependant plus explicite sur les motifs du comportement d'Othon. Plutarque ne mentionne pas la destruction des lettres, et il situe la distribution d'argent aux serviteurs après l'entretien avec Coccceianus et le début d'émeute chez les soldats.

4. *Saluium Cocceianum* : fils de Titianus (cf. 1, 75, n. 5) : Nagl, *R.E.* I A, 2, col. 2031, n° 18.

5. Cf. Plut., *Otho*, 16, 2.

6. Othon reprend ainsi le thème qu'il a développé dans son discours à ses soldats.

7. *Seruios* : allusion à Galba = Servius Sulpicius Galba ; le prénom est utilisé comme *nomen*, ainsi que le fut Tiberius pour celui que nous appelons Tibère ; dans *Galba*, 3, 1, Plutarque parle lui aussi de la famille des Servii (τὸν Σερουίων οἶκον).

8. *in familiam nouam* : G. E. F. Chilver, *ad loc.*, p. 213, fait remarquer que, le père d'Othon ayant été consul (cf. 1, 13, n. 7), sa famille était *nobilis* et non *noua* ; mais le contexte montre clairement que l'emploi de cet adjectif par Tacite situe cette qualité de la famille d'Othon par rapport à la dignité impériale.

9. Le texte de Plutarque, *Otho*, 16, 4, décèle, là aussi, la communauté de source des deux historiens : « Mais voici, mon enfant, ma dernière recommandation : n'oublie pas complètement, mais ne te souviens pas trop que tu as eu un oncle empereur ». Cocceianus oublia la recommandation de son oncle, comme le montre Suet., *Dom.* 10, 2.

49.

1. Cf. Suet., *Otho*, 11, 1 : *Atque ita paratus intentusque iam morti...*

2. *Ibid.* : *... ut eos, qui discedere et abire coeptabant, corripi quasi desertores detinerique sensit* ; le texte correspondant de Plut., *Otho*, 16, 5, est plus précis et indique que, contrairement à ce que laisserait entendre celui de Tacite, ce sont des sénateurs qui sont ainsi menacés. En revanche, ni Suétone, ni Plutarque ne font, à ce moment du récit, mention de Verginius Rufus ; sur ce personnage, cf. *supra*, 1, 8, n. 11.

3. *Increpitis seditionis auctoribus* : Suétone se contente d'écrire (*ibid.*) « ... il défendit de faire violence à personne », mais, cette fois encore, le récit de Plutarque (*Otho*, 16, 6) est plus circonstancié.

4. Suet., *Otho*, 11, 1 : « Laissant sa chambre ouverte jusqu'à une heure tardive, il accueillit tous ceux qui voulurent le voir » ; il n'est pas question de ces entretiens particuliers chez Plutarque.

5. Cf. Suet., *Otho*, 11, 2 : « Ensuite, s'étant désaltéré en buvant de l'eau bien fraîche, il saisit deux poignards dont il essaya la pointe, en

mit un sous son oreiller, fit fermer les portes et dormit d'un très profond sommeil » ; Plut., *Otho*, 17, 1 : « Le soir venu, il eut soif et but un peu d'eau. Ayant deux poignards, il examina longuement la pointe de chacun, puis rendit l'un et, mettant l'autre sous son bras, il appela ses serviteurs ». — Nous n'avons pas retenu *duobus*, qui n'est pas dans *M*, mais a été ajouté dans les *recentiores*, peut-être sous l'influence des textes correspondants de Plutarque et de Suétone. Il faut toutefois remarquer que cet essai de deux poignards était sans doute usuel dans ce genre de situation, car on peut rapprocher cette scène de celle qui précéda le suicide de Néron, telle qu'elle est rapportée par Suet., *Ner.* 48, 4-49, 2. — *capiti* : cette indication est différente de celle que donne Plutarque qui écrit « sous son bras » (εἰς τὰς ἀγκάλας), mais peut être en revanche considérée comme concordant avec celle de Suétone : *puluino subdidisset* (contre *capiti subdidit*) : vraisemblablement, cet emploi est, comme d'autres que nous avons déjà rencontrés ou que nous rencontrerons encore, poétique : cf. Virg., *Aen.* 6, 524 : ... *et fidum capiti subduxerat ensem*. La version de Plutarque, qui s'écarte certainement de la source, comme le montre l'accord Tacite-Suétone, vient sans doute d'une confusion ; on peut observer à ce sujet que, dans son récit de l'assassinat de Domitien (*Dom.* 17, 2), Suétone écrit que l'empereur ordonna à un jeune esclave « de lui apporter le poignard caché sous son oreiller » (*pugionem puluino subditum porrigere*) tandis que l'assassin « a glissé un coutelas » sous son « bras gauche enveloppé de laine et de bandelettes, comme s'il était blessé » (§ 1).

6. Le récit de Tacite est en accord sur ce point avec le texte de Suet., *Otho*, 11, 2 cité *supra*, n. 5, ainsi qu'avec celui de Plut., *Otho*, 17, 3.

7. *luce prima... incubuit* : la sécheresse de cette phrase, par la surprise qu'elle crée chez le lecteur, accroît le relief de la scène ; la sérénité des heures qui ont précédé la mort s'étend ainsi à la mort elle-même. Suétone s'exprime d'une façon tout aussi sèche dans une phrase encore plus vague et moins organisée dramatiquement (*Otho*, 11, 2) : « Il ne s'éveilla que vers le point du jour et se perça d'un seul coup au-dessous du sein gauche ». Tout en restant conforme à ces deux récits, celui de Plutarque (*Otho*, 17, 4-5) comporte des détails qui diluent l'émotion : « Au point du jour, il appela un affranchi, celui avec lequel il avait réglé le départ des sénateurs, et lui ordonna de s'informer à leur sujet. Ayant appris qu'ils s'en étaient allés avec tout ce dont chacun d'eux avait besoin : ' Eh bien ! toi, dit-il à cet affranchi, va te faire voir aux soldats, si tu ne veux pas périr misérablement sous leurs coups, comme m'ayant aidé à mourir '. L'homme une fois sorti, il appuya son poignard sur le sol, le tint droit avec ses deux mains, se laissa tomber de son haut sur la pointe, et ne souffrit que juste le temps de pousser une plainte qui fut entendue par les gens du dehors ». La scène fait penser au suicide de Caton

d'Utique, notamment par le souci qu'ils manifestent tous les deux de la sauvegarde de ceux qui les entourent (cf. Plut., *Cato min.*, 67, 4 et 70, 4-5) ; la comparaison est faite par Martial, 6, 32, 5-6 :

> Sit Cato, dum uiuit, sane uel Caesare maior
> dum moritur, numquid maior Othone fuit ?

8. Sur ce point, le texte de Suétone (*Otho*, 11, 2) : « On se précipita dans sa chambre à son premier gémissement, et il expira en cachant ou découvrant tour à tour sa blessure » concorde assez largement, ainsi que celui de Plutarque cité dans la note précédente ; toutefois, Tacite est le seul à mentionner l'intervention du préfet du prétoire, Plotius Firmus ; sur ce personnage, cf. 1, 46, n. 3.

9. Même indication, mais plus brève et plus sèche, chez Suet., *Otho*, 11, 2 ; rien de ce genre chez Plutarque, *Otho*, 17, 6, qui, en revanche, exprime l'émotion qui s'empara de tous à la nouvelle de cette mort.

10. Ce dernier détail est relevé par Suet., *Otho*, 12, 2, mais il ne parle pas des funérailles elles-mêmes. Au contraire, Plutarque, *Otho*, 17, 8-10, évoque la scène avec un grand luxe de précisions.

11. Cette brève remarque sur les sentiments des soldats d'Othon est exprimée de façon plus explicite chez Plutarque, *Otho*, 17, 11 ; chez Suet., *Otho*, 12, 2, elle prend un aspect plus politique et, en même temps, un tour plus ironique ou plus grinçant.

12. Cf. Suet., *ibid.* : « Nombre de ceux-mêmes qui étaient au loin, dans la douleur que leur causa cette nouvelle, se précipitèrent en armes les uns contre les autres pour s'entr'égorger ». Plutarque, *ibid.* 12, exprime de façon plus abstraite la généralité de cette douleur : « Ce sentiment ne les quitta pas, même après sa mort ; il dura et aboutit finalement à une haine implacable contre Vitellius ».

13. *modicum et mansurum* : ce couple verbal, qui comporte à la fois allitération et homéotéleute, traduit, avec la vigoureuse concision propre à Tacite, ce que Plutarque, toujours attentif aux détails concrets, exprime d'une façon d'autant plus précise qu'il a personnellement vu ce tombeau (*Otho*, 18, 1-2).

14. Cf. Suet., *Otho*, 11, 2 : *tricesimo et octauo aetatis anno et nonagesimo et quinto imperii die* ; Plut., *Otho*, 18, 3 : « Il était mort à l'âge de trente-sept ans, après avoir régné trois mois ». Othon était né le 28 avril 32 (cf. Suet., *Otho*, 2, 1) ; la bataille eut lieu le 14 avril 69 et le suicide deux jours après, le 16 avril (cf. R. Syme, *Tacitus*, I, p. 165) ; il avait donc exactement trente-six ans, onze mois et vingt jours, et Suétone, aussi bien que Plutarque, s'expriment en chiffres ronds.

50.

1. Cf. Suet., *Otho*, 1, 1 : *Maiores Othonis orti sunt oppido Ferentio* ; Ferentium est situé en Etrurie, à 7 km au nord de Viterbe ;

on y a retrouvé une inscription dédiée à Othon (*Not. d. Scavi*, 1911, 22).

2. L. Salvius Otho, consul suffect en 33 après J.-C., comme successeur du futur empereur Galba (cf. Suet., *Galba*, 6, 1) : cf. Suet., *Otho*, 1, 3.

3. Cf. Suet., *Otho*, 1, 2.

4. Cf. Suet., *Otho*, 1, 3 : *Ex Albia Terentia, splendida femina, duos filios tulit, L. Titianum et minorem M. cognominem sibi.* — *genus impar nec tamen indecorum* : le fait qu'elle est qualifiée de *splendida femina* indique sans doute qu'elle était de famille équestre ; sur cette valeur de *splendidus*, cf. J. Hellegouarc'h, *Voc. pol.*, p. 460-461 ; Cl. Nicolet, *L'ordre équestre...*, p. 213 sq. ; *genus impar* désigne une origine non noble dans Sall., *Iug.* 11, 3 ; 108, 1.

5. Cf. 1, 13, 3.

6. *Duobus facinoribus, altero flagitiosissimo, altero egregio* : il s'agit, pour le premier, du renversement et du meurtre de Galba, pour le second, de son suicide à la Caton ; le texte correspondant de Plut., *Otho*, 18, 3, est concordant sur le second point, mais, sur le premier, il vise la vie dissolue d'Othon, dans l'entourage de Néron.

7. Sur ce présage, cf. 1, 62, 3 et la n. 13 ; sur la position de Tacite à l'égard des prodiges, cf. 1, 3, 2 et n. 8.

8. *Regium Lepidum* : aujourd'hui Reggio Emilia, à peu près à mi-chemin entre Parme et Modène, à 27 km de la première ville et à 20 km de la deuxième ; sur la ville et sur son nom, cf. Weiss, *R.E.* I A, 1, col. 486-487, n° 2.

9. Le prodige est relevé par Dio Cass. 63, 10, 3 (= Xiph. 191, 19-23) ; il est mentionné aussi par Suet., *Vesp.* 5, 7, mais de façon différente ; enfin, Plin., *N.H.* 10, 135, y fait une très vague allusion ; en revanche, il n'apparaît pas chez Plutarque. — *cum Othonis exitu* : le fait qu'il soit question d'*initium* et de *finem* a fait considérer ce texte comme contradictoire avec la simple mention de l'*Othonis exitus* entendu au sens de « la fin d'Othon », d'où la correction de Meiser *miraculi <cum initio pugnae et>* ; on peut, comme le propose Valmaggi, entendre *exitus* au sens de « le dernier acte » de la vie d'Othon, considérée comme un drame ; mais on peut aussi penser — ce qui revient d'ailleurs au même — qu'*exitus* désigne l'ensemble des circonstances qui aboutissent à la mort d'Othon, cela étant confirmé par le texte de Dion qui indique que l'aigle « fut observé pendant un grand nombre de jours (ἐπὶ πολλὰς ἡμέρας) ».

51.

1. Selon Plut., *Otho*, 18, 4, ils se révoltèrent parce que Plotius Firmus avait voulu leur faire prêter sur-le-champ serment à Vitellius. — *nouata* : *nouare* est entendu ici au sens de *renouare* : cf. G. B. A. Fletcher, *Annotations...*, p. 71.

2. *nec erat qui coerceret* : Othon avait, juste avant sa mort, mis fin à un mouvement de ses soldats qui s'en prenaient à ceux qui voulaient quitter son camp, et notamment à Verginius Rufus : *supra*, 49, 1.

3. Plut., *Otho*, 18, 5-6, relate les mêmes faits, mais de façon plus détaillée, en indiquant les raisons du refus de Verginius Rufus ; celui-ci avait une première fois refusé l'empire à la mort de Néron : *supra*, 1, 8, 2.

4. Cf. Plut., *Otho*, 18, 6 : « Aussi se déroba-t-il en disparaissant par une autre porte ».

5. Vraisemblablement consul suffect sous Néron, Rubrius Gallus fut l'un des chefs que celui-ci envoya en 68 contre Galba (cf. Dio Cass. 63, 27, 1) ; on le retrouve en 2, 99, 2 comme intermédiaire entre Flavius Sabinus et Caecina. En 70, sous Vespasien, il devint gouverneur de Mésie à la mort de Fonteius Agrippa et combattit victorieusement contre les Sarmates (Ios., *B.I.* 7, 89-95).

6. *iis copiis quibus praefuerat* : c'est-à-dire le corps de gladiateurs qui lui avait été confié par Othon à la suite de l'échec de Macer : *supra*, 36, 2 ; sur T. Flavius Sabinus, neveu de Vespasien, cons. en 69 et 72, cf. 1, 77, n. 9.

52.

1. *Posito ubique bello* : à Bédriac, à Brixellum et sans doute aussi à Plaisance, où se trouvait Spurinna.

2. Cf. *supra*, 1, 88, 1.

3. Cette défiance avait été la cause de la révolte des prétoriens décrite par Tacite en 1, 80 sq.

4. *uoltum habitumque* : un des principaux groupes verbaux binaires que comporte cette phrase ; sur celui-ci, cf. 1, 14, 2 et n. 10 ; comme fréquemment, Tacite donne une interprétation d'après les traits du visage des sentiments éprouvés et pratique donc la physiognomonie ; sur cette dernière, cf. Anonyme latin, *Traité de Physiognomonie*, éd. J. André, Paris, Les Belles Lettres, 1981, particulièrement § 50 ; 74-76.

5. *utrimque anxii* : cette double anxiété leur venait à la fois de l'attitude des soldats d'Othon et de la crainte qu'ils avaient des Vitelliens.

6. *ordo Mutinensis* : c'est-à-dire l'*ordo decurionum* du municipe, équivalent de notre conseil municipal : il comprenait cent membres pris parmi les notables ayant un cens d'au moins 100 000 sesterces (cf. Plin., *Ep.* 1, 19, 2) ; les décurions étaient aussi parfois appelés sénateurs, et plus rarement *centumuiri* ; sur le détail, fort complexe, de leur statut et de leurs obligations, cf. Kübler, *R.E.* IV, 2, col. 2319-2352.

7. *intempestiuo honore* : « hommage intempestif », car c'était leur

reconnaître et proclamer le « droit » de prendre ces responsabilités auxquelles ils étaient particulièrement soucieux d'échapper.

53.

1. *Licinius Caecina* : ce personnage est sans doute le *uir praetorius* originaire d'Espagne dont parle Pline dans *N.H.* 20, 199 ; il était entré récemment au Sénat, vraisemblablement sous Galba (*nouus... nuper adscitus*) et peut-être aussi fut-il procurateur de Crète sous Néron (*C.I.L.* III, 14377).

2. *Marcellum Eprium* : T. Clodius Eprius Marcellus, orateur et délateur fameux (*Dial.* 5, 6 ; 8, 1 ; *Ann.* 16, 22, 6 : *acri eloquentia*), né à Capoue en 18 après J.-C., devint préteur en 48 (pour un jour seulement, le 31 décembre : *Ann.* 12, 4, 3), puis propréteur en Pamphylie et Lycie (peut-être en 57), consul en 61 ; en 66, il fit condamner Thrasea Paetus (*Ann.* 16, 22-29) ; il fut ensuite proconsul d'Asie pendant trois ans (70/71-72/73), consul une deuxième fois sous Vespasien en 74 ; il joua un rôle important sous cet empereur (cf. *Dial., loc. cit.*), mais fut impliqué avec Alienus Caecina dans une conspiration et dut se donner la mort en 79 (Dio Cass. 65, 16, 3).

3. Comme Eprius Marcellus l'avait fait lui-même ; cf. dans *Ann.* 5, 11, 1, l'attitude de Fulcinius Trio *facilis capessendis inimicitiis et foro exercitus* ; Plin., *Ep.* 9, 13, 2, déclare lui-même avoir cherché à attirer l'attention par une activité d'accusateur ; cf. aussi Tac., *Dial.* 34, 6.

4. *Bononiam* : aujourd'hui Bologne, à 40 km au sud-est de Modène et sur le chemin de Rome ; elle était devenue colonie romaine en 184 avant J.-C.

5. Cette phrase est l'expression du comportement stoïcien d'Othon.

54.

1. Il faisait partie des magistrats auxquels Othon avait enjoint de le suivre dans son expédition ; cf. 1, 88, 1 et n. 6. P. Jal, *Guerre civile*, p. 326 sq., souligne, en donnant de nombreux exemples, que cette présence paradoxale dans des camps opposés de gens étroitement apparentés était une tradition de la politique romaine remontant aux rivalités entre les *gentes* à l'époque républicaine. Nous verrons plus loin que c'est au propre frère de Vespasien que Vitellius a confié le commandement des cohortes urbaines pendant son absence de Rome.

2. Ce personnage n'est pas autrement connu, mais Κοῖνος est un nom d'affranchi fréquent dans les inscriptions.

3. La *legio XIV Gemina Martia Victrix* se trouvait en Illyrie (cf. 1, 59, 1 et n. 4 et 5) ; elle avait été appelée en renfort par Othon avec trois autres, les légions *VII, XI* et *XIII* (*supra*, 11, 1) ; de ces quatre légions, seule la *XIII* participa effectivement à la bataille (cf. 43, 2), et

l'on a pu s'étonner que Coenus ne fasse ici mention que de la *XIV* (cf. A. Passerini, *Le due battaglie...*, p. 207, n. 72). Mais Tacite observe (11, 1) qu'elle était *praecipua fama* et que *illis... erecta in Othonem studia* (cf. aussi 32, 2), d'où l'espoir pour les Othoniens que son intervention puisse renverser le cours des événements.

4. *partium* : s.e. *Othonis*.

5. *diplomata* : le mot est grec et désigne des sauf-conduits, comme on le voit par Plut., *Galba*, 8, 5 ; *Otho*, 3, 2.

6. Ces « diplômes » portaient en tête le nom de l'empereur régnant (65, 1 : *eoque diplomatibus nullum principem praescripsisset*) et, par conséquent, ceux qui étaient marqués du nom d'Othon avaient perdu leur valeur à partir du moment où l'on avait appris la chute de ce dernier.

7. Ce châtiment *paucos post dies* paraît impossible, d'où la correction de Spengel *iniussu* ; pour sa part, G. E. F. Chilver, *ad loc.*, p. 216, pense que l'ordre vient de Valens.

8. Selon K. Wellesley, *Suggestio falsi*, p. 282, cette remarque viserait l'extrême rapidité avec laquelle la nouvelle de la mort d'Othon serait parvenue à Rome, par comparaison avec le temps que mit cette même nouvelle pour aller de Brixellum à Bologne, et elle serait inspirée à Tacite par l'esprit de dénigrement qu'il manifeste à l'égard du comportement des sénateurs ; ceux-ci auraient été soucieux de faire parvenir le plus tôt possible à Rome cette information afin de prévenir toute manifestation intempestive de loyauté à son égard. Mais la *sententia* de Tacite ne correspond guère à un tel souci ; H. Heubner, *Comm.*, p. 205-206, a bien montré qu'en fait cette dernière vise essentiellement, non le message officiel, mais les rumeurs qui se propagent d'autant plus rapidement que la nouvelle colportée — la mort héroïque d'Othon — est plus frappante.

55.

1. Les *ludi Ceriales* ou *Cerealia* étaient célébrés du 12 au 19 avril : cf. Ov., *Fast.* 4, 393 sq. ; H. Le Bonniec, *Le culte de Cérès à Rome, des origines à la fin de la République*, Paris, 1958, p. 312 sq. Ils avaient donc commencé avant la bataille de Bédriac (14 avril) et, par conséquent, avant que la population de Rome ait pu avoir connaissance du désastre de l'armée othonienne et du suicide de l'empereur. K. Wellesley, *Suggestio falsi*, p. 283, pense que Tacite veut, en négligeant ce détail dans un esprit de dénigrement systématique à l'égard du comportement de la foule, fustiger par l'expression *nihil trepidationis* l'indifférence des Romains devant les événements tragiques qui viennent de se produire. Mais il est aussi possible de penser qu'il veut seulement souligner — et cela ne donne pas moins de valeur à l'expression — le contraste (marqué par *at*) entre la poursuite du cours paisible de la vie à Rome et le fait qu'en même

temps interviennent sur le théâtre des opérations des événements décisifs pour le sort de Rome.

2. *in theatrum adtulerunt* : les Jeux de Cérès étaient célébrés au théâtre seulement du 12 au 18 avril ; le 19, ils se transportaient au cirque, où avaient lieu des courses de chevaux et un lâcher de renards portant, attachées sur leur dos, des torches enflammées : cf. *C.I.L.* I², p. 315 ; Tac., *Ann.* 15, 53, 1 ; H. Le Bonniec, *op. cit.*, p. 315. La précision fournie par Tacite (qu'il serait arbitraire de mettre en doute) *in theatrum*, impose donc comme *terminus ad quem* la date du 18 avril. G. E. F. Chilver, *ad loc.*, p. 217, admet cette possibilité.

3. *Flauio Sabino* : le frère de Vespasien, T. Flavius Sabinus, qu'Othon avait nommé *praefectus urbis* : cf. 1, 46, 1, et n. 5 ; à ne pas confondre avec son fils, que nous avons vu, en 2, 51, se rallier lui aussi à Vitellius.

4. C'est que Vitellius apparaissait comme le vengeur de Galba, dont la popularité s'était développée, après sa mort, auprès d'une population frappée par l'horreur de son meurtre. Nous voyons cette résurgence de l'image du prédécesseur d'Othon appuyée en diverses circonstances par les Flaviens ; en 3, 7, 2, Antonius Primus fait relever ses statues dans tous les municipes ; en 4, 40, 1, Vespasien fait proposer par Domitien le rétablissement des honneurs de l'ex-empereur.

5. Cf. 1, 41, 2-3 ; sur le *lacus Curtius*, cf. *ibid.*, n. 6.

6. *longis aliorum principatibus* : c'est-à-dire principalement ceux d'Auguste et de Tibère ; sur la formule, cf. 1, 47, 1 ; 4, 3, 3.

7. *In senatu... statim* : le 19 avril, qui devient la date officielle de l'accession de Vitellius au principat. L'empressement des sénateurs à accorder à Vitellius les différents éléments de sa charge est souligné par l'emploi de *statim*. K. Wellesley, *Suggestio falsi*, p. 285-286, y voit la marque d'une particulière hostilité de Tacite à l'égard de Vitellius, mais il faut observer que ce même empressement, teinté de lâcheté, s'est manifesté ou se manifestera à l'égard d'Othon et de Vespasien (textes cités n. 6) et se rappeler l'attitude des sénateurs à l'avènement de Tibère : *Ann.* 1, 7, 1 : *At Romae ruere in seruitium consules, patres, eques* ; cf. aussi, *ibid.* 11, 3 ; quant à *statim*, il évoque simplement avec ironie la brièveté des principats de cette époque. Suet., *Vit.* 11, 2, formule la chose différemment : « Ensuite, dédaignant toujours davantage toute loi divine et humaine, il prit possession du souverain pontificat, le jour anniversaire du désastre de l'Allia (= le 18 juillet), fit des élections pour dix ans et se nomma consul perpétuel » ; mais, comme nous le verrons, *infra*, 62, 2, il remit à plus tard de prendre les titres d'Auguste et de César.

8. *Caecinae modestia* : c'est qu'il avait ainsi adopté la position qui convenait à un *legatus* : seul le *princeps* pouvait faire directement rapport au Sénat, les *legati* devant passer par son intermédiaire : cf. G. E. F. Chilver, *ad loc.*, p. 218.

56.

1. L'armée de Vitellius était particulièrement composée de Gaulois et de Germains, ce qui explique la sauvagerie de sa conduite ; le recours à l'infinitif de narration donne de la vigueur à cette évocation.

2. Le mot *pagani*, sujet sous-entendu de *fuere*, se dégage implicitement du contexte.

3. *milites regionum gnari* : il s'agit principalement de ceux qui étaient originaires de la région, peut-être aussi de ceux qui l'avaient beaucoup parcourue au cours de leurs campagnes.

4. Cette conduite de l'armée de Vitellius est en effet tout à fait semblable à celle des soldats d'Othon en 12, 2 sq. Tacite veut ainsi souligner la permanence de certains comportements inhérents à la guerre civile : cf. H. Heubner, *Comm.*, p. 213 ; c'est le comportement traditionnel du *miles impius* dans les guerres civiles, dont P. Jal, *Guerre civile*, p. 473-488, a retracé les excès à toutes les époques.

57.

1. Sur la composition des troupes de Vitellius, cf. 1, 61 : Fabius Valens avait reçu l'élite de l'armée de Basse-Germanie, au total 40 000 hommes, avec principalement la 5ᵉ légion ; Caecina, les troupes de Haute-Germanie, 30 000 hommes, comprenant surtout la 21ᵉ légion ; Vitellius lui-même suivait avec *tota mole belli* ; mais G. E. F. Chilver, *ad loc.*, p. 219, fait remarquer qu'en réalité ce contingent, constitué pour l'essentiel de la *XXII Primigenia*, pouvait difficilement dépasser 25 000 hommes.

2. *nomina supplerentur* : *nomen* désigne les effectifs théoriques des légions, comme nous le voyons en 4, 14, 4, et surtout en 4, 15, 3 : *nomen magis exercitus quam robur* ; c'est la valeur qu'a *numerus* en 2, 69, 1, d'où peut-être la correction d'Acidalius.

3. *cura ripae* : c'est-à-dire la rive gauche du Rhin. — *Hordeonio Flacco* : Hordeonius Flaccus, commandant de l'armée de Haute-Germanie : cf. 1, 9, 1 et n. 2.

4. *Britannico <exercitu>* : l'addition de Heraeus est nécessaire : cf. 1, 9, 2 ; sur la présence de ce *Britannicus exercitus*, cf. 100, 1 ; 3, 22, 2.

5. *libertum suum Asiaticum* : Plut., *Galba*, 20, 6, cite, peut-être par erreur, le nom de cet affranchi à côté de celui d'Icelus pour désigner ceux par l'intermédiaire desquels Othon obtenait différents avantages de la part de Galba ; c'est Suétone qui, dans *Vit.* 12, nous donne le plus de détails sur le personnage et sur son élévation au rang de chevalier.

6. *mobilitate ingenii* : défaut attribué à Galba en 1, 7, 2 : cf. n. 12.

7. *onerauit... anulis* ; sur le pluriel *anulis*, cf. *supra*, 1, 13, 1 et n. 6 : Nutting, *art. cit.*, justifie le maintien du texte de *M* par le fait qu'il

s'agirait réellement de plusieurs anneaux, et fort lourds ; l'expression de Tacite serait alors ironique.

8. *mancipium* est un terme de mépris appliqué à un affranchi qui avait gardé ses habitudes serviles.

58.

1. Sur les deux provinces de Mauritanie, cf. 1, 11, n. 14.

2. Les deux Mauritanies étaient administrées par un *procurator pro legato* ; sur Albinus, dont le gentilice, Lucceius, ne se trouve qu'ici, cf. Stein, *R.E.*, XIII, 2, col. 1559-1561, n° 11.

3. Il avait été auparavant nommé, également par Néron, sans doute en 62, gouverneur de la Judée (Ios., *Ant.* 20, 197 ; 200 ; *B.I.* 2, 272 ; Euseb., *Hieron. Chron.*, p. 182 i) et s'y était conduit de façon fort condamnable.

4. *decem nouem* = *undeuiginti* : emploi exceptionnel, d'où les corrections avancées ; mais cf. *C.I.L.* V, 4370 : *qui uixit ann. LXXV mensis VII dies decem nouem* ; Caes. *Gall.* 1, 8, 1 ; Liu. 38, 33, 10 ; Colum. 5, 1, 11.

5. *Maurorum numerus* : il s'agit de milices provinciales, levées et commandées par les autorités locales : cf. 1, 67, n. 7.

6. Sur Cluvius Rufus, cf. 1, 8, 1, n. 3 et 4 ; 1, 76, 1, n. 3 ; il avait succédé à Galba comme gouverneur de Tarraconaise.

7. *decimam legionem* : la *legio X Gemina*, une des légions d'Auguste, basée en Espagne, avait été appelée en Pannonie sous le règne de Néron (63), puis renvoyée en Espagne par Galba : Ritterling, *R.E.* XII, 2, col. 1680, 1, 18 sq.

8. *insigne regis* : le diadème. — *Iubae* : Juba II, roi de Numidie, fils de Juba I, ami de Pompée, qui se donna la mort après avoir été vaincu par César à Thapsus, en 46 avant J.-C., avait reçu le royaume de Numidie en 25, d'Auguste qui le maria à Cléopâtre Séléné, fille d'Antoine et de Cléopâtre. Ce fut un souverain lettré, qui acquit un grand renom avec des ouvrages d'histoire et de géographie écrits en grec ; il mourut en 23 après J.-C. : cf. F. Jacoby, *R.E.* IX, 2, col. 2384-2395. Son souvenir était encore très vivace en Mauritanie, d'où la tentative d'Albinus de le « ressusciter ».

59.

1. *Asinius Pollio* : personnage inconnu par ailleurs, mais qui pourrait être Asinius Pollio Verrucosus, cons. ord. en 81 après J.-C. : cf. P. v. Rohden, *R.E.* II, 2, col. 1589, n° 20 et 1603, n° 27 ; Brian W. Jones, *Titus*, p. 125 ; Festus et Scipio, préfets de cohortes auxiliaires, ne sont pas mentionnés d'autre part.

2. Sur ce comportement de Vitellius, cf. *infra*, 3, 36, 1 ; c'est également cette absence d'attention aux réalités qu'exprime en 57, 1 *uictoriae suae nescius*.

3. *uetere egestate* : sur ce dénuement de Vitellius, cf. Suet., *Vit.* 7, 2 ; toutefois, dans son récit du voyage, *ibid,* 10, 2, le biographe présente les faits de façon tout à fait différente, mais il se réfère sans doute à la situation qui suivit l'intervention de Blaesus.

4. Sur ce personnage, cf. 1, 59, n. 11 ; il s'était, parmi les premiers, rallié à Vitellius : 1, 59, 2.

5. Du parti vitellien, Valens et Caecina, comme indiqué aussitôt après, du parti othonien, Suetonius Paulinus et Licinius Proculus principalement, mais aussi Salvius Titianus, Marius Celsus et Galerius Trachalus : cf. chap. 60 ; sur ce séjour de Vitellius à Lyon, cf. Ph. Fabia, « Vitellius à Lyon », *Revue d'Histoire de Lyon*, II, 1903, p. 89-105.

6. *infanti filio* : cf. Dio Cass. 65, 1, 2ᵃ. Fils de Vitellius et de sa seconde femme, Galeria Fundana, il était *prope mutus et elinguis* selon Suet., *Vit.* 6 ; il venait de Rome, où il était resté avec sa mère, protégé, comme nous l'avons vu, par Othon : 1, 75, 2 ; 2, 47, 2 ; 2, 48, 2 ; Plut., *Otho*, 16, 2. Il sera exécuté l'année suivante par Mucien : 4, 80, 1 ; Suet., *Vit.* 18 ; Dio Cass. 65, 22, 2.

7. Il avait lui-même reçu ce surnom de ses troupes : 1, 62, 2 ; B. Grenzheuser, *Kaiser und Senat in der Zeit von Nero bis Nerva*, Diss. Münster, 1964, p. 66, exprime l'avis qu'il voulait ainsi fonder une dynastie. — *paludamentum* : manteau militaire, de couleur pourpre, que les généraux portaient par-dessus leur armure.

60.

1. *Tum* : c'est-à-dire pendant le temps où Vitellius tenait sa cour à Lyon.

2. Sur ces différentes légions, qui toutes manifestèrent leur hostilité à Vitellius en passant à Vespasien, cf. *infra*, 85 et 86 ; les *Germanici milites* sont les troupes commandées par Fabius Valens et Caecina. Nous avons là un exemple de l'esprit de corps et surtout des jalousies entre unités militaires propres aux guerres civiles de 68-69 : P. Jal, *Guerre civile*, p. 474 sq.

3. *squalidos = sordidatos*, c'est-à-dire qu'ils étaient en habits de deuil, sales, et avaient laissé pousser leur barbe et leurs cheveux ; cf. Ov., *Met.* 15, 38 : *squalidus ad superos tollens reus ora manusque.*

4. Cf. *supra*, chap. 44 : après la défaite de Bédriac, les soldats othoniens ont accusé leurs chefs de trahison ; Suetonius Paulinus et Licinius Proculus n'ont échappé à leur fureur qu'en prenant des chemins détournés pour éviter le camp (44, 1) ; sur les bases possibles d'une telle accusation, cf. chap. 37. On note la mise en relief de *proditionem* au début de la phrase.

5. Sur le comportement de Titianus après Bédriac, cf. 2, 44, 2.

6. Sur la permanence de la carrière de Marius Celsus sous les empereurs successifs, cf. 1, 14, n. 4 ; selon les désignations établies

par Néron, et maintenues par Galba, Celsus devait être consul, avec comme collègue Arrius Antonius, du 1ᵉʳ juillet au 1ᵉʳ septembre : cf. 1, 77, 2 et n. 3, et *infra*, 71, 2, et n. 6.

7. *Caecilio Simplici* : Cn. Caecilius Simplex avait été proconsul de Sardaigne en 67/68 après J.-C. ; il devint consul suffect avec C. Quinctius Atticus en novembre et décembre 69, et participa à ce titre à l'abdication de Vitellius, le 18 décembre 69 : cf. 3, 68, 2.

8. Sur P. Galerius Trachalus, cons. ord. en 68, cf. 1, 90, 2 et n. 7 ; son gentilice montre qu'il était sans doute apparenté à Galeria Fundana, femme de Vitellius, ce qui explique peut-être l'intervention de cette dernière.

61.

1. *Mariccus* : sur ce personnage, cf. Stein, *R.E.* XIV, 2, col. 1755 ; les Boïens, expulsés du territoire des Helvètes où ils s'étaient établis, avaient, à la demande des Héduens, été installés par César chez ces derniers, dans la région entre Loire et Allier : Caes., *Gall.* 1, 28, 5. — *pudendum dictu* : H. Heubner, *ad loc.*, p. 61, relève la même expression chez Quint., *I.O.* 1, 2, 8 ; 6, 4, 7 ; Plin., *N.H.* 2, 16 ; 29, 61 ; en fait, ces emplois sont différents, car ils sont adjectivaux, alors que *pudendum dictu* est ici un tour exclamatif, faisant partie des « exclamations, interjections (*pro pudor* !) et remarques de toute sorte cherchant à étonner à tout prix le lecteur ou à attirer son attention sur le caractère extraordinaire de ce qu'on lui raconte (*horribile dictu, incredibile dictu, mira res dictu*)... » dont P. Jal note la présence abondante chez Florus (*Ed. Florus, Introd.*, p. XLIV), et qui sont un des traits du style d'une certaine historiographie romaine. Ici, l'incise exclamative exprime le mépris de l'aristocratie romaine envers un étranger sorti de la lie du peuple.

2. *inserere sese fortunae* : « intervenir dans le jeu de la fortune », c'est-à-dire essayer de jouer un rôle de premier plan ; expression quelque peu grandiloquente, qui traduit l'importance des prétentions de Mariccus.

3. *nam... indiderat* : au lieu de *nam*, on a cherché à lire *nomen* (cf. *app. crit.*) d'après l'expression *nomen indere* qu'on trouve en 1, 51, 3. Mais cette correction paraît bien inutile, car *id* représente justement ces *nomina*, à savoir *adsertor Galliarum* et *deus* qui sont indiqués dans la partie antérieure de la phrase.

4. *trahebat* : les commentateurs récents, par exemple Chilver et Heubner, traduisent ce verbe « pillait », en s'appuyant sur des textes où il a effectivement ce sens, tels que *Ann.* 3, 74, 2 ; Sall., *Ep. Mithr.* 17 ; *Iug.* 41, 5. Mais *trahere* se trouve aussi avec le sens de « tirer à soi » ; c'est à notre avis celui qu'il a dans *Iug.* 41, 5 et on le trouve également à plusieurs reprises chez Tacite avec cette valeur, par exemple dans *infra*, 86, 3 ; 3, 44. Or, il nous semble que ce dernier

sens s'impose ici en fonction du contexte. Comme Ph. Fabia, *Vitellius à Lyon*, p. 102, nous pensons que, même si le personnage est « une sorte de fou, un passionné en qui l'exaltation du sentiment patriotique avait troublé la raison », nous ne devons pas oublier qu'il veut se donner la figure d'un *adsertor Galliarum*, à l'image d'un Iulius Florus ou d'un Iulius Sacrovir, d'un *deus* qui n'hésite pas à s'attaquer à une *grauissima ciuitas* et qui entraîne à sa suite une *fanatica multitudo* ; rien dans tout cela d'un vulgaire pilleur, et, comme le remarque Ph. Fabia, *ibid.*, p. 103, n. 2, « celui qui se donnait pour le libérateur de la Gaule pouvait-il commencer sa campagne en ravageant le pays d'une des principales communautés gauloises ? » ; c'est également l'opinion de H. Goelzer, *ad loc.*

5. *ciuitas* peut désigner aussi bien la *ciuitas Aeduorum* que la capitale *Augustodunum* (Autun) ; mais le terme *grauissima ciuitas* impose le premier de ces sens.

6. *feris obiectus* : c'était une des peines prévues dans ce cas par la loi : cf. Paul., *Dig.* 48, 19, 38, 2.

7. Sur ce « miracle », cf. le commentaire de Ph. Fabia, *Vitellius à Lyon*, p. 102 : « Croira qui le voudra que le condamné, avec la connivence de ses geôliers, s'était procuré une immunité provisoire par quelque artifice, soit en se frottant lui-même de citron, soit en faisant frotter de couperose le mufle des fauves. Le plus raisonnable est sans doute de penser que, trop bien nourris depuis l'arrivée de Vitellius à Lyon, trop souvent gavés de chair humaine, ils étaient ce jour-là dépourvus d'appétit ».

62.

1. Le début de ce chapitre nous présente indirectement ce qui constituait les deux vices majeurs de Vitellius selon Suet., *Vit.* 13, 1 : *Sed uel praecipue luxuriae saeuitiaeque deditus.*

2. Sur la gloutonnerie de Vitellius, cf. *supra*, 1, 62, 2 et surtout Suet., *Vit.* qui lui consacre la totalité de son chapitre 13 ; cf. aussi Dio Cass. 65, 3 sq.

3. *strepentibus... itineribus* : formule concise et pittoresque. — *ab utroque mari = a supero et infero mari* : de la mer Adriatique et de la mer Tyrrhénienne.

4. Cf. Suet., *Vit.* 13, 1 ; Dio Cass. 65, 3, 2 ; 65, 5, 3.

5. Cf. 1, 47, 1 : *Decernitur Othoni tribunicia potestas et nomen Augusti et omnes principum honores* ; sur les honneurs décernés à Vitellius, cf. 55, 2, n. 7.

6. Cf. 1, 62, 2 : *Caesarem se appellari etiam uictor prohibuit.* Peut-être H. Goelzer a-t-il raison lorsqu'il écrit (éd. Hachette, *ad loc.*, p. 269), qu' « en déclinant le titre de César et en se contentant pour lui et pour son fils du surnom de Germanicus..., Vitellius rappelait le souvenir d'un prince encore chéri des Romains, Germanicus Caesar,

et donnait à beaucoup l'illusion qu'il se rattachait ainsi à la famille d'Auguste » ; mais A. Momigliano, *Vitellio*, p. 122, est d'un avis contraire : « La rinuncia al titolo di Cesare era tutto un programma, che non poteva non significare la rottura con la tradizione giulia-claudia ».

7. Cf. Suet., *Vit.* 14, 4.

8. On pense principalement à Néron ; cf. *Ann.* 14, 14, 4 ; Suet., *Nero*, 12, 1 ; cela se produisit aussi sous César (*Diu. Iul.* 39, 2), Auguste (*Aug.* 43, 2) et Tibère (Dio Cass. 59, 10, 4 ; 59, 13, 2) ; mais Auguste finit par l'interdire, sauf dans le cas très particulier du *lusus Troiae* (Suet., *Aug.* 43, 3) et il fut suivi par Tibère (*Tib.* 35, 2).

63.

1. Cf. *supra*, 1, 88, 1 et n. 1.

2. *Plancius Varus* : sur M. Plancius Varus, qui semble avoir poursuivi sous Vespasien une brillante carrière de délateur et devint gouverneur de Bithynie, puis peut-être cons. II et proconsul d'Asie à une date inconnue : cf. W. Hoffmann, *R.E.* XX, 2, col. 2015-2016, n° 5 ; sa famille était sans doute originaire de Pergè, en Pamphylie : cf. S. Jameson, « Cornutus Tertullus and the Plancii of Perge », *J.R.S.* LV, 1965, p. 54-58 ; S. Mitchell, « The Plancii in Asia Minor », *ibid.* LXIV, 1974, p. 27-39.

3. *Flauium Sabinum* : le frère de Vespasien : cf. 1, 46, 1 et n. 5 ; 2, 55, 1 et n. 3.

4. La cohorte dont le mouvement vers Rome avait provoqué une révolte des prétoriens : cf. *supra*, 1, 80 sq.

5. Cette phrase constitue un nouvel exemple d'imprécision et d'équivoque volontaire chez Tacite. On comprend généralement *ueniam* comme signifiant la grâce de Dolabella (ainsi H. Goelzer, H. Heubner) ; G. E. F. Chilver veut y voir le sens de *ueniam prodi amici*, c'est-à-dire le pardon pour Varus en raison de la trahison qu'il a commise. Nous croyons bon de traduire le texte tel qu'il se présente à nous, sans l'interpréter, et nous pensons que, comme bien souvent, Tacite a voulu suggérer l'un et l'autre sens.

6. *L. Vitellii uxor* : nous ne connaissons rien d'autre sur Triaria que ce qu'en dit Tacite dans ce chapitre et le suivant, ainsi qu'en 3, 77, 3 où, lors de la prise de Terracine par son mari, elle ceignit elle-même l'épée et *superbe saeueque egit*. C'est une de ces femmes que M. Durry, par une formule à la fois piquante et juste, appelait « les amazones des guerres civiles » (*Ed. Laudatio Turiae*, Paris, 1950, p. xciv) comme par exemple, dans *De Catilinae coniuratione* de Salluste, Sempronia, *uirilis audaciae* (25, 1) et Fulvia, dénonciatrice du complot (23, 3 ; 26, 3 ; 28, 2) : sur ces « amazones », cf. P. Jal, *Guerre civile*, p. 352-354.

7. Ce comportement ne contredit pas totalement le portrait que

Tacite fait de Sabinus, en guise d'oraison funèbre après son exécution par les Vitelliens, en 3, 75, 1 où il le déclare *uir haud sane spernendus... moderatus et ciuium sanguinis parcus*, et lui accorde les qualités d'*innocentia* et de *iustitia*.

64.

1. *Igitur Vitellius* : *igitur* ramène à l'action de Vitellius après les phrases qui ont été consacrées au comportement de Flavius Sabinus.

2. *Petroniam* : Petronia était la fille d'un consulaire (Suet., *Vit.* 6), probablement P. Petronius, cons. suff. en 19 après J.-C. (cf. R. Syme, *Tacitus*, p. 386 et n. 5) ; de son mariage avec Vitellius elle eut un fils, Petronianus, qui était borgne (Suet., *ibid.*) ; elle était également la sœur de P. Petronius Turpilianus, cons. en 61 après J.-C., exécuté par Galba (*supra*, 1, 6, 1 et n. 7).

3. A qui est donné l'ordre ? Evidemment à l'*interfector*, qui est en même temps chargé d'amener Dolabella près de Vitellius ; mais, avec sa concision habituelle, Tacite laisse ces précisions se dégager du contexte.

4. *La uia Flaminia*, construite en 220 avant J.-C., conduisait de Rome à Ariminum, puis, continuée par la *uia Aemilia*, à Parme et à Plaisance ; *Interamnium* (ou *Interamna* : cf. 3, 61, 1 ; 3, 63, 1), aujourd'hui Terni, en Ombrie, se trouvait quelque peu à l'écart de la *uia Flaminia*, mais y était reliée par une route qui la rejoignait à Narni : cf. Philipp., *R.E.* IX, 2, col. 1600-1602.

5. *Triariae licentiam* : cf. chapitre précédent, n. 6.

6. *Sextilia, antiqui moris* : témoignage concordant de Suet., *Vit.* 3, 1 : *probatissima nec ignobilis femina* ; sur Sextilia, cf. 1, 75, 2, n. 6.

7. Le fait est relaté assez différemment, et de façon plus explicite, par Suet., *Vit.* 3, 2.

8. Cf. 3, 67, 1 : *nihil principatu filii adsecuta nisi luctum et bonam famam* ; elle mourra quelques jours avant la chute de son fils (*ibid.*).

65.

1. Sur Cluvius Rufus, qui *Hispaniae praeerat*, cf. 1, 8, 1, et n. 4.

2. Ce personnage n'est pas autrement connu ; il était vraisemblablement procurateur de la Tarraconaise, c'est-à-dire chef de l'administration financière de cette province : cf. *ad loc.*, H. Goelzer, éd. Hachette, p. 273 et Heubner, p. 235. — *Caesaris libertus* : Vitellius ayant refusé le titre de César (62, 2), on en déduit que cet Hilarus avait été affranchi par un précédent *princeps* ; cela est en effet vraisemblable, puisqu'il s'est acquis une certaine autorité en Espagne, mais il est probable que *libertus Caesaris* a une valeur générique et

ne s'applique pas à tel ou tel empereur ; toutefois, le tour *libertum suum* (*infra*) suggère un lien très direct entre Hilarus et Vitellius.

3. La nouvelle en était arrivée à peu près en même temps, et sans doute en était-il résulté une certaine perplexité dans l'esprit de Cluvius Rufus, avec l'idée qu'un « troisième larron » pouvait avoir sa chance.

4. *diplomatibus* : sur ces sauf-conduits, cf. *supra*, 54, 1, n. 5 et 6. Naturellement, la conduite de Cluvius Rufus, à partir de laquelle il pourra se justifier, s'explique par le fait qu'il ne sait quel nom il convient de mettre en tête de ces *diplomata*.

5. *L. <Arruntii. Sed> Arruntium* : telle est la correction de Haase au texte de *M*, *L. Arruntium*, qu'il est évidemment impossible de maintenir tel quel ; elle est admise par la plupart des éditeurs et s'appuie notamment, pour la construction, sur l'exemple de 1, 15, 1-2 : *exemplo diui Augusti... Sed Augustus.* On constate aisément que ce rapprochement est quelque peu spécieux, puisque, dans ce dernier cas, les deux formes de *Augustus* ne se suivent pas tout à fait immédiatement ; aussi Koestermann préfère-t-il adopter le texte de *L, Arruntii quem.* L. Arruntius, consul en 6 après J.-C., nommé en 25 gouverneur de la Tarraconaise, était encore en 33 empêché, à l'image de ce qui était arrivé à L. Aelius Lamia pour la Syrie, de gagner sa province, qu'il dut gouverner par l'intermédiaire de ses légats (*Ann.* 6, 27, 2). En 37, il fut l'objet de poursuites et, bien que la fin toute proche de Tibère lui donnât l'espoir d'y échapper, il préféra se donner la mort (*Ann.* 6, 47-48).

6. *Trebellio Maximo* : sur Trebellius Maximus et ses ennuis avec l'armée de Bretagne, cf. 1, 60 et n. 1.

7. *Vettius Bolanus* : M. Vettius Bolanus, cons. suff. en 66, avait été en 62 légat de Corbulon (*Ann.* 15, 3) ; il fut ensuite gouverneur de Bretagne en 69/70, avec aussi peu de succès et d'efficacité que son prédécesseur : cf. *Agr.* 8, 1 ; 16, 7. Sous Vespasien, il fut admis au patriciat et devint en 76 gouverneur de la province d'Asie ; Stace lui a adressé l'une de ses *Silves* (5, 2).

66.

1. *uictarum legionum* : les légions d'Othon, à savoir la *I Adiutrix* et les quatre légions venant d'Illyrie et de Pannonie : *VII, XI, XIII* et *XIV* ; cf. *infra*, 67 et *supra*, 11, n. 4.

2. Sur la *legio XIV*, cf. *supra*, 54, 1. n. 4 ; sur les *uexillarii*, *supra*, 18, n. 3.

3. Cf. *supra*, 11, 1, n. 4 et surtout 1, 59, 1, n. 4.

4. Cf. *ibid.* et 2, 27, 2 ; on suppose que l'intention de Vitellius était de faire accompagner la *legio XIV* par les cohortes bataves jusqu'à un point de la Gaule où elles se seraient séparées, les unes se dirigeant vers la Bretagne, les autres vers la Germanie : cf. H. Heubner, *ad loc.*, p. 236.

5. C'est-à-dire par le col du Petit-Saint-Bernard = *Graius mons*.

6. Par la région de Chambéry, le lac du Bourget, le mont du Chat, en direction du nord-ouest, au lieu de passer plus directement par la vallée de l'Isère, Grenoble et Vienne, d'où l'expression *eo flexu itineris*.

7. En raison des événements racontés en 1, 65-66.

8. Peut-être par négligence, comme le pense H. Heubner, *ad loc.*, p. 237, mais plus vraisemblablement pour dissimuler leur départ.

9. *degressi sunt* : cette correction par Pichena du texte commun de *M* et *L* paraît s'imposer.

67.

1. *Proximus Vitellio,,, metus* : Ph. Fabia, *Les prétoriens*, p. 32, note que, dans son énumération, Tacite « suit la gradation descendante de la crainte qu'ils inspiraient au vainqueur ».

2. On a vu en 66, 2 que deux d'entre elles stationnaient à Turin ; selon Ph. Fabia, *art. cit.*, p. 34, l'emploi de *separati* au lieu de *separatae* est un fait de *uariatio*.

3. *honestae missionis* : il s'agit du congé régulier accordé aux soldats qui ont fini leur temps : *Dig.* 49, 16, 13, 3 : *honesta (missio) est quae tempore militiae impleto datur* (cf. Frontin., *Strat.* 4, 6, 4 ; F. Lammert, *R.E.* XV, 2, col. 2052-2053), dont la date est ici avancée par Vitellius ; selon Dio Cass. 55, 23, 1, il leur fit également distribuer 20 000 sesterces par tête ; cf. aussi Suet., *Vit.* 10, 1, qui ne mentionne que cette dernière mesure.

4. Sur la *I Adiutrix classicorum*, cf. 1, 6, 2, n. 12.

5. *hibernis redditae* : en Pannonie pour la *VII Gemina Galbiana* : cf. *infra*, 86, 1 ; en Dalmatie pour la *XI Claudia Pia Fidelis* : cf. 3, 50, 2, et *supra*, 11, n. 4.

6. *tertiadecimani* : la différence de traitement se manifeste par un fait de *uariatio* ; sur cette légion, cf. 1, 67, 2, n. 8 ; 1, 76, 1, n. 2 ; 2, 11, 1, n. 2 ; nous constatons d'après 86, 1 qu'elle fut par la suite ramenée en Pannonie.

7. Les soldats de la 13e légion sont donc séparés entre ces deux villes selon le plan adopté par Vitellius ; sur Crémone, cf. 17, n. 5 ; sur Bologne, 53, n. 4.

68.

1. *<uictas>... partes* : l'addition de *uictas*, proposée par Haase et adoptée par la plupart des éditeurs, semble s'imposer et devoir être préférée à celle de *has* suggérée par Meiser que suit Goelzer, car elle se fonde sur le caractère antithétique de ce début du chapitre et fait donc pendant à *uictores*.

2. *ni... Vitellio auxisset* : c'est le texte suivi par tous les éditeurs : *ni*, proposé par Agricola et d'ailleurs attesté par *L*, paraît justifié par

3
la présence de *auxisset*, sa disparition pouvant s'expliquer par le voisinage de *initio* ; la correction de Doederlin, *Vitellio*, contre *bello* de *M*, s'impose elle aussi ; cette leçon elle aussi est approuvée par G. Andresen, *Woch. f. Klass. Phil.* XXXII, 1915, p. 884, qui propose d'exclure en conséquence *Vitellius* dans la phrase suivante.

3. *Ticini* : sur Ticinum = Pavie, cf. *supra*, 17, n. 6 ; sur Verginius Rufus, cf. 1, 8, n. 11.

4. *tempestiuis conuiuiis* : au sens littéral du terme, un *tempestiuum conuiuium* est un « festin prolongé », parce qu'il commence avant l'heure normale, c'est-à-dire avant la neuvième heure ; cf. Iuuen. 1, 49 : *Exul ab octaua Marius bibit.*

5. Sur la *legio V Alaudae*, cf. 1, 55, n. 1 et 5 ; 2, 43, n. 9 ; elle faisait partie de l'armée de Basse-Germanie et du contingent affecté à Fabius Valens (1, 61, 2).

6. *Gallis auxiliaribus* : analogues sans doute aux *Germanorum auxilia* recrutés par Vitellius pour compléter son armée, dont il est question en 1, 61, 2 (cf. n. 8).

7. *insultante* : on traduit généralement « l'insultant » ; mais, puisqu'il s'agit de lutte et que les spectateurs s'excitent pour savoir qui gagnera, il nous paraît plus logique de rendre le verbe par son sens premier, qui correspond justement à une phase d'un combat de lutte : cf. *Ann.* 2, 8, 3 ; Virg., *Aen.* 6, 571 ; 12, 339 ; Lucan. 10, 538.

8. Cette réaction s'explique évidemment par le comportement aggressif qui avait été celui de la 14ᵉ légion, la *ferocia* qu'elle avait manifestée : cf. 66, 1. — *agminis coactores* : c'est en quelque sorte le « contingent-balai », chargé de récupérer les attardés et les traînards ; c'est la seule attestation du mot dans ce sens, celui-ci signifiant généralement « collecteur d'impôts » (Cic., *Rab. Post.* 30) ou « de recette » (Id., *Cluent.* 180 ; Cato, *Agr.* 150, 2) ; mais *cogere agmen* se rencontre avec l'acception de « fermer la marche » : Liu. 22, 2, 4 ; 34, 28, 7 ; 37, 23, 9 ; 38, 40, 6.

9. Il avait par deux fois refusé l'Empire qui lui était offert par les soldats : la première fois, après la chute de Néron (1, 8, 2), la deuxième fois après la mort d'Othon (2, 51).

69.

1. *ibi* : c'est-à-dire à Ticinum. — *senatus legatione* : c'est celle qui avait été chargée de lui exprimer les félicitations du Sénat : *supra*, 55, 2.

2. *ultro... conlaudauit* : *ultro* signifie littéralement « par-dessus le marché » ; la phrase comporte une ellipse : « il ne blâma pas les soldats et il alla même jusqu'à les féliciter » ; *conlaudauit* a une valeur intensive qui renforce encore cet énoncé.

3. *in Germaniam remissae* : comme cela était d'ailleurs prévu, ainsi que nous l'avons vu en 66, 1, où Vitellius associe les contingents bataves à la *legio XIV*, réexpédiée de son côté en Bretagne.

4. Allusion à la révolte de Julius Civilis et de ses Bataves, à laquelle prirent également part des Gaulois et des Germains d'au-delà du Rhin, et même des légionnaires déserteurs, d'où l'expression *interno simul externoque bello* : cf. A. Briessmann, *op. cit.*, p. 99-100.

5. *prima statim defectione* : donc, dès que l'armée du Rhin s'était prononcée contre Galba : cf. 1, 57, 1. — *numerus* : sur le sens de ce terme, cf. 1, 6, n. 14 ; 1, 87, n. 7.

6. *inter inania belli adsumptus* : c'est-à-dire qu'ils n'avaient été recrutés que pour faire nombre, mais qu'ils n'avaient aucune efficacité militaire.

7. L'opposition entre la *uirtus* et la *pecunia* dans le maintien de la puissance romaine est un thème traditionnel, mais particulièrement développé par Salluste.

70.

1. *Inde* : de Ticinum.

2. *Cremonam flexit* : au lieu de joindre directement Bologne par la *uia Aemilia*, il s'engage sur la *uia Postumia* qui le conduit à Crémone.

3. *munere* : s.e. *gladiatorio* : le combat de gladiateurs offert par Caecina : *supra*, 67, 2.

4. *foedum atque atrox spectaculum* : H. Heubner, *Comm.*, p. 219, observe que l'emploi du mot *spectaculum* n'est sans doute pas innocent et que c'est avec une piquante ironie que Tacite associe ce sinistre tableau à l'évocation du sanglant combat de gladiateurs auquel Vitellius vient d'assister à Crémone. Mais P. Perrochat, dans « L'évolution d'un procédé de style chez Tacite », *R.E.L.* XIV, 1936, p. 47, a montré que cette formule, proche de celle que Tacite a déjà utilisée dans *Agr.* 37, 3 : *grande et atrox spectaculum* remonte sans doute à Sall., *Iug.* 101, 11 : *Tum spectaculum horribile in campis patentibus* ; la parenté entre ces trois textes est confirmée par la présence d'une série d'infinitifs de narration : huit dans *Iug.*, sept dans *Agr.*, quatre seulement dans le présent texte.

5. La bataille ayant eu lieu le 14 avril, cette visite se situe peu avant le 24 mai.

6. *putres... formae* : le mot *formae* indique qu'au bout de presque quarante jours, en une saison où la chaleur commence à se faire sentir, les corps, en état avancé de décomposition, sont réduits à des formes imprécises. Cette visite de Vitellius à Bédriac rappelle, dans sa tragique horreur, celle d'Othon au Forum après l'assassinat de Galba : 1, 47, 2.

7. On voit en 95, 1 Vitellius faire exactement la même chose pour célébrer son anniversaire.

8. *regium in morem* : c'est-à-dire à la manière dont on enterrait les monarques orientaux ; on rapproche cette scène des honneurs rendus

à Caligula, sur la route de Misène à Rome, tels qu'ils sont décrits par Suet., *Cal.* 13. — *pars uiae* : la partie de la *uia Postumia* allant de Crémone au champ de bataille.

9. Allusion à la seconde bataille de Bédriac, livrée par les Flaviens contre les Vitelliens : 3, 22 sq.

10. Gradation descendante : après l'empereur et ses deux principaux généraux, Valens et Caecina, les *tribuni* et les *praefecti*, enfin le *uolgus militum.*

11. *aggerem armorum* : un trophée réalisé par entassement des armes des tués : cf. *Ann.* 2, 18, 2.

12. *strues corporum* : cf. *supra*, 44, 1 et le texte de Plut., *Otho*, 14, 2 cité dans la n. 3, indiquant qu'un de ses amis avait vu à Bédriac le tas des cadavres atteindre le fronton d'un temple.

13. Par cette phrase de conclusion, Tacite donne une dimension humaine et quasi métaphysique à cette évocation ; on pense inévitablement — et peut-être n'est-ce pas un vain rapprochement — au fameux vers de Virgile, *Aen.* 1, 462 : *Sunt lacrimae rerum et mentem mortalia tangunt* ; nous extrayons du *Commentaire* de J. Perret (p. 148) ces phrases qui, à quelques mots près, s'appliquent très exactement au texte de Tacite : « L'abstraction, la généralité de ces mots leur donne un poids singulier : on ne pleure pas seulement sur le malheur, mais sur la condition humaine, sur l'ensemble des « choses », sur l'état de ce qui est. Dans cette universalisation progressivement dilatée à partir d'une situation concrète, il est difficile de ne pas voir le poète s'exprimant par la bouche de son héros, portant un jugement d'ensemble sur ce qui est, selon lui, face à la réalité, la plus juste et plus digne réponse de l'homme, celle par laquelle il se dévoile vraiment homme ».

14. Il y en eut quarante mille selon Dio Cass. 64, 10, 3 (Xiph.).

15. Allusion à sa défaite dans ces mêmes lieux, six mois plus tard : 3, 15 sq.

16. Suet., *Vit.* 10, 3, donne de cette scène une version où le cynisme de Vitellius se manifeste de façon beaucoup plus brutale et réaliste.

71.

1. Sur ce spectacle, cf. 67, 2. — *cultus* : les costumes et les accessoires servant à monter le spectacle.

2. *propinquabat* : s.e. *urbi*, qui se dégage de la fin de la phrase précédente ; c'est le début de la descente de Vitellius sur Rome.

3. Cf. *infra*, 87, où Tacite reprend cette évocation du cortège des Vitelliens de façon plus détaillée.

4. Cf. 95, 1, où, arrivé à Rome, Vitellius offre un sacrifice aux mânes de Néron.

5. Comme par exemple Vespasien (cf. Suet., *Vesp.* 4, 4) qui, faisant partie de la suite de Néron en Achaïe, « se dérobait trop

fréquemment aux séances de chant données par l'empereur ou n'y assistait que pour s'endormir », ce qui conduit G. E. F. Chilver à conclure (*ad loc.*, p. 231), avec raison, nous semble-t-il, que tout ce récit porte la marque de la propagande proflavienne.

6. Sur les modifications apportées aux consulats de 69, cf. 1, 77, 2 et n. 3 ; G. B. Townend, « The consuls of A.D. 69/70 », *A. J. Ph.* LXXXIII, 1962, p. 113-129 ; H. Heubner, *Comm.*, p. 219-220 ; *coartati* : ces consulats furent réduits à deux mois.

7. *Marti Macri* : sur L. Martius Macer, cf. *supra*, 23, 3 et n. 9.

8. *Valerium Marinum destinatum a Galba* : bien qu'il fût en bons termes avec Othon ; il participa aux séances des frères Arvales jusqu'au 14 mars (*C.I.L.* VI, 2051 ; 2053 ; 2057 ; 2062 ; 2067 ; 2071 ; 2075) et suivit donc vraisemblablement le nouvel empereur dans sa campagne contre Vitellius.

9. On a déduit de Plin., *N.H.*, 19, 3 qu'en réalité il s'empressa de rejoindre Vespasien à Alexandrie ; mais J. André (*éd. Plin. XIX*, p. 99-100) conteste cette identification avec Valerius Marinus d'un personnage qui, dans le texte de Pline, s'appelle Valerius Marianus.

10. *Pedanius Costa* : on ne sait rien sur ce personnage : cf. Werner Eck, *R.E.* XV Suppl., col. 295 ; mais sans doute descendait-il d'un P. Pedanius Costa, membre du conseil de guerre de Cn. Pompeius Strabo devant Asculum, à la fin de 89 avant J.-C. (*C.I.L.* I², 709) et d'un autre P. Pedanius Costa, légat de M. Brutus en 43 et 42 avant J.-C. : F. Münzer, *R.E.* XIX, col. 19, n° 3 et 2 ; selon R. Syme, *Tacitus*, p. 785, il pourrait avoir été un important intermédiaire entre Galba et Verginius Rufus ; cf. aussi Cichorius, *Röm. St.*, p. 174 sq.

72.

1. *Scribonianum... Camerinum* : on a souvent identifié ce personnage (cf. H. Goelzer, éd. Hachette, p. 283) comme étant Sulpicius Camerinus, cons. suff. en 46 après J.-C., proconsul d'Asie en 56-57, poursuivi en 58 (*Ann.* 13, 52, 1), absous, mais réfugié à la suite de cela en Istrie, exécuté en 67 en raison d'accusations portées par M. Regulus : Dio Cass. 63, 18, 2 ; son *cognomen* de Scribonianus lui serait venu de sa mère, une Scribonia, sœur ou parente de la mère de l'adopté de Galba, Piso Licinianus, dont le père était M. Licinius Crassus Frugi, consul en 27 après J.-C. : cf. 1, 14, 2 et n. 6 ; c'est cette parenté, même lointaine, qui aurait causé la perte du consul de 46 et rendu menaçant aux yeux de Vitellius celui qui avait usurpé son identité. Mais l'on pense aujourd'hui à une parenté avec Piso Licinianus et avec les Licinii Crassi beaucoup plus directe. Selon Fluss, *R.E.* II A, 1, col. 858, n° 2, qui suit H. Dessau, *P.I.R.*[1] III, p. 183, n° 205, ce Scribonianus Camerinus serait le fils du consul de 64, M. Licinius Crassus Frugi, qui, entre les années 66 et 68 (mais, sur cette date, cf. 1, 14, n. 6), fut tué ou banni, et de Sulpicia Praetextata

(cf. *infra*, 4, 42, 1), le *cognomen* Camerinus étant propre aux Sulpicii. Le consul de 64 serait le fils de celui de 27, M. Licinius Crassus Frugi, et donc le frère de Piso Licinianus ; le consul de 27 était fils du consul homonyme de 14 avant J.-C., petit-fils du préteur de 44 avant J.-C. M. Calpurnius Piso Frugi, adopté par le consul de 30 avant J.-C., M. Licinius Crassus, le petit-fils du triumvir : cf. R. Syme, « Piso Frugi and Crassus Frugi », *J.R.S.* L, 1960, p. 12-20.

2. On ne sait pas sur quoi se fondent ces rapports entre l'Istrie et les Licinii Crassi : cf. Fr. Münzer, *R.E.* XIII, 1, col. 250, l. 2-3.

3. Cf. Stein, *R.E.* VII, col. 1330, nº 2.

4. Il fut mis en croix.

73.

1. *speculatores* : sur les *speculatores* et leur rôle dans l'armée, cf. 1, 24, n. 8.

2. Sur la situation de l'Orient en 69, cf. 1, 10.

3. *in externos mores* : cf. 70, 2 : *regium in morem* ; il s'agit là aussi du comportement des despotes orientaux. — *proruperant* : on peut maintenir le texte de *M* et ne pas suivre la correction de Nipperdey, *proruperunt* ; se plaçant d'avance dans la perspective des faits qu'il évoquera par la suite, Tacite emploie le plus-que-parfait au lieu du parfait : cf. 5, 2 ; 25, 1 ; 80, 1 ; 81, 3 ; 3, 51, 1 ; c'est un élément de vivacité et de variété du style.

74.

1. *praeeuntem sacramentum* : pour l'expression, cf. 1, 36, 2 ; il s'agit du serment que Vespasien les invite à prêter à Vitellius.

2. *fausta Vitellio omnia precantem* : allusion à la formule *quod bonum faustum felixque sit* ; le texte peut s'appuyer sur Liu. 24, 16, 10 : *cum... manus ad caelum tollentes bona omnia populo Romano Gracchoque ipsi precarentur* (cf. aussi 26, 41, 18 ; 31, 7, 15) et, par conséquent, la correction de Juste Lipse, *omina*, n'est pas justifiée.

3. Sur Mucien, cf. *supra*, 1, 10, 1, n. 2 ; sur ses rapports avec Vespasien, faits d'une rivalité qui s'efface grâce à l'intervention d'amis communs, puis de Titus lui-même, cf. 5, 2 ; sur les rapports entre Titus et Mucien, cf. *ibid.* : *natura atque arte compositus adliciendis etiam Muciani moribus.*

4. Sur Ti. Alexander, cf. 1, 11, 1, n. 8 ; les gouverneurs d'Égypte étaient des procurateurs de rang équestre et ils avaient le rang de *praefectus* ; Ti. Alexander exerça cette fonction de 66 à 70 ; il était depuis longtemps l'allié de Vespasien et de Mucien : cf. H. Heubner, *Comm.*, p. 248. Selon Josèphe, *B.I.* 4, 616-618, c'est d'ailleurs avec Vespasien directement qu'Alexander avait négocié son adhésion ; selon Suet., *Vesp.* 6, 3, c'est le 1ᵉʳ juillet qu'il fit prêter le serment à ses légions.

5. Sur la *III Gallica* qui avait été transférée de Syrie en Mésie juste avant la mort de Néron, fin 67, cf. Suet. *ibid* et *supra*, 1, 10, 1, n. 1 ; 1, 76, 1, n. 6 ; sur l'adhésion de cette légion, l'événement lui donna raison, ainsi que nous le voyons en 85, 1.

6. *truces... horridi* : ces deux termes traduisent la grossièreté et l'aspect farouche et rébarbatif traditionnellement attribués, avec peut-être quelque exagération, aux Germains (cf. *Germ.* 4, 2 : *truces et caerulei oculi*), mais qui, comme le fait remarquer H. Goelzer, *ad loc.*, p. 285, choquaient peut-être particulièrement les Grecs orientaux qui formaient l'essentiel de l'armée de Mucien et de Vespasien. Josèphe, *B.I.* 4, 592-600, rapporte avec beaucoup de détails les réactions d'hostilité à l'égard de Vitellius des soldats de Vespasien ; cf. en particulier 592-595.

7. E. Courbaud, *Les procédés...*, a bien montré, p. 218 sq., ce qu'un tel monologue dramatique doit aux exercices des écoles de rhétorique, à ces « *suasoriae*, où le personnage, placé dans une situation difficile, délibère avec lui-même sur la conduite à tenir » ; sur cette phrase, cf. aussi A. Salvatore, *Stile...*, p. 125.

8. Né le 17 novembre 9 après J.-C. (cf. 1, 10, n. 6), Vespasien allait atteindre ses soixante ans ; ses deux fils, Titus et Domitien, étaient nés respectivement le 30 décembre 39 (cf. 2, 1, 1, n. 3) et le 24 octobre 51, et approchaient donc de 30 et de 18 ans.

9. La notion d'alternance dans les faveurs de la fortune a conduit, après Juste Lipse qui remplaçait *progressum* par *regressum*, C. Heraeus, et un certain nombre d'éditeurs à sa suite, à conjecturer *esse regressum* ; Weissenborn préfère *et regressum* ; mais on peut penser que *progressum* comporte dans le style concis de Tacite, un sens prégnant qui rend cette addition inutile.

10. Ios., *B.I.* 4, 602, rapporte les hésitations de Vespasien en un texte dont le sens est très similaire, malgré la différence des termes.

75.

1. *notum uiro militari* : il avait, sous Claude, été envoyé comme légat de légion en Germanie. Le terme *uir militaris* est relativement courant chez Tacite : 3, 73, 2 ; *Agr.* 41, 2 ; *Ann.* 4, 42, 2, etc., et se trouve aussi chez d'autres auteurs, notamment Tite-Live : 10, 24, 4 ; 30, 15, 13 ; 30, 37, 8 ; 35, 26, 10. Selon R. Syme, « The friends of Tacitus », *J.R.S.* XLVII, 1957, p. 131-135 (cf. aussi *Tacitus*, I, p. 50), il qualifie ceux qui ont fait une belle carrière militaire et obtenu de hauts postes dans un délai relativement court, gérant le consulat après seulement l'exercice d'un commandement légionnaire et d'un gouvernement de province, qui constituent, de ce fait, une sorte d'oligarchie militaire (p. 133) ; mais Brian Campbell, « Who were the *uiri militares* ? », *J.R.S.* LXV, 1975, p. 11-31, montre, exemples à l'appui, que cette définition est trop rigoureuse et restrictive, et, rappelant

que Rome ignorait la spécialisation et le professionnalisme, il conteste l'existence d'un groupe cohérent de *uiri militares*. Tout en reconnaissant la valeur des arguments du savant britannique, peut-être faut-il cependant se rappeler que la tendance à la constitution d'une oligarchie est un caractère de la société politique romaine qui s'est manifesté sous la République par la constitution de la *nobilitas* et du groupe des *principes*.

2. *Scribonianum* : Sur ce personnage, L. Arruntius Camillus Scribonianus, cons. ord. en 32 après J.-C., cf. 1, 89, 2, n. 9 ; selon Dio Cass. 60, 15, 2-3 ; 60, 16, 4-5, il se tua en 42 ; mais la version du meurtre est cependant confirmée par Plin., *Ep.* 3, 16, 7-9.

3. *Volaginium* : ce personnage n'est nommé que dans ce passage et par Dion Cassius, 60, 15, 3, selon R. Hanslik, *R.E.* Suppl. IX, col. 1835, l. 49-55 ; en fait, l'historien grec indique que Scribonianus se suicida. — *sic... sic* constitue une anaphore rhétorique qu'il n'y a pas lieu d'éliminer comme le fait Eussner.

76.

1. *coram ita locutus* : *coram* se rapporte à une entrevue publique, devant témoins, succédant aux négociations secrètes, comme cela résulte indirectement du texte du chapitre 74 : cf. particulièrement la n. 5 ; pour sa part, H. Heubner, *Comm.*, p. 249, rejette totalement la thèse de H. R. Graf, *Kaiser Vespasian. Untersuchungen zu Suetons Vita Divi Vespasiani*, Stuttgart, 1937, selon lequel (p. 34), il s'agirait d'une assemblée de l'armée : sur les *legati amicique* de Vespasien, cf. J. Nicols, *Vespasian...*, p, 108 sq.

2. *an promptum* : la correction de Classen du texte des *codices*, *aut promptum*, paraît s'imposer.

3. *uel Neronis* : « même celle de Néron » ; nous traduisons ainsi, car comme H. Heubner, *ad loc.*, p. 267-268, nous pensons que *aut... uel* n'est pas un simple fait de *uariatio*, mais que Tacite distingue ainsi Néron du groupe formé par Caligula et Claude, exactement comme dans *Ann.* 1, 1, 2 : *Tiberii Gaique et Claudii ac Neronis res florentibus ipsis ob metum falsae*.

4. *cessisti... Galbae imaginibus* : sur la noblesse de Galba, cf. 1, 15, 1, n. 6.

5. Tacite fait traiter, dans ce passage de son discours, par Mucien, qui était lui aussi de vieille noblesse (cf. 1, 10, n. 2), un thème développé principalement par Salluste, celui de la « souillure », exprimée par le mot *polluere*, que constituent aux yeux des nobles les *homines noui* qui cherchent à les égaler : *Cat.* 23, 6 ; *Iug.* 63, 7.

6. *concupisse* : comme beaucoup d'éditeurs, notamment Koestermann et Heubner, nous maintenons le texte de *M*, car la correction de Ruperti et Madvig, *non cupisse*, approuvée par K. Büchner, *Die Adoption...*, p. 2, n. 4, parfaitement admissible paléographiquement,

ne se justifie pas ; le texte transmis s'explique très bien à partir de *a contumelia quam a laude propius fuerit post Vitellium eligi* : se dresser contre le pouvoir établi aurait été une ambition coupable sous les précédents empereurs, alors qu'avec Vitellius, c'est la seule voie de salut, vers laquelle il faut se précipiter (*confugiendum est ad imperium*).

7. *Corbulo* : Cn. Domitius Corbulo fut légat de Germanie inférieure en 47, après avoir été consul suffect, sans doute en 45 ; il fit régner parmi les troupes une discipline de fer ; il battit les Chauques et creusa un canal de la Meuse au Rhin (*Ann.* 11, 18-20). Toujours sous Claude, il fut ensuite proconsul d'Asie ; sous Néron, en 54, il entreprit une campagne contre les Parthes, chassa d'Arménie leur roi Vologèse et son frère Tiridate (cf. *supra*, 1, 40, n. 7), que Vologèse avait intronisé roi du pays (*Ann.* 13, 34-41). Mais ces succès suscitèrent la jalousie de Néron, auprès duquel Corbulon fut calomnié par un de ses lieutenants, Arrius Varus (*infra*, 3, 6, 1) ; l'empereur donna l'ordre de le tuer, mais Corbulon devança l'assassin en se perçant de son épée (Dio Cass. 63, 17, 5 sq.) ; une de ses filles, Domitia Longina, fut l'épouse de Domitien. Il a écrit des mémoires, qui ont été une des sources de Tacite.

8. *Splendidior origine quam nos sumus* : autrement dit, l'écart entre Vitellius et Vespasien-Mucien est à peu près le même que celui qui existait entre Néron et Corbulon ; ils sont donc aussi menacés que le fut Corbulon ; l'emploi de *nos* marque l'unité de leur action et de leur situation. — *splendidior origine* — *nobilitate* : c'est théoriquement l'écart entre le rang suprême, *nobilitas*, et celui qui vient immédiatement après, *ordo equester*, symbolisé par *splendidus* : cf. J. Hellegouarc'h, *Voc. pol.*, p. 458-461 ; mais Corbulon et Néron appartiennent tous les deux à la même *gens Domitia* et possèdent donc tous les deux la *nobilitas* : l'écart entre eux deux est ici apprécié du point de vue de leur position par rapport au rang impérial, implicitement assimilé à *nobilitas*. — *nobilitate natalium* : pour le sens, cf. *claritas natalium* en 1, 49, 3 (cf. n. 9).

9. *nullis stipendiis, nulla militari fama* : avec, sans doute, quelque exagération rhétorique, cette affirmation est cependant partiellement fondée : cf. la biographie de Vitellius en 1, 9, n. 6. Il suivit le *cursus honorum* et arriva relativement jeune, en 48, à trente-six ans, au consulat, grâce à la faveur dont il jouissait à la cour de Tibère, puis à celles de Caligula et de Néron, et à celle dont disposait son propre père (*ibid.*, n. 7) ; ce n'est qu'en 60/61 qu'il exerça son premier commandement militaire.

10. C'était, nous l'avons vu, l'opinion des Othoniens eux-mêmes, notamment des prétoriens (cf. 44, 3) et des soldats de la 14e légion (66, 1) ; cf. aussi l'adresse de Plotius Firmus en 46, 2. — *Ne Othonem quidem* : le détail de la structure de la phrase est obscur : ou bien *ne... quidem* porte sur *uictum*, ce qui est l'opinion de H. Heubner,

Comm., p. 269, mais est en contradiction avec les dispositions verbales, ou bien, plus probablement, comme le pense H. Goelzer (éd. Hachette, p. 290), il y a une brachylogie et il faut comprendre : *Ne Othonem quidem uicit et iam desiderabilem... fecit.*

11. Sur ce désarmement systématique, cf. *supra*, 66 et 67 ; les *cohortes* sont les cohortes prétoriennes.

12. Cet aspect du discours de Mucien fait apparaître toute l'habileté de son auteur : d'une part, comme précisé dans la n. 10, il reprend les arguments des jusqu'au-boutistes othoniens, dont il favorise le désir de revanche, mais, d'autre part, prend aussi en compte les souhaits de tous ceux qui ne veulent pas voir renaître la guerre civile et qu'ont révoltés les excès des troupes de Vitellius.

13. À savoir pour la Judée la *V Macedonica*, la *X Fretensis*, la *XV Apollinaris* ; pour la Syrie, la *III Gallica*, la *IV Scythica*, la *VI Ferrata*, la *XII Fulminata* ; pour l'Égypte, la *III Cyrenaica* et la *XII Deiotariana* ; mais ce total de neuf ne tient pas compte du fait que la *III Gallica* venait d'être amenée en Mésie (74, 1 et n. 5).

14. C'est-à-dire la guerre de Judée, qui n'est pas une guerre civile et n'est donc pas déshonorante comme celle que mènent Othon et Vitellius.

15. Cf. 4, 4 : *Auxilia utrique* (sc. *Vespasiano et Muciano*) *cohortium alarumque et classes regesque ac nomen dispari fama celebre* ; les *fidissimi reges* sont énumérés en 81, 1.

77.

1. Mucien développe maintenant le second point annoncé dans son discours (76, 1) : *simul ipse qui suadet... summum decus adquiratur.* — *Nobis... adrogabo* : changement de nombre, analogue à celui que l'on observe en 1, 1, 3 : *mihi Galba... dignitatem nostram* ; peut-être, toutefois, *nobis* est-il ici substitué à *mihi* pour une raison d'euphonie (*mihi nihil*), ou bien plutôt, *nobis* intervenant comme un écho du *nos* du chapitre précédent, Mucien veut-il souligner que sa revendication personnelle vise à servir l'intérêt commun ; pour l'emploi de *adrogabo*, cf. 1, 30, 1.

2. Mucien évoque ici indirectement le thème traditionnel de l'opposition entre la *nobilitas* et la *uirtus* (cf. J. Hellegouarc'h, *Voc. pol.*, p. 242 sq.) : Mucien et Vitellius sont tous les deux des *nobiles*, puisque descendants de familles dont les membres ont atteint le consulat, mais la *uirtus* du premier est supérieure ; au contraire, Vespasien est considéré comme un *homo nouus* (cf. 76, n. 5), mais Mucien reconnaît que sa *uirtus* est supérieure à la sienne propre.

3. Vespasien avait reçu en 42, de Claude, les *ornamenta triumphalia* : cf. Suet., *Vesp.* 4, 2.

4. Cf. *supra*, 74, n. 8.

5. Cf. 2, 1, n. 3 : il avait servi comme tribun militaire en Germanie

et en Bretagne ; sur les récompenses obtenues par Titus comme *trib. mil.*, cf. Br. W. Jones, *Titus*, p. 16 ; sur *capax imperii*, cf. 1, 49, 4, n. 21.

6. Par cette phrase, Mucien légitime en quelque sorte la création d'une hérédité dynastique qui ne sera pas fondée sur l'adoption ; or, comme le remarque J. Béranger, « L'hérédité du principat. Note sur la transmission du pouvoir impérial aux deux premiers siècles », in *Principatus*, Genève, 1973, p. 137-152, la pratique de l'adoption, parce qu'elle comportait un choix, a « permis d'atténuer ce que le principe d'hérédité avait de choquant aux oreilles républicaines » (p. 138). Mais « un des traits caractéristiques de la restauration entreprise par Vespasien est l'affirmation, non plus seulement en actes, mais en paroles, de l'hérédité du principat » (p. 141).

7. *Tu tuos... mihi* : l'antithèse que comporte cette phrase justifie la restitution par Kiessling de *tu*, dont la disparition devant *tuos* s'explique fort bien ; la leçon *tu hos* de deux manuscrits génois ne convient pas du point de vue du sens ; pas davantage, nous semble-t-il, *tu omnes*, à tirer de *tu ōs* (*ōs = omnes*) selon A. B. Černjak, « Quelques problèmes de critique textuelle chez Tacite », *Quaderni dell'Istituto di filologia latina dell'Università di Padova*, IV, 1976, p. 99-111 (p. 111).

8. *hos... illi* : inversion de l'ordre attendu des démonstratifs, le pronom de la proximité, *hos*, se rapportant à ceux qui sont les plus proches dans la pensée de Vespasien (Kiessling).

9. *nam qui deliberant, desciuerunt* : cette formule lapidaire a son équivalent dans les propos de Vinius chez Plut., *Galba*, 4, 7 : « Nous demander si nous resterons fidèles à Néron, c'est déjà cesser de l'être ».

78.

1. *responsa uatum et siderum motus* : le recours au chiasme fait de ces deux éléments un ensemble ; sur les prodiges présageant l'Empire pour Vespasien, cf. 1, 10, 3 ; 2, 4, 2 ; Suet., *Vesp.* 5 ; Ios., *B.I.* 3, 404.

2. *rerum dominus* : sur l'application du terme *dominus* aux empereurs, voir J. Béranger, *Recherches...*, p. 62 sq. ; « Les rapports sociaux l'avaient rendu familier », précise cet auteur (*ibid.*).

3. *Seleucum* : le nom de cet astrologue de Vespasien a été donné, de façon erronée, par Suet., *Otho*, 4, 1 ; 6, 1, à l'astrologue d'Othon, que Tacite , *Hist.* I, 22, 2 et Plutarque, *Galba*, 23, 7, appellent de façon plus exacte Ptolémée : cf. *supra*, 1, 22, n. 8 ; Stein, *R.E.* II A, 1, col. 1248, n° 29 et 30 ; sur le sens du mot *mathematicus*, cf. 1, 22, n. 5.

4. *uetera omina* : Suet., *loc. cit.*, en énumère onze, parmi lesquels les deux cités par Tacite, Dion Cassius cinq ; Ph. Fabia, *Les sources...*, émet l'hypothèse très vraisemblable que la source en est Pline l'Ancien.

5. Selon Suet., *Dom.* 15, 2, cet arbre devait, plus de vingt-cinq ans après, être à nouveau déraciné, annonçant l'assassinat de Domitien ; sur les prodiges à partir des arbres, cf. F. B. Krauss, *An interpretation...*, p. 133-138 ; sur l'attitude de Tacite à l'égard des prodiges, cf. *supra*, 1, 2, n. 8.

6. *cupressus arbor in agris eius* : cf. Suet., *Vesp.* 5, 4 : *Arbor quoque cupressus in agro auito* ; chez lui, la hauteur remarquable (*conspicua altitudine*) n'est pas mentionnée. — *resurgens procera et latior uirebat* correspond chez Suétone à *uiridior ac firmior resurrexit* ; le prodige du cyprès se trouve également chez Dion Cassius, 66, 1, 3. Plin., *N.H.* 16, 131 sq., mentionne plusieurs anecdotes relatives à des arbres déracinés qui ont repris vie : *Prostratas restitui plerumque et quadam terrae cicatrice uiuescere uolgare est*, mais il ne cite pas le cyprès de Vespasien. — *latior* : comme la plupart des éditeurs modernes, nous gardons le texte de *M* et n'adoptons pas la correction de Triller, suivie par E. Wolff et approuvée notamment par G. Andresen, *Woch. f. kl. Philol.* XXXI, 1914, p. 1063 ; ces auteurs s'appuient sur des erreurs du même ordre, et incontestables, en *Ann.* 14, 8, 3 et *Dial.* 40, 4, et sur le fait que le cyprès croît essentiellement en hauteur et non en largeur ; mais H. Heubner, *ad loc.*, p. 273, relève un texte de Plin., *N.H.* 16, 141, selon lequel il y a une espèce de cyprès, qu'il appelle de façon inexacte « mâle », qui s'étend en largeur : *mas spargit extra se ramos deputaturque et accipit uitem.*

7. *iuueni admodum* : selon R. Syme, *Tacitus*, p. 671, le terme « belongs to the early pre-quaestorian years of a young man's life » ; dans *Dial.* 1, 2, Tacite l'applique à lui-même, à une époque où il a environ vingt ans ; on peut, dans ces conditions, penser que l'anecdote des haruspices se situe entre 27 et 29 après J.-C.

8. Il reçut les *ornamenta triumphalia* en 42 (cf. 77, n. 3) ; Vespasien fut consul suffect dans les deux derniers mois de 51. Sur la guerre de Judée, qui commença en 66, cf. 1, 10, 3 et n. 5 ; 5, 10 sq.

9. Le mont Carmel est un éperon rocheux, contrefort de l'Anti-Liban, orienté au nord-ouest, de 500 mètres d'altitude, à la limite, non de la Syrie et de la Judée, mais, plus précisément, de la Phénicie et de la Galilée ; il domine la baie de Saint-Jean-d'Acre et protège le port d'Haïfa. — *ita uocant montem deumque* : Suétone, qui rapporte aussi cet oracle (*Vesp.* 5, 6), parle du *Carmeli dei oraculum*. Sur cette similitude du nom du dieu et de celui du lieu de culte, cf. le commentaire détaillé de H. Heubner, *ad loc.*, p. 275.

10. Le mont Carmel semble avoir été considéré, à partir d'une certaine époque, comme une des résidences du Baal phénicien : cf. H. Heubner, *ibid.* ; O. Eissfeldt, *Der Gott Karmel* (Sitzungsberichte der deutschen Akademie der Wissenschaften (*S.D.A.W.*)), 1953, p. 5 sq.

11. *Basilides sacerdos* : ce même nom de Basilides désigne, en 4,

82, 2, un notable égyptien qui, bien qu'il se trouvât à plusieurs jours de marche, est apparu à Vespasien lors de sa visite au temple de Sérapis à Alexandrie ; le fait est également mentionné par Suet., *Vesp.* 7, 1, pour lequel il s'agit d'ailleurs d'un affranchi. L'identification des deux personnages est généralement rejetée : cf. notamment P. v. Rohden, *R.E.* III, 1, col. 46, n. 4 et 5. Toutefois, les aspects un peu mystérieux qui sont donnés aux deux affaires font que nous sommes séduits par la thèse de K. Scott, « The role of Basilides in the events of A.D. 69 », *J.R.S.* XXV, 2, 1934, p. 138-140, qui soutient l'opinion contraire et affirme que Basilides était un personnage important, sans doute affranchi d'origine, qui fut peut-être procurateur d'Égypte en 49 (*P.I.R.*², s.u. *Basileides*), dont Ti. Alexander se servit comme agent pour conduire à la proclamation de Vespasien, et qui aurait été son représentant à la rencontre entre Vespasien et Mucien, sans doute justement au mont Carmel ; mais cette localisation de la rencontre est rejetée par H. Heubner, *Comm.*, p. 253.

12. Cf. Suet., *Vesp.* 5, 6 ; chez le biographe, l'oracle n'est pas individualisé, ni le prêtre nommé.

13. *has ambages... aperiebat* : *ambages* désigne des mots ambigus, des façons détournées de s'exprimer ; il se rapporte en particulier aux réponses énigmatiques des oracles : Virg., *Aen.* 6, 98-99 ; Ov., *Met.* 7, 761 ; Sen., *Oed.* 214 ; cf. aussi, *infra*, 5, 13, 2.

14. *Antiochiam* : Antiochia (ou Antiocheia), aujourd'hui Antakya, en Turquie, ancienne capitale de l'empire séleucide, fondée en 300 avant J.-C., dans une plaine fertile, sur l'Oronte, par Seleucos Nikator, en l'honneur de son père Antiochos ; elle devint la capitale de la province de Syrie, en 64 avant J.-C. — *Caesaream* : Caesarea Palestinae, anciennement appelée Στράτωνος Πύργος, aux confins de la Galilée et de la Samarie, avait reçu ce nom, en l'honneur d'Auguste, d'Hérode le Grand, qui l'avait embellie et agrandie ; elle était alors le quartier général de Vespasien.

79.

1. Cf. Suet., *Vesp.* 6, 3 : *Tiberius Alexander, praefectus Aegypti, primus in uerba Vespasiani legiones adegit Kal. Iul., qui principatus dies in posterum obseruatus est* ; mais le biographe mentionne auparavant la proclamation par les légions de Mésie (*ibid.* 2 ; cf. aussi *Vit.* 15, 1), tandis que Josèphe, *B.I.* 4, 601, attribue l'initiative à l'armée de Judée, Vespasien écrivant ensuite à Ti. Alexander pour lui demander son aide (4, 616). Les légions d'Égypte étaient les *III Cyrenaica* et *XXII Deiotariana* : cf. 76, n. 13.

2. En prenant comme *dies imperii* la date du 1ᵉʳ juillet, jour de sa proclamation par l'armée, au lieu de la date de confirmation par le Sénat, qui n'interviendra que quelques mois plus tard, le 22 décembre 69 (cf. 4, 3, 4), Vespasien introduit, par rapport à la

pratique de ses prédécesseurs, une innovation capitale, car il tend ainsi à donner à l'action des soldats une valeur constitutionnelle : cf. L. Homo, *Vespasien...*, p. 70 ; J. Béranger, *Recherches...*, p. 15 : « Le geste de Vespasien avait une grande portée. Il reniait le concours du Sénat. En déplaçant le *dies imperii*, il préparait la confusion entre proclamation militaire et collation civile et légale ».

3. Suet., *Vesp.* 6, 3 : *Iudaicus deinde exercitus V. Idus Iul. apud ipsum iurauit* : ce qui ferait le 11 juillet, et non le 3 juillet, comme le dit Tacite ; l'explication la plus vraisemblable réside, selon H. Heubner, p. 257, dans une confusion faite par Suétone entre les ides et les nones. L'armée de Judée comprenait la *V Macedonica*, la *X Fretensis* et la *XV Apollinaris* (cf. *supra*, 76, n. 13).

4. Cf. 5, 2 ; 74, 1.

5. La version de Tacite est conforme sur ce point à celle de Ios., *B.I.* 4, 601-604, qui est l'expression de la propagande flavienne : cf. *infra*.

80.

1. *Dum quaeritur...* : ce sont les différents partisans de Vespasien (cf. 76, 1) qui cherchent ainsi l'occasion favorable pour mettre leur projet à exécution ; cf. Ios., *B.I.* 4, 592. Comme le montre la suite de ce texte, il s'agit pour eux d'opposer leur propre initiative à celles des prétoriens et des légions de Germanie.

2. Le récit de Ios., *B.I.* 4, 601, est moins précis, sinon moins nuancé.

3. *Caesarem et Augustum... cumulare* : à la différence de ce que fit Vitellius qui, dès l'abord, refusa le nom de César (2, 62, 2), puis *praemisit in urbem edictum, quo uocabulum Augusti differret, Caesaris non reciperet, cum de potestate nihil detraheret* (cf. *ibid.*, n. 5 et 6) ; cette directive s'adresse, bien entendu, au Sénat, de même que c'est le Sénat qui décerne les mêmes titres à Othon en 1, 47, 1.

4. *Mens... transierat* : comme H. Heubner, *ad loc.*, p. 277 et G. E. F. Chilver, *ad loc.*, p. 240, nous pensons que ce membre de phrase se rapporte à Vespasien, *fortuna* désignant la position du *princeps* (cf. 1, 10, n. 13) et la crainte de Vespasien ayant été longuement évoquée précédemment, en 74 sq. et particulièrement en 76, 1, alors qu'au contraire ses partisans sont pleins d'espoir et d'allant ; à propos de cette explication, cf. d'ailleurs les doutes exprimés par H. Goelzer, *éd. Hachette*, p. 295, lorsqu'il expose l'interprétation traditionnelle qui attribue la crainte à ces derniers. — *in ipso... fuit* constitue un complément et un commentaire de cette explication générale ; *in ipso* s'oppose implicitement à *fortunam* ; l'emploi du mot *nouus* indique, nous semble-t-il, que le comportement de Vespasien n'est pas celui d'un parvenu comme l'étaient souvent les *noui* à l'époque républicaine. Ce trait de son caractère est

également relevé par Suet., *Vesp.* 12 ; cf. plus particulièrement le début du chapitre.

5. *tantae altitudinis... disiecit* : Tacite adapte ici à une situation psychologique une métaphore que Tite-Live appliquait au physique en 26, 45, 3 : *cum altitudo caliginem oculis obfudisset, ad terram delati sunt*, ce qui justifie la correction de Triller (cf. *app. crit.*).

6. *militariter* : *supra*, 75, 1 : *uiro militari*, et n. 1.

7. Cf. 39, 1 : *miles alacer.*

8. Cette coutume des villes grecques de tenir au théâtre les assemblées du peuple nous est connue par divers textes : Nep., *Timol.* 4, 2 ; Frontin., *Strat.* 3, 2, 6 ; cf. encore Cic., *Flac.* 16 ; Liu. 24, 39, 1 ; Val. Max. 2, 2, 5 ; Iust. 22, 2, 10.

9. *omniumque... ostentator* : sur les aspects avantageux de la personnalité de Mucien, cf. 1, 10, 1 ; 2, 5, 1.

10. *prouinciam exercitumque* : association du peuple et de l'armée comme en 1, 78, 2 : *populus et miles.*

11. Cf. Suet., *Vesp.* 6, 4 ; le texte du biographe est un tout petit peu moins explicite, car il ne mentionne pas formellement le transfert des légions de Syrie en Germanie, mais il comporte des similitudes verbales : *permutare/mutarentur* ; *hiberna transferre/transferret* ; *molliorem... militiam* est proche de *militiam opulentam.*

12. *sueto... contubernio* : sur les six légions qui se trouvaient alors en Syrie et en Judée, la *III Gallica* ayant déjà été transférée en Mésie (cf. 76, n. 13), trois : la *VI Ferrata*, la *X Fretensis* et la *XII Fulminata* y étaient depuis l'époque d'Auguste ; les trois autres : *IV Scythica*, *V Macedonica* et *XV Apollinaris* y étaient arrivées sous le règne de Néron : cf. G. E. F. Chilver, *ad loc.*, p. 241 ; sur l'amollissement de ces légions, cf. *Ann.* 13, 35, 1 : *Syria transmotae legiones, pace longa segnes, munia castrorum Romanorum aegerrime tolerabant.*

13. *necessitudinibus et propinquitatibus mixti* : comme on le constate par ailleurs en Gaule, le recrutement des légionnaires directement dans les provinces tendait à s'intensifier ; ainsi, en 3, 24, 3 (cf. la n. *ad loc.*), le texte semble indiquer que la *legio III Gallica* a été recrutée, au moins en partie, en Syrie ; cela est confirmé par divers documents épigraphiques : cf. G. Forni, *Il reclutamento...* particulièrement p. 84 sq., et notamment p. 94-95.

14. C'est la conséquence d'un long séjour dans des provinces éloignées, loin de chez eux, qui conduit le soldat à voir ses pénates là où se déroule sa vie quotidienne.

81.

1. On a pensé (cf. H. Heubner, *Comm.*, p. 257) au 11 juillet, date donnée de façon erronée par Suétone pour la prestation de serment de l'armée de Judée : cf. *supra*, 79.

2. *Sohaemus* : C. Iulius Sohaemus Philocaesar ou Philo(r)ohmaeus (*C.I.L.* III, 14387 = *I.L.S.* 8958), roi d'Émèse (aujourd'hui Homs, en Syrie) ; fils cadet du roi Sampsigeramus, il succéda sur le trône à son frère aîné Azizus, en 54 après J.-C. (Ios., *Ant.* 20, 158) ; il était doublement apparenté au roi de Judée, Agrippa II (cf. *infra*, n. 5), son frère Azizus ayant épousé la sœur de ce dernier, Drusilla, et sa sœur Istape étant la femme d'Aristobule, oncle du même Agrippa. En 66, il prit part à la marche de Cestius Gallus contre Jérusalem (Ios., *B.I.* 2, 501) ; on le trouve ensuite dans l'armée de Titus (*infra*, 5, 1 et Ios., *B.I.* 3, 681), et, en 72-73, il participera à l'expédition de Caesennius Paetus contre la Commagène (Ios., *B.I.* 7, 226) ; les services qu'il rendit à Rome lui valurent les *ornamenta consularia* ; de sa famille est issue la femme de Septime Sévère, Iulia Domna.

3. *haud spernendis uiribus* : selon Jos., *B.I.*, 2, 501, il avait, en 66/67 (cf. note précédente), fourni mille cavaliers et trois mille archers.

4. *Antiochus* : Antiochus IV Epiphanes Magnus, un Séleucide, rétabli en 38 par Caligula comme roi de Commagène à laquelle avaient été ajoutés quelques districts de Cilicie (Suet., *Cal.*, 16, 3 ; Dio Cass. 59, 8, 2) ; détrôné, il fut réinstallé par Claude en 41 (Dio Cass. 60, 8, 1). Il fournit à Titus, en 70, d'importants contingents pour la guerre de Judée (*infra*, 5, 1, 2), mais, accusé en 72 par le légat de Syrie, Caesennius Paetus, d'avoir voulu former une alliance avec les Parthes, il fut détrôné et son royaume réuni à la Syrie : Ios., *B.I.* 7, 226.

5. *Agrippa* : Hérode Agrippa II (= M. Iulius Agrippa), fils de Hérode Agrippa I, roi de Judée, et frère de Bérénice : cf. *supra*, 2, 1, n. 2. Né en 28 après J.-C., il reçut de Claude, en 48 ou 50, la principauté de Chalcis, où il succéda à son oncle avec le titre de roi (Ios., *B.I.* 2, 223) ; en 53, Claude « transféra Agrippa de Chalcis à un royaume plus étendu, en lui donnant l'ancienne province de Philippe, c'est-à-dire la Trachonitide, la Batanie et la Gaulanitide, et il y ajouta le royaume de Lysanias et l'ancienne tétrarchie de Varus » (Ios., *B.I.* 2, 247 ; cf. *Ant.* 20, 138). Il avait rendu de grands services à Vespasien au cours de la lutte contre ses compatriotes et, au début de 69, il accompagna Titus dans son voyage en direction de Rome pour y féliciter Galba : cf. *supra*, 4, 4, n. 16, et Ios., *B.I.* 4, 498. — Nous suivons pour ce texte la ponctuation suggérée par G. Andresen, *Wochenschrift f. Kl. Phil.* XXXIII, 1916, p. 404 sq., adoptée par plusieurs éditeurs récents (Heubner, Koestermann) et approuvée par G.E.F. Chilver, *ad loc.*, p. 242, avec virgule après *ditissimus* et ponctuation forte après Agrippa, ce qui met ce dernier sur le même plan que Sohaemus et Antiochus.

6. *celeri nauigatione properauerat* : environ une quinzaine de jours.

7. *Supra*, 2, 1, n. 2.

8. En fait, née en 28 après J.-C., elle avait tout de même 41 ans, Vespasien en ayant 60.

9. *Asia atque Achaia tenus* : l'Asie, c'est l'Asie Mineure, à l'est ; l'Achaïe, la Grèce (cf. 1, 23, n. 6), à l'ouest (même association des deux noms en 2, 2) ; il s'agit donc de la mer Égée.

10. Sur le Pont, cf. 6, 2, n. 10 ; sur l'Arménie, ou plutôt les Arménies, *ibid.*, n. 11 ; *Armenios* passe pour un élément de *uariatio* par rapport à Pontus (association du nom du pays et du nom du peuple) ; mais l'on notera qu'il y avait deux Arménies, la *maior* et la *minor*.

11. *Cappadociae* : sur la Cappadoce, cf. 1, 78, 1 et n. 7.

12. *Beryti* : Berytus = Beyrouth ; sur la côte de Phénicie, à l'embouchure du Magoras, elle avait été agrandie par Auguste qui en fit une colonie romaine, vraisemblablement en 15 avant J.-C., et lui donna le nom de *Colonia Iulia Augusta Felix Berytus* ; elle fut ensuite embellie par Claude. Elle était à mi-chemin entre Antioche et Césarée, ce qui explique son choix comme lieu de rencontre entre Mucien et Vespasien : cf. Ios., *B.I.* 4, 620. Cette réunion eut lieu en juillet 69.

13. *splendidissimo quoque centurionum ac militum* : vraisemblablement, ceux qui avaient reçu des décorations en raison de leurs services et de leurs actions.

14. *aemulantium inter se regum* : Sohaemus, Antiochus, Agrippa.

82.

1. *reuocare ueteranos* : après leur mise en congé, les vétérans restaient, pendant une durée théorique de cinq ans, à la disposition de leur ancien général, qui pouvait les rappeler en cas de besoin, et continuaient leur carrière comme *reuocati* ou *euocati* : cf. M. Durry, *Les cohortes...*, p. 114, n. 8.

2. *signatur* : elles étaient frappées à l'effigie de Vespasien et destinées, non seulement à fournir les armes nécessaires à la conduite de la guerre, mais aussi à appuyer la propagande du nouveau *princeps* ; sur cette propagande monétaire de Vespasien à Antioche, cf. H. Mattingly-E. Sydenham, *R.I.C.*, II, p. 4 et 56.

3. G.E.F. Chilver, *ad loc.*, p. 243, remarque que Tacite loue ici chez Vespasien ce qu'il a précédemment blâmé chez Galba : 1, 49, 3.

4. Sur les *praefecturae*, cf. *supra*, 1, 5, 1, n. 1 ; sur les procuratèles, 1, 2, n. 25 ; sur l'ensemble, cf. aussi M. Durry, *Les cohortes...*, p. 144-146.

5. Ce fut le cas, note G. E. F. Chilver, *ad loc.*, p. 244, de Ti. Iulius Celsus Polemaeanus d'Éphèse (cons. 92), proconsul d'Asie, qui, *adlectus inter aedilicios ab diuo Vespasiano*, commença sa carrière en Égypte comme tribun de la *III Cyrenaica* (*I.L.S.* 8971) et de L. Plotius Grypus : *infra*, 3, 52, 3 et n. *ad loc.* ; on trouve une liste

plus détaillée de ces promotions dans J. Nicols, *Vespasian...*, p. 109 sq.

6. Sur le *donatiuom*, cf. 1, 5, n. 4.

7. *quam alii in pace* : il s'agit de Claude et de Néron qui gratifièrent les prétoriens d'un *donatiuom* de quinze mille sesterces chacun (*supra*, 1, 5, n. 4) ; Vespasien ne se montre pas plus généreux qu'eux, alors que Galba, Othon et Vitellius l'avaient été : à l'avènement de Galba, Nymphidius promit trente mille sesterces aux prétoriens, cinq mille aux autres. Selon Dio Cass. 65, 22 (= Xiph.), Mucien versa cent sesterces à chaque soldat lorsqu'il entra à Rome.

8. Sur les Parthes, cf. *supra*, 1, 2, 1, n. 11 ; leur roi était Vologèse : Suet., *Vesp.* 6, 4 (cf. 1, 40, n. 7) ; sur les Arméniens, cf. *supra*, 6, 2, n. 11.

9. *claustra Aegypti* : les deux ports égyptiens d'Alexandrie et Péluse, par lesquels partait le ravitaillement en blé destiné à Rome. La phrase correspondante de Suet., *Vesp.* 7, 1, indique que les deux auteurs ont suivi la même source : *Alexandriam transiit ut claustra Aegypti obtineret* ; Tacite utilise la même image en 3, 8, 2 et en *Ann.* 2, 59, 3 ; elle est d'ailleurs traditionnelle, comme le montrent *B. Alex.* 26, 2 ; Liu. 45, 11, 5 ; sur cette expédition en Égypte, cf. *infra*, 3, 48, 3 ; Dio Cass. 65, 9, 2 ; Ios., *B.I.* 4, 605-618. L'arrivée de Vespasien à Alexandrie eut lieu en décembre 69.

10. Cf. *infra*, 3, 3, où Antonius Primus donne lecture à ses troupes de l'exemplaire qu'il a reçu de cette lettre.

11. Non un *donatiuom*, mais une augmentation de solde ou un avancement plus rapide.

83.

1. *socium... quam ministrum* : c'est la position que Mucien a décidé d'adopter et a annoncée à Vespasien en 77, 1 : *ne tamen Mucianum socium spreueris* ; sur la différence entre *socius* « associé » et *minister* « adjoint », cf. J. Hellegouarc'h, *Voc. pol.*, p. 89-90.

2. *legio sexta* : la *VI Ferrata*, formée par Auguste à partir du dédoublement de la *VI Victrix* ; elle s'était illustrée de 58 à 62, sous Corbulon, en Arménie : cf. *Ann.* 13, 38, 4 ; 13, 40, 2 ; 15, 6, 3 ; 15, 26, 1.

3. *tredecim uexillariorum milia* : sur les *uexilla* ou *uexillarii*, détachements prélevés sur les légions, recevant des *uexilla* et non des *signa*, qui restaient au corps, cf. 1, 31, 3, n. 14. Le départ de Mucien pour l'Italie eut lieu vraisemblablement en août 69 : Heubner, *Comm.*, p. 260.

4. *Classem e Ponto* : elle était stationnée à Trébizonde, et, d'après Jos., *B.I.* 2, 367, elle comprenait en 66 quarante vaisseaux longs : cf. Fiebiger, *R.E.* III, col. 2643, l. 31 sq. ; C. G. Starr, *Roman imperial navy*, p. 127 sq., et n. 8.

5. *Dyrrachium* : Durazzo, aujourd'hui Durrës, en Albanie ; la ville, illustrée notamment par les combats entre César et Pompée en 48 (Caes., *Ciu.* 3, 41-70) était le point de départ de la *uia Egnatia* ; celle-ci, continuant au-delà de l'Adriatique la *uia Appia* qui se terminait à Brindes, aboutissait à Byzance = Constantinople. La Mésie correspondant en gros à la Bulgarie actuelle (cf. 1, 76, n. 2), Mucien se propose de la laisser au nord en suivant jusqu'à Dyrrachium la *uia Egnatia* qui traversait la Macédoine.

6. Toutes les provinces de cette région avaient prêté serment à Vespasien : cf. 81, 2 et n. 9 et 10.

84.

1. *belli ciuilis neruos* : sur l'importance de l'argent dans les guerres civiles, cf. *supra*, 2, 32, 2 ; Suet., *Diu. Iul.* 54, 3 ; pour l'expression, cf. Cic., *Phil.* 5, 5 ; *Imp. Pomp.* 17. La métaphore est courante et, selon Otto, *Die Sprichwörter...*, elle serait d'origine grecque : Démosthène dans Eschine, *Contre Ctes.* 166 : Τὰ νεῦρα τῶν πραγμάτων ; on la trouve aussi chez Plut., *Cleom.* 27, 1 : Τὰ χρήματα νεῦρα τῶν πραγμάτων et App., *B.C.*, 4, 416 : Χρήματά γε μήν, ἅ τινες καλοῦσι νεῦρα πολέμου.

2. C'est-à-dire égale à celle de Mucien.

3. *prauis magistris* : principalement Mucien et Eprius Marcellus : cf. *infra*, 95, 3.

4. *largus priuatim, quo auidius de re publica sumeret* : comme beaucoup d'éditeurs modernes (mais *contra*, Chilver, p. 245), nous adoptons la correction de Muret, *quo* au lieu de *quod* ; la phrase paraît en effet construite sur une double dissymétrie : *largus* (au lieu de *eo largior*) / *quo auidius, priuatim* / *de republica* ; ajoutons que la différence de longueur entre les deux membres de phrase est en elle-même évocatrice.

85.

1. *Interim* : selon Ph. Fabia, *L'adhésion...*, *interim* « embrasse un laps de temps qui commence vers le moment où Mucien se dirige d'Antioche sur Byzance » (p. 331).

2. L'Illyrie comprenait l'ensemble des régions danubiennes (Pannonie, Dalmatie, Mésie) et elle était alors occupée par sept légions : cf. *supra*, 1, 2, n. 7.

3. Sur cette légion, transférée juste avant la mort de Néron, de Syrie en Mésie, ce qui explique son adhésion spontanée à Vespasien, cf. *supra*, 74, 1, n. 5.

4. Sur ces légions : *VII Claudia Pia Fidelis*, cf. Ritterling, *R.E.* XII, 2, col. 1614-1629 (le nom de *Claudiana* ne se trouve que chez Tacite : cf. encore 3, 9, 3 ; 3, 21, 2 ; 3, 27, 2 ; *ibid.*, col. 1628, l. 57 sq.) ; *VIII Augusta, ibid.*, col. 1642-1664.

5. Cf. *supra*, 32, 2 et n. 17.

6. Cf. Suet., *Vit.* 15, 1.

7. Cf. *supra*, 46, 3 : *praemissi e Moesia... legiones Aquileiam ingressas nuntiabant*, et n. 5.

8. *laceratisque uexillis* : les *uexilla* étaient des étendards carrés, en étoffes de couleurs différentes, servant à l'identification des corps de troupes et sur lesquels était inscrit dans ce but le nom du commandant : cf. 1, 36, n. 4 ; il s'agit sans doute ici des *uexilla* des soldats de Mésie qui avaient, à la nouvelle de la mort d'Othon, pris le parti de se rallier à Vitellius : cf. Ph. Fabia, *L'adhésion...*, p. 348, n. 1.

9. Cf. Suet., *Vesp.* 6, 2-3. Le récit de Suétone diffère de celui de Tacite sur deux points : 1) chez le biographe, l'initiative en faveur de Vespasien est prise par les *uexillarii*, le détachement envoyé au secours d'Othon ; ce point est discuté dans la n. 5 du chap. 46 ; 2) les désordres dans la 3ᵉ légion se produisent avant que l'on ne connaisse la mort d'Othon, et le choix de Vespasien est présenté comme un acte destiné à contrer l'action des prétoriens et des armées de Germanie ; au contraire, chez Tacite, leur attitude apparaît comme une réaction directe en face des soldats de Vitellius (cf. 74, 1), et c'est ensuite (*egerant*), pour éviter d'avoir à se disculper auprès de celui-ci, qu'ils élisent un empereur.

10. Cf. *infra*, 86, n. 1.

11. Sur ces deux personnages, cf. 1, 79, n. 13 et 16.

12. *montem Haemum* : aujourd'hui le mont Balkan, en Bulgarie, massif montagneux qui s'élève à plus de deux mille mètres et va en arc de cercle des Portes de Fer à la mer Noire : Oberhummer, *R.E.* VII, 2, col. 2221-2226, n° 5.

86.

1. La *XIII Gemina*, basée à Poetovio, et la *VII Gemina Galbiana*, basée à Carnuntum et commandée par Antonius Primus : cf. *supra*, 11, n. 4.

2. *ui praecipua Primi Antonii* : cf. *infra*, 3, 2, 1 : *Antonius Primus... acerrimus belli concitator* et la suite de ce passage qui nous indique comment s'exerce cette *uis praecipua*. — M. Antonius Primus était né à Toulouse (Suet., *Vit.* 18 ; Mart. 9, 99, 3), aux environs de 30-35 après J.-C. ; son action domine les livres 3 et 4 des *Histoires*. À la fin de la guerre, il reçut les *ornamenta consularia* (4, 4, 2), mais il se vit supplanté par Mucien (4, 11, 1) ; d'après le témoignage de Martial (9, 99 ; 10, 23 ; 10, 32 ; 10, 73), il vivait encore aux environs de 95-98 : P. v. Rohden, *R.E.* I, 2, col. 2635-2637, n° 89 ; M. Treu, *M. Antonius Primus*.

3. Il avait participé, en 61 après J.-C., avec quatre complices, à une falsification de testament ; quatre d'entre eux furent condamnés en vertu de la *lex Cornelia* : cf. *Ann.* 14, 40.

4. Si l'on en croit le début de ce chapitre, la 7ᵉ légion avait pris part à la bataille, mais il est de fait que, dans le récit de cette dernière, aux chap. 43-44, seule la 13ᵉ est mentionnée (44, 1) : « Faut-il donc croire qu'Antonius en avait, pour une raison quelconque, quitté le commandement pendant la guerre entre Othon et Vitellius ? Non ; selon toute vraisemblance, Tacite s'est exprimé inexactement ; il a voulu dire qu'Antonius n'avait pas eu dans cette guerre l'emploi souhaité de *dux partium*, n'y avait figuré, sans rendre aucun service notable, qu'à son rang de légat légionnaire » (Ph. Fabia, *L'adhésion...*, p. 361).

5. Portrait à la Salluste, composé de la juxtaposition de quatre couples verbaux de structure différente, et comportant plus ou moins un élément de *uariatio* ; sur ce portrait, cf. Ph. Fabia, *L'adhésion...*, p. 362 sq., qui, tout en en reconnaissant les qualités, reproche à Tacite son absence d'impartialité à l'égard d'Antonius Primus : « Tacite, qui amoindrit de façon si injuste le lot de ses qualités, exagère avec la même partialité hostile le lot de ses vices » (p. 363).

6. *Delmaticum militem* : il s'agit des légions *XI Claudia Pia Fidelis* et *XIV Martia Gemina Victrix*, mais cette dernière, partie au secours d'Othon, avait été réexpédiée par Vitellius en Bretagne : cf. 66, 1 et *infra*, § 4. Par l'emploi de ce singulier, opposé au pluriel *Moesici ac Pannonici exercitus*, Tacite veut, tout en obtenant un effet de *uariatio*, souligner le rôle passif des troupes de Dalmatie (Ph. Fabia, *op. cit.*, p. 372).

7. *Tampius Flauianus* : L. Tampius Flavianus, consul suffect sous Néron à une date indéterminée (peut-être en 46), gouverneur de Pannonie en 69, fut, lors d'une révolte de ses soldats, sauvé du massacre par Antonius Primus (3, 10). Le 26 février 69, il avait été coopté parmi les frères Arvales à la place de Galba (*C.I.L.* VI, 2051) ; en 73-74, il fut *curator aquarum* (Frontin., *Aq.* 102), puis une deuxième fois consul, entre 74 et 79, avec Pompeius Silvanus comme collègue. — *Pompeius Siluanus* : M. Pompeius Silvanus, consul suffect en 45 (Ios., *Ant.* 20, 14), devint ensuite proconsul d'Afrique en 53-54 ; au sortir de sa charge, il fut, en 58, poursuivi pour cruauté en même temps que Sulpicius Camerinus : « il l'emporta parce qu'il était riche, sans héritiers et vieux — ce qui ne l'empêcha pas de survivre à ceux dont les manœuvres l'avaient sauvé » (*Ann.* 13, 52, 1-2). Il devint ensuite gouverneur de Dalmatie (*C.I.L.* III, 9938 = *I.L.S.* 5951) ; il fut, en 70, chargé de procéder à un emprunt (*infra*, 4, 47) ; lui aussi fut *curator aquarum* en 71-73 (Frontin., *loc. cit.*) et consul une deuxième fois avec L. Tampius Flavianus, entre 74 et 79 (cf. *supra*) : cf. Bengt E. Thomasson, *R.E.* IX Suppl., col. 1391-1392, n° 1 a) et 862-863, n° 116 a), R. D. Milns, « The career of M. Aponius Saturninus », *Historia*, XXII, 1973, p. 285-287 et R. Syme, « Deux proconsulats d'Afrique », *R.E.A.* LIII, 1956, p. 236-240, qui fixe le consulat commun des deux hommes à l'année 75 (p. 239).

8. *Cornelius Fuscus* : né d'une famille sénatoriale, Cornelius Fuscus choisit de faire, comme nous le dit Tacite, une carrière équestre et fut nommé par Galba procurateur de la Pannonie ; il participa, ainsi que le montre la suite du texte, à la lutte contre Vitellius aux côtés d'Antonius Primus, et y prit une part très importante : cf. *infra*, 3, 4 ; 3, 12 ; 3, 42 ; 3, 66 ; 4, 4. Il devint préfet du prétoire sous Domitien et périt en 86 ou 87, lors d'une expédition contre les Daces : Suet., *Dom.* 6, 1 ; Dio Cass. 67, 5 ; 68, 9, 3 ; Eutrop. 7, 23, 4 ; Oros. 7, 10, 24 ; cf. aussi Juvénal qui, dans sa *Sat.* 4, v. 112 sq., le place parmi les participants au « Conseil » de Domitien : « (Voici) Fuscus, dont les entrailles étaient réservées aux vautours de Dacie et qui s'entraîna à la guerre dans une villa de marbre » : Stein, *R.E.* IV, 1, col. 1340-1342, n° 158 ; R. Syme, *Tacitus*, App. 33, p. 683-684.

9. *quietis cupidine* : tel est le texte de *M* ; la correction de Grotius, *quaestus*, reçue par plusieurs éditeurs modernes, doit être rejetée. Le comportement de Fuscus est celui de ces *equites* qui, comme Atticus à l'époque cicéronienne, ont préféré renoncer à l'*ordo senatorius* et au *cursus honorum* pour des raisons diverses, mais principalement par goût de l'*otium* ; or *otium* et *quies* font partie de la même aire sémantique et sont parfois associés, notamment chez Tacite lui-même, dans *Agr.* 6, 4 : *Mox inter quaesturam ac tribunatum plebis atque ipsum etiam tribunatus annum quiete et otio transiit* ; on peut citer en parallèle au comportement de Cornelius Fuscus celui d'Annaeus Mela, frère de Sénèque, que Tacite évoque en termes ironiques dans *Ann.* 16, 17, 3 : ... *petitione honorum abstinuerat per ambitionem praeposteram, ut eques Romanus consularibus potentia aequaretur.* Sous l'Empire, fait remarquer R. Syme, « The Colony of Cornelius Fuscus : an episode in the *Bellum Neronis* », *A.J.Ph.* LVIII, 1937, p. 7-18 (p. 7-8), les circonstances faisaient que les dangers auxquels étaient exposés les sénateurs les poussaient à l'*inertia*, tandis que les *equites* se trouvaient engagés à se contenter d'une *honesta quies*.

10. *coloniae suae* : sa ville natale, colonie romaine, mais le nom de cette ville est mal déterminé. Selon R. Syme, *art. cit. supra*, p. 8 sq., il s'agirait, soit de Vienne, soit de Cordoue, soit d'Aquilée ; mais, quarante ans plus tard, dans *Helvetian Aristocrats*, il se prononce pour Fréjus (Forum Iulii) ; cf. aussi *Tacitus*, p. 684. L'historien britannique rejette en revanche l'hypothèse de Pompéi, soutenue par Cichorius, d'après le texte d'une inscription d'Adamklissi, en Dobroudja méridionale, Roumanie (*I.L.S.* 9107) ; cf. G. E. F. Chilver, *ad loc.*, p. 248 ; selon lui en effet, cette inscription ne se rapporterait pas à notre personnage ; toutefois, l'hypothèse a été reprise par J. Colin, « Le préfet du prétoire Cornelius Fuscus, un enfant de Pompéi », *Latomus*, XV, 1956, p. 57-82.

11. Sur cette fonction, consistant principalement dans le contrôle de l'administration des finances impériales dans les provinces, et

réservée aux membres de l'ordre équestre, cf. J. Gaudemet, *Institutions*, p. 476 ; 509.

12. Sur ces deux légions, *unicum Othoniani exercitus robur* (3, 13, 2), cf. pour la *XIV Martia Gemina Victrix*, 1, 59, n. 4 et 5 ; 2, 11, n. 4 ; 2, 27, 2 ; 2, 32, 2 ; 2, 43, 2 ; 2, 54, 1 ; pour la *I Classicorum Adiutrix*, 1, 6, n. 12 ; 1, 31, 2 ; 1, 36, 3 ; 2, 11, 2 ; 2, 23, 1 ; 2, 43, 1 ; sur le départ de ces légions pour ces deux provinces, cf. *supra*, 66 et 67.

13. Ph. Fabia, *L'adhésion...*, p. 380 sq., souligne les exagérations que comporte cette phrase ; seule, observe-t-il, l'adhésion de l'Illyrie se produisit *momento temporis* ; les autres furent postérieures à la bataille de Crémone. « L'exactitude est sacrifiée à l'effet dramatique... Tacite a voulu rendre son récit plus dramatique en le terminant par la perspective d'une vaste conflagration imminente » (p. 381-382).

87.

1. *graui... petebat* : sur cette marche « pesante », cf. *supra*, 68 sq., et particulièrement 70. K. Wellesley, *Suggestio falsi*, p. 287, fait cependant remarquer que, de Cologne à Rome, l'armée de Vitellius a parcouru 1 200 milles (près de 2 000 km) en 86 jours, soit environ 24 km par jour, ce qui n'est tout de même pas extrêmement lent.

2. Sur l'inventaire des troupes de Vitellius, cf. 1, 61 ; nous y voyons que l'armée de Valens comprenait 40 000 hommes, celle de Caecina 30 000, à quoi s'ajoutaient des troupes auxiliaires, enfin que Vitellius suivait avec *tota moles belli*. Dans ces conditions, ce chiffre de 60 000 hommes peut paraître faible, mais il faut tenir compte des pertes subies dans les combats et des troupes auxquelles Vitellius a donné un congé ou qu'il a renvoyées dans leurs provinces (*supra*, 67-69).

3. *calonum... lixarum* : *calones* et *lixae* sont souvent associés dans les textes, chez Tacite (1, 49, 1 ; 3, 20, 3 ; 3, 33, 1) ou ailleurs (Liu. 23, 16, 8 ; Curt. 6, 8, 23 ; Suet., *Galba*, 20, 2). Les premiers étaient des esclaves servant de domestiques particuliers aux soldats, les seconds vendaient dans l'armée des vivres supplémentaires ; bien qu'appartenant aux basses classes de la société, c'étaient des hommes libres : cf. R. Cagnat, in Daremberg-Saglio, *Dict. ant.* III, p. 1279.

4. *legatorum amicorumque comitatus* : cf. 76, 1 : *alii legati amicique* ; sur le *comitatus* du chef militaire, cf. A. Passerini, *le coorte pretorie*, Rome, 1939 ; J. Hellegouarc'h, *Voc. pol.*, p. 56-60.

5. *regeretur* : correction admise par presque tous les éditeurs au texte de *M*, *regetur*, que G. Andresen, dans *Woch. f. kl. Phil.* XXXI, 1914, p. 1064, tente, bien vainement à notre sens, de défendre.

6. Ces deux phrases forment un ensemble, car elles ont en commun l'antéposition du verbe qui souligne la lourdeur et l'embarras de cette marche ; les différents éléments en sont énumérés,

d'abord suivant l'ordre chronologique (cf. P. Robin, *L'ironie*...,
p. 438 : « départ des prudents, puis des flatteurs, ensuite vient le tour
de la masse des indifférents»), puis selon l'ordre « hiérarchique » :
senatores, equites, plebs, mais cette dernière est désignée par un tour
qui marque son rôle passif : *e plebe flagitiosa per obsequia Vitellio
cogniti*, l'énumération qui suit venant souligner l'encombrement que
représente cette masse et ses aspects déshonorants. A. Salvatore
remarque, *Stile*..., p. 191, qu'ici apparaît clairement la grande
richesse expressive de la langue et du style de Tacite. E. Courbaud,
Les procédés..., p. 283-284, commente en ces termes la valeur
stylistique de ces phrases : « S'agit-il de représenter Vitellius
s'acheminant vers Rome et tout l'incroyable encombrement de gens,
de bagages, de services de toute sorte qu'il traîne à l'arrière,
vivandiers, valets d'armée, courtisans, bouffons, comédiens, cochers ;
les mots de quatre, cinq, six syllabes, les spondées, les génitifs
pluriels en *-orum*, en *-arum*, les imparfaits en tête des propositions se
multiplient. Tout le chapitre 87 du second livre est très curieux à cet
égard et mériterait d'être étudié de près ».

7. Cf. le récit de l'avance désordonnée des Vitelliens en 66, 3 et
chez Suet., *Vit.* 10, 2.

88.

1. Sur l'émeute de Ticinum (Pavie) provoquée, comme ici, par une
plaisanterie, cf. *supra*, 68. Ces plaisanteries et les débordements
auxquels elles donnent lieu traduisent en fait les profondes rivalités
entre les différents corps militaires qui constituent autant de clans
farouchement opposés entre eux.

2. *consensu* : cette remarque indique à quel point l'armée ne fait
pas partie du peuple et est au milieu de lui comme un corps étranger,
ce qui souligne la difficulté qui naît de la désignation d'un empereur
par l'armée.

3. Normalement, les soldats préparaient leur nourriture, qu'ils se
procuraient auprès des *lixae* : cf. chapitre précédent, n. 3 ; ici, ils sont
pourvus d'aliments tout préparés, comme on le faisait pour l'entraînement des gladiateurs ; sur un comportement analogue de l'empereur,
cf. Suet., *Vit.* 7, 3.

4. *balteis* : sur le baudrier, cf. 1, 57, n. 14.

5. *in quo Galba iacuisset* : ils font ainsi ce qu'avait fait le peuple
lui-même : cf. 55, 1 ; le subjonctif *iacuisset* s'explique par le fait que
le verbe exprime la pensée des soldats de Vitellius.

6. *scaeuum* : c'est le texte de *M*, habituellement corrigé par les
éditeurs en *saeuum* ; mais il nous semble pouvoir maintenir, au titre
de *lectio difficilior*, cet adjectif qui a une résonance sallustienne : cf.
Hist. 1, 55, 5 = *Or. Lep.* 5 : *Scaeuos iste Romulus (= Sulla) quasi
ab externis rapta tenet...* ; il est employé dans la langue religieuse au

sens de « de mauvais augure », et il a une valeur éventuellement péjorative.

89.

1. *a ponte Mului* : contre quelques éditeurs récents, nous maintenons le texte de *M, Mului*, en suivant sur ce point l'opinion de W. Heraeus, dans *Woch. f. klass. Phil.* XXXIII, 1916, p. 794 ; cf. de même 3, 82, 1, alors qu'on a *pons Muluius* en 1, 87, 1 et *Ann.* 13, 47, 2. Le pont Mulvius était à, 3 km environ au nord de Rome, celui où la *uia Flaminia* traversait le Tibre. C'est là qu'avait eu lieu, lors de l'entrée de Galba dans la capitale, le massacre des *classici*, les rameurs de la flotte que Néron avait transformés en soldats : cf. 1, 6, n. 10. Le pont est célèbre aussi par l'arrestation des Allobroges, pseudo-complices de Catilina, que Cicéron fit opérer en 63 avant J.-C. : cf. Sall., *Cat.* 45, 1.

2. *paludatus accinctusque... sumpta praetexta* : le *paludamentum* est le manteau de pourpre de l'*imperator* sur le champ de bataille (cf. Varr., *L.L.* 7, 37 ; Liu. 41, 10, 5 ; Val. Max. 1, 6, 11) ; il ne devait pas le porter à l'intérieur du *poemerium* ; c'est la raison pour laquelle Vitellius le quitte pour revêtir une toge prétexte, toge portant une bande de pourpre, qui était l'insigne des magistrats. Cette entrée est décrite de façon différente par Suet., *Vit.* 11, 1.

3. *I Italica, V Alaudae, XXI Rapax, XXII Primigenia.*

4. *I Germanica, IV Macedonica, XV Primigenia, XVI Gallica.*

5. Cf. *supra*, 1, 70, n. 8 ; 2, 14, n. 8 ; sur *uexilla* et *signa*, cf. 1, 31, n. 14.

6. Sur les *praefecti castrorum*, cf. 1, 82, 1, n. 2 ; 2, 26, 1, n. 2.

7. *primi centurionum* : expression sans doute équivalente à *primores centurionum* (3, 13, 1) ; ce sont vraisemblablement les *centuriones primi pili*, et plus précisément, sans doute, ceux des *triarii*, les plus élevés en grade.

8. *candida ueste* : cf. A. v. Domaszewski, *Die Rangordnung...*, p. 81 : « Les centurions des classes supérieures avaient droit à l'*albata decursio*, c'est-à-dire que, dans les parades, ils revêtaient le costume blanc des officiers de rang équestre ».

9. *donisque* : ces décorations, particulières aux officiers supérieurs, étaient des couronnes (*coronae*), des piques sans fer (*hastae purae*) et des guidons (*uexilla*) : sur ces décorations, cf. P. Steiner, *Die dona militaria*.

10. Sur les *phalerae* et les *torques*, cf. *ibid.*, p. 14-22 et 22-26 ; sur les phalères, cf. aussi *supra*, 1, 57, n. 14.

11. Sur la mère de Vitellius, Sextilia, cf. 1, 75, 2, n. 6 ; 2, 64, 2, n. 7 et 8. Le titre d'*Augusta* avait déjà été accordé à Livie, à la mort d'Auguste (*Ann.* 1, 8, 1), à Antonia par Caligula (Suet., *Cal.* 15, 2), puis par Claude (*Claud.* 11, 2), parce qu'elle l'avait refusé la première

fois, à Agrippine par Claude également (*Ann.* 12, 26, 1) et à Poppée par Néron (*Ann.* 15, 23, 1).

90.

1. *Postera die* : H. Heubner, *Comm.*, p. 290, conteste qu'il puisse s'agir du 18 juillet, comme cela paraît se dégager du chapitre suivant ; cf. aussi *infra*, n. 6. A. J. Coale Jr., « Dies Alliensis », *T.A.Ph.A.* CII, 1971, p. 49-58, se fondant sur l'analyse des monnaies de Vitellius et sur un document épigraphique (*C.I.L.* VI, 2051, 2, l. 6-13), fixe cette arrivée de Vitellius à Rome au 5 juin au plus tard (p. 56), ce qui conviendrait mieux, selon lui, au *maturis iam frugibus* de 2, 87, 2 ; mais l'interprétation de ce document est sujette à discussion.

2. En 62, 2, nous avons vu que c'est le titre de César qu'il refusait ; quant au titre d'Auguste, il le remettait seulement à plus tard : *Praemisit in urbem edictum quo uocabulum Augusti differret, Caesaris non reciperet.*

3. *tam frustra* : puisqu'il n'avait que peu de temps à régner et que ce titre ne lui servirait donc à rien.

91.

1. Le souverain pontificat fait partie des attributions du *princeps* : « *Pontifex maximus*, l'empereur est le premier des prêtres. Il est en quelque façon le chef de la religion romaine... » (J. Gaudemet, *Institutions*, p. 476). Si l'on en croit ce que dit Tacite en 1, 47, 1 (cf. *supra*, 80, n. 3), furent décernés d'un coup à Othon le 16 janvier *tribunicia potestas et nomen Augusti et omnes principum honores*, mais, outre le peu de précision de la formule, nous constatons d'après *I.L.S.* 241, l. 73, que c'est le 9 mars seulement qu'Othon devint *pontifex maximus*.

2. Le 18 juillet, date de la défaite subie en 477 avant J.-C. par les Romains, sur les rives du Crémère, petit affluent de la rive droite du Tibre, dans la région de Véies, et au cours de laquelle périrent les 306 Fabii, date aussi, en 390, de la défaite de l'Allia, affluent de la rive gauche du Tibre, non loin de Fidènes, où l'armée romaine fut mise en déroute par les Gaulois : cf. Liu. 6, 1, 11.

3. Cf. Suet., *Vit.* 11, 2. Le texte du biographe est plus vague et, en particulier, ne comporte pas d'appréciation sur l'entourage de Vitellius et sa propre attitude ; mais il note également le caractère immoral et illégal de ses actes. Une divergence toutefois : Suétone fait coïncider le début de ce pontificat avec la date de l'édit pris en vertu de celui-ci, le 18 juillet, alors que le texte de Tacite pourrait faire croire à une antériorité du premier événement sur le deuxième. H. Heubner, *Comm.*, p. 305, estime qu'il y a lieu de les dissocier chronologiquement, en premier lieu parce qu'il serait peu vraisemblable que Vitellius ait revêtu le *maximus pontificatus infausto die*, ensuite parce que le texte de 55, 2 nous indique qu'à

l'annonce de la mort d'Othon *in senatu cuncta longis aliorum principatibus composita statim decernuntur* ; mais G. E. F. Chilver, *ad loc.*, p. 252, soutient la coïncidence des deux événements. Sans prendre une position tranchée, ce que nous croyons impossible dans l'état de la documentation, nous observerons seulement : 1) que l'objection de l'*infaustus dies* avancée contre la prise du souverain pontificat peut être valable contre la date de l'édit ; 2) que la formule analogue de l'acquisition de tous les pouvoirs en même temps, employée pour Othon et citée en n. 1, n'empêche pas qu'il n'a accédé au souverain pontificat qu'un peu plus tard.

4. Tibère avait considérablement réduit l'importance électorale des comices : cf. *Ann.* 1, 15, 1 ; *Tum primum e campo comitia ad patres translata sunt.* En fait, le rôle de ces derniers se limitait dans la plupart des cas à sanctionner le choix fait par l'empereur en élisant les candidats que celui-ci leur proposait ; mais ces propositions pouvaient se faire sous la forme de recommandations plus ou moins pressantes (cf. J. Gaudemet, *Institutions*, p. 486-487) ; c'est ce qui est ici indiqué. Vitellius suit d'ailleurs en cela l'exemple d'Auguste : cf. Suet., *Aug.* 56, 1. Sur ce comportement impérial, cf. J. Béranger, *Recherches...*, p. 151. — *cum candidatis* : il s'agit de ceux qu'il avait désignés à Bologne (cf. *supra*, 71, 2) et qui étaient de ce fait *candidati Caesaris.* Tacite n'indique pas, en revanche, comme Suétone (cf. n. 3) que cette attribution des candidatures fut fixée pour dix ans (*comitia in decem annos ordinauit*) et qu'il s'attribua à lui-même le consulat à perpétuité.

5. *in circo ut fautor* : allusion aux « factions » du cirque : cf. R. Goossens, « Note sur les factions du cirque à Rome », *Byzantion*, 1939, p. 205-209 ; A. Maricq, « Factions du cirque et partis populaires », *Bulletin de l'Académie royale de Belgique, Classe des lettres et des sciences morales et politiques*, 5ᵉ série, XXVI, 1950, p. 396-421 ; P. Veyne, *Latomus*, XXVI, 3, 1967, p. 739-741 ; A. Cameron, *Circus Factions, Blues and Greens at Rome*, Oxford, 1976. Suet., *Vit.* 7, 1, donne à cette remarque un caractère plus précis ; cf. aussi 14, 3.

6. *Priscus Heluidius* : interversion du *nomen* et du *cognomen* comme à diverses reprises chez Tacite : cf. par exemple, 1, 31, 2 : *Celsus Marius.* Sur les origines, la personnalité et la carrière d'Helvidius, qui fut préteur en 70, cf. *infra*, 4, 5-6 et 4, 53, 3-4 et les notes ; Gaheis, *R.E.* VIII, 1, col. 216-221, n° 3.

7. *spretae potestatis* : sa propre *tribunicia potestas*, élément essentiel de la souveraineté impériale : cf. J. Béranger, *Recherches...*, p. 96 ; toutefois « elle est un attribut du pouvoir suprême ; elle n'est pas ce pouvoir lui-même » (*ibid.*, p. 102). Vitellius se comporte comme s'il n'était qu'un tribun parmi ses collègues : acte de fausse modestie, que confirme la suite du texte, alors qu'en réalité la *tribunicia potestas* n'est pas le tribunat lui-même : cf. J. Béranger,

Recherches..., p. 99 : « L'empereur, patricien, ne pouvait devenir tribun. Mais il recevait l'efficience du tribunat ». G. E. F. Chilver, *ad loc.*, p. 253, note que le seul cas où le prince usa du veto que lui donnait sa puissance tribunitienne est celui que Néron opposa à une condamnation en 62 : *Ann.* 14, 48, 2 ; en fait, on relève encore des veto de Tibère en 3, 70, 3 et 4, 30, 1 ; de Néron en 13, 43, 5 et 16, 11, 3.

8. *Thraseae* : P. Clodius Thrasea ; beau-père d'Helvidius Priscus, il était né à Patavium (*Ann.* 16, 21, 1 ; Dio Cass. 62, 26) et fut un des représentants les plus éminents des stoïciens sous Claude et Néron ; il devint consul suffect en 56, l'année même où son gendre Helvidius Priscus fut *tribunus plebis*. En 57, il obtint, comme sénateur, la condamnation pour concussion du délateur Cossutianus Capito (*Ann.* 13, 33, 2 ; 16, 21, 3). À partir de là, il manifesta de plus en plus son opposition au régime. De 63 à 66, il se tint à l'écart de l'activité sénatoriale (*Ann.* 16, 22, 1 ; Dio Cass. 62, 26). En 66, il fut poursuivi pour cette opposition et contraint de s'ouvrir les veines. C'est sur le récit de ce procès et de cette condamnation que s'achève le texte des *Annales* tel que nous le possédons (16, 24-35). — *quod duo senatores... dissentirent* : en *Ann.* 14, 49, Tacite rapporte un conflit de ce genre entre Thrasea et Vitellius.

92.

1. *Praeposuerat praetorianis Publilium Sabinum... Iulium Priscum* : Sabinus et Priscus deviennent préfets du prétoire, ce qui constitue le sommet de la carrière équestre. La forte allitération en *p* que comporte le début de cette phrase souligne l'importance et le caractère exceptionnel de cette mesure qui permet l'accession au grade suprême équestre d'un commandant de cohorte auxiliaire (Sabinus) et d'un centurion primipile (Priscus). — Publilius Sabinus et Iulius Priscus ne sont connus que par ce que nous en dit Tacite dans les *Histoires* : le premier, après la trahison de Caecina, fut mis aux fers en raison de son amitié pour celui-ci (3, 36, 2) ; le deuxième fut par la suite chargé d'aller occuper, en compagnie d'Alfenus Varus, qui avait succédé à Publilius Sabinus, l'Apennin à la tête de quatorze cohortes prétoriennes (3, 55) ; ils finirent par abandonner leur armée, qui dut se rendre (3, 61-63). Après le désastre subi par Vitellius, Iulius Priscus se donna la mort à la fin de 69 (4, 11).

2. *inter discordes* : selon H. Heubner, *ad loc.*, p. 293 et 308, et R. Hanslik, *R.E.* IX Suppl., col. 1720, l. 59 sq., il s'agit de Sabinus et de Priscus, mais sans doute leur opposition traduit-elle aussi la rivalité entre Valens et Caecina.

3. *nihil auctoritatis* : c'est-à-dire qu'il était incapable d'avoir l'autorité nécessaire pour mettre fin à ce dissentiment.

4. Sur *ambitus, comitatus* et *salutantes*, cf. J. Hellegouarc'h, *Voc. pol.*, p. 210 ; 57-60 ; 160 et 212.

5. *nec umquam... nimia est* : *potentia* est la puissance personnelle dont dispose un personnage, par opposition à l'autorité légale que lui donne l'exercice de fonctions officielles : *potestas, imperium* : cf. J. Hellegouarc'h, *Voc. pol.*, p. 242.

6. *opes... imperii* désigne les propriétés d'État et, par conséquent, résume et généralise *domos* et *hortos*, ou bien englobe tout ce qui n'est pas désigné par ces deux termes.

7. *flebilis... turba... Galba reddiderat* : ce sont les nobles exilés ou dépouillés par Néron : cf. 1, 20, 2 ; 1, 77, 3 ; les mesures prises en leur faveur ne leur avaient rien apporté : 1, 90, 1, n. 2 et 3.

8. Sur *primores ciuitatis*, cf. J. Hellegouarc'h, *Voc. pol.*, p. 338-339.

9. Les affranchis restaient dans la dépendance de leurs patrons, qui conservaient sur eux tous leurs droits : imposition de l'*obsequium*, droit à leur assistance matérielle, droit de leur faire exécuter les engagements auxquels ils avaient souscrit avant d'être affranchis, droit successoral : cf. J. Gaudemet, *Institutions*, p. 561-564.

10. *per occultos aut ambitiosos sinus* : le mot *sinus* désigne un repli de la toge formant une sorte de poche où pouvait être placé de l'argent, d'où le sens qu'il prend par extension : cf. 3, 19, 2 ; 4, 14, 3. De ce fait, l'expression constitue une sorte de zeugma, *sinus* ne s'accordant bien qu'avec *occultos*. — *occultos aut ambitiosos* : le premier mot désigne ceux chez lesquels on ne risquait pas de trouver de l'argent, le deuxième ceux dont le poids social et/ou politique était tel qu'il pouvait d'avance décourager toute recherche. Le but des affranchis est de se soustraire à l'obligation d'assistance pécuniaire en se réfugiant derrière le droit que leur donnent, en cas d'incapacité à exercer cette dernière, les textes qu'on lit dans *Dig.* 25, 3, 5, 19 sq. ; 37, 14, 4.

93.

1. *plenis castris* : le camp des prétoriens ; parce qu'il n'est pas assez vaste, les soldats de Vitellius campent sous les portiques ou dans les temples, comme nous l'avons vu faire en 1, 31, 2 à ceux de Galba, à l'arrivée de celui-ci à Rome.

2. *principia* désigne, dans un camp romain, la place d'armes, le lieu où se fait l'appel, à l'intersection de la *uia principalis* et de la *uia praetoria* ; cf. *supra*, 1, 48, n. 11.

3. *infamibus Vaticani locis* : c'est la région de la rive droite du Tibre, le Trastevere, longtemps considérée comme une terre étrangère, abandonnée aux petites gens, et dont Frontin, *Aq.* 88, dénonce lui-même l'insalubrité : cf. P. Grimal, *Les Jardins*..., p. 121 n. 7 ; *Nous partons pour Rome*, Paris, P.U.F., 1970, p. 38 ; 90 ; 150 ; Platner-Ashby, *Topogr. Dict.*, p. 546-548.

4. Avant tout, en s'y baignant, ce à quoi ils étaient poussés par la

chaleur, qu'en hommes du Nord ils avaient du mal à supporter (*aestus impatientia*) et par la proximité du fleuve (*adiacente Tiberi*). — *obnoxia morbis* : à propos de cette incapacité des Germains à supporter la chaleur, cf. *Germ.* 4, 3 : *minime... sitim aestumque tolerare* et Liu. 34, 47, 5, qui se rapporte aux Gaulois : *Labor et aestus mollia et fluida corpora Gallorum et minime patientia sitis cum decedere pugna coegisset...*

5. Sur les cohortes prétoriennes et les cohortes urbaines, cf. 1, 5, 1 et n. 1. Il s'agissait de remplacer celles d'Othon que Vitellius avait licenciées (67, 1) ; Tacite ajoute d'ailleurs qu'au bruit de la révolte de Vespasien, elles s'empressèrent de se ranger à son parti. Nous avons vu que jusqu'alors les cohortes prétoriennes étaient au nombre de douze ; Vitellius élève ce dernier jusqu'à seize ; de plus, l'effectif de chaque cohorte passe de 480 à 1 000 hommes. Même chose en ce qui concerne les cohortes urbaines, dont, en revanche, le nombre est maintenu à quatre. Tacite ne mentionne nulle part le licenciement des cohortes urbaines ; aussi Ph. Fabia, *Les prétoriens...*, p. 43, pense-t-il qu'elles furent, non pas licenciées, mais épurées et que Vitellius se préoccupa seulement de combler les vides. G. E. F. Chilver, *ad loc.*, p. 255, constatant avec quelle facilité ces cohortes ont en décembre rallié Flavius Sabinus (3, 64, 1 et 3, 69, 1), ce qui serait surprenant s'il s'agissait de soldats recrutés spécialement par Vitellius, suppose qu'en réalité la procédure de transformation des cohortes urbaines, ayant été réalisée après celle des cohortes prétoriennes, eut à peine le temps d'être entreprise et ne fut pas effectivement achevée. C'est cette modification de l'organisation des prétoriens et du nombre des cohortes qu'exprime *confusus prauitate uel ambitu ordo militiae*, mais il s'y ajoute un autre élément que marque surtout *prauitate*. Les cohortes prétoriennes étaient recrutées, selon la règle établie par Auguste, parmi les Italiens de droit latin, principalement dans le Latium uetus, l'Etrurie, l'Ombrie, ce qui fait dire à Othon, quand il les harangue après leur début de révolte, à la fin du livre I, qu'ils étaient *Italiae alumni et Romana uere iuuentus* (1, 84, n. 14) ; Vitellius, au contraire, veut y faire entrer ses légionnaires et ses auxiliaires Germains ; il faut dire cependant que, comme indiqué dans la note citée ci-dessus, Néron avait déjà fait appel à des corps venant de Germanie, de Bretagne et d'Illyrie ; Galba s'entoura d'une *legio Hispana* (M. Durry, *Les cohortes...*, p. 240-243). Ce qui avait conduit Vitellius à prendre ces nouvelles dispositions : augmentation du nombre des cohortes et de leur effectif, modification du recrutement, c'était le désir de récompenser ses soldats de l'appui qu'ils lui avaient apporté, par un autre moyen que la distribution d'un argent qu'il n'avait pas (cf. d'ailleurs 94, 2). Dans l'organisation de ce recrutement nouveau, l'influence de ses deux principaux lieutenants, Valens et Caecina, fut importante (*ambitu*), mais celle du premier fut la plus considérable.

94.

1. *urbanae militiae* : les cohortes prétoriennes aussi bien que les cohortes urbaines. — *quamuis indignus* : c'est-à-dire même s'il ne répondait pas aux normes rigoureuses de recrutement que nous avons rappelées dans la n. 5 du chap. 93.

2. C'est-à-dire qu'ils attribuaient aux conditions climatiques des défaillances qui n'étaient dues en fait qu'aux maladies dont ils souffraient ; c'est, nous semble-t-il, ce que souligne la construction en chiasme de cette phrase.

3. *uiginti milibus* : cela représente l'effectif total des seize cohortes prétoriennes et des quatre cohortes urbaines, de 1 000 hommes chacune, recrutées par Vitellius ; ce chiffre implique donc que Tacite considère ici que l'effectif des cohortes urbaines a été lui aussi complètement renouvelé, ce qui, nous l'avons vu, est quelque peu sujet à caution ; mais l'historien recourt, pour assurer son effet, à une expression volontairement hyperbolique, comme l'est aussi *robora... subtracta* : cf. G. E. F. Chilver, *ad loc.*, p. 313 ; ce recrutement massif, contraire à toutes les règles traditionnelles qui faisaient des cohortes prétoriennes un corps d'élite, explique que le prestige de ces dernières est ruiné (*conuolsum castrorum decus*).

4. *Asiaticus, Flauus, Rufinus* : personnages inconnus par ailleurs ; Asiaticus ne doit pas être confondu avec son homonyme, l'affranchi et homme de confiance de Vitellius, dont il est question au chapitre suivant, et précédemment en 2, 57, 2 (cf. n. 5), dont parlent aussi Suétone, *Vit.* 12 et Plutarque, *Galba*, 20, 6. Il s'agit, en tout cas, de ces δυνατοὶ τῶν ἐπιχωρίων que mentionne Ios., *B.I.* 4, 440 ; cf. aussi R. Syme, *Helvetian Aristocrats*, p. 133.

5. Sur le *donatiuom*, cf. 1, 5, n. 4.

6. *Liberti principum* : ceux de ses prédécesseurs ; cf. 65, 1 et n. 2.

7. *circum* : c'est le *Circus Flaminius*, élevé dans les *Prata Flaminia* en 221 avant J.-C. par le censeur C. Flaminius Nepos, dans la partie méridionale du Champ de Mars (Liu., *Per.* 20 ; Fest. 79 L) ; les *stabula* sont les *stabula IIII Factionum*, destinés aux chevaux de chacune des quatre factions (blanc, rouge, vert, bleu) qui participaient aux courses de chars ; ils appartenaient à l'ensemble constitué par ce cirque, entre la *porticus Octauiae* et le Tibre : cf. Platner-Ashby, *Topogr. Dict.*, p. 111-113 (*Circus Flaminius*) et 494-495 (*Stabula IIII Factionum*) ; sur le goût de Vitellius pour les courses de chars, cf. *supra*, 91, 2.

95.

1. *natalem Vitellii diem* : le 7 ou le 24 septembre selon Suet., *Vit.* 3, 1, la première de ces deux dates étant la plus vraisemblable : cf. L. Holzapfel, « Römische Kaiserdaten III », *Klio*, XV, 1918, p. 108.

2. Ils étaient consuls en exercice depuis le 1ᵉʳ septembre.

3. *uicatim = per singulos uicos* : Rome était divisée en 14 *regiones* créées par Auguste, elles-mêmes subdivisées en 265 *uici*, centrés autour d'autant de *compita Larum*, « carrefours où est célébré le culte des Lares » : A. Grenier in Daremberg-Saglio, *Dict. Ant.* V, p. 862. Peut-être est-ce sur les places constituées par ces carrefours que se déroulèrent les combats en question ; Auguste avait organisé des spectacles de théâtre dans des conditions analogues : Suet., *Aug.* 43, 1 : *Fecit... nonnumquam etiam uicatim ac pluribus scaenis per omnium linguarum histriones... non in foro modo, nec in amphi-theatro, sed et in circo et in Saeptis...*

4. Le but de Vitellius était, par l'organisation de ces spectacles, de s'attirer les faveurs de la populace de Rome : cf. Dio Cass. 65, 7, 1.

5. Le tombeau de Néron était en effet visible du Champ de Mars, ainsi que le précise Suét., *Nero*, 50.

6. *Augustales... Iuliae genti* : cette confrérie fut fondée par Tibère, en 14, pour célébrer le culte, non d'Auguste, mais de la *gens Iulia* ; vingt et un membres furent tirés au sort parmi les *primores ciuitatis* et, à leur tête, furent placés trois *magistri* : Tibère, Drusus, Claude, auxquels fut adjoint Germanicus *extra ordinem* : cf. *Ann.* 1, 54, 1, et aussi 2, 83, 1 ; 3, 64, 3 ; Suet., *Claud.* 6, 2 ; Dio Cass. 56, 46, 1 ; H. Strassburger, *R.E.* VII Suppl., col. 1219-1220, s.u. *sodales Augustales* ; K. Latte, *Römische Religionsgeschichte*, München, 1960, p. 318, n. 1.

7. Dans *Ann.* 1, 54, 1, Tacite s'exprime dans les mêmes termes : *Idem annus* (= 14 après J.-C.) *nouas caerimonias accepit, addito sodalium Augustalium sacerdotio, ut quondam T. Tatius retinendis Sabinorum sacris sodales Titios instituerat* ; il s'agit des *sodales Titii*, confrérie fondée par Romulus en l'honneur du roi des Sabins, Tatius, ou par ce dernier lui-même selon le texte ci-dessus, pour conserver le culte des Sabins ; Auguste l'avait précédemment res-taurée : cf. Varro, *L.L.* 5, 85 : *sodales Titii dicti ab Titiis auibus, quas in auguriis certis obseruare solent* ; Glasser, *R.E.* IV A, 2, col. 2473-2474 et St. Weinstock, *ibid.* VI A, 2, col. 1538-1540, s.u. *Titii sodales* ; c'est cette divergence sur l'identité du fondateur des *Titii sodales* qui a fait supprimer par Nipperdey et quelques autres la partie du texte allant de *quod sacerdotium* à *sacrauit*, mais il paraît plus juste de penser à une rectification de la part de Tacite dans son texte des *Annales*.

8. *quartus a uictoria mensis* : la bataille de Bédriac a eu lieu le 14 avril 69 ; nous sommes au milieu du mois d'août.

9. *Asiaticus* : sur ce personnage, cf. *supra*, 57, n. 5 et 94, n. 4.

10. *Polyclitos, Patrobios* : Polyclitus et Patrobius étaient des affranchis de Néron ; sur le premier, cf. 1, 37, 5, n. 18 ; sur le second, 1, 49, 1, n. 5.

11. *probitate aut industria* : sur l'association de *probitas* et *industria*, cf. J. Hellegouarc'h, *Voc. pol.*, p. 286 et n. 3.

12. *prodigis epulis* : cf. 1, 62, 2 : *Torpebat Vitellius et fortunam principatus inerti luxu ac prodigis epulis praesumebat.*

13. *nouiens milliens sestertium* : soit environ 225 millions de francs-or ; sur cette équivalence, cf. 1, 20, n. 2. — *paucissimis mensibus* : d'avril à décembre. — Sur les excès, la goinfrerie et les folles dépenses de Vitellius, cf. les détails donnés par Suet., *Vit.* 13.

14. Sur T. Vinius Rufinus, cf. 1, 1, 1, n. 3 ; Fabius = Fabius Valens, 1, 7, 1, n. 8 ; Icelus : cf. 1, 13, 1, n. 5 ; Asiaticus, *supra*, n. 9.

15. Sur Mucianus, cf. 1, 10, 1, n. 2 ; sur le délateur Eprius Marcellus, cf. *supra*, 53, 1, n. 2.

96.

1. *tertiae legionis defectio* : sur cette légion, la *III Gallica*, cf. 74, 1, n. 5 et 85, 1, n. 3 ; *prima* implique donc que cette défection fut antérieure à celle des légions d'Égypte et de Judée ; mais la lettre d'Aponius ne dit pas que les deux autres légions de Mésie, la *VII Claudiana* et la *VIII Augusta* ont suivi la *III* : cf. 85, 1 ; il est vrai qu'en ce passage, le texte de Tacite, *exemplum... praebuit*, paraît impliquer que la nouvelle se situe juste avant que la contagion n'ait joué. On remarquera que le texte de Tacite ne précise pas en faveur de qui s'est déclarée la 3e légion ; de la suite du texte, qui indique qu'Aponius *(non)... cuncta... perscripserat* et que les courtisans cherchaient à masquer la gravité des faits, il semble résulter que le nom de Vespasien n'avait pas été écrit ; sur M. Aponius Saturninus, gouverneur de Mésie, cf. 1, 79, 5, n. 13.

2. *constare fidem* : cette fidélité s'exprime dans les légendes des monnaies de Vitellius frappées à Rome, en Gaule et en Espagne ; certaines portent au revers la légende FIDES EXERCITVVM avec les mains jointes, d'autres CONSENSVS EXERCITVVM avec l'image de Mars : cf. H. Mattingly, « The coinage of the civil wars of 68-69 A.D. », *Numismatic Chronicle*, XIV, 1914, p. 110-137 (p. 131-135) ; H. Mattingly-E. Sydenham, *R.I.C.*, I, p. 224 sq.

3. *In hunc modum... disseruit* : la formule indique que les propos ne sont pas reproduits textuellement : cf. 4, 57, 3 ; *Ann.* 14, 42, 2 ; Sall., *Hist.* 1, 76 ; Curt. 9, 2, 12 ; Amm. 14, 10, 10.

4. *nuper exauctoratos* : cf. *supra*, 67, 1 ; sur l'*exauctoratio*, cf. R. Cagnat in Daremberg-Saglio, *Dict. Ant.* II, p. 879 : l'*exauctoratio*, renvoi du soldat dans ses foyers, pouvait se produire dans deux cas : 1. cessation du service par accomplissement du temps légal ou suppression d'un corps expéditionnaire ; 2. licenciement à titre de punition ; c'est évidemment de ce deuxième cas qu'il est ici question.

5. Ce chapitre se termine sur une de ces formules lapidaires chères à Tacite, qui exprime ici une vérité toujours d'actualité : rien de tel

qu'un démenti officiel pour assurer la confirmation et la diffusion d'une nouvelle.

97.

1. Sur Hordeonius Flaccus, cf. 1, 9, 1 et n. 2 ; Vitellius lui avait confié la garde du Rhin : cf. *supra*, 57, 1.

2. Sur Vettius Bolanus, cf. *supra*, 65, 2 et n. 7.

3. *uterque ambigui* : il faut rappeler qu'ils avaient tous reçu des lettres de Vespasien les poussant à se révolter contre Vitellius : 86, 4 ; en 4, 13, 3, Tacite note qu'Hordeonius Flaccus était *inclinato in Vespasianum animo*.

4. Depuis que Cluvius Rufus avait quitté son gouvernement pour rejoindre Vitellius et qu'il avait été empêché par ce dernier de retourner dans sa province : *supra*, 65, 1 sq.

5. *trium legionum* : ces trois légions sont la *I Adiutrix*, la *VI Victrix* et la *X Gemina*. — *prosperis... rebus* — *aduersam... fortunam* : nouvelle forme de *uariatio*.

6. *cohortes... delectae a Clodio Macro* : sur la légion levée par L. Clodius Macer et sur ce dernier lui-même, cf. 1, 11, 2, n. 10 et 1, 7, 1, n. 2.

7. Sur le gouvernement de Vitellius en Afrique, qui eut lieu en 60-61, cf. 1, 70, 1, n. 4 ; Suet., *Vit.*, 5 : *In prouincia singularem innocentiam praestitit biennio continuato...*

8. Suet., *Vesp.* 4, 3, ne partage pas l'avis de Tacite : *Sortitus Africam integerrime nec sine magna dignatione administrauit*, mais il ajoute toutefois *nisi quod Hadrumeti seditione quadam rapa in eum iacta sunt.*

98.

1. *Valerius Festus* : C. Calpetanus Rantius Quirinalis Valerius Festus : ce nom est conservé dans toute son extension par de nombreuses inscriptions : *C.I.L.* II, 2477 ; 4799 ; 4802 ; 4803 ; 4838 ; 4847 ; 4854 ; III Suppl., 11194 ; 11195 ; 11196 ; VI, 31546, et principalement, V, 531 (*I.L.S.* 989), inscription due aux Triestins dont ce personnage était le patron et qui nous indique les principales étapes de sa carrière. Retenons principalement qu'il fut *legatus pro praetore* en Afrique, en 69-70 et que, bien qu'il fût apparenté à Vitellius, il passa du côté de Vespasien et fit exécuter L. Calpurnius Pison, proconsul d'Afrique et partisan de Vitellius, puis qu'il remporta une victoire sur les Garamantes (4, 49-50). Il devint consul suffect en mai-juin 71, curateur du Tibre (1ᵉʳ janvier-30 juin 73), *legatus pro praetore* en Pannonie, puis en Tarraconaise, en 79 et 80. En 1, 78, Martial nous apprend qu'il était l'ami de Domitien (*amicus Caesaris*) et qu'il se suicida en 85-86, en raison d'un mal qui lui rongeait le visage.

2. *cum litteris edictisque* : ceux dont il est question en 86, 4 ; sur la Rhétie, cf. 1, 11, n. 15. P. Jal, *Guerre civile*, a souligné l'importance en temps de guerre civile de la propagande par les édits (p. 162-165) et par les lettres (p. 217 sq.).

3. *Ita Vitellii paratus noscebantur* : G. E. F. Chilver, *ad loc.*, p. 259, pose la question de savoir à quoi correspond *ita* : « Tacite n'explique pas comment étaient connus les préparatifs de Vitellius ». Il nous semble que *ita* porte sur l'ensemble de la phrase, la remarque sur les plans de Vitellius devant être jugée essentiellement par opposition à celle qui porte sur Vespasien ; de cette façon, c'est-à-dire du fait qu'un très petit nombre des messages de Vespasien étaient interceptés, ses plans restaient ignorés, alors que les préparatifs de Vitellius étaient connus, d'une part en raison de la *socordia* de l'empereur, d'autre part aussi parce que le barrage opposé aux courriers jouait peu d'est en ouest, alors qu'il n'en était pas de même dans le sens inverse.

4. *Pannonicae Alpes* : ce nom désigne les passages des Alpes Juliennes (cf. *infra*, 3, 8) conduisant en Pannonie, au sud-est des Alpes (aujourd'hui en Yougoslavie).

5. *etesiarum flatu* : les vents étésiens, vents saisonniers, soufflant du nord-ouest, approximativement du milieu du mois de juillet à la fin du mois d'août : cf. *Ann.* 6, 33, 3 ; Plin., *N.H.* 5, 55.

6. C'est ce que confirme César dans *Ciu.* 3, 107, 1 : *Ipse* (= *Caesar*) *enim necessario etesiis tenebatur, qui nauigantibus Alexandria flant aduersissimi uenti.*

99.

1. *inruptione... nuntiis* : deux interprétations s'opposent ; *inruptione* est le complément de *exterritus*, *atrocibus... nuntiis* étant un ablatif de la circonstance concomitante : G. Heraeus, H. Heubner ; à l'inverse, *nuntiis* est le complément de *exterritus* et c'est *inruptione* qui a valeur temporelle : Valmaggi, Chilver. N'est-il pas possible de penser tout simplement que les deux compléments sont sur le même plan et en construction asyndétique ?

2. *fluxa arma* : différents emplois tels que *crine fluxo* « les cheveux flottants » (*Ann.* 11, 31, 2), *fluxa habena* « les rênes lâches » (Liu. 38, 29, 6), *fluxos amictus* « vêtements flottants » (Lucan. 2, 362), *fluxiore cinctura* (Suet., *Caesar*, 45, 3), *arma fluunt* (Stat., *Theb.* 7, 682) nous permettent de considérer comme assurée la traduction que nous donnons de cette expression et de rejeter celle de « armes en mauvais état » proposée par Chilver, qui s'appuie sur un texte de Liu. 21, 40, 9 *quassata fractaque arma, claudi ac debiles equi*, dont celui de Tacite serait une réminiscence, rapprochement qui nous paraît rien moins que convaincant.

3. Même tableau de la décomposition de l'armée de Vitellius dans Dio Cass. 65, 10, 2.

4. *Credidere plerique* : allusion faite à nouveau (cf. *supra*, 1, 7, 2) par Tacite aux écrivains qu'il a consultés sur les événements qu'il relate et dont il discute les témoignages.

5. *Flauii Sabini* : T. Flavius Sabinus, le frère de Vespasien : cf. 1, 46, n. 5 ; *Rubrio Gallo* : Rubrius Gallus : cf. 51, n. 5.

100.

1. La scène se situe à la fin du mois de septembre ou au début du mois d'octobre ; sur ce départ, cf. Ios., *B.I.* 4, 634.

2. *uexilla* : sur la valeur du terme, cf. 1, 31, n. 14.

3. Ce texte constitue une correction de Ferlet (cf. apparat critique), que l'on peut considérer comme assurée ; les légions I, XV et XVI venaient de Germanie inférieure (1, 55, 2), la IV de Germanie supérieure (1, 55, 3) ; leur présence à Crémone nous est indiquée en 3, 22, 2.

4. La *V Alaudae* était venue de Germanie sous la conduite de Valens (1, 61, 2) ; la *XXII Primigenia*, de Germanie supérieure (1, 55, 3), peut-être avec Vitellius ; la présence de ces deux légions à Crémone est également mentionnée en 3, 22, 2.

5. Sur la *XXI Rapax*, cf. 1, 52, n. 14 ; 1, 67, n. 6 ; elle formait l'élite de l'armée que Caecina avait amenée de Germanie supérieure (1, 61, 2) ; la *I Italica* avait adhéré au parti de Vitellius sous la conduite de Valerius Asiaticus et Iunius Blaesus (1, 59, 2).

6. Ce sont la *II Augusta*, la *IX Hispana* et la *XX Valeria Victrix* : cf. 3, 22, 2. Selon R. Hanslik, *R.E.* IX Suppl., col. 1723, l. 29 (s.u. *Vitellius*), le total de l'armée de Caecina s'élevait à 60 000 hommes, chiffre qui paraît excessif à B. Hallermann, *Untersuchungen*, p. 106, n. 2, qui le réduit à 40 000 hommes (cf. H. Heubner, *Comm.*, p. 296).

7. *quem ipse ductauerat* : celles qu'il avait personnellement amenées de Germanie inférieure, la *I Italica* et la *V Alaudae* (1, 61, 2 et 1, 64, 3), ainsi que les *uexilla* des *legiones I Germanica*, *XV Primigenia* et *XVI Gallica* (*Ibid.* et 2, 97, 1).

8. *tota mole* : sur cet emploi de *moles*, en particulier dans l'expression *moles belli*, cf. 1, 61, n. 9. La conduite de Caecina peut être considérée, selon certains, comme la préparation de sa trahison, mais il n'est pas invraisemblable non plus de penser que, devant la menace que faisait peser Antonius Primus, il était indispensable de renforcer au maximum la ligne du Pô.

9. Pour Crémone, la *I Italica* et la *XXI Rapax* ; pour Hostilia, la *V Alaudae* et la *XXII Primigenia*, ainsi que les *uexilla*, comme nous le voyons d'après 3, 14. — *Hostiliam* : Hostilia, aujourd'hui Ostiglia, sur la rive gauche du Pô, au sud-est de Mantoue et au sud de Vérone (cf. Plin., *N.H.* 21, 73) ; c'était un nœud de communications important, où la route de Vérone à Bologne rejoignait la *uia Postumia*. — Nous suivons, en ce qui concerne la construction, la ponctuation et l'interprétation de cette phrase, la suggestion de

H. Heubner (*ad loc.*, p. 321), qui pense que *legiones* ne peut être mis sur le même plan que *pars* et constituer son pendant, mais que le terme englobe l'ensemble des formations commandées par Caecina ; il y a donc une construction dissymétrique à l'image de ce que l'on trouve à plusieurs reprises chez Salluste.

10. *Rauennam* : Ravenne était devenu sous Auguste la base de la flotte romaine de l'Adriatique : cf. C. G. Starr, *Roman imperial navy*, p. 21 sq.

11. *praetexto* : sur cet emploi de *praetextum*, cf. 1, 77, 2 : *praetexto ueteris amicitiae* ; cf. aussi Suet., *Aug.* 12 : *ad praetextum mutatae uoluntatis*.

12. *mox patuit* : nous adoptons ici, comme H. Heubner, la suggestion, approuvée par G. E. F Chilver, de R. H. Martin qui, dans *Eranos*, XLIX, 1951, p. 174-176, propose de corriger le texte de *M*, *patui*, en *patuit*, au lieu de *Pataui* suivi jusqu'alors par la majorité des éditeurs. La correction est, bien sûr, infiniment plus simple, mais surtout, il est peu vraisemblable que Caecina et Lucilius Bassus se soient rendus, pour assurer le secret de leur entretien, jusqu'à Padoue, à 150 km au nord de Ravenne, et dans une région directement menacée par les troupes d'Antonius Primus ; selon lui, *secretum* doit être compris, non pas comme *secretus locus*, mais avec la valeur d'« entretien secret », sens effectivement usuel : cf. 2, 4, 2 ; *Ann.* 3, 8, 2 : Plin., *Ep.* 1, 5, 11 ; Suet., *Tib.* 25, 3 ; *Cal.* 23, 2 ; ainsi se trouve introduit un contraste entre apparence et réalité qui est bien dans les habitudes stylistiques de Tacite.

13. *Lucilius Bassus* : on retrouve Sex. Lucilius Bassus dans la suite du récit de Tacite en 3, 12 sq. ; 3, 36 ; 3, 40 ; 4, 3. En 71, il devint sénateur et légat impérial en Judée, où il succéda à Cerealis Vetilianus : cf. Ios., *B.I.* 7, 163-218 ; il soumit les forteresses de Hérodion, Machéronte et Masada (*B.I.* 7, 163 sq.) ; après la victoire, il fut chargé, avec le procurateur Laberius Maximus, d'organiser la prise de possession de la province (*ibid.* 216), mais il mourut avant d'avoir pu mener à bien cette tâche.

14. *Rauennati simul ac Misenensi* : Misène était la base de la flotte de la mer Tyrrhénienne (cf. C. G. Starr, *op. cit.*, p. 13-21). Ce rattachement des deux flottes est un cas unique, dont on ignore l'exacte portée ; le fait que, en 3, 12, 1, Tacite donne à Lucilius Bassus le titre de *classis Rauennatis praefectus* fait penser que ce commandement conjoint des deux flottes était provisoire, mais rien cependant ne permet de l'affirmer formellement ; en tout cas, Lucilius Bassus le garda au moins jusqu'en avril 71.

15. Il fut supplanté pour ce poste par Publilius Sabinus et Iulius Priscus : cf. *supra*, 92, 1.

16. La manière même dont est formulée cette alternative donne à penser qu'aux yeux de Tacite, c'est la seconde solution qui est à retenir.

101.

1. *curam pacis et amorem rei publicae* : ces deux expressions sont des slogans de la propagande flavienne : cf. A. Briessmann, *Tacitus...*, p. 28 ; 40. Cette formule est donc vraisemblablement issue de sources proflaviennes ; mais, selon Ph. Fabia, *Les sources...*, p. 218, il s'agirait très précisément de Pline l'Ancien, principale source de Tacite dans les *Histoires* aux yeux de cet auteur ; le pluriel *scriptores temporum* ne serait qu'un artifice de rhétorique destiné à éviter d'offenser Pline le Jeune, ami intime de Tacite ; Pline l'Ancien est formellement mentionné en 3, 28, 1. Mais, en prenant le pluriel au pied de la lettre, on pourrait également citer Cluvius Rufus (cf. 1, 8, n. 4) et Vipstanus Messalla (ce dernier est nommé en 3, 25, 2 et 3, 28, 1). Toutefois, il est à noter qu'un auteur incontestablement proflavien comme Flavius Josèphe dit bien que Caecina a trahi (*B.I.* 4, 635).

2. *prodito Galba* : cf. 3, 86, 2 : *imputare perfidiam non possunt qui Vitellium Vespasiano prodidere, cum a Galba desciuissent.*

3. Après le crochet effectué par Ravenne.

4. Sur l'attachement de la flotte à Othon, cf. 1, 87, 1 : *classe ualida et partibus fida* ; 2, 14, 1 et 3 ; 2, 15, 2 ; 2, 28, 1 ; 2, 32, 1 ; *Agr.* 7, 2.

Tacite conclut ce deuxième livre, comme le premier, sur l'évocation du départ d'une armée pour une guerre civile, dans une atmosphère de servilité aggravée d'une inclination à la trahison.

NOTES DU LIVRE III

1.

1. Après le développement de la fin du livre II (87-101), consacré au récit de l'entrée de Vitellius à Rome, ainsi qu'aux préliminaires de la défection des troupes et de la trahison de Caecina et de Lucilius Bassus (fin septembre-début octobre 69), Tacite ramène l'attention du lecteur sur les partisans de Vespasien qu'il a laissés à la fin du chap. 86. — *fato fideque* : ce groupe allitérant, à la Salluste (*Cat.* 16, 2 : *fidem, fortunas* ; *Iug.* 14, 5 : *magis fides quam fortuna petenda erat* ; cf. *infra*, 4, 28, 2 : *meliore usi fide quam fortuna*) souligne la différence de comportement entre les Flaviens et les Vitelliens ; l'expression constitue en elle-même une sorte de rappel et de reprise du début du livre II, appliqué à la dynastie flavienne : *Struebat iam fortuna...* ; cf. G. Wille, *Der Aufbau der Werke des Tacitus*, Amsterdam, 1983, p. 223 ; les deux mots *fatum* et *fortuna* sont d'ailleurs parfois associés eux aussi en un groupe allitérant : Lucil. 447 ; *Rh. Her.* 2, 50 ; Virg., *Aen.* 6, 683 ; 8, 334 ; Manil. 4, 49 ; Lucan. 10, 3, etc. Sur *fatum*, cf. P. Béguin, « Le *fatum* dans l'œuvre de Tacite », *L'Ant. class.* XX, 1951, p. 315-334, selon lequel, dans les *Histoires*, le mot désigne un simple déterminisme des causes naturelles ; pour R. Syme, *Tacitus*, II, p. 527, n. 2, « *fatum* est souvent ce qui est inexplicable, mais non mystérieux » ; quant à *fides*, il s'oppose à la trahison des chefs vitelliens, particulièrement Caecina et Lucilius Bassus, évoquée à la fin du livre précédent, chap. 100 et 101. — *partium Flauianarum duces* : sur cette formule, quasi officielle, cf. M. Treu, *M. Antonius Primus*, p. 254-256 ; ces *duces* sont M. Antonius Primus, commandant de la *VII Galbiana*, Cornelius Fuscus, procurateur de Pannonie, L. Tampius Flavianus, gouverneur de la même province (cf. 2, 86, n. 2, 7, 8), certainement aussi (cf. M. Treu, *ibid.*, p. 246-247) Vedius Aquila, commandant de la *XIII Gemina* (cf. 2, 44, n. 6) et le primipile Arrius Varus : sur ce dernier, cf. *infra*, 6, 1, n. 3.

2. *Poetouionem* : sur Poetovio (aujourd'hui Ptuj, en Yougoslavie, sur la Drave), sur la route venant de Viminacium, en Mésie supérieure (aujourd'hui Kostolac), cf. 1, 67, n. 8. La *XIII Gemina*, commandée par Vedius Aquila, et la *VII Galbiana*, à la tête de laquelle se trouvait Antonius Primus, étaient les premières légions à

s'être ralliées à Vespasien ; les soldats de la *XIII Gemina* avaient dû,
après la défaite de Bédriac, travailler à Bologne et à Crémone, à la
construction d'amphithéâtres destinés à des spectacles de gladiateurs
offerts par Caecina pour célébrer la victoire, puis elles avaient été
ramenées en Pannonie dans leurs quartiers d'hiver (2, 86, 1).

3. *Pannoniae Alpes* : cf. 2, 98, 2, et n. 4, où la forme est
Pannonicae Alpes, et où il est question de postes installés pour
intercepter les courriers de Vitellius ; il s'agit cette fois de s'opposer à
une éventuelle attaque de ce dernier.

4. *uires* : les armées de Mésie et de Dalmatie, ainsi que celles de
Syrie, amenées par Mucien.

5. *Germanicarum... legionum* : les armées de Germanie inférieure
et supérieure, qui avaient fait Vitellius empereur : *I Italica,
V Alaudae, XXI Rapax, XXII Primigenia*.

6. *Britannici exercitus robora* : ce sont les contingents (8 000 hommes),
pris dans les légions *II Augusta, IX Hispana* et *XX Valeria Victrix*
cantonnées en Bretagne : cf. 2, 57, 1 ; 2, 100, 1. — *aduenisse mox* :
mox est employé ici au sens de « par la suite », « plus récemment »,
que l'on trouve en 1, 1, 1 ; c'est après la bataille de Bédriac.

7. *nec numerum parem* : les trois légions d'Illyrie, *VII Gemina
Galbiana, XI Claudia, XIII Gemina*. — *pulsarum nuper legionum* :
parmi elles, seule, en fait, la *XIII Gemina* avait été présente à
Bédriac. — *nuper* : ceci se passe en octobre ; la défaite a eu lieu en
avril.

8. *Mucianum* : sur C. Licinius Mucianus, cf. 1, 10, 1, n. 2 ; légat
consulaire de Syrie depuis 67, il s'était déclaré pour Othon (1, 76),
puis, pour Vespasien (2, 76). — *cum copiis Orientis* : il venait avec la
VI Ferrata et 13 000 vexillaires détachés de cinq autres légions (2, 83,
1).

9. *mare, classes* : non pas seulement la flotte du Pont amenée à
Byzance (2, 83, 2), mais aussi celles de Syrie et d'Égypte.

10. *studia prouinciarum* : les provinces qui s'étaient déclarées
pour Vespasien étaient principalement l'Égypte, où il avait été
proclamé empereur (2, 79), la Syrie (2, 80, 2) et la Judée (2, 81, 3).

2.

1. *Antonius Primus* : sur M. Antonius Primus, cf. 2, 86, n. 2.

2. *belli concitator* : il faut sous-entendre *erat* ; d'après 2, 86, 3,
c'est Cornelius Fuscus qui *acerrimam bello facem praetulit*, ce qui,
selon M. Treu, *M. Antonius Primus*, p. 249-250, n'implique pas
forcément une contradiction entre les deux textes ; selon Ph. Fabia,
L'adhésion..., p. 359, n. 1, il faut comprendre qu'Antonius Primus
fut pendant toute cette période, et non ce jour-là seulement, le plus
ardent instigateur de la guerre ; *belli concitator* est la leçon
généralement admise à partir du texte de *M*, *conciator*, qui est

également celle de plusieurs *recentiores* (cf. apparat) et qui s'appuie
sur de nombreuses attestations : Cic., *Dom.* 11 ; 13 ; *Sest.* 110 ; Hirt.,
Gall. 8, 21, 4 ; 8, 38, 3 ; Liu. 25, 4, 10 ; Sen., *Ir.* 3, 2, 3 ; Eutrop. 4, 4,
3 ; d'autres (cf. en particulier E. Kuntz, *Die Sprache...*, p. 146 sq.,
préfèrent *concitor* qui apparaît pour la première fois chez Tite-Live,
23, 41, 2 ; 29, 3, 3 ; 37, 45, 17 (*concitor belli*) ; 45, 10, 10 (*concitores
uolgi*), qui est employé également par Iust. 2, 9, 21 ; 5, 1, 1 et par
Amm. 14, 10, 5 ; 15, 7, 5 (*turbarum acerrimus concitor*), etc. et qui est
également le tour usuel chez Tacite (1, 68, 2 ; 4, 56, 1 ; *Ann.* 4, 28, 2),
alors que *concitator* ne se trouve nulle part ailleurs ; H. Heubner, qui
adopte *concitator*, justifie son choix par une volonté, de la part de
Tacite, de *uariatio* par rapport au tour livien. Il faut en tout cas
rejeter sans hésiter la leçon *contionator* adoptée par Koestermann à
partir du texte de *L*, *concionator*, en raison de la prééminence indue
que ce savant accorde à ce manuscrit.

3. *per omnia Italiae municipia* : en raison du grand nombre de
soldats (2, 93, 1 : *plenis castris et redundante multitudine*), on avait
dû loger une partie de l'armée de Vitellius à l'extérieur de Rome ;
bien entendu, l'expression est vraisemblablement hyperbolique.

4. *quanto ferocius... hausisse* : allusion à la rusticité et à la
barbarie traditionnellement attribuées aux légions de Germanie : cf.
supra, 2, 88, 3.

5. *circo... ac theatris* : sur cette association, cf. 1, 4, 3 et n. 10 ; 1,
32, 1 et n. 3. K. Wellesley, *ad loc.*, p. 78, fait justement remarquer
que Tacite pense moins ici aux municipes qu'à la capitale, comme le
confirme ensuite *amoenitate Vrbis* : il estime aussi que cette dernière
comportant à l'époque plusieurs cirques et plusieurs théâtres, il faut
comprendre cette association d'un singulier et d'un pluriel comme
une forme de *uariatio*.

6. Caecina et Valens n'ayant emmené avec eux qu'une partie des
armées de Germanie (cf. 1, 61, 1), ces dernières constituaient un
réservoir où les Vitelliens pouvaient continuer de puiser.

7. *haud procul* : affirmation tendancieuse car, en fait, la Germanie
était plus éloignée de l'Italie que ne l'était Poetovio.

8. *Britanniam freto dirimi* : même remarque sur cette observation
qui contredit ce qu'écrit Tacite en 1, 9, 2 : *In Britannico exercitu
nihil irarum... quia procul et Oceano diuisae...* ; cf. aussi ce que dit
Suetonius Paulinus en 2, 32, 1 : *Britannicum militem hoste et mari
distineri.*

9. *uiros, equos, tributa* : cf. *supra*, 1, 51, 2 : *uiri, arma, equi* et la
n. 8.

10. *duas classes* : les deux flottes de Misène (mer Tyrrhénienne) et
de Ravenne (mer Adriatique) ; *Illyricum mare* est la partie de
l'Adriatique qui baigne les côtes d'Illyrie ; cette expression n'est
auparavant employée que par Cic., *Leg. Manil.* 35 ; cf. aussi Virg.
Aen. 1, 243 : *Illyricos... sinus.*

11. En débarquant en Illyrie, les Vitelliens pouvaient en effet prendre leurs ennemis à revers et rendre vaine leur tentative de blocage des passages des Alpes ; cf. *supra*, 1, 2 : *insessis... Alpibus.* — *claustra montium* : sur cette expression, cf. 1, 6, 2 : *claustra Caspiarum* et la n. 15 ; 2, 82, 3 : *claustra Aegypti* et la n. 9 ; cf. encore *infra*, 3, 43, 1 : *claustra maris* ; *Ann.* 2, 59, 3 : *claustra... terrae ac maris* ; 2, 61, 2 : *claustra... Romani imperii.*

12. *pecuniam et commeatus* : K. Wellesley, *ad loc.*, p. 79, remarque qu'argent et ravitaillement paraissent un souci constant d'Antonius Primus : cf. *infra* 8, 1 ; 20, 1 et 3 ; 50, 3 ; 52, 1. Certes ; mais n'est-ce pas une préoccupation nécessaire et naturelle chez un chef militaire prudent et organisé ?

13. Allusion aux faits relatés en 2, 42, 1, où les soldats d'Othon, sur un faux bruit leur annonçant l'abandon de Vitellius par son armée, perdirent toute leur ardeur guerrière, ce qui provoqua leur perte ; cf. aussi 2, 66, 1 : *uictarum legionum haudquaquam fractus animus.*

14. Ce sont la *III Gallica*, la *VII Claudia* et la *VIII Augusta.*

15. *si numerus... putetur* : le calcul d'Antonius Primus oppose les huit légions de Vitellius : *I Italica, V Alaudae, XXI Rapax, XXII Primigenia, I Germanica, IV Macedonica, XV Primigenia, XVI Gallica*, mais dont les quatre dernières ne sont représentées que par des *uexilla* (cf. 2, 100, 1) aux six légions flaviennes, toutes complètes : trois de Mésie (cf. note précédente), deux de Pannonie (*VII Gemina* et *XIII Gemina*) et une de Dalmatie (*XI Claudia*) : cf. *supra*, 1, 2, n. 7 ; mais la *XIV Gemina Martia Victrix* avait été ramenée en Bretagne : 2, 66, 1 ; 2, 86, 3 et n. 6 ; 2, 86, 4. — *putetur = computetur*, comme dans Cato, *Agr.* 14, 4 ; Virg., *Aen.* 6, 332.

16. *pudorem* : à la suite de leur défaite à Bédriac.

17. *Duae tunc Pannonicae...* : passage brusque au style direct, qui souligne l'élan et accentue le caractère passionné des propos d'Antonius Primus ; on observe le même procédé dans ses deux autres discours : 20, 3 ; 24, 3 ; cf. E. Paratore, *Tacito*, p. 73. A. Passerini, *Le due battaglie...*, p. 202, fait observer que nous avons ici l'unique allusion à la participation à la guerre d'auxiliaires de l'armée de Mésie ; « seul leur petit nombre peut expliquer le désintérêt de Tacite ». Ce dernier fait ici référence à l'épisode relaté en 2, 41, 2 : *equites prorupere ; et mirum dictu, a paucioribus Othonianis quo minus in uallum inpingerentur, Italicae legionis uirtute deterriti sunt* ; au vu de ce texte, il apparaît que, sur ce point encore, Antonius Primus déforme quelque peu la vérité.

18. *nisi quis...* : on pense très généralement (par exemple H. Goelzer, W. Heraeus, K. Wellesley, M. Treu, *M. Antonius Primus*, p. 249), qu'Antonius Primus désigne ainsi Vedius Aquila,

légat de la *XIII Gemina* (cf. 2, 44, 1, n. 6 ; 3, 7, 1) et surtout Tampius Flavianus, gouverneur de Pannonie (2, 86, 3, n. 7) *natura ac senecta cunctatior* (cf. *infra*, 4, 1 et n. 2). H. Heubner, *Comm.*, p. 18, s'élève contre cette interprétation en se fondant en particulier sur le fait que Flavianus se trouvait probablement parmi les auditeurs d'Antonius Primus. Il est vraisemblable en effet que, par sa forme même, la déclaration a un caractère plus général ; toutefois, la présence de Flavianus ne nous paraît pas une objection ; est-il possible que, la mention de sa *cunctatio* étant faite quelques lignes plus loin seulement, Tacite ne considère pas que Flavianus est parmi ceux auxquels s'adresse plus particulièrement cette menace voilée ?

19. *suasor auctorque* : c'est le texte de *M* (*suasor* se déduisant sans difficulté des leçons de M^1 et M^2) que l'on a voulu corriger de différentes façons (cf. apparat critique) sans aucune raison, les deux substantifs appartenant à la même aire du vocabulaire, législatif principalement : *auctor* est celui qui a l'initiative d'une mesure, *suasor*, celui qui la soutient ; l'expression se caractérise par le fait que, contrairement à l'ordre « logique », *suasor* précède *auctor*, ce qui a conduit certains (par exemple J. F. Jacob, *Obseruationes ad Taciti Historias II*, Lübeck, 1842, p. 11-12, que suit K. Wellesley) à corriger en *actor*, mais ce type de disposition est tout à fait caractéristique, on le sait, de la recherche de *uariatio* tacitéenne ; il se rencontre aussi chez Cic., *Off.* 3, 109 : *Huius deditionis ipse Postumius qui dedebatur, suasor et auctor fuit.*

20. *expeditae cohortes* : ce sont des cohortes auxiliaires (6, 1 : *uexillarios e cohortibus*), et une partie de la cavalerie commandée par Arrius Varus (*Ibid.*) : cf. H. Heubner, *Comm.*, p. 13 ; M. Treu, *M. Antonius Primus*, p. 249.

21. *reseratam Italiam* : judicieuse correction par Pichena du texte de *M*, *reserata militiam*, qui s'appuie notamment sur Cic. *Phil.* 7, 2 : *(ut) reserare nos externis gentibus Italiam iuberet* ; il faut donc rejeter la lecture de Koestermann *reseratam militi <Itali> am* et le texte de *L fractam militiam*, en faveur duquel il manifeste quelque hésitation.

3.

1. Manifestation de l'anarchie qui tend à se développer ici et là dans les armées de l'Empire : le conseil de guerre (*consilio*) n'était normalement ouvert qu'au commandant en chef, aux légats légionnaires, aux tribuns militaires et aux centurions primipiles (*primi ordines* : Caes., *Gall.* 5, 30, 1 ; 6, 7, 8) ; cf. *supra*, 2, 81, 3 ; il est vraisemblable que cette intrusion, qui venait appuyer la thèse d'Antonius Primus, n'était pas absolument spontanée.

2. *et ceteri* : c'est-à-dire ceux qui n'étaient pas *cauti... ac prouidi*.

3. *ea statim contione* : la *contio* est l'assemblée générale des

soldats qui a précédé — et sans doute préparé — le « conseil restreint » qu'est le *consilium*.

4.

1. *Cornelii Fusci procuratoris* : sur ce personnage, cf. 2, 86, 3, n. 8 ; il était procurateur de Pannonie ; sur cette fonction, cf. 1, 11, n. 19.

2. *Tampius Flauianus* : cf. 2. 86, 3, n. 7 ; Tampius Flavianus était gouverneur de la Pannonie. — *natura ac senecta cunctatior* : *cunctatior* est le texte de *M*, corrigé en *cunctator* d'après 2, 25, 2 : (*Suetonius Paulinus*) *cunctator natura* ; mais J. H. Was-zink, dans « Tacitea », *Mnemosyne*, X, 1942, p. 234, a fort bien plaidé le maintien de la leçon du manuscrit : *cunctatior* présente cinq occurrences (*T.L.L.* IV, col. 1396, l. 37-43), dont une chez Suétone, quasi contemporain de Tacite, *Diu Iul.* 60 : *nec nisi tempore extremo ad dimicandum (Caesar) cunctatior factus est*, et cette leçon peut trouver un appui dans des emplois analogues, tels que Cic., *Cat. m.* 55 : *senectus est natura loquacior*.

3. *Nam* : introduit l'explication de *sponte remeauerat*. — Cette phrase comporte des contradictions, ainsi que le souligne K. Wel-lesley, p. 82 ; *suadente Cornelio Fusco* ne s'accorde pas avec *sponte remeauerat* et il n'est pas très vraisemblable que ce personnage qui, en raison de sa vieillesse, *cunctabatur*, ait été *rerum nouarum cupidus*.

5.

1. Tacite revient au récit des événements qu'il a suspendu pour des considérations sur l'influence d'Antonius Primus, de Cornelius Fuscus et de Tampius Flavianus.

2. *Aponio Saturnino* : sur M. Aponius Saturninus, *Moesiae rector* (2, 85, 2), c'est-à-dire *legatus Augusti pro praetore prouinciae Moesiae*, cf. *supra*, 1, 79, 5 et n. 13 ; la Mésie correspond à une partie de la Bulgarie actuelle ; l'armée de Mésie comprenait les légions *III Gallica*, *VII Claudia* et *VIII Augusta*.

3. *inermes prouinciae* : cf. *supra*, 1, 11, 3, n. 20.

4. *Sarmatarum Iazugum* : venus de la région située entre le Tanaïs (Don) et le Borysthène (Dniepr), ils occupaient le territoire compris entre le Danube, la Tisza, affluent du Danube, et les Carpathes : cf. Vulic, *R.E.* IX, 1, col. 1189-1191.

5. *diuerso* : c'est-à-dire du parti vitellien.

6. *Sueborum* : *Suebi* est un nom générique appliqué par Tacite à un grand nombre de peuples germaniques d'au-delà de l'Elbe (cf. 1, 2, n. 9). Les Romains leur avaient donné comme roi Vannius (*Ann.* 2, 63, 6 ; Plin., *N.H.* 4, 81) qui, en 50, fut chassé par ses neveux Sido et Vangio qui se partageaient son royaume (*Ann.* 12, 29, 1-3 ; 12, 30, 2) : cf. R. Hanslik, *R.E.* VIII A, 1, col. 346-347 (Vannius), col. 337

(Vangio) ; Stein, *ibid*. II A, 2, col. 2215 (Sido) ; Italicus, qui est peut-être un fils de Vangio, n'est mentionné qu'ici et en 21, 2.

7. Cf. *Ann*. 12, 30, 2 : *Regnum Vangio ac Sido inter se partiuere, egregia aduersus nos fide*.

8. *fidei quam commissi patientior* : le texte évidemment corrompu de *M*, *fidei commissior patientior*, a donné lieu à de nombreuses et diverses tentatives de correction, parmi lesquelles on peut signaler *fidei quam iussorum* de Scheffer, retenue et considérée comme sûre par H. Heubner, *fidei commissi patientior* de L. Valmaggi, in *Mélanges G. Boissier* (Paris, 1903), p. 449, qui, retenant le texte d'un *deterior*, *B*, *fidei commissi*, y voit un groupe asyndétique à deux membres, mais il faut alors admettre l'ellipse du complément du comparatif. Lenchantin de Gubernatis, *Mél. P. Thomas*, p. 449-500, propose *fidei quam commilitii patientior* ; nous préférons pour notre part la solution de E. Walter, in *Berliner Philologische Wochen-schrift*, X, 1918, p. 237, plus proche du texte de *M*, *fidei quam commissi patientior*, où *commissum* = *scelus*, ce qui est un des principaux sens du mot ; le passage de *commissi* à *commissior* s'expliquerait par l'influence du mot suivant, et la disparition de *quam* par le caractère usuel de l'expression *committere fidem*.

9. *Raetia* : sur la Rhétie, cf. *supra*, 1, 11, 1, n. 15. — *in latus* : sur le flanc d'une armée venant de Poetovio et se dirigeant vers le nord de l'Italie, donc sur son flanc droit, pour la protéger d'une attaque des armées de Vitellius ou de leurs soutiens.

10. *Porcius Septiminus* : ce personnage est totalement inconnu par ailleurs ; sur le procurateur comme gouverneur dans les zones frontières, cf. *supra*, 1, 11, n. 19.

11. *Sextilius Felix* : il était procurateur du Norique ; en 70, il devait participer à la lutte contre la révolte des Bataves : cf. *infra*, 4, 70 ; Stein, *R.E.* I, 1, col. 1248, l. 32-59. — *Noricorum iuuentute* : il s'agit d'une milice locale, comme en 1, 68, 1 ; 2, 12, 3 ; 2, 58, 1 ; sur le Norique, cf. *supra*, 1, 11, n. 16.

12. *alibi* : à Crémone, Narnia et Rome.

6.

1. Pour les détachements pris sur les troupes auxiliaires, cf. 1, 70, 2 ; 2, 14, 1.

2. *ad inuadendam Italiam* : cela se situe au milieu du mois de septembre.

3. *Arrius Varus* : il avait servi en Arménie, sous Corbulon, en 54 ou 55 (*Ann*. 13, 9, 2) ; il réapparaît à diverses reprises dans la suite du récit de Tacite.

4. *primum pilum* : le primipile était le centurion le plus ancien, celui de la première centurie du premier manipule de la première cohorte d'une légion ; il était le représentant de l'ensemble des

centurions auprès du commandant de légion ; cf. J. Harmand, *L'armée...*, p. 327 et, en dernier lieu, Br. Dobson, « The significance of centurion and « Primipilaris » in the Roman army and administration », *A.N.R.W.* II, 1 (1974), p. 392-434 et, spécialement, p. 411-413. Il résulte de 4, 39, 4 qu'Arrius Varus était primipile de la *III Gallica*.

5. *male parta* : l'exclusion de ces mots, comme interpolés, par K. Wellesley, à la suite de Prammer, *Jahresber. über d. K. K. Josefsstädter Gymn. Wien*, 1871, p. 5-7, nous paraît totalement injustifiée ; ils constituent d'ailleurs un élément fort bien venu du groupe allitérant que comporte cette fin de phrase.

6. On verra par la suite qu'Arrius Varus, devenu préfet du prétoire, fut dégradé par Mucien au rang de *praefectus annonae* (4, 68, 2). Ce n'est sans doute pas à cela que fait allusion Tacite ; on ne sait rien de la carrière ultérieure du personnage, mais on pense généralement que l'épouse de Domitien, Domitia (Suet., *Dom.* 1, 3), fille de Corbulon (Dio Cass. 66, 3, 4), tira vengeance du comportement d'Arrius Varus contre son père (*mox*).

7. *Aquileia* : sur Aquilée, cf. 2, 46, 3 ; 2, 85, 1 ; cette ville se trouvait naturellement sur le passage des armées qui pénétraient en Italie, en venant des pays danubiens.

8. *Opitergii* : Opitergium, aujourd'hui Oderzo, dans la province de Trévise, sur la route d'Aquilée à Vérone, entre la Piave et la Livenza, près des sources de cette dernière. La ville est illustrée par l'héroïsme des auxiliaires opitergins qui, en 49, lors de la guerre civile qu'ils firent aux côtés de César, bloqués à Curicta (golfe de Fiume) par les navires ennemis, s'entretuèrent plutôt que de tomber en leur pouvoir : cf. Liu., *Per.* 110, 5 ; Lucan. 4, 402-581 ; Flor. 2, 13 (4, 2), 31-33. — *Altini* : Altinum, aujourd'hui Altino, sur la route d'Aquilée à Padoue, sur le Sile et près de la mer : Philipp, *R.E.* XIII, 1, col. 726 et Hülsen, *ibid.*, col. 1697-1698, n° 2. — *per proxima quaeque* : par degrés, par localités successivement conquises.

9. *nondum... audita* : cette défection intervient un peu plus tard et est racontée au chap. 12 ; mais elle est déjà évoquée dans la dernière phrase du livre précédent (2, 101, 2) : *lubrica ad mutandam fidem classe.*

10. *Patauium et Ateste* : Padoue est à l'intersection des routes conduisant, l'une à Vérone, l'autre à Modène ; Este est sur la route d'Aquilée à Modène.

11. *Illic* : à Este, car il est courant chez Tacite que cet adverbe renvoie au terme qui précède immédiatement.

12. *cui Sebosianae* : C'est l'*ala II Gallorum Sebosiana* ; elle était basée en Germanie, dans la région de Worms.

13. *ad Forum Alieni* : cette localité était située entre Hostilia (Ostiglia) et Este, sur la rive gauche du Pô, mais il est impossible de préciser sa situation exacte ; on considère généralement qu'elle était à l'endroit où s'élève aujourd'hui la forteresse de Legnago (province de

Vérone) : Weiss, *R.E.* VII, 1, col. 63-64 ; B. W. Henderson, *Civil War*, p. 170.

7.

1. Ces précisions servent à expliquer et justifier l' « alacrité » des légions pannoniennes. Le texte que nous reproduisons est celui de *M*, avec *principia* interprété comme *post principia*, qui se trouve d'ailleurs dans *B.* Nipperdey, *Emendationes Historiarum Taciti*, Iéna, 1855, p. 9 sq., estimant que les deux membres de phrase sont pléonastiques, a détaché comme phrase indépendante *Principia belli secundum Flauianos data* et l'a transposée à la fin du chapitre précédent. Il a été suivi par un certain nombre d'éditeurs : K. et W. Heraeus, Giarratano, H. Goelzer, etc. Pas plus que H. Heubner et K. Wellesley notamment, nous ne croyons devoir adopter cette solution, qui nous aparaît le type même de la correction arbitraire ; comme le note H. Heubner, *ad loc.*, p. 30, il faut plutôt voir dans ces deux membres de phrase deux indications complémentaires : le fait brut (*Vulgata uictoria*), l'interprétation qui en est donnée (*post principia... data*).

2. Ce sont les deux légions de Pannonie ; après la défaite d'Othon, Vitellius avait renvoyé la VII en Pannonie (2, 67, 2) ; la XIII avait été occupée à construire des amphithéâtres à Bologne et à Crémone (2, 67, 2), puis avait regagné la Pannonie où les deux légions s'étaient déclarées pour Vespasien (2, 86, 1).

3. Sur Vedius Aquila, légat de la *XIII Gemina*, cf. 2, 44, 1 et n. 6.

4. L'événement eut lieu le 23 septembre selon K. Wellesley, p. 84 et p. 195 (App. 1).

5. *Minicius Iustus* : le manuscrit *M* porte fautivement *Municius* ; Juste Lipse a corrigé en *Minucius* ; la graphie exacte a été rétablie d'après Plin., *Ep.* 7, 11, 4 et *C.I.L.* VI, 10229, 19 ; cf. L. Valmaggi, *Mélanges G. Boissier*, p. 449-450. Ce personnage et son fils étaient des amis de Pline le Jeune, et son épouse Corellia, amie de la mère de Pline ; il est peut-être le destinataire de la lettre 7, 2 de ce dernier ; son fils, qu'on suppose être le consul ordinaire de 88, L. Minicius Rufus, présida les jeux donnés par Pline lors de sa préture, en 93 (Plin., *Ep.* 7, 11, 3-4) ; sur le *praefectus castrorum*, cf. 1, 82, 1, n. 2 ; 2, 26, 1, n. 2.

6. *desiderata diu res* : le rétablissement des statues de Galba.

7. *Galbae imagines* : ce sont des statues : cf. 1, 36, 1, peut-être aussi des médaillons : 1, 41, 1.

8. Comme l'a bien montré J. Gagé, « Vespasien et la mémoire de Galba », *R.E.A.* LIV, 1952, p. 290-315, il s'agit pour Antonius Primus agissant au nom de Vespasien, de faire oublier les appuis orientaux de ce dernier et de se concilier les milieux sénatoriaux en mettant entre parenthèses les principats d'Othon et de Vitellius et en liquidant le mythe néronien, puis en le posant comme successeur direct de Galba ;

à cela s'ajoutèrent d'autres mesures telles qu'une propagande à l'aide de monnaies à l'effigie de Galba, la restauration du culte du divin Auguste, la reconstruction du Capitole, l'institution en Gaule et en Espagne du flaminat provincial. Cette restauration devait être confirmée en janvier 70 par Domitien (*infra*, 4, 40).

8.

1. *Verona potior* : sous-entendu *quam Patauium* ; sur Vérone, cf. 2, 23, 2, n. 5.

2. Sur l'importance de la cavalerie dans l'armée d'Antonius Primus, cf. *supra* 5, 1 ; 6, 1 ; *patentibus campis* : cf. 2, 19, 1.

3. *coloniam* : le mot est impropre, car Vérone était devenue un municipe par une *lex Iulia* de 49 avant J.-C. : cf. G. Radke, *R.E.* VIII A, 2, col. 2429, l. 6 sq. ; mais, note R. Syme, *Tacitus*, App. 95, p. 807, cette formule n'est ici, ni technique, ni juridique.

4. *illic Caecinam genitum* : sur A. Caecina Alienus, cf. 1, 52, 3 et n. 14 ; 1, 53, 1 et *passim*.

5. En occupant Vérone, Antonius Primus était installé entre les forces de Vitellius, établies sur la ligne du Pô, et celles qui pouvaient venir en renfort du nord ou du nord-est. — *Raetiam Iuliasque Alpes* : sur la Rhétie, cf. 1, 11, n. 15 ; les Alpes Juliennes tenaient leur nom de César qui y avait construit une route pour pénétrer en Illyrie ; constituées des chaînes montagneuses de l'extrémité sud-orientale des Alpes, elles séparaient la Pannonie de l'Italie. — Après *Alpes*, les manuscrits comportent *ac* ; Weissenborn a proposé de lire *ac Noricum* dont la disparition pourrait s'expliquer par une vague ressemblance avec *peruium*, et sa suggestion a reçu l'agrément de Giarratano et de Wellesley ; toutefois, le Norique (cf. *supra*, 1, 11, n. 16) ne se trouve pas sur le chemin d'armées venant de Germanie, dont la route normale passait par la Rhétie ; aussi préfère-t-on généralement suivre, comme nous le faisons nous-mêmes, Juste Lipse qui supprime *ac*.

6. Nous avons vu en 2, 83, 1, que Mucien s'était mis en route avec la *legio VI Ferrata* (cf. n. 3) et 13 000 *uexillarii*.

7. *Aegyptus, claustra annonae* : cf. *supra*, 1, 11, 1 et n. 4 ; *Ann.* 2, 59, 3 ; sur *claustra*, cf. *supra*, 2, n. 11.

8. *opulentissimarum prouinciarum* : à savoir l'Égypte, la Syrie et l'Asie qui avaient des villes riches et peuplées (Éphèse, Smyrne, Pergame, Antioche entre autres) et payaient à Rome des redevances (*uectigalia*) considérables.

9.

1. Sur Hostilia, où était établi le gros des troupes de Caecina, cf. 2, 100, 3 et n. 9 ; la précision *uicus Veronensium* fait entendre que les deux armées sont maintenant pratiquement au contact ; toutefois,

selon K. Wellesley, *ad loc.*, p. 87, il pourrait s'agir d'une glose insérée dans le texte.

2. *paludes Tartari fluminis* : le Tartarus (aujourd'hui Tartaro) est un affluent de la rive gauche qui se jette dans le Pô après avoir traversé les marais dont il est ici question, sous la forme d'un canal utilisé pour l'irrigation, le canal Bianco.

3. *flumine* : selon K. Wellesley, *Three... puzzles...*, il s'agirait ici du Pô. Cette hypothèse ne nous paraît pas soutenable ; il est impossible que *flumine* désigne un cours d'eau différent de *fluminis* deux lignes plus haut, et ce d'autant plus que, dans ce contexte, il n'est nullement question du Pô ; il s'agit donc du Tartarus : cf. A. B. Černjak, *Phil.* 1981, p. 245. Sur les problèmes posés par ce passage, cf. *infra*, 14, n. 4.

4. *duae legiones* : les deux légions de Pannonie, la *VII Gemina* et la *XIII Gemina.* — *uniuersis Vitellianorum uiribus* : l'allitération à trois éléments donne à l'expression une grande intensité ; cette dernière est quelque peu rhétorique, car si Caecina avait amené de Rome des troupes auxiliaires et des détachements de sept légions, ainsi que quatre légions complètes, *V Alaudae, XXII Primigenia, I Italica* et *XXI Rapax* (2, 100, 1), les deux dernières avaient été envoyées à Crémone (cf. *infra*, 18, 1).

5. L'armée de Mésie comprenait la *III Gallica*, la *VII Claudia* et la *VIII Augusta* : cf. *supra*, 2, n. 14.

6. *prima... tempora belli* : dans cet emploi, *tempora* équivaut au grec καιροί « les occasions favorables » ; cf. *infra*, 40, 2.

7. Cf. *supra*, 5, 1, n. 2 et 1, 79, 5, n. 13.

8. *legione septima Claudiana* : sur cette légion, l'une de celles de Mésie, appelée aussi *Claudia Pia Fidelis*, cf. n. 5 ; 2, 85, 1 et n. 4.

9. *Vipstanus Messalla* : Vipstanus Messalla, l'un des interlocuteurs du *Dialogus de oratoribus*, est né probablement en 46 ou 47, puisqu'il n'avait pas encore atteint l'âge de 25 ans en 70 (cf. *infra*, 4, 42, 1). Son père fut sans doute consul suff. en 48 après J.-C. ; il avait parmi ses ancêtres le célèbre orateur M. Valerius Messalla Corvinus et il était le demi-frère du délateur M. Aquilius Regulus qu'il défendit contre les attaques du Sénat (4, 42, 1 ; *Dial.* 15, 2). Ce personnage, dont ce passage nous montre que Tacite le tenait en haute estime, a rédigé des *Mémoires* qui ont probablement été une des sources de Tacite, particulièrement pour le récit de la deuxième bataille de Bédriac (cf. *infra*, 25, 2, n. 4) ; il apparaît dans le *Dial.* (28-30) comme un *laudator temporis acti* qui condamne les méthodes modernes d'éducation, ce qui ne pouvait que plaire à Tacite : R. Hanslik, *R.E.* IX A, 1, col. 170-172, n. 6 ; Ph. Fabia, *Les Sources...*, p. 231-243 ; A. Briessmann, *Tacitus...*, p. 49 ; J. Nicols, *Vespasian...*, p. 135.

10. *tres... legiones* : la *VII Claudia*, la *VII Galbiana*, la *XIII Gemina*.

11. *uicta arma* : à savoir les troupes d'Othon lors de la première bataille de Bédriac, qui formaient maintenant le gros des forces d'Antonius Primus.

12. *prioris fortunae* : on a souvent interprété cette expression comme signifiant le fait d'avoir appartenu à l'armée d'Othon : cf. par exemple G. Andresen, H. Goelzer (*éd. Hachette, ad loc.*, p. 21) ; il paraît cependant plus vraisemblable que Tacite pense ici à la première défaite de Bédriac et que les Flaviens négligent une justification qui s'exprime précédemment en 2, 3-4 : cf. H. Heubner, *ad loc.*, p. 34. C'est également l'interprétation de K. Wellesley à laquelle nous adhérons pleinement ; sur *Flauianarum partium duces*, cf. *supra*, 1, 1, n. 1.

13. *ut inimici praesumpsere* : nous ne voyons pas de raison de modifier le texte de *M* et, par conséquent, ne suivons pas la suggestion de Freinsheim qui, estimant que *praesumpsere* ne peut offrir un sens satisfaisant, pense qu'une éventuelle corruption de *rescripsere* en *praesumpsere* s'explique par le désordre du manuscrit où, en raison d'un mélange des feuilles de l'archétype dont dérive directement *M*, le verbe suit *partes* en 7, 2 (cf. Lenchantin de Gubernatis, *Mél. P. Thomas*, p. 501). L'explication nous paraît compliquée et peu convaincante ; cette leçon a cependant été adoptée par K. Wellesley, mais elle est rejetée par A. Černjak, *Phil.* 1981, p. 245.

14. Cette promesse fut génératrice de difficultés : cf. *infra*, 4, 46.

15. Dio Cass. 65, 10, 3 parle seulement d'une lettre d'Antonius Primus ; cf. M. Treu, *M. Antonius Primus*, p. 254-255.

10.

1. *duarum legionum* : venant de Mésie, la *III Gallica*, stationnée à Oescus (aujourd'hui Gigen, en Bulgarie, au confluent de l'Iskar et du Danube) et la *VIII Augusta* à Novae (aujourd'hui Svištov, également en Bulgarie) s'ajoutaient aux légions nommées dans la n. 10 du chapitre précédent.

2. *Dillius Aponianus* : sans doute parent, et peut-être frère de C. Dillius Vocula (cf. *infra*, 4, 24 sq.), il avait succédé dans le commandement de la *III Gallica* à T. Aurelius Fulvus (cf. 1, 79, 5, et n. 15) ; il reçut dans les années suivantes, mais à une date que l'on ne peut préciser, le consulat suff. et, du 1er juillet au 31 décembre 73, fut *curator riparum et aluei Tiberis* (*C.I.L.* VI, Add. 31547) ; Groag, *R.E.* V, 1, col. 643, n° 1 ; R. Syme, *Tacitus*, p. 785 ; sur Numisius Lupus, cf. 1, 79, 5 et n. 17.

3. *militari uallo... circumdare* : il s'agit de renforcer les défenses propres de Vérone, afin d'en faire un camp retranché puissant, capable de servir de base d'appui pour les opérations futures.

4. *Galbianae legioni* : la *VII Galbiana*, une des deux légions de Pannonie, stationnée à Carnuntum (cf. 7, 1, n. 2 et 1, 67, n. 8), mais

qui avait été levée en Espagne par Galba : cf. *supra* 1, 6, 2 et n. 11.

5. *in Tampium Flavianum* : sur Tampius Flavianus, cf. *supra*, 4, 1 et 2, 86, 3, n. 7.

6. *propinquum Vitellii* : cf. 4, 1 : *Tamquam adfinitatis cum Vitellio meminisset* ; nous ne savons rien de cette hypothétique parenté ; dans ce premier passage, deux motifs sont également donnés de l'hostilité à Tampius Flavianus : le premier est celui de sa parenté avec Vitellius, comme ici, mais le second est différent : on le soupçonne de vouloir trahir ; cf. Ph. Fabia, *L'adhésion...*, p. 366-368. Toutefois, l'idée de la trahison domine également ce passage.

7. L'ensemble de ce passage, où Tacite souligne avec emphase la lâcheté d'Aponius et le contraste qu'elle forme avec la hardiesse et l'audace d'Antonius Primus, est empreint d'une forte couleur épique et dramatique : pour *lacera ueste*, cf. Virg., *Aen.* 6, 495 ; 9, 491 ; pour *pectus atque ora singultu quatiens*, cf. entre autres Virg., *Aen.* 5, 199-200 : *tum creber anhelitus artus | aridaque ora quatit* ; 5, 432 ; 9, 814 ; *Georg.* 3, 506-507 : *imaque longo | ilia singultu tendunt* ; Ov., *Am.* 3, 9, 12 : *oraque singultu concutiente sonant* ; *quatere* est un mot proprement poétique, de même que le pluriel *ora* qui, selon F. Kuntz, *Die Sprache...*, p. 84, n. 2, se trouve une seule fois en prose avant Tacite, dans Val. Max. 3, 2, 23.

8. *obturbabatur... aspernantur* : cet encadrement verbal, doublé d'une discordance temporelle, est également un procédé d'intensification dramatique, accentué par divers jeux de sonorités ; sur cette structure stylistique, cf. J. P. Chausserie-Laprée, *L'expression...*, p. 365-368, qui cite d'ailleurs, entre autres exemples, celui qu'on rencontre deux phrases plus loin : *sensit... parabatur*.

9. Ils pensent sans doute aux précédents que constituaient les cas de Marius Celsus, sauvé par Othon (cf. 1, 45, 2) et de Julius Burdo, qui l'a été par Vitellius (1, 58, 2).

10. *aliquo militari decore* : cf. 1, 57, 2 : *balteos phalerasque insignia armorum argento decora* et n. 13 et 14 ; sur les récompenses honorifiques et les décorations dans l'armée, cf. P. Stein, *Die dona militaria* (cf. *supra*, 2, 89, n. 9).

11. *conuersus ad signa et bellorum deos* : trois interprétations ont été données de cette expression. La première, la moins probable, consiste à comprendre *bellorum deos* comme une explication de *signa* ; les *signa* remplissaient en quelque sorte dans la guerre une fonction divine ; cf. *Ann.* 2, 17, 2 : les aigles *aues, propria legionum numina* ; pour la seconde, plus vraisemblable, *bellorum deos* désigne-rait les images des dieux militaires ornant les hampes des enseignes : cf. A. v. Domaszewski, « Die Religion des römischen Heeres », *Westdeutsche Zeitschrift für Geschichte und Kunst*, XIV, 1895, p. 1-124 (p. 2 sq.) ; enfin, certains voient dans la construction un zeugma et comprennent « se tournant vers les enseignes et invoquant les dieux militaires » : cf. L. Valmaggi, *Mélanges G. Boissier*, p. 450.

11.

1. Sur Aponius Saturninus, cf. 1, 79, 5 et n. 13.

2. *ut prius* : c'est-à-dire lors de la première mutinerie racontée dans le chapitre précédent.

3. *uolgatis epistulis* : certains pensent qu'il pourrait s'agir d'une seule lettre et, très précisément, de celle qu'Aponius avait écrite à Vitellius pour lui annoncer la défection de la 3ᵉ légion, en 2, 96, 1 ; mais on peut aussi considérer que cette lettre authentique en avait fait supposer d'autres, purement imaginaires : cf. H. Goelzer, *éd. Hachette, ad loc.*, p. 24, n. 4.

4. Les armées de Mésie et de Pannonie se sont mises d'accord pour se ranger aux côtés de Vespasien afin de venger la défaite et la mort d'Othon : cf. *supra*, 2, 85-86.

5. *In hortos, in quibus deuertebatur* : *horti* désigne en l'occurrence une grande propriété comprenant un parc d'agrément ; Tacite, *infra*, 30, 2, parle des *amoenissima extra urbem aedificia* qui se trouvaient dans la région de Crémone.

6. Sur Dillius Aponianus, cf. *supra*, 10, n. 2 ; sur Vipstanus Messalla, 9, n. 9.

7. *balnearum fornacibus* : la *fornax* est le four, situé sous l'étuve, destiné à chauffer l'eau des bains : cf. Scrib. Larg. 60 ; Stat., *Silu.* 1, 3, 45 ; Sid. Apoll., *Ep.* 2, 2, 4 ; E. Saglio, in Daremberg-Saglio, *Dict. Ant.* I, p. 654 sq. ; H. Thédenet, *ibid.*, III, p. 345-350, s.u. *Hypocausis - Hypocaustum* : H. Blümner, *Die römischen Privataltertümer* (Handbuch der klassischer Altertumswissenschaft de I. v. Müller, II, 2), p. 428. Tacite se plaît à souligner le ridicule de la situation de Saturninus.

8. Comme légat consulaire, il avait droit à six licteurs : cf. J. Gaudemet, *Institutions*, p. 349 et n. 1.

9. Tampius Flavianus et Aponius Saturninus ont tous les deux été consuls, mais à des dates indéterminées.

10. *in utrumque exercitum* : les deux armées de Mésie et de Pannonie.

11. *collegis* : à savoir Dillius Aponianus (commandant de la *III Gallica*), Vipstanus Messalla (*VII Claudiana*), Numisius Lupus (*VIII Augusta*), Vedius Aquila (*XIII Gemina*) ; tous étaient *legati legionum* au même titre qu'Antonius Primus.

12.

1. *Ne in Vitellii quidem partibus* : brutale transition du récit, qui revient au camp de Vitellius qu'il avait quitté à la fin du livre II, où la trahison de Lucilius Bassus et de la flotte de Ravenne est préparée et annoncée en 100, 3.

2. *Lucilius Bassus* : cf. *supra*, 2, 100, 3 et n. 13 ; sur la flotte de Ravenne, *ibid.*, n. 10.

3. Tacite ne rappelle pas ici que Lucilius Bassus, pour sa part, est mû par la rancœur, parce qu'il n'a pas obtenu la préfecture du prétoire sur laquelle il comptait.

4. Sur cette origine des *classici milites* de la flotte de Ravenne, cf. C. G. Starr, *Roman imperial navy*, p. 75 ; G. Forni, *Il reclutamento...*, p. 215 sq.

5. *in principia* : c'est le bâtiment qui constitue le quartier général dans un camp romain : cf. *supra*, 1, 48, 2 et n. 11.

6. Sur les triérarques, cf. *supra*, 2, 9, 1, n. 3 ; sur les *imagines*, *supra*, 7, 2, n. 7.

7. *obtruncatis* : c'est la leçon des *deteriores*, généralement reçue à la place de l'impossible texte de *M*, *obumbratis* ; elle trouve son appui dans plusieurs autres textes : 73, 2 : *pauci... pugnam ausi obtruncantur* ; 1, 80, 2 : *resistentem seditioni tribunum... obtruncant*.

8. *Cornelium Fuscum... sibi destinat* : car la conduite louvoyante de Lucilius Bassus ne lui inspirait pas confiance ; sur Cornelius Fuscus, procurateur de Pannonie, cf. *supra*, 4, 1 et n. 1.

9. *propere adcucurrit* : comme cela ressort de 4, 1, il était un des plus chauds partisans de Vespasien et au contraire de Lucilius Bassus il s'était formellement déclaré, se refusant par avance à toute échappatoire.

10. *Atriam* : Atria, port de Vénétie, entre le Pô et l'Adige, aujourd'hui Adria, que les alluvions de ces deux fleuves ont éloigné d'une mer à laquelle cette ville a pourtant donné son nom ; cet éloignement était réalisé dès l'époque impériale, mais la ville était reliée à la mer par un canal (aujourd'hui canal Bianco) sur lequel pouvaient naviguer les liburnes (Strab. 5, 1, 8, 214 C) : Hülsen, *R.E.* II, 2, col. 2144.

11. *honorata custodia* : ce comportement peut paraître paradoxal, mais les Flaviens savent gré à Lucilius Bassus de ne pas s'être opposé au mouvement de la flotte en faveur de Vespasien, même s'il n'y a participé lui-même qu'avec une prudente réserve ; aussi ne suivons-nous pas A. B. Černjak, *Phil.*, 1983, p. 150-151, qui voit dans ces mots une glose et juge d'autre part impossible la juxtaposition d'un ablatif sociatif *honorata custodia* et d'un ablatif instrumental *Liburnicis nauibus* ; nous savons bien que l'emploi très libre de l'ablatif est une des caractéristiques de la langue de Tacite.

12. Sur les *liburnae* ou *liburnicae*, cf. 2, 16, 2, n. 3.

13. *Vibennio Rufino* : c'est la lecture très vraisemblable de ce nom donnée par H. Dessau, *P.I.R.*, *M*, n° 342 a, 343, 344 ; *V*, n° 368, à partir du texte de *M uiuenniorum Rufino* et de celui de *M² uiuennio R.*, et adoptée par de nombreux éditeurs ; *contra*, K. Wellesley, *Cl. Rev.* XIX, 1969, p. 299-300, qui, se fondant sur le texte des manuscrits génois *mennio, memio, memmino* préfère lire *Memmio Rufino*, ce nom présentant d'autres attestations : cf. Fluss, *R.E.* XV, 1, col. 636, n° 30 et 31. Il est approuvé par A. B. Černjak, *Phil.*, 1983,

p. 150, qui propose une tout autre explication, que nous n'adoptons d'ailleurs pas, de l'événement : ce personnage serait un Vitellien contre lequel Bassus aurait mené une attaque qui échoua, et l'*interuentus* d'Hormus serait aussi une action militaire ayant pour objet de libérer Bassus.

14. *Hormi Caesaris liberti* : ce personnage est encore mentionné en 28 et en 4, 39, 1, où nous le voyons élevé à la dignité de chevalier par Vespasien ; on ne sait sur lui rien d'autre que ce que nous en dit Tacite dans ce texte ; sur *libertus Caesaris*, cf. 2, 65, 1, n. 2.

15. Réflexion amèrement sarcastique sur le rôle des affranchis, qu'on trouve à peu près dans les mêmes termes en 1, 76, 3, à propos de l'affranchi de Néron, Crescens : *nam et hi malis temporibus partem se rei publicae faciunt* ; mais, note M. Treu, *M. Antonius Primus*, p. 252 : « Une telle intervention de l'affranchi serait impensable s'il n'y avait pas derrière lui l'autorité de Vespasien ». — *inter duces* : c'est-à-dire les *duces Flauianarum partium* ; cf. *supra*, 1, 1, n. 1.

13.

1. *At Caecina* : *at* marque le passage à une nouvelle étape du développement ; l'événement ici relaté se situe le 18 octobre (cf. *infra*, 14, n. 1).

2. Comme Heubner et Wellesley, nous ne pensons pas qu'il faille comprendre que Caecina a envoyé sa troupe effectuer, au dehors du camp, des corvées de service, mais simplement qu'il a cherché à profiter de la solitude et du secret assurés dans le camp par ces corvées, qui font partie de l'activité normale des soldats dans le camp ; sur l'utilisation du secret par Caecina, cf. 2, 100, 3 : *mox patuit secretum componendae proditionis quaesitum*.

3. *per militiae munera* : c'est la leçon de *M*, adoptée par un bon nombre d'éditeurs, Giarratano, H. Goelzer (Budé), E. Koestermann entre autres, mais que Ritter, suivi notamment par C. Heraeus, G. Andresen et H. Goelzer (éd. Hachette), corrige en *munia*, en s'appuyant sur plusieurs autres passages de Tacite où l'on trouve *militiae munia* : 1, 48, 2 ; *Ann.* 6, 8, 2 ; 15, 11, 3, et particulièrement *Hist.* 5, 21, 2 : *remiges per alia militiae munia dispersi* ; cf. aussi Liu. 45, 36, 3 ; Curt. 10, 3, 9 ; *Laus Pis.* 28, etc. ; quel que soit l'intérêt de ces rapprochements, il ne nous semble pas qu'ils puissent valoir contre le témoignage incontestable des manuscrits, une variation de la part de Tacite étant parfaitement admissible ; on trouve *munera militiae* ou un équivalent dans Liu. 24, 35, 7 (*munera belli*) et dans Lucr. 1, 29 (*moenera militiai*).

4. *in arto commeatum* : en raison même de la défection de la flotte, le ravitaillement étant assuré, en partie tout au moins, par des navires qui remontaient le Pô ; cf. notamment *infra*, 52, 1 : *Placuit... Padum... et mare commeatibus compleri* ; la navigation en amont se

faisait jusqu'à Plaisance (Strab. 5, 1, 11, 217 C) et Turin (Plin., *N.H.* 3, 123).

5. *omnia de Vitellio* : s.e. *refert* ; cf. Ph. Fabia, *L'adhésion*..., p. 379, n. 4 : « Quand Caecina affirme à ses soldats que les Gaules et les Espagnes sont contre Vitellius, il altère la vérité dans l'intérêt de la cause qu'il plaide ; il présente *omnia de Vitellio in deterius* ». En effet, en 2, 97, nous voyons seulement que ces provinces, sollicitées, ne se précipitent pas pour répondre à l'appel de Vitellius ; pour l'expression, cf. Ios., *B.I.*, 4, 636 : ταπεινῶν... τὰ Οὐιτελλίου πράγματα.

6. *Vitellii imagines dereptae* : cf. 1, 41, 1 : *dereptam Galbae imaginem* ; ce sont les médaillons de l'empereur attachés au-dessus de l'aigle et à la hampe des étendards.

7. Sur cette scène, cf. Ios., *B.I.*, 4, 636-641 et Dio Cass. 65, 10, 3-4 ; 65, 11, 1 : leurs récits présentent par rapport à celui-ci de notables différences ; il n'y est pas question de la recherche du secret par Caecina ; les deux auteurs évoquent très vaguement une négociation avec Antonius Primus dont Caecina présente les résultats à ses soldats, qu'il a convoqués à cet effet.

8. *illis campis fuderint strauerintque* : dans les plaines de Bédriac — *abesse... primanos quartadecimanosque* : les soldats de la *I Adiutrix* avaient été renvoyés en Espagne (2, 67, 2) et ceux de la *XIV Gemina* en Bretagne (2, 66, 1).

9. *exuli Antonio* : sans doute exagération des soldats de Caecina pour marquer plus fortement leur hostilité à Antonius ; en effet, celui-ci, à la suite d'une condamnation pour faux en 61 (*Ann.* 14, 40, 3), avait seulement été exclu du Sénat (2, 86, 1).

10. Autre exagération de caractère rhétorique. Ces huit légions sont les *I Italica, V Alaudae, XXI Rapax, XXII Primigenia, I Germanica, IV Macedonica, XV Primigenia, XVI Gallica*, mais les quatre dernières n'étaient représentées que par des *uexilla* (cf. 2, n. 15). — *accessio* : « partie ajoutée », « accessoire », sens dans lequel on trouve ce mot, notamment quatre fois dans Liu. 45 : 7, 2 : *Syphax accessio Punici belli fuerat* ; 26, 7 ; 39, 3 ; 39, 7.

11. *etiam militibus principem auferre, principi militem* : on lit dans *M etiam militibus principem auferre litem* ; H. Heubner et quelques autres éditeurs (dont Koestermann, 1950) écrivent *etiam militibus principem auferre*, excluant *litem* comme interpolé à la suite d'un essai de correction qui aurait abouti à *etiam <mi> litem auferre*, texte retenu par H. Goelzer. Lenchantin de Gubernatis, *Mélanges P. Thomas*, p. 504, propose *etiam <mi> litem <principi>, militibus principem auferre*, décelant par conséquent un chiasme dans l'expression. Nous suivons pour notre part K. Wellesley (cf. « In defence of the Leiden Tacitus », *Rh. M.* CX, 1967, p. 210-224 (217-220)) qui, allant dans le même sens, se rallie au texte de *L etiam militibus principem auferre, principi militem* ; il est approuvé par A. B. Černjak, *Phil.* 1981, p. 246 sq., qui souligne l'heureux effet de

cette structure pour l'emphase de l'expression, par F. R. D. Goodyear, *Cl. Quart.* XX, 1970, p. 370, qui retient cependant comme tout aussi acceptable la variante de Koestermann 1961 *etiam militibus principem, principi militem auferre*, enfin par P. Jal, *Latomus*, XXXVI, 1977, p. 214.

14.

1. On trouve de cette journée un récit plus succinct et moins dramatiquement développé dans Dio Cass. 65, 10, 3-4 ; mais l'historien grec mentionne, en 65, 11, 1, une éclipse de lune qui permet de la dater du 18 octobre 69 : cf. K. Wellesley, « Moonshine in Tacitus », *Rh. M.* C, 1957, p. 244-252.

2. *Fabium Fabullum* : Fabius Fabullus, légat de la *V Alaudae*, a sans doute, d'après une inscription votive d'Aquae Issae (ager Poetouiensis), *C.I.L.* III, 4118 = *I.L.S.* 996, été auparavant tribun militaire de la *XIII Gemina* et légat de la *III Augusta* : Stein, *R.E.* VI, 2, col. 1769-1770, n° 75 ; il ne doit pas être identifié avec l'un des trois meurtriers possibles de Galba dont le nom a été avancé par Plut., *Galba*, 27, 3, mais non point par Tac., *supra*, 1, 41, 3 : *ibid.*, n° 74. — *Cassium Longum* : Cassius Longus, préfet du camp, n'est pas mentionné par ailleurs.

3. *forte oblatos... milites* : ils remontaient sans doute le Pô : cf. *supra*, 13, n. 4.

4. *abrupto ponte* : la plupart des éditeurs pensent, à la suite de Th. Mommsen, *Die zwei Schlachten...*, p. 169, n. 5 (cf. aussi A. Passerini, *Le due battaglie...*, p. 238, n. 144) qu'il s'agit d'un pont sur le Tartarus (cf. *supra*, 9, n. 2) ; K. Wellesley, *Three... puzzles*, p. 207-209, soutient la thèse qu'adopte également H. Heubner, *Comm.*, p. 42-43, selon laquelle le camp étant situé entre le Tartarus et Hostilia il ne peut s'agir que d'un pont sur le Pô ; il pense que Tacite a, pour des raisons stylistiques, rapproché les deux ablatifs et qu'il faut comprendre : *relictis castris Hostiliam rursus, inde abrupto ponte Cremonam pergunt*. Sur cette question, fort complexe et embrouillée, cf. encore E. G. Hardy, *Military historian...*, p. 148-149 ; P. Tozzi, « Tacito e la geografia della valle del Po », *Athenaeum*, XLVIII, 1970, p. 104-131 (p. 126-128).

5. *unietuicensimae* : la forme est exceptionnelle, sinon douteuse, comme le pensent Nipperdey, qui corrige en *unetuicesimae*, et Ritter, qui préfère *unaetuicesimae* que l'on trouve en 2, 43, 1 (et aussi en *Ann.* 1, 51, 2 dans certaines éditions, par ex. Oxford).

15.

1. Il s'agit d'éviter que les troupes de Crémone ne soient rejointes par celles d'Hostilia (cf. *supra*, 14 et n. 4) et par celles venant de Rome et conduites par Fabius Valens.

2. *profectum ab urbe* : sur ce départ, qui eut lieu sans doute à la fin du mois de septembre, alors que Valens était convalescent et que son armée avait perdu toute vigueur physique et morale, cf. 2, 99, 1 et n. 3. Il est par conséquent vraisemblable qu'Antonius, dont la décision est à dater du 21 octobre, est effectivement informé de ce départ.

3. *per Raetiam timebatur* : brachylogie pour *ne per Raetiam irrumpens adgrederetur* ; la Rhétie est (cf. 1, 11, n. 15) la région des Grisons, du Tyrol et de la Lombardie actuels ; la route supposée est donc, vraisemblablement celle qui conduit à Milan en passant par le Grand-Saint-Bernard.

4. Il y avait environ 60 km de Vérone à Bédriac.

5. Il s'agissait de troupes auxiliaires de Mésie, si l'on en juge d'après *infra* 18, 2.

6. *ciuili praeda = ciuium praeda* : sur ce type d'emploi, cf. J. Molager, « Un procédé de style propre à Tacite », *Orpheus*, XI, 1964, p. 25-32 ; sans doute a-t-il pour but de souligner la monstruosité de la conduite d'Antonius, le butin ne devant normalement être pris que sur l'ennemi ; sur ce comportement des militaires à l'égard des civils, cf. P. Jal, *La guerre civile*, p. 478 sq., et particulièrement p. 484.

7. *ad octauum* : s.e. *lapidem milliarium*, soit à 12 km, sur la *uia Postumia*, en direction de Crémone.

8. *Exploratores... longius curabant* : la correction proposée par Haase et adoptée par plusieurs éditeurs, notamment H. Heubner et K. Wellesley, ne nous paraît pas s'imposer ; *cursare* ne se trouve d'ailleurs chez Tacite que dans trois autres passages : 5, 20, 1 ; *Ann.* 2, 82, 4 ; 15, 50, 4. Nous ne pensons pas non plus qu'il faille comprendre *populari curabant* comme le fait Lenchantin de Gubernatis, *Mél. P. Thomas*, p. 505, mais plutôt, selon un mode d'expression usuel chez Tacite, *curabant = curam agebant* (suggestion de Castiglioni, selon de Gubernatis, *ibid.*) ou *longius procedendo cura sua fungebantur*, comme le propose H. Goelzer, *éd. Hachette, ad loc.*, p. 31).

16.

1. *Quinta ferme hora diei* : environ 11 heures du matin.

2. Sur Arrius Varus, cf. *supra*, 6, 1 et n. 3.

3. *fugae ultimus erat* : sur *ultimus*, cf. M. Lenchantin de Gubernatis, *Mél. P. Thomas*, p. 505 : « Tacite décrit une charge de cavalerie. À l'assaut imprévu, les ennemis cèdent d'abord, mais ayant eu un retour offensif énergique, les cavaliers font demi-tour. Naturellement, celui qui était le premier dans la charge se trouve être le dernier dans la retraite. La chose est évidente, et toutes les corrections faites à ce sujet sont arbitraires ». Caractéristique de Tacite est la *uariatio* stylistique *acerrimus - ultimus* au lieu de *primus - ultimus*.

— *fugae* équivaut à *fugientium* ou *in fuga*, comme dans le tour tout à fait équivalent quant au sens de Cic., *Verr.* 2, 5, 90 : *ut quisque in fuga postremus, ita in periculo princeps erat*.

4. *iussae armari legiones* : ainsi que nous l'avons vu au chapitre précédent, elles avaient été retenues au camp pour travailler au retranchement.

5. *angustiis uiarum* : ainsi que le remarque K. Wellesley, *ad loc.*, p. 100, *uiarum* correspond à une véritable pluralité et ne désigne pas seulement la *uia Postumia*, mais aussi les routes avoisinantes ; sur la géographie du lieu, cf. 2, 24, n. 7 ; 2, 25, n. 5 et 6.

17.

1. L'ensemble de ce chapitre, mais plus particulièrement le début, porte fortement la marque de Salluste ; ainsi *constantis ducis aut fortissimi militis* rappelle *Cat.* 60, 4 : *strenui militis et boni imperatoris officia simul exequebatur* sans que cela soit une raison suffisante pour ne pas maintenir le texte de *M fortissimi* ; sur ce topos, cf. le commentaire de K. Vretska (Heidelberg, 1976), *ad loc.*, p. 684, qui cite notamment parmi les auteurs latins Caes., *Gall.* 5, 33, 2 ; Iustin. 6, 7, 11 ; Amm. 28, 3, 2. Les infinitifs de narration qui suivent correspondent chez Salluste à la phrase qui, au contraire, précède : *Interea Catilina cum expeditis in prima acie uersari, laborantibus succurrere, integros pro sauciis arcessere, omnia prouidere, multum ipse pugnare, saepe hostem ferire.* P. Perrochat, « L'évolution d'un procédé de style chez Tacite », *R.E.L.* XIV, 1936, p. 43-48, rapproche aussi de *Iug.* 98, 1 (p. 47).

2. *uexillarium* : le *uexillarius* est le porte-étendard de l'escadron : cf. 1, 41, 1.

3. Sur les difficultés du terrain dans la région, cf. chap. précédent, n. 12. — *fracto... ponte* indique une rupture accidentelle, et non du fait de l'ennemi, ce qui se dirait *abrupto ponte*. — *interfluentis riui*, c'est-à-dire faisant barrière entre les poursuivants et les poursuivis ; il s'agirait de la Delmona, affluent de l'Oglio, lui-même affluent de la rive gauche du Pô. — *incerto alueo* : parce qu'on n'en connaissait pas la profondeur et que, surtout, on se défiait de sa consistance, car, comme nous l'avons précédemment vu, la région était extrêmement marécageuse.

4. *atque illi consternantur* : correction nécessaire, en raison du changement de sujet, de *illic*, texte erroné de *M*, facilement explicable par la présence d'un mot suivant commençant par *c*.

18.

1. *ad quartum... lapidem* (s.e. *milliarium*) : environ 6 km.

2. La *XXI Rapax* et la *I Italica* ; cette dernière avait assuré le succès de Vitellius à Bédriac (2, 41, 2) ; sur ces légions, cf. *supra*, 14.

3. *tantum per spatium... fessum* : Antonius s'est avancé jusqu'à huit milles de Bédriac où a eu lieu l'engagement (15, 2) ; il a poursuivi les Vitelliens jusqu'au point où se trouvaient les deux légions XXI et I qui s'étaient avancées jusqu'à quatre milles de Crémone (*supra*, § 1) ; la distance entre Crémone et Bédriac étant de vingt-deux milles, la poursuite a donc eu lieu sur dix milles, soit quinze km.

4. *forte uicti* : nous ne saurions approuver H. Heubner qui corrige *uicti* en *iuncti*, suivant en cela d'autres éditeurs qui proposent diverses solutions (cf. apparat critique), sous le prétexte que *uicti* est dépourvu de sens (cf. *Hermes*, LXXXVII, 1959, p. 228, n. 1). Il nous semble, bien au contraire, que Tacite indique ainsi que cette défaite s'est produite en quelque sorte contre le cours logique et naturel des choses.

5. *Vipstanus Messalla* : sur ce personnage, cf. *supra*, 9, 3 et n. 9 ; il commandait la *VII Claudiana*, l'une des trois légions de Mésie, basée à Viminacium (cf. 2, 85, 1) ; il a pris avec lui les auxiliaires afin d'achever la déroute des fuyards, parce qu'ils étaient moins pesamment armés et donc plus rapides et plus mobiles que les fantassins, qui ont cependant suivi et parcouru, suivant le calcul de K. Wellesley (*Comm.*, *ad loc.*, p. 102) à peu près 26 km en 5 heures environ. Que des fantassins fatigués par une marche aussi longue aient pu soutenir un tel effort physique suscite l'étonnement du savant britannique ; A. B. Černjak, *Phil.* 1981, p. 247, avance l'hypothèse que *multi e legionariis* pourrait désigner en fait des membres des cohortes auxiliaires qu'Antonius avait envoyées en avant dans la plaine de Crémone pour s'y procurer du ravitaillement (15, 2).

6. *mixtus pedes equesque* : les fantassins de Messalla et la cavalerie d'Antonius.

7. *propinqua... moenia* : la distance est de 6 km ; cf. n. 1.

8. *laboris ac uolnerum* : Tacite nous semble utiliser ici (cf. aussi 19, 2) une variante de la formule traditionnelle *labores et pericula* ; cf. J. Hellegouarc'h, *Voc. pol.*, p. 249.

19.

1. *Inumbrante uespera* : il était environ 5 heures de l'après-midi selon K. Wellesley (cf. chap. précédent, n. 5).

2. Sur la valeur évocatrice du début de ce chapitre, cf. H. Bardon, *Hommages à M. Niedermann* (Latomus, 23), Bruxelles, 1956, p. 34-37 (p. 36).

3. *coloniam* : toutes les deux riveraines du Pô, la première sur la rive gauche, la deuxième sur la rive droite, les deux colonies de Crémone et Plaisance furent fondées en même temps, en 218 avant J.-C. (Polyb. 3, 40, 5 ; Liu. *Per.* 20 ; Vell. 1, 14, 7), très précisément le 31 mai (Ascon., *In Pis.* 2-3 Clark) : Wellesley, *Comm.*, Index 1, p. 228 ; Hülsen, *R.E.* IV, 2, col. 1702-1703.

4. *praefectorum legatorumque* : les préfets de cohortes auxiliaires et de cavalerie, et les commandants de légions.

20.

1. *tormentisne... uineis* : Antonius distingue deux formes d'attaque contre les remparts de Crémone : par lancement de projectiles, par travail de sape ; *tormentis... et telis* est une expression globale, mais dont la division en deux termes, d'ailleurs allitérants, comme souvent chez Tacite et précédemment chez Salluste, a pour but de créer l'équilibre par rapport à *operibus* et *uineis* : les *opera* sont les travaux d'approche, les *uineae*, des constructions en forme de toit ou des baraques montées sur roues, destinées à protéger les soldats chargés des travaux de sape contre les jets de projectiles de la part des assiégés (Veg., *Mil.* 4, 15).

2. Suivant un mouvement assez habituel, l'orateur, après avoir harangué en bloc son auditoire, s'adresse à chacun de ses soldats en particulier, et cela est marqué par le passage du style indirect au style direct.

3. *dolabras* : la dolabre est un outil à deux faces, à la fois pioche et hache, servant, comme la hache, à la destruction d'un retranchement.

4. *struere... protegi* : même rapport qu'avec *operibus* et *uineis* ; l'*agger* est un remblai ou terrassement destiné à faciliter l'approche des murailles par les machines de siège ; sur *plutei* et *crates*, cf. 2, 21, n. 5.

5. *uim uictoriamque* : structure allitérante, qui donne de la vigueur à une expression qui a sans doute un caractère traditionnel et rituel, comme le montre Liu. 8, 9, 7, où elle fait partie de la formule de *deuotio* de Decius Mus : *Vos precor, ueneror, ueniam peto feroque uti populo Romano Quiritium uim uictoriamque prosperetis.*

6. Sur *lixae calonesque*, cf. *supra*, 2, 87, 1 et n. 3.

21.

1. *sex Vitellianas legiones* : à savoir la *I Germanica*, la *IV Macedonica*, la *V Alaudae*, la *XV Primigenia*, la *XVI Gallica*, la *XXII Primigenia*. — *omnemque exercitum*, c'est-à-dire comprenant, ajoutés aux légions citées ci-dessus, les *uexilla* des légions britanniques, *II Augusta*, *IX Hispana*, *XX Valeria* et le reste de la cavalerie ; elles venaient en renfort de la *I Italica* et de la *XXI Rapax*, ainsi que de l'autre partie de la cavalerie, qui occupaient Crémone : cf. *supra*, 14.

2. C'est Caecina qui avait établi ses troupes à Hostilia ; cf. *supra*, 9, 1.

3. *triginta milia passuum emensum* : soit 45 km ; précision apportée par Tacite, contrairement à son habitude, en raison de la

longueur de cette marche qui fait presque le double d'une étape habituelle ; cela souligne la gravité de la situation pour les Vitelliens.

4. Sur cette chaussée ; cf. 2, 24, 3 et la n. 7 ; 2, 42, 2.

5. Sur la topographie des lieux, cf. 2, 24, n. 7 ; 2, 25, n. 5 et 6.

6. *per apertum limitem* : il s'agit d'un chemin de traverse, non bordé d'arbres : cf. A. Passerini, *Le due battaglie...*, p. 243, n. 154 ; *apertum* s'oppose à *arbustis intersaepta*.

7. *aquilarum signorumque* : c'est-à-dire des légions et des manipules.

8. *ut fors tulerat* : donc en ne suivant pas l'*ordo* ci-dessus, indiqué seulement par les porteurs d'*aquilae* et de *signa*.

9. *praetorianum uexillum* : ce sont les cohortes prétoriennes d'Othon, que Vitellius avait licenciées (2, 67, 1) et que Vespasien avait reconstituées pour en faire la force principale de son parti (*ibid.*).

10. *Sido atque Italicus* : cf. 5, 1 et n. 6.

22.

1. *algore atque inedia* : on était à la fin du mois d'octobre ; l'expression est une évidente réminiscence sallustienne : *Cat.* 5, 3 : *corpus patiens inediae, algoris*, ce qui conduit K. Wellesley à voir en elle une amplification rhétorique qui ne correspond pas vraiment à la réalité de la situation.

2. *indigus rectoris* : Caecina avait été mis aux fers en raison de sa trahison, Fabius Valens n'était pas arrivé et les deux chefs que les soldats s'étaient donnés, Fabius Fabullus et Cassius Longus (14), étaient apparus tout à fait insuffisants.

3. *tertia ferme noctis hora* : environ 8 h. 30-9 h. du soir à cette époque de l'année.

4. *alii* : d'autres que Vipstanus Messalla, qui semble être la principale source de Tacite pour ce passage ; on a pensé à une autre source flavienne, comme l'indique l'emploi de *suorum*, et principalement à Pline.

5. *dextro... cornu* : Faerno corrige en *dextrum* le texte de M, *dextro*, cette leçon du manuscrit pouvant, selon lui, s'expliquer par une mauvaise compréhension de *cornu*, accusatif pris pour un ablatif ; mais K. Wellesley préfère, avec raison à notre sens, maintenir le texte de M et voir dans cette construction un zeugma, l'ablatif étant justifié comme dépendant d'un verbe tel que *stetisse* (ou *fuisse* : G. Sörbom, *Variatio...*, p. 86, n. 1).

6. *omnibus se manipulis miscuerant* : en raison de la débandade qui les avait saisis au cours de la première phase de la bataille (*supra*, 18, 2).

7. Sur *signum* au sens de « le mot de passe », cf. *Ann.* 13, 2, 3 ; Plaut., *Mil.* 1016 ; *B. Afr.* 83, 1 ; Liu. 28, 24, 10. Ce texte a

été rapproché de Thuc. 7, 44, 4 : cf. H. Bardon, *Hommages à
M. Niedermann* (cf. *supra*, 19, n. 2), p. 34.

8. *Vrgebatur maxime septima legio* : parce qu'elle se trouvait
patenti campo (21, 2), explique-t-on généralement, mais aussi sans
doute, ainsi que le remarque L. Valmaggi, parce qu'elle était *nuper
conscripta* (le 10 juin 68 : cf. *supra*, 1, 6, 2 et n. 11 ; 2, 11, 1).

9. *sex primorum ordinum centuriones* : il y en avait dix par légion,
appartenant tous aux centuries des *triarii* ; la perte était donc
relativement considérable.

10. *Atilius Verus primi pili centurio* : cf. *supra*, 6, n. 4. L'aigle
était confiée à la responsabilité du premier centurion de la première
cohorte des *triarii* : cf. J. Marquardt, *Römische Staatsverwaltung*, II.
A. Dessau-A. von Domaszewski (1884), p. 354, n. 1.

23.

1. *quintae decimae legionis* : telle est la correction généralement
admise depuis Juste Lipse du texte de *M quartae decimae*, texte
irrecevable, car la *legio XIV* ne participait pas à la bataille. Toutefois,
K. Wellesley, *Comm.*, p. 107-108 (cf. aussi G. Sörbom, *Variatio...*,
p. 169) préfère lire *sextae decimae*, correction paléographiquement
tout à fait acceptable (XVI → XIV), car, selon lui la *legio XVI* était
spécialisée dans l'artillerie. Mais H. Heubner conteste, avec raison,
nous semble-t-il, ce point de vue, d'une part, parce que, dans *M* tout
au moins, le nombre est écrit en lettres et que, dans ce cas, c'est avec
quintae que la confusion s'explique le mieux, d'autre part, parce que
c'est la quinzième (avec la cinquième) qui était placée au centre (22,
2), donc sur la chaussée de la *uia Postumia*, face à la troisième légion
flavienne (21, 2) alors que la seizième occupait l'aile gauche, avec la
vingt-deuxième et la première. — *ballista* : sur les *tormenta* et les
ballistae, cf. G. Lafaye, in Daremberg-Saglio, *Dict. Ant.*, V, p. 363-
372, s.u. *tormentum* ; E. W. Marsden, *Greek and Roman Artillery.
Historical development*, Oxford, Clar. Pr., 1969, particulièrement,
p. 174-206.

2. *duo milites... ignorati* : les soldats en question faisaient sans
doute partie des prétoriens appelés en renfort par Antonius. Ils
étaient *ignorati* parce qu'ils avaient pris les boucliers de soldats de la
quinzième légion à laquelle appartenait la baliste ; or, les prétoriens
portaient sur leurs armes des signes distinctifs, les épisèmes, comme
on le voit en 1, 38, 3 (cf. n. 10) ; cf. aussi Veg., *Mil.* 2, 18 ;
P. Couissin, *Les armes romaines*, Paris, 1926, p. 396-402. M. Durry,
Les cohortes..., p. 233, mentionne parmi ces signes distinctifs une
différence de couleur ; K. Wellesley conteste que celle-ci ait pu être
perçue parce que le combat se déroule la nuit, mais il ne faut pas
oublier que c'est aussi, tout au moins dans la dernière partie (*infra*,
§ 3) sous un grand clair de lune.

3. *uincla ac libramenta tormentorum* : comme il n'y a qu'une baliste, le pluriel *tormentorum* fait problème, d'où les corrections proposées, notamment *tormento* par Juste Lipse. H. Goelzer (*éd. Hachette, ad loc.*, p. 44) et G. B. A. Fletcher, *Annotations*, p. 77, y voient un pluriel poétique ; d'autres, comme E. Paratore, *Tacito*, p. 180, une glose interpolée. E. W. Marsden, qui donne (*op. cit.* n. 4, p. 187 et n. 2) une explication détaillée de ce passage, comprend *tormentorum* comme équivalent de *tonorum*, désignant l'ensemble des instruments de torsion de la machine ; les *uincla* seraient les câbles ou cordes, *libramenta* les leviers de torsion de l'engin (en grec ἐπιξυγίδες).

4. Même récit, un peu moins détaillé, dans Dio Cass. 65, 14, 2.

5. *adulta nocte luna surgens* : en 65, 13, 1, Dion Cassius dit que la lune était de temps en temps occultée par les nuages ; mais les deux indications ne sont pas incompatibles et, de plus, celle de Dion se rapporte au début du combat. Se fondant sur ce que rapporte Tacite dans ce passage, K. Wellesley, *Moonshine...* (cf. chap. 14, n. 1), croit pouvoir donner comme date de cette bataille la nuit du 24/25 octobre 69 et fixer le lever de la lune aux environs de 21 h. 40.

24.

1. *ubi noscere suos noscique poterat* : H. Bardon qui, dans les *Hommages à M. Niedermann* (cf. 19, n. 2), met en rapport, à la suite de E. Courbaud, *Les procédés...*, p. 117-118, ce récit de la bataille nocturne avec celui que fait Thucydide en 7, 43-44 de l'attaque, également nocturne, des Épipoles, lors du siège de Syracuse par Démosthénès en 405 avant J.-C., rapproche de ce membre de phrase le texte de l'historien grec en 44, 2 : Τὴν δὲ γνῶσιν τοῦ οἰκείου ἀπιστεῖσθαι pour lequel il admet comme traduction « on ne se fie pas à reconnaître des amis ».

2. *curnam sumpsissent* : nous adoptons le texte de *L*, suivi par Koestermann, et qui fut aussi une correction d'Agricola, car il paraît le plus proche de celui, évidemment corrompu, de *M²* currari (*cur rari M*) *sumpsissent* et le plus acceptable aussi pour le sens ; ni *cur irati* (K. Wellesley), ni *cur iterum* (A. B. Černjak, *Phil.* 1981, p. 248) ni *cur resumpsissent* (Juste Lipse) ne nous paraissent satisfaisants. — *Pannonicae legiones* : les légions *VII Galbiana* et *XIII Gemina* qui avaient combattu sous les ordres d'Othon ; cf. *supra*, 2, 11, 1 et n. 4.

3. *prioris ignominiae* : la défaite de Bédriac.

4. Les faits sont ici indiqués d'une façon qui correspond plus à la recherche d'un mouvement de rhétorique qu'au souci de l'exactitude ; les *Moesici* sont au nombre de trois légions : *III Gallica, VII Claudiana, VIII Augusta*, mais seules la troisième et la huitième sont ensemble, à l'aile droite, tandis que la septième est à l'extrême gauche (21, 2) ; Antonius, s'adressant d'abord à la *XIII Gemina* et à

la *VII Galbiana*, qui se trouvent au centre du dispositif, sur la chaussée de la *uia Postumia*, passe ensuite à l'aile droite, et ne peut donc haranguer que la troisième et la huitième légions.

5. *tertiani* : cf. *supra*, n. 4 et 2, 85, 1 : *tertia legio exemplum ceteris Moesiae legionibus praebuit.*

6. Lors de la guerre menée contre les Parthes par Antoine, de 36 à 34 avant J.-C. : cf. Ritterling, *R.E.* XII, 2, col. 1517, l. 58 sq. et Plut., *Ant.* 42.

7. En 63 après J.-C. : cf. *Ann.* 15, 26 ; Ritterling, *ibid.*, col. 1520, l. 4 sq.

8. Cf. 1, 79, 1.

9. L'irritation d'Antonius contre les prétoriens s'explique à la fois par le fait qu'ils ont été vaincus à la bataille de Bédriac et parce qu'appelés en renfort ils venaient d'être repoussés par les Vitelliens (23, 1). — *pagani* : comme l'indique H. Goelzer, *éd. Hachette, ad loc.*, p. 46, l'injure a un sens analogue à celle de *Quirites* adressée par César à ses soldats révoltés : cf. Suet., *Diu. Iul.* 70, ou à celle de *ciues* employée par Germanicus, en rappelant d'ailleurs le précédent de César : *Ann.* 1, 42, 2-3. Sur ce sens de *paganus*, cf. J. Zeiller, « *Paganus* », *étude terminologique*, Fribourg, 1917, p. 21-28 et E. Bickel, « Pagani », *Rh. M.* XCVI, 1954, p. 1-47 (p. 33 sq.).

10. *Illic* a été diversement interprété : *si uincitis*, explique H. Goelzer, ce qui n'est pas faux, mais est insuffisamment clair ; « ici, sur le champ de bataille » écrit K. Wellesley, ce qui est une explication incomplète. À notre sens, *illic* a sa valeur de démonstratif exprimant l'éloignement, et emphatique de surcroît ; il désigne le côté des Vitelliens dans son ensemble, à qui ils ont remis leurs armes (2, 67, 1), qu'il s'agit donc d'aller reconquérir, et qui sont en possession à Rome de leur camp, qu'il leur faut reprendre (*quae castra alia excipient ?*).

11. Pas question pour les prétoriens de se rendre cette fois-ci, en cas de défaite, comme ils l'ont fait lors de la première bataille de Bédriac (cf. note précédente). Antonius fait également sans doute allusion au fait qu'ils ont, auparavant encore, trahi Galba en faveur d'Othon.

12. Le fait est aussi mentionné par Dio Cass. 65, 14, 3 ; selon K. Wellesley, *Moonshine*, p. 252, le lever du soleil est à fixer à 7 h. — *Vndique clamor... salutauere* : l'opposition phrase nominale / verbe au parfait second a valeur descriptive : le premier élément exprime, en un court membre de phrase, l'atmosphère générale ; le deuxième fixe l'attention, en une sorte de gros plan, sur une attitude significative des soldats. Sur cette scène, cf. le commentaire de E. Courbaud, *Les procédés...*, p. 117 : « Le détail a le mérite d'être historiquement vrai : la 3e légion, venue de Syrie, recrutée en Syrie ou composée de soldats qui avaient pris aisément les croyances du pays, a dû saluer ainsi l'apparition de son dieu. Mais il a surtout pour lui

d'être merveilleusement poétique : il termine l'effet de lune antérieur par un contraste des plus saisissants ».

25.

1. Cf. Dio Cass. 65, 14, 3.

2. *postquam pulsos* : comme K. Wellesley, nous ne voyons aucune raison de ne pas garder le texte de *M*, qui offre de surcroît l'avantage d'un début de phrase comportant deux mots initiaux spondaïques allitérants, ce qui donne plus de vigueur à l'expression ; de la même façon, mais cette fois contre Wellesley et Černjak, nous maintenons à la fin de la phrase l'imparfait *obturbabat*.

3. *quiuere... tormentisque* : les Vitelliens sont rejetés sur la *uia Postumia* où, comme nous le voyons en 23, 1, ils avaient massé leurs machines de guerre.

4. Sur Vipstanus Messalla, commandant de la *VII Claudiana*, et son importance comme source de Tacite, particulièrement pour le récit de la deuxième bataille de Bédriac, cf. *supra*, 9, 3 et n. 9.

5. Sur ces enrôlements, cf. G. Forni, *Il reclutamento...*, p. 57 ; 226 ; 234.

6. La *VII Galbiana* à laquelle il appartenait était au centre gauche du dispositif de l'armée d'Antonius (21, 2) et avait donc en face d'elle les *V Alaudae* et *XV Primigenia*, situées au centre droit de l'armée vitellienne (22, 2) ; mais les hommes des *XXI Rapax* et *I Italica* s'étaient mêlés à tous les manipules.

7. *piatos... manes* : contrairement à de nombreux éditeurs, dont K. Heraeus, H. Goelzer et H. Heubner qui, à partir du texte de *M*, *piatos*, et s'appuyant sur Virg., *Georg.* 4, 547 : *placatam Eurydicen uitula uenerabere caesa*, lisent *placatos*, nous adoptons, comme le font E. Koestermann et K. Wellesley, le texte de *L*, *piatos* ; sur ce verbe, cf. Virg., *Aen.* 6, 379 : *ossa piabunt* ; Hor., *Ep.* 2, 1, 143 ; Ov., *Met.* 13, 515 ; *Fast.* 1, 318. Le tour est proleptique : *piatos = ut piarentur*, et est sur le même plan que *neue... auersarentur*, tour par rapport auquel il constitue un élément de *uariatio* ; cela donne à l'expression une intensité à laquelle contribue aussi la très forte allitération en *p* ; sur le genre de situation ici évoqué, cf. P. Jal, *Guerre civile*, p. 396-401, et particulièrement p. 398.

8. C'est à cette question que s'efforce en quelque sorte de répondre P. Jal dans *Le soldat des guerres civiles...*

9. Sur ce tableau, extrêmement composé, avec gradation ascendante *proximi, plures, omnem*, cf. P. Jal, *Guerre civile*, p. 415 sq. et particulièrement p. 417 ; *La cruauté des guerres civiles*, p. 483 sq. Il s'achève sur une *sententia* dont l'intensité est soulignée par la paronomase *factum... faciunt* et la clausule héroïque (*loquuntŭr făcĭŭntquĕ*).

26.

1. *Othoniano bello* : c'est-à-dire lors des opérations qui avaient précédé la première bataille de Bédriac : cf. 2, 22-45 ; il n'y est cependant pas fait mention de la construction d'un camp, mais une allusion à ce dernier se trouve en 2, 26, 1 (*orta et in castris seditio*), 2, 26, 2 (*formido fuit... in acie, pro uallo*) et en 2, 41, 2 (*Caecina... reuectus in castra*).

2. *munimenta... auxerat* : il s'agit vraisemblablement de la tour mentionnée en 29, 1, dans le récit de l'assaut contre le retranchement.

3. *per diem noctemque* : comme le montre la partie antérieure du récit (19-23), ils avaient marché toute la journée et combattu toute la nuit.

4. *tam longi itineris* : il y a environ 35 km de Bédriac à Crémone.

5. *ipsorum* : c'est-à-dire les *duces* mentionnés quelques lignes plus haut (*incertis ducibus*).

27.

1. *cingi... corona iussit* : la *corona* est la ligne formée par une armée assiégeante ; cf. Caes., *Gall.* 7, 72, 2 ; Liu. 23, 18, 5.

2. *sagittis saxisque* : ce sont les flèches et les pierres lancées par les catapultes et les balistes ; la portée des premières allait de 180 à 360 m., celle des secondes de 280 à 460 m. ; cf. H. Goelzer, *éd. Hachette*, p. 50, n. 2.

3. *eminus... desuper* : c'est-à-dire du haut du *uallum* défendant Crémone.

4. *Bedriacensi uiae* : la *uia Postumia*.

5. *septimani* : les soldats de la *VII Galbiana*, terme imprécis dans la mesure où il y avait aussi la *VII Claudiana*, mais les choses sont parfaitement claires étant donné le contexte, et l'emploi de ce terme relève, une fois de plus, de la recherche de la *uariatio*.

6. *dexteriora* : c'est la partie droite pour les soldats venant de Bédriac par la *uia Postumia* ; c'est donc le nord-est, entre la route de Bédriac vers l'est et la route de Brescia vers le nord (cf. la carte).

7. *dum... ligones... conuectant* : contrairement à K. Wellesley qui garde *legiones* de *M*, mais dont la position est combattue notamment par A. B. Černjak, *Phil.* 1981, p. 248, nous nous en tenons à la correction de B. Rhenanus : manquant d'outils de siège, les soldats s'emparent de tout ce qui leur tombe sous la main dans les champs voisins pour servir d'instruments qui, de toute façon, étaient normalement utilisés dans des circonstances de ce genre ; cf. Veg., *Mil.* 2, 25 pour les *ligones*, les *dolabrae* et les *falces* qui, comme le remarque A. B. Černjak, sont à comprendre comme des *falces murales* (cf. Caes., *Gall.* 3, 14, 5 ; 7, 86, 5) ; 4, 30 pour les *scalae*.

8. *multa cum strage* a été rejeté sans aucune raison par G. Andresen, *Wochenschr. f. Kl. Phil.*, XXXIII, 1916, p. 766,

comme glose explicative de ce qui précède. Il s'agit d'un renforce-
ment intensif de cet aspect de la narration, en particulier par le rejet
en fin de phrase de l'élément à mettre en relief.

9. *Cremonam monstrassent* : le geste est saisissant, ainsi que
l'expression en raison de l'allitération et de l'abondance des syllabes
longues (dont les cinq dernières consécutives) ; il s'agit de faire voir
aux soldats ce qui va être la source du butin auquel ils aspirent. —
duces : par l'emploi de ce terme Tacite évite d'attribuer au seul
Antonius Primus la responsabilité du sac de Crémone ; même
attitude, *infra*, en 32, 1 et *supra*, en 25, 2 : *publicum id facinus* ; cf.
aussi 32, 3 : *ceteri duces in obscuro : Antonium fortuna famaque
omnium oculis exposuerat*.

28.

1. *Hormi* : Hormus, affranchi de Vespasien ; cf. *supra*, 12, n. 14.
2. Sur Vipstanus Messalla, cf. 9, n. 9. Messalla représente une
tradition favorable à Antonius, Pline l'Ancien la tradition contraire,
qui est la version flavienne officielle, ainsi que nous le montre le texte
de Flavius Josèphe, *B.I.* 4, 642.
3. *pessimo flagitio* : car il s'agissait du sac d'une ville romaine par
des Romains.
4. *omni imagine mortium* : on peut citer à propos de cette
expression différents textes de prose : Liu. 31, 18, 7 (cf. aussi Thuc. 3,
81, 5 : Πᾶσα... ἰδέα... θανάτου cité par K. Wellesley, *ad loc.*, p. 116) et
de poésie : Ov., *Met.* 10, 726 ; *Trist.* 1, 11, 23 ; Sen., *Phaedr.* 550-
551 ; Lucan. 3, 689 ; Sil. 4, 591 ; 17, 481-482 ; mais on pense avant
tout à Virg., *Aen.* 2, 369 : *plurima mortis imago*, ce qui souligne le
caractère propre de cette évocation tragique qui comporte d'autres
aspects virgiliens : *semineces* (cf. Virg., *Aen.* 5, 275 ; 9, 455 ; 9, 542,
etc.) ; *exspirantibus* (*Aen.* 11, 865) : cf. F. Kuntz, *Die Sprache...*,
p. 79 sq.

29.

1. La zone voisine de la porte de Bédriac qui était investie
conjointement par la troisième et la septième légions : cf. *supra*, 27, 2.
2. Cette partie du rempart était, semble-t-il, formée de clayonnages
en bois, comme on peut le voir d'après Caes., *Gall.* 5, 40, 6 et 7,
72, 4.
3. *inter omnes auctores constat* : parmi ces auteurs, il y a
principalement Pline l'Ancien et Vipstanus Messalla (cf. *supra*, 28,
n. 2), mais, contrairement à ce qu'affirme Ph. Fabia, *Les sources...*,
p. 219, n. 1, l'emploi de *omnes* indique clairement que la référence de
Tacite ne saurait être limitée à ces deux noms.
4. Sur ces faits, cf. Dio Cass. 66, 15 ; Ios., *B.I.* 4, 543.

30.

1. *rursus* : c'est-à-dire après la première partie de l'attaque.

2. Tous ces détails sont en opposition à ceux qui ont été donnés sur les défenses du *uallum* : en particulier, les tours sont en pierre, et non en bois comme la *turris* flanquant (*iuncta*) les superstructures également en bois du *uallum* (cf. 29, n. 2).

3. *illi... propugnatores deturbant* : ils arrachent les solives et les tuiles des toits des maisons, sur lesquels ils ont été placés, pour les lancer sur les défenseurs de Crémone.

31.

1. Sur les faits, cf. Dio Cass. 65, 14, 4. — *et alii* : les troupes auxiliaires.

2. *uolgus inops* : les *gregarii milites* (*infra*, § 2), qui étaient peu payés.

3. D'autant plus, sans doute, que les officiers de l'armée de Vitellius s'étaient vraisemblablement enrichis de façon importante après leur victoire sur l'armée d'Othon.

4. *Primores... amoliuntur* : les *primores castrorum* sont les *tribuni centurionesque* ; le nom de l'empereur était inscrit sur les étendards (cf. 2, 85, 1, n. 8), et les *imagines* de l'*imperator* ornaient la place d'armes du camp (cf. note suivante).

5. Cf. *supra*, 14, 1 : *repositis Vitellii imaginibus, uincla Caecinae iniciunt*.

6. *uelamenta et infulas* : ce sont les signes de la reddition, l'équivalent du drapeau blanc d'aujourd'hui : cf. 1, 66, 1, n. 2.

7. Pour les livrer aux vainqueurs en signe de soumission.

8. Il s'agit d'une reddition sans condition. Sur cette phrase, cf. E. Courbaud, *Les procédés...*, p. 284 : « S'agit-il de peindre un défilé d'armées prisonnières, Tacite trouve les sonorités graves et tristes qui conviennent... Ajoutez l'effet que produit le long *sequebatur* détaché du reste » ; A. Salvatore, *Stile...*, p. 173, relève dans *maestum inermium agmen* un double hiatus qui renforce l'effet résultant des sonorités.

9. Cf. en 2, 45, 3, le comportement des Vitelliens à l'égard des Othoniens vaincus.

10. *consul incessit* : Caecina avait été nommé consul pour les mois de septembre et octobre 69 : cf. 2, 71, 2 et n. 6. — *incedo* implique l'idée d'une marche un peu solennelle.

11. *superbiam saeuitiamque* : groupe de mots allitérants dans lequel *superbia* s'applique au comportement déplacé de Caecina s'enorgueillissant d'un consulat qui lui a été donné par Vitellius, *saeuitia* à sa conduite envers les troupes, et particulièrement envers la 13ᵉ légion à laquelle il a imposé la construction de l'amphithéâtre de Crémone : 2, 67. — Ios., *B.I.* 4, 644, nous informe plus

complètement sur le sort de Caecina : « (Antonius) rendit la liberté à
Caecina et l'envoya informer Vespasien de ce qui s'était passé. À son
arrivée, Caecina fut bien reçu par Vespasien, qui fit disparaître la
honte de sa trahison sous des honneurs inespérés ».

12. Cf. Dio Cass. 65, 10, 4.

32.

1. *Interim... inter armatos* : il s'agit des gens d'Antonius, puisque
les Vitelliens étaient maintenant *inermes* (31, 3) ; mais, comme le
remarque K. Wellesley, *ad loc.*, p. 120, il pouvait se trouver parmi les
armati quelques Vitelliens *uagi per uias* (31, 2). *Interim* : c'est-à-dire
pendant que leurs chefs étaient occupés à recevoir la réddition des
Vitelliens.

2. Phrase sèche, tranchante, toute empreinte d'*imperatoria bre-
uitas*, dont le relief est accentué par le chiasme *magnifice...
clementer* ; le paradoxe est que cette netteté dans la forme masque
une absence de décision sur le point essentiel.

3. Cf. l'accueil triomphal fait par les habitants de Crémone à
Vitellius en visite sur le champ de bataille de Bédriac : 2, 70, 2-3.

4. Cf. 2, 67, 2 et *supra*, 31, n. 11 ; comme il n'en reste aucune
trace, on suppose que cet amphithéâtre avait été construit rapidement, peut-être en bois, et qu'il a disparu dans l'incendie qui a
marqué le sac de Crémone.

5. *praebiti... progressae* : détail qui apparaît aussi chez Dion
Cassius, 65, 13, 3, mais dont il n'y a pas trace dans le récit que fait
Tacite de la bataille aux chap. 22 et 23 ; le champ de bataille était
distant de la ville d'environ 9 km.

6. Tacite reste apparemment toujours indécis sur le degré de
responsabilité d'Antonius dans cette affaire.

7. *Excepta uox est* : de qui est cette voix ? On estime généralement, à la suite de Burnouf (cf. H. Goelzer, éd. Hachette, *ad loc.*, p.
57), et en se fondant sur l'expression *uernile dictum* (« propos
d'esclave »), que c'est la voix d'un esclave préposé au bain, et l'on
traduit comme si le sujet de *incalescerent* était un mot comme *serui*
ou *uernae* = les esclaves chargés de faire chauffer le bain (« une voix
répondit qu'on allait le chauffer »). Cette explication n'est pas
grammaticalement correcte : *incalesco* est intransitif et le sujet ne
peut être que *balineae* ; d'autre part, le sens de *uernile dictum* n'est
pas clair. Se fondant sur les autres occurrences du mot chez notre
auteur, par exemple 2, 59, 2 : *uernilibus blanditiis* (cf. aussi 2, 88, 2 :
uernacula urbanitate et Mart. 10, 3, 1 : *uernaculorum dicta*), K.
Wellesley, *ad loc.*, p. 122, donnant à *uernile dictum* le sens de
« propos bouffon », croit que la voix est celle d'Antonius et que ceux
qui l'ont entendue, dont l'identité n'est point précisée, en ont
répandu le bruit qui crée l'hostilité envers lui. Quoi qu'on puisse

penser de cette interprétation, nous admettons que, suivant une habitude qui lui est chère, Tacite maintient une équivoque à partir de l'emploi de *uernile dictum*, d'où la traduction que nous proposons.

33.

1. *quadraginta armatorum milia* : c'est à peu près la totalité de l'armée d'Antonius, qui comprend cinq légions et les prétoriens, soit environ 30 000 hommes, plus les auxiliaires et les contingents étrangers qui s'élèvent approximativement à 15 000 hommes, dont il faut retrancher les pertes de la bataille, évaluées par Ios., *B.I.* 4, 643, à 4 500 hommes.

2. *truncabantur* : la correction de Heinsius, *obtruncabantur*, n'est pas justifiée ; *truncabantur* n'en est pas l'équivalent ; H. Goelzer remarque fort justement (*éd. Hachette*, p. 58) : « Tacite veut dire que, dans leur ardeur à piller, les soldats ne craignaient pas de mutiler ceux qui les avaient devancés ; ils leur abattaient les bras ou les mains à coups d'épée, quand ils ne voulaient pas lâcher prise ».

3. *dominorum abdita = quae domini abdiderant* : nous sommes d'accord avec Wellesley pour penser que *domini* doit être entendu, dans une brachylogie très tacitéenne, comme désignant les propriétaires des objets et les maîtres des esclaves, ces derniers étant ceux qui subissent *uerbera tormentaque*.

4. *ciues, socii, externi* : cf. *supra*, n. 1 ; on a vu en 5, 1 que l'armée comprenait des Sarmates et des Suèves (cf. aussi 21, 2).

5. *suffecit* : s.-e. *direptioni et ignibus*. Même récit de ces événements chez Dio Cass. 65, 15, qui précise cependant, en exprimant son indignation, que les dégâts les plus importants furent le fait des Vitelliens, parce qu'ils connaissaient mieux la ville et l'emplacement des riches maisons.

6. *in igne considerent* : c'est le texte de *M* ; les corrections *in ignem* (Heinsius) et *in ignes* (Ernesti) nous semblent aussi inutiles et peu justifiées l'une que l'autre.

7. *Mefitis templum... defensum* : Méphitis, déesse des odeurs pestilentielles (cf. Serv., *ad Aen.* 7, 84 : *... ut sit Mefitis dea odoris grauissimi, id est graue olentis*) dont plusieurs inscriptions attestent le culte en diverses régions d'Italie ; cf. Marbach, *R.E.* XV, 1, col. 118-119 ; sa présence à Crémone s'explique par le fait que la ville était située en une région marécageuse et malsaine. — *loco* : cet emplacement n'est pas connu, aucune trace n'en ayant subsisté : Hülsen, *R.E.* IV, 2, col. 1702, l. 61-67 ; sans doute près du Pô (K. Wellesley) et, en tout cas, hors des remparts (*ante moenia*).

34.

1. *Hic exitus* : C'est la formule initiale traditionnelle des notices nécrologiques ; Tacite souligne ainsi le fait que Crémone est désor-

mais une ville morte ; cf. Virg., *Aen.* 2, 554-555 : *hic exitus illum / sorte tulit Troiam incensam... uidentem.* Mais ce n'est pas une raison suffisante pour ajouter *tulit* dans le texte de Tacite à la suite d'Onions.

2. Elle avait été fondée le 31 mai 218 ; les deux cent quatre-vingt-six ans sont donc accomplis ; sur cet emploi de l'ordinal, cf. J. Beaujeu, « Grammaire, censure et calendrier : *Quinto quoque anno* », *R.E.L.* LIII, 1975, p. 330-360 ; J. Hellegouarc'h, *éd. Velleius Paterculus*, Paris, 1982, p. XCI-XCIII de l'*Introduction*.

3. Ce sont T. Sempronius Longus et P. Cornelius Scipio, consuls du 15 mars 218 au 14 mars 217 avant J.-C.

4. *propugnaculum aduersus Gallos* : Liu. 31, 48, 7 indique que les deux colonies de Plaisance et de Crémone furent fondées conjointement *uelut claustra ad cohibendos Gallicos tumultus oppositae.*

5. *numero colonorum* : à la fondation, leur nombre fut de 6 000 pour chacune des deux colonies de Crémone et de Plaisance, selon Polyb. 3, 40, 4-5 ; 6 000 autres colons, à partager entre les deux villes, furent ajoutés en 190 avant J.-C., d'après Liu. 37, 46-47 ; une nouvelle déduction fut réalisée en 41-40 avant J.-C. (cf. K. Wellesley, *Index* 1, s.u. *Cremona*, p. 229).

6. *opportunitate fluminum* : Crémone se trouve sur le Pô, non loin du confluent de l'Adda (cf. *supra*, 2, 40, n. 2) ; la région était également traversée de nombreux ruisseaux et canaux.

7. *adnexu conubiisque gentium* : en 89 avant J.-C., le *ius Latinum* fut accordé aux villes de Transpadane par la *lex Pompeia* et, en 49, par la *lex Roscia*, César conféra à la Gaule cisalpine la pleine citoyenneté romaine.

8. *adoleuit floruitque* : elle fut un important centre d'études, que fréquenta notamment Virgile ; cf. Donat., *Vit. Verg.*, 6 sq.

9. *bellis externis intacta* : contrairement à Plaisance, elle avait résisté victorieusement à une attaque de diverses peuplades gauloises, dont les Insubres, les Boïens et les Cénomans (Liu. 31, 10 et 21) ; l'invasion des Cimbres en 101 avant J.-C. s'était arrêtée à ses portes, aux *Campi Raudii* (Vell. 2, 12, 5).

10. *ciuilibus infelix* : en 40, sous le second triumvirat, une partie de son territoire lui fut confisquée pour y établir des vétérans ; cf. Virg., *Buc.* 9, 28 : *Mantua uae miserae nimium uicina Cremonae.*

11. *occidi coepere* : selon B. R. Voss, *Der pointierte...*, qui fait, p. 79-80, le commentaire stylistique de ce passage, cette formule, dans sa concision, constitue l'élément principal, la « pointe » de cette évocation.

12. *a propinquis adfinibusque* : il s'agit des habitants des cités voisines avec lesquels ceux de Crémone avaient contracté des liens de famille ; cf. *supra* : *adnexu conubiisque* (n. 7). — *redemptabantur* est un hapax.

13. *reliquus populus* : ceux qui n'avaient pas été massacrés, c'est-à-

dire probablement ceux des *domini* qui avaient pu fuir (cf. la n. 3 du chapitre précédent).

14. *magnificentia municipum* : principalement, sans doute, ceux dont les habitants étaient apparentés à ceux de Crémone.

15. *et... hortabatur* : cette « relance » terminale a valeur sarcastique, car elle se réfère à l'*auaritia* bien connue de Vespasien : cf. 2, 5, 1, où elle est opposée à la *magnificentia* de Mucien. Il était alors d'usage que les empereurs aidassent de leurs deniers les villes sinistrées ; ce fut le cas de Tibère qui secourut quatorze villes d'Asie et une de Grèce détruites par des tremblements de terre : *Ann.*, 2, 47 ; Suet., *Tib.* 48, 2 ; Vell. 2, 126, 4, et voir pour ce dernier texte les n. 13 et 14, p. 279 de l'éd. J. Hellegouarc'h (cf. *supra*, n. 2).

35.

1. *Ceterum* : Tacite revient à la narration des événements interrompue par la digression du chapitre précédent évoquant le sort tragique de Crémone.

2. *sepultae urbis* : c'est toujours l'idée de la ville morte suggérée par l'oraison funèbre du chapitre précédent.

3. *Ad tertium lapidem* : probablement le long de la *uia Postumia* menant à Vérone, cette dernière ville étant la base de l'armée flavienne (cf. *infra*, 50, 1).

4. *per Illyricum dispersae* : c'est de cette région que venaient les légions victorieuses. On voit par la suite du récit que la *XXI Rapax* fut renvoyée dans son ancien camp à Vindonissa (4, 70, 2) ; la *XXII Primigenia* alla à Carnuntum, la *I Italica* et la *V Alaudae* en Mésie ; allèrent aussi en Illyricum les restes de la *I Germanica* et de la *XX Valeria Victrix* : cf. H. Heubner, *Comm.*, p. 83 ; B. Hallermann, *Untersuchungen...*, p. 111-112.

5. *nuntios famamque... misere* : dans le cas de la Bretagne et des Espagnes, il n'est besoin que d'information, car ces provinces étaient déjà gagnées à la cause de Vespasien ; cf. *infra*, 44.

6. *Iulium Calenum* : le nom de ce *tribunus cohortis* semble attesté, ainsi que ceux de son père, C. Julius Magnus, et de son grand-père, C. (Julius) Eporedorix, dans une inscription du territoire des Héduens, à Bourbon-Lancy (Saône-et-Loire) : *C.I.L.* XIII, 2805 = *I.L.S.* II, 4659, et, dans une autre, *C.I.L.* XIII, 2728, celui de son frère, C. Julius Proculus : Stein, *R.E.* X, 1, col. 537, nº 157 ; R. Syme, *Helvetian Aristocrats*, p. 135-136 et n. 40. — *Alpinium Montanum* : Alpinius Montanus est à nouveau mentionné dans sa fonction de messager, *infra*, 4, 31, 1 : *Alpinius Montanus, fortunam partium praesens fatebatur* ; 5, 19, 3.

7. *transitus Alpium... occupati* : comme l'avaient été auparavant (5, 2) les passages vers la Rhétie et le Norique.

36.

1. *At... profecto Caecina* : retour en arrière ; le récit de la deuxième bataille de Bédriac étan^t achevé, Tacite enchaîne sur la suite de la narration interrompue en 2, 100, 1, au moment où Caecina quitte Vitellius aux environs du 17 septembre 69 ; *profecto Caecina* reprend le début du § 2 de ce même chapitre 100. Tacite raconte maintenant la marche de Fabius Valens vers le champ de bataille ; les événements qui occupent les chap. 36 à 41 sont antérieurs à la bataille de Crémone ; en 41, 3 seulement, Valens apprend l'issue de la bataille. — *paucis post diebus* : aux environs du 25 septembre.

2. *cum... impulisset* : à ce moment-là, Valens était encore en convalescence à la suite d'une grave maladie (2, 99, 1) ; de plus l'indolence était un des traits de son caractère : *infra*, 40, 1 et *supra*, 1, 66, 2.

3. *curis luxum obtendebat* : sur la débauche de Vitellius, cf. le portrait que nous en donne Suet., *Vit.* 13.

4. *non in ore uolgi agere* : à la différence de ce que faisait Blaesus *qui se stirpe imperatoria comem ac magnificum militibus ostentet* (38, 3) et de Mucien (4, 11, 1).

5. *umbraculis hortorum* : il s'agit des *horti Seruiliani* ; cf. *infra*, 38, 1.

6. *in nemore Aricino* : bois sacré dans le voisinage d'Aricie, sur la *uia Appia*, et du lac Nemi, à moins de 24 km de Rome (aujourd'hui Ariccia) ; il s'y trouvait un célèbre temple de Diane ; c'était aussi une villégiature très fréquentée par les Romains.

7. Cf. 2, 99 et *supra*, 8 ; 13 ; 14. — *nec multo post* : selon K. Wellesley, *Moonshine*, p. 247, le 27 octobre, la nouvelle de la défection de Lucilius Bassus et de la flotte de Ravenne étant parvenue à Vitellius aux environs du 15-16 octobre.

8. Sur Publilius Sabinus qui *Caecinae gratia pollebat*, cf. 2, 92, 1.

9. Sur Alfenus Varus, cf. *supra*, 2, 29, 2 et n. 4 ; à la première bataille de Bédriac, il commandait les Bataves (2, 43, 2).

37.

1. *Mox* : le 30 octobre, selon K. Wellesley, *ibid.*

2. Sur L. Vitellius, cf. 1, 88, 1 et n. 6.

3. *dux imperatorem* : même opposition que dans Plin., *Pan.* 10, 3 : *Imperator tu titulis et imaginibus et signis... uigilantia dux* ; sur cette opposition à l'époque républicaine, cf. R. Combès, *Imperator. Recherches sur l'emploi et la signification du titre d'Imperator dans la Rome républicaine*, Paris, 1966, p. 11-12 ; 145 ; 150.

4. *eblandiretur* est une correction par B. Rhenanus du texte de *M blandiretur*, imposée par le sens, parfaitement justifiée paléographiquement et qui se fonde sur d'autres occurrences du mot : Vitr., *praef.* 3 ; Mart. Cap. 1, 88.

5. Cf. *supra*, 31, n. 10 ; Caecina avait été nommé consul pour les mois de septembre et octobre.

6. *Rosius Regulus* : ce personnage n'est pas autrement connu : Nagl, *R.E.* I A, 1, col. 1128, l. 31-39.

7. *iniit eiurauitque* : *eiurauit* s'explique par le fait que le magistrat sortant de charge adressait un discours au peuple et prononçait le serment de n'avoir rien fait contre les lois.

8. Sous la République, un magistrat ne pouvait être destitué ; il fallait une loi votée par le peuple pour le contraindre à abdiquer ; cf. A. Bouché-Leclercq, *Manuel des Institutions*, p. 53, n. 3 ; en 87 avant J.-C., L. Cornelius Cinna fut déposé par un sénateur-consulte en faveur du flamine L. Cornelius Merula (Vell. 2, 20, 3 ; App., *B.C.* 1, 65, 4), mais Cinna protesta de cette illégalité (*ibid.*, 65, 6) et le Sénat dut se rétracter (*ibid.*, 70, 2).

9. Ce personnage, que Macr., *Sat.* 2, 3, 6, cite en ces termes : *pariter honorem iniit consulatus et eiurauit*, fut nommé consul suffect par César le 31 décembre 45, au milieu de la journée, pour remplacer Q. Fabius Maximus qui venait de mourir ; Cic., *Fam.* 7, 30, 1 dit plaisamment de lui : *fuit... mirifica uigilantia qui suo toto consulatu somnum non uiderit.*

10. Légat de César en Gaule, il prit part à la lutte contre Vercingétorix (Caes., *Gall.* 7, 83, 3) et fut placé à la tête d'une légion dans ses quartiers d'hiver chez les Rutènes (*ibid.*, 90, 6 ; 8, 24, 2) ; puis dégagea le chef picton Duratios, enfermé dans Lemonum = Poitiers (8, 26), enfin participa au siège d'Uxellodunum (8, 32-42) ; au début de 49, César le chargea de négocier avec Pompée (*Ciu.* 1, 26, 3-5) ; il accompagna Curion en Afrique (2, 24, 2 ; 2, 34, 4) et, en 46, participa au siège de Thapsus (*Afr.* 86, 3 ; 93, 3) ; l'année suivante, en Espagne, il commanda à Hispalis (*Hisp.* 35).

38.

1. *Nota... mors : per eos dies* : d'après le contexte (cf. n. 1 du chap. précédent : *mox* = le 30 octobre), on peut déduire que c'est en octobre que s'est produit cet assassinat.

2. *Iunii Blaesi* : sur Iunius Blaesus, qui fut *Lugdunensis Galliae rector*, cf. 1, 59, 2, n. 11 ; 2, 59, 2 ; il était sans doute petit-fils de Q. Junius Blaesus, oncle de Séjan, cons. suff. en 10 après J.-C., puis légat de Pannonie en 14, proconsul de Sicile, disparu dans la tourmente qui emporta Séjan.

3. *accepimus* : selon K. Wellesley, *éd. Hist. III*, p. 8, ce renseignement pourrait être issu d'une œuvre sur les morts des grands hommes de Cn. Octavius Titinius Capito, *ab epistulis* de Domitien et de Nerva, *ab epistulis* et *praefectus uigilium* de Trajan ; cependant, selon H. Goelzer, *éd. Hachette, Introd.* p. XLI, l'emploi de ce verbe dénoncerait une tradition orale.

4. *Seruilianis hortis* : somptueux domaine impérial, acquis sans doute en 59, à la mort de M. Servilius Nonianus (cons. 35 après J.-C.), orné de statues célèbres, notamment de Praxitèle (Plin., *N.H.* 36, 23 ; 36, 25 ; 36, 36), situé vraisemblablement au sud-ouest de la cité, près de la *uia Ostiensis* et, plus précisément, à l'intérieur de l'enceinte d'Aurélien, entre la *uia Ostiensis* et la *uia Ardeatina* ; cf. P. Grimal, *Les Jardins...*, p. 157-159 et p. 314, n. 6. C'est de là que Néron prépara sa fuite à partir du port d'Ostie : Suet., *Nero*, 47, 1. On peut déduire de *Ann.* 15, 55, 1, qu'il y avait à l'intérieur de ces jardins un pavillon où se trouvait Vitellius. — *graui corporis morbo* : même expression en 2, 99, 1.

5. *turrim* : désigne un palais élevé, en nid d'aigle, un château, comme il apparaît en divers textes : Sall., *Iug.* 103, 1 : *turrim regiam* ; Hor., *Od.* 1, 4, 14 : *regum... turris* ; Liu. 33, 48, 1, ou une partie élevée de celui-ci, en surplomb : Virg., *Aen.* 2, 460 : *turrim in praecipiti stantem* ; Suet., *Nero*, 38, 2 : *e turre Maecenatiana prospectans*, dans laquelle peut se trouver une salle à manger avec vue panoramique : Plin., *Ep.* 2, 17, 12 : *Hic turris erigitur, (in) qua... cenatio, quae latissimum mare, longissimum litus, uillas amoenissimas prospicit* ; cf. H. Blümner, *Die römischen Privataltertümer* (*Handbuch der klassischen Altertumswissenschaft* de I. v. Müller), IV, 2, 2, p. 55 et p. 80 ; G. Wistrand, *Eranos*, XL, 1942, p. 170.

6. *conlucere... crebris luminibus* : la double allitération donne à cette expression toute son intensité.

7. *Caecinam Tuscum* : C. Caecina Tuscus, frère de lait de Néron, procurateur d'Égypte de 63 à 66, date à laquelle il fut destitué parce qu'il avait pris un bain dans des thermes construits pour l'empereur (Suet., *Nero*, 35, 5 ; Dio Cass. 63, 18, 1) ; il avait été rappelé d'exil par Galba ; cf. Stein, *R.E.* III, 1, col. 1243, n° 26 ; H. G. Pflaum, *Les carrières procuratoriennes équestres sous le Haut-empire romain*, Paris, 1960-1961, t. I, p. 44-46.

8. *cubiculum... reserat* : car Vitellius, malade, se trouvait au lit.

9. *pro liberis* : l'importance de ses enfants pour Vitellius est à diverses reprises soulignée par Tacite : 2, 59, 3 et *infra*, 63, 2 ; 68, 2.

10. Cette phrase comporte une emphase de caractère rhétorique, accentuée notamment par l'anaphore *tot... tot... tantum* et par l'expression *immensis spatiis*, qui se réfère à la présence de Vespasien en Asie, mais passe tout simplement sur le fait qu'Antonius Primus est déjà dans le nord de l'Italie.

11. *Iunios Antoniosque auos* : on ignore la nature de ces origines et de cette parenté ; y a-t-il dans *stirpe imperatoria* un rapport avec le fait, relevé par Tac., *Ann.* 3, 74, 4, que son grand-père, Q. Junius Blaesus (cf. *supra*, n. 2) fut, après avoir été vainqueur de Tacfarinas, salué par ses légions du nom d'*imperator* et qu'il fut le dernier à recevoir ce titre ?

39.

1. *maturam perniciem* : il craignait donc une tentative d'assassinat de la part de Blaesus.

2. *notabili gaudio* ; correction très vraisemblable par Faërnus du texte de *M* ; *notabilis* est un adjectif qu'on trouve à plusieurs reprises chez Tacite, par exemple *supra*, 3, 25, 2 ; *Ann.* 3, 65, 1 ; il est employé ici au sens de « perceptible » comme dans *Agr.* 40, 4 : *Ac ne notabilis celebritate et frequentia occurrentium introitus esset.*

3. Ce mot est également rapporté dans les mêmes termes par Suet., *Vit.* 14, 2 : *uelle se dicens pascere oculos*, mais à propos d'une autre exécution ; on peut rapprocher ce comportement de Vitellius de celui qu'il a eu sur le champ de bataille de Bédriac., *supra*, 2, 70, 4.

4. *fidei obstinatio* : pour l'expression, cf. *infra*, 5, 5, 1 : *apud ipsos fides obstinata* ; cette affirmation de Tacite constitue une réfutation des accusations portées au chapitre précédent par Vitellius.

5. *Integris... rebus* : c'est-à-dire avant qu'Antonius Primus n'ait envahi l'Italie, ou même avant la proclamation de Vespasien à Alexandrie.

6. *a Caecina... abnuere perseuerauit* il s'agit bien, non de Caecina Tuscus dont il est question dans le chapitre précédent, mais du lieutenant de Vitellius, Caecina Alienus, l'autre, Valens, étant probablement inclus dans les *primoribus partium*, comme cela résulte de 2, 92, 1-2 ; 2, 93, 2.

40.

1. *Interim* : Fabius Valens a quitté Rome aux environs du 25 septembre : cf. K. Wellesley, *ad loc.*, p. 132 ; sur la personnalité de Fabius Valens, cf. 1, 66, 2 : *accensis egestate longa cupidinibus immoderatus.*

2. *segnius... incedens* : sur l'indolence de Valens, cf. 36, n. 2.

3. Tacite, toujours imprécis dans ses indications topographiques, ne dit pas où se trouve Valens à ce moment-là ; près de Faléries, ville à partir de laquelle il pourrait, soit suivre la *uia Cassia*, à l'ouest de l'Apennin, soit la *uia Flaminia*, vers Ariminum, selon K. Wellesley, *Cl. Quart.* VI, 1956, p. 209-211 ; mais H. Heubner, *Comm.*, p. 96, pense qu'il avait atteint l'Ombrie.

4. *nutantem Caecinam* : cette affirmation est en contradiction avec l'indication donnée en 2, 100, 3 et confirmée au § 2 du chapitre précédent que Caecina avait quitté Rome avec l'intention de consommer sa trahison.

5. *Hostiliam Cremonamue pergeret* : sur Hostilia, cf. 2, 100, n. 9. — *uitata Rauenna* : car elle avait été livrée par Lucilius Bassus aux Flaviens : cf. *supra*, chap. 12.

6. On voit en 2, 93, 2, que Vitellius avait enrôlé seize cohortes prétoriennes.

41.

1. *tres cohortes* : il y a là une omission fâcheuse de Tacite. Le texte de 40, 2 fait penser à des cohortes prétoriennes, et c'est ainsi que les identifie K. Heraeus (sc. *praetoriae*) ; mais c'est impossible car, des seize cohortes prétoriennes enrôlées par Vitellius (2, 93, 2), quatorze ne prirent le départ que plus tard (*infra*, 55, 1) ; K. Wellesley, *Three... puzzles*, p. 209, pense qu'il s'agit de cohortes urbaines, mais cela paraît contredit par 69, 1 où, à la nouvelle prématurée de l'abdication de Vitellius, tous les soldats des cohortes urbaines (*omnis... miles urbanus* ; cf. aussi 64, 1) se précipitèrent dans la maison de Flavius Sabinus ; selon Ph. Fabia, *Les prétoriens...*, p. 43-46 et H. Heubner, *ad loc.*, p. 109 (cf. aussi B. Hallermann, *Untersuchungen...*, p. 108) il s'agit plus probablement de cohortes auxiliaires ; « il en restait à Rome après le départ de Caecina, qui avait emmené les troupes légionnaires et l'élite seulement des *auxilia* (2, 100) ; il en resta même, du moins en fait de cavalerie, après l'expédition des renforts à Valens » (Ph. Fabia, p. 45).

2. *ala Britannica* : c'est l'*ala I Flauia Augusta Britannica miliaria c. R. bis torquata ob uirtutem* (Cichorius, *R.E.* I, 1, col. 1235, l. 4-50) ; elle faisait partie des douze ailes de cavalerie entrées à Rome avec Vitellius (2, 89, 1).

3. *infamia* : la réputation de Valens était déjà bien établie, en raison des conditions dans lesquelles il avait effectué sa traversée de la Gaule : 1, 66, 2-3.

4. *Ariminum* : ville d'Ombrie, sur la mer Adriatique (aujourd'hui Rimini). — *cohortes... praemittit* : en fait, il n'avait pas l'intention de les suivre, comme la suite du récit va le montrer, mais sans doute voulait-il donner le change à Cornelius Fuscus qui tenait Ravenne et sa région depuis la défection de la flotte. — Nous n'adoptons pas la correction d'Acidalius, suivi par la plupart des éditeurs modernes, qui transpose *paucis... comitantibus* devant *flexit* en supprimant *et* devant *paucis*. Comme K. Wellesley, *Three... puzzles*, p. 209-211, nous ne pensons pas qu'il soit de bonne méthode d'introduire des modifications importantes dans les textes sans des raisons incontestables, sans que le mécanisme de la faute supposée soit expliqué et uniquement parce que l'auteur ne dit pas les choses comme on imagine qu'il aurait dû les dire. Acidalius et ceux qui le suivent estiment qu'on ne peut appliquer *paucis... comitantibus* à la période qui précède l'envoi des cohortes à Ariminum, mais que c'est seulement après cet envoi que Valens s'est trouvé dans cette situation. En dépit des objections de H. Heubner, *Comm.*, p. 96-98, auquel nous renvoyons pour le détail de la discussion, nous croyons à un raccourci d'expression, comme il y en a de nombreux exemples chez Tacite, suivant lequel il oppose au début de la phrase ceux dont la fidélité à Valens est douteuse, comme cela est indiqué quelques lignes

auparavant, ce qui provoque sa crainte (*eo metu*) et ceux en qui, au contraire, il a toute confiance et qu'il emmène ; nous ne pensons pas, en revanche, qu'il y ait lieu, comme le fait K. Wellesley, p. 211, de séparer *in Vmbriam* et *Etruriam*, ce qui rend en effet son explication compliquée et peu vraisemblable.

5. Selon K. Wellesley, *Comm.*, p. 134, il la laissa à Mevania (cf. *infra*, 55, 3 et n. 14) ou en tout autre point de la *uia Flaminia*, entre Faléries et Ariminum.

6. *flexit... Cremonensis euentu* : il se dirige donc vers le nord-ouest ; il apprit l'issue de la bataille de Crémone le 27 ou le 28 octobre.

7. À Pise ; cf. *infra*, 42, 2.

42.

1. *qui Ariminum tenebant* : ce sont les trois cohortes auxiliaires que Valens avait dépêchées à cet effet : *supra*, 41, 2.

2. *Cornelius Fuscus*, sur le personnage, qui était procurateur de Pannonie, cf. 2, 86, 3 et n. 8 ; il était alors en quelque sorte le second d'Antonius Primus (*supra*, 4, 1) et était à la tête de la flotte de Ravenne, où il avait remplacé Lucilius Bassus (12, 3).

3. Tacite ne précise pas la composition de cette armée ; sans doute des auxiliaires de Pannonie et de Mésie, avec peut-être des marins de la flotte : cf. K. Wellesley, *ad loc.*, p. 135.

4. *Liburnicis* : sur les vaisseaux liburniens, cf. *supra*, 12, 3 et surtout 2, 16, 2, n. 3.

5. C'est la région de Pisaurum, Fanum Fortunae, Ancône.

6. *Portum Herculis Monoeci* : aujourd'hui Monaco ; cf. Strab. 4, 6, 3, 203 C : « Le port de Monaco est un simple mouillage, suffisant pour des bâtiments de faible tonnage et en petit nombre. Il possède un sanctuaire de l'Héraclès dit Monoecos » (trad. F. Lasserre).

7. *Haud procul* : le procurateur des Alpes Maritimes résidant à Cemenelum (Cimiez), à environ 22 km.

8. *Marius Maturus* : sur ce personnage, cf. 2, 12, 3, n. 6 ; il s'était vainement opposé à la tentative d'invasion de sa province par Othon.

9. *Alpium maritimarum procurator* : les Alpes occidentales étaient divisées en trois districts : *Poeninae*, *Cottiae* et *Maritimae*, administrées chacune par un procurateur ; sur cette fonction, cf. 1, 7, 1, n. 4.

10. *Galliam Narbonensem* : cf. 1, 48, n. 17.

43.

1. *Valerius Paulinus* : P. Valerius Paulinus, nommé par Vespasien procurateur de Gaule Narbonnaise, est connu essentiellement par ce que nous en dit Tacite ; selon A. Stein, *Röm. Ritterstand*, p. 237 et 312, il a peut-être été élevé ensuite par Vespasien à la dignité sénatoriale ; Ios., *B.I.* 7, 10, 4 cite un personnage de même nom

qui fut préfet d'Égypte, mais peut-être s'agit-il d'un homonyme :
R. Hanslik, *R.E.* VIII A, 1, col. 174-175, n° 288 ; *P.I.R.*[1], *V*, n° 105,
p. 373 ; J. Nicolas, *Vespasian...*, p. 151.

2. Ce sont les Othoniens, licenciés par Vitellius après la première
bataille de Bédriac : 2, 67, 1 ; 2, 69.

3. *Foroiuliensem coloniam* : Forum Iulii, aujourd'hui Fréjus, plus
précisément *Forum Iuli Octauanorum colonia* (Pomp. Mela, 2, 77 ;
Plin., *N.H.* 3, 35), fondée par Jules César à l'embouchure de
l'Argens, en 55 avant J.-C. Son port, agrandi et amélioré par Auguste
(Strab. 4, 1, 9, 184 C) était, avec Ravenne et Misène, une des trois
grandes bases navales de Rome (*Ann.* 4, 5, 1), d'où l'expression
claustra maris (sur cette expression, cf. 2, 2 *claustra montium*, et
n. 11 ; *Ann.* 2, 59, 3 : *claustra... terrae ac maris*).

4. K. Wellesley, *ad loc.*, p. 136, rappelle, à propos de ce texte, la
faveur qui fut accordée par Néron aux habitants de cette même
région, *Ann.* 15, 32 : *Eodem anno, Caesar nationes Alpium
maritimarum in ius Latii transtulit.* Ils peuvent maintenant aspirer à
un degré supérieur, de façon à jouer un rôle important dans la vie
politique de Rome.

5. *uarios* : c'est-à-dire partagés entre l'optimisme et le pessimisme
quant à l'issue de leur cause ; cf. chap. précédent, § 2 : *ceterorum fides
metu infracta.*

6. *speculatoribus* : sur le *speculator*, cf. 1, 24, 2, n. 8.

7. *Stoechadas (insulas)* : aujourd'hui les trois îles d'Hyères, ainsi
nommées, à partir du grec στοίχῳ « par le rang », par les Marseillais
auxquels elles appartenaient, selon leur degré d'éloignement par
rapport à leur cité : Πρώτη (Porquerolles) ; Μέση (Port-Cros), Ὑπαια
(île du Levant) ; cf. Plin., *N.H.* 3, 79 : *tres Stoechades a uicinis
Massiliensibus dictae propter ordinem quo sitae sunt.*

44.

1. *a prima Adiutrice* : sur la *I Adiutrix*, cf. 1, 6, n. 12 ; elle s'était
déclarée pour Othon après le massacre que Galba avait fait de certains
de ses membres (1, 31, 2-3 ; 1, 36, 3) et avait été renvoyée en Espagne
après la première bataille de Bédriac (2, 67, 2) ; elle avait été l'objet
de la propagande des Flaviens (2, 86, 4).

2. La *X Gemina* (2, 58, 2) et la *VI Victrix* ; cette dernière fut la
seule légion basée en Espagne de 63 à 68 et elle s'était ralliée à Galba :
Ritterling, *R.E.* XII, 2, col. 1598 sq., et particulièrement 1602, l. 10-
26.

3. *inditus erga Vespasianum fauor* : *inditus* est le texte de *M*,
corrigé en *inclinatus* par H. Schütz qu'ont suivi presque tous les
éditeurs, sauf H. Goelzer ; cette leçon se fonde sur le fait que *inditus*
serait dépourvu de sens dans un tel emploi et n'est jamais associé à
fauor ; elle s'appuie sur plusieurs textes où *inclinatus* est appliqué à

fauor : *Ann.* 2, 56, 2 : *fauor nationis inclinabat in Zenonem* ; Liu. 37, 57, 11 : *in hunc maxime... fauor populi se inclinabat* ; 39, 39, 10 : *cum... fauorem populi magis magisque in eum inclinari cerneret* (autres corrections : Haase *uetus* ; Ernesti *inuitus* ; Meiser *traditus* ; Andresen *indutus*). Mais N. Eriksson, *Rh. M.* LXXXVIII, 1939, p. 20-21, a fort bien montré que le texte de *M* peut être maintenu, car, si *inditus* n'est jamais associé à *fauor*, il l'est à *odium* (le contraire de *fauor*, comme le montre le texte de la *Germanie* cité à la fin de cette note) : *Ann.* 12, 3, 2 : *cui non iudicium, non odium erat nisi indita et iussa* ; quant à *erga*, contesté notamment par A. B. Černjak, *Phil.* 1981, p. 250 (parce que jamais employé avec *inclinatus*), on peut observer qu'il peut introduire un complément directement rattaché au nom verbal qu'est *fauor* ; cf. *Germ.* 33, 1 : *... seu superbiae odio... seu fauore quodam erga nos deorum*.

4. En 42, Vespasien fut nommé en Germanie à la tête de la *II Augusta* avec laquelle il passa l'année suivante en Bretagne : Suet., *Vesp.* 4, 1.

5. Cf. *Agr.* 13, 5.

6. *ceterarum* : il s'agit de la *IX* et de la *XX Valeria Victrix* : cf. *supra*, 22, 2 et, en ce qui concerne la *XX*, *Agr.* 7, 5.

7. *milites a Vitellio prouecti*, selon K. Wellesley, *ad loc.*, p. 137-138, ces promotions ont eu lieu lorsque, en janvier 69, le gouverneur de Bretagne, Trebellius Maximus, ayant été contraint de se réfugier auprès de Vitellius, les légions de Bretagne furent un temps entièrement gouvernées par leurs *legati*, en particulier la *XX*, par Roscius Coelius, un ardent partisan de Vitellius (1, 60) ; Vitellius lui-même a fait à cette époque des promotions en Germanie (1, 52) et peut en avoir fait également en Bretagne.

45.

1. Comme le remarque K. Wellesley, *ad loc.*, p. 138, ces bruits s'appuyaient vraisemblablement sur les lettres envoyées par Vespasien (2, 82, 3) et surtout Antonius Primus (3, 35, 2) aux armées et à leurs chefs, les premières pour annoncer la proclamation du nouvel empereur, les autres la bataille de Crémone et son résultat.

2. *Venutio* : sur Venutius et ses démêlés avec Cartimandua, cf. *Ann.* 12, 40 ; H. Chochole, *R.E.* VIII A, 1, col. 897-898.

3. Dans *Ann.* 12, 40, 2, Tacite qualifie Venutius de *praecipuus scientia rei militaris* ; sur le sens de *ferocia*, cf. 2, 76, 4 ; *Agr.* 11, 5 ; H. W. Traub, « Tacitus' use of *ferocia* », *T.A.Ph. A.* LXXXIV, 1953, p. 250-261.

4. *Cartimanduam reginam* : nous ne connaissons d'elle que ce que nous en dit Tacite ici et dans *Ann.* 12, 36 et 40 ; cf. Stein, *R.E.* III, 2, col. 1627 ; I. A. Richmond, « Queen Cartimandua », *J.R.S.* XLIV, 1954, p. 43-52.

5. *Brigantibus* : ce peuple celtique, qui avait Brigantia comme déesse éponyme, occupait une partie du Yorkshire actuel ; il fut soumis en 71 par Petilius Cerialis, gouverneur de Bretagne de 71 à 74 ; Cartimandua en était reine depuis au moins 51 après J.-C. ; cf. *Ann.* 12, 32, 2 ; *Agr.* 17, 2 ; 31, 7.

6. *pollens nobilitate* : les documents numismatiques montrent qu'elle a eu pour ancêtres les anciens rois Volisios, Dumnovellaunos et Dumnocoveros ; cf. I. A. Richmond, *op. cit.*, p. 46-47.

7. Cf. *Ann.* 12, 33-36 ; l'événement se situe en 51. Caratacus était roi des Silures, un peuple puissant situé dans le sud du Pays de Galles, entre la Severn et le Canal de Bristol (*Agr.* 11, 2) ; il était fils de Cunobelinus, prince de Camulodunum (Plin., *N.H.* 2, 187), chez les Catuvellauni, et, après la conquête de 43 par A. Plautius, s'était réfugié chez les Silures dont il devint roi.

8. Cf. Suet., *Claud.* 17, 1-2. Mais ce triomphe eut lieu en 44, la prise de Caratacus en 51 ; ce dernier figura dans le spectacle d'une *insignis magnificentia* qui fut donné cette année-là (*Ann.* 12, 2-3), une sorte de triomphe additionnel à la suite duquel le prince britannique prononça un discours rapporté par Tacite, qui lui valut sa grâce, à la suite de quoi il rendit à Agrippine un hommage remarqué (*Ann.* 12, 37).

9. Ils avaient divorcé avant d'entrer en conflit : *Ann.* 12, 40, 2.

10. *Vellocatum* : il n'est nulle part ailleurs question de ce personnage.

11. *Igitur* rattache la narration au début du chapitre : *sustulere animos auctore Venutio.*

12. *bellum nobis relictum* : l'expression est piquante ; la guerre ne fut terminée, comme indiqué à la note 5, qu'en 71, par Petilius Cerialis ; cf. *Agr.* 17, 2-3.

46.

1. *Turbata... Germania* : allusion à la révolte batave de Civilis, dont les prémices se manifestent justement à ce moment-là (août-novembre 69) : cf. *infra*, 4, 12 sq.

2. *ducum* : c'est principalement Hordeonius Flaccus, légat de Germanie supérieure (1, 9, 1 et n. 2) qui est visé, mais peut-être aussi Dillius Vocula : cf. 4, 35, 5. — *externa... sociali* : le deuxième terme s'applique aux Bataves et à leurs alliés, les Trévires et les Lingons, *externa* aux Germains d'au-delà du Rhin, qui leur avaient prêté main forte : cf. 4, 37 et 64.

3. Au début du mois d'octobre 69 ; sur les Daces, cf. 1, 2, 1, n. 10.

4. *abducto... exercitu* : cf. *supra*, 5, 1 ; Aponius Saturninus avait été chargé d'amener en Italie l'armée de Mésie.

5. *castra legionum* : ces camps se trouvaient à Viminacium, Oescus et Novae.

6. Sur Mucien, cf. 1, 10, 1, n. 2. Parti de Byzance (2, 83, 2), il traversait la Mésie et la Pannonie pour arriver en Italie.

7. La *VI Ferrata*, une des légions de Syrie : cf. 2, 83, 1 et n. 2.

8. *uictoriae gnarus ac ne* : tel est le texte de *M* reçu par la majorité des éditeurs. K. Wellesley a adopté la correction de Vürtheim *ignarus* (*apud* J. J. Hartmann, *Analecta Tacitea*, p. 29), justifiée par une confusion fréquente entre les deux termes dans les manuscrits, parce que, selon ses calculs, Mucien ne pouvait avoir eu connaissance du résultat de la bataille de Crémone avant le 7 novembre, date extrême de son départ de Viminacium (pour le détail, cf. son *Comm.*, *App. VI*, p. 212). Toutefois, ces calculs sont fondés sur des bases beaucoup trop hypothétiques (longueur présumée des étapes journalières) pour que l'on puisse en tirer des conclusions assurées et s'en prévaloir pour modifier le texte du manuscrit.

9. Cf. 2, 83, 2 : Mucien hésite à laisser la Mésie pour se porter du côté de Dyrrachium. — *Fortuna populi Romani* : elle est encore évoquée en 4, 57, 2 ; 4, 74, 3 ; elle apparaît à diverses reprises dans le monnayage impérial, notamment sous Nerva ; cf. H. Mattingly-E. Sydenham, *R.I.C.* II, p. 223, n° 5 ; p. 224, n° 17 ; p. 225, n° 29.

10. *Fonteius Agrippa* : C. Fonteius Agrippa, sans doute consul suff. en 58, fut, selon Frontin., *Aq.* 102, *curator aquarum* de 66 à 68, puis gouverneur en Asie en 68, avant de l'être en Mésie à partir de septembre ou octobre 69 ; l'année suivante, il périt dans un combat contre les Sarmates : Ios., *B.I.* 7, 91.

11. *copiis e Vitelliano exercitu* : après la bataille de Crémone, la *V Alaudae* et la *I Italica* ; cf. 35, 2 et n. 4.

47.

1. *barbarum mancipium* : *mancipium* est un équivalent péjoratif de *seruus*, dont la connotation méprisante est d'autant plus marquée que le mot désigne ici un affranchi.

2. *regiae quondam classis praefectus* : nous avons probablement là une construction ἀπὸ κοινοῦ de *quondam* : Anicetus n'est plus commandant de la flotte et celle-ci n'est plus royale et a sans doute été rattachée à l'escadre du Pont.

3. *Anicetus Polemonis libertus* : Polémon est Polémon II, roi du Pont de 37 à 63, fils du roi de Thrace Cotys et petit-fils par sa mère de Polémon I, en faveur duquel Antoine avait constitué en principauté la région à l'ouest de Trébizonde, l'ancienne principauté de Dejotarus.

4. *in formam prouinciae uerterat* : l'annexion de la principauté à l'Empire avait été réalisée en 63, sous Néron ; cf. Suet., *Nero*, 18.

5. Elle fut, selon la tradition, fondée en 756 avant J.-C., comme colonie de Sinope, elle-même colonie de Milet ; la ville fut au Moyen âge la florissante capitale de l'empire de Trébizonde. — *uetusta fama* est la leçon de *M²*, retenue par Juste Lipse et de nombreux éditeurs,

correction du texte de *M uetusta mamu* ; K. Wellesley préfère adopter le texte des manuscrits rangés sous le sigle *Ia*, et il est approuvé en cela par A. B. Černjak, *Phil.* 1981, p. 251-252, qui cependant observe que *fama* est très acceptable.

6. *classi quoque faces intulit* : Mucien ayant, comme le dit la suite de la phrase, transféré l'essentiel de la flotte du Pont à Byzance, *classi* ne peut désigner que quelques vaisseaux laissés pour compte et vraisemblablement en médiocre état. — *classi* est une correction de *B*, reprise ensuite par Rhenanus et la plupart des éditeurs, du texte de *M*, *classis*. K. Wellesley a tenté de défendre ce texte où *classis* devient le sujet de *intulit*, en expliquant notamment qu'Anicetus n'avait aucun motif de détruire des navires qu'il pouvait aisément incorporer à sa propre flotte qui *uacuo mari eludit*, mais A. B. Černjak, *Phil.* 1981, p. 252, déclare ces arguments peu convaincants ; nous partageons cette opinion.

7. Cf. 2, 83, 2 : *Classem e Ponto Byzantium adigi iusserat* ; selon Ios., *B.I.* 2, 367, la flotte du Pont comprenait quarante navires ; sur les *Liburnicae naues*, cf. *supra*, 12, n. 12 et 2, 16, 2, n. 3.

8. Sur ces *camarae*, cf. Strab. 11, 2, 2, 495 C : Ἀκάτια ἔχοντες λεπτά, στενὰ καὶ κοῦφα, ὅσον ἀνθρώπους πέντε καὶ εἴκοσι δεχόμενα... καλοῦσι δ'αὐτὰ οἱ Ἕλληνες καμάρας. Quant à l'apparente contradiction entre *artis lateribus* et *latam aluom*, elle s'explique par le fait que, les flancs étant très incurvés, les bords supérieurs tendaient à se rejoindre et à donner la forme de voûte couverte, de *camara* (ou *camera*) qui est à l'origine du nom de ces navires.

9. *sine uinculo aeris aut ferri* : il s'agit de construction locale, dans une région dont la principale richesse était constituée par ses très abondantes forêts.

10. Sur des navires de ce genre, cf. *Germ.* 44, 2 (navires des Suiones) ; *Ann.* 2, 6, 2.

48.

1. *uexillarios e legionibus* : ces légions sont celles qui ont été laissées en Syrie, la *IV Scythica* et la *XII Fulminata*, la troisième légion syrienne, la *VI Ferrata*, étant en route avec Mucien vers l'Italie : cf. *supra*, 46, 2.

2. *Virdium Geminum* : Virdius Geminus n'est pas mentionné en dehors de ce passage ; il avait sans doute rang de primipile et peut-être, à la fin de l'expédition, atteignit-il le rang équestre ; le procurateur Virdius Gemellinus cité par Plin., *Ep.* 10, 29 et par Trajan (*ibid.*, 28) est vraisemblablement son fils.

3. *in ostio fluminis Chobi* : ce fleuve, aujourd'hui le Khopi, prend sa source dans le Caucase, au mont Elbrouz, et se jette dans le Pont-Euxin, à une vingtaine de milles au nord du Phase ; cf. Plin., *N.H.* 6, 14 : *Flumen Chobum e Caucaso per Suanos fluens*.

4. *Sedochezorum regis* : le nom de ce roi est inconnu, et c'est la seule mention de ce peuple scythe, résidant en Colchide.

5. *Cremonensis proelii nuntius* : la défaite de Crémone a eu lieu dans la nuit du 24 au 25 octobre ; cf. *supra*, 23, n. 5. Selon L. Casson, « Speed under sail of ancient ships », *T.A.Ph.A.* LXXXII, 1951, p. 146, il fallait de 10 à 13 jours pour un voyage de Rome à Alexandrie.

6. Il y fut reçu par Ti. Julius Alexander ; cf. P. Jouguet, « Vespasien acclamé dans l'hippodrome d'Alexandrie (P. Fouad Ier, 8) », *Mélanges A. Ernout*, 1940, p. 201-210 ; A. Stein, *Die Präfekten von Aegypten in der römischen Kaiserzeit*, p. 38 ; V. Burr, *Tiberius Iulius Alexander*, p. 60.

7. Sur l'Égypte, *claustra annonae*, cf. *supra*, 8, 2 et n. 7. — *fracto... exercitu* : nous suivons ici K. Wellesley qui, approuvé par A. B. Černjak, *Phil.* 1981, p. 252, rappelle la correction de Meiser *fractos... exercitus* et garde le texte de *M* en écrivant *fracto Vitellii exercitu, urbem quoque...* et en remarquant que Vespasien n'avait aucune raison de vouloir affamer les armées de Vitellius qui étaient déjà défaites.

49.

1. Reprise du récit de la campagne d'Antonius Primus, abandonné au chap. 35. — Sur *fortuna imperii* désignant la position du *princeps*, cf. 1, 10, n. 13.

2. Selon Ph. Fabia, *R. Ph.* XXXVIII, 1914, p. 67, il leur aurait offert de les enrôler dans les cohortes prétoriennes, à l'exemple donné par Vitellius.

3. Il vendit donc les grades qu'il accordait ainsi.

4. C'est ce que confirma la suite des événements, cf. 53, 3 ; 4, 11, 1 ; 4, 80, 1 ; 4, 80, 2.

50.

1. *Propinqua hieme* : cf. *supra*, 48 et n. 5 ; selon K. Wellesley, on est alors aux environs du 9 novembre.

2. C'est-à-dire le gros de l'armée.

3. *cohortes alaeque* : c'est-à-dire l'infanterie et la cavalerie auxiliaires.

4. *undecima legio* : la *XI Claudia* (ou *Claudiana*), cantonnée en Dalmatie, à Burnum ; cf. 2, 11, 1, n. 4 ; 2, 67, 2.

5. *Pompeius Siluanus* : sur ce personnage, gouverneur de Dalmatie, cf. 2, 86, 3 et n. 7.

6. *Annium Bassum* : L. Annius Bassus, proconsul de Chypre en 52, fut en 68 lieutenant de Vespasien dans la guerre de Judée (Ios., *B.I.* 4, 487) ; en décembre 70, il fut consul suff. avec C. Caecina Paetus.

7. *socordem bello* : en 2, 86, 3, il est qualifié de *diues senex*.

8. Attitude analogue, en 1, 87, 1, d'Othon à l'égard des soldats de l'infanterie de marine qui avaient échappé au massacre commandé par Galba.

9. *ad Fanum Fortunae* : aujourd'hui Fano, sur la côte de l'Adriatique, entre Rimini et Ancône, près de l'embouchure du Métaure, là où la *uia Aemilia* par laquelle les Flaviens viennent de Vérone rejoint la *uia Flaminia* qui peut les conduire vers Rome.

10. *teneri praesidiis Appenninum* : il s'agit des cols permettant de passer de la vallée du Métaure dans celle du Tibre, et que les chefs flaviens supposent tenus par les prétoriens fidèles à Vitellius.

11. *clauarium* : une indemnité de chaussures à clous, appelée *calciarium* par Suet., *Vesp.* 8, 3. — *donatiui nomen est* : cette remarque additionnelle a été soupçonnée par certains éditeurs d'être une glose interpolée dans le texte ; toutefois, son exclusion ne paraît pas s'imposer.

12. Tacite souligne à la fois que la région était favorable aux Flaviens, mais que c'est l'absence d'autorité des chefs et de contrôle sur leurs troupes qui crée leurs difficultés.

51.

1. *Celeberrimos auctores* : selon Ph. Fabia, *Les sources...*, p. 164, il s'agit uniquement de Pline l'Ancien et de Vipstanus Messalla, mais l'emploi du pluriel et la forme même de l'expression peuvent aussi faire penser à d'autres auteurs, sans qu'il soit possible de préciser davantage.

2. En 87 avant J.-C., lorsque Cinna, à la tête des Marianistes, s'empara de Rome défendue par le consul Cn. Octavius, sur le Janicule, et par Cn. Pompeius Strabo qui y trouva la mort.

3. Le fait n'est pas rapporté par moins de cinq autres historiens, en dehors de Sisenna et de Tacite : Liu., *Per.* 79 ; Val. Max. 5, 5, 4 ; Gran. Licin., p. 20, l. 2-5 (Flemisch) ; Aug., *Ciu. D.* 2, 25 ; Orose, 5, 19, 12 ; un fait analogue est relaté ci-dessus, 25, 2 ; cf. P. Jal, *Guerre civile*, p. 398 et n. 6 et 7.

4. Sur la décadence morale que traduisent de telles situations, cf. P. Jal, *ibid.*, p. 393 sq.

52.

1. Les Flaviens pensaient en effet (cf. 50, 3 et n. 10) que les principaux passages de l'Apennin, dont celui de la *uia Flaminia*, étaient occupés par des postes de prétoriens, ce qui était d'ailleurs inexact : cf. *infra*, 55, où Vitellius donne enfin l'ordre de pratiquer cette occupation ; K. Wellesley fait justement remarquer que la région était probablement mal connue d'officiers qui avaient jusqu'alors servi en Orient.

2. Où se trouvait le quartier général des Flaviens ; cf. *supra*, 8, 1.

3. *nimius... Antonius* : sur cet emploi de *nimius*, cf. *Agr.* 7, 5 ; Vell. 2, 32, 1 : *Cn. Pompeium... nimium iam liberae rei publicae.*

4. Cf. *supra*, 1, 2 et 2, 1, où s'opposent la tactique de la temporisation, dans l'attente du regroupement et de l'accroissement des forces flaviennes, représentée par Mucien, et celle de l'attaque immédiate, soutenue par Antonius *acerrimus belli concitator.*

5. *media scriptitabat* : même comportement de Mucien, *infra*, 78, 3 : *Mucianus ambiguis epistulis uictores morabatur.*

6. *Plotium Grypum* : L. Plotius Grypus, un des fidèles des Flaviens ; il accéda à la préture en 70, à la place de Tettius Julianus, déchu pour avoir abandonné sa légion au moment où elle passait à Vespasien (*infra*, 4, 39, 1) ; en janvier 88, il devint consul suff., remplaçant Domitien comme collègue de L. Minicius Rufus.

7. Sans doute la *VII Claudia pia fidelis*, stationnée en Mésie, celle qu'avait abandonnée Tettius Julianus (2, 85, 2) et antérieurement commandée par Vipstanus Messalla (9, 3).

53.

1. Cela est en rapport avec le portrait dressé de lui en 2, 86, 2 : *sermone promptus, serendae in alios inuidiae artifex, discordiis et seditionibus potens.* — *immodicus lingua* : la correction de Juste Lipse, *linguae*, est injustifiée ; *lingua/obsequii* constitue un fait évident de *uariatio* associée à un chiasme ; *immodicus lingua* est attesté chez Liu. 22, 12, 11 ; cf. aussi *supra*, 1, 69 : *immodicum saeuitia.*

2. *Pannonicae legiones* : la *XIII* et la *VII Galbiana* ; cf. 2, 86, 1.

3. *excitos Moesiae duces* : ce sont Aponius Saturninus, gouverneur de la province (2, 85, 2), Vipstanus Messalla, commandant de la *VII Claudiana* (9, 3), Dillius Aponianus et Numusius Lupus, commandants respectivement des *legiones III* et *VIII* (10, 1). En fait, l'adhésion des troupes de Mésie de leur propre initiative au parti de Vespasien est mentionnée en 2, 85, 1 (cf. aussi Suet., *Vit.* 15, 1), mais, selon Ph. Fabia, *L'adhésion...*, p. 346, n. 3, il n'y a pas contradiction entre les deux passages : dans le premier est notée l'adhésion, dans le deuxième, l'entrée effective en campagne des troupes de Mésie. M. Treu, *M. Antonius Primus*, p. 248, qui y voit plutôt l'effet d'une tradition différente, conclut cependant un peu dans le même sens. On ne peut pourtant pas ne pas penser qu'Antonius présente les faits d'une façon destinée à servir sa propagande.

4. *intersaepta... auxilia* : cf. *supra*, 8, 1.

5. *equestri procella* : il s'agit de l'attaque décrite en 18, 2.

6. *per diem noctemque fudisset* : cf. *supra*, 17-23.

7. *Daciam... composuerint* : le texte de *M* et de la plupart des manuscrits, *Asiam*, est difficilement soutenable. K. Wellesley

défend *alia* qui a déjà été reçu par Ritter, et il est approuvé par
A. B. Černjak, *Phil.* 1981, p. 253. Koestermann adopte la correction
de Purser, *Moesiam*, et il reçoit l'aval de H. Heubner dans son
Comm., p. 131, malgré l'inconvénient reconnu de la répétition du
nom de la province à un très bref intervalle ; mais ce dernier, dans sa
récente édition, écrit *Daciam*. C'est cette dernière correction, mise en
avant par Carl Sirker dans *Jahrbücher für classische Philologie*,
XCVII, 1868, p. 267-268, que nous retenons pour notre part, car elle
est la plus satisfaisante du point de vue paléographique et de celui des
faits. On a objecté contre cette solution qu'il n'est nulle part question
de troubles dans cette région ; cela n'est évidemment pas exact si l'on
se reporte au texte du chapitre 46.

8. *salutem securitatemque* : tour allitérant et redondant qui
constitue un des slogans de la politique impériale : cf. Plin., *Pan.* 8,
1 ; Sen., *Clem.* 1, 10, 2 ; Plin., *N.H.* 7, 171.

9. *suis exhortationibus... ad Vespasianum conuersas* : cf. 2, 86, 4
et *supra*, 35, 2 ; 44. — *ualidissimam terrarum partem* : Tacite dit de
même de la Bretagne, de l'Espagne et de la Gaule, dans *Agr.* 24, 1 :
ualentissimam imperii partem ; cf. aussi Plin., *N.H.* 4, 102.

54.

1. Réflexion à caractère psychologique comme les aime Tacite ;
Vitellius a le comportement du malade qui ne veut pas savoir la vérité
sur la nature réelle de sa maladie et aggrave ainsi son état.

2. *eoque plures* : l'interprétation syntaxique de cette expression est
équivoque et cette ambiguïté est peut-être volontaire, car elle apparaît
comme un trait de la concision tacitéenne ; on peut comprendre
eoque plures (sermones), mais on peut aussi penser qu'à *plures* se
rapporte *narraturi*.

3. *Iulius Agrestis* : ce personnage n'est pas mentionné par ailleurs.

4. La version originale de l'anecdote que relate Tacite a donné lieu
à des variantes ultérieures. Un fait analogue, rapporté toutefois non à
Vitellius, mais à Othon, est mentionné par Suet., *Otho*, 10, 1 ; Plut.,
Otho, 15, 3 ; Dio Cass. 64, 11 ; sur ces diverses versions, cf.
P. Schunck, *Studien...*, p. 80.

55.

1. *e somno excitus* : sur l'indolence de Vitellius, cf. *supra*, 36, 1 et
surtout 1, 62, 2 et n. 4 ; 2, 95, 2 et n. 12.

2. *Iulium Priscum et Alfenum Varum... iubet* : au milieu du mois
de novembre ; cf. H. Heubner, *Comm.*, p. 122 ; sur ces deux
personnages, tous les deux préfets du prétoire, cf. 2, 92, 1 et n. 1 pour
le premier ; 2, 29, 2 et n. 4 pour le deuxième.

3. *omnibus equitum alis* : on n'en connaît pas exactement le
nombre, car, si Vitellius est entré à Rome avec *duodecim alarum*

signa (2, 89, 1), un certain nombre d'entre elles ont été ensuite utilisées par Caecina (2, 99, 1 ; 2, 100, 1) et par Valens : cf. *supra*, 41, 1 : *Venere tres cohortes cum ala Britannica...*

4. *e classicis legio* : il ne s'agit pas des *classici* avec lesquels a été formée la *legio I classicorum Adiutrix* dont il a été question à diverses reprises (1, 6, 2, n. 10 ; 1, 31, 2 ; 1, 36, 3 ; 2, 11, 3 ; 2, 67, 2) et qui était alors en Espagne, mais de soldats de la flotte stationnée à Misène (cf. *infra*, 57, 1) formés en légion par Othon et à partir desquels fut ensuite constituée par Vespasien la *legio II Adiutrix* selon Dio Cass. 55, 24, 3.

5. *tot milia armatorum* : environ 20 000 hommes, à savoir 14 000 prétoriens, 5 000 légionnaires et environ 1 000 cavaliers auxiliaires ; cf. K. Wellesley, *ad loc.*, p. 152.

6. *ceterae cohortes* : les deux cohortes prétoriennes restant, quatre cohortes urbaines et ce qui subsistait des trente-quatre cohortes d'infanterie auxiliaire (2, 89, 1), déduction faite des contingents attribués à Valens (*supra*, 41, 1) et à Caecina (2, 100, 1).

7. *festinare comitia* : depuis Tibère (*Ann.* 1, 15, 1 : *E campo comitia ad patres translata sunt*), c'est le Sénat qui disposait du pouvoir électoral.

8. *in multos annos* : dix ans, selon Suet., *Vit.* 11, 2, qui indique que Vitellius se nomma lui-même consul perpétuel : il avait déjà établi une liste de consuls pour 69 (2, 71, 2).

9. *foedera sociis* : les *foedera* fixaient les statuts des *foederatae ciuitates*, dont les clauses variaient selon les cas. « Distincts des Romains, les fédérés sont en droit leurs égaux... Les fédérés gardent leurs usages, leur juridiction, leur langue... L'obligation essentielle des fédérés est celle du service militaire qu'ils accomplissent dans des corps spéciaux » (J. Gaudemet, *Institutions*, p. 725). — *Latium = Ius Latii* : d'abord accordé à ceux qui avaient rempli des magistratures dans leurs localités d'origine, il avait ensuite été octroyé à des villes de province, voire à des provinces entières, par exemple à des tribus des Alpes Maritimes par Néron en 63 : *Ann.* 15, 32 : *Eodem anno Caesar nationes Alpium maritimarum in ius Latii transtulit* ; à l'Espagne tout entière par Vespasien : Plin., *N.H.* 3, 30 ; les principaux avantages étaient le *ius commercii* et l'exemption de l'impôt foncier ; cf. A. Bouché-Leclercq, *Manuel...*, p. 178 sq.

10. *tributa* : l'impôt foncier, perçu dans les provinces, destiné à l'entretien de l'armée. — *immunitatibus* : exemption de taxes indirectes, telles que les *portoria* ou certains *munera*.

11. *uolgus... hiauerat* : *hiauerat* est une correction vraisemblable et séduisante par Walter du texte de *M haberat* ; elle s'appuie sur un exemple comme celui de Sen., *Ad Luc.* 72, 8 : *quicquid excepit, protinus integrum deuorat et semper ad spem uenturi hiat* ; le verbe souligne le caractère désastreusement « populaire » des mesures prises par Vitellius.

12. *Meuaniam insederat* : Mevania, aujourd'hui Bevania, en Ombrie, au nord-ouest de Spolète, sur la *uia Flaminia*, à quelque distance des principaux « passi » des Apennins.

56.

1. *prodigiosum dictu* : sur ce type de formule, cf. 2, 61 et n. 1.

2. Ce même prodige est rapporté par Dio Cass. 65, 16, 1 qui nous indique que les oiseaux étaient des vautours.

3. *nec ut feriri hostias mos est* : parce que le taureau a été frappé loin de l'autel, comme nous le voyons d'après Festus, p. 244 (M.) ; 287 (L.) ; Liu. 21, 63, 13-14.

4. *praecipuum... ostentum* : sur l'attitude de Tacite à l'égard des prodiges, cf. 1, 3, 2, n. 8.

5. *dein temulentus* : sur ce trait de la personnalité de Vitellius, cf. 1, 62, 2 : *Torpebat Vitellius et fortunam principatus inerti luxu ac prodigis epulis praesumebat, medio diei temulentus et sagina grauis...*

6. Sur la flotte de Misène, cf. 2, 9, 1 ; sur sa défection, *infra*, 57, 1.

7. *fessos hieme atque inopia* : exagération rhétorique qui est contredite par l'indication donnée en 50, 1 : *propinqua hieme* ; on est au début de décembre 69 et, comme le pense K. Wellesley, Tacite songe sans doute aux pluies abondantes dont il parle en ce même chapitre 50 (*umentibus... campis*).

8. Comme ils le montrèrent ultérieurement, lors de leur résistance aux troupes flaviennes dans le camp des prétoriens à Rome (*trucidandum*) et de leur reddition à Bovillae (4, 2, 3).

9. *intimi amicorum* : c'est-à-dire ceux qui forment le *consilium principis* ; cf. *Ann.* 3, 1, 2 ; 6, 21, 3 ; Suet., *Nero*, 21, 1 : *amicorum intimi*.

10. *aspera... acciperet* : la correction de l'édition bipontine, *aspere*, qui s'appuie sur *Ann.* 4, 31, 3 : *aspere acceptum*, et adoptée par beaucoup d'éditeurs modernes, ne nous paraît pas devoir être retenue, le texte de *M*, conservé par H. Goelzer, offrant un sens parfaitement recevable. Sur cette attitude de Vitellius, cf. l'anecdote du centurion Julius Agrestis, *supra*, chap. 54.

57.

1. Sur cette réflexion, cf. P. Jal, *Le soldat des guerres civiles...*, p. 15.

2. *Claudius Fauentinus* : ce personnage a été identifié par certains avec T. Claudius Faventinus, mentionné dans le texte d'une inscription (*C.I.L.* 31098) par laquelle il consacre un autel en reconnaissance de la *corona ciuica* qu'il a reçue, mais cette hypothèse n'est pas unanimement admise ; pour le détail de la discussion, cf. F. Wieseler, *Die Ara Casali, eine archäologische Abhandlung*, Göttingen, 1844 ;

Stein, *R.E.* III, 2, col. 2720, n° 148 ; il s'agit en tout cas d'un partisan d'Othon, passé ensuite à Vespasien.

3. *fictis Vespasiani epistulis* : Ch. G. Starr, *Roman imperial navy*, p. 183 et n. 56, observe que, si les lettres étaient fictives, la crédulité qu'elles trouvèrent auprès des marins prouve qu'ils étaient déjà infiltrés par la propagande de Vespasien.

4. *Claudius Apollinaris* : une inscription trouvée à Misène (*C.I.L.* X, 3564) mentionne un M. Claudius Apollinaris d'Alexandrie : Stein, *R.E.* III, 2, col. 2674, n° 45. Il avait succédé à Lucilius Bassus qui commandait les deux flottes de Ravenne et de Misène (2, 100, 3) après la trahison de ce dernier.

5. *Apinius Tiro* : ce personnage, mentionné à nouveau en 76, 2, n'est pas autrement connu.

6. *Minturnis* : Minturnes, à l'embouchure du Liris, sur la *uia Appia*, aux confins du Latium et de la Campanie.

7. *municipia coloniaeque* : sur ce groupe de mots, cf. *supra*, 2, 19, 1, n. 3.

8. La ville fut par la suite punie de cette fidélité ; cf. *infra*, 4, 3, 1.

9. *municipalem aemulationem* : c'était le mal dont souffraient et dont ont longtemps souffert, presque jusqu'à nos jours, les villes italiennes.

10. *Claudium Iulianum... molli imperio* : ce personnage, caractérisé en 76, 1, à côté d'Apollinaris, par sa *lasciuia* et sa *socordia*, doit peut-être être identifié avec celui qui, d'après Plin., *N.H.* 37, 45, chargé par Néron d'organiser des jeux de gladiateurs, avait envoyé un chevalier romain sur les côtes de Germanie pour s'y procurer de l'ambre jaune.

11. Apparemment, il n'entraîna avec lui que les gladiateurs, car la cohorte urbaine n'est pas mentionnée lors de la prise de Terracine : cf. *infra*, 76, 1 ; Ph. Fabia, *Les prétoriens...*, p. 63, observe que « l'ancien préteur Apinius Tiro l'avait peut-être prise pour escorte dans sa tournée ».

12. *Tarracinam* : c'est Anxur, cité des Volsques, sur la voie Appienne ; sur l'avantage de sa position naturelle, cf. Horace, *Sat.* 1, 5, 26 : *impositum saxis late candentibus Anxur.*

58.

1. *Quae... cognita* : c'est-à-dire l'occupation de Terracine ; lui-même était revenu à Rome ; cf. *supra*, 56, 2.

2. *parte copiarum* : sept cohortes prétoriennes, la légion navale mentionnée en 55, 1, et de la cavalerie ; cf. Ph. Fabia, *Les prétoriens...*, p. 47-48 ; H. Heubner, *Comm.*, p. 123 ; K. Wellesley, *ad loc.*, p. 155 et *App.* VII, 3. — *Narniae* : Narni, ville d'Ombrie (aujourd'hui Nera), à 50 km environ au sud de Mevania, sur la *uia Flaminia*, ce qui indique que l'armée avait opéré un mouvement de

repli sur cette voie, mais « Tacite... ne nous apprend point si le recul se fit au moment même du départ de Vitellius... ou si elle rétrograda seulement lorsque la formation du corps de Lucius l'affaiblit » (Ph. Fabia, *Les prétoriens...*, p. 47) ; « Il n'y a rien à tirer du témoignage de Suétone, *Vitellius*, 15, manifestement et grossièrement erroné » (*Ibid.*, n. 4).

3. Selon K. Wellesley, L. Vitellius quitta Rome le 10 décembre.

4. Sur *populi... uolgus ignauum*, cf. Zvi Yavetz, « Plebs sordida », *Athenaeum*, XLIII, 1965, p. 295-311 ; *Plebs and princeps*, Oxford, 1969, p. 141 sq. ; selon cet auteur, *uolgus*, qui apparaît chez Tacite plus souvent dans les *Histoires* que dans les *Annales*, y désigne expressément une foule agressive, d'humeur changeante et dépourvue de caractère, moralement corrompue et méprisable.

5. *amicorum eius* : cf. *supra*, 56, 3 et n. 9.

6. *uocari tribus iubet* : c'est-à-dire les *comitia tributa* ; bien qu'ils aient perdu sous l'Empire tout rôle politique, ils étaient encore convoqués occasionnellement pour des manifestations purement formelles (*Ann.* 3, 4, 1 ; 14, 13, 2) ; en l'occurrence, ce *dilectus* qu'effectue directement le *princeps* par l'intermédiaire des *comitia tributa* est un fait exceptionnel : G. Forni, *Il reclutamento...*, p. 22 et n. 2.

7. Vitellius agit à l'imitation de Néron ; cf. Suet., *Nero*, 44, 1. L'enrôlement des esclaves était une mesure scandaleuse et choquante pour les Romains, car ils avaient gardé un très mauvais souvenir des révoltes d'esclaves qui avaient ensanglanté l'Italie à la fin du IIᵉ siècle et au début du Iᵉʳ avant J.-C. ; Catilina s'y était refusé malgré les conseils de Lentulus (Sall., *Cat.* 44, 5-6) ; Auguste s'y résolut pour assurer la protection de la rive gauche du Rhin, mais il les affranchit avant de les enrôler (Suet., *Aug.* 25, 2) ; l'enrôlement des gladiateurs par Othon fut considéré comme *deforme auxilium* (2, 11, 2 et n. 11).

8. Cf. *supra*, 1, 62, 2 et n. 10 ; 2, 62, 2 et n. 6.

59.

1. *possessa Meuania* : *supra*, 55, 3 ; *renatum ex integro* constitue une redondance qui renforce l'expression.

2. *foeda hieme* : cf. 56, 3 et n. 7.

3. Cf. 58, n. 2.

4. Sans doute aux environs de Mevania.

5. *Petilium Cerialem* : Q. Petilius Cerialis Caesius Rufus avait été, en 61, chargé du commandement de la *legio IX Hispana*, en Bretagne (*Ann.* 14, 32, 3). — *nec inglorius militiae* : l'expression, que renforce la litote, fait abstraction de la sévère défaite que Cerialis subit justement en Bretagne ; cf. *Ann., ibid.* ; toutefois, dans l'*Agricola*, Tacite émet une opinion nuancée, mais favorable dans l'ensemble, sur la valeur militaire de Cerialis : 8, 2 : *Primo Cerialis*

labores modo et discrimina, mox et gloriam communicabat ; 17, 4 : *Et Cerialis quidem alterius successoris curam famamque obruisset*. Il devait devenir consul suff. en 70 et gouverneur de la Germanie inférieure (Ios., *B.I.* 7, 82), et il triompha de la révolte des Bataves (cf. Ph. Fabia, « Le premier consulat de Petilius Cerialis », *R. Ph.* XXXIV, 1910, p. 5-42), puis il fut en 71-74, gouverneur de Bretagne, enfin consul suff. II en 74 ; cf. *C.I.L.* III, p. 852 (diplôme du 21 mai 74) ; E. Swoboda, *R.E.* XIX, 1, col. 1138-1150, n° 8 ; *P.I.R.*[1], *P*, p. 25, n° 191. — *propinqua adfinitas* : il avait vraisemblablement épousé Domitilla, fille de Vespasien : G. B. Townend, « Some Flavian connections », *J.R.S.* IV, 1961, p. 54-62 (p. 58-59) ; J. Nicols, *Vespasian...*, p. 31 ; cf. aussi R. Syme, *Tacitus*, II, p. 595, n. 5 et 6.

6. *Sabino ac Domitiano* : le premier est Flavius Sabinus, frère de Vespasien ; cf. 1, 46, 1 et n. 5 ; le deuxième est le second fils de Vespasien, né le 24 octobre 51, empereur du 14 septembre 81 au 18 septembre 96.

7. Tacite ne prend pas totalement ces affirmations à son compte, mais il les transmet cependant en les opposant implicitement à l'opinion de certains historiens flaviens, mentionnée en 78, 1, qui accusaient Antonius d'avoir sacrifié Sabinus et Domitien.

8. *necessitudinum* : son frère, sa femme et ses enfants ; cf. *infra*, 68, 2.

60.

1. *Carsulas* : Carsulae, ville de l'Ombrie méridionale, sur la *uia Flaminia*, entre Narnia et Mevania ; cf. Strab. 5, 2, 10, 227 C ; Hülsen, *R.E.* III, 2, col. 1616-1617.

2. Elles avaient été laissées à Vérone (50, 1), puis rappelées vers le sud à l'annonce des mouvements des troupes de Vitellius en direction de Mevania (53, 1).

3. Notamment grâce à la *uia Flaminia*.

4. *florentissimis... municipiis* : à savoir principalement Tuder, Mevania, Perusia, Forum Flaminium, Spoletium : cf. Strab., *ad loc. cit.* n. 2.

5. C'est la distance qui sépare Carsulae de Narni où était établi le camp des Vitelliens (cf. 58, 1).

6. *Iam... desciuisse* : environ deux jours auparavant ; cf. K. Wellesley, *ad loc.*, p. 158. — *pulcherrimam Campaniae oram* : cf. 57 : Misène, Minturnes, Pouzzoles, Terracine ; 58, 1 : *per Campaniam*.

7. Sur la haine opposant Crémone aux soldats d'Antonius, cf. *supra*, 32.

8. Cette observation atteste le prestige que garde encore, ainsi qu'on l'a déjà constaté à diverses reprises (1, 76, 2 et n. 7 ; 1, 84, 3 et n. 10 ; 2, 32, 2 et n. 15), le Sénat aux yeux des soldats malgré toutes les vicissitudes des guerres civiles.

61.

1. Après les aigles et les étendards qui avaient précédé et annoncé cette arrivée ; l'événement se situe aux environs du 13 décembre selon K. Wellesley, *ad loc.*, p. 158.

2. *Interamnam* : aujourd'hui Terni, en Ombrie, sur le Nar, à environ 10 km à l'est de Narni.

3. *Varus* : Arrius Varus, le second d'Antonius ; cf. *supra*, 6, 1, n. 3.

4. *in castra refugi* : le camp des Vitelliens établi près de Narni ; *supra*, 58, 1.

5. *Priscus et Alfenus* : le premier est Julius Priscus, simple centurion, nommé préfet du prétoire par Vitellius ; le deuxième, Alfenus Varus, a été nommé au même grade à la place de Publilius Sabinus (*supra*, 36, 2) : cf. 2, 92, 1 et n. 1 ; à ne pas confondre avec le chef flavien Arrius Varus mentionné ci-dessus n. 3 ; tous les deux avaient été chargés par Vitellius d'aller occuper les passages de l'Apennin pour barrer la route aux Flaviens : 55, 1.

6. Car ils ne faisaient que suivre leurs chefs auxquels ils restaient ainsi fidèles ; exemple significatif de l'ironie amère qui caractérise l'historien.

62.

1. Il avait été capturé sur les Stéchades (îles d'Hyères) où il avait été drossé par une tempête : 43, 2. — *Vrbini* : il s'agit, non de Urbino (*Vruinum Metaurense*), comme l'affirme H. Goelzer, mais de *Vruinum Hortense*, aujourd'hui Collemancio, à 9 km à vol d'oiseau au nord-ouest de Mevania : G. Radke, *R.E.* IX A, 1, col. 1069-1071. La graphie authentique, *Vruinum* s'explique par l'origine du mot, issu de l'ombrien *uruus* « le sillon » (qu'on trouve peut-être aussi dans Orvieto), tandis que la graphie *Vrbinum*, qui est celle de *M* et de diverses autres sources, donc la graphie usuelle, que nous n'avons aucune raison de ne pas conserver, résulte vraisemblablement d'une action analogique de *urbs* : G. Radke, *ibid.*, col. 1069.

2. *ueteres... exercitus* : celles qui restaient en Germanie après les départs successifs de Caecina, Valens et Vitellius lui-même ; leur importance ne peut être précisée.

3. *Anagniae* : ville du Latium et capitale des Herniques, sur la *uia Latina*, aujourd'hui Anagni.

4. *famam... petere* : cette observation un peu sybilline peut trouver son explication dans le portrait de Valens qu'esquisse Tacite en 1, 66, 2 : *Is diu sordidus repente diues mutationem fortunae male tegebat* ; il faut donc comprendre qu'il s'était efforcé de donner à la pratique de la débauche, constante chez lui, une apparence plus conforme à sa nouvelle situation.

5. *Ludicro Iuuenalium* : ce sont des jeux comprenant des représentations théâtrales, avec chants et exhibitions de mimes en grec et en latin, institués par Néron en 59, à l'occasion de la coupe de sa première barbe : *Ann.* 14, 15, 1 ; 15, 33, 1 ; 16, 21, 1 ; Suet., *Nero*, 11, 1 ; Dio Cass. 61, 19.

6. *scite magis quam probe* : cf. à ce propos le portrait de Sempronia dans Sall., *Cat.* 25, 2 : *litteris Graecis et Latinis docta, psallere, saltare elegantius quam necesse est probae...*

7. *fouit Verginium* : sur Verginius Rufus, cf. 1, 8, 2 et n. 11. Valens a été de ceux qui l'ont poussé à se proclamer empereur après la bataille de Besançon où il triompha de Vindex en 68 ; Valens reconnut alors Galba et sans doute calomnia-t-il Verginius auprès de ce dernier afin de se dédouaner lui-même ; ces accusations sont rapportées par Tacite en 1, 52, 3 : *Valens infensus Galbae, tamquam detectam a se Verginii cunctationem.*

8. *Fonteium Capitonem* : sur Fonteius Capito et son exécution par Fabius Valens et Cornelius Aquinus, cf. 1, 7, 1 et n. 3.

9. Il avait trahi Galba en proclamant Vitellius empereur à Colonia Agrippinensis (Cologne) le 2 janvier 69 ; cf. 1, 57, 1.

10. Tacite fait ici allusion à la trahison de Caecina (3, 13, 1), peut-être aussi à celle de Lucilius Bassus (3, 12, 2).

63.

1. *id quoque* : parce que les Vitelliens estimaient s'être jusqu'ici conduits avec honneur, n'ayant capitulé qu'après avoir été abandonnés par leur empereur (59, 1) et par leurs officiers (61, 1).

2. *sub signis uexillisque... descendere* : c'est-à-dire comme pour une revue triomphale ; l'événement se situe aux environs du 15 décembre.

3. *subiectos Narniae campos* : la ville domine la vallée du Nar, perchée sur une hauteur aux pentes abruptes ; cf. Sil. 8, 457-458 ; Mart. 7, 93, 1-2.

4. *circa uiam* : la *uia Flaminia* sur laquelle Narni était située ; cf. 58, n. 2.

5. *per eos dies* : environ du 13 au 18 décembre.

6. *secreta Campaniae* : le pluriel, peut-être parce que l'on indique à Vitellius plusieurs résidences en Campanie entre lesquelles il a la possibilité de choisir.

7. *seque ac liberos suos* : Vitellius avait un fils et une fille ; cf. Suet., *Vit.* 6 : *Duxit... Galeriam Fundanam... ac de hac quoque liberos utriusque sexus tulit* et *supra*, 1, 75, 2 et n. 6.

8. *Tanta torpedo...* : sur ce trait de la personnalité de Vitellius, cf. 1, 62, 2 : *Torpebat Vitellius...*

64.

1. *primores ciuitatis* : parmi ceux-ci il y a vraisemblablement les personnages cités en 73, 2 qui sont massacrés par les Vitelliens : Cornelius Martialis, Aemilius Pacensis, Casperius Niger, Didius Scaeua ; Dio Cass. 65, 17, 1 nomme les deux consuls Cn. Quintius Atticus et Cn. Caecilius Simplex.

2. *proprium militem* : puisqu'il était *praefectus urbis* ; sur les cohortes urbaines et les cohortes des vigiles, cf. 1, 5, 1, n. 1.

3. *Paucas... cohortes... trepidas* : trois seulement ; cf. *infra*, 78, 2 ; « Il n'y a aucune raison sérieuse de nier l'exactitude de ce nombre » (Ph. Fabia, *Les prétoriens...*, p. 57). L'appréciation portée sur elles par les amis de Sabinus est purement rhétorique, car leur attitude devant les troupes flaviennes sera au contraire très déterminée (*ibid.*).

65.

1. *inualidus senecta* : cf. *supra*, 59, 3 : *inhabilem... ualetudinem causabatur*. Comme il était l'aîné de Vespasien, né en 9 après J.-C. et que, d'après 3, 75, 1, il est entré dans la carrière des magistratures en 34, Kappelmacher, *R.E.* VI, 2, col. 2611, situe sa naissance en 8 après J.-C. ; il avait donc alors soixante et un ans.

2. *auctoritate pecuniaque* : les deux bases fondamentales du pouvoir dans la tradition romaine : cf. J. Hellegouarc'h, *Voc. pol.*, p. 235-237 ; 298-300.

3. *praue iuuisse* : *praeiuuisse* est le texte de *M*, que maintiennent Ritter et Nipperdey, et peut-être n'ont-ils pas tort ; toutefois, *praeiuuo* n'étant nulle part attesté et le sens qu'il donnerait ne paraissant pas très satisfaisant, nous suivons Goelzer et Giarratano notamment, qui adoptent la correction de Doederlein, *praue iuuisse*, que Goelzer explique ainsi (*éd. Hachette*, p. 117, n. 6) : *non fraterno amore, sed prauo suae utilitatis studio* en opposant l'attitude de Sabinus à celle d'Atticus dans Nep., *Att.* 9, 5 : *Ille se interposuit pecuniamque sine faenore sineque ulla stipulatione credidit* ; Heubner a préféré le texte de Halm, *parce* ; quant à K. Wellesley, qui écrit *praemuniisse* sans donner aucune justification de ce choix, ni aucune traduction de ce verbe, il commente *pignori acceptis* d'une façon qui expliquerait fort bien *praue* : « Clearly an offence against family etiquette ». Le fait lui-même est mentionné par Suet., *Vesp.* 4, 3.

4. Sur ces entretiens, cf. *infra*, 70, 2, passage d'où il résulte que c'est Vitellius qui en prit l'initiative.

5. *in aede Apollinis* : au Palatin ; cf. 1, 27, 1 et n. 3. — *ut fama fuit* semble indiquer que, bien qu'il ait participé à ces entretiens, l'historien Cluvius Rufus n'est pas ici la source de Tacite, qui atteste ici seulement une tradition orale ; cf. Ph. Fabia, *Les sources...*, p. 176, qui observe que l'ouvrage de Cluvius Rufus s'arrêtait avant le règne de Vitellius.

6. *Cluuium Rufum et Silium Italicum* : sur l'historien Cluvius Rufus, cf. 1, 8, 1, n. 4. — T. Catius Asconius Silius Italicus est l'auteur des *Bella Punica*. Né aux environs de 23 après J.-C., il fut en 68 le dernier consul ord. du règne de Néron (cf. Frontin., *Aq.* 102) et, en 77, il exerça le proconsulat. Sa biographie est brièvement esquissée par Pline le Jeune, *Ep.*, 3, 7 (101 après J.-C.), lorsque, à 75 ans et souffrant d'une maladie incurable, il se laissa mourir de faim dans la ville de Naples où il s'était retiré ; l'épistolier atteste que *fuit inter principes ciuitatis* et que *in Vitellii amicitia sapienter se et comiter gesserat*.

66.

1. *suorum* : c'est-à-dire les *intimi amicorum* de 56, 3, mais il s'agit aussi probablement de tous ceux qui, selon Suet., *Vit.* 15, 2, protestèrent vivement lorsque Vitellius leur annonça son intention d'abdiquer et l'invitèrent à la résistance.

2. *pacem et condiciones* : comme le remarque justement H. Heubner, *ad loc.*, p. 159, ce n'est pas là un hendiadys : les jusqu'auboutistes refusent non seulement la paix, mais même les négociations qui pourraient y conduire.

3. Tacite donne dans tout ce chapitre une grande place aux observations d'ordre psychologique : Vespasien, suggèrent les conseillers de Vitellius, ne se sent pas assez supérieur à son adversaire pour ne pas penser que le seul salut pour lui réside dans l'élimination totale de ce dernier ; eux-mêmes ne pourraient supporter une telle situation et devraient nécessairement chercher à le rétablir sur le trône. La fin de la phrase est plus obscure, en raison, sans doute, de la recherche de la concision propre à Tacite ; il faut, semble-t-il, comprendre que, dans ces conditions, Vitellius ne pourrait compter que sur la pitié de son vainqueur pour que celui-ci ne l'élimine pas, bien que ce soit son intérêt, et que ce soit là, bien évidemment, une position extrêmement dangereuse pour lui.

4. *filio eius Germanico* : cf. 67, 2 et 1, 62, 2, n. 10 et 2, 59, 3.

5. *captiuum et paucis diebus reseruatum* : nous adoptons le texte de *L* défendu à notre avis avec succès par K. Wellesley dans « In defence of the Leiden Tacitus », *Rh. M.* CX, 1967, p. 210-224 (p. 220-223), contre celui des *deteriores, captiuum et casibus dubiis reseruatum*, reçu par la plupart des éditeurs modernes pour suppléer à l'impossible leçon de *M, captium et captis diebus*. Le savant britannique objecte en effet à la lecture devenue traditionnelle que les Flaviens, qui effectuent alors une marche irrésistible sur Rome (cf. 49, 1 ; 50, 1 ; 54, 1 ; 59, 1, et particulièrement 52, 2 : *tam celeri uictoria* et 63, 1 : *omnia prona uictoribus*), ne peuvent penser à de possibles difficultés. H. Heubner oppose à la thèse de K. Wellesley deux arguments : 1) *casibus dubiis reseruatum* est une réflexion qu'il

faut attribuer, non aux Flaviens, mais aux conseillers de Vitellius qui tablent sur une éventuelle défaillance de leurs adversaires ; 2) si Valens n'était destiné à être gardé que quelques jours, il ne pouvait être *praegrauis* pour ses geôliers. Mais A. B. Černjak, *Phil.* 1981, p. 255, se range du côté de Wellesley en rappelant que Valens, atteint d'une maladie incurable, cause de son irrésolution (cf. 2, 99, 1 : *Valentem e graui corporis morbo tum primum adsurgentem infirmitas tardabat*) était destiné à disparaître dans un proche avenir, et voit en *paucis diebus*, comme nous-mêmes, un datif final plutôt qu'un ablatif temporel ainsi que le pense Wellesley ; approbation également, quoiqu'avec plus de réserve, de F. R. D. Goodyear, « On the Leidensis of Tacitus », *Cl. Quart.*, N.S. XX, 1970, p. 368-369, mais pour qui est décisif, comme il l'est également pour nous, l'argument paléographique mis en avant par Wellesley et Černjak : on voit fort bien comment un copiste distrait a pu, sous l'influence de *captiuum* qui précède, écrire *captis* au lieu de *paucis*.

6. *Fuscus* : Cornelius Fuscus, cf. 2, 86, 3 et n. 8.

7. Les conseillers prennent là quelque liberté avec l'histoire : ce sont les Égyptiens qui ont assassiné Pompée, et Plutarque, *Pomp.* 80, 7, rapporte que « Quand on lui apporta la tête de Pompée, César se détourna avec horreur de celui qui la lui présentait, comme d'un maudit et (qu') il fondit en larmes lorsqu'on lui remit le sceau de Pompée » ; quant à Antoine, il se suicida.

8. *Vitellii cliens* : il s'agit du père de l'empereur (cf. 1, 9, 1 et n. 7) qui fut effectivement le collègue de l'empereur Claude lors de ses deuxième et troisième consulats, en 43 et 47 ; sur le lien de dépendance de Vespasien envers un groupe « vitellien » et, au delà, envers Claude lui-même ; cf. J. Nicols, *Vespasian*, p. 18 sq.

9. En 48 pour la censure, en 34, 43 et 47 pour le consulat.

10. *in audaciam accingeretur* : l'emploi du mot *audacia*, qui exprime l'exaltation démesurée ou la perversion de la *uirtus*, traduit bien l'état d'esprit des partisans de Vitellius ; sur *audacia*, cf. Ch. Wirszubski, « *Audaces*, a study in political terminology », *J.R.S.* LI, 1961, p. 12-22.

67.

1. *coniugi ac liberis* : sur Galeria Fundana, épouse de Vitellius : cf. 2, 60, 2 et n. 8 ; 2, 64, 2 : sur ses enfants, cf. chap. précédent, n. 4.

2. *Erat illi… parens* : sa mère, Sextilia Augusta ; cf. 1, 75, 2, n. 6 ; 2, 64, 2, n. 6. — *fessa aetate* : son premier fils, l'empereur, étant né en 12 après J.-C., on peut présumer qu'elle approchait des quatre-vingts ans ; sur l'expression, que l'on trouve également en 1, 12, 2 et dans *Ann.* 15, 38, 4, cf. H. Heubner, « Fessa aetate », *Rh. M.* CX, 1967, p. 225-229, qui suppose que Tacite l'emprunte, après modification, à Liu. 39, 8, 6 : *feminis… aetatis tenerae maioribus* ; il est impossible de déterminer si *fessa* est un nominatif ou un ablatif.

3. Le 18 décembre 69 ; sur cette capitulation, cf. *supra*, 63, 1.

4. *pullo amictu* : comme Persée lors de sa reddition, en Liu. 45, 7, 4 ; Suet., *Vit.* 15, 2, écrit : *sordidatus descendit ad rostra multisque cum lacrimis...* ; sur cette scène, cf. J. Béranger, *L'abdication...*, p. 365-366.

5. *sua ferebatur lecticula* : *sua* nous paraît la lecture vraisemblable du texte de M *seu* proposée par Lenchantin de Gubernatis (éd. Turin, 1929) et adoptée sans commentaire par Wellesley au lieu de *sed* suggéré par Haase, mais déclarée arbitraire par A. B. Černjak, *Phil.* 1981, p. 255 ; bien à tort, pensons-nous, car la disjonction *sua... lecticula* et l'antéposition de l'adjectif possessif ordinairement enclitique accentuent l'expression du caractère tragique de la scène.

6. *paruulus filius* : sur le fils de Vitellius, cf. *supra*, 66, n. 4 ; il était né le 6 juin 62 (Suet., *Vit.* 6).

7. *in funebrem pompam* : tous les détails de cette évocation contribuent à traduire cette impression tragique ; à *pullo amictu* et *maesta familia* il faut ajouter *lecticula* ; le mot désigne une litière pouvant être utilisée pour transporter les morts au bûcher funéraire ; cf. Nep., *Att.* 22, 4 : *elatus est in lecticula, ut ipse praescripserat, sine ulla pompa funeris* ; Cic., *Diu.* 1, 55 ; *Fam.* 7, 1, 5 ; Liu. 24, 42, 5.

68.

1. *principem... dominum* : le premier mot désigne la position du personnage dans l'État (= le premier), le deuxième, l'étendue de son pouvoir.

2. *fortunae suae* : sur *fortuna* = « le rang impérial », cf. 1, 10, 3, n. 13.

3. *exire de imperio* : sur l'emploi de cette expression pour désigner l' « abdication » de l'empereur, cf. J. Béranger, *L'abdication...*, p. 374 et n. 101.

4. *dictatorem Caesarem* : par ce tour, Tacite distingue Jules César des différents titulaires du pouvoir impérial qui, eux aussi, portent le nom de Caesar.

5. Cf. Suet., *Cal.* 56-58 : meurtre tramé par Cassius Chaerea, tribun d'une cohorte prétorienne, et Cornelius Sabinus.

6. *ignotum rus* : la maison de campagne de son affranchi Phaon ; cf. Suet., *Nero*, 48, 1.

7. Le 15 janvier 69 ; cf. 1, 41-43.

8. *prospectantibus... feminis* : la valeur de *prospectare* peut être expliquée par le récit des circonstances du meurtre de Galba en 1, 40, 1 : *Agebatur huc illuc Galba... completis undique basilicis ac templis, lugubri prospectu* ; Tacite distingue deux plans dans la scène : au premier, les soldats entourant Vitellius sur le Forum, au second, les femmes, avec d'autres sans doute, massées sur les degrés des temples et des basiliques qui dominaient le Forum.

9. Tacite concentre sur une seule *contio* trois tentatives successives d'abdication rapportées par Suet., *Vit.* 15 : la première sur les degrés du palais, devant les soldats assemblés (§ 2), la deuxième, le lendemain, au point du jour, aux Rostres devant les soldats et le peuple (*ibid.*), la troisième, devant l'assemblée du peuple régulièrement convoquée après l'incendie du Capitole et la mort de Flavius Sabinus (§ 3) ; par cette concentration aux dépens de la vérité historique, Tacite donne plus de force à la scène ; cf. Ph. Fabia, *Les sources...*, p. 157, A. Briessmann, *Tacitus...*, p. 78 sq. et surtout E. Courbaud, *Les procédés...*, p. 137-140, particulièrement p. 140 : « La scène, telle qu'il la décrit, est le résultat d'un habile amalgame entre les trois. Le récit de Suétone est plus curieux, dans son détail exact ; le tableau de Tacite, plus puissant ». Toutefois, H. Heubner, *Comm.*, p. 148 sq., est d'un avis contraire et pense que le récit de Suétone, de même que celui de Dion Cassius, apparaît fortement marqué par la propagande flavienne.

10. Cf. Suet., *Vit.* 15, 3 : *iurauit... nihil sibi antiquius quiete publica fore.*

11. *Caecilius Simplex* : sur ce personnage, consul suff. en novembre et décembre 69 avec C. Quinctius Atticus, cf. 2, 60, 2 et n. 7.

12. Cf. Suet., *Vit.* 15, 4.

13. *domum fratris petiturus* : cf. 70, 1 : *fratris domum, imminentem foro* ; le fait qu'elle dominait le Forum, non loin du temple de la Concorde, conduit à penser qu'elle se trouvait dans le *Clivus Argentarius* ou le *Vicus Jugarius* ; cf. K. Wellesley, *ad loc.*, p. 166.

14. La *uia Sacra* partait du Capitole, au nord, vers le Palatin, au sud, en passant devant les Rostres ; la foule, barrant la route du nord, ne laisse pas d'autre issue à Vitellius que la direction du Palatin ; il se rend à la *domus Tiberiana* ; cf. R. Hanslik, *Vit.*, col. 1930, l. 9 sq.

69.

1. *eiurari... imperium* : « *eiurare* se dit régulièrement du magistrat déposant sa charge en « jurant » qu'il avait observé les lois » : J. Béranger, *L'abdication...*, p. 364.

2. Tacite ne précise pas de quelles cohortes il s'agit ; Flavius Sabinus en tant que *praefectus urbis* commandait les cohortes urbaines ; Ios., *B.I.* 4, 645, écrit : « Sabinus... rassembla les cohortes des vigiles et, de nuit, s'empara du Capitole ». Ph. Fabia, *Les prétoriens...*, p. 54, est d'accord avec Valmaggi pour penser qu'il s'agit non seulement des cohortes urbaines et des vigiles auxquelles il est fait allusion quelques lignes plus bas, mais de la totalité des cohortes, et cette opinion est également celle de H. Goelzer, K. Wellesley et H. Heubner.

3. Elle était située sur le Quirinal, entre l'Alta Semita (aujourd'hui Via XX Settembre) et le Vicus Longus, au sud de l'église S. Andrea al

Quirinale : cf. Ch. Hülsen, « Zur Topographie des Quirinals », *Rh. M.* XLIX, 3, 1894, p. 379-424 (p. 400) ; Platner-Ashby, *Topogr. Dict.*, p. 180.

4. *Germanicarum cohortium* : vraisemblablement, par opposition aux autres cohortes, celles qui avaient été recrutées dans les légions par Vitellius (cf. 2, 93, 2 et surtout 2, 94, 1 et la n. 3 *ad loc.*), dont trois se trouvaient à Rome : cf. 64, 2 et *infra*, 78, 2.

5. *Circa lacum Fundani* : ce *lacus* était probablement une fontaine ou un bassin, comme le *lacus Orphei* que décrit Martial (10, 20 (19), 6-9), sur le *Vicus Laci Fundani* (aujourd'hui Via del Quirinale) allant du Quirinal vers le Forum Romanum : Ch. Hülsen, *art. cit.*, p. 401 ; Platner-Ashby, *Topogr. Dict.*, p. 311.

6. *qui Sabinum comitabantur* : sans doute vers le Forum, où se tenait la *contio*, ou même vers le palais.

7. *arcem Capitolii* : le Capitole comporte deux sommets, séparés par une dépression de 30 mètres ; sur celui du sud-ouest s'élevait le temple de Jupiter Capitolin, sur celui du nord-est, l'*Arx* ; cf. *Ann.* 11, 23, 4 : *Capitolio et arce Romana* ; Liu. 1, 33, 1 : *Capitolium atque arcem.*

8. *Verulana Gratilla* : Verulana Gratilla était sans doute une amie de Pline le Jeune qui y fait allusion en *Ep.* 3, 11, 3 et 5, 1, 8, et l'épouse (l'amante, selon E. Paratore, *Tacito*, p. 264) du stoïcien Junius Arulenus Rusticus (cf. *infra*, 80, 2 et n. 4) ; elle était peut-être la fille de L. Verulanus Severus, légat d'Arménie sous Corbulon, en 60 et 62, et consul suff. entre 63 et 68 (*Ann.* 14, 26, 1 ; 15, 3, 1 ; *C.I.L.* VI, 10055 = *I.L.S.* 5284 ; R. Syme, *Historia*, VIII, 1959, p. 207) ; elle fut bannie en 93 par Domitien.

9. *concubia nocte* : à l'aube, selon Ios., *B.I.* 4, 646 ; *concubia nocte* est équivalent de *intempesta nocte* selon Varron, *L.L.* 6, 7 et désigne le moment de la nuit où le sommeil est le plus profond.

10. *suos liberos* : ses fils T. Flavius Sabinus (Stein, *R.E.* VI, 2, col. 2614-2615, n° 169) et T. Flavius Clemens (*ibid.*, col. 2536-2539, n° 62), et peut-être aussi une fille, Flavia Sabina (*ibid.*, col. 2737, n° 244), mais le rapport de cette dernière avec Flavius Sabinus est douteux ; en fait, un seul de ses fils, selon Dio Cass. 65, 17, 4.

70.

1. *Luce prima* : le 19 décembre.

2. *Cornelium Martialem* : tribun de cohorte prétorienne, Cornelius Martialis avait été dégradé à la suite de la conjuration de Pison (*Ann.* 15, 71, 2) : Stein, *R.E.* IV, 1, col. 1406, n° 263 ; *P.I.R.*[2], *C*, p. 345, n° 1404-1405 ; toutefois, cette identification est jugée peu vraisemblable par H. Heubner, *Comm.*, p. 166. — *e primipilaribus* : les primipilaires, anciens *primipili* (cf. 1, 31, n. 6), commandants de la première centurie du premier manipule d'une légion, accédaient à l'ordre équestre en recevant le cens de 400 000 sesterces.

3. *pacta* : le pacte mentionné en 65, 2.

4. Sur sa localisation, cf. 69, n. 3.

5. *penates uxoris* : il s'agit vraisemblablement, en fait, de sa propre demeure ; cf. Suet., *Vit.* 16, 1 : *Auentinum et paternam domum clam petit.*

6. *proeliis legionum* : à Crémone et à Narni ; *captiuitatibus urbium* : on peut penser à Crémone ; le pluriel est emphatique ; *deditionibus cohortium* : à Narni (63, 1).

7. Cf. 44-46 et *infra*, 4, 12-14.

8. *filium Vespasiani uix puberem* : né le 24 octobre 51 (Suet., *Dom.* 1), Domitien venait d'avoir dix-huit ans ; Titus se trouvait alors en Palestine : cf. 2, 82, 3.

9. *militibus* : comme Wellesley, nous suivons N. Eriksson qui, dans *RH. M.* LXXXVIII, 1939, p. 21-22, défend le texte de *M militibus*, sans la préposition *a* introduite par plusieurs éditeurs, en observant que Tacite utilise parfois le datif pour le complément d'agent d'un verbe passif.

71.

1. *imminentia foro templa* : se dirigeant vers la partie du Forum située au nord-ouest, ils laissent (*praeteruecti*) à leur gauche le temple de Saturne, à leur droite celui de la Concorde.

2. *per aduersum collem* : le Clivus Capitolinus.

3. *primas Capitolinae arcis fores* : les portes de l'enceinte du Capitole, creusées dans le mur de soutènement.

4. *Erant antiquitus porticus* : Tite-Live, 41, 27, 7 indique que l'un de ces portiques existait en 174 avant J.-C. : cf. la note de P. Jal, *ad loc.*

5. *egressi... obruebant* : il y a changement de sujet ; il s'agit cette fois, non plus des Vitelliens, mais des soldats de Sabinus ; cela n'est pas précisé par Tacite, sans doute parce que cela se dégage clairement du contexte.

6. *in prominentem porticum* : vraisemblablement, selon K. Wellesley, *ad loc.*, p. 170, l'angle sud du portique des Dii Consentes, qui bordait le Clivus Capitolinus.

7. *diuersos...aditus* : c'est-à-dire au nord-est.

8. *iuxta lucum asyli... aditur* : ce *lucus* était situé dans la dépression entre les deux sommets du Capitole (*supra*, 69, n. 7), à l'endroit occupé aujourd'hui par la Piazza del Campidoglio : Platner-Ashby, *Topogr. Dict.*, p. 283 (s.u. *Inter duos Lucos* 2).

9. *centum gradibus aditur* : escalier de cent marches qui, partant du Vicus Jugarius, conduisait au temple de Jupiter, près de la roche Tarpéienne, au sud-ouest du Capitole : Platner-Ashby, *ibid.*, p. 109.

10. *Hic ambigitur...* : Tacite oppose la version qui lui paraît la plus probable parce que la plus répandue (*quae crebrior fama*), qui attribue l'incendie du Capitole aux Flaviens, à la version contraire de

la propagande flavienne, reproduite par Plin., *N.H.* 34, 38 ; Suet., *Vit.* 15, 3 ; Ios., *B.I.* 4, 649 ; Dio Cass. 65, 17, 3 ; pour Suétone, en particulier, Vitellius avait ordonné l'incendie qu'il contempla de loin, pendant un dîner, mais, par la suite, regrettant son acte, il chercha à en rejeter la faute sur d'autres. Cette dernière version paraît donc, contrairement à l'affirmation de Tacite, la plus répandue, mais il se réfère vraisemblablement à la tradition orale.

11. *aedibus* : le pluriel ici, au lieu du singulier en 72, 3, parce que Tacite pense aux trois *cellae* de la triade Capitoline, au milieu, celle de Jupiter, à droite, celle de Junon, à gauche, celle de Minerve : cf. Den. Hal. 4, 61.

12. *aquilae* : le mot peut correspondre au grec ἀετοί et désigner les pignons et éléments du fronton du temple, ou peut-être des acrotères en forme d'aigles.

13. *indefensum et indireptum conflagrauit* : affirmation qui s'oppose à la tradition flavienne, par exemple Ios., *B.I.* 4, 649 : « Les soldats, après avoir pillé les offrandes du temple, l'incendièrent » ; Dio Cass. 65, 17, 3. Dans l'incendie furent notamment détruites trois mille tables d'airain constituant les archives de l'Empire depuis les origines de Rome, que Vespasien entreprit de faire reconstituer (Suet., *Vesp.* 8, 5).

72.

1. Cette phrase solennelle, grave et pathétique, aux abondantes sonorités sourdes exprime toute l'indignation de Tacite, sa piété et son patriotisme blessés ; il y fait une sorte de nécrologie du monument détruit (H. Heubner, *Comm.*, p. 151). Il répond implicitement au dilemme présenté par *Hic ambigitur.* « Tous les partis... avaient contribué, chacun à sa manière, à la destruction du lien social, puisqu'ils étaient des partis, puisqu'ils n'hésitaient pas à recourir à la violence pour assouvir leur passion du pouvoir » (A. Michel, *Tacite...*, p. 205).

2. *pignus imperii* : les Romains voyaient dans la stabilité du Capitole le gage de la stabilité de l'Empire ; cf. 4, 54, 2 ; Virg., *Aen.* 9, 448-449.

3. *Porsenna* : roi de Clusium (Etrurie), qui tenta de rétablir les Tarquins sur le trône de Rome, mais fut, selon l'annalistique romaine, arrêté au pont Sublicius par Horatius Coclès (509-508 avant J.-C.), puis se retira devant les menaces de Mucius Scaevola (Liu. 2, 9-13 ; Plin., *N.H.* 34, 139) ; mais cette version des faits, contredite par Tacite (*dedita urbe*) « tente de masquer la défaite sous les héroïques légendes d'Horatius Coclès..., de Mucius Scaevola et de Clélie » (E. Païs-J. Bayet, *Hist. rom.*, p. 96 ; cf. aussi R. Syme, *Tacitus*, I, p. 398).

4. Après la bataille de l'Allia, en 390 avant J.-C. : Liu. 5, 39 sq.

5. Le 6 juillet 83 avant J.-C., pendant la guerre entre Marius et Sylla. — *sed fraude priuata* : les incendiaires ne furent jamais découverts ; cf. App., *B.C.* 1, 86, 4.

6. *Quo... stetit?* : nous croyons devoir maintenir le texte de *M*, dont l'interprétation ne nous paraît pas présenter de réelle difficulté. Les différentes corrections proposées, en particulier l'ajout de *dum* par Haase, suivi par Andresen, Wellesley et Heubner, ne nous semblent pas justifiées.

7. Cf. Liu. 1, 38, 7 ; Cic., *Rep.* 2, 36.

8. Il n'est fait nulle part mention de cette participation de Servius Tullius à la construction du temple de Jupiter Capitolin ; on a supposé (cf. K. Wellesley, *ad loc.*, p. 173) qu'il pouvait y avoir eu confusion avec celle du temple de Diane sur l'Aventin, dont parle Tite-Live en 1, 45, 2.

9. *capta Suessa Pometia* : sur la prise de Suessa Pometia, cité volsque, et l'utilisation du butin pour la construction du temple de Jupiter Capitolin, cf. Liu. 1, 53, 2-3.

10. 507 avant J.-C. (cf. Den. Hal. 5, 35, 3), année où M. Horatius Pulvillus fut le collègue de P. Valerius Publicola, avec lequel il avait déjà partagé cette charge deux ans plus tôt, lors de l'expulsion des Tarquins (Liu. 2, 8, 4) ; c'est au cours de ce premier consulat qu'est placée la dédicace du temple par Polyb. 3, 22, 1 ; Liu. 2, 8, 6 ; sur ce problème, cf. la note de Ogilvie, *ad loc.* et Münzer, *R.E.* VIII, 2, col. 2401-2404, n° 15.

11. 83 avant J.-C. (cf. *supra*, n. 5), donc en fait 425 ans après, d'où la correction de Juste Lipse ; on peut en effet supposer, soit la chute d'un *X*, soit une erreur de Tacite.

12. *felicitati eius negatum* : allusion au *cognomen* de Sulla Felix ; Tacite reproduit les propres paroles du dictateur, au témoignage de Plin., *N.H.* 7, 138 : *hoc tamen nempe felicitati suae defuisse confessus est quod Capitolium non dedicauisset* ; cf. Plut., *Popl.*, 15, 1.

13. La dédicace fut faite en 69 avant J.-C. par Q. Lutatius Catulus, le fils du vainqueur des Cimbres en 101 avant J.-C. ; il reçut à cette occasion le *cognomen* de Capitolinus.

14. *Lutatii Catuli nomen... mansit* : bien que le Sénat ait décidé en 46 avant J.-C. de le remplacer par celui du dictateur ; mais cette décision ne fut jamais appliquée ; cf. Dio Cass. 43, 14, 6. — *inter tanta... opera* : cf. Aug., *R.G.* 20 : *Capitolium et Pompeium theatrum utrumque opus impensa grandi refeci sine ulla inscriptione nominis mei.*

73.

1. *dux segnis* : cette qualification défavorable de Flavius Sabinus est quelque peu rectifiée en 75, 1 : *In fine uitae alii segnem, multi moderatum et ciuium sanguinis parcum credidere.*

2. *Inrumpunt Vitelliani...* : K. Wellesley, *Comm.*, *Introd.*, p. 17, voit dans cette phrase une acceptation partielle par Tacite de la thèse proflavienne représentée notamment par Dion : cf. 71, n. 10.

3. *Pauci militarium uirorum* : sur la valeur de *militares uiri*, cf. 2, 75, n. 1.

4. Sur Cornelius Martialis, tribun primipilaire, cf. 70, n. 2. Aemilius Pacensis était tribun de cohorte urbaine (cf. 1, 20, 3, n. 12 ; 1, 87, 2 ; 2, 12, 1) comme sans doute Casperius Niger et Didius Scaeva. Ce dernier n'est pas mentionné par ailleurs ; Casperius Niger est peut-être le centurion qui défendit le fort de Gorneas contre l'assaut de Radamiste, fils du roi des Hibériens (*Ann.* 12, 45-46), puis fut chargé par Corbulon d'une ambassade auprès du roi Parthe Vologèse (*ibid.*, 15, 5).

5. *Quintium Atticum* : C. Quintius Atticus, consul suff. avec Cn. Caecilius Simplex (cf. 68, 2 et n. 11) pour les mois de novembre et décembre 69 (cf. Dio Cass. 65, 17, 1) ; il n'est pas mentionné par ailleurs.

6. *edicta... iecerat* : puisqu'il ne pouvait les afficher, il les avait vraisemblablement fait lancer du haut du Capitole.

74.

1. *prima inruptione* : sans doute est-ce intentionnellement et avec malice que Tacite souligne la rapidité avec laquelle Domitien s'est caché pour échapper aux Vitelliens.

2. C'est le costume des dévots d'Isis qui considéraient comme impurs les vêtements de laine.

3. Cf. 73, 3 : *alii fide clientium contecti* ; Cornelius Primus n'est nulle part mentionné par ailleurs.

4. Le Vélabre est le quartier de Rome situé entre le Capitole, le Forum et le Palatin. Le récit de la fuite de Domitien par Tacite tranche avec les versions flatteuses et proflaviennes de Ios., *B.I.* 4, 649 : « Domitien et plusieurs Romains de qualité s'échappèrent comme par miracle » ; Stat., *Theb.* 1, 21-22 ; Sil. 3, 609-610 ; Mart. 9, 101, 13-14 ; en revanche, il est très proche de celui de Suet., *Dom.* 1, 2-3. Toutefois, fidèle à sa traditionnelle concision, Tacite a resserré le récit des événements au point de le rendre obscur et incompréhensible. Selon K. Wellesley, *Three... puzzles*, p. 211-214, il n'est pas possible d'imaginer que c'est sur le Capitole qu'a eu lieu la procession des fidèles d'Isis ; c'est le lendemain de l'attaque des Vitelliens, le 20 décembre, qu'après avoir passé la nuit chez l'*aedituus*, Domitien est allé, sans doute après s'être déguisé chez Cornelius Primus, se mêler à une procession qui conduisait la statue de la déesse en sûreté au-delà du Tibre. Nous croyons en effet que le récit de Suétone est plus proche de la réalité. Indiquons cependant que H. Heubner avance divers témoignages attestant l'existence d'un

culte d'Isis sur le Capitole à partir de 58 avant J.-C. ; cf. notamment Tert., *Apol.* 6, 8 ; pour le détail de la discussion, voir le *Comm.*, p. 154.

5. *Ioui Custodi* : un certain nombre de monnaies de Domitien portent les mentions IOVI CONSERVATORI et IUPPITER CVSTOS : cf. H. Mattingly-E. Sydenham, *R.I.C.*, II, p. 158, n° 40 ; p. 185, n° 247 a et b ; p. 188, n° 269 ; p. 192, n° 300 ; p. 194, n° 314 ; p. 196, n° 334 et 334 a.

6. Cf. Suet., *Dom.* 5 : *Nouam... excitauit aedem in Capitolio Custodi Ioui.*

7. Cf. de même Dio Cass. 65, 17, 3 ; selon une autre tradition, reproduite par Suet., *Vit.* 15, 3, Aur. Vict., *Caes.* 8 et Eutrop. 7, 18, Sabinus aurait péri dans l'incendie du Capitole.

8. *proximis orto* : comme K. Wellesley, nous croyons que l'addition de la préposition *a* devant *proximis* effectuée par différents *recentiores* est arbitraire ; *ortus* est parfois construit sans préposition, surtout à partir de Tite-Live.

9. Sur *sordida plebs*, cf. 1, 4, 3 et n. 10.

10. *pro gradibus Palatii* : au sommet des escaliers qui, gravissant le Palatin, conduisaient à l'entrée principale du palais.

11. *confossum conlaceratumque* : c'est le texte de *M* corrigé en *laceratumque* par Nipperdey parce que *conlacerare* n'est nulle part attesté ; mais c'est un composé fort naturel, peut-être créé par Tacite, et qui entre ici dans un couple allitérant particulièrement propre à exprimer l'intensité de la scène ; nous suivons sur ce point K. Wellesley, qui est approuvé par A. B. Černjak, *Phil.* 1981, p. 256.

12. *in Gemonias* : les escaliers (*scalae Gemoniae*) taillés dans le roc, conduisant du Capitole au Forum ; les cadavres des condamnés exécutés dans le Tullianum y étaient exposés avant d'être jetés dans le Tibre ; ils correspondent à peu près aujourd'hui à la Via di S. Pietro in Carcere : Platner-Ashby, *Topogr. Dict.*, p. 466.

75.

1. *Hic exitus* : formule traditionnelle qui introduit les oraisons funèbres dans les récits historiques ; cf. Virg., *Aen.* 2, 554-555 ; Liu. 6, 20, 14 ; Vell. 1, 12, 6 ; 2, 7, 1 ; 2, 14, 3 ; 2, 53, 3 ; 2, 72, 1 ; Curt. 7, 2, 33 et voir *supra*, 34, 1, n. 1.

2. Donc à partir de 34 après J.-C. ; il avait alors 25 ou 26 ans.

3. Au point de vue militaire, il servit d'abord en Bretagne, comme lieutenant de son frère, le futur empereur, en 43 ; cf. Dio Cass. 60, 20, 3.

4. *septem annis* : de 48 à 54 ; il était *legatus Augusti pro praetore*.

5. *duodecim* : de 56 à 60 ; 62 à 68 ; 69 du 15 janvier au 19 décembre.

6. *alii segnem* : cf. 73, 1 et n. 1.

7. Cf. 65, 2 : *mitem uirum abhorrere a sanguine et caedibus.*

8. Cf. 65, 1 : *Flauius Sabinus aetate prior priuatis utriusque rebus auctoritate pecuniaque Vespasianum anteibat.*

9. *caedem... accepimus* : Tacite se réfère expressément à une tradition orale ; sur ce type de source, cf. Ph. Fabia, *Les sources...*, p. 161 sq.

10. Cela explique *uelut uicem reddens.*

76.

1. *Isdem diebus* : du 16 au 19 décembre ; Tacite renvoie aux événements rapportés aux chap. 57 et 58 : prise de Terracine par les Flaviens (57, 2), aux environs du 17 décembre, envoi de L. Vitellius en opérations en Campanie (58, 1).

2. *apud Feroniam* : Feronia, sur la *uia Appia*, au nord-ouest de Terracine, comportait principalement un sanctuaire, un bois et une source consacrés à Feronia, déesse des sources et des bois, d'origine sabine et falisque, qui présidait à l'affranchissement des esclaves.

3. Cf. *supra*, 57, 2 et n. 11 et 12.

4. *Ibid.*, n. 10 (Julianus) et 4 (Apollinaris).

5. *gladiatorum... ducum* : l'exactitude de ce texte a été discutée, parce que les deux mots ne constituent pas un couple antithétique naturel ; H. Heubner, *ad loc.*, p. 178, rappelle sans insister la suggestion de Andresen, *gregariorum* ; « aucune des conjectures n'est réellement convaincante » écrit K. Wellesley, *ad loc.*, p. 178. Dans ces conditions, et devant l'unanimité des manuscrits, nous ne voyons pas de raison de modifier ce texte ; les *duces* ont pour tâche principale de faire respecter la discipline, les *gladiatores* apparaissent comme le symbole de l'indiscipline et déshonorent l'armée ; cf. 2, 11, 2 : *deforme... auxilium.*

6. *Apinius Tiro* : sur Apinius Tiro qui avait pris la tête des révoltés de la flotte de Misène, cf. 57, 1 et n. 5.

77.

1. *Vergilii Capitonis* : Cn. Vergilius Capito fut procurateur d'Asie sous Caligula, puis préfet d'Égypte entre 47 et 52, peut-être même jusqu'en 54 ; on ne sait rien d'autre sur sa carrière. Bien que H. G. Pflaum, *Les procurateurs équestres...*, p. 173, le considère comme originaire de Milet, il est plus vraisemblablement, en raison de son appartenance à la tribu Falerna, de Capoue (à 80 km de Terracine) ou de sa région ; cf. H. Heubner, *Comm.*, p. 179 ; A. Stein, *Der röm. Ritt.*, p. 115 ; *Die Präfekten von Aegypten in der römischen Kaiserzeit* ; Berne, 1950, p. 31 ; R. Stiglitz, *R.E.* VIII A, 2, col. 2419-2423, n° 6 a. L'esclave fut par la suite exécuté en punition de sa trahison : *infra*, 4, 3, 2.

2. *uacuam arcem* = Monte Sant'Angelo, qui domine la ville au nord-est ; vide de défenseurs parce que les Flaviens l'avaient jugée suffisamment défendue par sa position naturelle.

3. *super caput hostium sistit* : dans la citadelle qui domine la ville ; l'attaque se situe dans la nuit du 17 au 18 décembre.

4. *paganis* : les habitants de Terracine ; sur ce mot, cf. 24, 3 et n. 9.

5. *Sex Liburnicae* : sur les *Liburnicae*, cf. 2, 16, 2, n. 3.

6. Sur Triaria, cf. 2, 63, 2 et n. 6.

7. *gladio militari* : pour cet emploi, cf. *infra*, 80, la n. 2 relative aux *scuta militaria*.

8. *lauream* = *litteras laureatas* ; même emploi dans Plin., *Pan.* 8, 2 : *Adlata erat ex Pannonia laurea* ; sur la lettre laurée, annonciatrice de victoire, cf. Plin., *N.H.* 15, 133 : *(laurus) Romanis praecipue laetitiae uictoriarumque nuntia additur litteris* : les généraux romains joignaient à leurs bulletins de victoire des lauriers qui étaient portés au Capitole.

9. *Campaniae insistere* : Vitellius avait précédemment prescrit à son frère de rester en Campanie : cf. *supra*, 58, 1.

78.

1. *Dum haec... geruntur* : ligature traditionnelle du style narratif historique ; cf. J. P. Chausserie-Laprée, *L'expression...*, p. 101-107. Tacite revient au récit des événements interrompu à la fin du chap. 63.

2. *digressus Narnia* : le 16 décembre ; cf. *supra*, 63, 2.

3. *festos Saturni dies* : les Saturnales qui, depuis le règne de Caligula, étaient célébrées du 17 au 24 décembre. — *Ocriculi* : Ocriculum (Otricoli), ville d'Ombrie, sur la *uia Flaminia*, au confluent du Nar et du Tibre, à environ 18 km au sud de Narni.

4. *nubilem filiam* : elle était issue du deuxième mariage de Vitellius avec Galeria Fundana (2, 64, 2 ; Suet., *Vit.* 6) ; par la suite, elle épousa D. Valerius Asiaticus, gouverneur de Belgique en 69 (cf. 1, 59, 2 et n. 10 et *infra*, 4, 4, 3) ; sans doute après la mort de ce dernier, Vespasien lui assura un brillant mariage : Suet., *Vesp.* 14.

5. *ignauia Sabini* : cf. 73, 1 : *dux segnis* ; 75, 1 : *segnem*.

6. *Capitolii arcem* : cf. *supra*, 69, 3 et n. 7. — *aduersus tres cohortes* : en 64, 2, Tacite parle seulement de *paucas cohortes*.

7. *ambiguis epistulis* : cf. 52, 2 : *Mucianus... ad Primum et Varum media scriptitabat*.

8. *ceteri... duces* : Flavius Sabinus et les *primores ciuitatis* ; cf. 64, 1.

9. *Petilius... Cerialis* : cf. 59, 2, n. 5.

10. *Salaria uia* : sortant par la porte Colline, au nord-est de Rome, la *uia Salaria*, ainsi appelée parce qu'elle servait principalement au

transport du sel (Plin., *N.H.* 31, 89 : *ex nomine Salariae uiae, quoniam illa salem in Sabinos portari conuenerat* ; P. Fest. 437, 4 (L.) : *Salaria uia Romae est appellata quia per eam Sabini sal a mari deferebant*) se dirigeait vers la côte adriatique en passant plus au sud que la *uia Flaminia* et, traversant Fidènes, Réate et Asculum, aboutissait à Castrum Truentinum (aujourd'hui Porto d'Ascoli) : Seeck, *R.E.* I A, 2, col. 1845-1846. Il s'agissait ainsi, en passant plus au sud, d'éviter la *uia Flaminia* par laquelle étaient normalement attendus les Flaviens. Leur arrivée se situe le 18 décembre.

79.

1. *ad Saxa rubra... uenit* : aujourd'hui Grottarossa, à 13 km au nord de Rome, sur la rive droite du Tibre.

2. Les cavaliers de Cerialis venaient des régions danubiennes et, par conséquent, ignoraient totalement un quartier de Rome familier aux soldats de Vitellius, en grande partie prétoriens.

3. Cf. *supra*, 63, 1.

4. *Iulius Flauianus* : n'est nulle part mentionné en-dehors de ce passage.

5. *Fidenas* : Fidènes se trouve sur la *uia Salaria*, à environ 8 km de Rome.

80.

1. *uolgus urbanum* : est l'équivalent de *plebs sordida* (cf. 74, 2 et *supra*, 1, 4, 3 et n. 10), c'est-à-dire la partie de la population la plus misérable et la plus portée au désordre. Elle s'était déclarée pour Vitellius et, après la prise du Capitole, avait réclamé le supplice de Sabinus (74, 2). Ces événements se situent le 19 décembre.

2. *scuta militaria* : comme en 77, 3 *gladio militari* ; cette association verbale ne se trouve pas avant Tacite ; il s'agit sans doute de boucliers lourds de fantassins, de légionnaires, par opposition aux boucliers plus légers de la cavalerie (cf. P. Couissin, *Les armes romaines*, Paris, 1926, principalement p. 239-252), à moins qu'il ne s'agisse de les distinguer de ceux des gladiateurs.

3. *ad exercitus* : c'est-à-dire auprès des armées flaviennes ; cf. Suet., *Vit.* 16 ; Tacite diffère de Suétone en ce que, pour lui, les Vestales ont constitué une délégation indépendante (cf. 81, 2).

4. *Arulenus Rusticus* : Q. Junius Arulenus Rusticus, philosophe stoïcien, avait en 66, comme tribun de la plèbe, essayé de s'opposer à un procès dirigé contre Paetus Thrasea (*Ann.* 16, 26, 4). Après avoir été préteur en 69, il devint consul en 92 et fut exécuté par Domitien en 93 *quod Paeti Thraseae et Helvidi Prisci laudes edidisset appellassetque eos sanctissimos uiros* (Suet., *Dom.* 10, 3 ; cf. Tac., *Agr.* 2, 1 ; Dio Cass. 67, 13, 2-3 ; Plut., *Mor.*, p. 522 E) ; selon Plin., *Ep.* 1, 5, 2, le délateur Regulus lui reprocha la blessure reçue au service de Vitellius en l'appelant *Vitelliana cicatrice stigmosum*.

5. *Palantur comites* : comme H. Heubner, *ad loc.*, p. 189-190, nous ne voyons aucune raison de ne pas garder le texte de *M* dont le sens est tout à fait normal et de corriger *palantur* en *pulsantur* à la suite de Kiessling, comme le font la plupart des éditeurs modernes. Quel que soit le texte adopté, il constitue un premier hémistiche d'hexamètre qui met en relief l'intensité de la scène.

6. *proximus lictor* : le préteur était précédé de six licteurs dont le chef marchait immédiatement devant lui.

7. *a duce* : Petilius Cerialis.

81.

1. *Musonius Rufus* : C. Musonius Rufus (pour le *praenomen*, cf. Plin., *Ep.* 3, 11, 5), philosophe stoïcien, né aux environs de 30 après J.-C. Sous Néron, il suivit en Asie mineure Rubellius Plautus, en 60, et conforta celui-ci lorsque sa mort fut ordonnée par Néron en 62 (*Ann.* 14, 59, 1). Revenu à Rome, il est à nouveau exilé dans l'île de Gyaros parce que soupçonné d'avoir participé à la conjuration de Pison en 65/66 (*Ann.* 15, 71, 4 ; Dio Cass. 62, 27, 4). Il fut rappelé d'exil après la mort de Néron, sans doute par Galba. Il échappa au bannissement des philosophes ordonné par Vespasien en 71 (Dio Cass. 66, 13, 2 = Xiph. 208, 7-15), mais fut à nouveau exilé, puis rappelé par Titus, avec lequel il avait des relations d'amitié. On ne sait rien sur la suite de sa vie.

2. Sur cette mission, cf. 80, n. 3 ; sur *epistulis* = *litteris*, cf. 1, 67, 2, n. 8.

3. Cf. Suet., *Vit.* 16 : ... *aut certe tempus ad consultandum petituros.*

82.

1. Le 20 décembre selon L. Holzapfel, *Römische Kaiserdaten, Klio*, XIII, 1913, p. 289-304 (p. 301-304).

2. *pontem Muluii* : aucune raison de corriger le texte de *M*, comme le fait par exemple H. Goelzer, mais non H. Heubner, ni K. Wellesley : le pont est désigné par un génitif indiquant le nom de son hypothétique constructeur ; ce pont sur le Tibre, à trois milles au nord de Rome (aujourd'hui Ponte Molle) donnait passage à la *uia Flaminia* (cf. 1, 87, 1 ; 2, 89, 1).

3. Donc le 21 décembre.

4. En fait, pense A. Momigliano, *Vitellio*, p. 166-167, Antoine a eu la tentation de traiter avec les Vitelliens.

5. *fulgentia... uexilla* : les *uexilla* étaient des bannières de couleurs très vives, fixées sur une armature de métal susceptible de briller au soleil ; l'expression est d'ailleurs traditionnelle : cf. *infra*, 4, 62, 2 : *fulgentibus... uexillis.*

6. *Flaminia uia... iuxta ripam... per Salariam* : exemple très typique de la *uariatio* tacitéenne. De ces trois colonnes, la première poursuit donc sa route en franchissant le pont Mulvius, qui se trouvait sur le parcours de la *uia Flaminia* (cf. n. 2) ; la deuxième oblique vers la droite en suivant le Tibre ; la troisième, qui comporte les cavaliers de Cerialis (cf. 78, 3), tourne vers la gauche pour aller rejoindre la porte Colline, point de pénétration de la *uia Salaria* (cf. 78, n. 10).

7. *Plebs* : équivalent de *uolgus urbanum* de 80, 1 ; cf. la n. 1 de ce chapitre.

8. *trinis praesidiis* : sur les faits, cf. Ios., *B.I.* 4, 650.

9. Cette partie du récit de Tacite comporte quelque obscurité. Elle a fait l'objet de la part de H. Heubner, *Comm.*, p. 183-185, d'une discussion détaillée dont nous ne partageons pas les conclusions. Les Flaviens ayant été divisés en trois *agmina*, celui qui est ici concerné ne peut être que celui qui suit la *uia Flaminia* et qui, à un certain moment, oblique, comme le dit le texte, en direction des Horti Sallustiani ; ceux de la porte Colline sont les cavaliers de Cerialis, qui constituent, comme nous l'avons vu, le troisième *agmen* ; ceux du Champ de Mars sont donc ceux du deuxième *agmen*, qui s'avance le long du Tibre, et non ceux de la *uia Flaminia*, comme le voudrait Heubner. Pour Ph. Fabia, *Les prétoriens...*, p. 56, les deux colonnes de la *uia Flaminia* et de la rive du Tibre se rejoignirent au Champ de Mars, mais alors, il faut admettre qu'un détachement de la première colonne a obliqué vers les Horti Sallustiani. — *Sallustianos Hortos* : les Horti Sallustiani, sur le *mons Pincius*, appelé aussi *collis hortorum* (aujourd'hui le Pincio), à l'ouest de la Porte Colline, avaient été créés par Salluste avec le produit de ses rapines dans la province d'*Africa Noua* (cf. Dio Cass. 43, 9, 2-3) ; son neveu et fils adoptif, C. Sallustius Crispus, les légua à sa mort, en 20 après J.-C., à l'empereur Tibère ; cf. P. Grimal, *Les Jardins...*, p. 131-133. — *lubrica* : les rues étaient boueuses à la suite des fortes pluies qui étaient tombées dans la nuit du 18 au 19 décembre (69, 4).

83.

1. *in ludicro certamine* : la lutte entre les Flaviens et les Vitelliens est assimilée à un combat de gladiateurs ; Tacite appuie le rapprochement dans le détail des termes employés.

2. Les pertes furent en effet lourdes : 50 000 hommes selon Ios., *B.I.* 4, 653 et Dio Cass. 65, 19, 3.

3. En 88 et 82 avant J.-C. pour Sylla, en 87, en ce qui concerne Cinna.

4. Les Saturnales ; cf. *supra*, 78, n. 3.

5. L'évocation de Tacite est une illustration amère et sarcastique du fameux *panem et circenses* de Juvénal (cf. aussi 1, 4, 3 : *plebs*

sordida et circo ac theatris sueta) : le peuple est tellement avide de jeux qu'il réussit à en voir même dans les événements les plus tragiques et les plus sanglants. Une phrase de Florus évoque une situation analogue à propos de la guerre civile de Marius : 2, 9 (3, 21), 1 : *Hoc deerat unum populi Romani malis, ut... in urbe media ac foro quasi harena ciues cum ciuibus suis gladiatorio more concurrerent* ; sur ce passage, cf. le commentaire de A. Michel, *Tacite...,* p. 193-195.

84.

1. *Plurimum molis* : sur l'emploi et la valeur de *moles*, cf. 1, 61, 2 et n. 9.

2. *ueterum cohortium* : les soldats des cohortes prétoriennes d'Othon, licenciées par Vitellius (2, 67, 1) et que les Flaviens avaient ralliées à leur service (2, 82, 3 ; 3, 43, 1) : cf. Ph. Fabia, *Les prétoriens...,* p. 61.

3. *testudinem* : baraques en planches recouvertes de peaux pour les protéger contre les incendies et destinées à permettre aux soldats d'approcher avec plus de sécurité de la base des murs afin de les saper. — *tormenta* : machines destinées à lancer des traits. — *aggeres* : amas de terre, de troncs d'arbres et d'éléments divers pouvant s'élever jusqu'à la hauteur des remparts assiégés ou destinés à y installer des tours ou des *tormenta* (cf. *supra*, 20, n. 4) ; nous ne voyons aucune raison de nous rallier à la correction de Ritter *aggerem*, adoptée par beaucoup d'éditeurs, puisque le pluriel *aggeres* est dans tous les manuscrits. Sur l'énumération de ce passage, cf. Veg., *Mil.* 4, 13 : *Admouentur enim testudines, arietes, falces, uineae, plutei, musculi, turres* ; peut-être est-ce ce texte qui a conduit Ritter à corriger également *faces* en *falces*, qui désigne des faux massives en fer avec lesquelles on accrochait les pierres d'un rempart ou les pieux d'un retranchement pour les arracher ; devant le témoignage incontestable des manuscrits, nous ne croyons pas devoir suivre cette suggestion.

4. *cecidere omnes* : cf. Ios., *B.I.* 4, 650 (texte cité n. 9 du chap. 82) ; le nombre des morts s'éleva à plus de 50 000 (cf. n. 2 du chap. 83).

5. Cette fin héroïque, sur laquelle insiste Tacite, contraste fortement avec la *deformitas exitus* de Vitellius, *infra*, § 5 ; cf. aussi la note suivante.

6. *auersam... partem* : au contraire de ses soldats qui se sont présentés *uersi in hostem* ; il sort par le côté opposé à celui par lequel les Flaviens allaient pénétrer, vers le sud-ouest du Palatin, par où il peut gagner l'Aventin ; la suppression de *Auentinum*, considéré comme une glose interpolée par Nipperdey que suivent W. Heraeus et K. Wellesley est tout à fait injustifiée.

7. *in domum uxoris* : cf. 70, 1 et n. 5 : Suet., *Vit.* 16, 1.

8. Cf. texte cité *supra* et Dio Cass. 65, 20, 1 ; sur la prise de Terracine par L. Vitellius, cf. 77, 1-3 ; l'empereur doit en avoir été informé au soir du 18 décembre ; cf. H. Heubner, *Comm.*, p. 185 et 196.

9. *mobilitate ingenii* : sur ce trait de caractère de Vitellius, cf. 2, 57, 2 et n. 6 ; 2, 92, 2 et *infra*, 86, 2.

10. *pudenda latebra* : suivant son habitude, Suétone est plus précis : *Vit.* 16 : *confugit... in cellulam ianitoris, religato pro foribus cane lectoque et culcita obiectis.*

11. *ab Iulio Placido* : ce Julius Placidus n'est pas autrement connu.

12. Là encore, Suet., *Vit.* 17, 1, est plus précis en insistant avec force détails sur l'abjection de Vitellius ; autre récit également détaillé, mais quelque peu différent de Dio Cass. 65, 20, 2-3.

13. Suétone ne fait pas mention de cet incident ; Dio Cass. 65, 21, 1-2, en donne une version un peu différente : « Un Germain, témoin de ces mauvais traitements, ne put le supporter et, prenant pitié de lui, il cria : « Je vais vous aider de la seule façon qui soit possible ». Alors il blessa Vitellius et il se trancha la gorge. Cependant, Vitellius ne mourut pas de sa blessure, mais fut traîné en prison ».

85.

1. Des Rostres, il avait annoncé son intention d'abdiquer (Suet., *Vit.* 15, 2), ce qui avait indirectement, par le fait qu'il était ensuite revenu sur sa décision, provoqué la mort de Flavius Sabinus.

2. Près du Curtii lacus : cf. 1, 41, 2 et n. 6.

3. Il s'agit de punir Vitellius par où il a péché, d'exercer contre lui une sorte de loi du talion ; cf. le texte de Dio Cass. cité au chapitre précédent, n. 12, et encore ce qui suit, en 21, 1 : « Quand, sous la honte des traitements qu'il subissait, il baissait les yeux, les soldats le piquaient sous le menton avec la pointe de leurs épées afin qu'il voie tout, même contre sa volonté » ; cf. aussi Suet., *Vit.* 17, 1-2.

4. Cf. Dio Cass. 65, 21, 2 : « Finalement, profondément blessé, et de ce qu'il avait subi et de ce qu'il avait entendu, il s'écria : « Et pourtant, j'ai été votre empereur ». Entendant cela, les soldats entrèrent en fureur et le conduisirent aux escaliers d'où ils le précipitèrent ». Suétone, *Vit.* 17, 2, ne rapporte pas ce trait, mais donne beaucoup de détails sur les mauvais traitements subis par Vitellius.

5. Le 20 décembre, date confirmée par Ios., *B.I.* 4, 654 (cf. L. Holzapfel, « Römische Kaiserdaten », *Klio*, XV, 1918, p. 99-121 (p. 108) et non le 21 décembre comme le pense R. Hanslik, *R.E.* IX Suppl., col. 1706, l. 40 et 1732, l. 4.

6. Cf. la note 4 pour la version de Suétone, conforme à celle de

Tacite, et qui attribue également l'exécution au *uolgus* ; sur l'attitude de celui-ci, cf. Z. Yavetz, « Vitellius and the ' Fickleness of the Mob ' », *Historia*, XVIII, 1969, p. 557-569 ; cet auteur considère que l'*inconstantia* du *uolgus* était largement provoquée par celle de Vitellius. Dion Cassius, 65, 21, 2, est plus sommaire dans son récit, mais donne un détail que ne comportent pas les deux autres versions : « Alors, ils lui coupèrent la tête et transportèrent le cadavre à travers toute la cité ». De la comparaison de ces diverses versions, Ph. Fabia, *Les sources...*, p. 270-271, tire la conclusion suivante : « Tacite passe sous silence les dernières lâchetés de Vitellius, son mensonge, ses supplications. Il décrit moins longuement les outrages et les mauvais traitements que subit le malheureux... La raison de ces suppressions est manifeste : Tacite estime que l'histoire ne doit pas s'abaisser aux détails vulgaires, ignobles, répugnants. Il recherche, dans son exposition historique, la noblesse ». E. Courbaud, *Les procédés...*, p. 81, observe de son côté : « Une réflexion de moraliste attristé remplace le trait cru dont (Tacite) ne veut pas » ; cf. aussi E. Löfstedt, « On the style of Tacitus », *J.R.S.* XXXVIII, 1948, p. 1-8 (p. 4-5).

86.

1. Le texte comporte ici une lacune qu'Andresen a proposé de combler ainsi : *Lucium Vitellium censorem et ter consulem fuisse memoraui, patriam habuit* ; il a été suivi par la plupart des éditeurs modernes ; le fait pourrait s'expliquer, comme le suggère Giarratano, par un saut du même au même de *Lucium* à *Luceriam* ; sur L. Vitellius, père de l'empereur, cf. 1, 9, 1 et n. 7 ; 1, 52, 4 et n. 24 et 25.

2. *Luceriam* : Luceria (aujourd'hui Lucera) est une ville d'Apulie, à 15 km au nord-ouest de Foggia : cf. Philipp, *R.E.* XIII, col. 1565-1566 ; Suet., *Vit.* 1, 3 et 2, 2 parle de Nuceria, ville de Campanie ; la confusion entre les deux villes est fréquente (cf. Philipp, *loc. cit.*, l. 14 sq.) et, par ailleurs, diverses raisons, dont l'explication de la lacune donnée dans la note précédente, plaident en faveur de Luceria.

3. Né en 12 après J.-C., le 7 ou le 24 septembre (cf. 1, 9, n. 6), Vitellius avait donc 57 ans accomplis, d'où la correction de *explebat* en *explerat* proposée par L. Holzapfel, « Römische Kaiserdaten », *Klio*, XV, 1918, p. 105-108, et adoptée notamment par K. Wellesley. Mais, outre le fait que l'emploi de l'imparfait correspond à l'expression ordinaire de Tacite dans ce cas, par exemple en 1, 48, 1 (mort de Pison) : *Piso unum et tricensimum aetatis annum explebat* et dans *Ann.* 13, 15, 1 (mort de Britannicus) : *quartum decimum aetatis annum explebat*, il faut ajouter que cette indication est en accord avec celles de Suet., *Vit.* 18, 1 : *Periit cum fratre et filio anno uitae septimo quinquagesimo* et d'Eutrop. 7, 18, 6 : *Periit autem aetatis anno septimo et quinquagesimo*. H. Heubner, *Comm.*, p. 186,

pense que l'erreur viendrait d'une confusion avec une tradition concurrente dont témoignerait également l'incertitude sur le jour (7 ou 24 septembre) et l'année de naissance de l'empereur (12 ou 15) chez Suétone : cf. 1, 9, n. 6. Cela n'est pas impossible en effet ; mais il y a peut-être aussi tout simplement une banale confusion entre nombre ordinal et cardinal dont les exemples sont nombreux : cf. *supra*, 34, 1, n. 2.

4. Cf. 1, 52, 4 : *Vitellio tres patris consulatus, censuram, collegium Caesaris... imponere iam pridem imperatoris dignationem* ; de même Suet., *Vit.* 5 : *Trium itaque principum* (Caligula, Claude et Néron) *indulgentia non solum honoribus uerum et sacerdotiis amplissimis auctus* ; sur la carrière de Vitellius et de son père, cf. 1, 9, n. 5 et 6.

5. Vitellius avait vécu à Rome de 62 à 68, et il venait d'arriver en Germanie ; en 1, 9, 1, Tacite indique formellement qu'il devait au renom de son père d'avoir accédé au principat.

6. *per ignauiam* : cf. 2, 94, 2 : *super insitam animo ignauiam conscius sibi instare donatiuom* ; 1, 50, 1 ; 2, 31, 1 ; 2, 98, 2 : *socordia Vitellii* ; 2, 73 et aussi les allusions à son *torpor* et à sa *segnitia* : 1, 62, 2 ; 2, 87, 1 ; 3, 36, 1 ; 3, 63, 2.

7. Il s'agit principalement d'Alienus Caecina et de Lucilius Bassus ; cf. pour le premier, 3, 13-14, pour le deuxième, 3, 12 et pour tous les deux, 2, 100-101.

8. *per domos clientium semet occultabant* : cf. *supra*, 73, 3 : *alii fide clientium contecti*.

9. À cette époque de l'année, il était environ entre 16 h. et 16 h. 30 (*praecipiti in occasum die*), donc trop tard pour convoquer le Sénat, mais Tacite se plaît à insister sur la peur des sénateurs.

10. *in paternos penates* : vraisemblablement là où il était né, *regione urbis sexta ad Malum Punicum*, où plus tard il édifia le *templum gentis Flauiae* (Suet., *Dom.* 1, 1) ; cette rue correspond à peu près à l'actuelle Via delle Quattro Fontane, dans le quartier du Quirinal ; cf. Platner-Ashby, *Topogr. Dict.*, p. 326 ; ce n'est que peu après que Domitien s'installa au palais (4, 2, 1).

TABLE DES MATIÈRES

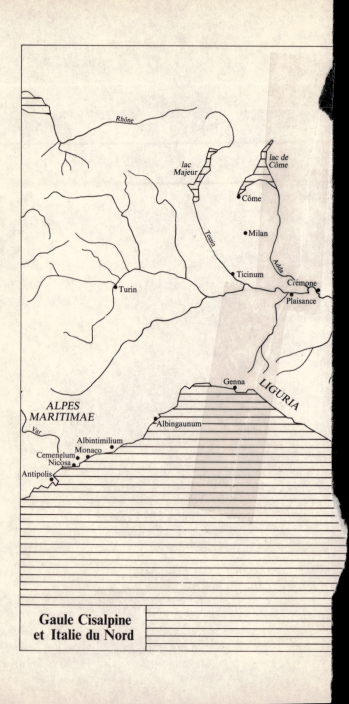

Rhône

lac
Majeur

lac de
Côme

Côme

Milan

Tessin

Adda

Ticinum

Crémone

Turin

Plaisance

Genna

LIGURIA

ALPES
MARITIMAE

Var

Albingaunum

Albintimilium
Monaco

Cemenelum
Nicosa

Antipolis

**Gaule Cisalpine
et Italie du Nord**

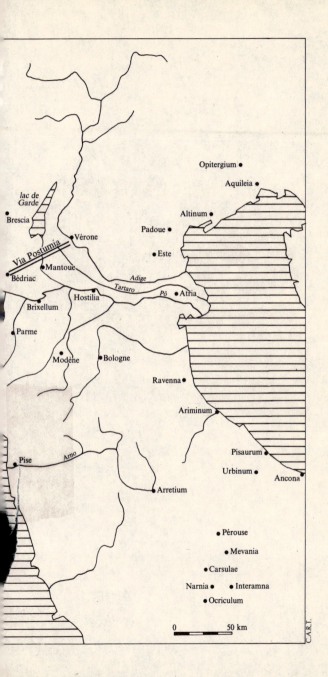

lac de Garde

Brescia

Vérone

Via Postumia

Mantoue

Bédriac

Adige

Tartaro

Hostilia

Pô

Atria

Brixellum

Parme

Modène

Bologne

Ravenna

Ariminum

Pise

Arno

Pisaurum

Urbinum

Ancona

Arretium

Pérouse

Mevania

Carsulae

Narnia

Interamna

Ocriculum

Opitergium

Aquileia

Altinum

Padoue

Este

0   50 km

C.A.R.T.